삼척 공양왕릉
三陟 恭讓王陵

강원설화총람 Ⅵ

속초시 · 고성군 · 양양군

최 웅 · 김용구 · 함복희

(주)북스힐

머 리 말

설화는 시간과 공간을 초월하여 입에서 입으로 전승되는 산문으로 된 이야기이다. 따라서 설화는 전승되는 도중 끊임없이 바뀌고 변화한다. 특히 현대에 와서 설화는 구연자의 노령화와 사망, 젊은 세대의 인식 부족 등으로 전승이 약화되고 있는 것이 현실이다. 인터넷과 디지털을 중심으로 소통 방식이 바뀌는 등 생활 양식이 급격히 바뀌는 현대에 있어서 설화 채록과 정리는 매우 시급한 일이다.

설화는 '말로 된 문학'으로 민중문학적인 요소를 담고 있다. 설화는 이름이 알려지지 않은 민중 속에서 만들어져 입에서 입으로 전승되므로 민중의 바람이나 정서 그리고 상상력을 포함하고 있다. 일반적으로 지배계층의 문학은 주로 기록문학으로 이루어져 있다. 이에 비해 농민을 중심으로 한 대다수의 민중은 문자를 해독하고 향유하는데 많은 어려움을 겪었다. 따라서 양반 지식층의 기록문학은 생활 자체와는 구별되는 지식이고 품위 있는 교양이기에 문학한다는 의식과 함께 창조되나, 민중의 구비문학은 민중의 생활 경험 · 의식 · 가치관 등을 반영하고 때로는 지배층에 대한 비판과 항거를 드러내기도 한다. 나아가, 설화 문학은 민중의 문학인데 그치지 않고 민족문학적인 성격을 지닌다. 설화는 민족을 구성하고 있는 대다수 사람들이 공유하고 있는 문학이어서 사실상 생활 및 의식 공동체로서의 민족이 지닌 문학을 대표한다고 할 수 있다. 또한 설화 문학은 민족이 지닌 문학적 창조력의 바탕으로서 여러 형태의 기록문학을 낳게 한 바탕이 되기도 한다. 현대의 서사문학이 과거의 전통과 접맥되어 창조되고 있음은 설화의 생명력을 여실히 보여주고 있는 사례이다. 설화를 통해 우리 민족의 혼을 찾을 수 있음은 바로 이 때문이다.

설화 구연은 일종의 창작 행위이기도 하다. 자신이 기억하고 있는 이야기를 그대로 말하는 구연자는 흔치 않다. 구연자들은 입담 능력이나 기억력의 정도에 따라 들었던 이야기에 첨삭을 하면서 설화를 재현한다. 이러한 과정에서 설화의 이본이 생겨나며 이는 어엿한 창작행위로서의 성격을 지닌다. 이러한 개인적 창작은 공통적으로 존재하는 하나의 원형적인 형태를 공유하면서 공동작으로서의 집단 창작적인 요소를 지니고 있다. 따라서 설화 연구는 여러 이본에 대한 기본 구조, 분포, 기원에 대한 형태적 및 구조적 특성을 구명해야 한다. 이를 위해 이 책에서는 설화의 유형을 효행 열녀 설화 · 교훈 설화 · 지혜 설화 · 신화적 인물 설화 · 전설적 인물 설화 · 민담적 인물 설화 · 동식물 설화 · 지명 설화 · 풍수 설화 · 기타 설화로 분류하였다. 이러한 분류는 크게 보아 주제에 의한 분류라고 할 수 있다. 그런데 하나의 작품을 놓고도 한 주제와 다른 주제를 분리시키는 일과 그 변종을 골라 모으는 일은 결코 단순한 작업이 아니다. 예를 들어 하나의 설화가 효행, 열녀 설화의 측면과 인물 설화의 측면 그리고 교훈적인 측면을 동시에 공유할 수 있는 것이다. 따라서 설화 유형의 분류는 어느 정도 편저자의 주관에 의지할 수밖에 없다. 이 책에서는 이러한 분류가 가능한 한 객관성을 지니도록 노력했으나 이 역시 주관을 벗어나지 못한 점을 미리 알려 둔다.

이 책을 펴내는 데에는 많은 시간과 노력이 소요되었다. 1999년부터 지금까지 강원대학교 국어국문학과의 관련 교수, 대학원생, 학부생들은 현지를 답사하여 설화를 수집하고 정리 · 분석하는 작업을 계속해 왔다. 그 결과 이 설화 자료집에는 강원도 18개 시 · 군의 49개 동, 96개 읍 · 면, 346개 리에서 조사된 4,100여 편의 신화, 전설, 민담이 수록되어 있다. 이 책은 전체 6권으로 되어 있다. 강원도 전체 지역을 영서권과 영동권으로 나누고 영서권은 다시 영서 북부와 영서 남부로 나누었다. 영서 북부에 해당하는 지역은 1권(춘천시, 철원군, 화천군)과 2권(홍천군, 양구군, 인제군)에 실었고, 영서 남부에 해당하는 지역은 3권(원주시, 태백시, 횡성군),

4권(영월군, 평창군, 정선군)에 실었다. 영동권은 5권(강릉시, 동해시, 삼척시)과 6권(속초시, 고성군, 양양군, 북강원)에 실었다.

이 책을 내는데 있어 특히 한국학술진흥재단과 강원 도청의 재정 지원에 힘 입은 바가 컸고, 강원대학교 국어국문학과 누리(NURI) 사업단과 강원대학교 인문과학연구소 학술조사팀의 노고가 컸음을 밝힌다. 마지막까지 자료 정리 · 분류 · 교정에 애쓴 김효진 이효숙 선생과 양민희 양에게 고마움을 전하고 싶다. 일일이 거명하지 못하지만 이 자료집이 나오기까지 도움을 준 모든 이들에게, 그리고 조사에 적극적으로 응해준 많은 제보자들께도 감사의 마음을 전한다.

마지막으로 출판계의 어려운 사정에도 불구하고 강원도 설화의 전승과 보존에 관심을 갖고 출판을 기꺼이 맡아준 북스힐 조승식 사장님께 깊이 감사하는 마음을 표하고 싶다.

2006. 2. 22 백령서실에서

최 웅 · 김용구 · 함복희

일러두기

1. 설화마다 제보자 이름, 나이(조사 당시 나이), 성별, 주소, 조사 날짜를 실었다.
2. 증거물이나 설화 내용이 특정 지역에 부착된 것일지라도 구연자의 현재 주소 위주로 수록하였다.
3. 설화 기록은 구연자의 구술 그대로 표기하는 것을 원칙으로 하되 서사성을 고려하여 정리하였고, 알아듣기 어려운 방언은 주석란에 표준어를 밝혀 두었다.
4. 지명 유래담은 그 지역의 향토성을 나타낼 경우 서사구조가 소략한 경우도 싣는 것을 원칙으로 하였다.
5. 북강원 설화는 금강산 일대의 설화를 중심으로, 문헌 설화는 학술적 가치가 있고 향토성이 짙은 것들을 중심으로 기존 문헌에서 발췌하여 실었다.
6. 설화 내용 중 인물들의 대화는 인용 부호를 사용하였다.
7. 의미의 정확성을 위해 한자가 필요한 경우나 특이한 인물명, 지명은 ( ) 속에 한자를 병기하였다.
6. 각 설화 정보를 체계적으로 분류한 '설화 자료 코드'를 설화 제목 오른쪽에 두었다.

■ **설화 자료 코드**

시 · 군 고유번호 ┐ ┌ 읍면 내 자료번호

예 【C.1-5-14-10】

시 · 군 읍면 번호 ┘ └ 설화 유형 분류 번호

• 강원 도청에서 부여한 시 · 군 고유번호

1. 춘천시(C.1)	2. 원주시(W.2)	3. 강릉시(G.3)
4. 동해시(D.4)	5. 태백시(T.5)	6. 속초시(S.6)
7. 삼척시(S.7)	8. 홍천군(H.8)	9. 횡성군(H.9)
10. 영월군(Y.10)	11. 평창군(P.11)	12. 정선군(J.12)
13. 철원군(C.13)	14. 화천군(H.14)	15. 양구군(Y.15)
16. 인제군(I.16)	17. 고성군(G.17)	18. 양양군(Y.18)

( )은 각 시 · 군 영문 표기 첫 글자와 시 · 군 고유 번호를 적은 것임

• 설화자료를 유형화하여 부여한 번호

1. 효행열녀설화	2. 교훈설화	3. 지혜설화
4. 인물설화1(신화)	5. 인물설화2(전설)	6. 인물설화3(민담)
7. 동물식물설화	8. 지명유래설화	9. 풍수설화
10. 기타설화		

■ **강원도 설화 수집을 위해 애쓴 이들의 명단은 다음과 같다.**

최 웅, 김용구, 이대범, 함복희, 김동현, 김효진, 이광형, 반지영 정민영, 이효숙, 이은희, 양민희, 이한나, 최혜영, 신동일, 채 욱 박덕환, 엄유경, 이은미, 노형빈, 양경민, 고은희, 한아름, 김미나, 염국희, 진인숙

설화조사의 현장

설화 조사를 떠나기에 앞서

설화조사후의 정리

『강원설화총람』 권별 수록 차례

차 례

속초시

속초시

주요 제보자

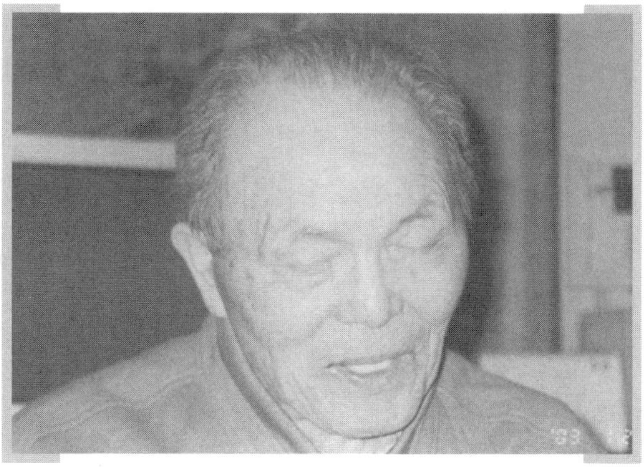

박인훈(교동)

최경랑(교동)

주요 제보자

최정옥(교동)

장헌영(동명동)

주요 설화 증거물

토왕성폭포

권금성

주요 설화 증거물

울산바위

흔들바위

1. 속초시 지역개관

속초시는 강원도 동해안의 북부에 있는 도시로, 동쪽은 동해, 남쪽은 양양군, 북쪽은 고성군, 서쪽은 양양군 · 고성군 · 인제군이 인접해 있다. 시청 소재지는 중앙동이다.

속초시는 본래 동예(東濊)의 땅으로 고구려 때 전성군(佺城郡), 신라 때에는 수성군(守城郡)에 속하였다. 고려 이래 양양군에 속하였다가 1895년 간성군(杆城郡)에, 1896년 8월 다시 양양군에 이속되었다. 1937년 속초리에 면사무소를 이전하면서 속초면으로 개칭하였다. 1942년에 읍으로 승격하고 1963년에 속초시로 승격시켰다. 1983년 2월 양양군 강현면 상복리 일부 지역이 설악동으로 편입되었고, 1990년 사진동과 장천동이 장사동으로 통합되었다. 1998년 다시 각 동을 통폐합하여 2003년 현재는 8개의 직할동이 있다.

속초시의 자연 환경은 다음과 같다.

시의 서쪽 설악산 부근의 태백산맥에서 갈라진 지맥이 동쪽으로 뻗어 주봉산 · 청대산 등 연봉을 이루고, 대포동의 외옹치리 해안까지 임박해 있다. 하천으로는 설악산에서 발원한 쌍천이 양양군과 경계를 이루면서 하류에 약간의 평야를 형성하고, 미시령에서 발원하여 대소 지류를 합류한 소야천은 유역에 기름진 소야평야를 발달시키면서 시의 중앙을 가로

질러 청초호로 흘러든다. 시가지 북쪽과 중부 해안에는 석호인 영랑호와 청초호가 있고, 청초호 바깥쪽에는 방파제 시설이 되어 있어 청초호는 좋은 항만 구실을 하며, 특히 풍랑 때 어선의 대피정박지로 이용된다. 동해에 면하기 때문에 해양성기후가 나타나며, 겨울에는 태백산맥이 한랭한 북서계절풍을 막아, 푄 현상이 있다.

농업은 밭농사보다 논농사 위주로 발달되어 있다. 주요 농산물은 쌀 · 감자 · 옥수수 · 콩 등이며 채소류는 오이 · 호박 · 배추 · 시금치가, 과일류는 복숭아가 많이 수확된다. 특용작물로는 들깨 · 참깨가 있다. 축산업의 경우 한우는 영랑 · 노학 · 대포동을 중심으로, 돼지는 노학 · 대포 · 교동에서, 닭은 노학 · 청호 · 대포동에서 많이 사육된다. 속초시는 남한 최북단에 위치한 어장의 중심어항으로서 어장에는 한류와 난류가 교류하여 어족이 풍부하다. 동해 앞바다에서는 명태 · 오징어 · 양미리 · 꽁치 · 노가리 · 문어 등이 많이 잡힌다. 속초항은 명태가 잡히는 겨울에 활기를 띠며 명태에서 나는 명란젓은 특산물이다. 대규모 공장은 별로 없고, 수산업과 관련된 조선 · 수리 · 기계제작소와 제빙 · 냉동 · 제재업 및 식품가공업 등이 발달되어 있는데, 특히 수산물을 조미 · 가공하는 식품가공업이 성하다. 수산업과 관련된 제조업체는 증가추세에 있다. 교통은 국도가 잘 개통되어 있어 간성 · 양양 · 강릉 지역과 쉽게 오갈 수 있다. 해상 교통은 속초항을 통하여 각 항구와 연락되고, 2000년 4월 18일에는 속초항과 러시아의 자루비노항 간의 항로가 개설되어 중국과 최단거리 교통이 가능해졌다. 또한 속초항을 통해 금강산 관광도 이루어지고 있다. 속초 비행장을 이용한 서울과의 정기 항공로가 개설 · 운항되고 있다.

교육기관은 2005년 현재 초등학교 11개교, 중학교 4개교, 고등학교 3개교, 대학은 경동대학교 · 관동대학교 공과대학 캠퍼스 · 동우대학이 있다. 문화행사로는 속초문화원이 주관하는 설악문화제가 있고, 해맞이 축제, 화랑 영랑 축제, 속초 해양 페스티벌 등의 각종 축제가 열린다. 민속놀이로는 지정다지기 · 든대질놀이 · 짱치기 놀이 · 가마싸움 놀이 · 만천광대놀이 · 장원놀이 등이 있다. 이 밖에 설악산 국립공원의 일부를 비롯하여 속초해수욕장 · 척산온천 · 영랑호(永郎湖) 등 관광자원이 많다.

설악동에 향성사지삼층석탑(보물 443)와 설악산 천연보호구역(천연기념물 171), 설악동의 소나무(천연기념물 351) 등 국가 지정문화재가 있다.

2. 속초시 설화의 현황과 특징

속초 지역 현지 조사를 통해 얻은 설화의 자료 수는 총 121편으로, 교동 46편, 금호동 1편, 노학동 14편, 동명동 2편, 영랑동 8편, 조양동 46편, 중앙동 4편이다. 각 동별 주요 설화의 현황과 특징을 살펴보면 다음과 같다.

교동에서는 지역에 관심과 애정이 많은 박익훈 제보자께서 고령임에도 불구하고 설악산의 울산바위, 모연암, 영시암, 오세암 등과 관련된 이야기를 역사적 사실과 여러 문헌의 고증을 토대로 기억하여 구연하였다. 특히 서인 노론계 인사들과 속초 설악산과의 친연성이 강조되었다. '영시암과 김창흡', '오세암과 김창흡', '송시열과 물치' 등의 이야기가 그것이다. 그런데 이는 구전된 자료가 아니라 제보자의 학습에 따른 자료이므로 전승의 폭은 그리 넓지 않다. 울산바위 이야기를 제외하고 교동은 물론 속초 전 지역에서 이와 유사한 내용의 설화는 전승의 폭이 넓지 않은 것이다.

노학동은 속초시의 관문으로 전형적인 농촌 지역이었으나 관광객이 급증하면서 관광 휴양시설 및 특산물 판매장이 늘어나고 있다. 전통 가옥보다는 주변에 생긴 아파트가 노학동 주민의 주된 주거 공간이다. 주로 채록된 이야기는 도깨비와 관련된 민담이다. 노래를 잘 부르는 혹을 가진 혹부리 영감과 그것을 질투하는 이웃 욕심쟁이 영감의 이야기 등은 이미 우리에게 익숙하게 알려진 이야기이다. 또 꿈속에서 본 도깨비에 대한 이야기 등은 보편적인 화소를 지닌 것들이다.

조양동에서는 속초의 지형 · 지물과 관련 있는 이야기와 지역적인 연고가 없는 이야기가 두루 전승되고 있다. 조양동에서도 역시 설악산에 있는 울산바위가 '울산'이라는 이름을 갖게 된 경위와 그 울산바위에 세금을 받으러 온 울산 군수를 지혜로 돌려 보낸 소년의 지혜담이 구체적으로 전승되고 있다. 한편 조양리 16통은 속지명이 청대리인데, 이는 청대산이 자리잡고 있기 때문이다. 청대리에서는 산과 관련된 호랑이 이야기, 청대산 신목과 그를 없애고자 했을 때 생기는 동티에 대한 이야기가 널리 유포되어 있다.

속초시는 주변의 설악산 국립공원과 동해 바다가 어우러져 관광지로 각광을 받고 있는 도시이다. 이로 인해 전통적으로 농업을 수행하며 주거를 겸했던 공간이 호텔 · 온천 등의 관광지로 개발 전환되면서 주된 삶의 터전은 도심으로 옮겨오게 되었다. 도심에는 고층 아파트들이 들어서고 있으며 도심 지역에는 토박이보다는 이주민들이 많이 살고 있다. 주거의 형태가 아파트로 변모하며 전통적인 상황의 설화 전승의 장은 좀처럼 마련되기 힘든 실정이다. 그나마 많은 세대가 밀집한 아파트에는 노인회관이 있어 주변에 거주하는 노인분들이 함께 모일 수 있는 공간이 된다. 그러나 토박이보다는 이주민이 많이 살고 있기 때문에 이야기를 전해주고 또 이를 기억하여 전승할 수 있는 여건은 마련되기 힘들게 되었다고 보겠다.

이상에서 살펴본 속초 지역의 설화적 특징을 정리하면 다음과 같다.

첫째, 지명 유래 설화가 많지 않다는 점이다. 대체로 강원 지역의 설화는 지명의 유래와 관련된 설화가 많이 전승된다. 이러한 현실로 강원도 지역의 지역적 특성과 부합하는 것이다. 그러나 속초는 토박이들이 그다지 많지 않고 관광 산업의 발달로 인해 도시의 형태가 많이 변화하고 있기 때문에 골짜기나 들, 바위, 소(沼) 등에 얽힌 지명 유래는 그다지 많이 전승되지 않고 있다. 그리고 유래를 지니고 있는 것이라 하더라도 근세의 것이 있을 뿐이다. 영금정 유래 등이 그 예에 속한다.

둘째, 주로 도깨비 · 호랑이 등과 관련된 민담이 전승되고 있다는 점이다. 이런 설화들은 어떤 지역적 특색을 드러낸다기 보다는 우리나라 전역에 널리 전승되는 이야기와 유사한 보편성을 띠고 있다. 도깨비와 사귀어 부자가 되었다는 이야기의 경우도 특정한 지역을 '도깨비터'로 지적하지 않고, 호랑이에게 물려가 호환을 당한 이야기의 경우에도 어느 지역에 '호총'이 있음을 지적하지 않는다. 역시 이러한 특성이 나타나는 이유도 토박이보다는 이주민이 많은 탓으로 생각해 볼 수 있다.

셋째, 설악산과 관련된 설화가 적극적으로 전승되고 있다는 점이다. 특히 울산바위에 얽힌 이야기는 속초 전 지역에서 널리 전승되고 있다. 울산바위가 설악산으로 와서 자리 잡게 된 사연, 울산 군수가 해마다 속초에 와서 세금을 받아갔다는 점, 울산 군수의 횡포를 꼬마가 꾀로 물리치게 된 사연 등의 전승 화소는 지역적인 차이를 보이지 않으며 동일한 양상으로 전승되고 있다.

지역의 유래나 선조들의 지혜를 알 수 있는 값진 설화들은 이것을 알고 있는 노인들이 점차 고령화됨으로 인해 기억력에만 의존할 수 없게 되었다. 그렇기 때문에 구비전승을 통해서만은 더 이상 그 명맥을 유지할 수 없는 실정이다. 더욱이 학업이나 취업을 위하여 고향을 떠나 대도시로 모여드는 지금의 추세로는 전통적인 가족의 형태도 유지할 수 없는 실정이기에 설화를 알고 있다한들 구연할 장소도, 그것을 들을 청중도 구성되기 힘들다. 설화를 채록하는 답사는 서둘러야 되고 지속되어야만 할 당위성이 여기에 있는 것이다. 우리 문화와 지역의 유래에 대한 관심이 끊임없이 지속될 때, 그 지역은 역사와 전통을 오래도록 유지할 수 있을 것이다.

3. 속초시 설화의 유형별 분류표

유형 / 면	면별 설화 유형 분포										
	효행 열녀 설화	교훈 설화	지혜 설화	인물 설화1 (신화)	인물 설화2 (전설)	인물 설화3 (민담)	동물 식물 설화	지명 유래 설화	풍수 설화	기타 설화	계
교동					16	2		22	4	2	46
금호동						1					1
노학동					1	6	4	3			14
동명동								2			2
영랑동						1	1	2	1	3	8
조양동		5			6	9	6	17	3		46
중앙동	1				1	2					4
계	1	5			24	21	11	46	8	5	121

4. 속초시 설화 조사지역 및 분포도

속초시 설화 조사지역

교동 설화 분포도

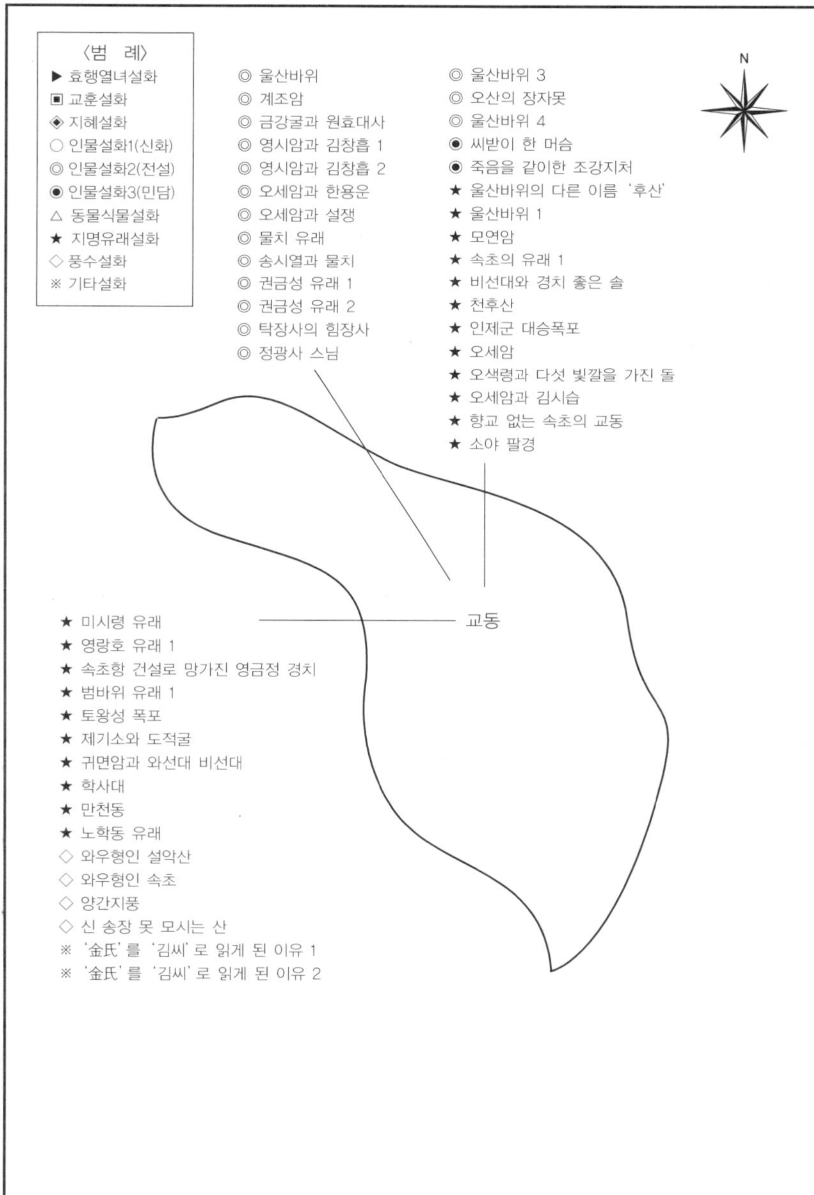
〈범 례〉
▶ 효행열녀설화
▣ 교훈설화
◈ 지혜설화
○ 인물설화1(신화)
◎ 인물설화2(전설)
◉ 인물설화3(민담)
△ 동물식물설화
★ 지명유래설화
◇ 풍수설화
※ 기타설화
N
◎ 울산바위
◎ 계조암
◎ 금강굴과 원효대사
◎ 영시암과 김창흡 1
◎ 영시암과 김창흡 2
◎ 오세암과 한용운
◎ 오세암과 설쟁
◎ 물치 유래
◎ 송시열과 물치
◎ 권금성 유래 1
◎ 권금성 유래 2
◎ 탁장사의 힘장사
◎ 정광사 스님
◎ 울산바위 3
◎ 오산의 장자못
◎ 울산바위 4
◉ 씨받이 한 머슴
◉ 죽음을 같이한 조강지처
★ 울산바위의 다른 이름 '후산'
★ 울산바위 1
★ 모연암
★ 속초의 유래 1
★ 비선대와 경치 좋은 솔
★ 천후산
★ 인제군 대승폭포
★ 오세암
★ 오색령과 다섯 빛깔을 가진 돌
★ 오세암과 김시습
★ 향교 없는 속초의 교동
★ 소야 팔경
교동
★ 미시령 유래
★ 영랑호 유래 1
★ 속초항 건설로 망가진 영금정 경치
★ 범바위 유래 1
★ 토왕성 폭포
★ 제기소와 도적굴
★ 귀면암과 와선대 비선대
★ 학사대
★ 만천동
★ 노학동 유래
◇ 와우형인 설악산
◇ 와우형인 속초
◇ 양간지풍
◇ 신 송장 못 모시는 산
※ '金氏'를 '김씨'로 읽게 된 이유 1
※ '金氏'를 '김씨'로 읽게 된 이유 2

노학동 설화 분포도

〈범 례〉
▶ 효행열녀설화
▣ 교훈설화
◈ 지혜설화
○ 인물설화1(신화)
◎ 인물설화2(전설)
◉ 인물설화3(민담)
△ 동물식물설화
★ 지명유래설화
◇ 풍수설화
※ 기타설화
N
◎ 청초호, 영랑호의 용상
◉ 사람을 홀리는 도깨비
◉ 도깨비와 혹부리 영감
◉ 바다 도깨비
◉ 해와 달이 된 오누이
◉ 할머니를 도운 지게, 멍석, 맷돌
◉ 나그네와 죽은 남편
△ 호랑이와 배짱 큰 영감님
△ 두꺼비 현몽으로 부자된 영감
△ 제삿밥과 호랑이
△ 부원리에 나타난 호랑이
★ 도깨비로 변한 빗자루
★ 범바위 유래 2
★ 울산바위 5
노학동

동명동 설화 분포도

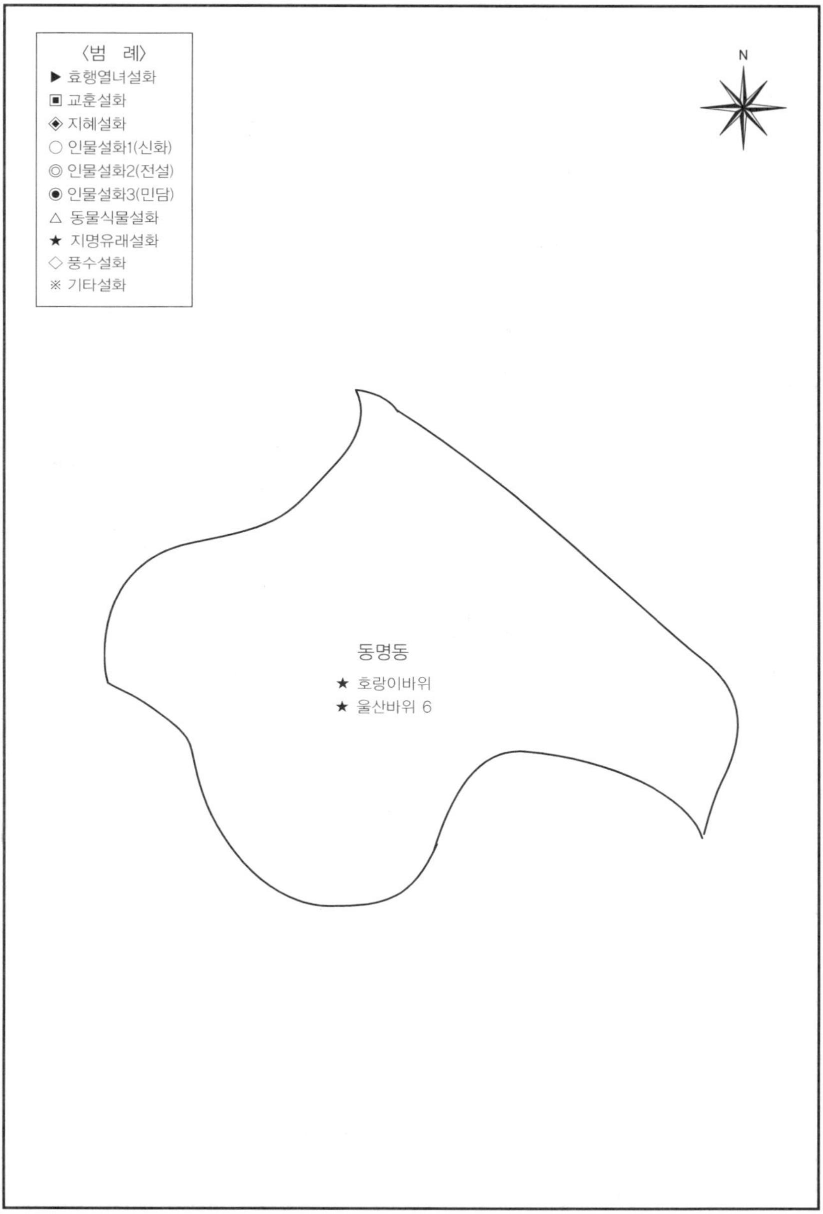
〈범 례〉
▶ 효행열녀설화
▣ 교훈설화
◈ 지혜설화
○ 인물설화1(신화)
◎ 인물설화2(전설)
◉ 인물설화3(민담)
△ 동물식물설화
★ 지명유래설화
◇ 풍수설화
※ 기타설화
N
동명동
★ 호랑이바위
★ 울산바위 6

영랑동 설화 분포도

〈범 례〉
▶ 효행열녀설화
▣ 교훈설화
◈ 지혜설화
○ 인물설화1(신화)
◎ 인물설화2(전설)
◉ 인물설화3(민담)
△ 동물식물설화
★ 지명유래설화
◇ 풍수설화
※ 기타설화
N
◉ 도깨비불
△ 서낭대 호랑이
★ 범바위 유래 3
★ 영금정
◇ 기자바위인 장ㅋ위
※ 김이 나는 마당바위
※ 서낭당과 5월 단오굿
※ 산에 가서 빌고 아들을 낳다
영랑동

조양동 설화 분포도

〈범 례〉
▶ 효행열녀설화
▣ 교훈설화
◈ 지혜설화
○ 인물설화1(신화)
◎ 인물설화2(전설)
◉ 인물설화3(민담)
△ 동물식물설화
★ 지명유래설화
◇ 풍수설화
※ 기타설화

▣ 지혜로 빚을 갚은 시골 사람
▣ 속 깊은 며느리
▣ 울산바위 7
▣ 집지킴이 2
▣ 새끼줄로 만든 터널
◎ 거제도 포로수용소와 도깨비불
◎ 단종대왕과 동티
◎ 장화홍련
◎ 용수골 물귀신
◎ 에밀레종
◎ 울산바위 9
◉ 아기신랑
◉ 도깨비터
◉ 도깨비가 이어준 인연
◉ 주인의 돈을 찾아준 일꾼
◉ 호랑이집에 들어간 세 사람
◉ 지혜로 부자집에 장가간 총각

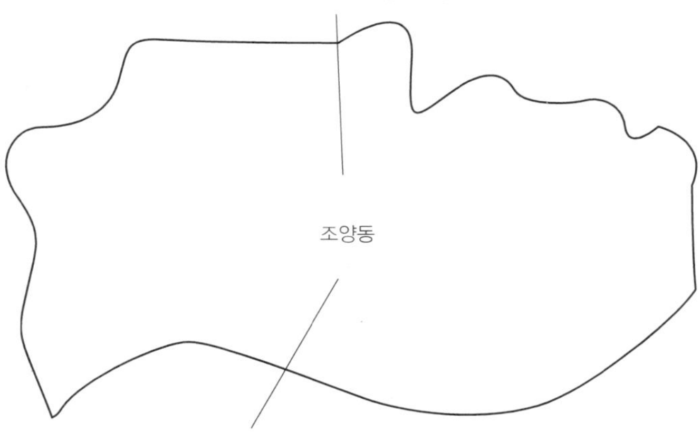

◉ 부정한 제삿밥과 동티
◉ 불효 신랑 핑계로 도망간 며느리
◉ 청초호
△ 집지킴이 1
△ 청대산 호랑이
△ 애총과 꾀많은 여우
△ 청대산 신목과 동티 1
△ 여우 낳은 아주머니
△ 청대산 신목과 동티 2
★ 흔들바위
★ 범바위 유래 4
★ 덤바우골과 할미골
★ 산적들이 사람 죽인 싸리재
★ 울산바위 8
★ 두루봉
★ 울산바위와 닮은 달마봉
★ 권금성 유래 3
★ 설악산
★ 속초의 유래 2
★ 학사평
★ 대포항
★ 미시령 잘바우
★ 오색약수터
★ 영랑호 유래 2
★ 목우재
★ 단양 장씨 청초 선생과 청초호
◇ 태백산 이무기와 물난리, 불난리
◇ 서낭당과 마을 재앙
◇ 단양 장씨네 명당

중앙동 · 금호동 설화 분포도

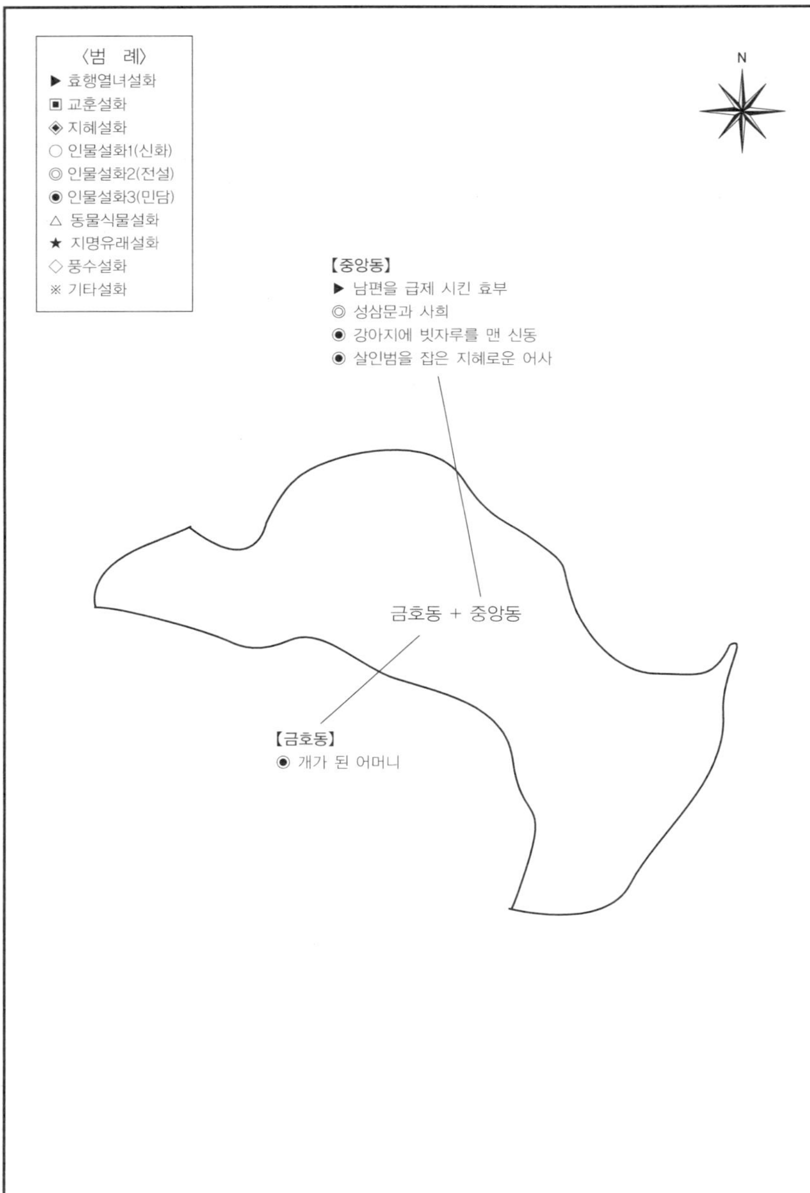

5. 설화 자료

교동

교동은 일반적으로 향교가 있었던 마을을 교동이라 하나 속초는 옛 고을 중심지가 아니어서 향교가 없었으므로 그것과는 관련이 없고 다만 속초중학교가 위치했었기 때문에 교동이라 명했다고 한다. 1998년 10월 17일 일부 지역은 청학동과 통합해 교동으로 남아 있고 일부 지역은 노학동으로 편입되었다.

박익훈(88, 남) 속초시 교동 현대1차 아파트 5동 205호
(박익훈 제보자께서 들려주신 설화 자료는 1번부터 28번까지이다.)

박익훈 할아버지께서는 초등학교 교장으로 퇴직하셨다. 사학에 취미가 많으시고 특히 시조 창작에 열중하셔서 창작 시조집을 내시기도 하신 분이다. 지명 유래를 중심으로 이야기 보따리를 풀어 놓으셨다.

1. 울산바위 1 【S.6-1-1-8】

울산바위하면 그 이름이 아주 여러 가지 있어요. 왜 울산바위라 하느

냐. 본래는 이 동국여지승람에 나와 있기를 이산이라고 나와 있어요. 저 대죽 밑에 떠날 리하는 그게 울타리 있죠. 그저 울타리 이. 그래 이산. 울타리산이다.[1)]

왜 울타리산이냐 하면 바위가 울타리같이 둘러싸여 있는 바위이기 때문에 그 이름을 울산바위라 한다. 그런 얘기하고, 그래서 그걸 이산이래는데, 우리말로 번역하며는 울타리라는 울하고, 산이라는 산하고 울산이거든. 그래니 그거 울산이라 하니까 모두 일반 대중이 이산이라는 울산은 모르거든. 그건 어려우니까 모르고 그게 경상도 울산시가 있는 울산이 있으니까 울산서 왔다 해서 울산바위라 한다구요.

2. 울산바위의 다른 이름 '후산' 【S.6-1-2-8】

또 한 가지는 그걸(울산바위를) 후산[2)]이라고 그래요. 후산이란 게 입구 옆에 공자라는 공자. 그게 뭐냐면 소 울음소리 후자거든. 그 바람이 불면 그 바위에서 후 하고 소 울음소리 난다 해서 후산이라 그래고. 천후산, 후산이라. 천후산. 하늘 천(天)자, 그 울음 후(吼)자 뫼 산(山)자. 하늘이 우는 산이다. 그래서 천후산이라 그러고. 그래 두 가지 얘기가 있는데. 그 천후산은 거기 가면, 그 울산바위 가면 이 바위가 구멍이 이렇게 아주 그 난 데가 많애요. 바램이 부니 그 바램이 구멍에 드가서 인제 울려서 나오니까 우 하고 소리가 나온다 그래. 그래서 천후산이라. 하늘이 우는 산이다. 그런데 그 기록은 택당 이식 선생이라고 어 임교 때, 임교 24년인가? 간성 군수로 와 있었어요.[3)] 고성. 그 때는 간성면인데 그 군수로 와 있을 때 자기가 그 군수로 있으니까 거다가 인제 택당집이라는 자기의 인제 자서전을 하나 써 놓은 게 있어요. 그것이 그 택당 선생 11대손인

---

1) 이산: 籬山

2) 후산: 吼山

3) 이식은 실제로 인조 9년(1631년)에 간성 현감으로 부임해 왔다.

가? 원주에 사는 종손이 있어요. 고성군에서 군지를 발간하려고 하니까 옛날 역사적 그 자료가 없다 이기예요. 그래 수소문해 보니까 원주에 택당 이식 선생 종손 11대손인가 그 살고 있다 이래. 그래 거기 가면 택당 선생에 관한 뭐가 있겠지 하고 찾아가니까 그게 인제 택당집이라고 저 개인 자서전을 써 놘 게 그게 간성지라는 그 간성군지가 그 책속에 같이 쓰여 있다 이거야. 거기에 인제 천후산이라고 써 있대. 그 천후산이라 써 있는 것도 역시 그 설명이, 그런 내용이 그 쓰여 있고. 그래서 이 본래 이 울산바위는 고성군에 속해 있었드래, 그전에.

3. 모연암 【S.6-1-3-8】

그 지금은 속초에서 그걸 관리하고 있지만 옛날엔 그 고성군에 속해 있던 거에요. 그래서 그 뒤에 울산바위 고성 쪽으로 가다가 보면 암자가 하나 있어요. 암잔데 그 암자는 아주 큰 그 뭐야 계조암 같은 게 그 있지요? 가봤지요? 계조암. 울산바위 밑에 계조암이란 암자. 돌구멍이 이런 안에 인제 암잘 지어놓고 스님이 그 수도하는 그걸 계조암이란 게 있어요. 그 옆에 또 북쪽으로 가면 고성 가는 쪽에 또 암자가 하나 있는데 그걸 모연암이라고 인제 이름을 짓고 있지요. 그전엔 그 암자 이름이 없었어요. 근데 모연암이 그 것도 역시 굴 안에다가 부처님을 모시고, 이런 이만한 방같이 맨들어 놓고 인제 수도승이 그 지금 여자 처녀승이 거게 수도하고 있어요. 근데 그 처녀가 자기 어머니가 거게 수도하고 있다가 돌아갔다 해서 어머니와 인연이 깊다 해서 그 굴 이름을 모연암[4]이라. 어멈. 어미 모(母)자. 인연 연(緣)자. 어머니와 인연이 있는 암자다. 그래 모연암. 나는 처음에 한글로 모연암이라 써 놨기 때문에. 아, 저문 모(暮)자. 연기 연(煙)자. 저문 날 연기. 그 아주 풍유적으로 좋은 이름이다 했더니 아니 그게 아니라고 그래요.

---

4) 모연암: 母緣庵

4. 울산바위 2 【S.6-1-4-5】

근데 그 얼매나 그 잘 싸고 해 놓았는지 속초군에서 아주 지금도 완전하게 남아 있고 그 절은 없어지고 기왓쪽하고 그 주춧돌이 남아 있어요. 근데 그 절터 이름을 무신 절이 터냐 모른다 이기야. 암만 찾아도 이 부근에 있는 스님 전부 물어 봐도 아는 사람 하나도 없어요. 근데 내가 우연히 그 택당집을 읽다가 보니까 그게 거서 그 절 이름이 나와 있어. 보현사. 보현사의 절터다 그 나와 있어요. 그 신라 때 그 지었던 절터래. 그런데 인제 말이 울산바위라는 거는 그래 울산서 왔다고 해서 울산바위라. 여기에 대해서 전설이 있어요.

그래 어떤 전설이 있냐 하면은, 조믈주가 금강산을 만드는데 대한민국에 있는 명산이란 명산은 다 오너라. 소집을 했다 이기야. 그래 울산바위는 울산서 거 금강산까지 거리두 관계도 있고 멀구 또 덩치가 크니까, 바위가 산이니까 덩치가 크니 가기가 힘들었다 이기야. 그래 개우(겨우) 천신만고 해서 그리로 갔다 이기야.

금강산을 가니 금강산을 다 만들었다 이기야. 만들었다 이긴데 그 조물주가 하는 말이,

"너 오느라고 수고했는데 인제는 금강산을 다 만들었으니까 너 있을 자리가 없구나. 이왕 왔으니 저 끝줄에 저기 가서 있을라거든 있거라."

그래 울산바위가 생각해 보니 그 힘을 내서 그까지 갔는데 저 발치에 하찮은 곳에 가서 있으니 아주 기분이 나쁘다 이기야.

"에이 씨, 우린 거기 못 있겠다. 돌아가자."

그래 돌아오다가 가만히 생각하니 울산바위, 울산까지 가자면 여간한 힘이 안 되거든. 그래,

"에이 이왕이면 여기 경치 좋은 곳에 가서 고마 거기 가서 우리 자리 잡고 있자."

그래 오다가 보니까 지금 울산바위 있는 터가 자기들 생각에는 아주 좋

은 명산 자리, 명당 자리다. 그래 거기 와서 있다 해서 울산바위란 전설이 나왔거든.

그런데 인제 전설은 그런 전설이 나왔는데 동시에 신흥사에서는 큰 골칫거리가 생겼다. 왜? 울산서 울산바위가 거 있음으로써 아주 이름이 높다고 울산 원님이 해년마다 세금 받으러 오거든.

"울산바위 때문에 너가 이름이 나니까 세금을 내라."

그거야. 그 때는 어 그 배불숭유주의거든. 불교를 배척하고 조선 왕조 때니까 유교를 숭상하는 그 때거든. 그래니 그 때 원님이라는, 고려 때는 중이 힘을 썼지마는 조선왕조서부터는 유교문화가 되니까 고마 중이 아주 천대를 받게 됐다 이거야. 그래 원님이 온다면 아주 뭐 설설 기어야 될 판이야. 그래 원님이 와서 돈을 내래니 그래 몇 해를 물어보니까 아이 세금이, 세금이 해년마다 올라가네. 그래 나중에는 막대한 세금을 내야 한다네. 그래 그 때 절간 형편으로는 그 막대한 돈을 낼 그 자본이 없다 이기야. 없으니까 걱정을 인제 며칠 있으면 울산 원님이 오시는데 그 돈을 준비 못 해 가지고 큰 걱정을 하고 있는데 그래 조그마한 동자승이, 그 어린 스님이 인제 동자승이 이래 보니까 주지스님이 아주 걱정이 많으신데 무엇 때문에 걱정하는지 모르겠다 이거야. 그래 하루는 그 주지스님을 보고,

"왜 무슨 일로 그렇게 걱정하십니까?"

그러니까 스님이, 주지스님이 하시는 말씀이,

"야, 너가 알 바는 아니다."

그래니,

"뭐 내나 걱정을 하지 니조차 걱정을 할 필요가 있느냐."

고 안 가르켜주구, 동자는 자꾸 물어대거든.

"혹시 제가 어린 소견이지만 혹시 도움이 될런지도 모르니까 그 왜 걱정하는지 알려주시오."

그래 할 수 없이 인제 그 주지스님이 동자승에 그런 얘기를 할 수 없이

했단 말이야.

"아, 세금이 자꾸 올라가니 이제 며칠 안 있으면 원님이 오시는데 원님이 돈 안 받으러 와도 설설 길 판인데 돈 받으러 오는데 돈은 없지 이 어떡하느냐 그래서 걱정한다."

그래 그러니 야가 하는 말이,

"아, 그것은 뭐 걱정할 게 없습니다."

"니가 뭔 그 계획이 계책이 있어서 그런 얘기를 하냐?"

하니까,

"아 걱정 마시오. 그 날 원님이 오시거든 나를 그 자리에 불러주시오."

"니가 어떻게?"

"아, 그 날 불러주시면 내가 해결해 드리겠습니다."

그래 주지스님은 지가 뭘 그, 그런 어려운 문제를 해결할까 하고 인제 생각하고 있는데 원님이 딱 왔다 이기야. 그러나 돈은 없지. 쥐가 궁하면 고양일 문다는 얘기가 있어. 딱 그 짝이야. 아주 사람은 궁지에 처하면 아주 못할 일이 없다 인제 그런 얘긴데, 그래니 조그만 어린애도 이게 뭔가 그 생각이 있을런지도 모르니까 가서 그 청했단 말이야. 청하니까 원님이 이래 보니 쪼그만 동자 녀석이 그 와 앉았는데 그래 원님이 인제 그 세금에 대해서 주지하고 말을 나누고 있는데 야가 이래 옆에 앉아 있다 하는 말이,

"그 돈 못 냅니다."

"야, 요놈 봐라. 너 왜 돈 못 내느냐?"

"원님이 돈을 내야 됩니다."

"그, 내가 왜 돈을 내야 되느냐?"

"그 울산바위가 여기 와 있기 때문에 그 공간이 그만큼 점령됐다. 바위에. 그래니 농사를 지었으면 그 땅이 얼마나 넓겠는데 그 바위 때문에 농사도 못 짓고 고마 아무 소용이 없는 땅이 됐으니까 그 손해배상을 내야 됩니다."

아무리 어린애가 말을 해도 원님이 생각해 보니 그것도 이치는 그렇거든. 그래 원님이 답변할 뭐이가 없단 말이야. 그래 가마 한참 생각하다 원님이 연구를 해 냈단 말이야. 뭘 연구를 핸고 하니까,

"오냐, 내가 그럼 울산바위를 가져갈 테니까 돈을 못 내거든 울산바위 가져 갈 테니까 그 가져갈 준비를 해 놔라."

"그럼 준비를 어떻게 하면 됩니까?"

"준비를 재를, 불태운 재, 재를 가지고 새끼를 꼬아서 울산바위를 묶어 놓으면 그걸 내가 그 새끼, 재 새끼줄을 끌고 울산까지 가겠다."

그래. 그래 원님이 생각에는,

'지가 아무리 머리가 좋다고 해도 재를 가지고 새끼를 꼴 재주는 없으리라.'

이렇게 생각했거든. 그래니까 그 동자승이 하는 말이,

"예. 꼬아 놓겠습니다 "

"이것 봐라. 저게 어떻게 꼬는가?"

하고 걱정이라.

"그러면은 언제쯤 오실랍니까?"

"그래 몇 년 며칠 날 내 오겠다."

그래 놓고 원님이 갔다. 갔는데 주지스님이 가마 생각하고 보니 이거 허무하기 짝이 없거든. 되지도 않을 일을 이 녀석이 얘기해서 내중에는 절간이고 뭐고 목이 달아날 판이잖아. 그래서,

"니 우태[5] 할라고 그래 말했냐?"

"걱정 마시오. 내가 다 새끼, 재 새끼를 꼬아 놓을 테니까 걱정 마세요."

"그, 재 새끼를. 보통 새끼도 못 꼬는데 재 새끼를 우태 꼬나?"

"보시오."

그래 야가 원님이 오실 때, 올 때가 가까워 오니까 동네 인부들을 동원

---

5) 우태: 어떻게

을 시켜서 인제 풀을 막 벴다. 풀단. 단을 베 가지고 그 단을 새끼처럼 엮어서 그 울산바위를 둘러쌌단 말이야. 그래 이 내일쯤, 오늘 저녁에 그다[6] 빠짝 말란 데다 불을 질렀다. 불을 질러 놓으니 다행히 바람도 안 불고 그래서 그 탄 자리가 새끼 같은 게 그냥 남아 있단 말이야.

그래 이제 원님이 또 왔네. 지가 아무리 머리가 좋단들 재 새끼는 못 꼬겠지 했는데, 아 웬 거를, 천만 딱 가 보니까 아 재를 가지고 새끼를 꼬아서 묶어 놨다. 그래서 원님이,

"아, 할 수 없구나."

하고 그냥 세금을 포기하고 가버렸단 말이야. 그래서 울산바위의 전설이 생기게 됐어. 그런데 어떤 사람은 말쟁이 얘기지. 그 울산바위로 해서 속초라 한다. 왜, 울산바위, 풀, 풀을 저 묶었다. 풀단을 가지고 묶었다 해서 속초라 한다. 이런 얘긴데 그거는 사실 허무한 얘기고.

5. 와우형인 설악산 【S.6-1-5-9】

그래고 사실 왜 속초라 하느냐. 이 설악산은 와우형이다 이거야. 소가 누워있는 형. 누울 와(臥)자, 소 우(牛)자, 형, 모양이라는 형(形)자. 그 와우.[7] 소가 누워있는 형인데, 풍수지리설이 그래 됐다.

그래, 왜 그러냐면 대청봉이 소머리라면 저기 가다 보면 귀때기청봉이란 게 있어요. 저 대승폭포가 있는데 인제를 여기 한계령을 넘어가는데 넘어가다가 저기 보면 장수대란 게 있어요. 거기서 저 이 오른쪽으로 여기서 내려가다 오른쪽으로 올라가면 대승폭포란 폭포가 있어요. 그 폭포가 있는데 거기 가면 거 거 폭포 뒤를 넘어가는데 고 넘어가면 귀때기청봉이라는 게 있어요. 그래 왜 귀때기청봉이냐. 소귀에 해당한다고 해서 그 것은 귀때기청봉이라 그러는데 이것도 한 전설이죠.

---

6) 그다: 거기다가

7) 와우: 와우(臥牛)

그리고 또 그 담에는 백담사 들어가는 인제 백담사 들어가는 골짜기 있거든. 그 골짜기를 옛날에는 그 우족동이라고 했어. 소 우(牛)자. 발 족(足)자. 소 발 동네라. 그게 인제 설악산이 와우형이라는 건데 청봉은 머리요. 귀때기는 귀 있는 데요. 그 담에 우족동은 소 뒷발에 해당하는 그 고을이 백담사 들어가는 쪽에 있대. 소 뒷발에 해당하는. 그래 우족동이라는 말이 있는데, 이 우족동이라는 말은 옛날부터는 전해왔지만 지금 젊은 사람은 아는 사람이 하나도 없대요.

6. 와우형인 속초 【S.6-1-6-9】

그런데 속초는 이 저 조도 밖에 앞 바다에 가서 배를 타고 보면 속초 지형이 소가 누운 거 같애. 속초 지형도. 설악산도 그런 소가 누운 형 같지만 속초도 그렇게 생겼다 이거야. 그래 지금 속초 소머리에 해당한 건 지금 등대 있는데 거기가 소머리에 해당하고 지금 갯배가 건너 댕기는데 거기가 소 앞발에 해당하는. 그 담엔 저 청호동 해수욕장, 조양동 해수욕장이나 청호동 건네로 들어가는 거기가 소 뒷발에 해당해. 그래고 저 대포동 그 저기 뭐야 외옹치, 그 재. 그 줄기. 그 끝출이 소꼬리에 해당한다. 그래서 왜 그러면 소가 있는데 우째 속초냐. 옛날에 지금 영금정 있는 데에 산이 하나 있는 걸 깎아서 거기다가 경비소를 지었다 이거야. 지었지마는 옛날에는 산이 두 개나 있었던 게야. 그게 두 개나 있었는데 하나는 송도라 이거야. 소나무 송(松)자, 섬 도(島)자. 산 하나는 송도라고 하고 하나는 비선대, 비선대라 이거야

7. 비선대와 경치 좋은 솔 【S.6-1-7-8】

비선대는 비밀이라는 비(秘)자, 신선 선(仙)자. 신선이 비밀히 남몰래 와서 놀던 곳이다. 하도 경치가 좋아서 신선이 와 놀았다 그래서 비선대래. 내가 이 속초 온 지 벌써 40년 되는데 그 때만 하더래도 지금 경비소 있는 데에 그 솔이 하나 있었어. 솔이 하나 서 있는데 아주 고불고불한

게 용같이, 용트림같이 구불거려. 아주 경치 좋은 솔이 하나 있었어. 근데 동국여지승람에 보면 그게 하도 먼데 가 보면 그 솔 있는데 솔 있는데로 올라가는 길이 아주 그 나와 있고 그것이 먼 데서 보면 아주 경치가 좋아서 비선대라고 부른다. 그 기록이 지금 있어요. 근데 그 솔 밑에 거게 정자가 있었다고. 그 사람들 하도 경치가 좋아 만들어 놓은 정자가 있다가 그거 다 없어지고 솔, 그 소나무도 해양경찰대, 그 경찰서에서 인제 빨갱이 공군이 많이 나타난다고, 이제 보초선다고 그다가 이제 경비소를 지었는데 솔을 베 버리고 그다 지었다 이기야.

8. 속초의 유래 1 【S.6-1-8-8】

영금정에 대해서는 그런데 그 송도란 섬이 푸른 산이 소가 누워있는 고 앞에 푸른 솔, 솔이 풀단같이 보인다 이기야. 그래 누워있는 소, 소가 그 앞에 있는 풀을 먹고 일어서면 큰일 난다. 그래 속초, 속초는 미래지향적 발전할 수 있는 그런 도시다 해서 속초라 한다고.

그래 소 앞에 풀단이 있다는, 풀단을 속초, 묶을 속(束)재, 풀 초(草)재, 풀을 묶어 논 단이 거 있었다 그래. 손초란 이름은 와우형인데 거기에다, 거기에서 소가 풀을 먹고 일어서면 활동할 수 있다. 그래서 속초는 앞으로 발전할 수 있는 도시다 해서 속초라 한다고. 그거는 인제 여기 고등학교 선생 있는데 역사를 연구하는 사람이 있어. 이 사람이 중앙에서 지리, 전국 지리지를 만드는데, 속초를 아는 사람이 없으니 이 사람이 자기가 아는 척하고 그것을 뭐라고 써 놨냐면 속초는 속세풀이 많아서 속초라 한다. 이렇게 인제 책에 나와 있어요.

그것 땜에 속초의 원로회에서 그 말이 나왔어요. 그래 거게 지금 김종록이란 사람이 그전에 문화원장도 하그 속초에 어릴 때부터 살았던 분인데, 그 분이 얘기하기를, 할아버지가 얘기하기를 속초는 그래서 속초라 한다. 와우형이라서 속초라 한다. 그길 들었다 이기야. 근데 이 사람은 양양 사는데 아무 것도 모르고 지가 잘난 척하고 어데 가도 속초요. 이 얘기를 떡하니 동네가 전부 죽는다 해서 자기 죽을 목숨이다 인제 같이 죽는단 말인가? 그래서 내가 그 속초 지명의 재조명이라 하고 그 글을 써 낸 게 있어. 근데 지금은 그 사람이 그기에 대해서 얘길 일체 안 하지. 하믄 욕먹거든. 그 풀단을 묶어서 속. 그게 속세풀이 많이 있다는 속초는 무미건조하단 말이야. 이름도 그게 그러게 내가 그 방송국에 한 이십 년 출연했어요. 내가 젊을 때 그 때는 그래도 꽤 젊을 때 써 먹을 게 그런데, 그게 인제 방송을 하는데 그 내가 그 방송국에 자주 나가니까 중앙에서 신문기자 뭐 이런 사람들 많이 찾아왔어요. 찾아와서 속초에 대해서 묻는다 말이지. 나는 언제든지 와우형인데. 그걸 주장했거든 그걸 주장했더니 그래서 신문이나 혹은 라디오 그 때는 텔레비전은 없으니까 라디오 이런데 방송하는데 전부 와우형을 얘기하니 재미있고 듣지, 풀단을 묶고, 저 속세풀이 있다 해 가지고 속초라 한다. 그저 내가 그랬어.

내 끝에 가서 비록 속세풀이 많다 해서 속초라 한들 그게 아무 가치 없는 그거를. 자식을 나으면 훌륭한 자식을 나으면 이름을 잘 지을라고 애쓰는 게 인간의 심리인데 내 고장을 빛내게 하자면 그래도 그런 무신 그 희망적 그런 걸 이름을 가져야 되지 아니 속세풀이 많이 나니, 옆에 사람이 속세풀이 많이 난다고 속초라 한다고 같이 한다면 그런 어리석은 학자가 어디 있느냐 그래 욕을 해 놓은 일이 있지. 그래서 인제 속초라 한다. 그래 이기 말이 되돌아가서 그 천우산 인제 울산바위, 울산바위에 대해서 그래서 속초라 한다는 얘기가 있고 인제 속세풀이 많이 있다 해서 속초란 것도 있고 와우형이래서 속초, 그래 원 근본은 와우형의 그게 속초고, 맞다 이런 얘깁니다.

9. 계조암 【S.6-1-9-5】

그리고 또 그 저 계조암. 그 밑에 계조암이 있는데 계조암에도 이러한 전설이 많이 있어요. 왜 계조암이라 하느냐 이을 계(繼)자 계 하고, 할아비 조(祖)자 조 하고, 바위 암(巖)자. 그 굴이 계조굴이래 원칙은. 그 가믄 큰 바위가 있는데 거게 계조굴이라 써 놨어. 근데 계조굴이란 건 그기 들가서 수도를 하면, 공부를 하면 다른 곳보다 빨리 득도를 한다 이기야. 득도를 해서 그 굴 안에서 공부를 한 사람이 조사급, 불교에서도 새 조를 하나 창설하면 그 조사라 하잖어. 조사급이 계속해서 나왔다 그래서 조사급에 이를 수 있는 높은 스님이 거기 가 공부하면 그런 스님이 계속해서 나온다 해서 계조암이라 지었대요.

어떤 스님이 계조암을. 계조암에 가서 이 수도하면 빨리 득도한다 하니까 나도 어째서 그 계조암에 가면 빨리 득도 하는가 그 거를 알기 위해서 계조암을 찾아왔다 이기야. 찾아와서 보니까 알 도리가 없단 말이야. 아무것도 없고 돌 안에 부처님 모셔 놓그 기도하고 뭐 다른 데와 조금도 다른 게 없단 말이야. 그래 자기가 몇 달을 그 연구하기 위해서 와서 있다가 떠날 날이, 내일 떠날 날이 있는데 오늘 아침, 오늘 밤쯤야 이 내 목적을 달성 못하고 가는구나 하고 인제 떠날라 했단 말이야.

그 날 밤 꿈에 스님 어떤 스님이 나타나서,

"야, 이 미련한 놈아. 왜 계조암이 왜 득도가 잘 되는지 그거를 모르느냐? 그거를 알려며는 요 앞에 달마봉이란 산이 거 있거든."

달마가 보이는 거 있잖아요. 여기, 동쪽에서 쳐다보면 바위에 달마 스님이 국궁좌대하는 미륵봉에 대해서 미륵부처님 앞에 그 국궁 예배하는 그런 게 생긴 게 있어요. 그래서 달마봉이라고 그래, 달마봉.

"내가 달마대산데 달마봉에서 온 더산데 니 참 너무 미련하기 때문에 요 앞에 보면 달마봉이라는 데 거기 올라가서 이 계조암을 봐라. 보면 알 도리가 있으리라."

그래서 인제 어 꿈이 깼단 말이야. 아침에 일어나보니 그 앞에 산에 가서 그 보면, 그 산에 올라가면 달마봉엔 못 올라가고, 달마봉은 못 올라가요. 나도 몇 번 갔다가 올라갈래다가 못 갔는데 그 옆에 산 인제 봉우리가 있어요. 내 거기 갔다가 여기 조사를 댕기다가 거 갔다가 죽었다 살아났어요. 그래 거기가 보면 안다 해서 그 봉에 가서 이래 보니까 바위가 목탁같이 생겼다. 그 계조암 바위가. 바위가 목탁같이 생겼는데 그거를 목탁바위라고도 불러요. 근데 목탁 속에 있으니까 수도가 잘 된다. 중을 목탁 속에. 그 속에 있으니까 수도가 잘 된다. 그런 전설이 있는데 그전설은 전설이 비과학적이라고 할 수 있지만 왜 계조암에 수도가 잘 되냐. 그 금광굴이라고 되어 있거든요. 그 안에 들어가도 수도가 잘 되거든. 그런데 왜 그런고 하니까 그 계조암 그 굴 속에 들어가면 이 세상에 모든 잡음이라든가 그 희로애락 이런 소리가 안 들린대. 조용하다 이기야. 그러니 외부에서 내 정신 상태를 혼란할 요소가 거기 못 들어온다. 그래 수도가 잘 된다. 그래 수도가 잘 되는 거지. 목탁 속에 있다고. 그래 그런 전설이 또 있어요.

10. 천후산 【S.6-1-10-8】

그러고 또 천후산 얘기를 하겠는데 그 천후산은 하늘이 운다고 그랬는데 그 울산바위를 올라가다 보면 그게 철다리 만들어 놓은 게 있는데 옛날에는 철다리 없이 올라가거든. 거기 보통 사람은 못 올라가지. 지금 우리 철다리가 있어도 올라가도 아주 어지러워 떨어질까봐 아주 겁이 나는데 바람이 부니까 그 큰 바람이 불어서 바람이 그 굴 속에 들어가서 돌아 나오니까 '우' 소리가 나온다 해서 이 천후산이라 했다고.

11. 양간지풍 【S.6-1-11-9】

여기 양간지풍[8]이라 해서 양양과 간성 사이는 바람이 세다. 양양이라는 양(襄)재하고 간성이라는 간(杆)재. 그걸 일반 사람들이 '양강지풍'이다 라고 부르지. 양양과 강릉 사이에는 바람이 많이 분다. 그래 그 때 택당 이식 선생이 써 놓은 글을 보면 그 때 그 바위에서 바람이 많이 나온다고 해서 이 지방 사람들은 그 과학이 발달 안한 시절이니까 그 구멍에서

8) 양간지풍: 襄杆之風

바람 나온 줄 알았지. 하늘에서 바람이 그 속에 들어가 가지고 나온 줄 몰랐단 말이야. 그래서 양간지풍이라 한다. 양양과 간성 사이 바람이 분다. 그리고 통고지설이요. 통천과 고성 사이에는 눈이 많이 온다. 그래서 일반 사람은 그걸 모르는 사람은 양강지풍, 양양과 강릉 사이에 바람이 많이 분다고 잘못 이야기하기도 해요.

12. 금강굴과 원효대사 【S.6-1-12-5】

그리고 여기에 금강굴에 대해서 한 번 얘기를 하겠어요. 금강굴에 이제 올라가면 지금도 올라가면 요만한 입간판을 세워 놨어요. 거기에 보면 이 금강굴이라 하는 것은 원효 대사가 그 쓴 책이 금강경. 원효 대사가 금강경이라는 불경 책을 여기 와 썼다고 해서 금강굴이라 한다. 이렇게 써 있어요. 그게 틀렸다 이기야.

왜 그런고 하니 내가 조사한 결과는 금강경 불경은 인도에서 중국에 와서 중국에서 한문을 번역해서 그것이 우리나라 들어온 게 그게 금강경이라 이기야. 그러니 원효대사는 그 금강경을 쓴 일이 없다 이기야. 근데 그 사람은 이 무식한 놈들이 생각하기를 아, 금강경을 이 금강굴이라고 왜 하느냐 금강굴이라 하는 걸 모르기 때문에 그걸 그렇게 써 놨단 말이야.

금강경에 대해서 대강 말씀드린다면 금강경은 본래 그 우리나라 신라 성덕왕 때 그 불경 책이 들어왔는데 얼마나 중국 한문을 가지고 번역했는데 어렵다 이기야 글이. 아는 사람이 없다 이기야. 그걸 해석 못한단 말이야. 원효대사가 그 때 참 얼굴도 제일 이쁘고 미남자요. 지식, 지식으로서 그 때 당시의 최고 지식인이다. 그래 그 분을 불렀다 이기야. 나라에서 그 분을 불러 금강경을. 이게 뭐냐 그 분이 해석했다 이기야. 그래서 원효대사가 이름이 났어.

처음은 물론 나중에 도통해서 그 유명한 스님이 됐지만은 처음에는 얼굴이 미인이다. 그 다음엔 글이 지식이 최고봉에 그 시대 최고봉에 있었기 때문에 그래 요석공주가 그 반해 가지고 그 시집갔잖아요. 그런데 금강굴, 그것을 그냥 놔두니까 다른 사람이 모른다 이기야. 그래서 원효대사가 금강경을 다른 사람이 봐서 쉽게 해석할 수 있도록 그다 번역같이 금강서라는 책을 냈다 이기야. 그래서 그 냈는 일이 있지만 금강경을 낸 일은 없다 이기야. 그래 금강굴을 왜 금강굴이냐 하는 것은 내 딴에는 전속력을 다해서 도서관에 가서 찾기도 하고 또 알려고 애썼다 이기야. 그 위에 올라가면 금강문이란 게 있어. 돌이 양쪽에 이렇게 있는데, 그 사이로 올라가면 대청봉으로 가는 그 문이 있다.

금강굴은 왜 금강굴이냐 하면 이 굴 외에는 불교, 도를 닦는데 더 좋은 굴이 없다는 의미다. 왜 그러냐면 제석. 불교에 보면 제석 부처님이 인제 짚고 댕긴 지팡이가 금강장이란 게 있다 이기야. 근데 그걸 가지고 이 모든 사악을 막고 그렇게 하는 그 지팡이. 스님들 뭐 이런 지팡이 짚고 댕기잖아요. 그런 게 있는데, 그럼 금강이라는 건 무슨 의미냐. 이 세상에 가장 최고급에 있는 보물이 금강석이다 이기야. 금강석. 금강석보다 더 좋은 금석은 없다 이기야. 그와 마찬가지로 금강이라는 것은 이 굴 외에는 더 수도하는 데 좋은 굴이 없다는 뜻이 돼. 그러니까 금강산에 가도 금강문이 있다고 하잖아. 그래 여기도 금강문이 있고 그래. 금강문이 있다는 거는 원효대사가 거기 가서 금강경을 써서 되는 게 아니고 이 금강석과 같이 가장 수도하는 데 제일가는 곳이다. 그래서 금강굴이라 한다. 인제 내가 해석하는 겁니다. 그, 학자 아닌 내가 해석하는 겁니다.

그런데 그기에 인제 이런 얘기가 있어요. 여기 중앙시장에 그전에 꽃집 할아버지가 있었어요. 최, 그 양반이 최 뭔데 이 세상을 떠났어요. 그 분이 처음에 중앙시장에 와서 양을 길렀어요. 양. 양을 길러서 양의 젖을 짜서 팔았다 이기야. 그래서 살던 것이 나중에 뭐 그거 사업이 잘 안 되니 먹고 살기에 곤란하다 이기야. 그래서 하루는 이 금강굴 밑에 가면 이 비선대 있잖아. 비선대 옆에 그 전에 바위가 이만한 게 이래 있는데 그 바위 밑에 할아버지 한 분이 그기서 인제 산머루, 머루, 산머루를 짜다가 술을 만들어서 인제 그 머루주, 머루주를 맨들어 가지고 관광객한테 요 한 잔씩 팔았다 이기야. 그 때는 뭐 집도 없었죠. 나도 가서 그 술을 사먹은 일이 있는데 그 분이 금강산에 오래있던 할아버지라 이기야.

그래 그 분하고 이 분하고 아주 사이가 친구라. 친했다. 하루는 그기 목장 하다가 사업이 안 되니까 그거를 다 치워버리고 인제 글로 놀러갔다 이기야. 놀러가니까 그래 이럭저럭 세상 얘기를 하다가 그 할아버지한테 내가 요즘 인젠 직업도 없고 살기 곤란하다 앞으로 어태 했으면 좋겠다 하고 걱정을 하니까 그 분이, 그 할아버지가 어 머루주를 파는 할아버지가 하는 말이 저, 지금 금강굴 그 산을 가르치며 저 산허리에 이래 구멍이 이렇게 있는데 거기를 어떻게 사람들을 유인할 수 있다. 인도할 수 있다면 돈을 벌 수 있을 것 같은데 그기 잘 안 된다고. 그래 이분이 생각해 보니 어, 글쎄 그거 참 뭘 개척해 가지고 관광객을 거기다가 유치하면 돈을 벌겠거든. 그래 올라 갔네.

그 때 뭐 다리가 없으니까 그래 올라가는데 칡, 칡줄이 칡, 칡이 인제, 칡줄이 쭉 늘어져 있는데 거기 올라가는데 인제 칡줄을 타고 올라갔다 이기야. 올라가니 굴이 이렇게 되어 있는데 그 속에 문지[9]가 아주 밟으니 이렇게 올라. 먼지 먼지 먼지가 이렇게 쌓여 있더래. 오랫동안 그 비어 있으니까 그래고 그 먼지를 헤치고 들여다보니까 목재, 그다 안에 집을 지었던 모양이야.

옛날에 그래 목재가 있고 밤에 추우니까 온돌, 온돌 그 구들배이 돌이 있고 그 다음엔 뭐 여러 가지 살던 기구. 그 물 먹는 물병 또 그 저 뭐야 수도한 사람이 기도하는 부처, 엽전꾸리가 이런 게 아주 있고 그 다음엔 물 먹는 병이 자기는 그 때 생각하기를 무슨 토긴줄 몰랐다. 줄무늬. 나중에 알아보니 줄무늬 토기였다. 아주 옛날 고대에 만든 토기다. 그래서 그걸로 이럭저럭 조사하다보니 해가 저물었네. 내려올라고 그러니 내려올 수가 있어야지. 그 산에 올라갈 때는 해도 있고 우타 해도 올라가지만

9) 문지: 먼지

내려 올라고 생각해 보니 도저히 못 내려온다 이기야. 그래 해가 저무니까 할 수 없이 거기에 잤다 이기야. 그 자고 아침에 일어나서 내려올라 했더니 역시 내려올 수 없어. 그래 할 수 없이 죽을 힘을 내서 그 칡넝쿨 쥐고 겨우 내려왔다 이기야. 내려와서 인제 나중에 거다 쇠다리 놓기 시작했는 거야. 쇠다리를 놓고 그 다음에는 그 앞에 그 굴 안을 전부 문지를 털어내고 목재같은 걸 전부 구들쟁 같은 것 마 들어내고 이래고선 인제 공간을 정리하고 그다 나무판대기 이런 걸 놓고 그 위에다 부처를 올려 놓고 그 옆에다가 인제 토기 하나를 앉혀 놓고 한쪽에는 엽전꾸러기 이걸 저 놓고 그래놨더니마는 관광객이 이래 돈푼이나 있는 여자들 서울서 부잣집 여자들 오더니 봉투를 그다 내고 절을 한다. 그 때 관광객에게 돈을 얼마나 받았는고 하니 10원씩 받아요. 10원. 10원 받아 한 달을 받아야 생활비도 안 된다 이기야.

근데 그 서울서 오는 부인들이 놔두고 간 봉투 하나가 몇 달 분보다 많다 이기야. 그러니 그 소득이 얼마나 많은지 돈이 잘 벌린단 말이야. 그래 이 소문이 돈 잘 번다는 소문이 났는데 신흥사에서 배가 아프다 이기야. 자기들 그. 돈을 버니까 그 내놔라 이기야. 아까 이득을 내놔라. 못 내놓겠다. 암만해도 안 내니까 나중엔 스님이 몇이 왔더래. 싸우러. 그 그래서 부처를 가지고 갈라니까는 부처를 가지고 가면 기도를 안 하거든. 그러니 가져 가면 저 놈이 못 하지 하고 가져갔는데 안 줄라니, 뺏기. 뺏을라니 하다가 아 뭐 부처가 어데 뚝 널져서[10] 그 밑에 그 금강굴 그 밑에 구부러서 목이 탁 부러져 버렸네. 그래서 할 수 없이 그 뭐여 동대문 서울 동대문 시장에 가니 부처가 그런 게 하나 있길래 그걸 사다가 떡 놓으니까 그래 떡놓고 있는데 그래서 서로 신간하다가 나중에 강릉에 붙잡혀 가서 젊은 사람들 막 뚜드려 맞고 그 인제 신흥사에서 줬단 말이야. 돌려 보냈단 말이야. 그랬는데 할 수 없이 살 길이 없으니까 그 밑에 비선대

10) 널져서: 떨어뜨려서

그 계조. 참 뭐야 금강굴 올라가는데 거다가 인제 초, 양초. 촛불. 초하고 향. 부처님 인제 향불. 그 두 가지를 놓고 팔아서 그것도 거 기도할라고 많이 사 가더래. 그니까 아주 생활이 된다 이기야. 두 달인가 있다니까 그 위에서 그 파견 나와 있는 그 스님이 내려왔다 이기야. 내려와서 그러면,

"영감님 이제는 향불도. 향도 팔지 말고, 촛불도, 초도 팔지 마시오."

그랬다 이기야. 그래니 그,

"이 생명이 내 생명인데 남의 그 시주살이 하는 금강굴도 뺏어가 장사도 못 하게 해. 나는 어떻게 어떻게 살라는 얘기냐. 못 하겠다."

그러니,

"아닙니다. 꼭 하지 말아야 합니다. 안 하면 사람이 죽습니다."

"왜요?"

금강굴이 이래 드가는데 그 밑에 연기 나가는 곳이 없거든. 관광객이 와서 향불을 자꾸 피워대니까 연기가 그 굴속에 꽉 차니까 곰 잡는 거 한 가지래. 그래서 그 있는 스님이 베길 수가 없단 말이야. 기침이 나고 그래니까 베길 수가 없으니까,

"이걸 하지 마시오."

했다는 그런 역사도 거 거기에 서려 있대요.

13. 인제군 대승폭포 【S.6-1-13-8】

먼저 인제군에 그 대승폭포라는 게 있어요. 거 가면 글씨가 있어요. 그 인제 구천 은하란 게 있어요. 그 대승폭포가 북쪽에서 이렇게 흘러내린다는 대승폭포해서 맞은 편에 이 이쪽 동쪽 편으로 맞은 편에 큰 암산이 이렇게 되어 있는데 그 꼭대기 올라가면 반석이 이렇게 되어 있어요. 그 거기다가 구천은하라고. 아홉 구(九)재. 하늘 천(天)재. 구천. 구천이란 것은 중국 사람들이 뭐야 말하는 하늘을 아홉까지를 나눠서 요건 뭐 동쪽에 있는 거는 하늘은 무신 하늘, 또 동남쪽에 있는 건 무신 하늘. 그래 아홉까지를 정한 게 구천인데 그래 구천은하라. 대승폭포를 보고 구천은하

라고 썼는 글씨가 있어요. 그래 그것을 누가 썼느냐 하면 인제 군지에서는 양사언이 글씨다. 그렇게 나와 있어요. 그리고 김정호가 지은 지도에도 대승이라는 폭포가 나와 있어요. 나와 있는데 우리나라에서 저 3대 폭포가 있는데 저 금강산에 구룡폭포, 그 다음엔 개성에 박연폭포, 그 다음에는 설악산에 있는 대승폭포. 그러나 그 대승. 3대 폭포 중에서 가장 큰 폭포가 대승폭포랍니다. 그 낙하하는 물이 떨어지는 높이가 그렇게 저.

그게 인제 대승폭포, 왜 대승폭포라 하느냐 유래에 대해서 그게 전설적인 유래가 있어요. 뭔고 하니까 그 대승이라는 총각이 어머니가 세상을 떠나고 없고 자기가 그 대승폭포에 있는데 가서 그 밑에 인제 바위에 석이버섯, 그거 까만 게, 우리가 옛날 제사 지낼 때 떡에다 넣고 까만 버섯이 있잖아. 요만큼한 거. 석이버섯이라 그래. 그게 거기서 많이 난다 그래. 그러니 언젠가 그 절벽이니까 내려갈 수 없다 이기야. 그래 동아줄 매놓고 내려가서 거서 석이를 딴다 이기야.

석이를 따는데 얼마쯤 따다니까 그 폭포 위에 이쪽에서 대승아 대승아 부르는 소리가 들려왔다 이거야. 그래 누군가하고 이래 소리를 들어보니 자기 어머니 소리라 이거야 어머니가 살았을 때 그 소리가 거기서 난다. 아이고 어머니가 저 왔구나 하고 빨리 올라갔단 말이야. 올라가니, 올라가서 그 바위에 내리자마자 밧줄이 떨어졌던 게야. 그러니 그 왜 그런고 하니 지네가 와서 그 밧줄을 쓸어서 어. 그러다 떨어져가니까 어머니가 나타나서 아들 죽을까봐 빨리 오너라 그래 불렀다. 그래서 이름을 대승폭포라 지었다 이런 인제 얘기가 있는데.

14. 영시암과 김창흡 1 【S.6-1-14-5】

김창흡이라고 숙종 때 아버지가 장희빈이 그 시절에 아버지가 그 사약을 당하고 송시열이 막 제주도 가서 죽고 이럴 때 그런데 그 아들 김창흡이라고 그 사람이 이제 학자예요. 학잔데 그 분이 자기 아버지가 돌아간 걸 한탄스럽게 생각하고는 벼슬길을 치워버리고 인제 설악산에 들어와서 오래 있었는데 설악산에 들어와서 그 내설악, 백담사에서 한 십 리쯤 서낭 쪽으로 가면 거게 영시암이란 암자가 있어요. 그래 영시암 암자. 거기 와서 암자를 짓고 그 암자 이름을 영시암이라 길 영(永)재. 시(矢)재. 영시암. 암자 암(庵)재. 왜 영시암이란고 하니 영원히 나는 이 암자에서 떠나지 않으리라. 이래서 영시암이라 이름을 지었는데 그건 또 요 다음에 이야기하기로 하고 또 그 김창흡이가 설악산 영시암에 있으면서 설악산 돌아댕기며 아주 많이 글을 남겼어요. 시로 많이 썼어요. 그래 여기 대승폭포에 와서도 시를 썼는데 그리고 또 금원 여사[11]라고 그 다음에 여자로서 내가 평생 소원이 남자로 태어나서 보고 싶다. 남자로 태어났으면 하는 그런 금원 여사라, 호가 금원 여사래요. 그래 그 분이 처녀 때 남장을 해서 금강산을 일주하고 왔는 그 일이예요. 그래 많은 시인들과 같이 교류하면서 그래 살다간 그런 여자래. 그 분도 거기 와서 글을 쓰고. 아주 많이 썼어요.

15. 오세암 【S.6-1-15-8】

또 어떤 얘기인가 하면 또 거기 저 거 위에 올라가면 아까 얘기했던 귀때기청봉이 있고 거기서 인제 설악산을 올라가는 길이 있고 또 거기서 인제 쪽으로 가면 오세암이라는 절이 있어요. 그래 오세암을 가는 길이 또 있어요. 있는데 그 오세암은 왜 또 오세암이라 하느냐 인제 그 문제를 얘기해 보겠는데 이것도 역사의 기록에는 오세암을 처음에는 오세암이라 안 부르고 관음암이라고 불렀다 그래. 그런데 그것을 자장율사가 처음에 신라, 통일신라 때 자장율사가 거기 와서 인제 그 암자를 짓고 그러니 백담사보다도 먼저 오세암을 지었다 그래. 짓고 그 이름을 관음암이라 불렀단 얘기야.

---

11) 금원여사(錦園女使): 김금원(金錦園). 생몰 연대 미상. 19세기에 최초로 결성된 여성시사에서 주도적인 역할을 한 인물이다. 문집에 『호동서락기(湖東西洛記)』가 있다.

16. 오색령과 다섯 빛깔을 가진 돌 【S.6-1-16-8】

오세암을 관음암이라 불렀다가 나중에 매월당 김시습이 그 사육신의 한 사람으로서 아주 세조에 아주 불만을 품고 세조 얘기를 하면 아주 원수같이 생각하고 그거를 피해서 설악산에 와 있었단 얘긴데 설악산에 와 있는데 거기 매월당에 대해서 어떤 사람이 글을 썼는데 그 매월당 김시습이라고 그 책을 하나 맨들어 놨어요. 그래 그 분이 써 놓은 그 글에 보면 매월당이 인제 양양에 온 이유는 양양의 그 때 도읍을 양양 도호부인데 부사로 온 사람이 유자한[12]이라는 사람이에요.

유자한은 누구냐하면 그 세조 때 아주 신하란 말이야. 그 세조 때 신한데 양양에 부사를 배치하는데 맨 첫머리에 첫번째 부사가 유자한이야. 그 세조 때 그 때부터 양양의 역사가 원님이 와서 시작됐거든. 그런 걸 봐서 세조 때 군에 대한 그 관리 배치를 했다 이렇게 추측이 되는데 그런데 양양의 관기, 관에서 써먹는 기생. 관기의 이름이 서동나란 이름이 있었어요. 기생 이름이지. 기생이 있었어요. 그런데 왜 기생의 이름이 서동나냐 하면 오색령이 옛날에는 서동나령이야. 오 지금 오색령이. 양양 사람은 그 재를 오색령이라 하고 인제 사람은 한계령이라 하고 같은 데지만 양양은 양양 오색 동네에 있는 그 내가 오색천이거든. 오색천에 있는 재라 해서 오색령이라 부르고 인제 사람은 거기서 또 북쪽으로 내려가면 그 냇물을 한계천이라 그래. 그 밑에 가면 한계리란 동네가 있거든. 여기가면 오색리란 동네 있고. 그래서 양양사람들은 오색령이라 하고 인제 사람들은 한계령이래고. 그렇지만 지금 한계령이라 부른다 이거야. 그럼 왜 오색령이라 안 부르고 한계령이라 부르느냐 인제 문제가 그게. 그래서 한 십 년 전인가 양양 군지를 만드는데 내한테 양양군에서 전화가 왔

---

12) 유자한(柳自漢) : ?~1504. 본관은 진주이며 참판 유양식(柳陽植)의 아들이다. 형 유자빈과 더불어 이어서 장원을 했다 하여 이름이 났다. 벼슬은 양양 부사에 이르렀고, 갑자사화에 연루되어 유배되었다가 배소에서 죽었다.

어. 우리는 이 재 이름을 한계령이라 안 하고 이제 오색령이라 고쳐야 되겠는데 선생님 의견은 어떻냐 이래. 글쎄 자기 고장을 생각한다면 오색령도 좋겠지만은 오색령도 그게 틀린 이름이 아니고 한계령도 인제 사람에는 틀린 이름이 아니다. 그렇지만 널리 알려지긴 한계령이라 알려졌는데 오색령이라 하면 다른데 사람들이 그 착각을 일구치 않겠는가 내가 얘기를 했더니 그걸 안 고치고 그냥 놔뒀어요. 그냥 놔뒀는데 그 오색, 한계령에 내가 인제 오세암 얘기를 하다가 그래 오색령 얘기를 좀 마주 먼저 하고 그래 하겠어. 오색령이란 건 여기 지금까지 알려지기는 왜 오색이라 하느냐 나무 한 그루에 다섯 가지 색을 가진 꽃이 핀다고 그래서 오색이라 한다. 이렇게 인제 널리 알려져 있어요. 그게 틀렸다 이기야.

왜 그런고 하니까 나는 여기에 대해서 참 알려고 무척 애썼거든. 애썼는데 여기에 전부 한 그루 나무 한 그루에 다섯까지 꽃이 핀다는 거는 지금 같으면 그럴 수 있지만 옛날 과학이 발달하지 않은 시대는 그런 나무도 없고 그럴 수도 없었다. 그러니 그건 엉터리다. 그 오색이란 걸 아무도 무슨 의미도 모르기 때문에 그래 붙였지. 오색이란 걸 안다면 그렇게 안 붙였을 것이다. 그래 조사를 해봤더니 이 오색. 그 가면 오색석사. 그전엔 성국사라 불린 그 저 오색골짜기 가 보면 절이 하나 있어요. 그게 아마 절이 허물어지고 신라 때 지은 절인데 허물어지고 없는데 그기에 옛날에 신라의 그 무염국사라는 그 스님이 거 있었어요. 그 무염이라 국사는 성이 김씬데 김춘추의 몇 대손이래요. 손인데. 그 신라 때는 골품이 있잖아요. 골품제가 있는데 그 인제 골품제하면 성골, 진골, 귀족. 처음엔 이런 게 계급이 나눠져 있어요. 나눠 있는데 그 무염국사라는 그 분은 진골이야. 성골은 왕자 아들. 어머이도 왕 성이요. 아버지도 왕 성이 둘이 결합했을 때 그서 난 자식은 성골이고 한쪽은 임금의 계통, 왕의 혈통이요 한쪽은 귀족 혈통. 그런 것은 진골이래요. 근데 무염국사는 진골이야. 그래 신라 역사에 보면 태종 무열왕도 진골이라 이거야. 그 위에는 성골이 다 했지만 그 땐 진골이다 이거야. 그 어머니가 왕족이 아니다 이

거야. 그런데 골품제도를 읽어본다면 어느 왕족이고 간에 임금하면 자식이 많다 이기야. 뭐 후궁이 많으니까. 자식의 수가, 세종대왕도 아들이 뭐 스물 다섯인가 뭐 이런 얘기가 있거든. 그래 많으니까 신라 때도 임금이 그 자식이 많으니까 다 성골로 하면 그 자식 성골을 가진 그 사람에게 뭔가 거기 합당한 직책을 줘야 된다니 그 자식이 많으니 진골로 주지. 그러니까 성골을 진골로 만들어 버린 그런 제도가 있었어요. 진골로 내려버렸지.

그러니 여기에 무염국사란 그 분도 진골로 되어버려서, 그러니까 어려서 집을 나와서 오색석사. 그 때 이름이 절 이름이 오색석사. 오색석사에 와서 스님이 되었단 말이야. 스님이 되었는데 그 분이 아주 유명한 스님이 되었다 그래요. 그러니까 그것도 진골이니까 왕 성이니까 아주 그 보통 중보다 대접을 많이 했겠지. 여러분도 아시겠지만 국사란 건 나라에서 아주 임금이 스승으로 모시는 스님이 국사라 그러거든. 근데 이 무염국사는 그 진골인데다 왕 성인데다가 그 수도 품위가 높으니까 아주 대우를 많이 했겠지. 근데 이 분이 이 충청도 보령군이란 데가 있어. 거기 가서 그 절간에 있다가 거기서 돌아갔다 이기야.

거 있다가 돌아갔는데 거기 가면 지금도 절은 허물어져 없지만 그 절터에 무염국사의 비가 있다. 비석. 그 비석을 뭐 금속문화 중에서 그 비석만치 글자 수가 많은 종은 드물다 그래. 이천 몇 자라 그래. 그 글자가. 그래 이천 몇 잔데 그 비문을 누가 지었냐면 그 신라 말엽 최치원이지. 고운 선생이 지었단 말이야. 그래고 저 그 글씨를 누가 썼냐면은 최치원 사촌동생인가 썼어요. 그것도 전부 임금이 명령해서 니가 이거 비문을 써라. 그리고 니가 글씨 써라. 그게 인제 지금 보령에 비석이 남아 있다. 그 글이 얼마나 어려운지 한문으로 써 놨는데 나는 그걸 가지고 읽어봐도 몰래. 그저 어째 띄엄띄엄 가다가 몇 자만 알지. 또 글재도 아주 어려워.

그러나 그 금속문화를 해석해서 이래 보니까 그중에 인제 내같은 사람도 알 수 있는 문구가 있는데 그래 오색석사에 있었다는 그 내력을 쓰고 그 오색은 왜 오색이라 하느냐. 그 골짜기에는 오색, 다섯 가지 색이 있는 돌이 많다 이기야. 그거는 이치가 맞거든. 돌을 깨보면 그 빛이 다섯 가지 있는 게 많잖아. 그래서 오색석사 오색천이라. 오. 다섯 가지 색을 가지고 있는 돌이 많기 때문에 그 골짜기를 오색천이라 부른다. 그리고 마을 이름을 오색이라 부르고 또 그 절을 오색석사라 불렀다 이기야. 그 기록에 이렇게 나와 있어요.

그러니까 오색이라는 것은 다섯 가지 색을 가진 돌이 많다 해서 오색이지. 한 그루에 다섯 가지 꽃이 핀다. 그거는 허무맹랑한 소리다. 지금 그게 확실히 기록에 남아 있으니까 그렇지만 지금 보통 사람도 전부 꽃이 오색 폈다, 이렇게 알지. 오색석이 많아서 그렇다는 건 모르는 사람이 많구요. 내가 인제 설명해서 아는 사람이 조금 있지. 거의 없다. 왜 그런고 하니 그 비문을 읽어봐도 웬만한 글을 가지고 읽어야 몰래. 얼마나 어려운지 그런 비문이라. 그래서 오색이라 하는데 그래서 그 오색. 그저 오색석사가 있었는데 그것이 불에 타서 없애고 그 탑만, 그 옛날 절간엔 탑을 쌍 탑. 탑을 두 개 세운 게 더러 많이 있거든. 거 가면 동탑, 서탑 두 개가 있어요. 두 개 있는데 다 허물어지고 그 서탑이라는 게 그게 조금이 저 남아 있고 그저 있는데 서탑은 무너진 그 퇴색이 남아 있어요.

17. 오세암과 김시습 【S.6-1-17-8】

김시습이가 그 유자한이를, 유자한이가 세조의 신하지만 그래도 김시습은 그 사람을 마음속으로 존경한 사람이래. 또 유자한도 김시습을 아주 아끼는 사람이였다 이기야. 그러니 그 사람이 그 유자한이가 양양부사로 있으니까 여기 왔다 이기야. 왔다. 왔는데 김시습이가 그 오세암에 그 자장율사가 신라 때 지었는 암자지만 거 게 이름은 관음암이라고 그때는 불렀대. 김시습이가 거기 가서 있음으로써 오세동이라고 그래니, 김시습이란 것보다도 오세동이란 이름이 많거든. 호로 동봉이라 그러고 매월당이라 그러고 김시습의 호가 아주 많거든. 근데 그 유자한이 가마

(가만히) 보니 이 사람은 아까운 재주를 가지고 힘드니까 아까운 재주를 가지고 왜 벼슬을 하지, 왜 벼슬을 안 하고 이래 댕기냐. 그런 벼슬 얘기는 하지도 마라고. 그 저 아니꼽거든. 그 저 세조. 그러니 의리에 사는 사람이니까 세조가 자기 조카를 죽이고 임금을 한다면 있을 수가 없다 이거야.

그래 오세동은 왜 오세동이냐 하면 김시습이란 말이 이름이 있기 전에 오세동이라 불렀지. 김시습이라 안 불렀어. 왜 그런고 하니까 그래 거 허조[13]인가? 그 때 대신으로 있던 허조란 사람이 그 김시습이가 하도 재주가 있다 해서 어린애를 불렀단 말이야. 그래 불러 가지고 마음 심자를 놓고 니 글을 한 번 지어봐라 하니, '신로심불로'[14]라. 고목이 개화하니 옛날 나무가, 마른 나무에 꽃이 피니 신로심불로라. 몸은 말라서 늙었지만 그래도 그 꽃 피는 거 보면 맘은 안 늙었다. 그래 깜짝 놀랬단 말이야. 허조가. 야, 참. 다섯 살 먹은 게 어째 그런 생각이 나느냐 이래.

그래 그걸 갔다가 세종대왕에게 얘기를 했단 말이야. 그래 세종대왕이 역부로 불러서 그 한 번 시험해 봤다. 그래 갖다 놓고 세종대왕이 뭐라고 하는고 하니 동자지학은 여백학무청송지지[15]라. 동자의 학문은 흰 학이 푸른 소나무 가지에서 춤추는 것 같아서, 춤추는 거 같구나. 그랬거든. 그래니까 그전에 있어 다섯 살 먹은 애가, 김시습이 답변하기를 성주지덕은 여황룡번벽해지중[16]이라. 성주의 성군의 덕은 마치 누런 용이 바닷 속에서 꿈틀거리는 거 같습니다. 이러고 답변하거든.

"야, 과연 천재다 천재여."

그래 신동이라 이름을 붙였는데 그래 상을 주는데, 비단을 몇 필 줬단 말이야. 비단을 몇 필 주니까 그 밑에 관원, 대신들이 그 머리가 얼마나

---

13) 허조(許稠) : 1369～1439. 1439년에 70세의 고령으로 다섯 살의 김시습을 찾아 가서 그가 신동임을 확인한 인물이다. 본관은 하양, 자는 중통, 호는 경암이다. 세종 20년에는 정승의 자리에 올라 황희와 함께 국정을 담당하였다.

14) 신로심불로: 身老心不老

15) 동자지학 여백학무청송지지: 童子之學 如白鶴舞靑松之枝

16) 성주지덕 여황룡번벽해지중: 聖主之德 如黃龍飜碧海之中

영리한가 볼라고 니 이걸 가지고 가거라. 그래 이 쪼그만 신동이 몇 필 되는 비단을 뭉쳐놓은 걸 가져갈 수 있나. 전부 풀어서 끝을 잇는데 말이야. 끝을 열 필이면 열 필을 다 이래 묶었다. 둘러매고 나가니 그 전부. 그런 머리가 아주 천재래.

그래 그런. 그래서 그 때 그 성지로 있던 김. 아, 최치운[17]이 있어. 그 최치원이란 사람이 있어. 그 세종 때, 신라 때 최치원이지만 이 사람은 최치운이야. 사람이 있어. 성지에. 그 사람이 시습이라고 때때로, 때때로 학문을 익히라 해서 그래 이름을 지어. 그 때부터 이제 김시습이란 이름이 되었어요.

그래고 또 김시습이가 양양에 오나 어디 가나 돈을 안 내고 밥을 먹었다고 생각해요. 왜 그런고 하니 양양 부사 유자한을 찾아왔을 때 유자한이가 서동나라는 기생도 김시습에게 붙여주며 하는 말이 이 기생과 같이 오세암에 가 살아라. 그래 그 기생을 같이 짝지워 줬어요. 그래 그 기생을 데리고 그 오세암에 가 있는데 며칠 동안은 이래 보니 재밌어. 잘 지냈지만 일 년 몇 달 살아보니까 뭐 돌밭을 갈아서 곡식을 심으고 이래면 영 기생의 성격에 안 맞는단 말이야. 그래서 기생은 가버렸단 말이야. 가버리고, 그 때부터 그 관음암을 이름을 고쳐서 오색암이라 불렀다. 그런 얘기도 있고.

18. 오세암과 설쟁 【S.6-1-18-5】

그 다음에는 저 인조 때 인조. 인조 때 설쟁이라는 눈 설(雪)재. 맑을 삼수변이라는 전쟁이라는 쟁(爭)자. 쓰는 이런 설쟁이라는 스님이 있었다 이기야. 그 스님이. 그러니 주지승 다음이지. 그 인조 때니까 김시습

---

17) 최치운(崔致雲) : 1390∼1440. 세종 때는 집현전에 들어갔고, 야인을 정벌하는 데 공을 세웠으며, 공조와 이조의 참판, 좌승지를 역임하였다. 법률에도 밝았다 술을 너무 좋아하여 일찍 죽었다.

이 세조 때고 그러니 그 설쟁이라는 그 스님이 있었는데 자기 조카 다섯 살 난 조카를 데리고 그 오세암에 와 있었다는 거야. 그래 겨울이 되니까 중이 겨울 동안 나자면 양식이 있어야 되거든. 양식은 중이 뭐 돈이 없으니까 이 동냥, 시주를 받아 가지고 인제 갔다가 인제 먹고 살아야 되거든. 그러니 영서에서는 모두 가난하게 사니 그 쌀 주는 사람이 없다 이기야. 그래니까 영동 지방 양양 지방을 내려와야 그 겨울에 먹을 양식을 얻어갈 수 있다 이기야. 그러니까 자기 조카를 보고 하는 말이,

"내가 며칠 양양 방면, 동해안 가서 시주를 동냥해서 올 테니까 그 때까지 니가 이걸 먹고 살아라."

하고 쌀을 얼매 주고 왔단 말이야.

고만 눈이 덜컥 왔네. 눈이. 통고지설에다가 눈이 오면 또 이만저만 아니거든. 많이 오면 갈 수가 있나. 뭐 한 달인가 얼매 넘어서 이 개월인가 있다가 그 길이 트여 가지고 겨우 갔다.

그래 설쟁 스님이 가며 생각하니,

'야, 참 불쌍쿠나. 내가 조카를 데려다가 이 다섯 살 먹은 어린 것 갖다가 여기 이 절간에 갖다가 뒀는데 이 틀림없이 죽었다. 그 굶어 죽었으니까 어태 하나.'

하고 걱정하고 가는데 가서 문을 열고 보니 아가 아주 멀쩡하게 살아있단 말이야. 그래 그 설쟁 스님이 얼매나 반가운지 묻기를,

"그래 어떻게 해서 니가 이래 살아 있느냐?"

그러니,

"어머니가 매일 같이 와서 밥을 해 주드라."

는 거야. 그러니 어머니, 갸도 어머이가 죽고 없는데 어머니가 거 와서 하 그게 관음보살이 그렇게 했다. 그래서 그 오세, 다섯 살 먹은 어린이가 거기서 벌써 도에 통했다 이래서 다섯 살 먹은 어린이가 도에 통했다 해서 오세암이라 부른다고 그 두 가지 설이 있는데 그것을 어느 학자고 간에 이것이 옳다고 단정은 못해. 그렇지만은 오세암이라 부른 것은 그

둘 중에 내가 생각하기는 만약 인조 전에 오세암이 있었다면 김시습이 오세암이고 만약 인조 후에 그 이름이 붙여졌다면 그 설잿 스님이 조카 되는 애. 그런 전설이 내려오고 있고.

19. 오세암과 한용운 【S.6-1-19-5】

그게 또 오세암에 얽힌 얘기가 하나 있어요. 뭔고 하니까 그 저 유명한 3·1독립운동을 한 사람인 그 한용운이, 저 만해 스님, 만해 스님이 세상이 시끄러우니까 피해서 오세암에 어릴 때 와 있었던 거야. 거기 와 있다가 나중에 모든 것을 버리고, 세속 일을 버리고 백담사에 들어가서 이제 임의 침묵이라든가? 그 모든 글을 거기서 많이 썼다 이기야. 그런 역사가 인제 오세암에 얽혀 있다 이기야.

20. 영시암과 김창흡 2 【S.6-1-20-5】

그런가 하면 인제 영시암에 대해서 자세히 말씀드리겠는데 그 요즘 역사, 뭐 드라마에 나오는 장희빈이 나오잖아. 나오는데 숙종 때니까 김창흡이란 사람 아버지가 그 때 정승으로 있었던가 그래요. 그래 송시열하고 한 편이란 말이야. 그래 송시열이 그 때 노론이니까 김창흡의 아버지도 한 그룹이란 말이야. 한 그룹인데 자기 아버지가 그 노론이 남인에게 몰려서 송시열이 저기 제주도 귀양 갔다가 오다가 6월 달에 그 정읍에 와서 사약을 받아 죽었잖아. 그 때 일인데 그래 김창흡이 그 삼연이라, 그 고을을 삼연이라 그래. 김창흡이, 김삼연 설악산의 이름이 참 훌륭해. 본래부터 이름이 높게 났지만 그래도 널리 세상에 알려진 것은 김시습이 하고 김창흡. 두 김씨 때문에 널리 알려졌다 이렇게 기록한 것이 많애.

근데 자기 아버지가 참 죄 없이 사약을 받고 죽으니까 그 김창흡이가 생각하기를 '야, 세상이 못 믿을 곳이구나.' 김창흡이는 포천 사람인가 그래요. 그래 그 인제 포천에 가 있다가 그 다시 영시암에 올라왔거든. 그래 영시암에 와서 암자를 짓고 거다가 영시암이라 이름을 붙였대요.

그래 이 화살이 한 번 내쏘면 다시 돌아오지 않는다 그런 의미로 길이, 화살과 같이 길이 살 암자다. 그래서 영시암이라 그래. 그전엔 영시암이 다 망가졌다가 요즘 전부 새로 지어서 아주 멋진 절간이 되었어.

그 분이 방방곡곡 돌아 댕기면서 설악산에 글 안 써 놓은 데가 없었어. 글 많이 써가 아주 글이 문장이래. 그리고 영랑호에다 글을 써 놓았는데 이런 글이 있어요. 한장이 삼일곡이라. 그 글 중에 한나라 장수가 영랑호를 와 보고 여기 속초 영랑호를 와 보고 삼 일을 통곡하고 갔다. 삼 일을 울다갔다. 왜? 영랑호가 하도 경치가 좋으니까 내가 이런 경치를 두고 가느냐 하면서 그게 서러워서 떠나기 서러워서 삼 일 동안 울었다는 그것이 형언이라는 서적에 남아 있다 이기야. 그래 그 삼연 선생 김창흡이 썼는 시에 영랑호를 두고 있었는 시에 그게 있다 이기야. 그렇게 아주 영랑호를 찬양하는 사람인데.

그래 김삼연 선생이 영시암에 있다가 인제 떠나갔는데 왜 다시 돌아오지 않겠다 했어요. 떠나지 않겠다는 그 암자를 두고 수춘산을 갔는데 왜 수춘산을 갔느냐 그거예요. 그거는 왜 그런고 하니까 그 김창흡이도 참 유명한 학잔데 글도 잘하고 뭐 그런. 그 보니 떠날 때 왜 떠났는고 하니 그 때 찬모, 식모, 그러니 양반의 자손이니까 와 있어도 식모가 따라와 있었어요. 안 떠나겠다는 그 암자를 짓고 있다가 왜 떠났느냐 이기야. 하루는 어데 출타했다가 오니까 그 반찬 해주는 그 찬모, 찬모가 없어졌다 이기야. 알아보니 그 뒤, 뒷골 골짜기에 갔다가 범이 물어갔다 이거야. 사람을 범이 물어가. 그래서 지금도 그 골짜기를 호식동이라. 범이 먹는 골짜기라 해서 호식동이라. 그래서 글로를 갔는데 어디로 갔느냐면 수춘산으로 갔다. 수춘산이기 때문에 목숨 수(壽)재, 봄 춘(春)재. 수춘으로 갔다. 그렇게 인제 그게 수춘산으로 갔는데 춘천 방면에 어데 영서에 어디에 있겠는데 나는 찾아보지 못 했어. 어디인지. 혹시 알거든 알려주면 더 좋고.

21. 물치 유래 【S.6-1-21-5】

그 때 인제 송시열 얘기를 하겠는데 송시열이 여기 양양에 물치란 데 있어요. 설악산 입구. 그 쪽에 거기. 그것도 설악산 입구도 본래 물치거든. 그래 다리 건너 저쪽도 물치고. 그래 외물치 내물치가 있는데 이제 외물치란 말이야. 물치라는 동네가 있는데 그 물치란 이름은 왜 물치라 하느냐 삼수변에 마을 물(沕)재. 이 동네 이름이 물치거든. 이게 뭐냐 물에 잠길 물(沕)자, 마을 고을 이름 치(郗)자거든. 그러니 물에 잠긴 고을이다. 그래서 물치라 한다.

그런데 또 이런 물치가 있어요. 실사 변에 검을. 검다는 치(緇)재래요. 그 오색이 그 칙칙한 걸 치자. 그래 물치란 것은 검은 물에 잠긴 동네다 이래요. 물치라는 것은 이렇게 쓰는 데도 있고. 지금은 전부 이렇게 써요. 얘기에는 거게 가면 그 개울 바닥에 돌이 거무칙칙. 그래 물치라 한다 그래요.

22. 송시열과 물치 【S.6-1-22-5】

그리고 마을이 전부 물에 잠겼다 해서 이거는 송시열의 역사책 얘기하고 관련이 있다. 이제 내가 이래 생각하기는 이 물치는 송시열이 양양 물치에 와 자고 갔거든. 물치에 와 자고 가기 전에 불런 물치고 이건 송시열이 왔다 자고 간 후에는 이렇게 불렀다.

이래 인제 내 나름대로 그래 인제 해석해 보는 거예요. 근데 본래는 송시열이가 효종의 선생이거든. 선생인데 효종이 인조 병자호란 때 그 인조 아들 세자와 그 효종하고 형제 마카 잡혀서 청나라 가서 죽을 고생하고 있다가 풀려 나와서는 그게 나중에 임금이 되니까 평생의 한이 청놈하고 한 번 싸워서 이겨서 원수를 갚아보자. 그래 송시열도 거기에 동조해서 효종이 살아있을 때는 같이 북벌론을 주장했단 말이야. 그런데 효종이 갑자기 죽어버렸네. 죽어버리니까 이제 상에 문제가 나는데 효종의 부인이 죽었을 때 상복을 몇 해를 입느냐 몇 달을 입느냐 이제 문제가 되는 거라. 그래 몇 달을 입는다는 그래 인제 기년복이래서 만 일년상에 이년 만에 그 복을 마쳐야 된다. 그런 주장을 하는 사람이 있고, 그래 송시열 패지. 그런 주장을 하고 그 다음에는 그 저 그래 가지고 대공복. 큰 대(大)재, 공 공(功)재. 대공복이라 9개월 입는 거. 9개월 입어야 된다. 그전에 그 효종이 부인 말고 효종의 어머니 때는 1년을 입었다 이거야. 그래서 송시열 그 패가 주장해서 그 남인하고 다퉜는데 노론이 이겼어. 노론 패대로 기년복을 입었대요.

그 다음에 인제 효종의 부인이 인제 왕비가 죽으니 이건 또 그 때와 같이 입어야 된다. 인제 이래. 명종 전에 그 인종은 임금을 이탠가 밖에 못 했거든. 그 때 인제 상복 문제가 났다 이기야. 상복 문제가 나니까 그전에 주장했던 기년복이라는 것은 원칙은 잘못 되었다 이거야. 잘못 되었지만 그렇게 했다는. 그래서 그 다음에 상복을 9개월 입어야 된다 하고 인제 그 젊은 예조에서 주장을 하니까 임금이 성을 내 가지고 이 놈의 새끼들이 자기 부모에 대한 정성인데 1년을 입어야 되지, 우태 9개월을 입냐 그랬대요. 그전엔 1년 입는데 왜 9개월 입게 하느냐. 그래서 인제 임금이 아주 성을 내서 그래 그 임금이 죽고 그 숙종인가. 그래 올라와서 에이 이 놈들 마카 못 쓸 놈들 그러고 마카 귀양 보냈다. 송시열은 그 때 집에 와 있었던 거야. 집에 와서 같이 그 휩쓸렸잖아.

그게 귀양 가는 사람, 또 사약 받은 사람. 모두 죄를 받은 사람이 모두 송시열 제자다 이기야. 그 전부가. 송시열이 가만 생각해보니 그 원 죄수는 자기인데 엄한 제자만 벌을 받으니 맘의 가책이 생긴다 이기야. 그래서 상소를 나를 죄를 주시요. 원 근본 죄인인 나를 죄를 주시오. 그 때 어떤 사람이 상소하기를 송시열을 죄를 줘야 된다. 원 근본은 송시열이다.

그래서 송시열이가 인제 죄를 받아 가지고 저 함경도 덕원이라는 데 유배를 당했다. 유배를 당한데 덕원에 이태만인가 있다가 유배지를 옮기게 됐단 말이야. 근데 역사책에는 거제도라고 이러고 나와 있어. 그렇지만 거제 가기 전에 장기에 가서 4년 있었어. 장기. 장기란 데 장기가 어디냐면 저, 포항서 저 남쪽 강 지금 등대 있는 대보. 6·25 전쟁 때 내가 거 피난 가다가 거 가서 며칠 있었어. 글로를 가다가 거기 가서 인제 한 4년인가 있었어. 유배 생활, 글로를 가면 요 덕원사 인제 글로를 가는데 양양에 와서 물치에 와서 자게 되었네.

날이 어두우니까. 가니까 자게 되었는데 자는데 밤에 비가, 때 아닌 비가 얼마나 많이 왔는지 온 동네가 물에 잠겨 버렸어. 동네가 물에 잠겼어. 그래고 거게 쌍다리 있는데 물이 얼다나 많은지 배를 건널 수가 없어. 그 배를 건너는데도 그 때 그 송시열 동생이 같이 따라갔다는 기록이 거기 있어. 그 송시열 동생이 뭐더라. 송식. 그 동생이 따라갔는데 동생이 배를 타고 갈라니까 배, 이 닻줄이 끊어지고 노가 떠내려가 버렸어. 그러니 고마 배가 물에 급류에 휩쓸려서 어디를 갈팡질팡하는 판인데 그 동생은 안색이 아주 파랗게 질려 있는데 송시열은 태연자약하게 아주 아무렇지도 않은 그런 표정이었다 이기야. 그래 다행히 배가 저쪽 강기슭에 가서 붙었대. 그래 겨우 건너갔다는 그런 얘기야.

근데 양양 물치에 와서 송시열이가 자는데 그 자는 방이, 자는 집이 누구냐면 농간데, 농사짓는 사람인데 정립이라는 사람이 있는데 그 사람 집에서 자는데 그 방에 어떤 사람이 글을, 글을 기둥에 이렇게 써 붙였는데 한 개는 똑바로 붙여 놓고 그 밑에 거는 꺼꾸로 붙여 놨네.

근데 송시열이가 이상해서 그 주인에게 물었거든.

"야, 여보시오. 왜 저거 하나는 저렇고 거꾸로 붙여 놨어?"

"아, 나도 몰라요. 작년 5월 5일에 어떤 사람이 글을 써서 붙이면서 하는 말이 명년 5월 5일에 내가 다시 여기 올 테니까 그런 줄 알아."

그러고 써 붙여 놓고 갔다는 거야. 그래 그 글이 또 아주 상당히 그 해석하기 어려운 글이에요. 그다 글을 뭐라고 써 놨는고 하니, 삼전호시 인개신[18] 사람이 세 번이나 와서 처음에 한 사람이 와서 저 시장에 호랑이

18) 삼전호시 인개신: 三傳虎視 人皆信

가 나타났습니다. 이래면 믿느냐 이게야. 처음에 어떤 사람이 와서 내한테 저 시장에 호랑이가 나왔어. 그래면 에이, 그거 그럴 리가 있나 그래 안 믿는다 이거야. 그래 조금 있다 보니 두 번째 사람이 와서 시장에 호랑이가 나왔다 이러니 아까도 호랑이가 나타났다는데 아까는 믿지는 않았지만 두 번째 오니까 호랭이 나타났다 그러니 정말 그러나 이게 맞는 거야. 그리고 조금 있다가 세 번째 또 사람이 와 가지고 시장에 호랑이 나왔다고 하면 아, 틀림없구나. 그래 사람이 세 번 찍어서 안 넘어가는 나무가 없다고 세 번 남을 중상모략하면 그 죄 없는 것도 죄가 된다. 그런 얘기. 그게 삼전호시 인개신.

그 다음에는 그 다음에 문구가 뭐라고 써 놨는가 하니까 일철군봉 부역의라.[19] 치마폭을 한 번 들었는데 치마폭을 한 번 들어봤는데 아버지 덕 있으면 한다. 그러니 그 기 무슨 말인고 하니, 그 의붓 애미가 본처의 아들 미워서 이 놈을 어떻게 중상모략해야 하는데 중상모략할 길이 없다 이기야. 그래 연구한 것이 벌이가 치마폭 그 안에 들어가서 쏴서 죽을 지경이다 하고 엄살을 부렸다 이기야. 부리니까 아들이 어머니가 그 의붓어머니지마는 그 벌에 쏘였다, 치마폭 안에다 쏘였다 하니 치마폭을 들어봐야 벌을 잡을 꺼 아니야. 그래 치마 폭을. 어데 벌이 어데 있는가 한 번 들여다 봤다 이기야. 그거를 미끼로 삼아서 남편에게 고자질하기를 자기 에미를 욕보이기 위해서 치마를 들어봤다. 그러니 그런가 하고 아버지도 자식을 못 믿어 의심한다 이기야. 그래 그렇죠. 그래 둘째 얘기가 그기요.

그 다음엔 그 셋째. 셋째 글을 써 놨는데 뭐라고 써 놨는고 하니 세상공명을 간목안.[20] 세상에 공을 내고 업적을 냈다는 것은 뫼가 높다는 것은 저 산에 있는 나무와 기러기와 같다. 그게 무슨 얘기냐 하면, 아까 그 얘기부터 먼저. 삼전호시. 그 말은 전국시대에 위나라라는 나라가 있었는

19) 일철군봉 군역의: 一撤裙蜂 父亦疑
20) 세상공명 간목안: 世上功名 看木雁

데 그 때 조나라하고 아주 사이가 나빴다. 위나라 태자를, 태자라는 것은 이, 고려 때 충렬왕 때 이전에는 태자가 없다. 충렬왕 때부터는 세자거든. 왜 그런고 하니 청나라가 너가 건방지게스리 우리 속국인데 우리가 태잔데 너도 같이 태자하면 안 된다. 그래니까 저는 임금을 내린 걸 짐이라 그러고 또 우리나라 짐이라 하면 안 된다. 과인이라 그래 가지고 인제 그렇게 또 그전 고려 충렬왕 이전엔 마카 종이래. 무신 종. 태종 뭐 선종. 종자 썼어. 그런데 충렬왕 때부터는 왕이 충렬왕, 충숙왕 뭐 이래 가지고 왕. 그렇게까지 저, 저쪽에서 원나라에서 감사를 했었어.

그래 그 때 풍속이 우리나라에 전해 왔는 게 여자가 또 족두리 쓰고 연지 찍고 곤지 찍고 그랜 거, 남자가 사모관대 쓰고 이런 신 신은 것도 전부 원나라 풍속 그랬단 말이야. 그래 그것이 지금 이 조선 왕조가 들어서기 전에 공민왕 때 그 뭐야 철령이라는 데 그 때는 원나라가 그다가 철령위를 두고 그 이북 땅은 저가 맡고 관리했었어. 땅은 고려 땅이지만 전부 관리권은 그 사람들. 그래 그런 것을 공민왕 때 철령을 쳐부수고 통일을 해버렸어. 그 이외에는 전부 원나라 지배를 받았어. 그래 임금도 반드시 원나라에 가서 원나라 공주나 그런 왕, 왕의 계통 여자하고 결혼하고 여기 와 임금을 했지. 안 그러면 못했어. 그리고 공민왕, 공민왕도 그런 노국 공주. 충렬왕도 그렇죠. 전부 그 위엔 원나라 공주하고 결혼시켜 가지고 그래 사위나라를 만들었어. 그러니 저 맘대로 한단 말이야. 그래 공주라고 하는 것이 남의 아내로서 와 있는 것이 아니고 감시하는 그런 역할도 하고 있었어. 그러니까 송시열이. 그 인제 위나라 때 그 임금이 태자가 인제 조나라에 인질로 가서 인질로 가는데 그 때 신하 중에 방총이라는 사람이 있었어. 방총이라는 사람이 있었는데 그 사람이 태자를 모시고 가야 된단 말이야. 가는데 가마 방총이 생각해보니 그게 전국시대니까 아주 중상모략도 심하거든. 대개 안정되지 않은 곳은 중상모략이 심하거든. 그래 임금한테 가서 대감께서 만약 한 사람이 와서 시장에 호랭이가 나타났다고 하면 그 말을 믿겠습니까? 이러니까 안 믿지 그걸 누가 믿어. 그 사람. 그 번화한 거리에 호랑이가 나올 리가 있나. 안 믿지. 그러면 그 다음에 또 한 사람이 와서 "범이 나왔습니다." 하면 어떻게 합니까? 그 때는 생각해봐야지. 그럼 세 번째 와서 또 그러면 어떻게 합니까? 그 때는 믿어야지. 내가 떠난 뒤에 나를 반드시 임금님께 모략하는 사람이 여러 사람이 있을 겁니다. 부디 그 말을 듣지 마십시오. 하고 갔어. 나중에 태자는 돌아오고 그 사람은 못 돌아 왔다. 중상모략을 당해서 그래서 삼전호시인개신이라.

그런데 그 다음에는 인제 어머니 얘기했지.

그 다음에 세상공명은 간목안이라. 세상에 공을 세우고 이름이 널리 난다는 것은 마치 산에 있는 나무와 저 기러기와 같다. 장자 외편에 그 말이 나와. 장자가 자기 제자와 같이 어느 날 산에 들어갔다 이기야. 산에 들어갔는데 큰 나무가 하나 있는데 아주 오랜 나무래니 그걸 베어다가 목재를 쓰면 될 꺼 아니냐. 나무 베러 왔는 목수가 그 나무는 안 벤다 이거야. 안 베고 그 옆에 서 있다 다른 나무를 베어 간다 이거야. 그래 왜 그러느냐 하고 물으니까 그 목수가 하는 말이 그 나무는 아무리 오래되고 큰 나무라도 쓸모가 없으니까. 무용지물이니까. 쓸 데가 없으니 안 베고. 저기, 그 보다 나이 적은 나무는 베어 가지고 이건 쓸모 있으니까. 그 어리더라고 베어간다. 이 세상 이치가 쓸모 있는 사람은 쓰이지만 쓸모없는 사람은 버려진다. 그러니까 쓸모없는 저 나무는 아주 평생 동안 자기 수명을 다 갖췄다 이기야.

그래 그 다음에는 산에서 내려와서 장자가 자기 집으로 갔다 이기야. 자기 집으로 가니까 그 친구가 자기 집이 아니라 친구 집에 갔다. 친구 집에 가니 친구가 왔다고 집에서 기른 기러기를 잡아서 대접한 모양이야. 그 집 하인이 주인에게 묻기를 기러기가 두 마리가 있는데 한 마리는 잘 울고 한 마리는 잘 울지 못하는 기러기가 있는데 어느 것을 잡으랍니까? 그래 물었대. 그래 주인이 하는 말이 그 잘 우는 기러기 놔두고 울지도 못하는 놈 잡아야지.

나무는 쓸모 있는 놈이 먼저 죽고 기러기는 쓸모없는 놈이 먼저 죽네. 세상 이치가 그렇다는 얘기야. 그래. 그러니까 그렇게 써 놨대.

그 다음 끝에 귀에 가서 뭐라고 써 놓았는고 하니. 맨 끝에 귀에는 좌중담소 심상구라.[21] 이래 모여 앉아서 서로 이야기하고 놀고 이래 농담하고 이럴 때도 반드시 뽕나무와 거북이를 조심해라 삼가라. 그런 말인데 그건 또 무슨 말이냐 하면, 이건 전설적 얘긴데 어떤 어부가 거북이를 한 마리 잡아왔단 말이야. 이건 어떻게 된 새낀지 솥에다가 거북이를 삼는데 불을 때는데 암만 그래도 거북이가 안 죽는다 이거야. 그래 이 어부가 신기하다. 그래서 방에 들어 인제 방에 드러누워서 이게 어떻게 안 죽는가 하고 인제 고민하고 있는데 뭐 천만 뜻밖에 부엌에서 무슨 말하는 소리가 들린다 이기야. 뭐라고 하는고 하니 뒤뜰 밖에서,

"거북아, 거북아 니 오랫동안 가마 속에서 고생이 많지. 그래 참 안 됐구나."

그런 얘기하니 솥에 있던 거북이가 답변하기를 뭐라고 하는가 하니,

"야, 걱정 마라. 니 아니면 나는 안 죽는다. 니만 아니면 내가 안 죽으니까 걱정 마라."

그래니 얘기를 듣고 그 어부가 부엌에 나갔다 이거야. 나가 보니 역시 그전과 같이 솥에 거북이뿐이고 그럼 뒤뜰에 뒤 안에는 누가 얘기했는가 하고 찾아보니 아무도 없고 그대로. 단 뽕나무가 하나 서 있단 말이야. 옳지. 요놈 뽕나무하고 거북이하고 얘기했구나. 그 뽕나무를 베다가 땠더니 금방 죽어버렸다. 그래 밤 말은 새가 듣고 낮 말은 쥐가 듣는다. 그래 말은 조심해라.

그래 전체 의미를 본다면 세상 인심이 믿을 놈 없다. 그러니 공명을 탐해서 옳고 그른 그런 쓸데없는 이론을 경계하라. 그 불이 아닌 거북이와 뽕나무와 같은 그런 일을 당신이 당할 것이다. 그런 뜻이야. 송시열이 뭐

---

21) 좌중담소 신상구: 座中談笑 愼桑龜

예법이니 뭐니 하고 주장해서 싸울 게 뭐 있나. 그렇게 하다 보니 이 꼴이 됐잖아. 그래서 그 주인, 주인이 대접하기를,

"작년에 이 글을 써 놓고 간 사람이 금년 5월 5일, 금년에 온다하고 갔는데 당신이 왔구만요."

그러니 누군가 송시열이 잘 아는 사람이 그거를 써서 송시열이 거기 가 잘 줄 다 알고 쓸데없는 일하다 이 꼴이 되는 걸 알아라. 그러면서 써 붙여 놨다.

그래 장기에 가서 4년 있다가 그 다음에는 거제도 갔단 말이야. 거제도 가서 인제 풀려났거든. 풀려났는데 그 송시열이 금강산에 그, 높은 벼슬을 했으니까 금강산에 유람 갔겠지. 금강산에 가서 휴양차 갔다가 여기 고성에 공현진이라는 데가 있어요. 공현진. 공현진이 있는데 거기 초등학교 거기 뒤에 가면 옛날에 선유담이라는 못이 있었어요. 그게 가면 그 여기 차를 타고 들어가다 보면 지금은 못이 없어져버리고 고마 전부 논이, 논이 되어 있어요. 논밭이 되어 있어요. 논밭이 돼 있는데 그 논밭이 이쪽에 요만한 봉우리가 이렇게 나와 있는데 잔디가 이렇게 심어 있고 여기 소나무가 아주 한 댓 그루 서 있어요. 그러니까 바우가 이런 게 있어. 바위. 거기 가면 선유담이라 써 논 그 글을 새겨 놨는데 그것이 아주 희미하게 인제 잘 안 보여요.

근데 송시열이 인제 갔는데 제주도에 또 송시열이 귀양 가는 얘기를 하겠는데 송시열이가 거 요즘 장희빈이가 나오는데 장희빈이가 나은 아들을 그 때는 장숙, 숙빈인가? 이렇다가 아들이 낳자 임금이 희빈을 올렸거든. 그 빈으로 올렸단 말이야. 그 때부터 인제 그 장희빈이가 숙빈을 올려. 아를 낳으면서 궁궐에 들어갔거든. 들어가게 할려니까 한 살도 채 못된 애를 두고 숙종이 세자를 봉한다는 거야. 세자를 봉하니까 반대하는 사람도 있고 또 찬양하는 두 패가 갈라질 꺼 아니야. 그 때 당파가 있으니 말이다. 그래니 송시열은 아주 너무 이르지 않습니까, 차차해도 바쁘지 않지 않느냐. 그 얘기를 그 때 그 얘기를 하기 전에 그 숙종이 요전

에 그 테레비에 나왔지. 뭐라 한고 하니 내가 이미 정했다. 누구든지 반대하는 사람이 있으면 처벌한다 했거든. 그런데도 불구하고 송시열은 반대는 못하고 그 아직 이르다고 그런다고. 그래서 몰려서 제주도로 귀양갔잖아. 제주도로 귀양가서 그 해 갔다가 그 해 6월 달에 다시 심문한다하고 불러 들였다 이기야. 불러들이니 도중에 정읍에 와 가지고 사약을 먹고 죽었잖아.

23. 향교 없는 속초의 교동 【S.6-1-23-8】

군에 가면 옛날에 향교가 하나씩 있거든. 속초에는 없거든 그 때는 양양군이니까 없는데 그런데 향교가 있는 동을 교동이라고 그러잖아. 춘천도 그렇고 원주도 그렇고 아무데나 다 그렇게 교동이라 그래? 향교가 있어야 교동이라 하는데 속초는 향교가 없는데 왜 교동이라 하느냐 그 문젠데 그 속초의 유지들이 모여서 얘기하기를 여기는 향교가 없으니까 학교가 많다고 해서 교동이라 불러라. 그래 여기는 그 때는 설악 중학교, 설악여중, 속초 초등학교, 중앙 국민학교, 설악 초등학교 이런 속초시내 동중에 학교가 제일 많다고 해서 그래 교동이래.

24. 소야팔경 【S.6-1-24-8】

속초에 소야팔경이라는 게 있어요. 소야팔경. 소야라는 것은 냇물이요 앞에 내려가지요. 내려가면 그 뜰이 이렇게 되어 있단 말이야. 그거를 소야라고 했거든. 그래 옛날엔 그 소야 뜰이라는데 그 소야라는 이름 때문에 그 청대산 이 북쪽을 가지고 이 소야면이라고 했거든. 소야면. 저 남쪽은 도천면. 면이 두개 있었어. 그 거를 왜정 때 합쳐서 도문이라는 도재와 소야라는 소. 소야현이라는 그 천재를 붙여서 소천리라 부르고. 그래서 그 때는 면소재지가 대포에 있었어. 대포 있는 거 나중에 속초가 나중에 발전하면서 속초 축항이 개항되면서 인제 면, 면사무소를 속초에 옮겨서 끝에 속초읍이 됐지. 그 때는 속초가 한 마을이야. 속진리, 속초리 둘이 있는데 노학동. 그 소야팔경이라는 덴데, 그 소야를 중심으로 속초 8가지 경치가 있잖어.

그래 노학동은 노동묘월이라고 옛날에 그 갈이 갈대, 갈이 그게 꽃이 하얀 가을에 늦가을에 피면 달이 훤하게 비춰서 이게 꽃인지 눈인지 모를 정도로 아주 하얗다. 그래 거기에 달이 비추니까 노동묘월이라고 했지. 그리고 학이 거기 와서 춤을 춘다. 그 백학이 날아 와서 춤을 춘다. 그래서 그 노학동. 노란 갈꽃이 피어 있는데 백학이 내려와서 놀았다. 그래서 멋진 그 시풍경 이름으로 노학동.

25. '金氏'를 '김씨'로 읽게 된 이유 1 【S.6-1-25-10】

기록에는 옛날에는 금씨지 김씨가 아니거든. 그래 조선왕조 이태조가 들어서고부텀 김씨라 했거든. 처음에는 금씨거든. 고려 때는 마카 금씨거든. 신라 시대 때도 그렇고. 왜 김씨가 되었는지 그 얘기부터 하고. 우리나라에 그 음양설이 있거든. 음양설에 십이간지 있지 않은가? 십이간지 뭐 갑자 을자 뭐뭐 그런 건데 거기에 오생, 오생이라는 다섯 가지 그 뭐 금생수요 금은 물에서 나고, 수생 토요 물은 흙에서 나고, 토생 목이요 아니 토생 화요, 화. 이 나무 같은 게 타서 되고 뭐 이런 말이 있어. 그게 상극이라는 거거든. 금극목하고 금은 쇠붙이니까 쇠붙이는 나무를 이기고, 또 목극토고 나무는 흙에서 돋아 오르니까 흙을 이기고, 토극수 토는 물이 암만 흘러가도 막을 수 있고, 또 수극화하고 물은 불을 이기고, 또 화극목이라 불은 나무를 이긴다. 그러니 금극목하니까 금은 나무를 이긴다. 이씨는, 이씨 왕조는, 이씨는 금씨를 그냥 놔두면 금씨가 임금을 한다는 거야. 그러니 이 놈들 안 된다. 그래 김이라 해라.

26. 권금성 유래 1 【S.6-1-26-5】

그 때 금씨하고 그러니 지금 김씨하고 권씨가 거기 피난한 곳이다. 피난했다가 거기다 성을 쌓았다. 이렇게 나와 있어요. 나와 있는데 양양은 낙산사 사지에 보면 고려 시대에 몽고가 내중에 이름을 원이라 고쳤거든. 원나라 군대 가지고 천군이라. 큰 나라라고.

그 인제 몽고병이 여기를 쳐들어왔을 때 그 역사에 보면 대강 그게 실제로 몽고가 여기 침입한 것은 6번인가 했다 그래. 6번 했는 동안에 그 실제 전쟁은 27년인가, 28년인가 27년인가 그래. 그 동안에. 그래고 그걸 전부 무마해서 화해를 해서 항복 절차를 마치고 강화도에 갔던 임금 수도가 서울로 저 개성으로 돌아올 때까지가 약 38년이 걸렸다. 그래서 항몽 40년. 몽고에 항쟁한 지 40년이다 이거야. 그 때 이 성이 쌓아졌다. 이런 얘기야.

왜 그런고 하니까 지금 그 권금성 그 올라가기도 힘들거든. 케이블카만 올라가고 길이 두 개나 있어요. 이 케이블카 있는데 저쪽 다리를 건너 가지고 직 코스로 올라가니까 아주 가팔라요. 그래고 그 다음엔 저쪽 정 곡편에 있는 데서 이리로 올라가는 그건 좀 순해요. 그런데 석벽을 통해서 그 높은 봉우리에다가 그 다가 성을 어떻게 쌓았느냐.

양양 그 낙산사지에 보면 천병이 이 양양에 들어와서 성을 함락시키니까 그 낙산사에서는 그 법당 안에 있던 그 수정 염주, 염주를 인제 가지고 굴 속에 들어가 잤다는 얘기가 있잖아. 그리고 또 하나는 여의주, 용에서 나오는 여의주, 그거를 이 설악산 갔다가 성에 갔다가 감춰뒀다가 나중에 그것을 몽고병이 철수한 뒤에 그것을 양양부에 가지고 있었는데 양양부에서 중앙에 가서 내전에 갖다 간수했다가 어떻게 됐는지는 모른다는 그런 기록이 있어.

그래서 그것을 밑에 가서 이래 본다면 그 밑에 가면 토왕성 폭포가 있어요. 근데 거기도 토왕성이라는 성이 있었어요. 여기 권금성도 있고 그 때 토왕성이라는 성이 있었어요. 그런데 그 두 성이 있는데 거기에 권금성 올라가다가 절벽에 내려가면 그 성터가 지금도 남아 있어요.

그래 가지고 그 전설이 이런 전설이에요. 권금성에 대한 전설이. 성을 쌓는데 적이 쳐들어 오는데 그거를 막아야 되는데 이 산에 그냥 있으니 안 되니 성을 쌓아야 되는데 돌이 없다 이기야.

그래서 어 금 권, 금씨라는 장수가 금씨라는 성을 가진 분. 내가 돌을 밑에 가서 던지면 저 권 장군이 받아서 그걸 쌓아라. 그게 전설인 거야. 그래 그게 힘이 되면 또 교대한단 말이야. 그래 쌓았다 그러는데 그거는 전설이니까 그렇고.

사실 역사책을 본다면 그 때 약 38년 동안에 전쟁을 하니 백성이 살 길이 없거든. 그러니까 방위하는 해는 40년 동안, 약 30년 동안 쌓은 성이 되지요.

그래 지금도 보면 기왓장이 있는데 있어요. 기왓장이 있는데 그것이 진경사지. 그 기왓장과 그 기왓장이 같다 이기야. 같다 이긴데. 그것이 보면 기왓장이 신라 때 꺼도 있고 고려 때 꺼도 있다 이기야. 고려 때 꺼도 있겠지. 그 신라 때 그 있는 건 그래 사학자들은 그 김수영 그 고고학자 그 사람들은 보고 이게 선종에 의한 성이다. 그거는 안 맞는, 역사적으로 안 맞는다 이기야. 왜 그러냐면 지금 그 금관암이라는 암자가 요만한 게 있지만 거기 절터가 있을 곳도 안 된다.

그래 피난할 때 확실히 언제 싸웠다는 기록은 없지만 뭐 모든 기록을 종합해 볼 때는 그 때 몽고군이 쳐들어올 때 쌓은 성이다. 이렇게 봐야 된다. 그런 얘기야. 그리고 기왓장이 있는 것은 그 진경사지에 가서 얘기를 들으면 거기에 한 80 먹은 노인이 얘기하는데 거기에 도적 때문에 그 절이 망했다 그래. 도적놈이 와서 털어 가니까.

그 절이 많은데 그 때 거기에서 도적들이, 권금성이 한 때는 도적이 그 와서 점거하고 있었거든. 도적이 점거하고 있을 때는 신흥사도 망했고 그 때 신흥사는 절은 있었지만 중이 살아 배겨내지 못했어. 그러니 그 사지도 막 잃어버리고. 그러니 그 때 도적들이 진경사지를 털고 그 기왓장을 갖다가 써먹었지 않았느냐 그런 생각이 들고.

그 다음엔 또 요런 둥근 개울가 있는 돌이 발견되었다 이거야. 그게 무신 그런 동글동글한 게 개울가에 있는 돌이 있겠느냐. 그것은 마치 그 진주성에서 돌을 가지고 왜병이 쳐들어 올 때 냅다 굴린 거 아닌지, 밑에서 가지고 올라갔다, 이렇게 봐야 된다 이거야.

그리고 높은 봉을, 케이블카가 가 댔는 그 쪽 맞은편에 높은 봉이 하나 있어. 그걸 봉화대라 이러는 데 그게 신흥사지에는 그게 봉화대가 아니고 어 등대암이라는 되어 있어. 등대암이라는 건 신호. 등대라는 건 신호하는 거. 그게 또 도적들이 또 신호하는데 써먹었다, 이렇게 봐야 되고. 그 다음에 저쪽 정광평에서 올라가는 길을 그 골짜기를 뭐라고 하냐면 저 황 뭐신가. 황호근인가 쓴 설악산이란 책을 썼는데 그기에는 뭐라고 썼냐면 실료곡이라고 잃을 실(失)재. 료. 곡. 골짜기. 그래놓고 그게 무슨 의미인지 모른다 이렇게 써 놨거든. 그건 내가 이래 조사한 결과 그게 실료곡이 아니고 시궁곡이다. 시 시(試). 활 궁(弓)재. 곡이다. 왜서 그러냐 이건 시재를 잘못 써 가지고 실재가 되었단 말이야. 또 궁재를 이렇게 쓰는 글 어태 잘못 써 가지고 구멍, 이렇게. 신흥사지에 그게 시궁곡. 활을 쏘던, 연습하던, 이런 뭐 국궁, 활을 쏘던 그런 곳이다.

27. 미시령 유래 【S.6-1-27-8】

미시령은 사실 거기에는 아는 사람이 거의 없어. 미시령에 대해서 그게 자세히 나온 책은 뭐냐면 택당 이식 선생 썼는 간성지라는 거게 한문으로 자세히 나와 있어. 거기에 이런 게 있어. 그것 때문에 미시령을 나는 걸어서 넘어 보기도 하고 차를 타고 뭐 몇 번 하기도 하고 그랬는데. 재미난 얘기를 하나 해줄게.

처음에 미시령 그 길이 통했다 해서 그 땐 포장도 없고 인제 그 길이 겨우 사람 댕기게 차가 인제 뭐 조그만 차를 겨우 댕기고 그럴 때 그 속초에서 떠나서 그 원통, 인제 원통까지 걸어갔단 말이야. 걸어갔는데 그 원통 그 마을에 그 미시령 끝에 가면 뭐 마을이 있더구만. 그 앞에 뭐 이만한 산이 길가 위에 이래 있는데 뭐 뫼바위란 게 거 있던데 근데 거 가다보면 맨 끝출에 뭐 미시령 넘어가서 저쪽 원통골짜기 나가다 보면 맨 끝에 가서 촛대바위가, 바위가 촛대 같은 게 있어. 근데 그거를 모르는 사람은 촛대바위라 그래. 그래서 내가 거기 가다가 그 바위 이름을 몰라 가지고 그 아주머니가 아마 고등학교 이상 나왔어. 얘기하는 거 보니까 내가 그 때 여름이니까 물 좀 냉수 한 그릇 청하자 그러니 그 아줌마가,

"별 손님 다 보겠네. 물을 뭐 여기 와서 먹어요. 사방 천진데."

그 때는 개울물을 전부 먹고 살았다 이기야. 그게 한 15년 전이야. 15년 전. 그 때는 그런데 요즘은 사 먹어야 된대. 그것도 우리 책임이야. 그런데 내가 있다가 저 바위를 뭐라고 하느냐 물으니까 그거 선바위 아니요. 서 있다는 선바위. 그래 여기 대개 사업자들이 써 놓은 글 보면 선바위, 사람이 서 있는 거 같아서 선바위라 한다. 그렇지만 무속학자들은 그렇게 해석 안 해요. 뭐라는고 하니 남근을 얘기한다. 남근이 섰는 거다. 남근을 상징하는 남근 선 자에서 나온 거다. 그렇게 얘기한다고.

그 다음에는 미시령을 그 넘어가다가 보면 그래 본래는 미, 미. 아득할 미(迷)재라 하기도 하고 오랠 미(彌)재라 하기도 하고, 활시위 미재라 그러기도 하거든. 그 활 미재를 써 놨으니까 모두 활에 관한 재라 이렇게 생각하거든. 활과 화살이 배합한다는 미시령이라 한다.

그게 틀렸다 이기야. 왜 틀렸냐. 지금 동국여지승람을 비롯해서 역사, 옛날 된 역사의 지리라던가 또 양양의 옛날 군지라던가 고성의 옛날 군지, 그게 인제 고성에 속한 재거든. 그래 군지에 보면 전부 미시파. 때 시재야. 미, 화살 시(矢)재가 아니고. 때 시(時)재. 미라는 뜻이 뭐냐면 활에 관한 뜻이 아니고 오래라는 글자야. 미륵불이라든가 할 때 그 미(彌)자야. 미시령은 오랜 시간이 걸린다, 그 말. 그 재를 넘자면 오랜 시간이 걸려야 그 구불구불한 재를 넘어갈 수 있다, 그래서 미시령이야. 미시파. 그래서 조선 말기에 와서 파재를 빼버리고 그래 때 시재만, 미시령이라 불렀다. 그래 원칙을 원칙대로 한다면 때 시재를 써야 한다.

그래 어떤 사람은 그 미시령 고개 가면 이승만 박사가 쓴 미시령이라는

한문 글씨가 있어요. 그다가 그 옆에다가 우남이라고 써 놓은 거 이승만 호를 써 놓은 글씨가 있어요. 그래 어떤 사람은 이승만 박사도 화살 시자를 써 놨는데, 이승만 박사가 속초 사람도 아닌데 어떻게 속초 아느냐 이거야. 여기 있는 사람이 그거를 보고나 해서 그래지. 또 어떤 사람은 미실령, 미실령, 그래. 방송국에 내가 출연할 때 방송기자가 물어. 어떤 사람은 미실령이라고 부르는데 그거는 왜 또 미실령이라 하나. 이러면 하염없이 무식한 사람이니까 이게 시재인지 실재인지 모른다 이기야. 그러니 그 뭐 이거나 이거나 같다고 그래 실재로 썼다. 그런데 오랜 시간이 걸려서 넘어간 재다해서 미시령. 때 시자를 써야 마땅하다 이기야. 그걸 어느 옛날 기록에는 다 그렇게 나와 있다.

그리고 그기에 인제 얽힌 얘기가 이런 게 있어. 본래는 령 밑에는 역이 있다 그래. 지금 정류장 같은 그런 역이. 그러니 저 오색령, 그 뭐야 미시령이나 한계령, 한계령 밑에도 그 밑에는 반드시 그 관터라는 게 있어요. 관터. 그 오색약수 못 미쳐. 여기 들어가면 못 미쳐 가서 한 10리 못 미쳐 가서 거 관 터 자리가 있어요. 그다 지금 모두 좋은 집을 지어 놓고 있는데 거기에 옛날에 역장이 살던 터다 이기야. 그래 본래는 서울서 오신 손님이 전부 그. 한계령을 넘어서 양양 방면으로 왔다 이기야. 성종 24년. 성종 때 길이 너무 험해서 사람들이 못 댕기게 되었다. 그러니까 그 역을 이쪽 원암리로 옮겼다. 원암리로 옮기고 이 미시령을 통하게 됐다. 그 때 그 역을 옮길 때 이런 얘기가 있어요.

원암리. 본래 역을 옮길 때 그 밑에 장천에 옮기기로 했는데 옛날에 역이 있는 곳은 양반 사는 곳이 아니다. 남의 심부름이나 하고 이런 사람이 사니까 상놈이 산다 이래. 그래서 양반 동네는 역을 두는 걸 싫어했다. 배척했다. 우리도 어릴 때 역 마을 사람이라 역 마을에서 왔다 이러면 그 상놈이라 그래. 그래고 그런 관념이 양반과 상놈, 상반이 아주 심할 때 그랬는데, 그러니 연창에 옮기려니 그 때 연창에 연창리에 김 진사가 나왔다 그래. 성은 김씬데 진사가 됐어. 그 과거에 초시 한 가지지. 초시 과거를 보자면 그 강원도 혹은 군에서 뽑은 몇 사람을 보내서 초시 봐 가지고 합격해서 그 성균관 가서 대과에 들어가고 이래. 그 김세갑이도 영월서, 영월군에서 뽑았는데 장원했거든. 그런데 김 진사가 나왔는데 동네 사람들이 들고 일어났다 이거야. 이 김 진사는 진사만 하면 아주 양반이거든. 진사 이상은 다 양반이거든. 양반 사는 동네에 어찌 역을 둘 수 있겠느냐 안 된다. 그래서 그 때 원암리로 옮겼다 그래.

거기 가면 원암리에 가면 동네 한복판에 서낭봉이란 게 있어요. 큰 능 같이 생긴 산이 동네 한 가운데 돌산인데 이렇게 생긴 게 있어요. 거기 가면 무신 돌참나무, 참나무가 있는데 그거는 또 씨가 참나무 돌참나무인데, 그런데 거기 가면 인제 봉 위에다가 서낭당을 지어놨다. 뭐, 그래 동네 사람이 그 해년 마다 제사를 올리기도 하지만 재를 넘는 사람은 반드시 서낭당에 가서 제사를 올리고 간다 이거야. 왜, 옛날엔 도적이란 건 산중에 있거든. 지금은 책상 위에 도둑놈이 있지마는 그 옛날에는 거서 칼을 들고 나와서. 그래서 '무사히 넘게 해주시오' 하고 가서 빌고 간다 해서 그래서 그 봉을 서낭봉이라. 서낭당에 인제 빌고 올라간다. 지금도 이제 빌고 올라간다 해서 지금도 거기 그 산이 있어. 그런데 그 서낭봉에 올라가다 그 미시령, 한 오백 미터 안 되지. 거 가다 보면 요런 왼쪽으로 선봉. 선바위. 선바위 같은 게 있어요. 그거를 부르기를 잘바위라 그래. 잘바위. 숙암이라. 잘 숙(宿)자. 여인숙이란 숙자. 잘 숙자와 바위 암(巖)자. 그 밑에 거기에는 옛날에 주막이 있었대. 그래 사람이 거 자고 갔다고 해서 잘바위라고 했던 거야. 그런데 그 너머에 가면 도적소라는 게 있잖아. 도적소. 도적이, 도적이 나와 가지고 그 상인들 물건 뺏고 사람을 거다가 그 밑에 소에다 고마 집어 넣었다 해서 도적소라는 그게 있거든. 그래 옛날 그런 게 역사를 가지고 있어요.

그런데 그게 인제 특히 우리가 세간에 알려지지 않은 기록이 하나 있는데 그것이 택당 선생이 썼는 거기만 있어요. 다른 데는 없어요. 또 순 한문을 써 놓으니 한문을 모르는 사람 그걸 봐도 뭔지 모르니까 그냥 지내왔다. 그래 그걸 해석해 보니까 여기 토성면에 토성, 그 때는 토성촌이라 했어. 토성촌에 사는 백정이 있었단 말이야. 그 백정이 아들과 같이 장사하러 미시령에 넘어갔다. 말을 몰고 갔는데 그 때는 장사를 하자면 이쪽에서 해산물을 싣고 미시령 넘어가 저쪽에 팔아 가지고 저쪽에 나는 곡식과 바꿔오는 그런. 한 번은 장사하러 갔는데 눈이 잔뜩 왔다. 미시령을 넘어 오는데 눈이 이렇게 와 노니 눈사태에 사람이 매년에 몇 명씩 죽었다 그래. 미시령에. 근데 오다가 보니까 그 눈이 요만한 게 내려 가지고 펑펑펑 막 와. 눈사태를 만나 가지고 아들이, 아들 이름이 애남이. 애남. 사랑 애(愛)자, 남자 남(男)재. 애남이. 애남인데 애남이 아들이 타고 오던 말과 같이 그마 눈사태에 휩쓸려 그 눈과 그만 떨어졌다 이거야. 그 눈이 이렇게 왔는데 이래 찾을 수 있나. 못 찾고 아버지 혼자 이래 집에 돌아왔다 이거야. 돌아와서 한 4일 후에 장사를 지내고 다 지내고 인제 눈이 좀 녹을라 하니까 동네서 장정들을 사 가지고 시체 찾으러 갔다 이거야. 가니까 그 구부러진 자리에 가니까 요런 구멍이 하나 있더래. 그래 이래 모두 그 구멍 속에서 우는 소리가 들려. 그러니까 모두가 안 들어간다 이거야. 그게 아흐레 지냈다가 밤낮 아흐레 지내서 갔다. 안 갈라 그랬대. 귀신이 거기서 운다. 그래서 거 힘 꽤나 쓰는 장정이 글로 가서,

"니가 귀신이냐 사람이냐?"

"사람이다."

"사람이면 니 이름이 뭐냐?"

"애남이요."

이 애남이가 살아있을 리가 없는데 아흐레가 되서 죽어도 벌써 송장이 되도 됐을텐데. 그래서 그 팠다 이거야. 과연 그 애남이 살아서 왔다 이거야.

"너 어떻게 해서 이 추운데 눈 속에서 아흐레나 굶고 살았나?"

"눈을 먹고 또 그 뭐 말안장에 있는 가죽 같은 거 씹어 먹고 그래서 아흐레 살아났소."

그래 살아온 기록이 그게 인조 택당 선생이 군수로 오기 전에 그런 기록이 있다고.

그리고 강릉서 아주 뭐 눈사태가 났다 그러면 강릉서 뭐 군인이 와 가지고 구조하고 이랬다고 그래. 또 말에다가 짐을 싣고 이제 그 뒤에서 밀고 또 앞에서 끌로 이래 올라가면 그 짐을 대개 관에 필요한 그 세금들 마카 곡물이거든. 그래 옛날에는 양양하면 양양 바닷가에 있는 대구 몇 마리, 무신 문어 몇 마리, 전복 몇 개, 막 그 중요한 그걸 가지고 물건을 가지고 가야 되니까 그걸 가져가면 재를 넘어가자면 연 쉬면 안 돼. 원통에 가면 남교역. 거기 역이 그것도 역 마을이야. 거다 갔다가 인계를 한단 말이야. 인계를 하면 거서 또 가지고 또 다른 역은 인계한다. 그런데 눈이 많이 왔을 때는 눈을 못 치니까 그걸 다 치울 수 없으니까 동네 사람들 동원해서 밟는다. 그 눈을 올라서 밟으니까 딱딱하게 해놓고 그 위를 그렇게 그런 역사가 있어.

동국여지승람에는 쌍성호라고 나와 있어요. 쌍 쌍(雙)재, 쌍둥이라. 재 성(城)재. 아 이룰 성(成)재. 쌍성호. 그래 내가 생각해 볼 때는 여지승람에는 옛날에는 쌍성호라고 불렀는데 왜 쌍성호라고 불렀느냐 이기야. 그때는 이 영랑호는 영랑호라 나왔거든. 신라 때 화랑이니까는 이름이기 때문에 이 영랑호는 이름을 벌써 얻었다 이기야. 쌍성호는 호수가 두 개나 있는데 이름을 못 얻었다 이기야. 그 때. 그러니까 호수가 쌍둥이로 이루어졌다 해서 그게 쌍성호래. 그리고 여지승람에 써 있기를 쌍성호는 그 모양이 우수하기를 영랑호보다 낫다 이러고 써 놨더래. 그리고 여기 어제 얘기했던 비선대도 여기 써 있고. 그 다음에는 개다리 소야팔경도 이런 거는 여지승람에는 없어요. 그러고 요 중엽에나 와서 소야팔경이라는 게 있는데 숙종 땐가 어떤 판서가 와서 거기 와 보고 하도 경치가 좋아서 그다가 인제 침산정이라. 잠길 침(沈)재, 뫼 산(山)재. 설악산이 잠겨 있는 곳이다 해서 그 정자 이름을 침산정이라 해서 천호동 쪽에다 지었대. 그게 지금 없어지고 없어요.

그래 그런 정도로 유명한 곳이었는데 그래 남궁억 선생이 여기에 한말에 우리나라가 합방되기 전에 직전에 여기 군수로 와 있었어요. 군수로 와 있었는데, 그 양반이 이 청초호 이쪽 북쪽으로 큰 바위가 있었어. 큰 바위가 있었는데 그걸 용암이라 불렀다. 그 위에 편편해서 아주 놀기 좋았다 그래. 그래서 아주 수많은 사람이 봄 가을에 거기 와 놀았다. 그래 남궁억 선생이 양양 군수로 있을 때 거기 와서 놀았다 해서 그래서 4월 초파일 부처님 생일날 그서. 그래 더욱 유명하다. 인제 그런 게 나와 있어요.

그 다음에 논뫼호 놀이라. 불꽃놀이라는 게 있어요. 저쪽에 저 조양동에 논산리가 거 있거든. 논산이라는 논(論)자와 뫼 산(山)재. 그래, 우리말로 하면 논뫼거든. 논뫼. 그 호수는 그 논뫼호라는 이름이 그 청초호로. 왜 그런고 하니까 옛날에 저 군수가 양양에 돈이 남으면 환영회를 거기 와서 인제 불을 켜 가지고 배에다 술을 싣고 기생을 태우고 사방에 불꽃을 비추고 또 나무판대기에 불을 켜서 쭉 돌려 놓고 그래 환영식을 했다 그래. 그래 논뫼호 불꽃놀이라 그래. 그래 불렀는데 남궁억 선생 그 다음 군수 때인가? 익사 사고 그러다가 고마 사람이 물에 빠져 죽었다. 그래고부터 그게 없어졌다고 그래.

그리고 고려 때는 그게 군항이 만호. 만호. 수군 만호의 병성이 거기 주둔했다 하더라고. 그래 지금도 노학동에 가면 척산 온천 있는데 그 밑에 여관이 또 있어요. 그거 맞은편에 가면 이런 요만한 편편한 곳이 있는데 거기 만호의 관사가 있었어요. 그래 지금도 주춧돌, 주춧돌 이만한 게 하나 있었어요. 그전에 가서 3년 전인가? 그 지방 사람들이랑 찾다 찾다 못 찾았어. 하나 지금 남아 있어요. 그게 있었고 그기에 거 만호 관사 앞에 소나무가 천 년 묵은 소나무가 있었어. 소나무가 있는데 그 소나무 잎이 떨어지고 이러면 거기에 나라의 변고가 생긴다 이런 전설이 있어요. 전설이 있는데 그것이 요 근년, 한 30년 전, 40년 전이나? 큰 벼락에 비가 와서 그게 고마 그 소나무가 떠내려가자 그 뿌리가 지금 척산여관 그 앞에 있던 게 지금 다 없어지고 없어요. 그래 그런 게 지금 있어요.

그리고 경성이 있는 곳이고 또 옛날엔 차가 일로 돌아댕기지 않고 갯배, 배에 실려서 댕겼다 그래. 그래 그건 얼마 안 됐는데, 그게 소야팔경에 중에서 주교야화라는 게 있어요. 소야팔경 중에 배 주(舟)재, 다리 교(橋)재, 배다리. 배다리. 밤 야(夜)재, 불 화(火)재. 주교야화라는 게 있는데 그거는 무슨 얘기냐 하면은 그 배가 댕기는 마을이라서 배다리라 그래. 그 마을 이름을 조양동 그 부근에 배다리라. 주교야화라 배다리의 그 동네에는 밤이 되면 불꽃 성을 이룬다. 고마 그 호숫가에 돌아가미 불이 고마 환하게 켜진다. 왜. 그 때 게, 고기 게가 얼매나 많이 나는지 가을이 되면 게를 잡느라고 횃불을 들고 전부 동네 사람이 게를 잡았다. 그렇게 고기를 많이 잡아.

또 왜정 말년까지 그 호수 안에 그 등정이 있었어. 거서 청어를 막 잡아냈다. 그전에 그 물이 좀 많이 바닷물이 셀 때는 고기가 많이 들었어. 그래 내가 40년 전에 여기 왔을 때만 하더래도 낚시를 갖다 넣는 거마다 고기가 물려 올라왔어. 그래 고기가 많았어. 근데 지금 오염돼 가지고 고기 새끼도 안 보이고 그래. 사람이 참 문화사에 공헌하는 것도 많지만 아주 해독을 끼치는 최악의 나쁜 사람도 많지.

28. 영랑호 유래 1 【S.6-1-28-8】

영랑호 하면 신라 때 그 영랑, 영랑이래는 것이 그 무리, 한 떼의 이름이기도 하고 사람이기도 하고 그래. 내가 볼 때는 영랑이라는 부대, 군대로 치면 부대의 대장이 영랑이라는 사람이고 그 영랑이란 사람이 지은 화랑도를 영랑도라. 무리 도(徒)재. 그래 영랑도가 여기 와서 수양하던 곳이라 해서 영랑. 그게 영랑 한 사람을 이야기하는 것이 아니라 그 화랑들이 여럿이 와서 그 때 화랑제도를 얘기한다면 그 처음 시작해 가지고 실패하고 나중에 그 남자가 그 화랑했잖아. 화랑이 여기 와서 각 전국에 명산대천을 찾아 댕기면서 수양하는 거야. 인간이 놀면서 공부도 하고 이러는 동안에 그 사람 성격을 안다 이기야. 그 화랑이래는 것은 수양, 인간을 수양하기도 하는 그런 기구였지만 또 인간을 선발하는 그런 두 가지 역할을 했다 이기야. 그러니까는 인제 댕기며 놀다가 우리가 참 저 사람 성격을 알려면 고스톱 혹은 마작, 이런 거 해 보고 오락을 해 보면 대강 알아요. 어떤 사람은 마작을 하는데 마작하다가 훌라도 하기 전에 넘어가기 전에 돈부터 먼저 내는 사람이 있고 그래. 노는 중에 그 사람의 성격을 안다 해서, 그래 댕기며 놀다 보면 자유스럽게 놀고 노래도 부르고 이렇게 하다 보면 그 사람 성격을 안다. 그래서 그 성격을 제일 참 훌륭하다 하는 사람을 그 화랑 대장이 그것을 나라에 보고한다. 보고하면 거기서 채택돼서 아주 중요 직책을 맡게 해준다. 그기에 뽑힌 사람이 화랑이래. 그러니 그렇게 뽑으니까 그래 빈틈없는 사람 선발이 잘 된, 요즘은 시험만 보니까 도적놈도 붙을 수 있고 백정도 붙을 수 있고 누구든지 붙을 수 있단 말이야. 그렇지만은 인간이 일하는데 있어서 인간 된 사람과 도적놈과는 다르다 이기야. 그래 화랑은 그런 것을 겸해서 했다 이기야.

박익훈(90, 남) 속초시 교동 현대1차 아파트 5동 205호 2005.5.28
(박익훈 제보자께서 들려주신 설화 자료는 29번부터 36번까지이다.)

박익훈 할아버지께서는 2년 전 방문했을 때와 조금도 변하지 않은 정정한 모습이셨다. 두 번째의 방문인데도 반가워하셨고 지난 번에 제보한 이야기들과 다른 이야기를 하시려고 애를 쓰셨다.

29. 속초항 건설로 망가진 영금정 경치 【S.6-1-29-8】

영금정은 저 영랑동에 있는데 영금정 하면 왜 영금정이라 하느냐 그거부터 알아봐야 해. 근데 저 전설이란 것은 전하는 사람마다 조금씩 달라져. 왜 그러냐면 자기가 어떤 확실한 근거도 없이 자기 생각대로 얘기하기 때문에 달라져. 그러나 내가 지금 얘기하는 것은 속초지방에서 정확히 얘기를 알고 있는 사람한테 전해 들은 거야. 이 지방 토박이지.

본래는 영금정 등대가 있잖아. 등대 앞에 섬 같은 봉우리가 있지. 그걸 옛날엔 비선대라 불렀어. 비선대라 하면 설악산에 있는 비선대가 있고 여기에 비선대가 있지. 설악산에 있는 비선대는 날 비(飛)자 비선대요, 여기에 있는 비선대는 비밀이란 비(秘)의 비선대여. 왜 그럼 비밀이라는 비선대라 불렀냐면 그것은 동국여지승람이라는 책을 보면 거기에 소나무가 두 그루가 있는데 나무가 꼬불꼬불하고 뱀 같이 자란 소나무를 구송이라 그래. 그런 소나무가 두 그루가 있었는데 그게 참 보기가 좋아. 옛날에 구송 옆에 정자가 있었다 그래. 또 지금은 이런 섬이 2개가 있었다 그래. 옛날에 근데 옛날에는 바다가 깊었는데 오늘에는 수면이 낮아져 육지랑 모두 이어져 있지. 그래 옛날에는 비선대라는 섬이라 하고 하나는 송도라 했지. 왜 송도라 했냐면 옛날에 소나무가 많았대. 여기가 그렇게 경치가 좋았다 이거야. 그래 봄 가을이 되면 수많은 선비들이 여길 찾아와 글도 짓고 놀기도 하고 그래서 지금부터 1915년에 쓴 일본책이 있어요. 일제치하 때 쓴 거기에 도천면이 있는데 그 때는 속초가 아니라 도천면이라 불렸어. 왜 도천면이라 했냐면은 청초호 남쪽에 청대산이 있는데 그걸 중심으로 해서 저쪽 남쪽은 소천면이라 했고 이쪽은 도천면이라 그랬어. 그래서 일본 사람들이 우리나라를 뺏어 가지고 합방했을 때 이 2면을 합쳐서 하나로 만들었어. 그래서 도천면에 도자와 소천면의 천자를 합쳐서 도천면이라 불렀어. 근데 그 때는 면소재지가 대포였어요. 그런데 여기에 비선대가 그렇게 경치가 좋으니까 그 책에는 뭐라 써 놨냐 하면 여기가 소금강이다 소해금강이라 불렀어, 지금 영금정 있는 부근을.

그리고 또 영금정에서 이쪽에서 영랑동을 넘어가면 길이 있어요. 옛날에는 길이 없고 돌산이여서 못 넘어다녔지. 근데 넘어갈 때 움푹 파인 데가 있어. 등대밑이지. 근데 여기에 바위가 우뚝 솟아 있는데 아주 경치가 좋아서 소금강이다 소해금강이라 불렀는데 박상희라는 사람이 읍장이 돼서 호수인 청초호를 비가 많이 오면 사람이 못 건너다니고 비가 적게 오면 바지를 걷고 건너다니는 호수를 배가 건너 다니도록 깊게 파고 돌을 쌓아 속초항을 만들었어. 근데 그 때 비선대 옆에 있는 돌섬 송도를 파내 가지고 여기 속초항 만드는 데 쓴 거지. 또 소금강에 보면 총석정이라는 뾰족한 돌산이 있었는데 그것도 파내서 여기 항 만드는 데 썼지.

그런데 하루는 윤 선생이라고 있는데 그 분이 17살 때 밤에 자고 일어났는데 사람들이 모여서 야단법석이더라. 가 보니까 한국 사람 일본 사람 할 것 없이 전부 모여 가지고 구경을 하고 있는 거야. 뭔가 하고 보니까 영금정에 납작한 바위가 하나 있었는데 요게 하룻밤 사이에 다른 곳에 올라가 있는거야. 하도 신기해서 일본에서 사람들이 구경까지 왔었어. 지금도 바위가 있는데 가서 두들겨 보면 둥둥둥 하고 거문고 울리는 소리가 나. 그래서 거문고 소리를 내는 신령스러운 바위다 해서 영금정이라 부르지. 영금정이라는 것이 송도라는 섬을 안 깨어 놨다면 지금 명소 중에서도 명소가 될 수 있었지. 아 그리고 영랑호도 보면 옛날에 들어가기도 험하고 경치도 좋았다 그래. 근데 거기 바위도 다 깨서 속초항을 만드는 데 써서 바위가 없다 그래.

30. 범바위 유래 1 【S.6-1-30-8】

범바위는 왜 범바위라 하냐면 그 바위 형태가 범같이 생겼다 해서 그렇다는 애기가 있고, 또 하나는 밤에 범이 자주 왔다 해서 라는 두 가지 애기가 있어.

31. '金氏'를 '김씨'로 읽게 된 이유 2 【S.6-1-31-10】

성은 김이라 하고 땅이라 하면 금이라 하는데 쇠 금(金)자니까 상관이 없지. 이 이유를 살펴보자면 이성계가 고려를 무너뜨리고 왕이 되었을 때 고려 임금은 성이 왕씨고 조선 왕조는 이씨다 이거야. 근데 왕씨를 멸망시키고 왕이 되고 나니까 김씨가 아주 기세를 펴는거야. 남산에서 돌을 굴리면 밑에서 맞아 죽는 사람은 김가 아니면 이가라고, 그만큼 김씨와 이씨가 많았지. 그래서 이성계가 곰곰이 생각을 해 보니 나중에 임금이 김씨가 임금이 될 그럴 걱정이 드는거야. 왜 그렇냐면 이씨는 나무 목자를 쓰고 김씨는 쇠 금자를 쓰니까 옛날 오양설에 보면 쇠붙이는 나무를 이긴다라는 말 때문에 나중에 김씨가 왕을 차지하는 걱정이 들었던 거지. 그래서 그 때부터 이름은 김씨라 하고 다른 것은 금을 붙였지.

32. 권금성 유래 2 【S.6-1-32-5】

권금성은 사실은 이게 은제 이 성을 쌓았느냐가 문젠데, 몽고군이 침입했을 때가 있었어. 옛날 역사책에 항몽 40년이라 이런 말이 있거든. 몽고를 향해서 4 년 동안 쌓았다는 얘기지. 그러니 몽고가 한 차례 쳐들어 온 게 아니고 여러 차례 쳐들어 왔거든. 그래 그 전쟁이 끝나고 항복하고 이럴 때까지 만 삽심 팔년이 걸렸고 그리고 그걸 수습하고 대개 근 40년 걸렸다 해서 항몽 40년이라 하는데, 그 때 몽고군이 쳐들어왔을 때 쌓았다 인제 그런 애깁니다. 왜 그런고 하니까 물론 학자들에 따라서 여러 가지 얘기가 있지만은 인제 낙산사지라는 그 책에 써 있기를 몽고군을 그 땐 천병이래서 하늘에서 내려온, 천자 있는 나라, 중국을 천자 있는 나라라고 했거든. 천병이 쳐들어와서 양양성이 함락되고 그럴 때 쌓았다고 써 있어. 거기 보면 권금성은 전해 오기를 권씨와 김씨 두 장수가 거기 피난가서 쌓았다는 얘기가 있는데 이치가 안 맞는다. 왜냐하면 그 높은 산에 밑에 이런 둥근 돌이 있어요. 개울가에 있는 돌을 그 높은 산에 맨손으로 올라가기도 힘드는데 사흘 동안 그걸 어떻게 쌓느냐? 그렇잖애. 이치가 안 맞는다 이거야. 약 삼십 몇 년 싸우는 동안에 넘게 걸린다 이거야 사실적으로는.

33. 토왕성 폭포 【S.6-1-33-8】

권금성에서 저 밑으로 가면 토왕성 폭포로 가는 길이 있어. 바위 내려가면 물이 흘러가서 그 물이 토왕성 폭포로 해서 아주 높은 폭포를 이루지. 지금은 비선대, 비룡폭포 왜 토왕성이냐 하면 토성리 토란 것은 그

지방이란 말야. 그 지방 사람 중 왕씨 성을 가진 사람이 쌓은 성이다. 그래서 그 천을 타고 폭포를 이룬다 해서 토왕성 폭포라 그래.

34. 제기소와 도적굴 【S.6-1-34-8】

제기란 게 제사지낼 때 쓰는 기구거든. 그러니 도적이 그 진전사에 와서 물건 다 훔쳐 가지고 훔쳐갈 게 없으니까, 가져갈 게 없으니 제기같은 부처님께 비는 기구도 다 훔쳐갔다. 근데 가다가 쓸 데가 없으니까 그 소에 갖다 버린거야. 그걸 제기소라 부른다.

그런데 그게 속전에 제기소를 예기소라 불러. 그 지방 사람들은 예기소라 불러. 그걸 제기손데 근데 거기 들어가는 데 보면 바위가 또 이만한 게 있어요. 또 구멍이 이런 게 나 있어요. 그걸 도적굴이라 불러 도적놈들이 거기 숨었다 훔쳤다 이거야. 그 할아버지 얘기는 그래 가지고 요즘 얘기는 그런데 그게 기와가 여기 있다. 내가 주장하는 것은 도적놈이 거기 가서 훔쳐서 여기 권금성에 와서 살았다 이거야. 그러니 그 때 도적질했던 기와를 갖다가 여기 갖다 놨다 난 그렇게 생각한다 이거야.

그런데 그 저 인조 때나 임경업 장군이, 임경업 장군전이라고 충주에 가면 탄금대란 게 있잖는가? 거길 가니까 탄금대 그 우에 비가 두 가지 있어요. 하나는 신립 장군이 거기서 전사했는 순국비가 하나 있고, 하나는 임경업 장군이 달천 사람이래요. 충청도 달천 사람인데 거기 그 자주 와서 공부를 했다. 임경업 장군이 그 때는 북쪽에는 청나라가 있고 그 때는 원나라라고 불렀지.[22] 원나라 남쪽에는 명나라란 게 있는데 명나라는 다시 일어난 세력이요. 이거는 옛날 세력이 하마 쓰러져 가는 세력이래. 그러니 조선 정부는 원나라 지배를 많이 받았거든. 받아 오다가 이자 명나라가 일어나니까 양쪽에서 너 우리말을 들으라 하니 그 중간에서 도저히 참 애 먹었거든. 그러니까 광해군은 그 참 그렇게 못난 임금이지만은

22) 제보자는 원(元)과 청(淸)을 혼동하여 동일시하고 있음

그래도 외교는 잘했다 이거야. 그래 그 중간에 서서 눈치 봐 가미 그 형편 봐 가미 원나라에 협조했다가 또 명나라에 협조했다가 그저 난을 피했다 이거야. 인조 저 놈은 정직하기만 했지 그런 수단이 없다 이거야. 그래니까 이제 병자호란이 일어나잖아. 일어나니까 조선에 임경업 장군은 유능한 사람이니까 이 사람을 시켜서 원나라를 도와서 명나라를 쳐라. 그런데 임경업 장군도 명나라는 문화국이고 아주 상당히 발전한 나라고 원나라는 무식한 나라다 그래서 임경업 장군은 원나라를 배원하는 원나라를 배격하는 그런 사람이야. 명나라를 아주 돕는 사람이야. 그래 나라에서 원나라가 자꾸 압력을 주니 원나라 말을 들어서 원나라를 도와서 명나라를 치라 했는데 임경업 장군은 명나라를 좋아해 가지고 원나라는 싫어하거든. 그래서 싸움을 하는데 형식 싸움, 대포를 인제 화살을 쏘는데 화살을 쏘믄 대포같은 걸 인제 만들어 쏘는 대포알에 총알이 없이 소리만 쾅 나. 그래 속이려 하고 전쟁 중에도 화살에 총알 없는 대포를 쏘니까 우리는 뭐 촉이 없는 화살에 촉을 빼 버리고 속이려 했어. 그러니 이름은 전쟁이지 죽는 사람은 하나도 없다 이거야. 그래서 내중에 원나라에 잡혀 갔다가 원나라 임금이 가상히 여겨서 석방했는거를 오다가 우리 김자점 그 사람이 아주 모략에 의해서 고문해 가지고 고문하다가, 장형이라고 때려 가지고 거게 맞아서 죽었어. 죽었는데 그 분이 말하기를 내가 이 전쟁에 지면 설악산에 데려가서 도적이 되겠다. 그런 기록이 있단 말이야. 그러니까 벌써 이 신흥사 절들이 뭐하기 시작했잖아. 그 때 뭐야 도적들이 그 때는 권금성을 아주 차지하고 있으니까 그러니 거기지. 권금성 거기에 가면 북쪽에 있다가 이런 봉우리가 있어요. 이런 봉우리가 부르기를 봉화대라고 자꾸 부르는데 일본 사람이 썼는 일본식의 썼는 소야면세일반이라는 책이 있어요. 그 책에 이거를 뭐라고 써 놨느냐면 등대안이라고 써 놨어요. 등대 역할을 한다.

신흥사가 거기 있으면 인제 무명용사의 비가 있어요. 설악산 지명사 안에 대청봉 올라가는 길 올라가다 보면 오른쪽에 이만한 비석이 있잖애.

비선대 가는 길에 오른쪽에 거기 있는데 그기 뭐여 그 우에서 내려다 보고 비석이 서 있는 마을을 뭐라고 하는고 하니까 그 마을이 정고평이라 하는데 정고평이라 함은 머물 정(停). 왜 그런고 하니 이건 창고란 데거든. 창고니까 거기에 창고가 있던 곳이다 해서 정고평이라 해. 근데 왜 정고평이라 하느냐 하면 옛날에 그 시절에 영동서 해안 지방에서 나는 소금, 어물 이런 거를 그 때는 물물 교환 시대니까 그런 거를 가지고 이 정고평에 와 가지고 하룻밤 자고 그 비선대 쪽을 가서 골짜기를 넘어가 가지고 봉정암 오세암 그걸 넘어간다 이거야. 그러면 근데 정자, 창고가 머물렀다가 간다. 그러니까 소금 어물 가지고 갈 수가 없으니까 거기 하룻밤 자고 갔다 해서 정고평이야. 그런데 아까 그 뭐여 권금성에서 꼭대기에서 내려다 보면 잘 보인다 이거야. 거기 이래 보고 산꼭대기에서 내려다 보니 장사가 여기 몇이 간다. 돈이 소금은 얼매 간다. 여기서 보믄 알 수 있잖애. 그래 망보니 등대안이라 그래. 등대라는 것은 그 안내 역할을 한단 말이야. 배가 항해할 때 등불을 키서 안내해 주잖애. 배가는 길을 안내. 그래 정고평이라는 건 저 창고가 머물렀다가 가는 곳이라 해서 정고평이라 한다.

35. 탁 장사의 힘자랑 【S.6-1-35-5】

옛날에는 나라에서 임금이 죽으면 곽재, 관을 만드는 재목을 지방에서 베어갔어. 그래서 지방에서 미리 장소를 정해 저 백담사에서 봉정암을 올라가는데 중간에 보면 오른쪽에 금표라는 데가 있는데 거다 이런 표를 해서 거기에는 나무를 베지 못한다, 금송 나무를 베지 못한다. 벌을 받으니까. 근데 여기에 탁장군 시절에도 양양에도 금표라는 데가 아주 오래된 소나무가 있는 곳이 있는데 뭐 나중에 임금이 죽으면 그 나무를 베다가 곽재를 쓰기도 하고 궁궐을 질 때 쓰기도 하고 그랬지. 근데 강릉하고 양양하고 그 경계에 나무가 하나 아주 큰 나무가 서 있었어. 그 나무가 서 있는데 나라에서 나무를 바쳐라 이랬는데 양양 사람들은 이 나무가 우리 것이다 이러고, 강릉에서는 아니다 이건 강릉 것이다, 서로 말썽이 생긴 거야. 그 때 누군가가 제안을 한 거야. 이 나무를 베 가지고 이걸 들은 사람이 있는 마을 것이다 하고 제안을 한 거야. 근데 강릉에서는 아무도 들지 못하고 양양에서는 탁장군이라는 사람이 이걸 지게에 지고 일어나서 양양의 것이 되었다 하는 전설이 있어.

36. 귀면암과 와선대 비선대 【S.6-1-36-8】

귀면암이 있는데 여기서 이제 설악산에서 대청봉에서 올라가다 보면 빨딱고개라고 있는데 거기 넘어가기가 엄청 힘이 들어. 거기 고개 올라가서 오른쪽에 보면 바위가 있는데 그 바위가 금강산 귀면암 바위와 같이 그렇게 생겼다 해서 귀면암 바위라 하는데 마고선이라는 것은 신선 중에 한 사람인데 여자신선이라 그래요. 마고선이라는 지금 설악산에서 아까 얘기한 대청봉에서 올라가면 비선대 맡에 와선대라고 있어요. 와선대라고 있는데, 왜 와선대라 하면 마고선이 와서 누웠다 쉬웠다 가서 와선대라. 신선이 드러누운 데라 했어. 그리고 마고선이 비선대에 올라가서 그 앞에 금강굴이란 게 있어요. 금강굴 쪽으로 하늘에 올라갔단 얘기가 있는데 하늘에 올라가서 비선대라 하는데 그 마고선이 거기에 있다 가서 그건 암튼 전설이니까.

최경랑(78, 여) 속초시 교동 현대1차 아파트 104동 208호 2003.1.24
(최경랑 제보자께서 들려주신 설화 자료는 37번부터 40번까지이다.)

최경량 할머니께서는 함경남도 이원읍 출생으로 6·25 때 남하하신 실향민이시다.

37. 학사대 【S.6-1-37-8】

학교라는 학(學)자에다가 이 선비 사(士)자 있어요. 그 이래 쓰는데 거기에서 그 전에 뭐 공룡의 발자구라고 이 지금도 있어요. 우리 피난 내려

올 때까지 있었어요. 그니까 이렇게 화산이 바닥에서 터지면서리 바위 이렇게 했다가 이게 올리논 게 그게 학사대가 됐거든요. 그기 가면 이렇게 큰 발자구가 있어요. 그게 공룡발자구라고 그러더라구요.

38. 정광사 스님 【S.6-1-38-5】

거기 정광사라고 있는데 거기 스님이 아주 옛날 아주 유명한 스님이 있었는데 그 스님이 중국을 가 가지고 중국에서 지팽이를 집어던진 게 그게 어디 와서 저 무슨 나무가 자랐다는 그런 전설은 들은 적이 있어요.

그 스님 이름도 이젠 잊어버렸고 오래니까 잊어버렸는데 유명한 스님이 있었는데 중국에 가서리 자기 지팽이를 탁 던진 게 거기와 떨어졌대요. 그래서 거기 나무가 그 지팽이가 나무로 자라 이렇게 자란 나무가 있단 그런 얘기밖에 들은 게 없어요.

39. 신 송장 못 모시는 산 【S.6-1-39-9】

우리 친정집에 그러니까 우리 친정 어머니 친정이죠. 그니까 우리 저 외가가 되겠네요. 외가집이 부자예요. 그 집안도 있구. 그래서 한 동네를 차지하고 있었는데, 보영이라고 있어요. 보영이란 데 있는데 거기서 사셨는데 그니까 우리 그거 뭐입니까? 그 선조들 묘 모시는 산이 따로 있잖아요. 조상 묘 모시는 데. 거긴 인제 절대 신 송장이 못 들어간대요. 금방 죽은 사람은 가도 못 파묻는대요. 예. 그니까 다시 이장하는 시신은 들어가도 금방 죽은 시신은 못 들어간대요.

그런데 거기 이제 우리 할아버지 한 분이 자기 아들을 죽은 거 시신을 거기다 썼대요. 그랬더니 그만 사람이 죽고 재산이 나가고 소가 죽고 돼지가 죽는데 말도 못 하겠드래요. 그러서 어디 가 점을 쳐보니까 그 송장을 신 송장을 거기다 썼던 게 산에서 벌을 받아서 그런대요. 그래 그 즉시 그 파서 옮기니까 딱 멈추더래요.

40. 울산바위 3 【S.6-1-40-5】

울산바위는 인제 경상도에 울산이 그게 인제 그 금강산을 가다가 도중에 여기 와서 이제 머물렀다 이러한 뜻의 이름으로써 울산바운데, 그게 하나의 전설이야. 그게 별로 뭐 뜻이 있는 것이 아니고. 이 금강산을 가는데 뭐 빠졌다. 거 이제 뭐 못 가고.

그래서 이제 도중에 여기에 머물러서 울산이라 하는 그 금강산을 집결이 되는데 이제 빠진 거지. 울산서 올라오다가 그래 가지고 여기에다가 이제 그 산을 형성해서 그걸 울산바우다 이러한 뜻이지. 그러니까는 뭐 그건 없고.

(조사자: 그런데 왜 빠졌어요? 금강산 가다가?)

말이 전설이니까 그렇지. 그건 무슨 빠뜨릴라고 빠졌고 무슨 그렇겠어? 여기가 울산바위가 그게 인제 그 내가 봤을 땐 자연지리를 보게 되자면 그게 온천 지구야. 온천이 나오는 데야. 수맥이 있고. 그러니까 뭐 금강산까지 힘들여 가겠어. 여기서 그냥 빠져 있는 거지.

박필백 (72, 남) 속초시 교동 럭키 설악 2차 아파트 101-301 2003.1.24
(박필백 제보자께서 들려주신 설화 자료는 41번이다.)

박필백 할아버지께서는 대구가 고향으로 20년 이상 속초에 거주하고 계시다.

41. 씨받이 한 머슴 【S.6-1-41-6】

자식이 없어 가지고 자식이 없어 가지고 양반들, 옛날에 양반들은 이게 뭐 이게 암만 자식이 없어도 그기 했잖아요. 바람 피우고 이런 거 좀 몬 했거든. 그랬는데 자식이 없어 가지고는 저기 거 뭐야, 손은 봐야 되겠는데 손을 볼 수가 없어 가지고 어쩌나 하고 고민하는 도중에 그 집 머슴이 괜찮은 머슴이 있었던가 봐요. 그래 머슴더러 인제 애길 했는가봐. 야, 내말 좀 들으라고. 그러니까 그 머슴이 뭐냐? 그러니까, 오늘 저녁 목욕재개하고 우리 마누라한테 좀 갔다 오라고. 그러니까 이제 목욕재개를 깨끗이 하고 옷을 탁 갈아 입혀 가지고 옛날에 뭐 불 켜놓고 잠을 자고 이러진 않았잖아요. 그래 가지고는 참, 그 마누라한테 가 가지고 씨받이를 할려고 가 가지고 그 여자를 덮었던가 봐요. 그래서 그런 얘기도 더러 하고 그러더라고. 근데 끝을 잘 몰라. 우스워서 몬 해. 우스버서. 그래 가지고 인제 해봤다. 그 말이 그 말인데.

최정옥(83, 여) 속초시 교동 럭키 설악 2차 아파트 101-1208 2003.1.24
(최정옥 제보자께서 들려주신 설화 자료는 42번부터 43번까지이다.)

42. 죽음을 같이한 조강지처 【S.6-1-42-6】

옛날에 꼬마 신랑이 있었는데, 부모들이 정해준 여자랑 결혼을 했단 말이다. 그런데 난중에 그 아들이 나이가 좀 먹고 자라니까는 그 때는 여자를 알고 여자를 딴 여자를 얻더래요. 자기가 맘대로 인제 나가서 자기가 여자를 얻어서들랑 사는데 그 여자는 밤낮 그냥 혼자 저기 뭐 어딘가 거기 가서들랑 있고 혼자. 그니까 하도 딱해서 부모네들이 딱해서들랑은 보냈대요. 친정으로. 친정에 가서들랑 넌 있다가 요 다음에 다시 저거 하자. 그러구설랑 그리고 보냈대요. 그래서 친정에 가서 있는데 병이 들어서 다 죽게 됐는데 이 남자가 작은 여자 하나를 얻어 가지고 참 세상에 없던 정이 그렇게 좋아 가지고설랑 화장실에 가도 같이 데리고 댕겼대요. 그 여자하고는. 먼저 결혼한 여자는 저거하고, 보내고. 그랬는데 어떻게 부자고 양반네 집이고 그러니까는 혼자 다 처리할 수 없다고설랑 하인들도 뒀는데 저기 했대요. 또 인제 사람을 여자를 또 얻었대요. 그래 여자를 또 얻었는데 그 여자는 살림을 맡기고 이 여자는 남편하고 인제 둘째 저거한 여자는 저거하고 그랬는데 남자가 죽을 때가 됐더래요. 나이가 먹어서 죽을 때가 되니까는 남자가 인제 그랬대요. 그러면 둘째 여자보고설랑은,

“여보게, 여보게, 나 죽겠으니 나하고 같이 죽을래?”

나 죽는데 같이 따라 갈 수 있느냐니까는,

“이 살림은 다 어떻게 하고 따라 가우?”

그러더래요. 그 여자가. 그러니까 아 그러냐고. 그럼 셋째 여자를 보고서들랑,

“당신은 나를 쫓아 갈 수가 있느냐?”

고 같이 죽으러 가는데 갈 수가 있느냐니까 그 여자가 말은 그러더래요.

“내가 무덤 앞에까지는 가 드리리다.”

그러고 하더래요. 그래, 아 그렇구나. 그래냐. 그래서 맨 처음에 결혼한 여자를 인제 불러, 데려오라고 하인더러 데리고 오라고 그랬대요. 그러니까 다 죽어가는데 데려왔대. 그래 그 여자를 보고설랑 그랬대요.

“여보게, 당신은 나를 무덤에 같이 갈 수 있느냐?”

“같이 갈 수가 있습니다.”

그러더래요. 그래,

‘그래서 조강지처로구나. 내가 참 모든 걸 잘못했구나.’

하구설랑은

“그럼 나를 좀 업구 가세. 같이 저승에를 죽으러 가는데 저승에를 나를 업고가세.”

그러고 하니까 업다가 둘이 다 죽더래요. 그러니까는 아, 조강지처밖에 없다 하더래요.

43. 오산의 장자못 【S.6-1-43-5】

오산의 부자 얘긴데 거기가 저기. 옛날에 우리 시어머님이 그런 얘기는 하시대. 옛날에 어떤 집이 부잔데, 부잔데 농사가 어떻게나 많은지 모르는데 농사가 많고 하인을 두고 인제 머슴을 뒀는데 며느리도 없고 그랬는데 어떻게 못 됐는지 모르더래요 그 영감이. 그 주인 영감이 나쁘더래요. 그래서 농사를 할 때 물을 모 심을려고 모씨를 논에 뿌리려면 고사를 지

내는데 싸래기로 그 저거 싸래기로 떡을 해설랑 그 집에 들여오지 않고 인제 남들을 주니까는, 머슴들하고 이제 저희들 나눠 먹으니까는, 한 데서 나눠 먹으니까 싸래기로 떡을 해서 주더래요. 떡을 해설랑 그 논에 가서 볍씨 뿌리고 고사를 지내라. 그리고 머슴을 해서 밥 한 시루를 쪄 보내더래요.

그러니까는 머슴이 하도 자기 몇 년을 살아도 세경도 안 주고 머슴 산 비용도 안 주고 그러니까는 이 머슴이 그랬대요. 뭐라고 했냐면은 황, 황새가 날아 들어설랑은 볍씨를 죄 짓밟아설랑 뭐가 나지 않게 해주고 그래라고. 이렇게 못된 맘보를 가지고설랑은 싸래기 주고 고사를 지내라고 하니 그러라고 이제 그러고설랑 머슴이 빌었대요. 인제 절을 했대요.

그랬는데 정말 머슴이 그렇게 하고 왔는데, 어떤 옛날 지금은 스님이라고 그러지만 옛날에는 그 저 스님을 갖다가 처사라고 그랬대요. 그래설랑 어떤 스님이 와서 꽹가리를 깽깽 치면설랑은 동냥을 달라고 그러더래요. 그러니까는 그 시아버지, 이제 그 영감이 나와서 하는 말이, 머슴들이 거름을 쇠스랑으로 파는데 그러더래 그 저 거름이나 하나 퍼주라고 그러더래요. 그러니까는 아, 그렇습니다 그러고서는 그 스님이 가더래요.

그랬는데 영감이 없는 연에 또 왔더래요. 그 스님이 또 내려왔더래요. 그랬는데 며느리만 있는데 내려와서, 며느리가 어떻게 할 수가 없어서들랑 쌀독에 거미줄을 쓱쓱 씰어내리며 쌀을 한 바가지를 퍼서들랑 갖다가 부어주니까 스님이 그걸 받아 가지고는 업드래요. 스님이 그 여자를 업더래요. 며느리 그 여자를 업더래요. 뒤를 돌아보지 마라 그러더래요. 그러고 산으로 가더래요. 도사인데 인제 그 스님이 도사인데 그러고서들랑 뒤를 돌아보지말고 나하고 가면 되니까는 뒤 돌아보지 마라 그러더래요. 그래서 가는데 별안간 소낙비가 막 쏟아지더래요. 그러니까 이 여자가 뒤를 돌아봤더래요. 그랬더니 자기 집이 연못이 되더래요. 집이 연못이 돼 가지고설랑 연못에서 뭐 고기가 막 놀더래요. 그러니까 그 여자가 거기서 죽었대요. 그냥 뒤를 돌아보지 말랬는데 뒤를 돌아봐서, 그래서 그렇게 사람이 맘보를 나쁘게 쓰면 그런 저것이 있다 옛날에는 그러더래요.

양영도(72, 남) 속초시 교동 대우아파트 104동 1103호
(양영도 제보자께서 들려주신 설화 자료는 44번부터 46번까지이다.)

양영도 할어버지께서는 속초교회 장로로 활동하고 계시다.

44. 노학동 유래 【S.6-1-44-8】

물이 있는데 가 가지고 학이 앉아 있다가 가고 그래 가지고 노학동이라고 하고. 그러고 온천장이 그 때부터 좋은 물이다 이래 가지고 학이 와 가지고 온천장에 왔다고. 그 때는 그냥 노천이니깐.

45. 만천동 【S.6-1-45-8】

이 만천동이라는 것은. 그 때도 조그만 뭐가 있는데. 거기 동네. 거기 유래가 있어 가지고 거기 만 명이 살 수 있다는 그런 동네가 생긴다는 그런 그 과한 동네인데. 그게 지금 만천동이라는 게 사실 지금 여기 교동이 근 3만 명이 넘거든요. 3만 명이 넘는 게 그게 지금 만천동이 그게 그런 사실은 여기 길에 보면 만천 1길 2길이 있잖아요. 그런데 거기 1길 들어가는 데가 거기가 만천동인데 거기가. 그 때는 거기가 만 명이 살 수 있는 여건을 갖춘 지역이다 그랬는데 지금은 만 명이 넘고 3만 명 가까이 살고. 터가 보면 옛날에는 보기 좋다고 그런 이름이 지었지.

46. 울산바위 4 【S.6-1-46-5】

울산바위를 여기다가 갖다 놓으니깐 울산에 있는 원이 이제 여기 양양에 있는 원한테 울산에 있는 바위를 너희가 여기다가 갖다 놓았으니깐 여기에 있으니깐 너희들이 세금을 내라. 세금을 내라고 그러니깐 여기 있는 원이 세금을 낼려니깐 힘이 들잖아요. 힘이 드니깐 그래서 도로 가져가라고 그러니깐 그러면 도로 가져갈 수가 없으니깐.

원의 젊은 아들이, 아버지가 걱정을 하고 있으니깐 아들이 무엇 때문에 걱정을 하느냐. 그래 이제 걱정을 하는 것을 아버지한테 물으니깐 아버지가 이러이러하고 이래서 울산에 있는 그 원이 세금을 내라고 그러니깐 세금을 못 낸다고 도로 가져가라. 그런 이야기 하니깐 그러면 여기까지 가져왔으니깐 거기다가 이걸 우리가 밀고 갈 수 있는 여건을 만들어 달라. 만들어 달라 그러니깐 여건을 만들어 줄 그런 여건이 못 되니깐 걱정을 하고 있다고. 그래서 12살인가 그렇게 먹은 아들이 그러면 오늘 밤에 새끼를 동네 골에 있는 사람들을 총 출동시켜 가지고 새끼를 다 꼬와 달라고 그러는 거야. 그래 이제 새끼를 여러 갈래로 따 가지고 울산바위로 가 가지고 그걸 갖다가 들어 잡아 그러는 거야, 양쪽으로. 양쪽으로 들어 잡아 가지고 거기다가 불을 질러버리는 거야. 불을 지르니깐 새끼줄에 그 바위가 새끼가 탈 것 아니야. 새끼가 타니깐 시커먼 줄이 이제 나타날 것 아니야. 그래서 이제 먼데서 보니깐 그래 이제 걸방을 만든 줄같이 돼 가지고 있거든. 그 바위를 그래 가지고 그만 그 원이 울산 원한테 우리가 다 준비를 했으니깐 가져가라. 그러니깐 이제 보니깐 걸방까지 완전히 만들어 놨어. 그래 거기까지도 가 보지도 못하고 자기네들이 아무래도 못 가져갈 듯 싶으니깐 포기했다고 그러더라고.

금호동

금호동은 신라 화랑인 영랑이 머물러 놀았다는 영랑호와 이중환의 〈택리지〉에 관동팔경의 하나로 꼽혔던 청초호의 두 호수와 접하고 있다.

옛날부터 시인들이 이 호수 절경을 노래한 시문을 남긴 것처럼 호수의 주변이 아름다워 어디선가 거문고 소리가 들릴 듯하다 하여 오늘날 동명을 만든 사람들이 이런 낭만적인 이름을 붙인 것이라고 한다.

김복금(82, 여) 속초시 금호동 2통 5반 2003.1.2

(김복금 제보자께서 들려주신 설화 자료는 47번이다.)

김복금 할머니께서는 부산이 고향이시고, 20년 전에 속초로 이주하셨다고 한다.

47. 개가 된 어머니 【S.6-2-1-6】

옛날에 그 딸 하나 놓고 키워가 저승을 가니,

"그래 니 국경을 몇 번 갔노?"

"뭐라 했나?"

이래 물응께 그 할매가,

"난 국경도 한 번도 안 가고 만날 밭 매고 농사 짓고 그래 살았다."

"에이, 니 그럼 죄가 많으니 저승을 가라."

즈 집에 가서 개가 됐어. 애기도 봐주라 그래. 그래 이 논 매러 다니서 탁 저거 살던 아들네 집에 암 강아지가 딱 한 마리 됐는 거야. 그래 가지고 며느리가 놀다가는,

"여보! 강아지 한 마리가, 암캉아지 한 마리가 왔다."

거든. 그래 가지고 그 좀 세월이 가가 여름이 돼 가지고 아들하고 며느리하고 논을 매고 와 가지고 아들이 뭐락 하는고 하니,

"오늘 하도 일도 되고 논도 매고 이랑께 우리 저 개를 잡아먹자."

고 이러거든. 그래 아, 저러면 어머이를 잡아먹거든. 잡아먹을라 칸다 하고 딸네 집에, 딸이 그 다리 밑 사는데 턱 갔는데 딸이 따듬일 하다가,

"에고 우리 집에 개가 오네."

하면서 부엌에 들어가더만 식은 밥 한 덩어리 턱 던져 주거든. 그래 얼른 먹고 앉아가 있으니 그래 뭐시 대문 앞을 똑똑똑똑 두드리거든. 그래 스님이더라고. 그래 스님이, 객승이 왔는데,

"쌀이나 뭣이나 좀 주겠소."

이러니께

"여보, 나 쌀도 싫고 아무 것도 싫고 집에 그 강아지 어데로 갔어요?"

그러니까는,

"아 글쎄요. 개가 있더만 어데로 갔나?"

빙 돌거든. 가 봐야지요.

"누님 집에 갔을 꺼요."

그러거든. 그래 가지고 저거 누님 집에 막 발을 걷고 막 쫓아 가본께 떡 저거 누님집 마당에 누워 가지고 있거든, 그 개가. 아들이 개를 보고,

"어머이, 어머이 내 등에 엎히이소. 업히이소."

그러거든. 그니까 누이가 가만 보니까 참 희한하거든. 그래 가지고 데리고 저거 집에 가 가지고 방에다 딱 앉혀 놓고 해 먹이고,

"하, 어머이가 어찌 너무 농사도 많이 짓고 죄를 많이 지어 가지고 저승가가 이래 됐다."

그래 가며 오색가지 물로 들여 가지고 개를 목걸이를 해 가지고 몰고 석달 열흘로 그래. 밤에 한숨 자고 일어낭께 저승을 갔더래요. 어머이가.

노학동

노학동의 마을명은 노리(蘆里)의 노자와 척산리(尺山里) 학사평(鶴沙坪)의 학자를 따서 명명하였다고 한다. 국립공원 지역과 도시지역의 중간에 위치한 전형적인 농촌지역이었으나 주변 관광여건이 좋아 온천장, 콘도, 연수원 등 관광휴양시설이 많아지고 있다. 또한 관광객의 급증에 따라 속초시의 관문으로 부상하면서 지역 특산물의 개발 및 판매가 급증하고 있다.

정옥래(83, 여) 속초시 노학동 대우아파트 2005.5.28
(정옥래 제보자께서 들려주신 설화 자료는 48번부터 51번까지이다.)

48. 호랑이와 배짱 큰 영감님 【S.6-3-1-7】

구결이라는 동네가 있었어. 여기 초등학교 뒤에 구결이라는 동네가 있었는데 우리가 보리밭을 샀거덩. 보리밭을 천평을 샀는데, 보리밭에다가 복숭아 과일나무를 대구에 가서 과목을 사 가지고 복숭아를 심었어.

그런데 우리 영감이 복숭아 나무를 훔쳐갈까봐 움막을 지어 놓고 메리라는 개가 한 마리 있어. 그 개를 한 마리 키웠어. 그래서 그거를 지키고 있는데 거기에 호랑이가 가끔씩 내려와. 우리집 영감이 이제 개를 데리고 그 한 바퀴를 도는데 영감님이 이제 개를 데리고서 한 바퀴를 도는데 딱 보니깐 거기 울타리가 거기에 나지막하게 구멍이 뚫렸어. 그런데 개가 거기서는 놀라 가지고 영감님 다리 뒤에 숨어서 꼬리를 싹 감추고는 안 가고 가만히 서 있길래, 가만히 서서 보니까 거기에서 와르릉 와르릉 아주 모래 떨어지는 소리가 나더래. 그래서 우리 영감도 기분이 이상했겠지. 그래서 메리를 데리고 와 가지고 낫이고 곡갱이고 지리한 걸 다 가지고 와 가지고는 거기 창고에 들어가 가지고는 광에서 다 들고 나갔어. 나가니 개가 그렇게 따라 나오지를 못 하더래. 그래서 우리 영감이 아이 너 잡아먹을라면은 잡아먹어라. 그러고는 움막에 들어와서 잘려고 그러는데 몇 번을 계속 그렇게 소리가 나더니만 그만 잠잠하더래.

그래서 날이 새어서 나가 보니 아주 모래가 많이 흘렀더래. 그래 가지고선에는 영감님이 날이 새어서 밤새 고생을 하고 집에 왔는데 옛날에 서커스 있잖아. 그게 또 왔단 말이야. 그래서 밤에 거기에 가서 장사를 했는데 그 해에 써커스가 와서 복숭아를 아주 많이 팔았어. 그래서 그 밑에 밭도 우리가 마저 다 사 가지고는 사과나무 감나무 다 우리가 심었어.

49. 두꺼비 현몽으로 부자된 영감 【S.6-3-2-7】

집을 지어 가지고 이제 살려고 그러는데 우리 영감님이, 그런데 두꺼비가 세 마리가 나오더래. 그런데 여기는 윗밭이고 여기는 아래밭인데 두꺼비가 세 마리가 나타나 가지고 그래 가지고 우리가 거기다가 집을 짓고 살았는데, 거기가 마을에서부터 멀어. 그래 가지고 등불을 켜 놓고 살았는데 천수경을 우리 영감이 아주 잘 불러. 그런데 목이 탁 막혀 가지고 노래가 잘 안 나오더래.

그런데 어떻게 노래를 다 부르고 잠을 딱 들었는데 꿈을 꾸니 그 사또들 모자 있잖아. 그런 거를 영감이 쓰고 아주 하얀 소복을 해 입고 꽃짐을 짊어지고 아들은 그런 패랭이 같은 모자를 집어 쓰고는 우리집 마당에 왔었더래. 우리 영감님한테 인사를 하면서 그래서 이제 하는 말이 부자가 되었으니 우리는 이제 떠나가겠다는 인사를 하고 가는데 우리가 선물할 것이 없으니 영감님에게 침을 놓아 주겠다 이러는 거야. 그래서 침을 세 대를 맞았는데 그래 가지고 우리 영감이 건강해요.

집 짓고 나서 나중에 이사를 갔는데, 내가 자는데 꿈에 마당에 물이, 빨간 물이 한 가득이야. 내 꿈에도 석 달 후에 나오더라고 이사 가 가지고.

50. 사람을 홀리는 도깨비 【S.6-3-3-6】

내가 삼척 원장면 호사리라는 동네야. 내가 그 때 한 열아홉 먹었을까? 우리 집에서 한참 위에 그 집이 잔치집이야. 며느리를 본 집인데, 그 옛날에 최영사라고 최영사 아주머니가 있는데 그 신부를 참, 옛날에는 미장원이 없었으니깐 신부를 화장을 해주고 눈썹도 해주고 신부를 잘 다듬어 주고 딸 시집가는 집에서 잘 해주고 있는데, 그 날 비가 왔어.

그래 그 아주머니가 비가 오니 신부를 다 다듬어 주고 나니 한 열두 시쯤 됐나봐. 그래 그 아주머니가 집에 내려온다고 집에 내려왔단 말이야. 그런데 내려온다는데 그 아주머니가 집에 안 들어왔어. 그래 새벽녘에 사람들이 이제 농토에 물고를 보러 나가다가, 강변 뒷켠에 '아이쿠 아이쿠' 하고 누워서 있더래. 그래 보니깐 최영사네 아주머니가 있어서 이웃집에 아저씨가 데려 가지고 왔어. 그런데 그 아줌마가 금비녀에 찔렸거든. 그래 등에 이렇게 비녀에 찔린 자국이 있어. 그래서 이제 그 아주머니가 비가 와서 우산을 받치고 나오는 무언가에 홀려서 따라 갔더래. 그래 가지고 강변에 따라 갔다가 정신을 잃었던 모양이야. 그러다가 이제 날이 새서 이웃집 아저씨가 밖에 들에 나가다가 봐서 집에다가 데려다 줬어.

51. 도깨비와 혹부리 영감 【S.6-3-4-6】

노래가 어디서 나오나 하고 보니깐 혹에서 나온다고 그러길래 그 도깨비가 혹을 붙여 가지고 노래를 부르니깐 노래가 나오나? 그 사람이 또 산을 내려갔더니 도깨비가 또 혹을 양쪽에다가 붙여주더라 이런 이야기지.

민도분(82, 여) 속초시 노학동 주공 3차 아파트
(민도분 제보자께서 들려주신 설화 자료는 52번부터 53번까지이다.)

52. 바다 도깨비 【S.6-3-5-6】

우리 할아버지가 배에 나가는데 밤에 나가면은 불이 떠 있대. 그러면 그 배를 쫓아서 안개가 끼고 그러면은 그 배를 따라간대. 사람이 홀려 가 가지고 따라간대. 따라가면 안 되는데, 그런데 이제 눈치를 채고 저거는 사람불이 아니다 따라가면 안 된다 하고 그러면은 뒤돌아서 돌아오는 때가 있대. 그게 도깨비래. 바다에서, 바다에서 도깨비가 있대. 바다에서 사람들이 많이 죽잖아.

53. 도깨비로 변한 빗자루 【S.6-3-6-8】

그전에 어디 가서 이렇게 신작로로 놀다 오면은 신작로에 무슨 불이 있대. 그러면은 그 불하고 사람하고 싸움을 한대. 불하고 사람하고 싸움을 하다가 그거를 나무에다가 이렇게 칭칭 붙들어 맨대. 그래서 그 불을 붙들어매어 놓고는 아침에 가서 그 붙들어 놓은 거를 보면은 그게 빗자루더래. 그래 가지고 그렇게 빗자루하고 싸움을 그렇게 했대. 그것도 귀신같이 사람 손때 묻어 가지고. 그래 가지고 그런 소리를 내가 들어봤어.

임영화(77, 여) 속초시 노학동 현대아파트 104동 603호 2005.5.28
(임영화 제보자께서 들려주신 설화 자료는 54번부터 57번까지이다.)

현대 아파트 노인정에서 채록하였다. 임영화 할머니께서는 속초 토박이로, 설악산 밑에서 사시다 시내로 이주해 오셨다고 한다.

54. 범바위 유래 2 【S.6-3-7-8】

그 바우에 아주 옛날에 범이 올라간 자리가 꺼먼 돌에 누런 게 지나간 자리가 있어요. 지금도 완전히 호랑이가 지나간 자리가 꺼먼 돌에 누런 자리가 있어. 옛날 사람들이 호랑이가 누워 있던 자리래서 범바우래.

55. 제삿밥과 호랑이 【S.6-3-8-7】

나물을 뜯으러 가서 한 대여섯 시 됐나봐. 그랬는데 화토를 쳤다지? 산에 올라가 화토를 쳤는데 아니나 달러. 호랑이가 나타나더래. 그래 가지구서는 모두 진땀들 쫙쫙 흘린 거야. 정신이 없는 거야. 그래서 안 되겠더래. 그래서 싸 가지구 간 그릇을 냅따 두드리고 막 위협을 줬대.

그런데 누가,

"야 니들 오늘 아침에 오면서 무슨 저지래를 저질렀니?"
이랬더니 여자 하나가 내가 제삿밥을 먹었다나 뭐래나 그랬더니, 그래 이건 너가 부정을 타서 저렇게 너를 잡아먹고 가야 되는데 사람이 많아서 잡아먹지도 못하고 뜸을 들이고 있다. 그래서 노래를 아주 정신없이 부르고 난리 쳐서 날이 새니까 호랑이가 없어졌대.

56. 청초호, 영랑호의 용상 【S.6-3-9-5】

아니 거기 글을 써 붙였어. 암용, 숫용 해서 이렇게 세웠는데 내가 거기 써 붙은 거를 자세히 읽어보니까 그 용 하나가 여기 청초호에 있었고, 영랑호에 있었고, 암용, 숫용이 그렇게 있었는데 어떻게 불이 났었다지? 청초호서 불이 났었다던가? 어땠다던가? 그래 가지구 타 죽었다지. 한 마리가 타 죽었다던가? 그래 가지구서는 영랑호에 있던 용이 한 마리가 자기 짝이 없어졌으니까 얼마나 그거 했겠어. 그래 가지구 이걸 해 세웠다더라. 쇠꽃으로 용을 만들어 가지구 암용, 수용을 세웠다더라.

57. 울산바위 5 【S.6-3-10-8】

울산서 금강산으로 가다가 금강산에서 너 앉을 자리가 없으니까 도로 가라 해 가지고 그래 돌아가다 저기 앉아서 울산바위래.

전옥엽(83, 여) 속초시 노학동 주공3차 105동 607호 2005.5.28
(전옥엽 제보자께서 들려주신 설화 자료는 58번부터 61번까지이다.)

전옥엽 할머니께서는 길에서 콩장사를 하시는 분이다. 길에서 장사를 하시면서 조사에 응해 주셨다.

58. 해와 달이 된 오누이 【S.6-3-11-6】

옛날에 초가 살이 하는 할머니가 할아버지 없이 아들 둘 두고 못 사니깐 어느 산 너머에 장촌집에 길쌈하러 갔는데 그걸 다 해주고 오다보니

늦었단 말야. 늦어서 한 고개를 넘어가다 보니 호랑이가 으앙 할머니를 잡아먹을려고 그러더래. 나는 어린 애들을 두고 와서 내가 가야 밥도 해 주고 젖도 주고 그러지. 그럼 젖 먹는 애들을 재워 놓고 왔는데. 그러니깐 한 고개를 또 넘어 왔어. 그냥 놔두고. 그냥 넘어가는데 또 한 고개를 넘어가니깐,

"으앙 나 할머니 잡아먹을 꺼야."

그러더래. 그래 잡아먹을 거야. 그러니 또, 그대로,

"나는 아이들을 둘 두고 와서 나를 잡아먹으면 내가 없으면 아이들이 다 죽는다. 그러니깐 내가 가서 아이들 걷어 줘야지. 젖도 주고 밥도 해 주고."

그럼 그랬는데 팔 한쪽 떼 주면 안 잡아먹지 그러더래. 한 곳에 다다르니. 그래서 이제 그 다음엔 어떻게 가라고 그러니. 팔로 양쪽 다리로 걸어가지 그러더래. 그래서 팔 한 짝을 떼어주고. 또 그 다음에는. 그거 다 잡아먹어 결국에는. 그래서 이제 또 한 고개를 넘으니깐,

"또 할머니 잡아먹을 꺼야."

그러더래. 그 호랑이가. 그래서,

"난 아들 거둬주고 젖 먹이고 밥 먹이고 해야지. 나 잡아먹으면 안 된다."

고 그러니깐,

"팔 한쪽만 주면 안 잡아먹지."

"팔 한쪽 마저 주면 어디로 걸으라고 살으라고."

그러니깐 그래도 한쪽 주면 안 잡아먹지. 그래서 다리 한쪽 주면 안 잡아먹지 또 그러더래.

"그래 가지고 어떻게 걸어가라고."

그러니,

"쩔룩쩔룩 걸어가지. 쩔룩쩔룩 걸어가지."

그래서 그럭저럭 하다가 나니깐 팔 한쪽 다리 한쪽 다 잡아먹었지. 그

러니깐 또 그 다음에는 팔 한쪽 떼어주면 안 잡아먹지. 그래. 또 그렇게 말하니 그래도. 그래 가지구선 다리도 다 떼어먹고 양쪽 다리 다 떼어먹고 어떻게 가라고 그러니깐 덩실덩실 굴러가지 그래. 그래서 다 떼어주고는 그 다음에는 몸뚱이까지 다 먹었지.

먹구선 이제 지가 엄마 행세 하고 오는 거야. 아들 둘까지 다 잡아먹고. 그래 가지구선 이제 아가야 문 열어 다와. 집에 가서, 할머니를 다 잡아먹고선,

"아가야 문 열어 다와."

그러니

"우리 어머니 목소리가 아닌데 그러니깐 내가 장촌집에 더운데 벼 매러 가서 애 쓰고 오다가 목이 쉬었다."

응 이게 아주 옛날 이야기여. 그래서 그 다음에는 손을 들이밀어 보게. 그러니까는 손을 들이밀어 보니깐 꺼끌꺼끌한 게 호랑이 발이야. 들이밀어 보니깐 그래서,

"우리 엄마 손이 아닌데, 꺼끌꺼끌한데."

그랬더니,

"내가 흙 묻어서 그걸 바빠 가지고 너희 때문에 안 씻으고 그냥 와서 그 흙이 많이 묻어서 꺼끌꺼끌하다."

그랬더니,

"가서 물 씻어서 와 보게."

그랬더래. 그래서 가서 잔디풀 있잖아, 잔디풀. 그걸 이제 칭칭 감아서 매끄러우라고. 그래 가지고 이제 오니깐,

"와서 이제 손 들이 밀어보게."

그러니깐,

"아가야 문 열어라."

그러니 손 들이밀어 보게 그랬더라고. 그러니깐 손이 조금 매끄럽더래. 그래서 이제 어떻게 하다가 문 열어줬지 그걸 뭐 어떻게 빼기나. 그래 이

제 문을 열어주고는 저기 애기 다와 애기 다와 그러더래. 애기를 윗방에다가 재워 놨는데 애기 다와, 이리 다와, 젖 먹이게. 이러더래. 그래서 이제 애기를 윗방에다가 재워 놨는데 거기 가서 젖 먹이는 척 하면서 다 잡아먹는 거야. 그럼 이제 애기부터 잡아먹지. 잡아먹고선 이제 오드득, 오드득 하더래.

"뭘, 뭘 먹나."

그랬더니 삼촌집에 가서 콩 따 가지고 와서 먹는다 그래. 오전 즈으내 이러니까는 소똥을 내려 던지더래. 애기똥. 따르르 내려 던지더래. 오드득 오드득 먹어 가지고 그래 가지고 징그럽지. 그래 가지고선 이제 다 잡아먹어 놓구선 그제서야 이 아들이 다 알아차렸대. 애기 잡아먹은 것을 소똥을 잡아 내 던졌으니 그래서 이제 둘이서 우리 차례니까는 우리는 놔두자. 엄마 오면 우리는 나가겠다고. 어디로 내리네. 그러니까는 마루에다가 눠라, 그러더래. 그래서 이제 마루에 나가서 마루에 나가 있는 게 무서워서 그 다음에는 마굿간에 가서 눠라 하나 또 내려가고 마굿간에다 눠라.

그래 가지고 하나가 쫓겨나 가지고는 두레 우물이 있어. 두레박이 있는데 거기 수양버들이 있잖아. 그 밤에 그 나무에 올라갔네, 오누이가. 여자 애는 조그맣고 남자 애는 크고. 그래 가지고 나무에 올라갔는데 저 둘이 올라가서 동생은 철을 모르니깐, 그 호랑이가 쫓아 나왔더래. 애기를 다 잡아먹고 쫓아 나와서 이제 두레박 우물을 이렇게 내려다 보니깐. 아니 처음에는 어디로 갔는지 몰라서 미쳐서 지랄을 하더래. 먹이를 놓쳤으니까는 그래서 그 조그만 게 철을 모르고 그러니깐 버들잎을 이렇게 내려 던져 가지고 이제 그 안에 두루박 우물을 들여다 보니까는 애들이 비치지. 그래서 어쩔 줄을 모르더래. 그래 거기서 빠져 죽으라고 호랑이 빠져 죽으라고 버드나무 잎사귀 나무를 내려줬는데 그 철부지가. 동생이 몰라 가지고 철부지라. 그래 가지고 훼액 손을 뻗어 가지고 그 안에 아이들이 있으니깐 호랑이가 건지려고 그러니깐 그 여자 애가 헤액 웃었단 말이야. 그러니깐 이렇게 쳐다보니 있다 이거지. 거기에 있으니깐 그러니깐 너희들 어떻게 올라 갔니 그러더래. 그러니깐 오빠는 손에다가 기름을 바르고 올라 왔지 그러더래. 그래 가지고 양촌집에 가서 기름을 얻어다가 바르고 왔다 그러더래. 그러니깐 양촌집에 가서 기름을 얻어다가 바르고 올라 올려니깐 미끄럽잖아. 그럼 그러니깐 여자 애가 여동생이 양촌집에 가서 너 어떻게 올라갔니? 그러니깐 양촌집에 가서 삽을 얻어다가 요리 찍고 저리 찍고 해서 올라왔지 그러더래. 재미있지. 그래 가지고선 양촌집에 가서 삽을 얻어다가 요리 찍고 저리 찍고 해서 나무를 다 올라갔어. 그래 가지구선 올라 왔더래. 그런데 올라오는데 이제 밑에서 올라오는데 하느님, 하느님, 우리를 살릴려면은 새 밧줄을 해 가지고 내려주시고 우릴 죽일려거든 헌 금줄의 헌 밧줄을 내려보내 주십시요 그랬어. 그랬더니 새 금줄의 새 밧줄을 내려보내 주더래. 그래서 타고 올라갔는데 그 호랑이는 으앙 하더니만은 하느님, 하느님, 나를 죽일려거든 헌 금줄의 헌 밧줄을 내려주구 나를 살릴려거든 새 금줄의 새 밧줄을 내려주소서. 금줄은 새 금줄이고 타고 올라가는데 가죽은 헌 가죽이야. 그런데 새 금줄이라서 신이 나서 얼렁 올라탔는데 그게 헌 밧줄이라서 그게 끊어져서 호랑이가 우물에 빠져서 죽었어.

걔들이 그래서 여자는 올라가서 해가 되고 남자는 달이 되고. 사람들이 자꾸 들이대 보면 어떻게 하냐? 무서워서 어떻게 하냐. 그러니깐 바늘로 햇살이 바늘로 푹푹 찌르면 아프잖아. 햇살로 푹푹 찌르면은 사람들이 안 쳐다보니깐 그래서 햇살이 찌르는 거야. 그래서 여자는 죽어서 해가 됐지.

59. 부원리에 나타난 호랑이 【S.6-3-12-7】

옛날에 호랑이가 물어갈 팔자인데 그것을 피하려고 차를 타고 시행렬을 했어. 그러면 호랑이가 그거를 잡더래. 호랑이가 차를 잡아서 그게 얼마나 기운이 세던지. 그게 속초에서 있었대. 저기 부원리. 그런데 그렇게만 됐다고 그러더라고.

60. 할머니를 도운 지게, 멍석, 맷돌 【S.6-3-13-6】

옛날에 어느 골짜기에서 산골마을에서 할머니가 혼자 사는데, 영감은 죽고 혼자 사는데, 뭘 해먹고 살 게 없어서 저기 밭을 일구러 갔는데 돌밭에서 호랑이가 나타난 거야. 할머니 잡아먹으려고. 근데 할머니가,

"안 된다."

무서우니까 엉엉 울면서,

"안 된다. 내가 이 밭을 애쓰며 갈아서 팥을 심었는데, 이거 다 내다꿔서 나중에 팥죽을 만들어 놓거든 먹으러 오너라."

해서 팥을 심으러 갔는데 또 밭을 매러 가니까 또 그러더래. 돌밭에서 나오더니,

"할머니 잡아먹을 꺼야."

그러는 거야. 아니 나는 이거 애쓰고 내다꿔서 팥을 다 쪄 먹거든 잡아먹어라 했지. 그랬더니 또 안 잡아먹어 하면서 들어가더라. 그래서 밭을 매러 가도 또 못 잡아먹고, 그러다가 가을에 팥을 뽑으러 가니깐 또 할머니 잡아먹을 꺼야 그러더래. 그래서 나중에 팥을 다 쪄 먹고 잡아먹으러 오너라. 했더니 다시 또 들어가더래. 그래서 안 되니깐 마대 위에서 또 나타나더니 할머니 잡아먹을 꺼야 그러는 거야. 이런 것을 뭐 팥죽을 쑤어 먹어야지. 애쓰고 한 거, 팥죽을 쑤어 먹거든 잡아먹으러 오너라 했지. 그래서 또 가더래. 그리고 나서 팥죽을 쑤었는데, 아이고 이거 내가 팥죽을 먹으면 호랑이가 잡아먹으러 올 텐데, 내가 이 팥죽을 먹고 그냥 죽어야 하나 겁이 나서 팥죽도 못 먹고 앉아서 울더라니. 그러다가 처음에 맷돌이 천장으로 올라가더니 옛날이지 진짜 옛날에 바위도 말하고 나무도 말하고 그랬잖아. 그래서 올라가서 딱 달라붙더래. 망돌떡 망돌떡 하더니 그래서 떡이라도 달라 하고, 그 다음에 또 멍석이 멍석떡 멍석떡 하더니 와서 구석에 가서 떨걱 서더래. 호랑이 이제 갖다 잡아서 말아서 저기에 내버려 두려고 그렇게 했어. 마지막엔 그래. 그래서 결국 죽은 한 그

릇도 못 먹고 그냥 어떻게 된 까닭을 몰라서 그냥 엉엉 울더래. 그 다음에 호랑이가 또 나타나더래, 잡아먹겠다고, 머 별게 다 나타나지. 그래서 나타나서 또 잡아먹을꺼야 하니깐, 그 다음에 맷돌이 호랑이를 탁 때려서 대가리가 터져서 죽었대. 그러니까 맷돌이 올라가서 떨어져서 죽었대. 또 지게가 지게떡 지게떡 하더니 이쪽으로 와서 또 떨걱 서더래. 그 다음에 멍석떡 멍석떡 하더니 멍석이 그 호랑이 죽은 걸 두루루루루 말더래. 그러더니 지게가 지게떡 지게떡 하더니, 그걸 말아서 강으로 가서 던졌는데, 그 동네 일꾼이 저기다 갖다 버렸대. 그게 왜 그러냐 하면 지게하고 멍석하고 맷돌이 할머니가 하도 불쌍해서 도운 거지. 즉, 조상이 도운 거고 산신이 도와서, 조상하고 산신이 도운 이야기. 그 동네는 그냥 산골동네. 그래서는 그렇게 버리고 할머니는 그 죽을 먹고 오래오래 행복하게 오래오래 살다가 죽었대.

61. 나그네와 죽은 남편 【S.6-3-14-6】

중년 부인하고 남편이 살았는데, 한 나그네가 어디로 가다 보니까 길을 찾아간다는 게 살 도리가 없어 가지고 길을 따라가는 게 산골길을 아무렇게나 따라가다 보면서 하염없이 따라갔대. 그렇게 가다 보니까는 불이 반들반들 하더래. 초롱불 같은 것들이. 가물가물 해서 길을 찾아가다 보니까는 동물 울음소리 같은 게 들리고 그래서 그 길로 가다 보니까 거기서 여자가 나오더래.

"근데 어떻게 여기까지 오셨습니까?"

하더래. 그래서,

"어째 이렇게 적적합니까?"

하고 물어보니,

"제가 남편이 죽었는데, 읍내 가서 알리러 가야 되는데……."

"알리러 가느냐?"

손님을 맞이 하느냐 죽은 사람을 지키느냐 한참 고민을 하는데 손님이 집을 지키겠다고 해서 읍내에 알리러 가는데 손님이 집을 지키다가 무서워서 옛날 부엌 아궁이에 기어 들어가서 웅크리고 숨어있는데, 죽은 송장이 관에서 일어나더니 아궁지 앞에 와서는 발을 쿵쿵 구르더래. 자기 여편네를 데리고 살까봐 그랬는지. 아니면 어딜 갈까봐 그랬는지 그랬대. 여편네는 도끼를 하나 들고 산을 내려가는데 나무를 막 도끼로 찍으면서 내려가서 마을 사람들한테 알리려고 왔더니, 손님이 사라진 기라, 그 손님이 있다가 아궁지에 가서 숨었다가 까무러친 거지. 송장이 와서는 벌떡 서서 있는데 손님을 막 때리드래. 아궁지 안에 있는 손님을. 이리 치고 저리 치고 그런데 죽었던 송장이 일어나면은 왼쪽 볼을 세 번을 치면 다시 눕는대. 부인이 세 번을 쳐 가지고 눕히고 아궁지에 들어가 있던 손님을 나오라고 해서 새 남편으로 맞이하고 살았더래. 그 손님은 길도 모르고 갈 데도 없으니까.

동명동

동명동은 남북관광 및 경제 협력 교류를 바탕으로 한 통일의 전진기지로 부각되고 있는 곳이다. 동명동 관내의 관광지와 문화유적으로는 동명항 인근에 있는 영금정 해돋이 정자와 동명활어판매장, 수복기념탑 등이 있다.

이인갑(91, 남) 속초시 동명동 5통 4반 2003.1.24
(이인갑 제보자께서 들려주신 설화 자료는 62번이다.)

이인갑 할아버지의 고향은 고성군 현내면 마찬진리이다. 1952년 속초로 오셔서 50여 년간 생활하고 계신다.

62. 호랑이바우 【S.6-4-1-8】

호랑이바우가 있는데, 낮에 호랑이가 나와 가지고 아주 '왕' 하고 밤에는 또 문을 따고 자면 이 호랑이가 나와 개 잡아먹으려고 냄새 맡고 그러더래. 범바우가 있어. 낮에도 호랑이가 '엉' 울고, 해가 지면 얼른 문 닫고 자야 해. 아주 바우가 크고 굴이 커요. 여기 돌아가면 그렇게 하고 또 저 삼 사월 달엔 낮에도 저 사월 달에 나무하러 산에 나무 하러 가면 호랑이가 나와서 도망가. 그러니까 지금은 그 땐 뭐 사람이 뭐 있나. 식구도 별로 없고 인구도 별로 없었는데, 여기 나와서 토끼란 놈이 속초 여 끝에 나가서 가만히 들으니까 호랑이하고 코끼리하고 솔솔 이야기를 하고 있는데, 뭐라 얘기를 하고 있냐 하면 가만히 들으니까 호랑이하고 나하고, 코끼리하고 합하면 전 세계에 뭐가 된다 그래.

그래 토끼란 놈이 가만히 들으니까 야 요 놈을 봐라. 토끼가 듣고는 호랑이한테 가서,

"호랑이님, 저기 오다 보니깐은 함정에 큰 황소가 빠졌는데 저거 어떻게 건져내겠습니까? 못 건져내 죽겠습니다."

"속초 여 지게야?"

"옙니다."

"거 내가 육신 못 올라가니 어떻게 올라가느냐?"

호랑이 하는 얘기가,

"나는 못 올라간다."

그러니깐 할 수 없지.

"가만히 계시오. 내가 저 가서 한 끈 갖다가 한 끝은 호랑이님 꽁지에 다 매고 황소 허리에다 한 끝을 매고는 산꼭대기에 올라가서 둥 둥 세 번만 치면 힘껏 잡아 댕기쇼."

"알았다. 그럼 그렇게 해라."

그 다음에 또 코끼리한테 가서,

"안녕하쇼?"

"너 어떻게 왔니?"

"토끼가 여 오다보니까 소가 한 마리 황소가 빠졌는데, 어떻게 내 힘으로는 건질 수가 없으니 코끼리님이 힘 실어 저거를 건져 주십시오."

"어, 내가 거길 어떻게 들어가니?"

"그럼 내가 바 한 냥 갖다가 소한테 매어 놓고 둥둥 칠 테니까 힘껏 잡아 댕기쇼."

아, 그러니까 이 토끼가 바를 갖다가 코끼리 허리에 꽉 매어 놨단 말이야. 올라가서 둥둥 치니까 코끼리도 힘껏 힘 실어. 자 호랑이도 힘을 다 실어. 그러다가 바가 뚝 끊어졌단 말야. 호랑이도 한 삼십 리 밖에다 뚝 떨어져. 그러니깐 날개 다 부러졌지. 앞에 나래 다 부려졌지. 피가 철철 나.

"이 놈으 토끼 원수 새끼."

"코끼리는 어디가."

"저 내려 굴러."

디굴 디굴 굴러 내려간단 말이야. 코가 다 부러졌지. 다리 다 부러졌지. 사지도 다 부러졌지.

"아, 요 놈으 새끼. 토끼란 놈이 원수가 아니냐?"

이게 옛 시대 애기여. 시대가.

박진실(82, 남) 속초시 동명동 4통 3반 2003.1.25
(박진실 제보자께서 들려주신 설화 자료는 63번이다.)

박진실 할아버지의 출생지는 설악산 상도문이고 슬하에 3남 2녀를 두셨다.

63. 울산바위 6 【S.6-4-2-8】

이게 전설이거든. 금강산이 다 덜되었다는 소리를 듣고 울산 산이 떠들어 왔단 말이야. 떠들어다가선 여 속초까지 들어오니깐 금강산이 다 되었다 이렇게 되니까 여기 주저앉았다 그 얘기야. 울산에서 바위가 금강산에 가려다가. 그래 울산서 어떻게 하느냐 하니 지 바우라고 세금을 받아 갔어. 일 년에 얼마씩. 세금을 딱딱 받아가니 세금을 물어주고 이렇게 지낸 모양이야. 전설의 얘기로는 그런데 젊은 아이가 있는데, 해마다 세금을 물어주니까 그것도 참 벅차거든. 그러니까 이 아이가,

"세금을 받아가려거든 바우를 가져가거라. 우리는 그 바우 필요 없다. 그 바우가 없으면 우리가 논 밭 전지를 해 먹을 수가 있는데 그것도 못 해 먹으니까 가져가라. 우리는 필요가 없다. 그리고 가져간 다음에 물어준 세금을 다 내라."

이랬다고. 그러니 그게 전설이지. 그러니까 빌더래 바위는 가져가지 못하고, 돈을 안 받아 갈 테니까 어떻게 고만 두자고. 그래 가지고서는 그만 뒀대. 그래 그 다음부터는 그 아이 말대로 세금을 안 받아갔다잖아. 세금을.

근데 그 세금을 받아갔다는 게 사실은 나도 모르지. 나도 듣기만 한 얘기니까. 그게 실지 일어났겠지 아마. 그러니까 그렇게 얘기가 났지. 그러잖으면 그런 얘기가 날 턱이 있나.

영랑동

영랑동은 1970년 이전 속초시의 중심지역으로 중추적인 기능을 담당하여 왔다. 그러나 점차 도심 남쪽 지역이 개발되면서 다소 침체되어 있다. 설악비치리조텔 등이 들어서면서 전형적인 주거지역으로 자리잡고 있다.

김윤문(86, 여) 속초시 영랑동 1통 4반
(김윤문 제보자께서 들려주신 설화 자료는 64번부터 69번까지이다.)

김윤문 할머니께서는 영랑동 토박이시며 1남 5녀를 두셨다.

64. 도깨비불 【S.6-5-1-6】

옛날에는 저기에 집이 별루 없었거든. 날만 흐리면 퀑 할 때 내다 보면 불이 쿼러러렁 주르르르 그게 자꾸 눈에 들어와. 불이 올라갔다 내려갔다 그래. 그런데 그걸 도깨비불이라고 그러더라고.

65. 범바위 유래 3 【S.6-5 2-8】

옛날에 거기가 범바위가 있었어. 옛날에는 거기에 범이 많이 나왔어. 옛날에 거기 고사 지내러 많이 댕겼어. 나도 거기에 많이 댕기긴 댕겼어. 아들 낳아달라고 빌었어.

66. 기자바위인 장바위 【S.6-5-3-9】

마당바위가 있거든. 그런데 장구바위라는 게 이런 게 있었어. 그런데 거기에 선녀가 내려와서 머리를 감고, 하늘에서 선녀가 내려와서 머리를 감고 거기 선녀가 내려왔는데 거기 참빗자루도 있고. 그런데 지금은 바뀌었어. 그런데 관광을 하느라고 바위를 옮겨서 망했어. 그래서 봄만 되면 장구바위에 가서 자식농사 할려고 헌 거적대기를 걸어 놓고는 아들 낳아달라고 많이 빌었어. 이 속초에 원주민은 다 못살아. 부산 사람만 돈 벌어갔지. 나라에서 하는 건데 어떻게 해.

67. 김이 나는 마당바위 【S.6-5-4-10】

마당바위라고 거기에서는 김이 났어. 거기에서 김이 나오고 그래서 뜯어다 먹고 그랬어. 넓어서 마당바위라고 그러지.

68. 영금정 【S.6-5-5-8】

이름이 영금정이야. 영리하다고 영금정이야. 영금은 동네 이름인가봐. 영금정 바위 위에 놀러갔다고. 나무도 하고 치성도 드리고. 아들 낳아달라고 지금도 아들 낳으면 좋다고 그러잖아 딸보다는.

69. 서낭당과 5월 단오굿 【S.6-5-6-10】

5월 단오날이면 해마다 굿을 했는데. 그런데 지금은 3년에 한 번씩 해. 서낭을 지어 놨다가 이제 농사지을 때나 그럴 때에 서낭을 한 번 지내지. 그런데 이제 이렇게 됐는데 나는 서낭에 잘 가지도 않지. 그런데 등대 짓느냐고 없앴는데 이제는 서낭이 없어서 거기서 안하고 이제는 여기 뱃머리에서 하더라고. 빌어서 아들을 셋을 줄줄이 낳았어.

양수(86, 여) 속초시 영랑동 1통 2반 2005.5.28
(양수 제보자께서 들려주신 설화 자료는 70번부터 71번까지이다.)

70. 서낭대 호랑이 【S.6-5-7-7】

서낭이 우리 영랑은 저기 위에 있거든. 그래서 이제 그 위로 호랑이가 밤에 이렇게 왔다 갔다 하는데. 여름에 고사 지내고 이러는 서낭당. 서낭당에서 이렇게 잘되라고 고사도 하고 누가 아프면 고사하고 그러는데. 옛날에는 아프면 다 돌아가고 그랬지. 배 타는 사람들은 고사를 지내고 그랬지. 그래야지 바다에서 배도 타고. 옛날에 배에 떨어져서 바다에 빠져 죽고 오래됐지. 그럼 남자가 떨어져서 죽었지. 밧줄에 댕겨 가지고 그냥 바닷물에 떨어지면 못 건지고.

71. 산에 가서 빌고 아들을 낳다 【S.6-5-8-10】

산에 이제 불공 들여서 애들 낳고 그러는데 절에 가서 불공 드리고. 보광사. 몰라 아들 낳은 거는 모르겠어. 가서 비는 거는 거기 가서 빌지.

조양동

조양동이라는 마을 이름은 소야팔경의 하나인 논산조양(論山朝陽)에서 따온 것이다. 속초시의 관문이자 속초해수욕장, 설악산, 동해안을 찾는 관광객의 경유지로서 도시와 농촌이 혼합되고 있고 고속버스터미널을 중심으로 상권이 형성되었다.

이남순(77, 여) 속초시 조양동 동명 아파트 2005.5.28
(이남순 제보자께서 들려주신 설화 자료는 72번부터 74번까지이다.)

이남순 할머니의 고향은 흥남이라고 한다. 스물 두 살에 남쪽으로 시집 오셔서 계속 속초에 살고 계신다.

72. 아기신랑 【S.6-6-1-6】

저 우리 정주 할아버지 할무이 집 외할무이 외할무이 외할아버진데 외할무이는 나이가 많고 외할아버지는 나이가 적고 그러니까 참 옛날에는 그렇게 시집 가고 장개 갔대. 많이 더 먹었어. 우리 외할머니는 열여섯 살 우리 외할아버지는 여듧 살 이래 가지고 결혼했거든. 결혼했는데 결혼해 가지고 사는데 이게 자꾸 그지 개구지처럼 막 이케 주는 기야. 할머니 불 때는데 와서 부지깽이 가지고 막 쑤시고 막 말이키고(말썽 일으키고) 하니, 할무이가 막 부애가 나 가지고 문대지고 또 쫓아 가지고 나가버리고 또 들어와서 말이키고 그래 가지구 그랬는데 그 다음에 그렇게 하다가 있지 하도 말이키 가지고 너무 말이키 가지고 우리 할무이가 꼭 쥐여 가지고 여듧 살이니까 꼭 쥐여 가지고 살았대. 옛날에는 지붕이 얕았는 모양이야. 지붕에다가 팍 올려 댔버렸어. 지붕이 얕았어. 지붕에 가 가지고 가만 앉아 있으니까 또 시어마이가 들어오는 기야.

"야 니 그기 올라가니?"

물어보니까 그래도 마누라가 그랬단 말은 안 하고,

"내 호박이 맺혔나?"

"내 세 번 올라 왔소."

"아, 그래."

그거 보고서 나이 어려도 남편은 남편인갑다 내라준 기야. 내라줬는데 논에 점심 해 가지고 마누라 이고 가는데 따라오더래. 막 같이 가자고 이는데 따라오는데 따라가다 개울이 있으니까 개울에 가 가지고,

"나는 못 건내 가니까 건내다 줘."

개울에 건내다 달래. 그래서 가지고서리 밥 내아놓고 업어다 건내다 주고 데루가 가주고 점심 챙겨줬는데 다 밥을 자기 남편들 있지, 다 떠 줬는데 다 떠 줬는서리 남편이라고서리 마누라라고 담아서 주더래.

"많이 먹으라. 나는 안 먹어도 괜찮아도 많이 먹어라."

고 어예두 세주고 그러더래. 그래카고 살았는데 항상 말 이키고 말이키가주고 저녁에 잘 때두 어리니까서는 자면서 오줌도 싸고 말이키는 거야 그래가 사니까 나이가 한 열여섯 살이나 열일곱 살 되니까서나 그 때서나 이기 좀 아더래. 나 자기 자기 마누란지 알고 그럭카고 살아왔대.

73. 거제도 포로수용소와 도깨비불 【S.6-6-2-5】

6·25 사변 때, 22살에 피난 나왔거든. 피난 나와서 어디서 있었냐면 거제도란 데, 거제도 장목이라는데 있었거든요. 거기서 배급 주고 이래서 살았는데, 사는 게 만원도 없이 살았지. 고생 많이 했어요. 거기서. 그래 가지고 배급 줘 가지고 먹고 살고 또 배급 준 거 모자라서 바다 가서 바닷물 길어 가지고 세 끼 해서 밥 해 먹고 그리고 거기 사람들이 같이 거기 사람들이랑 같이 농사일 할 줄 모르는데 같이 농사일 좀 해 가지고 양식 같은 거 얻어먹고 밥 같은 거 얻어먹고 그렇게 살아왔단 말이야. 살았는데, 그러니까 피난민이니까, 우리 피난 와서 피난민이니까 집을 하나씩 빈 집을 하나 주더라고. 그래서 빈 집을 이제 윗방 하나 정제 하나 있

는데, 아랫방에는 딴 사람이 있고, 난 윗방에 아들, 딸 하나하고 아들 하나 하고 둘이, 애기 둘 데리고 살았고, 남편은 이제 그 옛날에 복대인지 뭐인지 그런 거 나가고, 그러니까 아들 데리고 혼자 사는데, 거기는 바닷물이 이래 막 저기 저 도깨불이 말이야.

바닷물에 도깨불이 막 걸어가. 이렇게 보면 말이여. 바닷물 위에서 댕겨요. 그런데 그렇게 봐나서 그런지 무섭지 않더라고. 그리고 그렇게 댕기고. 그러니까 뭐 사는 게 피난 나와서 사는 게 어렵게 사니까 그런 거 무섭고 그런 거 안 취급하고 살아왔어. 사는데, 그게 보믄 촌이고 그러니까 모기 상당히 많애. 모기. 모기 상당히 많은데, 모기 많은 거 그런 거 그거 좀 쌀 등기 있죠. 등기. 그거를 막 피워 놓고 말이야. 그러카고 그렇게 사는데. 그러니까 방 안에서 더우니까 방 안에서 못 자고 여름이니까 방 안에서 못 자고 바깥에서 마루에서 아랫방 사람은 아랫마루에서 자고, 나는 또 아들 데리고 윗 마루에서 이렇게 자는데, 막 비가 막 와. 막 비가 막 쏟아지니까 그 모기불이 그기 비가 막 쏟아지니까 모기불 피워 놓은 게 죽었단 말이여. 그래 가지고 죽었으니까 자다가 깨어났어.

깨어나지고 서리, 그 아랫방 사람도 마루에 앉아 있고, 나도 마루 차에 앉아 있고 이러는데, 근데 막 비가 막 쏟아지는데, 보니까 산 고개에 집이 끄트마린데 이렇게 보믄 산 넘어오는 집 넘어오는 고개 있는데, 불이가 두 개 딱 있더라고. 불이 두 개 있어 가지고, 그게 도깨비불인 모양이야. 불이 두개 있어 가지고, 아랫방 아줌마 보고 야 저 봐라. 도깨불인가 두 개 있다. 무슨 불인지 모르겠다. 도깨비불인 모양이다. 이러니까 그래서 보고서니, 그 아줌마도 도깨비불인 모양이다. 그 비가 저래 오는데, 그렇게 나가서 밤에 고개 마루에 있겠느냐. 도깨비불인 모양이다. 이러카고 있었는데, 이기 내 생각에는 하나는 도깨비불인데, 약 나가면서 없어지고, 하나 남아 있는데, 또 뭐 소리치면 없어진다고. 그래서 나는 그래서 소리쳤단 말이야. 그기 뭐야!! 하고 소리 쳤더니, 그기 도깨비불이 희한하더라고. 막 그기 도깨비불이 막 몇 번을 빵빵 이렇게 아들이 그 소깨망

치다가 이렇게 기름 묻혀서 돌리는 것처럼 이렇게 빵빵 돌리다가 이렇게 내려오는데 보니까 사람 보믄 요만츰 위 하나도 안 비고, 요 밑에 다리 다리가 요 비욘데, 맨발로 다리 빠가 부순 게 맨발로 다리 홀랑홀랑 때서 뒷걸음해서 막 홀랑홀랑 때 가지고 막 뒷걸음으로 오는 기야. 그래 가지고 그 앞에 길이 있는데 쫙 내려 오는 거야.

그래서 얼매나 무서웠는지, 그 아주머니도 막 이불도 안 들여가고 아들만 얼여 들여가고, 나도 아들만 얼여 들여가고, 그러니까 집에 막 올라갔어. 집 안에 들어갔단 말이야. 집 안에 들어가서 잠이 안 와. 물어봤어. 그 아줌마 보고 그 집엔 아저씨도 있었거든. 아저씨, 아저씨 도깨비불이 집 안 안 들어요? 안 들어요? 안 들어온대. 걱정하지 말래. 그래도 그 날 밤에 못 잤어. 얼매나 무서운지 그래서 아침에 일어나서 이 동네 할아버지한테 물어보니까 그 산 밑에 종종 그런 불이 도깨비불이 비 오는 날 생긴다 하더라고 그래 가지고 피난 나와서 그런 적이 있었어. 그래서 도깨비 봤어.

74. 집지킴이 2 【S.6-6-3-7】

외할아버지가 이 지금 어머니 집을 지었는데 집을 새 집을 금방 짓구 났는데 그 날 밤에 막 구렁이가 우는지 그러더래. 외할아버지가 잠 못 자는 모양이다 왜 이렇게 산이 울리는 소리가 나는가 이렇게 생각하고 있었는데 얼마만침 되다가 보니까 인제 옛날에는 정지라 그잖아. 부엌을 정지라 그는데 정지에 그게 보니까 한 구랭이가 들어와 가지고 한 다발 트고 고게 부엌에 탁 치여 가지고서리 그럭카고서는 치다 우에 방 안 치다 가더래. 그래 이 할아버지가 구랭이가 잠 못 잤구나. 구렁이 집을 지었는 모양이다. 하고서는 옛날에는 장개갈 때 입는 옷 있죠? 막 할아버지가 갈아입고서리 거기다가 돗자리 피고서리 막 빌었대. 뭐 어떻게 빌었는지는 모르지만 할아버지가 비니까 구렁이가 나가더래. 나간 다음 이튿날인가 집을 헐었대. 헐고 딴 데다 집을 지었대.

금정옥(72, 여) 속초시 조양동 성호 아파트 2005.5.28
(금정옥 제보자께서 들려주신 설화 자료는 75번이다.)

75. 단종대왕과 동티 【S.6-6-4-5】

옛날에 단종대왕이 영월에 계셨거든요. 그래서 비석을 해 세웠어요. 거기에 기찻길이 나기 땜에 기찻길을 뚫는데 굴 뚫고 이런 사람이 꿈을 꿨어요. 여기다 굴 뚫지 마라 내가 몸이 좋지 않다 그랬어요. 어쩔 수 없잖아요. 할 수 없이 이왕 시작한 일인데 굴을 뚫었어요. 그래 굴을 뚫는 사람이 돌아가셨어. 말씀을 안 들어 가지고.

최화자(83, 여) 속초시 조양동 2005.5.28
(최화자 제보자께서 들려주신 설화 자료는 76번부터 77번까지이다.)

76. 도깨비터 【S.6-6-5-6】

젊어서 돈 벌이 할 적에 어느 회사 차가 있었어요. 차가 있었는데 그 사람이 차가 열두 대야. 버스가, 내가 버스 영업소를 할 적에. 젊어서 할 적에. 그 사람이 차가 열두 댄데, 그 집이 말이 그 집에 도깨비터라고 하더라고. 도깨비터. 근데 그 사람이 얼마나 인심을 잃었는지 이 뭔 장사, 운수사업을 하자면은, 경찰서를 알아야 돼. 그런 데를 알아야 되는데 이 사람이 너무 자기 것만 지켜려고 하는 바람에 인심을 잃어서 그 때 뭐 좌석에 가서 이제 술을 먹는 좌석에 가서 이 사람이 누굴 뭐 어떡해 한다고 오라지를 한 대 때렸대. 그래서 그 사람이 오라지를 한 대 때리고 유치장을 들어갔다 왔다고. 사람이 그렇게 인심을 잃고 살면 안 돼. 도깨비터래. 그래서 다 망했대. 차가 열두 대 있던 게 망해 가지고 차가 한 댄가 얼만가 있다 하더라고.

도깨비터는 왁 하고 괴성이 일어나니까 도깨비터지. 도깨비가 옛날에 뭐 방망이 갖다가 이렇게 하믄 쌀 나와라 하믄 쌀 나오고, 무화과 나와라 하믄 나왔다 그런 얘기도 있잖아. 그래 그런 게 도깨비터래. 살림이 갑자기 일어나면 도깨비터래서 그렇게 살림이 금방 일어났다 그러잖아. 그거지 뭐.

77. 장화홍련 【S.6-6-6-5】

장화홍련이 있는데 어머니가 죽고 계모를 얻었는데, 그 계모가 와 가지고서네, 그 전처 딸을 어떡해서든지 모함을 줘 가지고 딸한테 다 인제 뭐든지 지금 말하자면 바가지 씌울려고 하는 거지. 그래서 옛날에 우리 듣기는 큰 딸을 자는 방에다가 남자를 들여 가지고, 쥐를 잡아 가지고서네 큰 딸 있는 데다가 갖다 놨다고. 그래서 애 뱄다고 그래 가지고 가를 물에다가 빠쳐 죽였다던가 하여튼 그런 얘기가 있었어. 그것만 알지 우린 자세하게 몰러. 그래 옛날에는 계모가 그렇게 못 되게 했다 얘기야. 지금 사회에 누가 그런 사람 하나 있어. 지금은 그런 일 절대 없어.

이순덕(74, 여) 속초시 조양동 부영아파트 305동 706호 2005.5.28
(이순덕 제보자께서 들려주신 설화 자료는 78번부터 88번까지이다.)

이순덕 할머니께서는 일흔을 넘긴 나이에도 불구하고 정정하셨다. 뿐만 아니라 기억력 또한 좋으셔서, 조사자들에게 막힘 없이 설화를 구연해 주셨다. 또 구수한 말재주 때문에 이야기를 듣는 이들이 모두 시간 가는 줄 몰랐다.

78. 지혜로 빚을 갚은 시골 사람 【S.6-6-7-2】

옛날에 시골 사람이 서울 사람한테 빚을 많이 진 거야. 빚을 너무너무 많이 져 가지고 맨날맨날 돈 받으러 그냥 문턱이 닳도록 오는데, 애먹잖아. 그지? 그래 가지고 하루는 그 시골 남자가 연구를 했어. 저기 저 뒤안에다가 앵두 낭그 가지를 싹 다 꺾고, 쌀을 한 되 빻아 떡을 만들어 가지고 고거 동글동글하게 해 가지고 고물을 묻혀서 크고 작게 해서 앵두 낭그 가지에다 꽂아 놓은 거야. 나무에다 꽂아 놓았는데 6월 달이니까 이제 뭐 아주 덥잖아.

그래 인제 서울 사람이 돈을 받으러 왔어.

"아유 더운데 오시느라고 수고가 많았다. 우리 떡이 얼마나 굵었는지 그 떡 한 사라 좀 따오게."
하면서 마누라보고 시켰단 말이야. 시골 사람이. 그 때 마누라가 나가 가지고 인제 사라를 가지고 나가서 뚝뚝 따는데 여름이니까 다 내다볼 거 아니야 . 한 사라 따 가지고 온 거야. 와 가지고서는 시장한데 잡수라고 그래. 서울 사람이 먹으려고 하는데,

"아유 우리 저거 꿀강아지 있잖아. 꿀강아지 좀 가지고 오라"
고 시킨 거야. 강아지한테 꿀만 자꾸 먹이니까 꿀똥만 누는 거야. 배를 꾹꾹 누르니까 꿀똥이 나와. 그걸 보니 못 먹겠잖아. 근데 주인이 그걸 먹었어. 먹는 걸 보고는 그 사람이 이제 그걸 먹은 거야.

떡을 이제 한 사라 다 먹고서는 아 이제는 내가 배가 고팠던 판인데 배가 부르니까 앉아서 이 얘기 저 얘기 하다가 그 떡낭구를 이제 팔으라는 거야. 그게 우리 일 년 농사인데 그걸 어떻게 파느냐 못 판다 하니까, 내가 돈을 많이 줄 테니까 팔라고 그러는 거야. 이 사람은 좋잖아. 돈 줄 것도 있는데다가 돈 많이 받고 팔았어.

사 가지고 가서는 떡을 다 따먹고 나니 떡이 이제 안 열리잖아. 그 서울 사람이 속았단 얘기야.

"이 놈의 새끼야 나를 속였다."
고 때려죽인다고 아주 앙심을 품고는 올 것 같잖아. 이제 시골 사람이 연구를 또 한 거야. 저 사람이 날 죽이러 틀림없이 올 텐데. 우리가 무슨 연구를 해야 된다. 두 내외가 연구를 했는데 마누라보고 시장에 가서 소 껍데기를 사오게 해서, 바짝 마른 걸 사와 가지고서는 마누라 옷을 홀딱 벗겨 놓고서는 그걸 감겼어. 몸에다가 그걸 감고 옷을 입히니까 모르잖아.

그러고 이제 앉았는데 서울 사람이 왔어.

"이 놈의 새끼 떡낭구를 연년이 열린다 해 가지고 내가 몇 천만 원을

주고 샀는데 따먹고 나니까 안 열리더라. 그러니까 너 오늘 내 손에 죽어야 된다."

말이야. 들어서면서 고함을 치는 거야. 그러니까 이 남자가 자기 부인에게,

"아, 여보게 물 좀 떠오게."

이랬단 말이야. 그런데 부인이,

"씨팔 조갈병이 들렸나. 이 놈이 뭔 물을 처먹나."

하고 욕하는 거야. 부엌에서 여자가 그러자 그 사람이,

"이 년이 하늘같은 남편을 어디라고 그 따우로 어디 씨자가 들어가느냐." 고 그러더니 부엌에 나가더니 식칼을 가져오더니 고만 쫓아 나 가지고는 고만 배를 확 가른 거야. 옷은 다 찢어졌지. 속에 가죽은 칼이 안 들어가잖아. 그래 옷은 쫙 찢어졌는데 누렇게 살이 나왔단 얘기야. 근데 이 여자가 휘딱 나가떨어져서 죽은 척하고 손을 쓰고 가만있는 거야.

그러니까 이제 이 시골 남자가 요만한 자를 하나 가지고는 올려 대고 내려 대고 똥구녕을 막 들여보고 코를 빨고 막 그냥 가서 대려 흔들고 하니까 이 여자가 퍼뜩퍼뜩 살아나거든. 서울 남자가 옆에서 보니까 진짜 죽은 사람이 살아나니까 신기하잖아. 그래서 돈 받으러 온 놈이 고만 어이가 없어서 사람이 죽어 떨어졌으니까 가만 눈이 뚱그래져 가지고 있는 거야.

"그래 그게 도대체가 무슨 잔데 그걸 가지고 그렇게 사람을 살릴 수가 있느냐?"

"이건 죽어서 말이야 몇 달 몇 년이 돼도 이 자로 재기만 하면 살아난다."

또 이랬어. 이 남자가 그래 이 남자가 고만 또 넘어간 거야. 참 신기하거든. 야 죽었던 사람이 저래 살아나니 자가 참 신기하다. 이건 국내에서는 구할 수도 없는 자고 저 외국에 가서 이건 아주 몇 천만 원 주고 사왔다고 거짓말을 한 거야. 그러니까 이 남자가 또 솔깃해 가지고 팔란 거야.

그래서 또 자를 팔았어.

술을 한 잔 먹고 집에 인제 밤에 늦게 들어간 거야. 들어갔는데 마누라가 마중을 안 나오고 있으니,

"늦게 들어와도 하늘같은 남편이 어디 갔다 오면 마중도 안 나오고 자빠져 잠만 자느냐."

고 하면서 들어 가더니 고만 칼루다 팍 찔러 죽인 거야. 자기 부인을. 죽여 놓고는 그 자로 암만 재니 살아나나. 아주 죽은 것이. 그래 가지고는 이 남자가 고만 이 놈의 새끼를 정말 때려죽여야 된다고 인제 해서 아주 앙칼을 먹고 또 서울서 내려온 거야.

내려 왔는데 그 시골 남자가 인제 또 연구를 한 거야. 이 남자가 자기 마누라한테,

"그러지 말고 저기 저 뒷동산에다가 구뎅이를 하나 파 놓고 거기다가 날 좀 들여 앉혀 다와."

그래. 인제 숨 쉴 구멍을 요만치 뚫어 놓고는 이제 거기에 들어 앉아 있었어. 무덤을 크게 해 놓고. 아내는 아주 흰 소복을 입고 막,

"아이구 데이구."

우는 거야. 삼우제라고. 어제 그저께 죽었는데. 삼우제 지내러 왔다고 막 우니까, 이 남자가 이제 죽이러 온 사람이 고만 시골 남자가 먼저 죽은 거야. 그니까 야 이 놈의 새끼, 내가 죽이려고 왔더니 이 놈의 새끼가 먼저 죄받아 먼저 죽었구나. 남자는 마음이 약하잖아. 그래 그 여자가 젊은 여자가 소복을 하고 우니까 동정이 간 거야. 그래서,

"죽은 사람은 죽었거니와 산 사람은 살아야 되지 않소. 그러니까 울지 말고 고만 기운을 내시오."

하고 가서 달랬어. 이 여자를 달래 가지고 인제 그래 가지고 있었어. 그런데 화가 안 풀렸잖아. 그러다가 내가 죽은 사람이지만 이 놈의 새끼 원수를 가린다고 고 구덩이에다가 돌려 대고 오줌을 눴어. 시골 남자가 고 밑에서 꼬챙이를 이만한 거 깎아 가지고는 그 안에 들어 앉았다가 고만

확 올려 찔러 가지고 그 남자도 고만 거기서 죽은 거야. 아주 다 죽었지 뭐. 마누라도 죽고 이 남자도 죽고.

그렇게 나와 가지고 이제는 우리가 빚을 다 갚았으니까 옛말 하지 말고 잘 살자. 그래 가지고는 엊그저께 죽었대.

79. 속 깊은 며느리 【S.6-6-8-2】

옛날에 할아버지가 할멈은 죽고 며늘네 아들네 데리고 이래 손자들 키우고 이렇게 사는데, 할아버지가 아주 약주를 좋아해. 그래 가지고 손자 요런 걸 세워 놓고는 두 내외가 산에 나무를 하러 갔어. 옛날에 나무 했잖아. 나무하러 갔는데 손자가 깨서 울었단 말이야. 요렇게 어린 게 우니까 야를 들고 이래 이래 흔들었어. 흔들다가 엎드려 가지고 고만 술이 취해 가지고 약주가 취해 가지고 고만 깔아 뭉갰어. 깔아 뭉개서 애가 숨이 졌단 말이야.

해가 졌는데, 두 내외가 나무를 해 가지고 왔지. 와 보니까 아가 깔려 가지고 죽은 거야. 시아버지는 약주가 많이 취했고. 그래도 부모니 어떡하는가. 그래서 엄마가, 며느리가 그 애를 가만히 빼 가지고 정재 부엌에다 그 나뭇가지 속에다가 넣었어. 갖다 넣고는 그래 있는데 얼마 안 있다가 아버지가 깼단 말이야. 약주를 깼는데,

"아이구 야야, 내가 언나를 분명히 안고 있었는데 언나가 어디 갔니?"

며느리보고 물을 거 아니야. 물으니까,

"언나가 이웃집 딸내미가 본다고 우선 그 집으로 갔어요. 좀 있으면 올 거래요."

이랬단 말이여. 얘길 못하고. 며느리가 말은 못하고. 속이 깊잖아. 그래 가지고 암만 기다려도 해가 져도 안 오고 이상하잖아. 그래 가지고서는 이제 고만 잠이 들었어.

그 이튿날 아침에 날이 샜는데, 먼동이 훤하게 텄는데, 두 내우가 애를 안고 이제 삽을 가지고 인제 산에 간 거야. 애를 갖다 묻으러 간 거야. 가

가지고 여기가 좋을까 거기가 좋을까 자리를 본 거야. 둘이 이렇게 자리를 보는데, 아 여보 여기가 양지쪽이고 여기가 참 자리가 좋아. 자리가 참 좋으니까 여기에 묻자고. 그 마누래 말을 듣고는 거기를 팠어. 파고서는 한 반절을 이래저래 파니까 발에 뭐가 밟히는 거야. 발바닥에 뭔가 밟히는 거야. 뭔가 하고 그 남자가 확 잡아당긴 거야. 확 잡아당기니까 소두방(솥뚜껑)이야. 소두방이 확 올라오면서 땅 소리가 나는 거야. 그러니까 땅 소리가 나니까 애가 죽은 애가 앙 우는 거야. 죽은 애가 살아난 거야. 살아 났어. 그래 가지고 이게 웬 일이야. 죽었던 애가 살아나니까 신기하잖아. 애를 안고 집에 내려오니까 아버지는 막 그냥 어쩔 줄 모르지 뭐. 애가 없어졌으니까 울다가 지쳐 가지고 엎드려서 잠이 든 거야.

그 때,

"아버지, 언나가 살아났어요."

하면서 안고서 들어간 거야. 들어가니까 아버지가 깜짝 놀라는 거야.

"죽었던 애가?"

영도 철도 모르잖아. 시아버지가,

"야, 애가 죽었댔니?"

하고 물으니, 아버지가,

"사실은 이만저만 해서 이렇게 된 걸 아버지께 차마 얘기 못하고 이래 가지고 산에 갔더니만은 이래저래 해 가지고 살아났어요."

하면서는 안고 들어가니깐 얼마나 반가워 아버지가. 그래 가지고는 애가 살아나서는 가정이 인제 참 화목하게 잘 살았대. 그래 가지고 인제 마음을 바로 쓰니까 애도 살아나고 아주 부자가 돼서 잘 살았지.

80. 주인의 돈을 찾아준 일꾼 【S.6-6-9-6】

시골 사람이 농사를 크게 짓는데 옛날엔 뭐 서울이 어딘 줄도 모르잖아? 근데 이 시골 사람이 서울에 오입을 간 거야. 남자가 바람 피우는 오입을 갔는데, 사창가라는 데가 있어. 거기 가니까 여자들이 뭐 이 여자

저 여자 막 그냥 잡는 거야. 모처럼 농사 지어 가지고 돈을 싸 가지고 갔지. 돈 쓰러 갔으니까. 거길 지나가니까 여자들이 서로 잡는 거라. 그래 가지고 들어오라니까 이제 남자가 따라 들어간 거야. 따라 들어갔는데 양장 이불을 깔아 놓고 막 그냥 거기서 뭐 술을 한 잔 먹고 얘기도 하고 참 노는데, 그렇게 노는데 이제 여자가 그러더래. 나는 직업이 이러니까 아저씨는 어떻게 놀라느냐고 묻더래. 그러니까 시골 사람이 뭐 서울에 왔는데 서울식으로 한 번 놀아보자 하더래. 그래 가지고 서울식으로 노는데 뭐 놀 줄을 아나? 술을 한 잔 먹었겠다. 당황해 가지고 고만 제대로 놀지도 못하고 돈만 그냥 다 뺏기고 온 거야.

돈만 다 뺏기고 오니까 그래 내려오니까 속상하잖아. 제대로 놀지도 못하고, 집에다가 얘기도 못하고 일꾼한테 얘기하니까,

"아저씨 돈을 내가 찾아 줄 테니까 가보자."

하더래. 일꾼을 데리고 또 거기를 간 거야. 그 집에를 갔는데 바로 그 여자네 집을 또 간 거야. 가 가지고 이 남자가 떡 하니 들어가니 뭐 여자가 또 물어 보는기라.

"시골 사람이 뭐 놀아봐야 그렇지. 놀 줄 아느냐"

하니까,

"그래 시골식으로 놀아보라."

하더래. 그래 시골식으로 노니 뭐 기도 안 차지 뭐. 무지막지하게 그냥 막 왔다갔다 놀아대니까 여자가,

"아이, 씨팔 돈이고 뭐고 다 필요 없다."

고 장롱을 열더니 먼저 영감한테 돈뭉치 받은 것을 가지고 가라고 고만 패대기를 치더래. 가져가라고 그래 가지고 그 돈을 찾아 가지고 고만 꽁지가 빠지게 나와 가지고는,

"아저씨 내가요. 아저씨 돈을 찾아 가지고 왔어요."

하더래. 그래 가지고,

"야 너 진짜 참 똑똑하다. 응, 그래 내가 너한테 얘기 안했으면 그 돈은

고스란히 빼앗겼을 텐데, 그 돈을 찾아 가지고 왔으니 고맙다."
고 반을 주더래. 그래 반을 나눠 가지고 평생 그 집에서 살았더래.

81. 도깨비가 이어준 인연 【S.6-6-10-6】

그전에 옛날에는 십 리마다 집이 한 채씩 있었어요. 차도 없고 그래 가지고 아저씨가 이제 장날이 되어 저 소상리 다 와 가지고 장을 보러 갔는데 장을 봐 가지고 오다가 날이 저문 거야. 그래 가지고 재를 넘어 가야지만이 자기 집인데 날이 저물었으니. 그래도 가야 되잖아. 거리에서 잘 수는 없고. 그래 가지고 재를 이래 넘어가다 보니까 도깨비가 산에서 요렇게 나오더래. 나오더니,

"당신은 어디 가는 사람이냐?"

"사실 난 이만저만해서 이렇게 장에 갔다가 이렇게 저물어서 집을 가다보니 길에서 잘 수는 없고 집에 가는 길인데 날 좀 도와 달라."
고 이 남자가 도깨비한테 사정을 했나봐. 그러자,

"재를 넘어가다가 한참 내려가다 보면 오막살이집이 하나 나올꺼라. 그러니까 그 집에 들려서 얹혀 가지고 있다가 날 새거든 집에 가라."

그러더래, 도깨비가.

그래 가지고 한참 내려가다 보니까 불이 반짝반짝해. 집이, 오막살이집이 하나 있는데, 그 남편이 죽었더래. 남편이 죽었는데 어떻게 되었는지 아무도 없어. 남편과 단 둘이 있다가 남편이 죽으니까 부인이 혼자 앉아서 울고 앉아 있는 거야. 그니까 동정이 가잖아. 남자가. 그래 가지고,

"여보쇼. 내가 지나가는 행인인데, 날이 저물어 가지고 들어왔으니 울지 말라. 내가 좀 도와 주겠다."
고 여자한테다가 말을 건넨 거야. 그래 여자가 얼마나 고마워. 아 정말 고맙다고. 그래 가지고는 둘이 앉아서 시체를 지키고 앉아 있었어.

지금이나 그 때나 이 죽은 사람 고양이가 넘으면 시체가 일어난다고 해. 그래 가지고 그 여자가 잠깐 어딜 화장실을 갔는지 잠깐 나가고 없는

데, 이제 이 시체방에서는 자꾸 소리를 내야 되잖아. 가만히 있으면 시체가 소리가 나요. 조용하면 소리가 나요. 지금도. 그래 가지고 인제 남자가 책을 가지고 자꾸 이렇게 읽고 앉아 있었는데, 윗방에서 고양이가 내려오더니 그 송장을 고만 허리를 탁 타고 넘는 거야. 시체가 뻴떡 일어난 거야. 일어나니까 이 남자가 당황하잖아. 그래 가지고는,

"자기 신발, 신었던 신발 가지고는 왼쪽 따귀를 때리면 고만 넘어간다."

그래 신발을 가지고는 왼쪽 따귀를 딱 때리고서는 고만 바깥으로 뛰쳐나간 거야. 그래 넘어갔는데 이 남자가 뛰쳐 나가 가지고는 고만 숨어 가지고 가만히 있다 보니까 그래도 여자가 안 오는 거야. 근데 이 송장이 또 일어나서 막 쿵다닥거리고 방에서 나오지는 못하고 쿵다닥 거리더래. 자꾸 방에서 쿵다닥거리더래. 얼마나 무서워. 남자가 그래 가지고 가만 있다 보니까 여자가 어디 갔다가 왔더래. 와 보니까 송장이 그래 일어나 가지고 방에서 돌아 다니니까 기도 안 차잖아. 그래서 여자가 또 인제 자기 신발을 벗어 가지고는 왼쪽 따귀를 냅다 치니까 쿵하고 넘어 가더래. 그래 놓고는 여자가 앉아서 통곡을 하고 우니깐 이 남자가 나타나서 울지 말라고 이왕 이렇게 된 거 자꾸 운다고 별 볼일 있느냐고 여자를 달래고.

그 남자하고 여자하고 다음날 누구를 불러서 장사를 지내주었대. 그래서 그 남자가 지나 가던 길에 장사를 지냈어. 여자가 불쌍하니까. 그래 장사를 지내고서는 고만 어떻게 인연이 됐던 가봐. 그 여자하고. 그래 가지고 장사를 지내고 그 집에서 그 남자가 그 여자하고 잘 살았더래.

82. 호랑이집에 들어간 세 사람 【S.6-6-11-6】

체장사하고 무당하고 또 스님하고 셋이서 길을 이래 가다 보니까 어떻게 가다보니까 셋이 모였는데, 그것도 먼 길이야. 그런데 아주 멀리 가다 보니까 집이 아주 기와집이 아주 진짜 너무 멋있더래. 근데 사람은 없는 거야. 집이 빈 집인데. 그래 이상하다, 집은 이렇게 좋고 뭐 먹을 것도 있고 이런데 왜 사람이 없나 싶어. 이상하잖아.

옛날에는 호랑이가 사람을 잡아먹었잖아. 날이 저물어 가지고는 그 집에서 잔 거야. 쌀 퍼다가 저녁을 해 먹고는 셋이서 자는데, 체장사는 앞에 자고, 그 다음에는 복판에는 무당이 여자잖아. 무당이 복판에 자고, 스님이 맨 안쪽에서 잔 거야. 그래 자니까 그 때가 어느 때인지 달이 한창 떴는데, 다 자는데, 스님만 잠이 안 들은 거야. 그래 가지고 있다 보니까 그 때가 한 시 두 시쯤 됐는데 문이 부시시 열리더래. 그래 달밤에 어스름한데 이렇게 보니까 호랑이가 아주 문을 부시시 열더니 고개를 번쩍 드는데 머리가 쭉 갈라진 게 눈이 커다란 게 탁 보이더라잖아. 그리고 이게 체장사를 불러내서 나가더래. 나가더니 세 번을 탁탁 소리를 내더니 기척이 없더래. 그러니까 다 잡아먹은 거야. 다 잡아먹고는 또 들어온 거야. 그래 들어오더니 그래 무당 잡아갈 판이야. 또 무당을 둘러 메고 나가더니 또 여전히 소리가 그렇게 나더래. 또 인제 다 잡아먹었으니까 또 올 판이 아니야? 그러니까 이 스님이 기도 안차잖아. 고 다음엔 자기 차렌데. 그래서 스님이 뒷문을 열고서는 옛날에는 다락이 있었어. 거기를 어떻게 올라가 가지고는 가만히 숨어서 보니까 이 놈의 호랑이가 들어오더니 분명히 하나 있다가 없어졌으니까 이게 막 집 밖을 돌더래. 호랑이가 이 스님을 찾으러 집 밖을 도는데, 근데 스님이 내려다 보니 그게 거기를 막 올라오려고 그러더래. 근데 그 안에 돌멩이가 하나 있더래. 그거를 내려뜨리니까 탁 고만 호랑이가 놀랬어.

날이 샜는데, 먼동이 훤하게 트니까, 먼동이 트면 호랑이는 올라가. 먼동이 훤하게 텄는데, 말방울 소리가 어디서 달랑달랑 나더래. 그래서 고만 이 스님이 소리를 벽력같이 지른 거야.

"사람 좀 살려 달라"

고. 그러니까 이 말방울 남자가,

"아유, 스님이 어쩌자고 혼자 이렇게 있었느냐."

고 깜짝 놀라더래. 이만저만해 가지고 이렇게 됐노라고 그러니까 아 그렇냐고. 그래 가지고는 고만 날이 새니까 호랑이가 올라간 거야. 그래 그 말방울 주인이 살렸어. 그 사람을. 그 사람 하나가 살아서 간 거야. 두 사람 다 죽고. 근데 이 스님도 놀라 가지고 고만 충격을 받아 가지고 이 스님도 며칠 못 살고 죽었대.

83. 지혜로 부자집에 장가간 총각 【S.6-6-12-6】

옛날엔 나무 해다가 밥 해먹고 그랬잖아. 옛날에 내가 시골에 시집을 가니까 식구가 스물 셋이야. 우리 식구가. 근데 일꾼 셋이다가 다 나무 때 가지고 삼시 세 끼 밥을 해먹고, 벼농사도 하고 부자로 살았다고. 그래 가지고 한 나무를 해다가 불을 때 가지고는 숯을 굽잖아. 옛날엔 모두 그랬다고. 숯을 굽구 살았어.

그런데 그 동네에 숯을 굽는 총각이 아주 어머니하고 둘이 사는데 아주 가난하게 살았지 뭐. 아주 가난하게 시골에 사는데, 근데 아랫말이라고 있는데 십 리 안에 이 십 리 안에 집이 드문드문 있는데, 거기에는 부자인 집이 한 집 있었어. 그 집 처녀가 아주 정말 곱게 자랐지. 양반의 딸이니까 뭐. 바깥에도 안 나오고 이래 사는데. 그래 이제 하루는 내려 가니까 그 처녀가 이제 나오더래. 먼 발치에서 보니까, 아주 이쁜 처녀가 이래 나와 가지고, 밭에 나와서 오줌을 누더래. 그 처녀가. 총각인데 노총각이지. 그래 가지고 그걸 이제 보니까, 아가씨를 보니까 진짜 마음에 들었지. 마음엔 드나 없이 살고, 뭐 양반의 딸이니 감히 뭐 엄두가 나나? 엄두도 못 내지. 그래 '저 놈의 처녀를 어떻게 해야 내가 데리고 사나' 하고 근심인 거야. 그래 가지고는 집에 올라와서는 끙끙 앓았어. 상사병이 걸려서는 앓는데,

"너 왜 그렇게 아프냐?"

엄마가 자꾸 물으니까 그제서야 애기를 하더래.

"그 처녀를 보고부터는 내가 몸이 아프다."

고. 그래 어떻게 도저히 용납을 할 수 없잖아. 부잣집 딸을 어떻게 가서 감히. 안 그래? 그래 가지고 할 수 없이 뭐 가서 약국에 가서 약도 지어

다 먹이고 침도 다니며 맞혀도 안 낫고.

근데 하루는 내려가다 보니까 또 거기 나와 오줌을 누더래. 그래서 새가 뭐 덩더꿍새가 있었다는데, 옛날에는 덩더꿍새하고 지붕새가 있었다대. 근데 시골에 사니까 그 새를 잡아다가 이렇게 키웠는데, 그 총각도 그게 흥미가 많았던가봐. 근데 덩더꿍새의 털을 뽑았어. 지붕새 털 뽑고, 덩더꿍새 털을 뽑고는 내려가다가 오줌 눈 자리에다 오줌 눈 자리에다 꽂았는가봐. 갖다 꽂고서는 이래 올라왔는데, 하루는 소문에 그 처녀가 앓는다고 소문이 나더래. 멀쩡하던 사람이 갑작스럽게. 소문을 듣고는,

'이상하다. 아 그게 예방을 해 가지고 그게 효과가 있는가보다.'

총각이 이제 속으로 내가 못 먹는 밥에 재나 뿌린다는 식으로,

'두고 보자.'

하고 있었는데, 소리가 나더래. 덩더꿍 덩더꿍 지붕 덩더꿍 지붕 소리가 나더래. 색시 몸에서 그게 이상하잖아. 부모가 그게 뭔 소리가 그렇게 나나 이상해 가지고 뭐 병원이 있어 야매로 그냥 침 놓고 엉터리 그런데 찾아다니고 보약을 쓰고 이래도 낫지를 않더래.

그래서 하루는 이 총각이 소문을 듣고는 이러고 다녔대.

"그게 뭐 소리나는 게 뭐 병이냐고. 그까짓 거 아무것도 아닌데. 그걸 가지고 뭐 병이냐고. 낫게 하려면 낫게 하지."

이랬대. 그러니까 사람들이 그 소리를 듣고 이상하잖아. 저 놈이 개코도 아무 것도 아닌 놈이 뭐 저런 소리를 하나 싶어서,

"어떻게 하면 낫느냐."

고 동네사람이 물으니까,

"까짓 거 뭐 낫게 할 방법이 있다."

고 그러더래. 그러면서 그거 낫게 해 주면 저기 좀 없이 사니까 뭐 좀 준다고 했는가봐.

그래 가지고 집에 와 가지고는 밥을 싹싹 비비니까 밥이 새까맣잖아. 자꾸 비비니까 손때가 묻어 가지고. 그래서 그걸 대여섯 알 가지고 그게

약이라고 싸 가지고 인제 갔더래. 귀한 약이니까 이것만 먹으면 낫는다고. 그니까 신기하잖아. 숯쟁이가 개 코도 모르고 산골에 사는 게 뭘 알아. 그래서 헛일 삼아 저 놈이 저게 되는 소린가 하고 저 놈이 설마 하고서는, 그 아버지가 우리 딸만 낫게 해 주면은 재산을 얼마 나눠준다고 했대. 그래 가지고 총각이 가만히 가서 저번에 오줌 눈 곳에 꽂아 놓은 털을 뽑았대. 뽑고, 자기가 가져온 밥알을 물에 타 가지고 먹이라고 하더래. 그래 가지고 먹이니까 몸이 괜찮아지더래.

그래 고친 거야. 근데 그게 뭐 효과가 있었나봐. 그래 그걸 가만히 뽑아 내 버리고는 밥알을 약이라고 먹이니까 낫자나. 그래 가지고,

"야야, 내가 자네를 참 숯도 굽고 개 코도 없이 이래 산다고 참 저거하게 봤는데, 그렇게 다 다니면서 해도 못 고치는 그 딸을 고쳐주고 말이야. 너무 고맙다."

고 사우를 삼는다고 그러더래. 그래 가지고 부잣집으로 장가를 간 거야. 이 남자가 부잣집에 가서 장가를 가서 잘 살았어. 시골 사람이 대단해. 그래 잘 살다 죽었더래.

84. 부정한 제삿밥과 동티 【S.6-6-13-6】

남자가 과거를 보러 갔었어. 한양에 과거를 보러 갔다가 오다가 날이 저물어서 이제 옛날엔 집이 드문드문 있으니까 그냥 허허벌판에서 자는 것보다 공동묘지에 가서 자는 게 든든할 것 같더래. 무덤에 가서 자는데, 그런데 밤에 하나 서너 시가 됐는지 소리가 나더래.

"오늘 저녁에 제산데, 제삿밥 먹으러 가야지."

그러더래. 공동묘지에 묻혀 있는 사람들이 말을 하더래. 할머니가,

"아유, 가야지 뭐. 가야지."

이 사람은 잠이 어렴풋이 들었는데, 귀신들이 말을 하더래. 그리고는 가만히 들으니까 지팡이 끌고 가더래.

갔다가 와서 그러더래. 갔다 왔다고 얘기를 하는데, 할머니는 안 가고

영감만 갔었는데, 할머니가 뭐 그새 갔다 왔냐고 물으니까,

"가니까 뭐 밥에다가 뭐 부레(머리카락)를 넣어 가지고 부레 넣은 걸 안 먹고 그 집 애를 끓는 물에다가 집어 넣고 왔지."

부애가 나 가지고 할아버지가 그러더래. 그러니까 이 할멈이 깜짝 놀라서 그래도 그렇지 암만 그래도 어린 아이를 끓는 물에다 집어 넣었느냐고 할머니가 뭐라고 그러더래.

"그 놈의 새끼들, 일 년에 한 번씩 주는 밥 한 그릇을 부레(머리카락)를 넣어서 주니까 괘씸하니까 내가 끓는 물에 집어넣고 왔지."

하더래. 할아버지가.

그 소리를 가만히 들으니까 이 사람도 소름이 끼치더래. 공동묘지에서 말하니 무섭기도 하지. 안 무섭겠어?

"그래 그걸 끓는 물에 집어 넣으면 그걸 어떻게 고치나?"

할머니가 걱정을 하니까,

"그 까짓 거 뭐. 내가 고칠려면 고칠 수 있어."

이러더래 영감이. 할멈이,

"그거 어떡해야 고쳐?"

이러니까는 아니 뭐.

"저기 그 방안에 애의 다리 들면 다리 쪽에 먼지 있잖아. 그 먼지를 물에 타 먹이면 대번 낫는데 뭘 그러느냐."

고. 영감이 그러더래.

그래 그 소릴 듣고서 날이 훤하게 새서 이제 가야 되잖아. 이 사람이. 그래 이제 마을로 저벅저벅 내려가다 보니까 막 난리가 났더래. 애가 물에 데 가지고 난리가 났더래. 영감의 소리를 듣고난 참이니,

"그 애가 어떡하다 그렇게 됐습니까?"

"밤에 글쎄요, 끓는 물에 빠져서 애가 이렇게 다리와 다 몸을 데였다고."

이러는 거야. 그러면 내가 좋은 약을 해줄 테니까 먹여 보라고. 영감

말을 듣고 그런거야. 그 집에선 고만 고마워 가지고 그래 가지고 물에다가 타 먹였어. 그리고 먼지를 발라 줬더래. 그랬더니 즉빵 낫더래. 그랬더니,

"고맙다, 고맙다."

이러면서는 그 집에서 돈을 좀 주더라네. 그래서 이 남자가 그래 가지고 또 부자가 되었대.

85. 불효 신랑 핑계로 도망간 며느리 【S.6-6-14-6】

옛날에는 농촌에서 농사를 짓고 그러니까 애기들도 그냥 마당에서 막 흙뭉탱이로 막 키우고 그랬잖아. 뭐 참 잘 해 입히지도 못하고 모두 없이 사니까 그냥 그렇게 키웠잖아. 근데 며느리가 인제 신랑보고 파마를 하러 간다고 돈 좀 달라니까 얼른 주더래. 파마하고 오라고 아버지가 내 이발 좀 하고 온다니까 돈을 안 주더래. 근데 아버지가 그걸 봤거든. 색시가 돈 달라니까 이래 냉큼 주는 걸 봤단 말이야.

"야 나 오늘 이발 좀 하러 가게 돈 좀 다오."

하니까,

"돈이 어디 있어요."

하면서 안 주더래. 그래 괘씸하잖아. 진짜 섭섭하더래. 그래 가지고 이 놈의 새끼 아주 저기 뭐야. 기집만 생각하고 부모는 생각도 안 하고 아주 내가 저 놈의 새끼를 낳아 가지고 공부시켜서 키우느라 얼마나 내가 고생을 했는데 저러나 싶어 가지고 아주 괘씸하잖아.

애가 인제 마당에서 이래 노는데 아주 흙강아지가 돌아다니니까 저기 뭐야 아버지가,

"야야 저 언나가 흙강아지가 돼서 돌아다니는데 좀 씻기고 좀 갈아입히고 그래야지. 언나가 저래 가지고 되냐."

그랬대. 시아버지가. 그니까 저기 뭐야 며느리가 있다가 하는 얘기가,

"놔둬요."

며느리는 뭐 알거든.

"놔둬요. 그까짓 거 뭐 씨 받아 가지고 그런 씨를 내가 받아 가지고 내가 무슨 늦게 뭔 낙을 보겠다고 그걸 내가 거두고 내가 키우느냐고."

괘씸하잖아. 자기 남편이 아버지한테 못 하니까. 그 애도 커 가지고 아버지 모양 인제 엄마한테 또 그런다 이거지. 며느리가 속이 깊잖아. 그러면서는,

"새끼도 필요 없고, 신랑도 필요 없고 다 필요 없다"

고 그러더래. 그 며느리가. 그리고서는 아버지가 그 소릴 들었어. 듣고는, 야 참 며느리가 역시 속이 깊구나. 어떻게 그렇게 제 속으로 난 자식을 안 거두고 저러나 싶어 가지고 시아버지가 고만 감탄을 하더래. 아주 탄복을 하더래. 제 새낀데. 안 그래? 그 씨 받아봐야 또 그 속에서 그 씨 받아봐야 뭐 같은 저거지만은 씨는 똑같으니까 나중에 나한테 그 새끼한테 대우도 받지 못하고 살 텐데 뭐 하러 내가 그 새끼를 거둬서 키우느냐 이거야. 그리고서는 고만 새끼도 필요 없고 신랑도 필요 없고, 고만 보따리를 싸더라잖아. 며느리가 그래 가지고 가더래. 보따리 싸 가지고. 그래 가지고 그 집안이 고만 아주 무너졌다더래. 그러니까 그 애도 그냥 그래 가지고 아버지가 그 애를, 아버지하고 자기 자식하고 그래 혼자서 키우느라고 고생 많이 했지. 그렇기 때문에 사람이 마음을 바로 써야지.

86. 용수골 물귀신 【S.6-6-15-5】

그 저기 총각들이 용수골에 고기를 잡으러 갔는데 여름인데, 셋이서 고기를 잡으러 간 거야. 잡으러 갔는데 팬티만 입구 들어가서 고기를 잡으러 들어가는데 그 동네 할아버지가,

"야야 너들이 여기 빨리 떠나라. 여기 이 곳에 오는 사람들은 다 열이면 열 다 다 물귀신 된다. 가라."

하더래. 할아버지가. 그런데 철부지한 애들이 뭐 귀신이 뭐 귀신이냐고. 고만 그걸 인제 우습게 생각하고 고기를 잡아 가지고 텐트를 치고 그걸

끓여 가지고 매운탕을 끓여 먹고, 소주를 받아 가지고 천막 속에서 먹고 셋이서 화투를 친 거야.

고도리를 치고 한 명이 그릇을 가지고 내가 설거지를 한다고 설거지를 하는데, 그 귀신이 거긴 하여튼 오는 사람마다 그렇게 잡아 넣는데 아주. 물귀신을 천도를 시켜서 보내야 하는데, 안 보내니까 자꾸 잡아 넣고 나가고 대신 잡아 넣고 나간다고 하네. 귀신이 여자더래. 여잔데 물에서 쑥 나오더니, 그 머슴아 손을 꽉 잡고 들어간 거야. 꽉 잡고 들어갔는데 어디로 갔는지 알아. 그래 야들이 고만 쫓아 들어가 가지고는 어디가 찾아. 찾아 댕기다가 죽진 않았어. 고만 못 찾고서는 가만 죽고 야들은 그냥 살아나오고. 그래 가지고 가 셋이서 가서 하나는 빠져 죽고 둘이는 살아서 아 할아버지 말씀이 맞구나. 우리가 진작 말을 듣고 빨리 갔으면 애가 안 죽었을 텐데. 우리가 말을 우스꽝스럽게 듣고는 고집을 피우다가 친구 하나를 죽였구나. 탄복을 하고 울면서는 가더라잖아. 거기는 다시는 아주 아는 사람은 못 간대. 거기가 용수굴이래. 거기는 가면 그냥 죽는대.

87. 태백산 이무기와 물난리, 불난리 【S.6-6-16-9】

차사고고 물귀신이고 차도 왜 이래 가다가 자꾸 사고 나잖아요. 사고 나면 그 자리에서 사고가 나잖아. 난 자리에서. 근데 그 귀신이 거기서 자꾸 앞에 얼찡거린대. 사람 눈에 얼찡 거린대. 귀신이. 그러니까 그거 피할려다가 고만에 사고가 나고 나고 한다대.

그래 가지고 이 지방에 지금 불이 왜 나냐 하면은, 저기 여기 있는 할머니가 사우가 저기 대관령 그게 태백산 줄기잖아. 대관령 거기 국도 만들 때 일을 다녔대. 사우가 일 다니는데, 이 사우가 하루 저녁 꿈을 꾸는데, 하얀 할아버지가 나오더니,

"너는 인제 내일 여기 오지 말아라"

이래더래. 꿈에. 그래서 언뜻 깨니까 꿈이더래. 그래 가지고 그 이튿날 일을 안 갔대. 안 갔는데, 그 이튿날 고만에 그냥 일하러 가는 사람들 태

운 차하고 바우하고 막 그냥 내려 굴러 떨어졌대. 그래 가지고 밑에 있던 구랭이가 허리가 뚝 끊어지더니, 그냥 피가 막 도랑물 내려오듯 하더래. 피가. 구랭이가 그기 용 되어 올라가려고 하던 건데. 그래 가지고 바우도 기풍 같은 게 막 굴러 가지고, 도랑에 막 굴러 떨어져 가지고, 차도 그냥 까맣게 그냥 이렇게 그냥 공중에 아주 폴쑥 그냥 솟아 가지고는 구렁에 빠졌는데, 사람은 안 죽었대. 그냥 차만 다 바로 부서지고.

구랭이가 이제. 그래 가지고 고만에 그 불이 그래서 그래 난다네. 지금. 그 저기 태백산 그 줄기는 명산 쪽이잖아. 그기 그래 가지고 그기 구랭이가 용 되어 올라갈 건데 못 되어 올라가서 그기 서러워 가지고 자꾸 지금 그기 불이 나고 물난리 나고 불이 그래서 난다 그러더라고.

88. 애총과 꾀많은 여우 【S.6-6-17-7】

애들 죽으면 그전에 애들이 죽어 가지고 지금은 뭐 애들이 그렇게 안 죽으니까 모르는데, 옛날에는 애들이 죽으면 애들 갖다 묻는 애총이라고 있다고. 애들을 따로 묻는 데 있어. 그래서 애총에 가면 애 우는 소리가 막 나 비가 꾸룩 꾸룩 하게 오는 날이면. 그래 가지고 갖다 묻었는데 그걸 여우가 자꾸 파잖아. 아카시 나무 뭐 나무 찍어다가 이래 놓고는 돌멩이도 놓고는 간다고. 그런데 하루는 애를 잃은 엄마 아빠가 갔는데 구멍이 이만치 뚫어졌는데 여우가 들어간 거야. 이제 파먹으러 들어간 거야. 그래 가지고 할멈은 이쪽에 앉았고 영감은 이쪽에 앉았고 몽둥이를 들고 여우가 나오면 때려 잡을려고, 둘이 이래 가지고 앉았는데, 이 놈의 여우가 얼마나 약은지 다 파먹고 애 포대기 있잖아. 그걸 뚤뚤 말아 가지고 확 내던진 거야. 여우가 기가 막히게 약아요. 그래 가지고 그걸 확 내던지니까, 그게 여운지 알고 그거 때리러 간 새 고만 여우가 나와 가지고 도망을 뛰어간 거야. 그래 가지고는 이래 보니까 고만 하나도 없는 거야. 다 파먹고 아주 싹 대가리만 남겨놓고 다 파 먹었더래. 발목대기하고 대가리만. 그래 가지고 어머니 아버지가 그걸 보니까 얼마나 기가 막혀. 그 남은 걸 막 또 추려 가지고서는 그걸 거기다 안 묻고 어디 양지쪽에다가 또 따뜻한 데다 갖다 묻는다고 가져갔어. 사람은 손 거실러 묻으면 안 돼. 죽어서나 살아서나 사람도 못 가는 데가 있잖아요. 삼살이라고 그리 가면 망해요. 우리도 옛날에 삼살로 이사 가서 쫄딱 망했잖아. 살아서도 삼살로 가선 안 되고 죽어서도 못 가는 데가 있대. 황천바우가 있대 그래 가지고 묻지도 않고 따뜻하다고 갖다 묻었어. 갖다 묻은 기 거기가 황천바우야. 못 갈 데를 또 간 거야. 또 갖다 묻고는 며칠 있다 가니까 또 그래 구뎅이를 파는 거야. 여우가 와 가지고 또 인제 아주 진짜 나오면 잡을라고 그냥 아주 둘이 이제 그러고 앉았는데, 진짜 또 그걸 먹고서는 또 뭉태기를 해서 내던지더래. 여우가 한 번 속았기 땜에 그걸 고만 나오는 걸 고만 가만 있었대. 때리러 안 가고 가만있다가 인제 내중에 주뎅이를 쑥 내밀더래. 주뎅이를 쑥 내미는 걸 몽뎅일 가지고 고만 냅다 친 거야. 냅다 치니까 고만 주뎅이가 툭 깨져 가지고 내뺐대.

이열상(71, 여) 속초시 조양동 1 통 4반 청대리 2005.5.28
(이열상 제보자께서 들려주신 설화 자료는 89번부터 95번까지이다.)

이열상 할머니께서는 조양동 윗동네에서 아랫동네로 시집을 오신 이래 마을을 떠난 적이 없으신 분이다. 밭을 매러 가시다가 이야기를 들려 주셨다.

89. 청대산 호랑이 【S.6-6-18-7】

호랑이도 옛날에는 나무 땠잖아요. 다 초가집이고 이 나무도 그 때는 나무가 없었다고. 6·25사변 끝나고 나무를 다시 심어 가지고 너무 소중하게 했어도. 그래서 나무를 아무나 함부로 못 찍어왔어요. 그런데 나무가 이렇게 자라면은 이렇게 다듬어 주고 그랬다고. 옛날에는 차도 없고 리어카도 없었잖아. 그래서 온 동네 사람들이 그거를 이제 우리가 밤에 그거를 가지러 가는데 달이 아주 환하게 떴어. 그래서 우리는 이게 우습지 않겠지 하고 올라갔는데 지금은 여기에 아주 집이 많잖아. 그 때는 집이 없었어. 여기만 마을이었고 저기 넘어는 아주 첩첩산중에 무인지골이지 뭐. 가는데 저기 넘어가는 고개가 있어요. 거기를 가는데 뭐인가가 거기에 딱 서 있는거여. 그래 가지고 내가 그 때 우리 아저씨가 앞에 가고 내가 뒤에 따라 가는데 머리가 반짝반짝해. 그래 가지고는 우리가 이제는 못 간다고 그 담에 보니까는 그게 정말로 호랑이야. 그거는 나도 봤는데 아주 얼룩덜룩하고 거기 낭떠러지에서 후딱 넘어오는 거야. 아주 그 때 혼난 생각만 하면 집에서 아주 나가지는 못한다고 그런데 어떻게 하지는 않더라고.

90. 흔들바위 【S.6-6-19-8】

거기 가면은 울산바위도 있고 흔들바위, 바위가 이렇게 넓은 마당 같은 바위가 있잖아 그런데 바위가 우리 아름으로 몇 아름 되는 바위가 그 위에 떡 하니 있는데 큰 게 거기에 있는데 그걸 사람이 가서 흔들면은 열이 흔드나 혼자 흔드나 흔들리는 거는 마찮가지야.

91. 울산바위 7 【S.6-6-20-2】

거기에 가면은 바위 밑에다가 절을 지어 놓고 거기 위로 올라 가면은 울산바위 꼭대기에 올라가지, 달배봉이라는 데가 있잖아. 달배봉이라는 산이 있잖아. 지금 여기서 보면 저기 봉우리가 보여. 말이 그래. 그 울산바위가 저 달배봉을 달고서는 금강산의 바위가 되려고 금강산으로 가다가 저 울산바위가 눌러 앉아 가지고 그래 가지고 울산바위라고 그러던데. 달배봉을 달고 금강산으로, 금강산이 되려고 가다가 눌러 앉았다가 울산바위가 됐다잖아.

92. 집지킴이 2 【S.6-6-21-2】

집지킴이 그게 아주 보통 구렁이가 아니지. 저 윗동네 척산이라는 곳에서 척산온천 아랫동네. 그 척산온천으로 고개를 하나 넘어가는데 옛날에는 담이 있었잖아, 돌담. 그랬는데 그거를 집지킴이라고 그래. 옛날에 집지킴이라고 그랬는데. 길이가 저 집에서 이 집까지 둘러쌌는데 담이에요, 담. 담하고 똑같애, 구렁이가. 검은색하고 하얀색하고 늘어지구 하는 그런 거. 구렁이한테 해꼬지하면 안 되지. 구렁이한테 해꼬지 한 적 없어. 그냥 놔두면은 어느새 사라져.

93. 서낭당과 마을 재앙 【S.6-6-22-9】

우리 동네에 옛날에, 그런데 이제 어느 순간에 자꾸만 재앙이나 사고로 사람들이 가고 그러니깐 어떤 그 하는 사람들 점을 치는 사람들이 서낭이 없어서 그렇다 이래가지구선. 서낭을 한동안 또 모셨어. 돈을 버려 가지고. 그랬다가 그거도 잘 못했어. 성의껏 하는 사람들이 있어야지. 그게 잘 안되더라고. 그 재앙이 많으니깐 그렇게 했는데 그걸 끝까지 했어야 재앙이 없는데 그걸 하다가 말았으니 그 다음에 재앙은 막을 수가 없었지. 우리 동네 노인들은 그렇게 말하는데 한동안 젊은 사람들이 그렇게 사고로 많이 가더라고. 그런데 요즘은 잠잠해졌어.

94. 청대산 신목과 동티 1 【S.6-6-23-7】

청대산에 솔이 두 대가 있었는데 그 솔을 한 대를 어떤 사람이 그 솔을 베어 갔잖아. 그런데 그 집에 그 베어간 사람이 금방 사고가 났어. 그 때 소문이 났었어. 청대산 맨 높은 봉 있잖아. 거기에 이런 아름드리 솔이 큰 게 두 대가 있었거든. 그건 어디서든 다 봐. 그런데 그 사람이 그 솔을 베어 가지고 그만 그 사람이 아주 금방 눈 깜짝할 사이에 사고를 당했더라고. 그 서낭 이름은 안 짓고 청대산에 소나무, 어디서나 다 보이던 소나무였어. 저런 곳까지 청대산의 소나무가 어지간한 곳에서는 다 보이는데 엄청나게 소나무를 위했단 말이야. 제사는 안 지내도 그 소나무는 건드리면 안 됐다고 생각했지, 이 동네 사람들은.

95. 여우 낳은 아주머니 【S.6-6-24-7】

옛날에 어떤 집이 아들만 낳았는데 딸을 하나 낳고 싶어 가지고 여우같은 딸 하나만 낳게 해달라고 빌었대. 계속 그 어머니 아버지가 아들만 많으니깐 여우같은 딸 하나만 낳게 해달라고 하두 정성스럽게 빌고 그러니깐 아이가 생겨 가지고 딸을 낳았대. 아 그런데 그 딸이 이제 컸는데 그런데 옛날에는 또 소를 이렇게 많이 키우고 이러잖아. 그래 가지고는 하룻밤 지나고 나면은 큰 소가 하나 죽고, 또 하룻밤을 자고 나면 큰 소가 한 마리 죽어 있고 이러더래.

그래 이제 딸이 커서 그렇게 됐는데 이 아버지 어머니가 이게 참 이상하다 하룻밤에 한 마리씩 이렇게 소가 죽으니 이게 무슨 조화인지 거기를 지켰대. 그러니깐 한 밤중이 넘으니까는 딸이 둔갑을 해 가지고 하얀 백여우가 되더라. 그래 백여우가 되어 가지고 소 간을 그렇게 빼어 먹더래잖아. 그러니 그 소가 간을 빼어먹으니깐 벌떡벌떡 죽고 이러잖아.

그래 가지고는 이 딸을 어떻게 하나 이제 오빠들이 이 동생을 어떻게 없애려고 그러지. 여우같은 딸을 낳을라고 그랬는데 정말 여우를 나아 가지고 그 백여우로 둔갑을 해 가지고 소 간을 빼먹고 그러니 이 오빠들이 동생을 죽이기 위해서, 아주 무슨 말을 타고 어디로 쫓겨 가나봐. 그런데 이게 여우로 둔갑을 해 가지고 오빠들 뒤를 아주 바싹 쫓아오니까는 하얀 산신 할아버지가 나타나더니 빨간 병 파란 병 하얀 병, 이렇게 병 세 개를 줬거든. 그런데 이게 영 급하거든. 그래서 병을 던지고 어디 가서 또 병을 던지고 이렇게 갔었나봐. 그런데 빨간 병을 던지면 그게 불이 붙어서 그 여우한테 불이 붙더래. 그런데 그 여우가 아주 독하게 불을 끄고 나서 또 쫓아오고 도망 가면 또 쫓아오고 그러더래. 그래 가지고 그 오빠들이 목숨을 건졌대. 어떤 병을 던지면 바닷물이 되고 그 여우가 못 건너오고 그러니 산신이 도와 가지고 그랬다는 옛날 이야기가 있었어.

김훈옥(71, 여) 속초시 조양동 1 통 4반 2005.5.27
(김훈옥 제보자께서 들려주신 설화 자료는 96번이다.)

96. 에밀레종 【S.6-6-25-5】

절에 한 스님이 이제 시주를 왔어. 그런데 이제 시주를 달라고 했더니 이 주인 아주머니가

"아이구! 우리는 줄 게 없는데……. 우리 손녀딸이나 줄까?"

이렇게 말을 했어. 그 시주한테 그랬는데 그 주인이 돌아가서 그 아이를 데리고 갔대. 데리고 와 가지고는 그 아이를 어떻게 불에 태워서 종을 만들었대 에밀레종이래. 그래서 그 종이 소리가 '에밀에밀에밀' 한대잖아. 애미가 내버렸다고 에밀, 에밀, 에밀, 그랬다고. 그 끝에 소리가 아주 아련하게 들리잖아.

장진원(61, 남) 속초시 조양동 1 통 4반 2005.5.27
(장진원 제보자께서 들려주신 설화 자료는 97번이다.)

97. 청대산 신목과 동티 2 【S.6-6-26-7】

청대산에 나무가 원래 3대가 있어. 나무가 이렇게 큰 아름드리 나무가 3대가. 4대가 있습니다. 그런데 그걸 뱃사람들이 짤라 가지고 배를 만들려고 짤랐다가 죽었느니 어쨌느니 그러는데 바람이 불어서 쓰러져 가지고 아직까지 거기에 고목이 있다고 그 자리에 가면. 속가지가 쓰러져 가지고 거기에 있다고. 저기 번쩍번쩍 하얗게 보이는 게 그게 청대산이라고. 그 소나무가 크게 거기에 있었다고.

신동형(71, 남) 속초시 조양동 청대리 2005.5.27
(신동현 제보자께서 들려주신 설화 자료는 98번부터 116번까지이다.)

신동형 할아버지께서는 조양동 토박이시다. 장진원 할아버지의 소개로 뵙게 되어 지역 관련 여러 이야기를 채록할 수 있었다.

98. 두루봉 【S.6-6-27-8】

이쪽 봉은 두루봉. 요거는 우리가 클 때 어른들 말씀이 저거는 청두산. 이거는 두루봉. 두루봉이라는 건 그 두루에 있다고 저기가 높으니깐 청두산이 높으니깐 그렇게 부른 것 같고. 저기 두루에 있다고 그러니깐 두루봉이라고 하고. 그런데 요즘은 저거를 매봉산이라고 부르더라고 군대에 무슨 지도에 매봉산이라고 그러는데, 그거는 이 동네 사람들한테 물어보지도 않고 제멋대로 한 거야. 여기는 청두산이고. 백두산 뭐 이런 거 두 자가 들어가잖아. 저거는 청두산이고 여기는 두루에 있다고 두루봉. 이제 우리말로, 그러게 두루봉인데 군대에 지도상으로 보니깐 매봉산이라고 하더라고.

99. 범바위 유래 4 【S.6-6-28-8】

여기 가면 저쪽은 큰골, 저쪽은 작은골 그랬는데 지금 거기 가면 바위 밑에 옛날에 호랑이가 거기에 새끼를 친 거야. 지금도 거기 부엉이가 살고 있어 부엉이. 그 호랑이 새끼가 여기 밑에 우리 마을은 아니고 밑에 마을 논산. 논산 마을 사람들이 소를 먹이러 가다가 고양이 새끼 같아서 그걸 집에다 갔다 놨더니 그 호랑이 새끼가 처음에는 고양이 새끼 같거든. 갔다 놨더니 밤에 와서 도로 가져 간 거야. 그래서 범바위라고 저기 안에 들어 가면은 있어요. 호랑이 새끼를 가져 갔다고 그래서 범바위야. 바위가 크기는 크지는 않지만은 그게 범바위라고. 여기에 우리가 지금 작은골 큰골이라고 그러는데 이쪽이 크니깐 이쪽을 큰골이라 그러고 저쪽을 작은골이라고 그러는데. 저기가 청두산. 그 다음에 여기 우리 동네가 청대리. 요건 집 대(垈)자를 써 가지고. 푸를 청(靑)자. 청대리. 그 다음에 이쪽으로 내려가면 청초호. 저 호수가 청초호였단 말이야. 그렇게 내려가는 거야. 이쪽은 골짜기로 들어가다 보면은 이쪽에 작은골이 있고 이쪽에 큰골이 있어. 이 동네 사람들은 그렇게 관심이 있다고요.

100. 덤바우골과 할미골 【S.6-6-29-8】

이쪽은 덤바우골. 저쪽 넘어는 할미골. 덤바우는 바위가 많으니깐 덤바우골이라고 했다고. 골짜기 넘어 골짜기는 할미골. 그런데 옛날에 할머니가 거기 뭐 나무를 하다가 어떻게 됐대. 할머니가 무슨 호랑이한테 어떻게 되었대. 그래서. 할미골. 할머니골.

101. 산적들이 사람 죽인 싸리재 【S.6-6-30-8】

그 다음에 저쪽 골짜기는 싸리재라고 그러는데, 옛날에 산적들이 이제 사람이 거기가 외딴 곳이니깐 넘어가면은 거기에서 돈을 뺏고 사람을 죽였다고 해서 살인재인데, 요즘은 그게 변해 가지고 싸리재가 됐어. 그게 저승 넘어가는 길이란 말이야. 지금은 길이 없지만은 옛날에는 여기로 넘어왔거든. 그래서 살인재야. 옛날에는 저승 넘어가려면 거리로 갔다고. 거기로 안 넘어가면 길이 없거든.

102. 울산바위 8 【S.6-6-31-8】

울산바위는 우리가 알기로는 그게 전설이겠죠? 강원도 금강산 일만이천봉이 생길 때에 이제 경상북도 울산에 있었대. 그 바위가. 나도 바위가 삐죽삐죽 하니깐 봉우리가 있으니깐 나도 금강산에 가서 합세 해야겠다. 올라 오다가 여기서 딱 들으니깐 소식을 들으니깐, 벌써 일만이천봉이 다 생겼다. 그래서 거기 앉아 버린 게 울산바위지.

103. 울산바위와 닮은 달마봉 【S.6-6-32-8】

울산바위 옆에 삐죽한 거 두 개가 또 있잖아요? 그 이름이 달마봉인데, 왜 달매봉이냐? 울산바위를 비슷하게 닮았다고 해서 달마봉. 그 바위는 울산바위가 오기 전에 거기 먼저 생겨 있었고. 울산바위가 거기에 오면서 닮았다고 달마봉.

104. 울산바위 9 【S.6-6-33-5】

그런데 옛날에 이조 때 울산 군수가 자기네 군에서 울산바위가 왔다고 세금을 받았대. 울산에서 왔다. 왜? 강원도 일만이천봉을 만드는데 거기 봉우리로 이제 우리 한반도에서 다 모여드는데 울산에서도 이게 오다가 여기 와서 소식을 들으니깐 일만이천봉이 다 생겼다 그러니깐 여기 속초에 오다가 앉았다. 그래 가지고 저 울산 군수가 와 가지고 세금을 받아 갔다고 해. 그런데, 그 다음에는 양양 군수가 울산바위를 그냥 도로 가져가라. 우리는 그 산이 필요 없다고 군수한테 말했대. 그 양양 군수가 우리는 이거 필요 없으니깐 도로 가져가라 그러니깐 그 다음부터는 안 줘도 된다 그랬다 이거야.

105. 권금성 유래 3 【S.6-6-34-8】

권금성은 그게 왜 권금성이냐. 권자 성을 가진 사람과 금자 성을 갖은 두 성받이가 싸운 곳이야. 권가와 금가 두 성씨가 성을 쌓고서 설악산의 절의 먹을 것을 훔치고, 백성들의 먹을 것을 훔쳐 가지고 살았대. 권 자 금 자 그 두 성받이가. 그 두 도둑놈들이 싸웠다고.

106. 설악산 【S.6-6-35-8】

설악산은 눈이 많이 오니깐 눈 설(雪)자에다가 모질 악(惡)자 그렇게 써 가지고 설악산이지.[23] 산이 악하니깐. 맨 바위고 그래 눈 설자에다가 눈도 많이 오고. 모질 악자. 그 바위가 사람이 접근을 잘 못하니깐 설악산이야.

---

23) 큰산 악(嶽)자를 쓰는 설악산의 악자를 모질 악(惡)으로 잘못 알고 있음.

107. 속초의 유래 2 【S.6-6-36-8】

속초는 옛날에 속초가 아니고 속진이었어. 나루 진(津)자. 쭉 내려오면 지금 내려오면 거진 아야진 구진 가다 보면 저기 우리 경상도에 우리나라. 우리 강원도가 울진까지 내려가잖아요. 그런데 지금은 거기다가 떼어줬지. 경상북도에다가요. 거기가 진자로 쭉 내려가는데 그게 나루 진자야. 배를 댈 수 있는 나루다. 그래 옛날에 속초도 속진이었는데 그 다음에 여기에 속초는 크니깐 묶을 속(束)자를 써 가지고. 이걸 진으로 해서는 안 되겠다. 배 대는 곳만은 아니다. 우리는 여기에 풀이 많으니깐 풀 초(草)자를 써 가지고. 그러니깐 묶을 속자. 풀 초자. 여기는 풀을 묶을 수가 있다. 그래 가지고 속초라고 그러지. 옛날에는 속진이라고 그랬는데 그 후에 이조 때 여기는 속초가 됐고. 지금도 쭉 내려가면 진이잖아. 전부가. 그거는 나루 진(津)자. 배를 댈 수 있는 곳이야.

108. 학사평 【S.6-6-37-8】

여기 학사평이라고 여기 콘도 있는데 있잖아요. 그게 왜 학사평이냐. 저기에 그 옛날에 저기 명당이 달마봉 거기 밑에 어디에 있었는데 어느 풍수가 여기다가 이거 여기다가 묻으면. 누구 조상인지 모르겠어요. 그런데 여기다 묻으면 이거 안 된다. 그래서 이거 파 내어야 한다. 그래 가지고 이 무덤을 파내니깐 학이 날아가서 무덤에서 학이 날아가서 지금 콘도에 있는데 거기가 앉았다고 해서 학사평. 이 여기다가 먼저 묻어 놓은 사람들은 다 망해버렸고. 풍수의 농간으로 그렇게 됐대.

109. 목우재 【S.6-6-38-8】

목우재는 그 목우다리라는 게 있어. 그 목우다리라는 게 그 나무에 사람이 이렇게 올라갈 수가 있다고. 그런데 설악산 이쪽에서 석촌 쪽으로 질러 가려면 거기 그 나무가 많은데 그래서 거기가 이렇게 목같이 잘록했다고. 그래서 거기를 목우재라고 그랬다고. 나무 다리를 놓을 필요도 없고 그냥 가는 곳인데. 목우다리라는 게 나무에 이렇게 옛날에 붙어 있는 게 있었다고.

110. 미시령 잘바우 【S.6-6-39-8】

그거는 미시령. 거기 저 옛날에 자동차가 다니기 전에 거기 사람이 등짐으로 이렇게 짊어지고 가잖아. 영서하고 영동하고 이렇게 통하니깐. 영동에서는 거기 물건을 짊어지고 가 가지고 영서에서 팔아 가지고 바꿔 가지고 오고. 거기에 잘바우라는 게 있어. 사람이 이렇게 가다가 거기서 이렇게 되어 가지고 잘 수가 있다고 해서 잘바우였어.

111. 오색약수터 【S.6-6-40-8】

오색약수터는 한 나무에서 다섯 가지 꽃이 피었단 말이야. 그래서 오색. 색깔이 다 다르니깐. 빨간 것도 있고 노란 것도 있고 하얀 것도 있고 그렇게 다섯 가지 꽃이 피어서 오색약수라고.

112. 영랑호 유래 2 【S.6-6-41-8】

신라 때 영랑이라는 사람이 있었잖아. 화랑이 그 영랑이라는 사람이 훈련, 그 훈련장이었어. 그래 가지고 여기가 훈련 장소였어. 그래서 그 영랑호라 불렀다고. 영랑호가 생긴 것은 자연적으로 생겼겠지만 그 영랑호라는 이름을 왜 가졌느냐. 신라 영랑이라는 그 요즘 말하는 군대의 장군이지. 장군이 거기에서 훈련을 군사 훈련을 시켜서 그랬다고. 우리도 수영도 하고 별거 다해야 하니깐 그러니깐 적을 물리치려면 별걸 다 해야 하잖아. 우리도 군대 가봐서 알겠지만 별걸 다하잖아. 그래서 그게 영랑호라고.

113. 대포항 【S.6-6-42-8】

대포는 왜 대포냐? 또 달호라고 이제 왜놈들은 대포 가지고 달호라고 했거든. 그런데 대포 그게 좁잖아. 또 바다가 깊어서 큰 배가 들어올 수가 있어. 그래서 거기가 대포야. 거기는 바다가 대포 앞에 깊으니깐 옛날에 큰 배가 들어 올 수 있으니깐 대포.

114. 단양 장씨네 명당 【S.6-6-43-9】

저기 장씨들이, 처음에 거기다가 묘를 쓰고 여기에 장씨가 제일 처음으로 온 거야. 거기가 단양 장씨야. 단양 댁 그 양반들이 왔는데. 그리고 이제 그 단양 장씨가 이 동네 주인이야. 그리고 그 옛날에는 뭐 그거 있잖아. 집성촌. 그게 집성촌이었는데 지금은 세월이 가다보니깐 다른 사람이 와서 사는 거야. 나는 장가는 아니고 나는 신가인데. 그런데 여기 각성이 다 모여 있는데 이 양반들이 이 무덤을 묻어 놓고 이 동네가 생긴 거야. 청대리라는 동네가. 그런데 그 양반들이 이것을 만들은 동네야. 그건 역사는 그렇고. 지금도 그 곳에 가 보면 묘가 이상하게 생겼어. 그게 명당일 수밖에 없고. 그런데 이 동네가 장씨 집성촌이었는데 지금은 집성촌이 별루 없어요.

115. 청초호 【S.6-6-44-6】

옛날에 우리 삼촌이 겪은 이야기인데. 삼촌이 술을 이만큼 먹고. 그전에는 속초가 시내가 아니야. 조그만 어촌인데 거기서 그 오다가 도깨비불을 봤대. 우리가 이전에 우리가 클 때 저기 저 개울로 불이 이런 게 돌아다녔다고 그게 무엇인고 하니 도깨비 불이야. 도깨비불 못 봤지? 그게 하나가 이만큼 됐다가 확 퍼져. 또 뭉쳐. 그게 도깨비불인데 우리 눈으로 봤어.

그 한 사람이 우리 사촌이 갔다가 오다가 도깨비한테 이제 홀렸는데 그러니깐 방망이로 이제 들고 때렸는데 청초호로 끌고 올라가려는 거를 안 끌려 갈려고 전봇대를 붙들고 했는데 그런데 집에 와서 보니깐 그 이튿날 아침에 와서 보니깐 몸이 아주 녹초가 됐는데, 맞은 자리가 멍이 났어. 저기 청초호 있잖아. 거기 부근에서 그래. 거기서 당한 사람도 있고. 그런데 요즘 사람들한테 그런 이야기를 하면 무슨 말 같지도 않다는 말이라고 그래. 우리는 봤는데 그걸.

116. 새끼줄로 만든 터널 【S.6-6-45-2】

여기는 눈이 많이 오잖아요. 그러면 이쪽 집하고 저쪽 집하고 눈이 이렇게 많이 오기 시작하면 새끼를 이렇게 끼워 놓는데. 왜 눈이 너무 많이 와서 눈을 치워 놓을데가 없으니깐. 저쪽 집하고 이쪽 집하고 이렇게 밤새도록 새끼를 돌려 가지고 구멍을. 그래 가지고 샘물로 통한다. 그러니깐 우물. 지금은 집집마다 상수도가 다 있지만은 옛날에는 우물이 있잖아요. 그 우물도 갈려면은 눈이 너무 많이 와서 쳐낼 곳이 없잖아. 그러니깐 새끼줄로 저쪽 집하고 가운데에 우물이 있으면 새끼줄을 돌려 가지고 밤새도록 돌리니깐 터널이 생기잖아. 그러면 거기로 다니고 그랬다고.

장용하(60, 남) 속초시 조양동 청대리 2005.5.27
(장용하 제보자께서 들려주신 설화 자료는 117번이다.)

117. 단양 장씨 청초 선생과 청초호 【S.6-6-46-8】

우리는 단양에서 우리 조상이 원정리에 처음으로 와서 이 밑에 원정리가 있다고. 원정리에 와서 거기서 이제 일루 우리 할아버지가 와서 여기서 조상이 이제 터를 잡았는데. 우리 장씨들이 여기에서 박혀 살았었고 청호라는 게, 내가 말 해 줄게. 청호라는 데가 우리 몇 대 조 할아버지가 청호래요. 그래서 뗏목 타고 여기서 청초 호수를 다녔다는 그 이야기는 들었어요. 옛날에 어릴 적에. 그래서 청호라고 옛날 양반들이 그랬다는

데 그건 몰라요. 그러니깐 청초호라는 것은 우리 옛날 할아버지가 청호 선생이라고 있어요. 그래서 청초호라고 옛날에 뗏목 타고 다녔다고 그러는데 그런 역사는 잘 모르죠. 나는 그냥 이야기만 들은 거지.

중앙동

중앙동은 1963년에 속초시로 승격된 후 속초시의 중심부에 위치하고 있으므로 중앙동이라 부르게 되었다. 중앙동의 관광지로는 중앙횟집단지와 속초중앙시장, 함경도 아바이마을로 사람과 짐을 운반하는 갯배가 있다.

장헌영(76, 남) 속초시 중앙동 1통 2반 2003.1.25
(장헌영 제보자께서 들려주신 설화 자료는 118번부터 121번까지이다.)

장헌영 할아버지께서는 중앙동 노인회장을 맡고 계시고, 2남 2녀를 두셨다. 고성군 토성면 출생으로 일제 강점기 때 평강농고를 졸업하셨다고 한다.

118. 강아지에 빗자루를 맨 신동 【S.6-7-1-6】

아이란 말이야. 어린 아이. 일곱 살 먹은 어린 아이가 신동이여 신동. 아이 이름이 신동인데 예전에 한 촌에 어머니하고 아버지가 돌아가시고 일곱 살 먹은 머슴애 아들하고 같이 살고 있었단 말이야. 아이가 얼마나 영리한지 지금 말하면 아이큐가 150이 넘었던 것 같애. 그러니 그 신동 아이가 있었는데, 그 어머니가 그 혼자서 촌에 가면 혼자 방아 찧는 쌍다이 방아가 있는데, 아버지 없이 궁하게 사니까 봄에 볍씨를 가져다가 혼자 방아를 딸깔 딸깍 찧는단 말이야. 찧고.

방아를 찧다보니까 쌀이 튀어나올 거 아니야. 나오니까 그걸 주워 넣어야 하는데,

"아가야, 아가야."

불렀단 말이야. 저 아이 이름을 부르면서,

"저 방에 있는 빗자루를 가져오너라."

왜냐 그걸 씰어 넣어야 하니까. 아이가,

"그럼 나를 부르지 말고 강아지를 부르시오"

하는 거야. 그러니까 강아지에다가 이 빗자루를 붙들어 맸어. 이 아이가.

그러니까 강아지를 부르면 빗자루는 자동적으로 따라갈 것 아니야. 붙들어 맸으니까 그마만큼 어린아이가 영리했다 이 말이란 말이야.

119. 살인범을 잡은 지혜로운 어사 【S.6-7-2-6】

옛날에 어사가 있었어. 그 어사가 민정시찰을 위해서 임금의 지시를 받아 가지고 저 남쪽에 경상도 어느 땅에 들어섰는데 느티나무가 있는데 그 느티나무 아래에서 두 사람이 장기를 두는데 한 사람이 곁에 앉아서 훈수를 두더라 이거야. 이 암행어사는 거러지처럼 하고 옆에 앉아서 구경을 하고 있는데 한 처녀가 물동이를 이고 그 앞을 지나간다 이거야. 그러니까 장기판에서 훈수 두던 총각 놈이 그 처녀를 보고 저,

"아무 집 딸이지?"

하니까 장기를 두던 놈이,

"맞아. 맞아."

그러다가 어사가 그 날 저녁에 날이 저물어서 자게 됐단 말이야. 그 처녀 집에 가서,

"나는 지나가던 행객인데 좀 자고 갑시다."

그럼 뭐 이렇게 보니깐 남루하긴 남루한데 보통 사람 같진 않고 그래서 믿고 자고 가라고 사랑방에 모셨단 말이야.

근데 밤에 안에서 비명 소리가 나. 그 안방에서 비명소리가 나서 가 보니까 이 처녀가 칼 맞아 죽었어. 그러니까 이 암행어사가 할 도리가 없으니까,

"아 이거 큰일 났다."

하고 있는데 그 부모가 들어왔다 이 말이야. 들어와 보니까 자고 간다고 사랑방에 들인 놈이 남의 딸을 죽였단 말이야. 꼼짝없잖아. 범인은 내 빼고 없고, 거기가 현장 목격을 해 가지고 이게 왜 죽었나 하고 시체를 살펴보고 하는 도중에 들어왔으니까 살인죄에 걸렸어.

암행어사가 관에 고발을 당해 관에 떡 끌려갔단 말이야. 이게 꼼짝 못

하게 걸렸단 말이야. 그래서 관에 유치장에 들어가 있는데 그렇다고 내가 암행어사라고 말이야. 내 놔도 무방한데 그걸 숨기고 말이지. 어쨌든 꼼짝없이 당했으니까. 그래서 그 관의 사또가 가만히 보니까 이 사람이 보통 사람이 아니야. 그래서 이 놈을 불러 올렸어. 불러 올려서 그 사유를 딱 물어보니까 그 사유를 이야기하니까 이제 다시,

"거 나가 잡아라."

이 얘기야.

"너가 사실이 아니면은 가 잡아 보아라."

다시 어명을 받고 어명이란 임금의 명령이지. 어명을 다시 받고 현장에 떡 내려가 가지고 그 느티나무 밑에서 장기 두던 놈이여. 그래 그 놈이 왼쪽 귀밑에 혹 달린 놈이야. 혹이 달렸단 말이야. 그 사람의 인적사항이. 그래서 나졸들을 데리고 나가서 왼쪽 귀밑에 혹 달린 놈을 찾아라 이 말이야. 찾았어. 어느 귀탱이에 가서.

그 놈이 살인을 하고 왜냐니까 지금으로 말하면 성폭행이란 말이야. 일종의 강간이지. 그 처녀를 강간을 했어. 강간을 하고 여자가 반항을 하니까 여자를 죽여버렸단 말이야. 그래서 왼쪽 귀밑에 혹 달린 놈을 붙들어 가지고 조사를 관가에 끌고 가 조사를 하니까, 이실직고를 했어. 내가 그랬노라고 말이지. 그런 암행어사도 하나 있었고.

그 사람이 왜 의심을 샀는고 하니까 유심히 그 여자가 물동이 이고 가는 걸 봤단 말이야. 유심히 보고,

"저게 아무개집 딸이지?"

그러니까 무엇인가 외형상 모습을 보고 호기심이 난 타인이다 이말이야, 그 암행어사가 볼 때. 저 놈이.

그러고 끝나고 왔다 갔다 하다가 자게 되었는데 그 처녀 집이 사랑방에 가 자게 됐단 말이야. 그 누명을 썼어. 그 암행어사가. 그런 게 있단 말이야.

120. 성삼문과 사희 【S.6-7-3-5】

네 가지, 사람으로선 옛날부터 통속적으로 내려오는 이야기인 사희.[24] 네 가지가 즐거운데 뭐이가 제일 즐거우냐. 근데 이게 저 신숙주가 아니고 명나라 사신으로서 중국 간 성삼문이의 일화일 게요.

그러니까 중국으로 사신으로 갔는데 중국의 황제가 말이여. 제를 내어 중국의 선비하고 글쓰기 시합을 시키는 거야. 제[25]를 뭐라고 내었는가 하면 인간 사희라. 사희라 이거여. 그 시험 보는 제가 사희거든.

중국에 있는 선비가 딱 쓰는 데 "대한의 봉감우"야. 대한의 봉감우. 큰 대(大)자, 가물 한(旱)자. 크게 가물었단 말이야, 대한의 봉감우. 만날 봉(逢)자, 달 감(甘)자, 비 우(雨)자. 크게 가물었는데 비를 만나는 것이 반갑다 이 말이야. 그러니까 그게 첫째고. 둘째는 "타향의 봉고우." 타향에서 고향의 친구를 만나는 것이 반갑다. 그 다음에 "화촉무월야," 화촉. 처음에 화촉이란 거는 결혼하는 거거든. 화촉을 밝히는 데는 달이 있는 것보단 없는 게 더 좋다. 껌껌한 게. 화촉무월야.

또 그 다음엔 "등과개명시." 과거를 오를 등(登)자야. 과거할 과(科)자 또 열 개(開)자. 이름 명(名)자. 때 시(時)자. 등과개명시. 이게 무슨 뜻인가 하면은 등과를 하면은 이름을 안 바꾸는 것이 좋다 이 말이야. 바꾸는 것은 이 등과시니까. 바꾸지 않는 것이 좋다. 이 네 가지가 즐겁다. 그러니까 중국의 선비가 네 가지를 그렇게 썼다 이 말이야.

성삼문이가 가만히 보니까 그거 좋거든. 그 꼭대기에다가 두 자씩만 붙였어, 두 자씩만. 똑같은 글인데. 뭐라 붙였나 하면 "대한의 봉감우" 인데 "칠년대한의 봉감우." 칠년이 가물었는데 비를 만나는 것이 반갑다 이 말이야. 또 "타향의 봉고우"는 천리를 붙였어. 천리를. "천리타향의 봉고우". 천리 타향에서 옛날 친구를 만나는 것이 반갑다. 또 "화촉무월야"

---

24) 사희 : 四喜

25) 제 : 題

는 “동방화촉무월야.” 동방을 붙였어. 동방화촉무월야. 동쪽 동(東)자여 해 뜨는 곳. 달 뜨는 곳이 동쪽이 아니여. 동방화촉무월야. 동방에서 결혼식을 하는데 달이 있는 것보다 없는 것이 좋다는 이 말이여. “등과개명시”는 “초년등과개명시.” 초년이란 어릴 적이란 얘기거든. 젊어서 과거를 했을 때는 이름을 바꾸는 것보다 이름을 안 바꾸는 것이 좋다 이 말이야. 그러니까 이 중국의 황제가 이 성삼문이 이겼어. 중국의 선비가 가만히 보니까,

“저 놈의 새끼 내가 졌는데 억울하단 말이야.”

자기 글을 도용을 했거든. 도용을 했는데 대가리에 두 자씩만 붙여 가지고 그 글이 더 낫다 이 말이야. 성삼문이 글이 더 낫다 이 말이거든.

그 다음에는 중국의 황제가 커다란 누, 다락, 누각을 만들었어 그 다음 간판을 떡 써 붙이는데 이 이름이 뭐냐. 비비루야. 날 비(飛)자. 날 비(飛)자, 똑같은 글자 비. 다락 누(樓)자 비비루란 말이야. 비비루라 지어 간판을 써 놓는데 중국 놈이 또 써. 중국 놈이 또 쓰는데 가만히 보니까 날 비(飛)자를 쓰고 점을 뚝뚝 찍고는 다락 누 자를 쓴다 말이야. 이 비비루. 똑같은 비비루를 쓰는데 성삼문이는 날 비(飛)자 둘을 썼단 말이야.

그러게 보니까 같은 날 비 자 둘을 쓰는 게 좋느냐. 그러면 중국 사람이 하나 쓰고 똑같은 거니까. 이렇게 하고 누 자 쓰는 게 좋으냐. 황제가 이렇게 보니까 같은 비비루지만은 날 비(飛)자 두 개를 써야 비비루지 가운데 이게 없으면 안 된다 말이야. 그래 또 이겼어. 성삼문이가. 그래서 그 상을 받고 그 네가 말이지 정말 한국의 유명한 한학 학자로구나 말이지. 성삼문이가 외교사절로 가 가지고 그 글 때문에 모든 성사를 명나라로부터 얻어 가지고 왔다 그랬단 말이야.

121. 남편을 급제 시킨 효부 【S.6-7-4-1】

한 선비가 과거를 보러 갔는데, 세 번을 떨어져서 이번 가면 아주 안한다고 말이야 이제 그 과거 보러 가는데 도중에 어느 주막에서 가게 돼 가

지고 그 집 주막집 여자하고 어찌 인연을 맺게 되었어.

그래 그 집에서 먹고 자고 공부하러 가는 도중에 그 여자가 선비집의 딸이란 말이야. 그래 그 여자가 글을 가르치는 거야. 과거에 세 번이나 실패했다니까 제가 첫 번째는 뭐고 두 번째는 뭐이야 제 통합를 해 가지고 종합해서 이번에는 뭐가 나올 것이다. 그것을 대비를 해 가지고 여자가 글을 가르치는 거야. 그래 가지고 가 가지고 과거에 급제를 했어. 급제를 했는데 저이 집에 갈 여유도 없고 그 시간적으로 저이 어머니는 상당히 늙었고 말이야. 안 갔으니까 그냥 내려와 갖고 거기서 호의호식하고 그냥 거기 있는 거야.

그 어머니는 이 자식이 과거를 보러가서 살았는지 죽었는지 말이야. 소식이 없어. 그래 메밀떡을, 메밀, 메밀떡 부침을 해서 아들 만나면 준다고 말이지. 그래 아들을 찾아 나섰어. 가는 도중에 그 주막집에서 역시 자게 되었단 말이야. 그 집에서 떡 자게 되었는데, 자면서 인적사항 과거를 보러 가게 되어서 이름은 뭐이고. 그 저 주막집에서 방법이 달라졌지. 바깥에선 거치를 하지만 양반 집이니깐 그 안방에서 그 처가 가만히 들으니까 저이 시어머니거든. 아하. 그래 자기 남편한테 얘기를 했어.

"여보, 당신한테 어머니가 찾아왔는데 어떻게 했음 좋겠느냐. 만나야 되지 않겠느냐."

"아, 만나야지."

그래 가지고 오랜만에 어머니를 만났으니 얼마나 반갑겠어. 절을 하고 그랬는데 어머니가 널 줄라고 말이지 이 떡을 해 가지고 왔단 말이야. 이 보따리에서 싸 가지고 꺼내 놓는 것을 저 이 놈이 그동안에 입이 변해 가지고 고급스럽게 살았으니 그 놈의 떡을 먹을 수가 있어?

"예, 예 고맙습니다."

이러고 뒤로 버렸어. 그러니까 자기 처도 사실은 그 내용을 몰랐어. 먼저 자기 남편인 줄 알고 만났단 말이야. 바깥에 나갔다가 그러니까 떡을 뒷구멍으로 해서 떡을 내버리는 거야 이렇게. 그래 이 처가 그것을 알고

문 밖에서 이 떡을 받아, 자기 남편이 버리는 떡을 말이지. 그래 가지고,

"어머니 쬐금 계십시오. 저 이 댁이 보통 댁이 아닌데 이 댁에서 알면 좋아하지 않을 테니까 하여튼 좀 계십시오."

하고 나와 가지고는 자기 처한테 떡 들어가서는 가만히 생각을 하는데 이걸 어떻게 풀어야 하는 기야. 내가 지금. 자기는 처가살이를 해서 이렇게 했지만 근본적으로 가정 형편을 알면 반대를 한다 이거야. 처가 자기 집이 이렇게 못 사는 줄 알면 말이야. 그래서 떡을 받았는데 부인이,

"당신 입이 굽굽하지요? 떡 좀 해놨는데 떡 좀 자실랍니까?"

그래. 아 보니까 그 떡이거든. 그래 깜짝 놀라,

"이게 어떻게 된 일이냐?"

니까 그 여자가,

"내가 당신하고 결혼을 해 가지고 살붙이 아니냐?"

말이야.

"그러니까 내가 당신네 가족이지 이 집 가족은 아니지 않느냐? 그러니까 당신 편에서 내가 모든 걸 도와줄 테니까 그 동안에 어머니를 딴 방에다 모시고 양반 행세를 하라."

고 가리킨다 말이야. 그 며느리가. 딴 방에다 모셔 놓고는 앉는 방법서부터 음식 드는 방법, 상대방 인사 드리는 방법, 전부 다 며느리가 가르쳤어. 그래 나중에 아주 시아버지 시어머니를 만나게 해 가주고 그렇게 살았다 하는 그런 이야기도 있고.

그래. 이제 이게 효부 효자 얘기지. 아들도 어머니가 죽지 않고 살아있으니까 효부도 되고 효녀도 되지.

고성군

고성군

주요 제보자

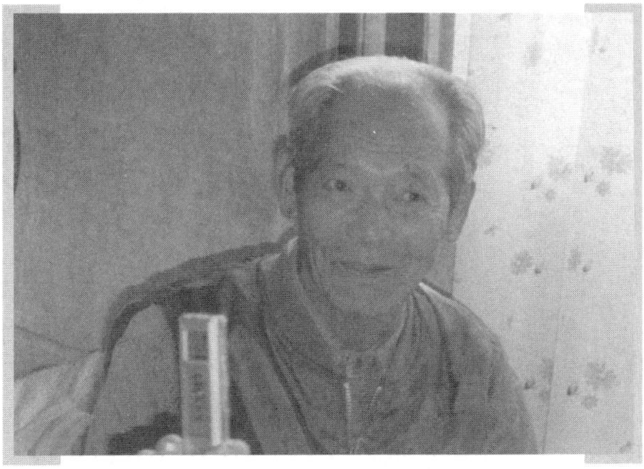

박두봉(간성읍 해상1리)

박영형(간성읍 해상2리)

주요 제보자

신헌필(간성읍)

박태원(토성읍)

주요 제보자

김복순(간성읍)

고성 조사장면

주요 설화 증거물

효자문(간성읍 해상2리)

수바위 전설(고성군 화암사 수바위)

1. 고성군 지역개관

고성군은 강원도 북동부에 있는 군으로 북쪽으로 통천군, 남쪽으로 속초시, 서쪽으로 회양군과 인제군에 접하고, 동쪽으로 동해에 면하고 있다.

고성군은 삼국시대에는 고구려의 영토로서 일부 지역은 달홀로, 지금의 고성군에 해당하는 대부분의 지역은 수성군으로 불리었다. 이 중 달홀은 568년(신라 진흥왕 29) 주로 승격되어 군주를 두었다가 경덕왕 때 고성군으로 개칭되었으며, 고려시대에 현으로 강등되었다가 조선 세종 때 다시 군으로 승격되었다. 한편 수성군은 고려시대에 간성현이 되어 고성현까지 관할하다가 1389년(공양왕 1)에 다시 분리되었으며, 조선 세종 때 역시 군으로 승격되었다. 이후 고성군과 간성군은 1629년(인조 7) 현으로 강등되었다가 1638년(인조 16) 다시 군으로 승격되었으며, 1895년(고종 32) 강릉부의 관할이 되었다가 다음해 고성군과 간성군으로 복귀되었다. 1914년 군면 폐합에 따라 고성군은 간성군에 통합되었다. 1919년 간성군을 폐지하면서 토성과 죽왕의 2개 면을 양양군에 넘겨주고 고성군으로 개칭되었다. 8·15 광복 당시 고성읍·장전읍·거진면·수동면·외금강면·서면·현내면·간성면 등 2읍 6면이었으나, 북한에 속해 있다가

1954년 일부만 수복되어 간성 · 거진 · 현내 · 수동면 일부만으로 고성군을 구성하였다. 1963년 1월 1일 양양군에 편입되었던 토성 · 죽왕면을 다시 복귀시키고, 1973년 거진면, 1979년 간성면이 각각 읍으로 승격되었다. 현재 2읍 4면으로 이루어져 있다.

고성군의 자연환경은 다음과 같다.

고성군 서쪽은 금강산 · 무산 · 향로봉을 연결하는 태백산맥의 분수령이 험준한 산악을 이루고, 동해안 쪽으로 급사면을 이루다가 해안에 이르러 좁은 평야를 이룬다. 하천은 대개 짧고 급하나, 그 중 금강산 주변에서 발원한 남강이 비교적 커서 유역에 기름진 평야를 이루고, 그 밖에 간성읍에 북천과 남천, 거진읍에 자산천 등이 있어 좁은 평야를 이룬다. 해안선은 매우 단조로우며 곳곳에 모래해안 및 송지호 · 화진포 · 삼일포 등 석호가 발달하였다. 특히 넓게 발달한 모래해안은 석호와 연결되어 좋은 관광지로 이용되며, 거진 · 대진 · 아야진 등지에는 주요 어항 및 어촌이 형성되어 있다. 태백산맥이 겨울 북서계절풍을 막아주고, 푄 현상을 일으켜 기온을 상승시키며, 또 바다에 면하여 연안 해류의 영향을 받으므로 같은 위도의 서해안에 비해서 기온이 높다.

고성군은 대부분이 산지로 이루어져 경지면적이 적다. 관광 · 휴양시설이 많이 들어서면서 경지면적과 농가수가 매년 감소하고 있다. 식량작물은 쌀이 85% 이상을 차지하며, 진부령 부근의 해발고도가 높은 곳에서는 고랭지 농업이 활발하다. 과일은 죽왕면에서 가장 많이 생산한다. 삼림이 잘 보존되어 있어 90%가 임목지이다. 그러나 1996년에 일어난 산불로 3,872㏊에 있는 침엽수림이 잿더미로 변해 임야가 크게 줄어들었다. 임산물로는 각종 산나물과 송이버섯 · 종실류가 생산된다. 수산업은 농업과 마찬가지로 감소 추세에 있다. 거진 · 대진 · 아야진 · 오호(五湖) 등의 어항이 어업 중심지이다. 앞바다에서는 명태 · 오징어 · 꽁치 · 미역 등이 많이 난다. 광공업은 토성면에서 장석, 간성읍에서 규석을 생산하는 정도이며, 그 외에 식품과 관련된 공장이 대부분이다. 죽왕면 향목리에 농공단지가 조성되어 7개 업체가 입주해 있다. 고성군의 교통은 속초~대진 간 국도가 해안을 따라 남북으로 주요 취락을 연결하고, 인제~간성 간 지방도가 진부령 · 미시령을 통하여 내륙지방과 연결된다.

고성군은 교통과 교육시설이 부족하여 전입인구보다 전출인구가 많아 인구가 매년 감소를 보인다. 교육기관으로는 경동대학교와 고등학교 4개교, 중학교 4개교, 초등학교 15개교(분교 3개교)가 있다. 문화축제로는 매년 9월 군민의 날을 기념해 열리는 수성문화제와 2월의 명태축제가 있다. 수성문화제는 고유의 전통 민속문화를 발굴 · 계승하는 문화예술행사로서 수성제 · 불꽃놀이 · 민속경연 · 널뛰기 · 씨름 · 시조경창 등 다양한 행사가 펼쳐진다. 명태축제는 명태요리시식회 및 전시, 풍물장터 등의 해양축제와 쥐불놀이 · 투호 · 제기차기 등의 향토축제, 문화축제 등으로 구성되어 있다. 민속놀이로는 명파 돌다리놓기 · 삼포지정다지기, 민요로는 〈반바우 후리질소리〉 등이 전해온다.

고성군의 국가지정문화재는 2003년 현재 보물 2점과 문암리 선사유적(사적 426), 어명기가옥(중요민속자료 131), 고성 왕곡마을(중요민속자료 235) 등 5점이 있고, 도지정문화재로는 청간리의 청간정(강원유형문화재 32), 거진면의 화진포(강원기념물 10), 건봉사지(강원기념물 51)와 문화재자료 5점 등 모두 8점이 있다. 이 중 청간정은 관동팔경의 하나이다. 군내에는 국민관광지인 송지호와 화진포 · 오호 · 삼포 · 백도 · 봉수대 해수욕장, 진부령 · 알프스 스키장 및 통일전망대 등이 개발되어 있으며, 해양과 계곡을 찾는 관광객이 한해 200만 명에 이르러 호텔 · 콘도 등이 신축되고 있다.

2. 고성군 설화의 현황과 특징

설화는 민중들 사이에서 구비전승된다는 점에서 민중들의 진솔한 생활, 문화, 가치관을 그대로 반영하고 있다고 할 수 있다. 따라서 한 지역의 설화는 그 지역민들의 삶과 의식세계를 파악하는데 중요한 자료가 될 수 있다. 그렇기 때문에 급격한 사회문화의 변화와 농촌 공동체의 해체 등으로 인해 전승력이 약해진 구비전승의 무형 문화유산을 채록해 정리하는 작업은 매우 중요하다.

고성 지역의 현지 조사에서 얻은 설화의 총 자료 수는 108편으로 읍·면별로는 간성읍 36편, 거진읍 39편, 죽왕면 23편, 토성면 7편, 현내면 3편이다. 각 읍·면별 주요 설화 현황과 특징을 살펴보면 다음과 같다.

간성읍은 북쪽으로 거진읍, 서쪽으로 수동면과 인제군 서화면, 남쪽으로 인제군 북면에 접하고, 동쪽은 동해와 접한다. 북천과 남천이 읍의 북부와 남부를 동류하면서 유역에 비교적 넓은 평야를 형성하여, 군내 최대의 농업중심지를 이룬다. 간성읍의 설화 가운데 송지호에 관련된 설화는 송지호 아기장수 설화와 송지호 장자 설화 두 가지가 전승되고 있다. 송지호 장자 설화는 전국에 분포되어 있는 장자못 설화와 동일한 구조이다. 다만 연못 대신 호수가 등장하는 것은 고성의 지리적 특수성 때문이라고 할 수 있다. 여기에 송지호 아기장수 설화가 덧붙여 전승되는데 부모가 아기장수를 죽인 이유가 아기장수가 부모를 죽인 후 날아간다는 이웃의 말 때문인 것으로 내용이 변형 되어 있는 것을 볼 수가 있다. 이는 구비전승의 특성을 보여주는 것으로 구비전승되는 가운데 다양한 변형이 이루어짐을 보여주는 사례라고 하겠다. 이 아기장수 설화는 아기장수를 태울 용마의 무덤이라는 명파리의 말무덤 설화로 이어진다. 간성읍에서 채록된 설화는 간성읍 지역의 설화도 있었지만 명파리, 사천리, 초도리, 지경리 등 고성군 전 지역의 유래담들이 많았는데 이는 이미 이러한 지명유래담들이 전 지역으로 전파되었음을 보여주는 것이다. 이밖에 간성읍에서 채록한 자료들은 여우딸 이야기, 콩쥐 팥쥐 이야기, 해와 달이 된 오누이 이야기, 도깨비 이야기 등과 같이 이미 널리 알려진 민담들이다. 간성읍은 고성군 최대의 농업 중심지이기 때문에 비교적 고성군내 많은 사람들이 거주하고 있는 곳이다. 따라서 고성군내 다른 산간지역보다 변화가 빠르기 때문에 지역 특유의 구비문학의 전승력이 약해져 있는 상태라고 할 수 있다. 따라서 간성읍의 지역적 특성을 보여주는 설화보다는 전지역에 퍼져있는 보편적인 민담류가 더 많았다.

거진읍은 고성군의 중앙부에 위치한 지역으로 북쪽으로 현내면, 서쪽으로 수동면, 남쪽으로 간성읍에 접하고, 동쪽으로 동해에 접해 있다. 거진읍은 화진포 관련 설화가 두드러지게 전승된다. 이는 화진포가 생기게 된 내력을 말해주고 있는 설화인데 이 화진포는 거진읍에 위치해 있지 않다. 이 또한 구비전승되는 설화의 특성을 보여주는 것으로 이미 화진포 장자못 설화는 고성군 전 지역으로 분포되어 있다는 사실을 알 수 있다. 그런데 화진포 장자못 설화를 보면 며느리가 등장하지 않고 장자 혼자 벌을 받고 죽는 경우와 뒤를 돌아본 며느리가 망부석이 되는 경우, 그리고 뒤를 돌아본 며느리를 중이 죽이는 경우 등으로 내용이 달라지는 것을 볼 수 있는데 이는 설화가 구비전승되는 과정 속에서 전승자에 따라 다양하게 변이될 수 있음을 보여주는 사례라고 할 수 있다. 간성읍의 아기장수 설화가 다른 지역의 아기장수 설화와 구별되는 점은 아기장수가 쌍둥이라는 것이다. 또 자신들이 해를 입을까봐 걱정하는 부모님께 이 쌍둥이들이 스스로 자신들을 죽일 수 있는 방법을 부모에게 알려준다는 점도 다른 지역의 설화와 구별되는 것이라고 할 수 있다. 아기장수가 쌍둥이라는 것은 그만큼 영웅의 출현을 바라는 민중의 욕구가 강렬했다는 사실을 보여주는 것이다. 그러나 부모를 살리기 위해 아기장수들이 스스로 목숨을 끊는 방법을 알려주었다는 이야기 전개는 충과 연결되는 국가이념인 효에 굴복하는 아기장수의 인간적인 면모를 보여줌으로써 민중의 욕망과 달리 지배계층에 굴복할 수밖에 없는 안타까운 현실을 반영하고 있는 것이라고 보겠다. 또 간성읍의 할미봉 유래 이야기는 선녀가 하늘에서 쫓겨와서 할머니가 될 때까지 혼자 살아서 그 이름을 할미봉이라고 했다는 설화인데, 이 봉우리가 그 마을에 있음으로 그 마을에 할머니들이 할아버지보다 오래 산다고 하는 내용을 통해 장수하고자 하는 민중의 소망을 읽을 수 있다.

죽왕면은 강원도 고성군 중남부에 위치한 면으로 북서쪽은 간성읍, 남쪽은 토성면에 접하고, 동쪽은 동해와 접해 있다. 서부는 대체로 산지로 되어 있으나, 동부지역은 해안 일대에 약간의 평야를 이루어 농경지로 이용된다. 죽왕면의 앞바다에는 죽드, 백도 외에 작은 무인도 10여 개가 산재해 있다. 죽왕면의 문화재 가운데 하나가 강릉 함씨 4세 효자각이다. 따라서 이에 대한 설화가 두드러진다. 강릉 함씨 한 집안에서 4세대에 걸쳐 5명의 효자가 난 것을 기념하여 세웠다는 내용은 효를 강조하는 당대의 모습을 설화를 통해 보여주는 것이라 할 수 있다. 효는 조선조 유교이념 가운데 하나이면서 인간이 지켜야할 기본적인 도리임을 생각해 볼 때 효자가 한 집안에 4대에 걸쳐 계속 이어졌다는 것은 고성 지역민들에게 자신의 지역에 대한 자긍심을 갖게 만드는 역할을 했을 것이라 추측할 수 있다. 또한 일본인이 가지고 가지 못한 미륵 이야기 역시 두드러지는데 이를 통해 일제시대 수탈당하는 우리 민족의 모습을 볼 수가 있다. 그러나 민중의 소망이 깃들어 있는 미륵을 가져가려다 실패했다는 내용은 일본이 우리의 정신만은 어쩌지 못할 것이라는 민중의 저항정신을 반영한 것이라고 할 수 있다. 송지호 안에 있던 큰 물고기를 보고 일본 사람이 혼비백산했다는 이야기 속에서도 민중의 반일의식을 볼 수 있다.

토성면은 강원도 고성군 남부에 있는 면으로 북쪽은 죽왕면, 서쪽은 간성읍과 인제군 북면, 남쪽은 속초시에 접하며, 동쪽은 동해에 접해 있다. 토성면에서 채록한 설화 가운데 안택굿을 할 때 부르던 노천 씨에 관한 이야기는 고성 지역의 각 지명 유래가 망라되어 있는 자료로서 가치가 있다고 할 수 있다. 아들이 아흔 아홉인 가리터 중 이야기는 타락한 종교인의 모습을 보여준다. 설화는 민간에서 구전되는 민중의 이야기이기 때문에 그 안에는 민중의 의식이 반영되어 있는 것이 당연하다. 따라서 설화에서는 지배계층의 타락상에 대한 비판의 목소리가 종종 드러나는데 이러한 비판은 풍자를 통해 극대화된다. 가리터 중 이야기 역시 종교계의 타락상을 풍자적으로 표현한 설화라고 볼 수 있다. 또 교훈적인 내용의 설화도 찾아 볼 수 있었는데 욕심을 부리다 망한 수바위 전설과 자기 주인을 구한 충직한 개 이야기인 함정고개 개무덤 전설이 그 예이다.

이상으로 살펴본 고성군 설화의 특징은 다음과 같다.

첫째, 아기장수 설화가 두드러진다. 아기장수 설화는 전국 각 지역에 분포되어 있는 설화로 영웅이 나타나길 원하는 민중의 소망을 보여주는 것인데 고성군 아기장수 설화 역시 그러한 면을 볼 수 있다. 고성 아기장수 설화 가운데 특징적인 것은 아기장수가 쌍둥이라는 점을 들 수 있다.

둘째, 장자못 설화가 고성군 전 지역에 분포되어 있다. 화진포와 송지호 설화는 약간의 내용의 변이를 보이지만 기존의 장자못 설화와 동일한 서사적 구조를 보인다.

셋째, 다른 지역과 마찬가지로 지명 유래 이야기가 많다. 특히 고성군은 제보자들이 자신이 속한 지역의 지명 유래 뿐만 아니라 이웃면에 있는 지명의 유래담에 대해 설명해 주는 경우가 많았다. 이는 지명 유래담이 흥미 위주의 짧은 이야기이기 때문에 가능했다고 할 수 있다.

현대 사회는 우리 전통의 공동체 사회를 급속히 해체시키고 있다. 그리고 지역적인 특성보다는 획일화를 추구하는 경향이 각 지역의 고유한 문화 영역을 침범하고 있다. 그렇기 때문에 설화 가운데 지역적 특성을 보여주는 것들을 채록하고 보존하는 일은 매우 중요하다. 그 안에는 우리 민족의 사상과 감정, 생활상이 고스란히 녹아 있기 때문이다. 그러나 구비문학의 전승 환경은 매우 열악하며 제보자 역시 그 중요성을 느끼지 못하기에 전승에 대한 필요성이 희박해져 가고 있는 실정이다. 따라서 구비문학의 자료 보존에 대한 중요성을 인식하고 이에 대한 대책이 시급히 있어야만 하는 것이다.

3. 고성군 설화의 유형별 분류표

유형 면	면별 설화 유형 분포										
	효행 열녀 설화	교훈 설화	지혜 설화	인물 설화1 (신화)	인물 설화2 (전설)	인물 설화3 (민담)	동물 식물 설화	지명 유래 설화	풍수 설화	기타 설화	계
간성읍					3	15		18			36
거진읍	5				13	6		10	4	1	39
죽왕면	2				6	8		6		1	23
토성면					2	3		2			7
현내면								2		1	3
계	7	0	0	0	24	32	0	38	4	3	108

4. 고성군 설화 조사지역 및 분포도

고성군 설화 조사지역

간성읍 설화 분포도

◎ 송지호 아기장수와 용마
◎ 송지호 장자못 1
◎ 고성에 함, 전, 최씨가 많은 이유
◉ 치성 드려 얻은 여우 딸
◉ 고려장
◉ 콩쥐 팥쥐
◉ 울산바위
◉ 얼떨결에 부자된 양반
◉ 용봤다 소리 들어야 승천하는 이무기
◉ 송장 뼈다귀로 뒤 닦은 사람.
◉ 해와 달이 된 오누이
◉ 산신령 표범을 잡아 화를 당한 마을
◉ 빈대 때문에 망한 절
◉ 백정 꽃상여 때문에 파직 당한 군수
◉ 마달리 창고지기네 도깨비
◉ 집터가 센 창대

◉ 누이동생으로 나타난 도깨비
◉ 표범에게 잡혀 먹힌 사람
★ 구룡물 유래
★ 왕곡마을
★ 지경리 유래
★ 사천리
★ 장군묘 유래 1
★ 대섬 유래
★ 오봉리 유래
★ 죽은 어머니 살린 세 살짜리 아이
★ 명파리 말무덤
★ 고성산 유래
★ 장군묘 유래 2
★ 청년을 죽인 병든 곰
★ 신계사 효봉스님
★ 마달리 무기고 창대
★ 초도리 유래 1
★ 거북이를 닮은 금구도
★ 광대바위 서낭바위 유래
★ 초도리 유래 2

거진읍 설화 분포도

〈범 례〉
▶ 효행열녀설화
▣ 교훈설화
◈ 지혜설화
○ 인물설화1(신화)
◎ 인물설화2(전설)
◉ 인물설화3(민담)
△ 동물식물설화
★ 지명유래설화
◇ 풍수설화
※ 기타설화
N
▶ 쌀이 나오는 방아를 얻은 효자
▶ 자신의 피로 부모를 살린 효자
▶ 시어머니 위해 단발한 효부
▶ 부모 뜻을 잘 따르는 것이 효
◎ 화진포 장자못 2
◎ 서낭당을 태워 남편을 살린 아내
◎ 만 일 염불하다 승천한 승려
◎ 방앗간집 아기장수와 용마
◉ 염불 만일회 하다 승천한 스님
★ 화재 예방을 위해 솟대 위에 단 오리
★ 화진포 장자못 3
★ 산정골 유래
◇ 용선바위
◎ 소실된 건봉사의 모습
◎ 화진포 장자못 1
◎ 건봉사의 옛 위용
◉ 착한 사람을 보호해 주는 호랑이
★ 문수고개
★ 냉천
산북리
원당리
화포리
거진리
용하리
봉평리
자산리
송강리
송정리
송포리
반암리
냉천리
석문리
오정리
송죽리
초계리
대대리
◉ 계골에 나타난 호랑이
★ 아우연 성황
◇ 자산리 지형
▶ 아들을 죽이려다 금덩이를 얻은 효자
◎ 쌍둥이 아기장수
◎ 강릉 최씨가 마을에 정착한 이유
◎ 화진포 장자못 4
◎ 할머니를 더 오래 살게 만드는 할미봉
◎ 기자조선과 고총서낭
◎ 화진포 팔경
◉ 기생의 도움으로 어사된 사내
◉ 세 친구
◉ 할머니로 둔갑한 여우
★ 학대리 유래
★ 할미봉 유래
★ 독바위 유래
★ 화포리 지명 유래
◇ 배포 커서 벼슬한 사람
◇ 사자바위 턱을 깨버린 청년들
※ 산의 혈을 자른 마을

죽왕면 설화 분포도

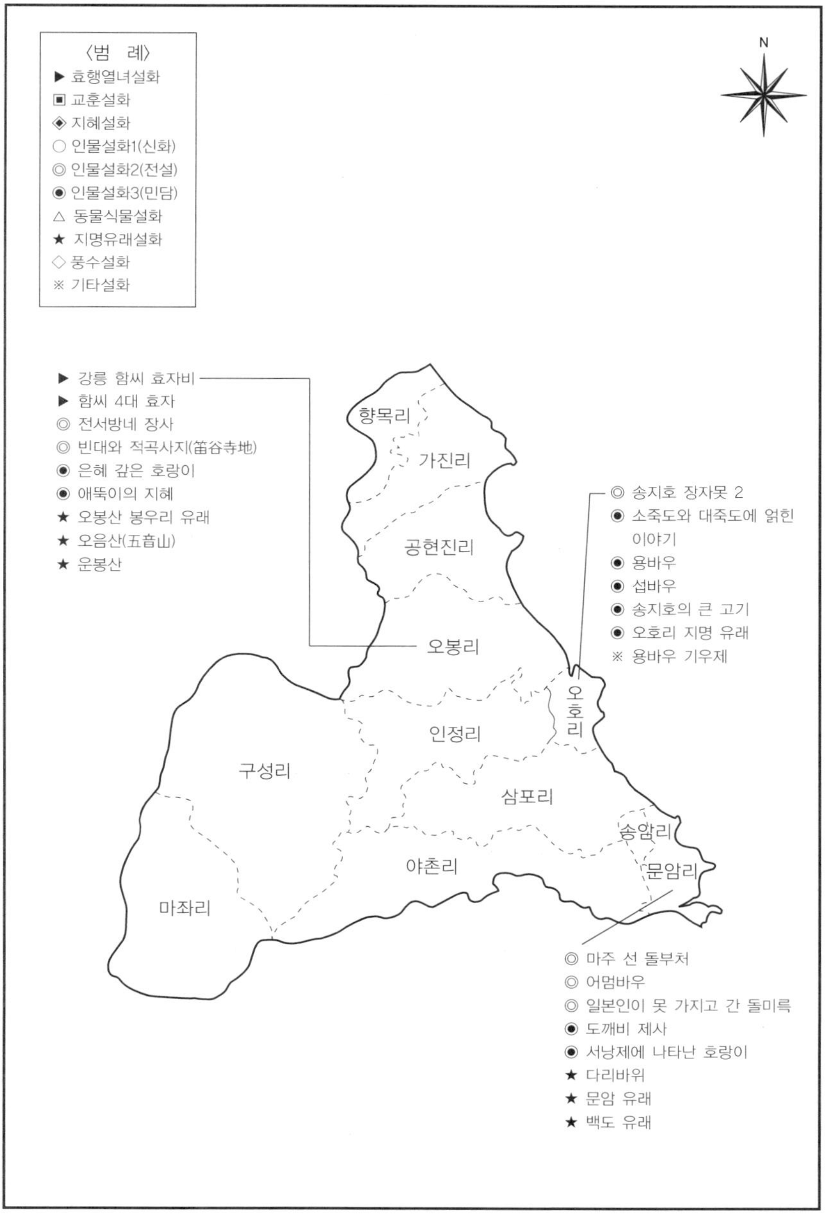
〈범 례〉
▶ 효행열녀설화
▣ 교훈설화
◈ 지혜설화
○ 인물설화1(신화)
◎ 인물설화2(전설)
◉ 인물설화3(민담)
△ 동물식물설화
★ 지명유래설화
◇ 풍수설화
※ 기타설화
N
▶ 강릉 함씨 효자비
▶ 함씨 4대 효자
◎ 전서방네 장사
◎ 빈대와 적곡사지(笛谷寺地)
◉ 은혜 갚은 호랑이
◉ 애뚝이의 지혜
★ 오봉산 봉우리 유래
★ 오음산(五音山)
★ 운봉산
◎ 송지호 장자못 2
◉ 소죽도와 대죽도에 얽힌 이야기
◉ 용바우
◉ 섭바우
◉ 송지호의 큰 고기
◉ 오호리 지명 유래
※ 용바우 기우제
향목리
가진리
공현진리
오봉리
오호리
인정리
구성리
삼포리
송암리
문암리
야촌리
마좌리
◎ 마주 선 돌부처
◎ 어멈바우
◎ 일본인이 못 가지고 간 돌미륵
◉ 도깨비 제사
◉ 서낭제에 나타난 호랑이
★ 다리바위
★ 문암 유래
★ 백도 유래

토성면 설화 분포도

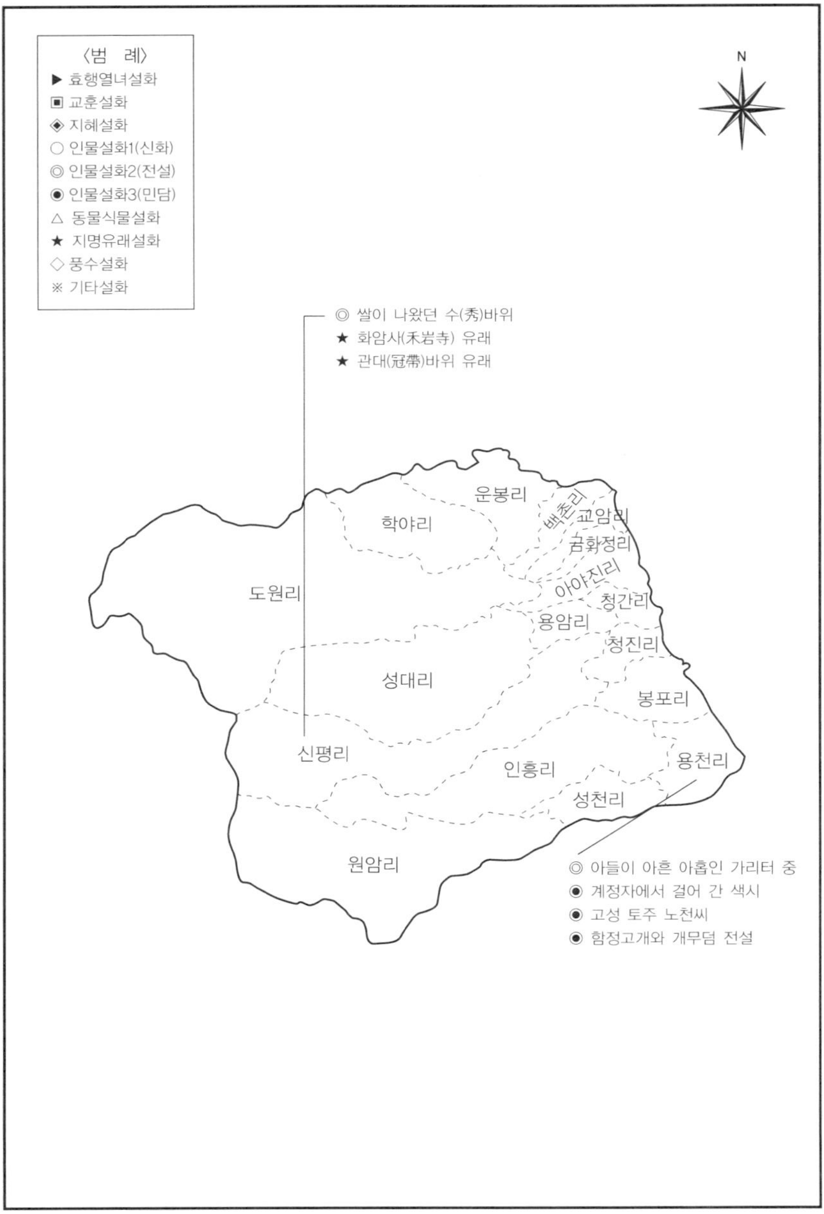
〈범 례〉
▶ 효행열녀설화
▣ 교훈설화
◈ 지혜설화
○ 인물설화1(신화)
◎ 인물설화2(전설)
◉ 인물설화3(민담)
△ 동물식물설화
★ 지명유래설화
◇ 풍수설화
※ 기타설화
N
◎ 쌀이 나왔던 수(秀)바위
★ 화암사(禾岩寺) 유래
★ 관대(冠帶)바위 유래
운봉리
학야리
백촌리
교암리
금화정리
아야진리
청간리
도원리
용암리
청진리
성대리
봉포리
신평리
인흥리
용천리
성천리
원암리
◎ 아들이 아흔 아홉인 가리터 중
◉ 계정자에서 걸어 간 색시
◉ 고성 토주 노천씨
◉ 함정고개와 개무덤 전설

현내면 설화 분포도

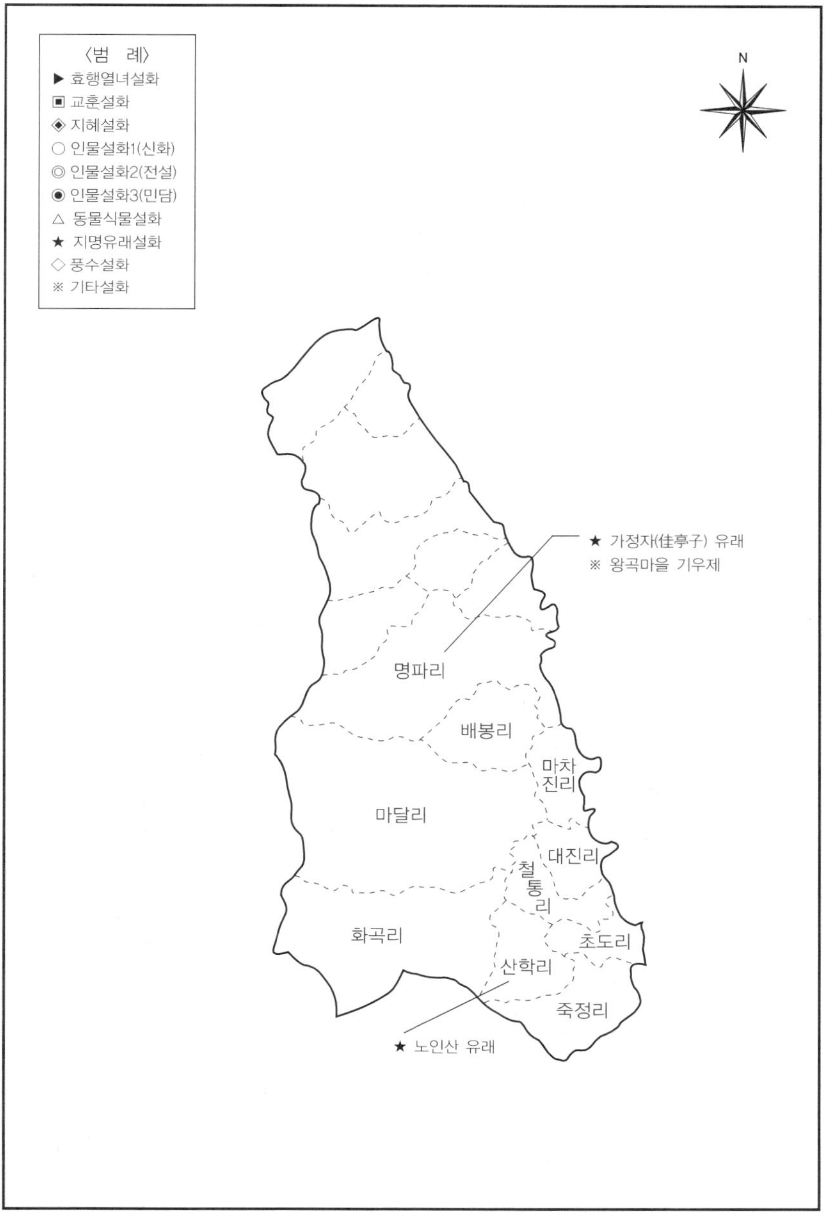
〈범 례〉
▶ 효행열녀설화
▣ 교훈설화
◈ 지혜설화
○ 인물설화1(신화)
◎ 인물설화2(전설)
◉ 인물설화3(민담)
△ 동물식물설화
★ 지명유래설화
◇ 풍수설화
※ 기타설화
N
★ 가정자(佳亭子) 유래
※ 왕곡마을 기우제
명파리
배봉리
마차진리
마달리
대진리
철통리
화곡리
초도리
산학리
죽정리
★ 노인산 유래

5. 설화 자료

간성읍

16신안리는 간성읍의 시장경제 중심지이다. 2일, 7일 장이 서는 간성시장은 전통적인 토속장터로 고성군의 명물장터로 자리를 굳건히 잡아가고 있다. 통일신라시대 이후 간성현(杆城縣)이라는 고을이 생긴 후 새 골짜기라는 신성(新城)골과 안심(安心)골이 있었다. 조선중엽에 마을 이름을 정할 때 성 밖의 신성리(新城里)와 성 안의 안심리(安心里) 머리 글자를 따서 신안리(新安里)라 부르게 되었다. 신안리는 1955년 경부터 행정구역을 신안1,2,3,4리로 구분하였다가 1994년 인구 증가에 따라 신안5,6리를 추가로 분할하였다. 신안3리는 해마다 음력 1월 3일에 마을 뒷산 성황당에서 마을 사람들의 건강과 평온을 기원하는 산신제를 지낸다.

김옥자(82, 여) 고성군 간성읍 신안리 삼익아파트 2005.6.10
(김옥자 제보자께서 들려주신 설화 자료는 1번부터 5번까지이다.)

1. 고려장 【G.17-1-1-6】

옛날에는 이제 한 칠십만 먹으면 고려장이란 걸 했어. 옛날 어느 집에서 말이야, 그 집에 어머이가 칠십을 먹었는데 그걸 이제 고려장을 해야 겠거든. 그래 고려장을 하려고 이제 아들이 지게를 지고 아들이 간다. 그런데 손주가 있지? 이 손주 녀석이 이제 거기를 따라가는 거야. 손주가 거기서 따라가. 이제 그 할머니가 아들 지게 위에 올라 앉았고 그리고 이제 아들이 지게를 지고 길을 가는 거지. 그저 그 산속으로 들어가는 거야. 그 뒤를 그 아들놈이가 또 따라 가고. 그래 그렇게 한참을 갔어. 아주 깊은 산으로다가 들어가야 하니까.

그런데 이 할머이가 산속으로 들어가믄서 그렇게 낭구를 꺾어 놔. 아들 길 못 찾아올까봐 그래 꺾어 놓고 가는 거야. 그래서 자꾸 지게 위에 가면서 나무를 똑 꺾고, 또 가믄서 나무를 똑 꺾고. 그러는 기지.

이제 어머이를 이제 고려장할려고 이제 두고 올려고 그러는데, 할머이를 이제 지게에서 내려 주고 이제 아들이 돌아서 갈라고 하는데 할머이가 아들한테 말하는 거야. 뭐라고 하는고 하니, 이제,

"야, 이 산천에는 짐승도 많다더라. 그래 내가 오면서 그렇게 표 해놓고 왔으니 다른 데로는 절대 가지 말고 거 길로만 꼭 가거라."

아들이 집에 못 갈까봐 어머이가 그래 아들을 신경을 써 준 거지. 그래 알겠다고 그러고 이제 아들이 내려올라고 그랬어. 그런데 그 손주가 보니까 지 아버지가 지게 안 가져 가드래. 아들이,

"아버지 저 지게 왜 안 가져가? 아니 그 지게를 가져가야 아버지가 칠십 되면 내가 거 담지."

이 말을 들은 아버지가 심장이 그냥 덜컥할 게 아니유? 아들이 그렇게 말하니까 절대 안 되겠더래. 자기도 그렇게 될 거니까. 그래서 거 있던 할머니를 그래서 다시 모시고 왔어.

2. 치성 드려 얻은 여우 딸 【G.17-1-2-6】

옛날에는 어떤 집에서 자식을 낳는데, 아들만 자꾸 낳아. 아들만 자꾸만 낳기 때문에 딸 낳기를 원해. 자꾸 아들만 낳으니 딸을 길러 보고 싶

은 거지. 그래 딸 낳기를 원해서 저 우물 가서 빌고 치성을 드려서 드디어 딸을 낳았어. 딸을 낳은 게 얼마나 기뻐. 그래 온 집안에 경사가 났지. 그래 얻은 딸을 아주 이뻐하면서 그래 지냈대. 그 집이 아주 잘 사는 부잣집인데 그러니 얼마나 딸을 곱게 키울려고 했겠어.

근데 어느날부터 이 집에 이상한 일이 생겼어. 컴컴허믄 밤으로 소가 한 마리 죽던지 아니면 저기 말이 하나 죽던지, 그렇게 밤으로 죽거던. 그래 그것도 참 조화다. 어쩐 일로 이렇게 그러나. 그 집 맏아들이 그러니까 나이가 좀 먹었던 모양이야. 그래 그 집 맏아들이 이 마음을 먹고 어느 날 밤 맏아들이 하루짝을 지켰어. 지키니까나 그 딸 낳은 게 밖으로 나오더니만 이게 번쩍 돌더니 여우로 변하는 거야. 그러니까 고 딸이 그게 여우야. 여우가 변했어. 딸 날라고 삼대 불공을 드렸는데 그래서 여우를 준 거지. 이 집에 딸 낳을 팔자가 아닌데도 그렇게 계속 비니까 거 하늘에서 딸을 준 게 그게 여우를 준 거였어, 여우를. 꼬리 아홉 가진 여우를 줬어. 여우를 주어서 그게 태어난 거지. 그 딸이 그러니까 그 여우가 그래 나가서 둥구박질을 해서 그렇게 거 둔갑을 치더만 꼬리 아홉 달린 여우가 돼 가지고 쇠 똥구멍에다 손을 쑥 집어넣고선 간을 쑥 빼서 먹고 있더래. 그래 소가 덜컥 죽고, 또 말한테로 가서 손을 쑥 집어 넣어 간을 빼 먹으니 말이 털컥 죽고 그러더래. 그래서 형이가 동상들을 데리고

"야, 이거 우리 큰일 났다. 여우 귀신 때문에 분명히 큰일 났는데, 어떻게 살 방법을 구해야지 이거 큰 일 났다. 안 그러면 우리 집도 망하고 너와 나는 다 죽는다. 너와 나와 어디 가자. 우리 방법을 찾으러 가자."

그래 두 형제가 이제 떠나갔어. 아주 부모들도 모르게 떠나갔어.

떠나가서 있다가 몇 년 된 다음에 와 가지고 이제 집으로 왔는데, 집이 간 곳이 없어. 아주 놋기둥 하나에 이렇게 섰더래. 지붕이. 부잔데 그기 다 망하고 없어. 그냥 뭐 놋으로 지붕을 해서. 그기도 다 녹슬었지. 그러는데 그 여우가 그 속에 들어 앉았다가 이렇게 나와,

"오라버이, 한 빼, 말 한 빼, 오라버이 한 빼, 말 한 빼."

(조사자: 아, 한 끼씩요?)

잡으면 간을 한 개씩 빼 먹는다 이 소리여. 한 빼씩 먹는다 이 말여. 이 형제들이 말을 타고 왔거든. 그러니까 오라버이 간 먹고 말 간도 먹고 그럴 수 있다고 말하는 거지. 그러니까 오라버인 다 뭔지 알지. 그래 올 적에 형제가 다 준비해 뒀어. 그 형이랑 동상이 집 안 망하게 하려고 다니다가 산 속에서 만난 노인네가 당신 그 여우 잡아 올 적에 여 급한 일 있으면 여기거 던지라고 무슨 걸 둘을 주드래. 그걸 가지고 집으로 온 거여. 그런데 집이라고 가보니 집은 간데 온데 없고 기둥 하나 있는데서 고렇게 아주 여우가 오라버이 왔다고

"오라버이 한 빼다. 말 한 빼다."

이러고선 좋아하는 거야. 말을 타고 왔거던. 그 오라버이가 그래서 인자,

"내가 목이 마르니까 가서 샘물 좀 떠오너라. 샘물 한 그릇 먹어야 되겠다."

이러니까는 그 놈의 여우가 물 뜨러 가. 물 뜨러 가는데 흘금흘금 돌아다 보는데, 오라버이 갈 까봐, 잡아먹어야 하는데 갈까봐, 그래 물 뜨러 가면서도 자꾸 돌아보잖아. 그래 그 놈의 여우가 물 뜨러 간 사이에 이 오라버이 들은 날 살려라 하곤 말 타고 냅다 내뺐더니 아 이 놈의 여우가 물 뜨러 가다가 뒤를 보니 이거 오라버이고 말이고 다 놓치겠거든. 그러니깐 쫓아가는데, 그래서 병을 하나 확 내버리니까는

(조사자: 누가요?)

그 말 탄 사람이.

(조사자: 아, 오빠들요?)

그 때 만났댔던 그 노인네가 바쁘면 써 먹으라고 내 줬거던. 그러니까는 아주 물이 한강이 돼서는 그 여우가 떠내려 갔어. 그래도 또 어떻게 해서 또 쫓아 오더래. 그래 또 하나를 확 내버리니까는 불이 확 타서 죽고 그래서 여우가 아주 죽어버렸더래. 인제 그렇게 집안이 망하여서 흔

적이 없어지더래. 그렇게 딸 날라고 삼대 불공을 드리니 아주 괘씸해 가지고 여우를 이렇게 해 가지고 죽었대.

3. 콩쥐 팥쥐 【G.17-1-3-6】

어느 집에 이제 아버이가 있었는데 본여자가 죽었어. 딸래미 하나를 낳고 죽었거든. 그래서 인자 이 사람이 혼자 못 사니까 딸 하나 있는 여자랑 결혼을 했단 말이야. 이제. 그래 그 본집 자식이 콩쥐고, 그 담에 그 두 번째 여자 자식이 팥쥐야. 근데, 그 뭐 똑똑히 알지 못하는데, 그런데 그 팥쥐는 참 일을 잘 못해. 그 의붓어머니가 데리고 온 그 자식인 팥쥐가 아주 일을 좀 못 해. 그래 엄마만 믿고선 놀기만 하고 일도 못 허고 그래. 아버지 딸은 콩쥐, 그건 아주 일을 그렇게 잘하고. 하루는 이 의붓어머니가 둘에게 일을 시켰어. 그래 베 짜는 걸 시켰어. 그거 다 짤 때까지 내려오지 말라고 그러고 이제 둘에게 먹을 것을 줬단 말이야. 그런데 팥쥐에게는 콩을 볶아서 줬어. 그거 하나 하나 집어 먹으면서 일을 하면 편하잖아. 먹기에도 편하고. 그리고 콩쥐에겐 이 년이 이렇게 베를 잘 짜니 인제는 요 짝에 찰밥을 해다 줘. 찰밥을 꿀물에다 손을 척척 해가지곤. 이제 그거 뜯어 먹으려면 이제 아무 것도 못하잖아. 즈 딸을 콩을 볶아다 주니까는 하나 하나 주어 먹드래. 그래 일을 하고, 콩쥐는 그래도 그 찰밥을 잘 뜯어 먹었대. 팥쥐는 그 콩을 줘 먹으면서도 꾸벅 꾸벅 졸고 있고. 그래 일을 잘하는 사람은 뭘 해도 잘하고 못하는 사람은 뭘 해도 못해.

4. 용봤다 소리 들어야 승천하는 이무기 【G.17-1-4-6】

옛날에 이무기가 물 속에 살았는데, 아 이무기가 이제 용이 되어서 하늘로 올라가야 할 게 아니야. 물 속에서 한 100년은 살았으니 이제 용이 되어 올라갈 때란 말이야. 그래 이 이무기가 어떻게 해서 용이 될 수 있냐면 말이지. 그게 이제 하늘로 올라갈라구 일을 벌려. 그래 한 100년 되면 이제 오래 살았으니 올라갈 수가 있은 거지. 그래 어떻게 올라가냐면 이제 그 소를 지나가는 사램이 그걸 보구서는, 이무기가 올라가려고 하는 걸 보구서는, 그런 이무기를 보구선,

"용봤다."

소릴 질러야 그것이 승천하는데 그런 인물을 못 얻으면 승천을 못 한다는 그런 얘기가 있어. 그래 거기 있는 이무기는 아직 못 올라가고 물 속에 살고 있다는 그런 얘기가 있어.

5. 울산바위 【G.17-1-5-6】

이제 하늘에서 금강산이 너무 좋으니까 이제 그곳으로다가 모든 바우들을 다 가라고 그랬어. 그래 모든 바우들이 금강산으로 떠나 갔지. 근데 한 바우가 금강산을 가다가 이제 좀 쉬었대, 바우들이. 이제 바우가 갈라니까 너무 힘이 든 거야. 그래서 좀 쉬어 가려고 앉은 거지. 그래 이제 다시 금강산으로 갈라고 떠났는데 가다가 설악산까정 와 가지곤 금강산이 이젠 끝이다 이러니까는 더 이상 못 가곤 거기 앉았대. 금강산에 이미 바우들이 다 가서 이미 만들어진 거야. 그러니 이제 그 바우들이 필요가 없어. 그래서 그 바우들이 그 설악산에 그냥 있는 거래. 그래서 울산바우지. 그 바우가 원래는 그 울산에서 왔을 거야. 그런데 금강산까정 갈라고 하다가 쉬는 바램에 못 간 거지 그래서 그냥 설악산에서 멈춘 거지. 그래서 그냥 고향 이름을 따서 울산바윈 거야. 울산바위. 왜 금강산에는 별희한한 바우들이 많잖아. 그러니깐 거기 갔지.

노순덕(73, 여) 고성군 간성읍 신안리 삼익아파트 2005.6.10
(노순덕 제보자께서 들려주신 설화 자료는 6번부터 8번까지이다.)

6. 얼떨결에 부자된 양반 【G.17-1-6-6】

옛날에 한 마을에 양반, 상놈이 살았대. 양반, 상놈이 살았는데 양반은 가난하고 상놈은 부자야. 글쎄 양반은 맨날 이렇게 일도 하고 뭐도 하면

서 열심히 하는데 가난해. 근데 상놈은 어떻게 된 게 맨날 놀구만 먹고 그래도 잘 먹고 잘 댕기고 그러더래. 그래서 이제 하루는 양반이 물었대.

"아, 참, 자네는 어떻게 해서 맨날 놀구만 먹어도 그렇게 잘 지내고 그래냐?"

고 물어봤대.

"아, 그런게 있다."

고 그 상놈이 대답해.

"그럼 날 좀 안 갈켜 주겠냐?"

고 양반이 아주 애원을 했어. 자기도 그 놈처럼 잘 살고 싶으니까는,

"그래 그럼 가르쳐 줄테니까 나 하는 대로 따라 올래, 말래?"

상놈이 그러길래,

"하겠다."

고. 하도 잘 먹고 잘 지내니까는. 사는 게 그게 너무 부러워서.

"그러면 날 따라오라."

그래 따라가니깐 쬐끄만 구멍이가 있는데 거기를 어떻게 들어가냐 하믄은 이 그 전, 옛날에는 이 울타리를 했는데 개가 드나들던 개구녕이라 있어. 양반은 갓을 썼는데, 아 그 갓을 쓰고 그 개구녕에 들어갈 수 가 없는데,

"아, 여기를 어떻게 들어가나?"

이러니깐,

"그래도 부자가 되려면 여길 따라 들어와라."

그래 이제 개구녕으로 기어들어가니까는 어느 집 광이 나와. 거게 참 좋은 게 여러 물건들이 있단 말이야. 보물도 있고 술도 있고 그래. 그래 일단 거기 있는 술을 한 잔 하자고 그랬어. 그 놈의 게 참 좋더래나? 그래 이제 서로 한 잔 한 잔. 너도 한 잔 나도 한 잔. 그렇게 먹다가 내중에 술이 취하니까.

"아, 이 놈아! 상놈이 먹으라 하면 먹었으니 양반이 먹으라 하면 먹지 안 먹어! 이 놈아!"

아 이렇게 소리를 자꾸 지르는 소리가 나니까는 아 이게 무슨 소리인가 하구서는 주인들이 나왔대. 아 근데 벌써 상놈은 그렇게 많이 해 봐서 냅다 뛰었는데 양반은 그게 처음이니까 몰라 가지고 술에 취해서 소리만 자꾸 지르고 있으니깐 도망을 못 가. 그래 주인들이 나와 보니 양반이 와 있거든.

"아구야, 어떻게 이 밤중에 여기에 오셨냐."

고 그러니까 아, 맞아죽을지 알았더니 맞아죽기는 커녕 반갑게 물어보는 거야.

"아, 나는 그게 아니라 나 여기 상놈이 가자고 해서 왔는데 내가 이렇게 되니깐 먹지 않고 어디로 갔는지 아, 그래서 먹어라. 양반이 주면 먹어라. 왜 안 먹니 이 놈아? 왜 안 먹느냐?"

자꾸 이렇게 떠들어. 아, 그랬더니,

"아 요즘 누가 우리 집 광에서 자꾸 물건을 훔쳐 가는데 내가 어찌 됐으면 재산을 다 잃어버릴 뻔 했는데 저기 양반 당신 때문에 내가 이렇게 살았다."

고 그래. 그래서 그 사람 그냥 맞지도 않고 그 주인집에선 그 사람을 아주 잘 대접하고 재산도 나눠줬대. 그래 그 양반은 아주 부자가 되고 그러니깐 내중에 두 집이 서로 서로 잘 살았대.

7. 송장 뼈다귀로 뒤 닦은 사람 【G.17-1-7-6】

옛날에 이제 어떤 사람이 고개 고개 가다가 가다 못 가 가지고서는 어떻게 뒤가 보고 싶어서 뒤를 보고 있는데, 이제 뒤를 닦아야 하잖아. 그래 닦을 것을 찾는데 없어. 이리 저리 둘러 보다기 어떻게 요맨한 뻭다구 같은게 꼬쟁이 같은게 하나 있는데 그걸 들고는 닦았대요. 그래고 나서 이제 고개를 지나고 있으려니까 고개를 지나 가는데 자꾸 어디서,

"아이구, 쿠려. 아이구, 쿠려."

하는 소리가 들려. 그래 뒤를 돌아보면 사람이 없고 없고 하니까 '이상하

다. 이상하다' 하면서 길을 갔어. 그런데 자꾸,

"아이구, 쿠려. 아이구, 쿠려."

하면서 자꾸 쫓아 오드래. 아까 그게 송장 뼈였어. 송장 뼈를 모르고 그걸로 뒤를 닦은 거지.

이제 길을 계속 갔어. 날이 어두어졌거든. 어떻게 가다가 한 군데 가니까는 불이 반짝하는 오막살이 집이 있더래. 그래 걸 가서 부탁을 했어.

"내가 여기서 좀 자고 가면 안 되겠냐?"

그러니깐 들어오라 그러더래. 아, 손님 우리 심심한데 거 지내온 얘기라도 하슈. 그래서 뭐 얘기할 게 없어서 빽다구 얘기를 했데.

"아, 글쎄 내가 뒤를 보구서는 요만한 걸 보구서는 뒤를 닦었는데……."

이러니까 그 집 주인이,

"아이구, 쿠려. 아이구, 쿠려."

이러면서 그 사람에게 다가왔대.

8. 해와 달이 된 오누이 【G.17-1-8-6】

이제 그 전에 어렵게 사는데, 이제 아들 하나 딸 하나 이렇게 낳고, 말하자면 아주 저 산골에 사는데 그 어머니가 어드메 일하러를 자꾸 댕긴대. 이제 베 짜는 거, 베 메주고 이러는데 어머니가 한 번은 가 가지고서는 오지도 않고 그러더래. 그런데 이상하게 누가 와 가지고선,

"엄마 왔다! 문 열어라, 애기야."

호랑이가 그런 거야.

"우리 엄마 없어요! 우리 엄만 아직 안 와요!"

"엄마다."

그래 엄만 줄 알고 문을 열어줬더니 이렇게 와 가지고 엄마라 그러는게 이상하게 호랭이 같단 말이야. 그래, 그 아들이 도망갈려고 머리를 썼어. 머리를 써 가지고선,

"똥 마려워요."

그러니깐,

"응, 그래. 거기 앉아서 눠라."

"거기 앉아서 누면 냄새 나는데."

"괜찮다, 거기 눠라."

그러니까 즈 어머니는 내중에 이렇게 집에 오는데, 베를 메주고 이제 팥죽을 얻어 가지고 집에 산을 넘는데, 산을 넘어서 이렇게 오는데 그 호랑이가 즈 어머니를 밥으로 먹은 거야.

"팥죽 주면 안 잡아 먹지."

이러구선 팥죽을 다 뺏어 먹고

"손 하나 주면 안 잡아 먹지."

이렇게 해서 팥죽도 다 먹고 그래 나중엔 엄마까지 다 잡아 먹은 거야. 그리고 나서 또 애들까지 잡아먹으려고 애들한테까지 간 거지. 그래 애들한테 느 엄마라고 찾아왔는데, 아들 놈이 똥 눈다고 그러니까 거기 앉아 누라고 그런 거야. 잡아먹어야 하니까 도망갈까봐. 그 애가,

"냄새 나서 안 돼요. 마당에 가서 눌께요."

그러니까,

"응 그러면 눠라."

그런 거야. 그래 나와 가지고선 도망갈 길을 찾아. 그런데 도망가다 보면 호랑이에게 잡히겠거든. 그래 집 앞에 큰 기주나무가 있었대. 큰 기주나무가 있었는데 거 위에 올라가 가지고선,

"하나님 아버지, 나를 살려 주세요. 우리는 이렇게 죽겠는데 어떻게 해요."

그러고 이제 그랬어.

"우리를 살려줄라면은 새 동아줄을 내려 주시고 죽일려면 썩은 동아줄을 내려 주시오."

하고 이제 그렇게 빌고 나니까 그 아이들을 살려줄려고 하늘에서 밧줄이

내려 오드래. 그래서 그 밧줄을 타고 올라 갔네.

호랑이가 이제 속은 걸 알고 애들을 찾아 밖으로 나왔대. 애들을 찾아 보니 애들이 하늘에 올라갔거든 그래

"아휴, 너 거기 어떻게 올라갔니?"

"네, 우리 여기 올라왔어요."

애들이 이랜 거지.

"니네 어떻게 거기로 올라갔니?"

"네, 하나님 보구서 동아줄을 내려 달라고 하면 내려 줘요."

호랑이가 이제 도끄[1]를 가지고 낭그를 팍팍 치고 있더래.

"아휴, 도끄가 아니고 하나님이 동아줄을 내려줘서 올라왔어요."

"하느님 나도 하나 내려 주쇼. 나를 살릴려면 새 동아줄을 내려 주시고 나를 죽일라며는 썩은 동아줄을 내려 주시오."

그랬더니 하늘에서 썩은 놈의 동아줄을 내려 줘서 그걸 붙잡고 올라가다 확 떨어져서 수수밭에 떨어져서 죽었대. 그래 호랭이한테서 피가 나와서 수수 끝에가 그래서 지금도 빨갛대.

애들은 하늘에 올라 가 가지고선 이제 불쌍하니까 하늘에서 그 애들을 해님 달님이 되라고 그랬어. 그래서 이제 어떡하냐고 어떡하냐고. 동생이

"누나가 달이 되고 내가 해가 되면 되겠네."

그래 누나가 달이 되고 동생이 해가 됐어. 근데 이 누나가 밤에 달이 되니 그 이상하게 춥고 무섭단 말이야. 아 그래 달은 못하겠다고 그러더래. 그래 이제 여자보구서는 해가 되라고 그랬대. 그래 동생이랑 바꿔서 누나가 해가 되고 동생이 달이 됐대.

김복순 (60, 여) 고성군 간성읍 신안리 삼익아파트 2005.6.10

(김복순 제보자께서 들려주신 설화 자료는 9번부터 19번까지이다.)

---

1) 도끄: 도끼

9. 송지호 아기장수와 용마 【G.17-1-9-5】

송지호가 용마처럼 등이 생겼는데 등이 왜 그렇게 생겼냐하면 그게 다 이유가 있대. 옛날에 오봉왕국 마을에 왕이 태어났는데 겨드랑이 밑에 날개가 있더래. 장사가 난 거지. 근데 이웃 사람이 그걸 보고 말하길 장사가 났는데 장사가 나면 삼일 후에 부모를 죽이고 날아간다고 하더라고. 그러니 그 부모가 무섭잖아. 자기들이 죽는다니까. 그래서 애기를 죽일려고 콩을 한 섬을 애기 위에 올려 놨는데 애기가 얼마나 기운이 쎈지 덮어 놓은 콩섬이 덜렁덜렁 하더래. 그래서 또 한 섬을 다 올려 놨대. 그 때서야 애기가 죽었다고 하더라고. 그런데 그날 밤에 용마가 그 집 앞에 와서 밤새도록 우는 거야. 울다가 날이 새니까 송지호에 빠져 죽었대. 그게 송지호 호수가 말등처럼 나와 있고 그 뒤에 날개처럼 나와 있대.

10. 왕곡마을 유래 【G.17-1-10-8】

왕곡마을은 거기서 왕이 났었다고, 장사가 났었다고. 그래서 그 때부터 왕곡마을이라고 전해져 내려왔대요.

11. 송지호 장자못 1 【G.17-1-11-5】

와가터가 있었는데 굉장히 부자로 살았는데 그 집 주인이 아주 인색한 사람이었대. 하루는 중이 시주를 하러 왔는데 며느리가 시주를 할려고 하니까 시아버지 하는 말이,

"시주는 무슨 시주냐 소똥이나 줘라."

하더니 마굿간에 가더니 소똥 한 사발을 바구니에 넣었대. 며느리가 말하길,

"어떻게 그러십니까?"

"괜찮다 스님한테 그래도 된다."

그리고 중이 화가 나서 돌아가면서 하는 말이,

"이제 여기 천재지변이 일어날 터이니 여기 있으면 다 죽을 테니 당신이라도 혼자 도망가라. 서낭고개까지 다 넘어가도 아무리 집이 다 떠내려가도 뒤를 돌아보지 말아라."

며느리가 떠나서 서낭고개로 왔는데 갑자기 천둥 번개가 치고 천재지변이 일어났대. 그래 중이 돌아보지 말라고 그랬는데도 하도 궁금해서 돌아봤대. 자기 집이 어떻게 됐는지 궁금하니까. 그래 돌아봤더니 망부석이 되어 서낭신이 되었더래. 그리고 거긴 송지호가 되었더래. 지금도 맑은 날에 송지호를 보면 절구고 뭐고 살림살이들이 보인대.

12. 오봉리 유래 【G.17-1-12-8】

봉오리가 다섯 개야. 다섯 봉우리 밑 복판에 있는 거야, 동네가. 그래서 그거를 오봉리라고 지었어. 옛날에 왕곡으로 부르다가 이제 도로 왕곡마을이 되었어요.

13. 죽은 어머니 살린 세 살짜리 아이 【G.17-1-13-8】

세 살짜리 아이가 있는데 그 어머니가 아팠대. 너무 어린 나이니까 엄마가 아픈지 어쩐지도 모르고 계속 울다가 지쳐서 문에 기대어 우는데 문이 바람에 닫히면서 손을 찌었대. 그러니까 손에서 피가 나오고 엄마한테 '호' 불어 달라고 엄마 입에 넣었는데 엄마가 그 피를 먹고 살아났대.

14. 대섬 유래 【G.17-1-14-8】

대섬은 섬에 대나무가 많아서 대섬이라고 그랬대. 그래서 거기를 죽왕이라고 하지 않았나.

15. 지경리 유래 【G.17-1-15-8】

옛날에 지경이라는 데가 있거든요. 지경리라고 고성군하고 간성군하고 경계였어요. 거기가. 거기 이제 안창면이라는 데가 있었습니다. 고성군 안창면. 안창면에 편입이 되어 있다가 간성군 현내면으로 그 지경이라는 데가 편입이 돼서 나중에 간성군으로 되어 있는데 거기에 장군묘라는게 있어요. 그러니까 거기는 왜 지경이라고 하냐면은 변방지대거든요. 거기 간성, 고성 그 지경. 고성 지경이 지경리가 있어요. 거기 이제 지경리는 사천리로 편입이 돼서 지경이라는 마을이 이제 없어졌는데 간성엔 아직까지 현내면 지경리가 있습니다. 현존해 있어요. 지경리가. 아마 옛날에 고구려하고 신라 때 여기 지경서부터 저짝 지경까지가 변방지대였던 거 같아요. 그래서 이제 장군묘가 거기 있지 않았느냐 이렇게 보고 있는데.

16. 사천리 유래 【G.17-1-16-8】

여 유래를 어떤 분이 얘기하기론 그 사천리에 개울이 있습니다. 거기가 경계거든 옛날에. 간성군하고 고성군하고 이제 경계인데. 뱀처럼 꾸불꾸불하다고 해서, 뱀 사(蛇)자. 사천리입니다. 옛날에는 수량도 많고 강이 조금 컸던 모양이야. 근데 이제 다리를 놓고, 그 이 마을이 지금까지도 사천리라고 그러는데 처음에는 뱀 사자 사천, 그러다가 지금은 물 이름 사(泗)자. 마을 이름이 뱀 사자면 좋지 않잖아요. 강 이름은 뱀 사자, 사천리로 있는데 마을 이름은 사천리.

17. 장군묘 유래 1 【G.17-1-17-8】

장군묘 유래는 사천리에 살던 김영기씨로부터 들었어요. 장군이 이제 변방을 순찰하러 병사들을 데리고 강을 건너라니까 말이 참 그 강을 건너지 않을라고 하는 거에요. 그래 이제 말이 요동을 하니까 낙마했던 모양이야. 장수가 낙마를 해니까 우왕좌왕했을 거 아닙니까? 그래 거기 잠복하고 있던 적군이 몰려들어서 결국은 그 다리에서 혼자 병사들을 다 진지로 돌아가라고 하고 이 병사들하고 싸우다가 혼자서 감당할 수가 없어서 죽어서 그 적장이 묘를 만들어주고 장사를 지내줬다고 하는데 확실한 건 모르죠. 그 분 말로는 최장군이라 하는데.

18. 명파리 말무덤 【G.17-1-18-8】

명파리가 이게 최북단 마을이거든. 동해안에서 최북단 마을인데 그 마을에 말무덤이라고 있습니다. 말무덤이라고 있는데 그 무덤이 논 가운데 있어요. 그러니까 거기에 옛날엔 논을 안 매고 거기가 들이었지 들. 그것도 어데 장수가 싸우다가 거기서 죽으니까 말이 거기서 울부짖었다든가 그래서 같이 죽어서 무덤을 만들어 주지 않았느냐 이렇게 생각을 하는데, 거기 전설은 어떻게 나와 있는가 하면은 옛날에 어염집에서 장수 애기를 낳아서 관에서 죽였는데 그래 이 용마가 애기가 태어난 걸 알고 뒷산에 나타났다. 그래 이제 전설은 이렇게 납니다. 애기가 죽으니까 용마가 그 자리서 울다가 지쳐 죽어서 말무덤을 만들어 놨다.

19. 고성산 유래 【G.17-1-19-8】

열산현이라는 데를 고구려때 증산현이라고 했다가 신라때부터 고려때까지 열산현으로 내려오고 이조 때 알기론 저 지리지나 이런 걸 보게 되면 열산이라는데가 굉장히 많이 나오고, 그 화진포 있죠? 화진포도 그 옛날엔 열산현에 속해 있으니까 그 호수를 열산호라고 그랬어요. 거 열산현 현청 뒤에 고성산이라고 있습니다. 옛 고(古)자. 옛 성이 있던 곳이라 해서 고성산이라 부르는데 지금도 거기 가면 성이 있어요. 마을로 들어가는데 내성하고 외성이 있는데 외성하고 내성이 전부 다 석성었다고 기록에 나와 있습니다.

신헌필(남, 77) 고성군 간성읍 신안리 2005.6.11
(신헌필 제보자께서 들려주신 설화 자료는 20번부터 36번까지이다.)

신헌필 할아버지서는 간성읍사무소에 근문하는 계장님의 아버님이셨다. 옛날 이야기를 잘 해주신다는 말을 듣고 전화로 연락을 드렸다. 다른 지역에서 잠깐 동안 일을 하시는 바람에 찾아 뵙기 어려울 뻔 하였으나 마침 전화 드린 그 날은 집에 계시는 날이어서 운좋게 바로 설화를 채록할 수 있었다. 공직에 계시다가 퇴직을 하신 분이라서 그 지역에 관심이 많으셨고 많은 설화를 알고 계셨다. 할아버지께서는 우리를 반갑게 맞아주시며 채록에 응해주셨다.

20. 장군묘 유래 2 【G.17-1-20-8】

옛날 지경리라고 있었는데 지금은 간성군 현내면에 지경리라고 있어요. 거기에 장군묘라고 있는데 그 내력은 이래요. 사천리라는 개울이 있는데 옛날엔 좀 커서 다리도 있었어요. 그 거기에 마을도 있는데 이제 그 장군묘의 전래는 장군이 변방을 순찰하면서 강을 건너려는데 말이 강을 건너질 않으려고 해서 결국 장군이 낙마를 했다 이거예요. 그 때 마침 적군이 공격해 와서 이 장군이 수하들은 다 돌려보내고 혼자 싸우다 죽었다 그거지. 그래서 거기 묘를 만들었대요.

21. 청년을 죽인 병든 곰 【G.17-1-21-8】

건달리라는 마을이 있는데 모를 심고 첫 번째 김을 맬 때쯤 병든 곰이 그 마을 입구에 앉아 있으니까 사람들이 왕래를 못하는 거야. 그런데 마을 사람들이 병든 곰이니까 죽일 수는 없고 해서 쫓아내려고 하는데 처음엔 사람들이 다가가니까 곰이 덤빌려고 해. 그래서 사람들이 창같은 무기들을 들고 곰을 쫓아냈어. 그런데 이 곰이 쫓겨나다가 논에서 김을 매는 청년을 보았는데 그 청년이 한 쪽 다리를 못 쓰는데 그 청년을 덮쳤어. 그런데 그 곰이 화진포 쪽에서 사람들한테 잡혀서 죽었대.

22. 산신령 표범을 잡아 화를 당한 마을 【G.17-1-22-6】

노인들이 조를 짜서 사냥을 나갔는데, 한 골짜기를 가니까 표범이 있드래. 표범이. 표범이 나타나니까 이 놈을 잡을 수밖에 없잖아. 돌아설 수는 없고. 범을 그러니까 이 표범을 잡으려고 하니까 표범이 도망을 가잖아. 그래 얼마간 쫓기다가 이게 낭떠러지 있는 데니까 갈 데가 없잖아. 그래서 나무로 뛰어 올라갔단 말이야. 표범은 나무 잘 타잖아. 올라가는 걸 창을 던지니까 맞을게 아니요? 그래 표범을 잡았어요. 그 전엔 그 호피를 상납했거든. 간성 원님한테 바쳐야 되잖아. 그래 말려야 되니까 지붕 위에 올려놨대요. 멍멍이 개가 그 곁에만 오면 사지를 벌벌 떠는 거야. 가죽 보고서는. 그래 그 가죽은 상납이 됐겠지. 그 표범 잡은 이듬해 봄에, 이제 그 전염병이겠지. 옛날엔 전염병이 많았잖아요. 간난 애기서부터 어린애까지 일곱명이 죽었대요. 산신령인 범을 잡아서 죽여서 재앙을 받은 거다 이렇게 생각해서 제사도 크게 지냈대요.

23. 백정 꽃상여 때문에 파직 당한 군수 【G.17-1-23-6】

옛날엔 왜 저 천민들이 있잖아요. 천민에 속한 사람들이 여러 가지가 있지만 이제 백정, 그런 사람들이 이제 살았는데, 어디서 집단으로 살았는지 그건 내가 모르겠는데 사람이 아마 이제 늙어서 돌아가셨겠지요. 백정이 사망되니까 이 백정들이 우리도 사람같지는 못하더래도 죽은 사람 모시는 건 좀 잘 모시자. 그래서 상여에다 모시게끔 허가를 받자, 그래 이제 군에 와서 원님한테 이렇게 좀 해주쇼 하고 동원 마당에 앉아서 간청을 했을게 아니요? 그래 이방을 불러서,

"저 어떤 놈이 와서 뭐라 그러느냐?"

이러니까,

"이런 이런 일 때문에 백정들이 와서 허락을 받을라고 그럽니다."

"아니, 감히 상여가 무신 놈의 상여야. 천민이 말이야. 저 넘 붙들어다 쳐 가지고 보내라"

고. 이제 그 사람 혼자 오지는 않았겠지. 묶어 놓고 볼기를 때려 놓고 끌고 가선 개울에다 놓으니 생쥐 꼴이었겠죠. 옛날에도 둑이 있었으니까 가면서 엉엉 울고 집에 가는 거야. 그래 분해서 나무로 꽃상여를 만든 거

야. 그래 이 백정들이 다 모여서 꽃상여를 들고 나가니 거 통곡을 하면서 나가는게 거 장관이 됐던 모양이라. 그래 이거를 잘 타일러서 했으면 꽃가마가 나갔을 리도 없고 그렇게 긴 행렬이 안 갔을거라 이 거야. 이게 장계가 안 올라 갈 수 있나. 장계가 올라가니깐, 그래 이게 민란이요. 화를 더 건드려놔서 만들어 놨어. 그래 파직시켜라. 그래서 군수가 파직이 된 거야. 여기에 그런 일이 있었어.

24. 신계사 효봉스님 【G.17-1-24-8】

법명이 효봉, 원 이름은 이찬형이라는 분인데. 그 분이 와세다 대학을 나와 가지고 거기서 회의를 느껴 가지고 판사를 내 던지고 뭐가 됐냐 하면은 엿장사. 가위질 하면서 엿장사를 했어. 아, 와세다 대학까지 나와서 판사까지 하던 놈이 엿장사를. 그래 몇 년을 돌아다닌 거여. 몇 년을. 그래 저 금강산에 유랑 삼아서 왔다가 거 신계사를 들렀단 말이죠. 엿을 팔러 들렀는지 절에 가서 이제는 중이나 되자 했을런지도 모르고. 그래 이제 그 스님이, 그 대사님이, 그 이제 이름도 모르겠습니다만, 그 분이 어떻게 왔느냐고 물었던 모양이에요. 그러니깐 앉어 있다가 일어서더니 방을 한 바퀴 빙 도는 거예요. 한 바퀴 빙 돌구선,

"이렇게 왔습니다."

그 다음에 거기서 이제 자기가 불도 생활을 하면서 고생을 하게 됩니다. 고생을 하는데 하루 딱 한 끼만 먹고 가부좌 튼 채로 앉아서, 이게 일년이 거의 가까워 오니까 이 살이 썩어서, 붙어서 떨어지지 않는 거요. 방바닥에 붙어서. 그래도 거 일어나지 않고. 그래 이제 뭐 아물었겠지요. 그래 이제 도가 튼 거지. 그리고선 그 별명이 절구통. 그래 신계사에 있을 때 절구통으로 통하는 그 효봉스님. 그 분이 인제 언제 다른 절로 가셨는지 몰라도 조계종 혁신을 하는데 이 양반이 전부 한 거죠. 이 효봉스님이. 이 나이가 1883년생이니까 입적하신 지는 오래 됐겠지요. 여 큰 절마다 여러 군데 주지로 하셨어요.

25. 빈대 때문에 망한 절 【G.17-1-25-6】

고성산 밑에 절이 있었답니다. 절 이름이 홍천인가 어디 절 이름하고 같은데 이 절이 걸루 옮기지 않았냐. 그 빈대가 하도 많아 가지고 아무리 잡아도 없어지질 않는 거예요. 그래 가지고 불을 질러서 절이 없었졌다 이 얘기가 있는데, 그 절이 없어진지 그리 오래되지는 않은거 같아요. 그것도 큰 절은 아닌데, 고찰은 틀림없는데, 절 이름은 모르겠네.

26. 고성에 함, 전, 최씨가 많은 이유 【G.17-1-26-5】

여기 함씨들하고 전씨들이 많아요. 이게 언제 이 분들이 여기 와서 살게 됐냐 하면은 고려말 공양왕을 여기다 갔다 고성산에다가 귀양살이 보내 가지고 그 때 왕을 따라 가지고 온 분들이 함씨들하고 전씨들, 최씨들. 그러니까 그 때 공양왕을 따라 들어온 분들이 뭐 어떤 분들은 삼십만 명이라 하는 분들도 있고 십오만 명이라 하는 분들도 있어요. 어느 말이 맞는지는 몰라도 여기 그 때 내려온 분들이 아무튼 함씨하고 전씨하고 최씨입니다. 공양왕이 삼척 저 어디러라? 묘가 있다고 하는데, 어떤 분들은 거가 공양왕 묘라 하고 어떤 분들은 거기 추종자들까지 있다 그러고. 하여간 여기서 유폐시켰다가 안되겠으니까 또 다시 삼척 무슨 리인지는 모르겠어요. 거기 가서 결국은 효수가 되었는데, 그 추종자들 오백명까지 효수가 됐다, 지금 거기 사람들 얘기가 도랑으로 핏물이 내려갔다, 지금도 그 얘기를 하더라고. 거기서 그 왕을 효수 할 때도 저 목을 자를 때도 함씨네 성을 가진 장군이 명을 받고, 이제 그 이성계의 명을 받았겠죠. 죽였다는 얘기가 있는데, 공양왕 묘가 거기도 있다, 그리고 저 어딘가 딴데 또 있다 하는데 지금 거기 묘가 세 개던가 두갠가 있다던데 하나는 아들 묘라 하거든요. 또 하나는 공양왕묘라 하는데 저희는 뭐 확실한 건 모르는데 이 고성산에 유폐시켰다가.

27. 마달리 무기고 창대 【G.17-1-27-8】

창대라는 데가 있습니다, 창대. 그 이제 창터라고 하기도 하고 창대라고도 하는데, 그게 이 창고라는 창(倉)자 하고 이 깃터 대. 터 대(垈)자. 이게 이 창터, 창대. 창고가 있었던 자리라고 얘기를 하는데 어떤 사람은 무기고다. 그런데 제가 봤을 때는 무기고가 틀림없는 거 같애. 열산현에서 관리한, 하여튼 무기고는 틀림없는 거 같애. 근데 이것이 열산현이 폐현이 되면서 무기가 필요 없자네? 무기가 필요없으니까 그 다음에 간성군에서 이걸 저 곡식 보관하는 창고로 쓰지 않았느냐? 내 이렇게 생각하는데.

28. 마달리 창고지기네 도깨비 【G.17-1-28-6】

그래 거기 창고지기가 집을 짓고 살았을 거 아니예요? 고 집에가 이, 고 집 보고 우리가 생원 생원 그랬는데, 그래 이제 성은 노생원. 이 양반이 그 창고가 없어진 다음에 거기서 사시다가 도저히 살 수 없다 이래 가지고 대진으로 넘어왔어요. 넘어왔는데, 왜 대진으로 넘어와야 했느냐? 도깨비가 밤이면 너무 요란하게 굴어서 잠을 자지 못한다 이기야. 심지어 저기 옛날에는 전부 다 솥이니까. 밥해 먹는 도구가 솥이잖아. 솥뚜껑을 안에다 집어넣고 그랬대요. 이게 사실이에요. 뭐 난 믿지는 않는데. 그래서 거 터가 드세서 대진으로 넘어왔어요.

29. 집터가 센 창대 【G.17-1-29-6】

그래 노생원이 대진으로 넘어간 다음에 거기 손주가 살아있어요. 저하고 이제 동갑인데. 할어버지대에 거기서 하도 못 살고, 하두 집 터가 드세서 대진으로 넘어왔다 그러던데. 자기 아버지대까지도 소귀신을 모셔놨대. 집에다가. 소귀신은, 소귀신이라는게 뭐냐? 그 군대가서 전사한 그 혼들. 그 모시는 그게 소귀신이야. 그걸 모셔 놓고 계속 빌고 이랬다고 그러는데. 그런데 그 후에 지금도 거기서 집 터에 사람이 살고 있거든요. 살고 있는데, 이 양반이 살다가 새로 뭐 어떻게 돼 그런지 살지 못 하고 거기 도랑이 하나 있는데 건너왔어요. 화곡리 쪽으로. 사위가 거기서 살았는데 사위도 얼마 안 살다가 위암으로 죽었어요. 지금도 어떤 일이 생기느냐? 기름병 같은 데다, 소주병 같은 거 있죠? 참기름이나 들기름이나 뭐 참깨 심고 개울 옆에다가 참깨도 많이 심고 들깨도 많이 심으니까. 그거 짝 해서 기름 짜잖아. 짜다가 이제 집에서, 옛날엔 집에서 짰어. 집에서. 집에서 그 기름틀이 있어요. 기름틀로 해 가지고 거 뭐여 이렇게 다락을 둥그렇게 해 가지고 조금 이렇게 나무 기다란 데다가 이 둥그렇게 해 놓고 이렇게 이렇게 그어 놓고 한 쪽으로 이제 세어 나오게 하고 위에서부터 여서 이렇게 해 가지고 이리 눌러 놓고 돌을 질궈 놓든지 이러는데, 기름빠져 나오게 이러는데 지금은 이제 안 쓰잖아. 얼마든지 방앗간에 가서 기계로 짜 내니까. 그 기름을 요만한 소주병 이홉들이래든가 이런데다가 먹을 거, 그 저기 보면 선반 있잖어? 촌집들은 부엌에 전부 선반이 있어요. 못을 이렇게 톡톡 박아 가지고 병 이렇게 올려놓고 끈을 이렇게 달아 놓거든. 아, 이게 이게 못을 이래 박지 않고 올려 박은 것도 이놈이 제절로 떨어진다 이거지. 걸어놓은 게. 지금도 그렇다 이 얘기야. 터가 세서.

30. 누이동생으로 나타난 도깨비 【G.17-1-30-6】

이, 대가 세지 못 한 사람들. 대가 세지 못 한 사람들이 술이 취하잖아, 그럼 마달리라는데 댕기면서 이렇게 넘어가면 고개를 넘어가야 되요. 한 십리 길인데, 넘어야 된다고. 근데 이 밤중에 대진가서 어떤 사람들은 술을 좀 다른 마을에 친구들한테 가서 놀다가 보믄 술 마시고. 밤에, 왜 옛날 사람들은 밤길을 좋아하는지 몰라? 그러니까 돈도 많고. 그런데 옛날에는 밤길을 걷는단 이 말이야. 길을 가다가 보면 도깨비가 나타나. 도깨비가 이 대가 세지 못한 사람들은 홀린다 이 얘기야. 도깨비한테 홀린다

이 얘기지. 뭐 이제 어떤 사람이 그 길을 가는데 이제 먼저 간 누이 동생이라던가, 먼저 이제 잘못 된 누이 동생이 나타나는 거여. 나타나 가지고선

"아, 오라버니 뭐……."

술김에 동생이니까 얼마나 반가우겠습니까? 죽은 동생이 나타난 거니까. 그래 이 따라간단 얘기야, 따라가. 거기서 정신을 못 차리면 아주 잘못 되는 거지. 그래 이제 따라가서 어느 풀숲에, 아주 길이 좋은 길로 간대요. 자기 정신에는. 가 가지고 거기서 자면 잘못 되는 거야. 거기서 정신을 차리는 사람은 살아 나오는데 근데 옷이 엉망이 되는 거야. 엉망이 돼 가지고 사람이 형편이 없는게 이제 집에 찾아와. 그래 이렇게 물어보면, 오다가 동생 만나 가지고 아, 이 헤메다 보니까 도깨비한테 홀렸다 이거지. 그런 얘기가 있어요. 옛날부터. 그래 아주 반죽음이 돼서 옷이 엉망이 돼 가지고 집에 도착한 사람이 있어요. 정신을 차렸으니까 그러지 정신을 못 차렸으면 거기서 앉아서 아주 좋은 집에 들어가 앉아서, 앉았다는게 깨 보면 시체가 되는 거지요. 아, 그저 찬데 바깥에서 잤으니 안 죽었겠어요?

31. 표범에게 잡혀 먹힌 사람 【G.17-1-31-6】

거 저기 집안이 뼈대가 있는 집안. 이제 성씨가 양반인데 그런 집안에, 그래도 여긴 전부 다 양반이라곤 볼 수 없고 중인이라고 봐야지요. 옛날엔 중인만 돼도 괜찮았어요. 그런데 그런 집안인데도 가난했어요. 그 선비들도 어떤 선비들은 글에만 자꾸 신경 쓰고 집안도 돌보지 않고 이러다 보니까 가사가 다 탕진되고 아주 가난하고, 쪼들리게 형편없이 산 사람들도 있잖아. 그래 이 화진포에서도 쪼들리게 살았는데, 그 때는 이제 옛날에는 머리를 땋았어요, 총각은. 그 때 총각이라고 하게 되믄 열일곱 살이면 장가를 들어야 돼요. 열입곱 열아홉살 되면 벌써 늦다고 그랬어.

그런데 그 동네에 총각 셋이 살고 있었어요. 그니까 아마 열다섯 살 이

렇게 됐는데 이게 셋이 이제 단짝 친군데 먹은 건 없이 가난하지요. 한 사람은 이제 아버지가 돈 벌러 간다고 저 회산이라는 데로 갔어요. 아버지가 거기로 돈 벌러 간 총각이 하나 있고. 어떤 총각은 아버지가 이제 사망되고, 나머지 총각 하나는 부모가 병이 들고. 그러다 보니까 셋이 다 가난하게 산 거여. 집안은 이제 뼈대가 있는 집안인데. 그래 이제 남의 품앗이 해서 품삯 받고 살고, 하루 벌고 하루 살고. 이제 그 때 열다섯 살 먹은 총각이면 일은 다 한단 말이야, 큰 일은. 그니까 하루 아마 쌀 서 되나, 다섯 되 많이 주면 다섯 되, 조금 주면 서 되. 그걸 가지고 이제 연명을 하는 거지. 어머니 이제 봉양하고. 어머니도 젊었겠지 그 때로는. 그래 요 셋이 아주 단짝이었던 모양이여. 남의, 다른 좀 조금 잘 사는 집 자식들은 전부 서당에 다니고. 옛날에 학교가 없었으니까. 서당에서 공부하는데, 거기 가서 이 노는 어떤 날은, 일 없는 날은 남 공부하는 거 구경하고 등 너머로 공부하는 거야. 훈장님이 가리치는 거 여 이렇게 보고 이렇게 하는 게 날 일(日)자구나. 한문을 자기가 배우지는 못하지만 그렇게 해서 이제 지식을 얻어 들이는 거야.

그래 이제 세 사람이 하루 또 일을 갔다가 약속을 한 거야. 셋이서. 오늘 저녁 먹고 저 복숭아 밭, 그 때는 유월도라는 게 있었어. 유월도. 유월달에 먹는 복숭아. 양력으론 인제 아마 칠월쯤 됐을 것 같애. 보름께 됐는데 복숭아 서리 하기로 약속을 하고 저녁을 먹고 모여서 이제 껌껌하니까 복숭아 서리를 갔어요. 달은 떴으니까 발 밑은 다 보였겠지. 그래 복숭아를 땄어. 따 가지고 가져와 먹고, 이제 배불리 먹었을 거 아니여? 길옆에 이제 여름이니까 쌍창문을 열어 놓고 셋이 잔 거여. 셋이. 그래 이제 가운데 자는 건 제일 빌빌한 거여. 보호 해 줘야 될, 힘이 조금 약하니까. 이걸 복판에다 재우고 양쪽에선, 사랑방이니까 여기 있으니까 여름에 불은 안 때지만 여기가 아랫목이거든. 이불이 펴져 있는게 아랫목이라 한단 말이여. 여긴 이제 주인네가 턱 자고 요긴 이제 약한 사람이 자고 여기 이제 다른 총각이 이제 셋이 나란히 자는데, 복숭아까지 먹었으니까 잠이 곤히 들었지. 맨 이 위에 자는 사람이 잠결에 바람 쉬액 하는 소리가 난 거 같은데 그래 정신 차려 일어나 보니 가운데가 없어. 집 그 쌍창문을 열어 놨으니까 그리 얼마든지 들어올 수 있단 말이야. 그 다음 날 아침에, 밤이니 안방에 들어가서 어머니께 못 알렸을 거 아니여? 그러나 어떻게 하냐 이 말이여? 옛날에 뭐 불이나 제대로 켜나? 여자만 있고 이 애들은 총각이고. 밤중에 어떡해. 전부 벌벌 떠는 거지. 아침에 온 동네가 난리가 나서 찾게 되는 거지. 찾으러 나갔대요. 찾으러 나가니까, 저 산에 얼마치 가다가 아마 십 리도 못 가서 좀 듬성이 이렇게 한데 나무가 한 그루 있는데 옷 찢어진 게 피가 막 묻어 있고. 갈갈이 찢어 먹어서 막 몸이 토막 나 있고. 그래 그게 표범이란 말이에요. 호랑이는 안 그래요. 호랑이는 머리를 얹어 놓거나 그러는데 표범이 꼭 뭐를 냉겨 놓던지 먹던 거 나무에 올려 놓고 그랬대요.

32. 거북이를 닮은 금구도 【G.17-1-32-8】

현내면에 가면은 초도리라는 데가 있습니다. 지금은 금구도라 그러거든. 쇠 금(金)자 하고 거북 구(龜)자. 이 섬이 이짝 화진포 쪽에서 이 바다 쪽으로 내다보면요, 섬 쪽을 보게 되면, 화진포 쪽에서, 거북이랑 딱 닮았어요. 그래서 이제 금구도라고 하는데. 이 거북이가 앞에는 바다 쪽으로 머리. 이 등은 대밭이에요. 대밭. 요 등 위에 가장자리 있잖아요. 고거처럼 돌이 아주 모양이, 올라가 보면 그게 아닌데 화진포 쪽에서 동북쪽으로 보게 되면 거북이하고 똑같애요. 이 바위의 머리가 고개를 치든 게 아니고 숙여졌어요. 숙여졌는데, 이게 옛날에는 금구도가 아니고 초도. 풀 초(草)자 섬 도(島)자. 초도라고 불렀는데, 금구도라고 불른 거는 언제 적부터 금구도라고 했는지 몰라요.

33. 초도리 유래 1 【G.17-1-33-8】

그러니까 이 초도라고 부르는 것은 간성에서 초도로 나와 있습니다. 초도. 그 당시 그 뒤에 초도리라는 다음은 여길 뭐라고 불렀느냐 하면은 샘이라 불렀습니다. 샘. 그게 이제 어떤 사람들은 샘이라고 그러는데 저가 생각하기로는 섬, 섬 이렇게 부르다가 이제 샘이 되지 않았느냐? 이렇게 생각합니다. 옛날엔 샘, 샘 하지 초도라고 부르지 않았거든. 그러니까 그게 섬이에요. 섬. 초도리라는 마을이 섬이래요. 그러니까 이제 어떤 사람들은 거북이가 이 뒤에 섬을 끌고 나갈라다가 힘이 딸려서 거기에 두구슨 거여. 이게 지금 완전히 육지가 됐는데 얘길 듣고 가 보면 딱 섬이라 이 애기여.

34. 초도리 유래 2 【G.17-1-34-8】

초도에 이렇게 길이 났어요. 길이 났는데, 이 길이 나기 전에 여기 다 바다였어, 바다. 이게 섬이고. 이 길이 이짝으로 이렇게 났는데 이 화진포가 석호가 되니까 여기 이제 파도가 쳐서 이게 양쪽으로 모래가 왔다갔다 해야 되는데 이쪽도 파도가 쳐 가지고 모래를 갔다 자꾸 쌓아 놓는 거야. 그래 이게 육지가 되는 거야. 육지가 되는데, 아직까진 호수래요. 여 산이 있고 여기가 이렇게 된 호수인데, 이건 또 저 산 이쪽에서 폭우에 그만 골짜기 토사를 갔다 쌓았어. 여 논이 됐어. 호수가. 호수가 논이 되고. 그러다 보니까 이게 완전히 육지가 됐어요. 이게. 육지가 돼 가지고 아주 연결이 됐어 이게. 연결이 됐는데, 여기 철길이 있는데, 이 철둑이 생기기 전에는 그니까 완전히 섬이 육지가 되고 이 철길이 1935년도 간성하고 고성 10월 6일날 개통이 됐다니까. 동해북부선 하고서도 여 고성 간성 구간을 1935년 10월 6일날 개통을 했대요. 그러니까 이제 그 전에 여 둑을 쌓은 거여. 그래 이 초도라는 이 마을은 옛날에 샘 샘 했는데, 언제부터 초도라고 불렀는지는 모르겠는데, 여기 있는 이 금구도 이걸 초도라고 했거든요. 풀 초(草)자에 풀섬이라고 했는데, 이 초도 이름을 따다가 초도리라는 이름을 지은 거여. 그게 이 초도리가 되게 이건 그냥 초도. 근데 금구도는 언제인지 몰라. 여기 이 마을이 형성될 거 아니여? 이게 인제 육지가 됐으니까? 육지가 아닐 때도, 섬일 때도 여기 나루가 있으니까 조그만 나루가 있어. 이젠 항구여. 여기도 재밌는 얘기가 있어요. 근데 이 이게 나루가 있으니까 여게 처음에는 나루가 있다고 해서 초진이라고 했어. 초도리가 아니라. 그 다음에 이제 초도리라 했는데. 언제부터 초도리라고 했는지는 모르겠지만 이조 때 중엽이든지, 아무튼 그래도 샘이라 했다 이 말이여. 여기 이제 마을이 형성됐는데, 바람이 골짜기에서 내려치면 옛날엔 초가집 아니여? 불이 붙어서, 봄 가을 계절풍이 세게 불면 집 타는게 연례 행사여. 집이 계속 타니까 이게 연례 행사가 됐거든. 근데 이 철둑이 생기고 나서부터 불이 안 나. 철둑이 막는 거여, 철둑이. 그래 이제 철둑이 결국 방풍이 되는 거여.

35. 광대바위 서낭바위 유래 【G.17-1-35-8】

초진에 가면 서낭바위라는게 있고 광대바위라는게 있어요. 서낭바위가 있고 여기 길이 터져 있는데 이짝에는 절벽이 병풍처럼 이렇게 싸 가지고 바위가 이렇게 해 가지고 광대바위까지 싸다시피 했어요. 뾰족하게 올라온 건 아니고 밑둥이 있어 이렇게 올라와 가지고 위에 이제 산을 깎아 길이 나버렸는데, 여 이 광대바위 이쪽에 큰 소나무가 있었어요. 그리고 섬에도 커다란 소나무들이 자랐습니다. 커다란 소나무가 자랐었는데, 이 대밭이 이쪽에서 보게 되면 완전한 거북이잖아 올라가서 보게 되면 요만큼 대밭이 되고 이짝은 전부 돌하고 바위래요. 여긴 서서히 북쪽으로 낮아 들어가서 너래바위가 물에 쏙 들어가 버리고 여기에 이제 모래, 바위, 돌 이런 게 있어. 요게 옛날에 약간 평지가 있고 소나무가 있어요. 꼬리부분에 소나무가 있다고. 소나무가 있는데, 요게 중앙부분에 이 돌 많은데 하고 이짝 흙이 많을 게 아니여 대밭이니까? 요 평지에 어떤 사람들은 사당이라 하고 어떤 사람들은 군인 천막이라 하고. 왜 이걸 초막이라고 하냐? 이게 변방지역이기 때문에 바다도 지켰다 이거에요. 그런데 여기다 성을 쌓았어요. 이 성 쌓은 게 이 북쪽으로, 북쪽하고 동쪽을 향해서 쌓은 게 지금도 남아 있어. 남아 있는데, 적이 들어왔을 때, 군수 피난지다 이거여. 그러면 육지를 향해서 성을 쌓을 거지, 이건 그러니까 그 전에 성을 쌓은 거 아니여. 이게 군수 피난지를 위해서 성을 쌓은 게 아니라는 거지 내 얘기는. 그리고 어떤 사람들은 금구도에 물이 난다고 하는데, 그게 없습니다. 육지는 아까 광대바위 옆 쪽에 바위 구멍에서 물이 계속 나오는 데가 있어. 초도라는 마을은 물이 많이 나요. 어떤 사람들은 물이 많이 나서 초도를 샘이라고 부른다고 하는데 그건 절대 아니고. 재밌는 건 이쪽 소나무가 70년대인가 언제 금구도에 불이 났습니다. 큰 소나무가 거의 다 타 죽었어요. 딱 꼬리 부분에 한 개 남아 있어요. 꼬리 부분에 한 개 남고 여기 이제 나무들이 자라고 있어요. 큰 나무는 다 죽고. 여짝 거는 바람이 내부니까 바람에 의해서 그걸 안 받은 모양이야. 소나무는 뜨거운 기운을 받아도 죽거든. 여기 이짝 광대바우라는데 나무가 있었는데, 이게 유래가 다 있어요. 왜 그런가 하면 여기서 풍어제를 지냈다고 하거든요. 풍어제 지낼 때 그 전에 사또가 와서 주관을 했다고 하는데, 현이 없을 때는 면에서 관리가 나왔다고 볼 수밖에 없는데, 매년 풍어제를 지냈다고 하는데, 거기 나이 많은 노인 양반들이 셋이서, 돌아가신지 한 30년 쯤 됐구만. 그 분들이 어려서 구경했다는 건데. 여기가 바다잖아. 광대바위 나무하고 이짝 섬에 있는 이 바위가 폭이 얼마나 되냐고 물어봤더니 어떤 사람은 700미터가 넘는다고 하고 어떤 사람은 700미터가 안 된다고 하는데, 그 밧줄 말이요, 밧줄을 어디서 만들라고 했으니까 만들었겠지. 옛날에는 관에서 시키는거 다 복종했으니까. 그걸 양쪽에다 묶어 놓고 풍어제를 지내기 전에 신굿을 하잖아? 그걸 이제 무당이 한참 하다가 신이 나면 이 밧줄을 탔대요. 지금은 풍어제를 안 지내지만 그 때, 풍어제를 지낼 때, 이쪽에 그 소나무가 큰 게 80년대 없어진 걸로 생각하는데 그게 왜 없어졌는지 모르겠어. 광대바위 서낭바위 하는게 거기서 이제 풍어제를 지내고 이러다 보니까 전부 이제, 왜 신 모시고 이러는 거를 서낭이라 그러잖아? 그러니까 이제 서낭바위라고 했고 광대바위는 이제 무당이 건네 다니고 하니까 광대바위라고 하지 않았느냐 생각하는데…….

36. 구룡물 유래 【G.17-1-36-8】

구룡물이라고 있는데, 거기 사람들은 구룡물, 구룡물 하는데 어떤 분들은 또 구룡연이라고 하거든. 구룡연. 광대바위 뒤에 길이 있는데 그 위쪽으로 샘이 하나 물이 계속 나오는 데가 있었어. 지금은 없어진 거 같아요. 그 물이 바다 쪽으로 흘러들었을 때 약간 뭐 폭포처럼 되고 물이 조금 흘러서 여기 바위가 조금 깊다랐게 되고 너래바위가 바다 깊이 있는데 물이 항상 거기 고여 있다 시퍼런 물이. 물이 파도가 치면 이제 돌지만 그게 이제 깊으니까, 그래 이제 그게 물이 이렇게 약간 폭포처럼 흘러 내려가지 않았냐. 그래서 그걸 구룡물 구룡물 그러지 않았느냐. 나는 그렇게 생각하는데 지금은 그걸 깨 가지고 위에 어판장을 만들었어요. 그래서 초도 사람들이 부르는 구룡물은 없어졌어요.

거진읍

거진리는 조선시대에 한 선비가 과거시험을 보러 한양으로 가던 중 이곳에 들렀다가 산세를 보고 클 거(巨)자와 같은 형국으로 거부 장자가 많이 나올 것이라 하여 거진리(巨津里)라 부르게 되었다. 옛 기록에는 거탄지리(巨呑津里)라 하였으며 1915년 행정구역 통·폐합으로 수외리가 거진리에 편입되었다. 거진1리는 매년 음력 3월 초순과 9월 중순에 등대 밑 성황당 및 어판장에서 풍어와 어부의 안전을 기원하는 어신제를 지닌다.

전찬호(73, 남) 고성군 거진읍 거진 11리 2005.6.11
(전찬호 제보자께서 들려주신 설화 자료는 37번부터 42번까지이다.)

37. 소실된 건봉사의 모습 【G.17-2-1-5】

스님들이 말이야, 스님들이 1500명 정도 거기 유치했다구. 상당한 사찰이라고. 진입로가 어떻게 생겼냐면, 여기 들어가다 보면 문수고개가 있어. 여기를 넘어서 들어가면 여기 옛날에 동국대학 학생들이 여기 축구 경기를 하던 축구 경기장이었다구. 그 축구장에서 바로 뭐이가 있었냐면은 이 불입문 이라는 그 건봉사의 첫 관문이야. 불입문이거든? 불입문이 있어서 가지고 쭉 올라가면, 여기가 복잡하단 말이야. 이 계곡을 건너가려면 구름다리가 있어. 그러면 여기서 계단을 타고 올라가게 되면, 이층 누각이 있다고. 일로 빠져서 들어가면 여기 큰 집이 있고, 여기가 대웅전이여. 그리고 그쪽으로는 신도들이 전부 거하시는 만일회거든. 만일회. 여기가 회관이야. 신도들이 거할 수 있는 주택이여. 그담에 여기서 다리를 건너가기 전에 이짝으로 산쪽으로 올라가게 되면 여가 팔상전이라는 데가 있어. 팔상전이라는데는 뭘 하냐면 석가가 처음 태어날 때부터 사망할 때까지 그 총 역사를 기록하는 곳이란 말이야. 무슨 사리가 얼마나 있고, 치아사리니 뭐니 전부가 보관되어있어. 팔상전이라는 데가,

석가가 처음에 인도에서 왕궁에서 왕비가 친정으로 아이 낳으러 갈 적에 중간에서 출청을 했거든. 어딜로 하냐면 스님들 위에 옷 타 놓은 게 있지. 왜 타 놓았는 줄 알아? 석가가 거기서 나왔단 말이여. 딱 떨어지면서 7보를 걸으면서 뭐라고 했냐면 천상천하 유아독존이라고 손가락을 이렇게 드는거 봤지? 그것이 거기서부터 이제 산에 들어가서 도를 닦던 그 역사가 주욱 돌아가면 벽채에 전부 화면으로 되어있다고, 볼만하지.

38. 문수고개 【G.17-2-2-8】

여기는 이 절이 형국이 어떻게 생겼냐 하면 이렇게. 생겼어요. 그러니깐, 이 안은 겉에서 봐서 거가 뭐가 있는지 없는지 몰라. 지형상 이렇게 생겼기 때문에, 그래서 일로 들어가서 그러니까 이 산을 들어가는 문이여. 그래서 문수. 이것도 다 불교에서 나온 얘긴데, 거길 들어가야만 그 절을 들어갈 수 있다구.

39. 냉천 【G.17-2-3-8】

냉천이라는 데는 찰 냉(冷)자 샘 천(泉)잔데, 물이 참 유명한 물이라서, 이 고성읍 안에서 막걸리 양조장이 여기 있었단 말이여. 다 전부 여기서 막걸리를 최고로 쳤지. 그래서 그 동네 이름이 호수가 11호수가 살았는데, 양주장 직원들이 다 살았거든. 다 거기에서.

40. 건봉사의 옛 위용 【G.17-2-4-5】

이곳 땅은 전부 건봉사 소유였었어. 토지가. 여기서 원산을 가자면 건봉사 땅을 밟기 전에는 거길 가질 못해. 그러니까 그만치 땅 부자가 있었고, 또 토지들의 도지 받아들이는 게 연간 몇 천 석을 받아. 나무통을 짜가지고 이 쌀을 담는 뒤주가 있어. 그게 보통 50가마씩 들어가는 게, 여러 개가 있었단 말이야. 그러니깐 1,500명 식구가 전부 일년을 먹고 살

수 있는 식량이 보관되어 있었지. 거기 큰 가마솥이 있어.

41. 화진포 장자못 1 【G.17-2-5-5】

거기서 부자가 살았는데 중이 저희 집에 동냥을 하니 소똥을 떠줬단 말이야. 이에 소똥을 떠주고 그것을 가지고 가라고 하는데 중이 고맙다고, 참 시주를 잘 해줘서 고맙다고 해서. 또 거기 올라가서 내려다 보니까 그게 이제 늪이 됐어. 화진포가. 거기 소가 생겼어.

42. 착한 사람을 보호해 주는 호랑이 【G.17-2-6-6】

그게 사람이 직접 본 사람은 없고, 거기서 여기 볼일 보러 왔다가 밤에 어두워서 장보러 왔다가 가게 되면, 어두워지면 그러면 호랑이가 그 옆으로 산 옆으로 따라가 보호해줘, 호랑이가. 착한 사람. 우리 같은 사람들은 평민은 소용없고, 절에 잘 하고 이런 사람이 밤에 거길 가게 되면 호랑이가 반드시 그 옆에서 사람 옆에 몰래 따라간다고. 따라가서 그 사람을 도와준다고. 밤중에 산골에 가도 맘이 든든하대. 도가 통한 사람들은 다 그래.

자산리는 마을 뒤에 있는 와우산이 옛 문헌에 자산(慈山)이라고 기록되었다고 하여 이 마을 이름을 자산리라고 지었다. 마을 앞 하천도 옛 기록에는 거탄천(巨呑川)이라고 하였는데 후에 자산천이라 고쳐 부르게 되었다. 1915년부터 1922년까지는 오대면 소재지였으며 일제시대에는 봉평리 2구라고 불렀다. 속칭명은 자솔리이다.

황두현(77, 남) 고성군 거진읍 자산리 90번지 2005.6.11

최월화(69, 여) 고성군 거진읍 자산리 90번지 2005.6.11

(황두현, 최원화 제보자들께서 들려주신 설화 자료는 43번부터 45번까지이다.)

43. 자산리 지형 【G.17-2-7-9】

이쪽으로는 꼬리고 저쪽으로는 머린데 그 소에 파리가 앉잖아? 꼬리로 툭 치면 파리가 다 날아가잖아? 그니까 우리 자선리라는 데가 그렇대. 그게 지금 돌아왔다고. 말하자면 그 얘기가 지금 현실이 됐어. 3년 전에 많이 여를 떠났다고. 종마천 사이 스님이 떠나고 여기 지금 집이 나가서 20집이 떠나고 그거까지 30집이 떠났다고. 마저 이제 우리들도 떠나야 해.

그래서 그 옛날 얘기 내려온 게 그게 지금 현실이 됐어. 지금 하나하나 왔는데 파리모양, 하나하나 앉았다가 꼬리로 툭 치면 우 하고 다 날아 가는 거야. 그 그게 계속 하나하나 들어왔었거든? 한 8~90집 됐었어. 그러다 지금은 현재는 48집인데 이제 한 11집 떠나고 뭐하면 이제 30집 정도밖에 안 남았지 뭐. 그러니까 그 옛날 얘기가 지금 돌아왔다고.

44. 아우연 성황 【G.17-2-8-8】

그러니까 이 아우연이라는 게 군인도 있어서 문화도 있고 해서 보러오거든? 성황, 그래서 그 산이 유명하지, 아우연이라는 게,

(조사자: 그럼 그쪽에 성황당이 있다는 말씀이신가요? 그 성황당에 얽힌 얘기는 뭐 없나요? 뭐 성황당 없애려고 했다가 해를 본 사례같은 거.)

해를 본 사례가 있지. 그게 인제 내가 여기서 우리가 이 집에서 산 지가 꼭 41년, 여기 들어와 산지가 47년 됐거든. 그래 인제, 다 서울로 가서 공부하고 미국까지 갔어. 박사하러 막내는. 내가 인제 그런 절에 다니고 미신을 믿다 보니까 그 원래는 다른 사람이 해야 하는데 할 줄을 모른다거나 또 제사를 잘 못한다거나 또 뭐 천주교를 믿는다든가 기독교를 믿는다거나 이렇게 하니까는 그런 거 안 하잖아, 그런 일은. 그래서 인제 그걸 내가 계속하고 있었는데 어떻게 해 가지고 기분이 좀 상해서 몇 년을 내가 안 했어, 안 했더니만 그냥 다리가 몇 사람 또 짤렸지, 다치지. 또 여

기 이장님도 또 다쳤잖아. 또 여기 그 옆에 사는 아저씨도 무단히 아파가지고 눈 한 짝 빼 가지고 또 그랬지. 작년 재작년에는 그래서 있잖아, 그 성황을 살려야해. 아니하믄 그 해를 보더라구, 그래서 지금 그 집에서 요즘 그거 때문에 요새 염소똥내 나서 난리야. 치우라고. 그래서 지금 산재가 와서 그 최씨네 종정 산이거든. 종정 산이라고서네 깨끗이 하라고 모셔왔어. 그런 걸 잘 해야 해, 어느 동네고 그런 걸 잘 해야 해. 못하면 사람이 아프다던가 동네 우환이 겪는다던가 그런 일이 있는 거 같더라고. 우리가 생각하기에는.

45. 계골에 나타난 호랑이 【G.17-2-9-6】

계골이라는 데 요기 넘어가는 길이 있었어. 지금도 들어가면 무서워. 혼자는 못가. 그런데다가 옛날에는 걸어 다녔잖아. 차가 없어서. 그러면 호랭이가 뒤에 붙어서 따라온대, 저벅저벅. 그런 얘기 많이 들었지.

화포리는 예국의 땅으로 그 당시 화포리 동쪽의 높은 산이 마치 매가 앉아 있는 형상과 같다하여 응봉이라 하였다고 한다. 응봉 앞에 있는 화포리는 마을 형상이 작은 새가 응봉을 향해 나는 형상과 같아 화포리의 옛이름을 응추(鷹雛)촌이라 불렀다고 한다. 고려시대 때에 이 마을에 밭용골, 삼정골, 모시골, 능골, 화상골 등 다섯 골이 있었는데. 이 다섯 골을 합하여 오현이라 했다. 한 선비가 이 마을을 지다다 "마을이 나비 형국이 되어 있으니 참 잘 될 것"이라고 말하였다. 그 말을 듣고 지성 있는 한 노인이 "나비가 있으면 꽃이 있어야 하는데 무엇이 좋습니까?" 하여 그 말을 듣고 이 마을의 이름을 화포(花浦)라 지어 지금까지 불리어 오고 있다.

윤용수(73,남) 고성군 거진읍 화포리 2005.6.11

(윤용수 제보자께서 들려주신 설화 자료는 46번부터 53번까지이다.)

46. 염불 만일회 하다 승천한 스님 【G.17-2-10-6】

요기가 이제 고성군 거진인데 우리 거진 지역에 설화라고 하면은 얽힌 설화들이 여러 가지가 있는데 우선 뭐 아까 뭐 건봉사 얘기 했으니까, 건봉사는 잘 아는대로 기록에 나와 있으니까 우리가 이제 지금 뭐 사찰 얘기를 하니까 법보 사찰이 있거든요. 그 다음에 승도 사찰이 있고 또 우리 답사를 집중적으로 하는 사찰이 있고 건봉사는 4대 사찰 중의 하나지.

여기 지금 진신사리를 중국에서 가져왔을 때에는 송도사에 모셨다가 임진왜란을 겪고 일본 사람들이 가져간 것을 다시 찾아다가 거기에다가 모셔 두고 그래서 어떻게 보면은 우리가 얘기하는 절로서는 3대 사찰에 들어갈 수가 있는데 지금 통도사에서는 통도사대로 당초에 자기들이 모셨던 자리라고 해서 그거를 지금 통도사에 가면 통도사의 자리에 모시는 걸로 되어 있어요. 그래서 이제 4대 사찰의 하나에 들어간다는 얘긴데, 4대 사찰은 건봉사가 염불 만일회라는 게 있어요. 이게 염불을 만 일 동안 하는 거야, 이게 날짜를 계산하면 30년 동안 염불을 하는 게 금년도에 이제 4회째 들었어요. 설화라고 할까, 그 얘기로 하면 만 일 동안 염불을 한 분이 승천을 했다, 우리가 지금 현대 과학 문명으로 보면 설화라고 볼 수 있는 거죠. 사실상 사람이 하늘로 하늘로 올라갔다고 하는 거는 실질적으로 이해하기 어려운 거니까. 근데 사람 한 분이 승천을 했다는 그런 설화가 있는데 그로부터 2회 만일회, 3회, 4회 이렇게 지금 연속이 되고 있는데 이제 건봉사에 가면 금공도라고 있어요, 금공도라는 목탁이 있는데 그게 인제 서른 한 분의 육신을 거기다 모셨다 하는 그런 설화가 건봉사가 있어요.

47. 화진포 장자못 2 【G.17-2-11-5】

그 다음에 이제 지역 설화로는 화진포가 있어요. 화진포가 있는데 화진포의 설화라고 하면 옛날에 단풍바위라고 하는 바위가 있어요. 그 밑에 화진이라는 아주 큰 부자가 살았는데 스님이 시주를 하라고 공양을 오니까 그렇게 부자인데도 시아버지가 인제 소를 키우는 마구에서 청소를 하다가 거기서 이제 소똥을 퍼서 스님의 바랑 주머니에다가 줬는데 그 이제 착한 며느리가 보니까 자기 시아버지가 하는 행동이 아주 불친한 행동으로 봐서 시아버지가 안보는 사이에 며느리가 쌀을 한 숟가락 해줬어요. 그랬더니 그 스님이 이 집에 운도 다 됐으니까 나를 따라오라고 해서 며느리가 스님을 따라가는데 절대 뒤를 돌아보지 말라고 했어. 도청 서낭이라고 있는데 그 산 속으로 가는데 갑자기 뇌성벽력을 치면서 폭우가 쏟아져서 장 단지를 안 닫고 간 며느리가 그 생각을 하고 뒤를 돌아보았어. 그러니까 그 스님이 안 되겠다 해서 타계를 했다고 생각하고 그 며느리를 도청 서낭에 망부석으로 만들었대.

48. 화재 예방을 위해 솟대 위에 단 오리 【G.17-2-12-8】

옛날에 화재가 자꾸 나서 솟대 위에 오리를 달아 놓았는데 오리를 그 나무 위에 단 거는 오리가 물에 사는 동물이니까 화재를 예방 해보려고 오리를 달았대.

49. 서낭당을 태워 남편을 살린 아내 【G.17-2-13-5】

옛날에 서낭에서 음력으로 정월달이면 서낭제를 지내서 무사안녕을 기원해. 남편이 바다에 나가서 풍랑이 심해지는데 돌아오지 못하고 있는 거야. 아내가 집에서 초를 켜놓고 기다리다가 서낭당에 갔어. 남편은 오지 않고 결국 피워 놓은 초 때메 집이 타버린 거야. 그런데 남편이 그 후에 살아서 돌아왔는데 부인이 남편을 얼싸 안고 하는 말이,

"내가 죽을 죄를 지었으니 나를 죽여주세요."

라고 말했더니 남편이,

"아니오, 당신이 아니었다면 나는 돌아오지 못했을 것이오."

라는 거야. 그러니까 집이 불 타서 보이는 불을 보고 남편이 돌아온 거야.

50. 자신의 피로 부모를 살린 효자 【G.17-2-14-1】

옛날에 삼대가 같이 살았는데 그 부모가 아팠던가 봐. 그래서 그 자식이 자기 피를 먹여서 부모를 살렸대. 그런 효자가 있었대.

51. 산정골 유래 【G.17-2-15-8】

화포리라는 마을에 산정골이라고 있어. 거기는 소가 농사짓는 수단이 잖아. 그래 소 위에 지름이라고 하는 것을 놓고 짐을 싣고 했는데 소가 하도 힘들어서 지르메를 벗어 던지고 가서 그 이름을 산정골이라고 지었대.

52. 쌀이 나오는 방아를 얻은 효자 【G.17-2-16-1】

안터라는 마을이 있는데 아들이 잔치집에 가서 음식을 싸서 부모님을 드릴려고 했는데 길을 가다가 혼자 다 먹은 거야. 그런데 집에 빈손으로 가기 그러니까 길에 돌이 하나 있어서 갖고 갔는데 그 돌에서 다음날 아침 쌀이 나오는 거야. 그래서 부모님께 효도를 했다. 그게 방아라고 해.

53. 만 일 염불하다 승천한 승려 【G.17-2-17-5】

31인이 만 일 염불을 하는 데 거기서 승천을 했다고 그래. 만 일 염불을 하다가 천장에 구멍이 뚫려서 승천을 했는데 그 천정은 비가 와도 새지 않는대.

이진길(58, 남) 고성군 거진읍 화포리 화진포 2001.9.5
(이진길 제보자께서 들려주신 설화 자료는 54번부터 56번까지이다.)

54. 화진포 장자못 3 【G.17-2-18-8】

옛날에 여기 이 화진포가 모두 이화진이라는 사람의 땅이었다고 하더라고. 그런데 그 사람이 아주 구두쇠였다나봐. 하루는 스님이 시주 좀 해

달라고 찾아왔더니만 글쎄 시주 대신 소똥을 한 삽 퍼내 가지고 던져 버렸대. 사람이 어디 그러면 되나? 그 돈 다 죽을 때 짊어지고 가는 것도 아닌데 말이야. 그러니깐 그 사람이 벌을 받은 거지. 스님이 가고 나서 난데없이 벼락이 치더니만 그 화진이라는 사람이 살던 곳이 모두 시퍼런 호수로 변해 버린 거지. 그리고 그 스님도 갑자기 사라졌다 하더구만. 옛날에는 참 신기한 일도 많았어. 하늘에서 보낸 게 아니면 누가 보냈겠어. 안 그래? 그러니 사람이 맘을 곱게 써야지. 그러니 이 화진포가 원래는 이화진의 논이었는데 지금 이렇게 호수가 돼버린 거지.

55. 용선바위 【G.17-2-19-9】

아야진리는 큰 마을이랑 작은 마을로 나눠는데, 그 아랫마을 가까운 곳에 바위가 있어. 그 바위 모양이 큰 배처럼 생겼어. 그래서 용선바위라 부르고. 또 바위의 머리가 북쪽으로 향해 있어서 외적의 침입을 막아 준다고 하더라고. 그런데 아랫마을에서 윗마을로 올라갈라면 용선바위를 지나야 하는데, 바위 틈 길이 너무 좁아서 사람들이 이 길을 넓히려고 바위를 잘라냈어. 그러니까 바위에서 붉은 피가 막 흘러나오는 거야. 마을 사람들이 바위 혈맥을 끊은 거지. 지금도 거기 가면 그 때 짤린 부분에서 나온 피 흔적 같은 게 남아 있어. 그래 그 혈맥을 끊어서 그 근처 나무가 거의 다 살지 못하고 죽는다고.

56. 부모 뜻을 잘 따르는 것이 효 【G.17-2-20-1】

옛날에 두 형제가 아버지를 모시고 살았어. 그런데 어느 날 아버지가 죽은 거지. 죽으면서 자기를 산에다가 묻지 말고 고개 넘어 작은 연못에다 묻어 달라고 얘기를 했지. 근데 아버지 죽고 형이 어떻게 그럴 수 있느냐면서 산에다가 아버지 묘자리를 잡은 거야. 동생은 그래도 아버지 유언인데 하면서 늘 불편하게 생각을 했다가 형이 잠든 사이에 밤에 가서 아버지 유골을 연못에다가 묻었어. 그리고 나서는 형한테 이젠 못 들어

가니까 혼자 산으로 마을로 돌아 다녔지. 하루는 너무 지쳐 가지고 산에 있는 어느 집에를 찾아 갔는데 신기하게도 그 집에서 마치 자기를 알고 있는 모양으로 반갑게 반기더래. 어디 그 뿐인가? 딸까지 줬어. 밤에 잠을 자려고 하는데 갑자기 딸이 자기를 따라오라고 하더니만 용궁으로 데리고 간 거야. 그런데 거기 용궁에 왕이 돌아가신 자기 아버지인 거야. 아버지가 보고 말하길,

"너는 내 말을 잘 들었구나. 형을 본 적이 있느냐?"

하니깐. 동생이,

"형을 보면 맞아 죽을 것 같아서 못 봤습니다."

했지. 그러니깐 아버지가 마굿간에 가보면 형이 있을 거라고 해서 마굿간에 갔더니만 거기에 소로 변한 형이 동생을 보고 눈물을 주루륵 흘리고 있는 거야. 결국 동생은 아버지 말을 잘 들어서 편하게 살게 된 거지. 옛날에는 이렇게 부모 뜻을 잘 따르는 걸 효라고 생각했지.

황옥년(77, 여) 고성군 거진읍 화포리 2001.9.5

(황옥년 제보자께서 들려주신 설화 자료는 57번이다.)

57. 시어머니 위해 단발한 효부 【G.17-2-21-1】

가난한 집에 아들이 과거를 보러 가다가 날이 저물게 됐지. 그래서 길을 헤매다 겨우 집을 발견하고는 그 집에 들어갔는데 세 식구가 살고 있었지. 어머니, 며느리, 아들 이렇게. 그런데 어머니가 앉아서 계속 울고 있고 아들은 장구를 치고 며느리는 머리에 수건을 쓰고 춤을 추고 있는 거야. 그게 하도 이상해서 이유를 물으니깐 어머니가 하는 말이 며느리는 머리를 밀어 시어머니의 생일상을 차려 드리고 머리에 수건을 쓰고 춤을 추고 아들은 이에 기뻐 장구를 치고 있는 거라고. 또 자기도 너무 기뻐서 눈물이 계속 난다고 그러더래. 후에 과거시험을 보러 갔는데 시험 문제가 바로 자신이 봤던 그 집 문제였지. 그래서 과거에 장원급제해 가

지고 잘 살았대.

최동인(66, 남) 고성군 거진읍 화포리 화진포 2001.9.5
(최동인 제보자께서 들려주신 설화 자료는 58번이다.)

58. 방앗간집 아기장수와 용마 【G.17-2-22-5】

옛날에 방앗간 집에 늠름한 아들이 태어났는데 하루는 이 집 안방에 아이를 눕혀 놓고 방앗간에 갔던 할아버지가 갑자기 담배가 피우고 싶어 가지고서는 집으로 돌아와서는 실겅[2]에 손을 뻗으니깐 무슨 이상한 게 잡히더래. 그래서 놀래 가지고 보니 바닥에 눕혔던 아이가 글쎄 선반 위에 드러누워 있더라는 거야. 문중 사람들이 모여 가지고 회의를 하는데 분명히 이 아이는 장수가 틀림이 없다면서 죽이기로 결정을 한 거지. 원래 집안에 장수가 나면 삼대가 멸한다는 사실 알지? 그래 가지고 그날 밤 아이를 우물 속에 넣고 우물을 메웠는데 갑자기 뒷산 연못에서 벼락치는 소리가 나더니 장수를 태울 용마가 죽어 버렸대.

용하리는 마을 뒤에 용의 형상을 한 안산이 있고 마을 앞에는 늪이 있었으므로 옛적부터 용호촌이라 부르다 1915년 행정구역 병합으로 하산북리(下山北里)와 합하여 용하리라 부르게 되었다. 일제시대 말에는 이곳에서 토기를 만드는 토기점이 개설돼 1973년까지 존재해 있었다. 매년 3월 3일에는 마을의 무사고를 기원하는 산신제를 홍골산(형제소) 폭포에서 지내고 있다.

이재풍(84, 남) 고성군 거진읍 용하리 2반 2002.10.27
(이재풍 제보자께서 들려주신 설화 자료는 59번부터 74번까지이다.)

---

2) 실겅: 실강을 말함. 식기 또는 기구를 얹어 놓기 위하여 시골집 부엌의 벽 중턱에 드린 선반

이재풍 할아버지께서는 귀가 어두우심에도 불구하고 다양한 설화들을 성의껏 들려 주셨다.

59. 배포 커서 벼슬한 사람 【G.17-2-23-9】

옛날에 이제 지금처럼 과거를 안 보고 임금님 이하의 대감이라고 있어. 그 대감한테 가서 이제 식모살이를 해. 식모살이가 뭔고 하니 가서 일도 해 주고 그렇게 하면 대감이 그 사람하는 행동을 보고서 그 벼슬 하나씩을 얻어 준단 말야.

그래서 서이가 가서 식모살이를 하는데, 몇 해를 식모살이를 해도 뭐 벼슬자리도 안 주고 가라는 소리도 안 하고 오라는 소리도 안 하고 그런단 말야. 그니깐 대감이 이 놈들이 무슨 소리를 하나 궁리를 꾸미고 있나 하고서는 인제 서이서 자는 방이 따로 있거든. 가서 엿들었단 말이여. 떡 가서 뭐라고 욕을 하나 한깐 한 놈이 앉아서 말해.

"우리 서이가 어렵게 있다 와서 그참 가라는 소리도 없고 오라는 소리도 없이 헛 산 모양이야. 그 놈 이제 원수를 해고선 가야 되겠다."

아 이 놈들이 이러거든. 무슨 원수를 할라고 그러나 하고 있으니깐 한 놈이 있다가 하는 말이,

"그 대감을 어쨌든 큰 도끼로다 양짝 무릎 다리를 찍어서 찍어놓고선 나는 원수를 해야겠다."

그러거든. 한 놈이 가만 있더니,

"나는 대감 받아먹던 밥을 한 상 받아먹음 가도 할 수 없겠다."

한 놈이 있다가,

"저런 미실이 같은 놈. 그게 미시리지. 사람이 잘 되고 보면 그 밥이 없겠니? 그 놈 첩을 불이 번쩍 나게 했으면 좋겠다."

그러거든. 대감이 듣고선 왔단 말이야. 그 세 놈을 불러들였어.

"너는 우리 첩을 불이 번쩍 나게 해야 된다고 그랬으니까 그거 너 해야 된다."

첩을 불러다 대구선 제껴 놓고선 하라는 거야. 불이 번쩍 나게. 아니 뺄중하더니 말이야. 불기작을 냅다 치니 불이 날만 한데 이 년이 물을 쏴서 끈다. 아, 이렇게 말을 하거든. 아, 물결이 참 크다.

"너는 내 다리를 도끼로 찍겠다고 했으니까 도끼로 찍어라."

그래 다리를 이렇게 탁 펴고,

"바로 여기를 찍어야지 여기 못 찍으면 너는 죽어."

도끼를 갖다 주라, 하나, 둘, 서이 하면 찍어라. 하나, 둘, 서이 하니까 가만히 있으면 죽거든. 이렇게 하고 팍 찍어 내린단 말야.

'아, 이 놈 배짱이 확실하구나.'

두 놈은 정해 놓고.

"너는 밥이나 한 사발 얻어먹었음 좋겠다. 나보다 더 잘 차려 놓은 밥한상 얻어먹고 넌 가라. 넌 장(내)에 있어 봤자 이 궁궐 안에 있어야 큰일을 못 해."

밥 한 상 차려 먹고 빼냈어.

의견이 오거든. 도끼로 다리를 찍겠다는 사람은 육군대장을 만들었어. 배포가 크니까 그만큼 큰일을 한단 말이야. 우리 작은 늙은이 불이 나게 한다고 물 싸서 불을 껐다는 놈은 의견이 무서운 놈이야. 마누라 데리고 불 끈 사람은 묘사를 만들었어. 나라님 이래라 저래라 시키는 묘사를 만들었어. 그래 사람이라는 것은 궁리가 넓고 배짱이 있어야 큰 사람 노릇을 한단 그 애기지.

60. 세 친구 【G.17-2-24-6】

세 사람이 길을 가는데 한 군데를 떡 가서는 우리 서이가 누구든지 잘되게 되면 똑같이 도와준다. 잘 된 사람이 먼저 도와주고 못한 사람이 나중에 도와주고 그렇게. 이제 셋이서 이제 한 군데를 가니까는 큰 백화점 같은 물건 파는 데가 있어. 한 사람이 물어보니깐, 거울을 들고,

"이게 뭐요?"

하니깐 이건 보고 싶은 사람 보여라 이러면 뵐 수 있는 거울이란 말이지.

또 한 사람은 사과를 들고서,

"뭐하는 사과요?"

하니깐 죽은 사람 먹이면 살아난단 이거여. 그 때 돈은, 지금 돈 10만원 100만원 하는 걸 샀단 말이야.

한 사람은,

"이게 뭐야?"

비행긴데 이거 타고 가고 싶으면 타고 가면 간다 이거여.

셋이 값이 똑같은 걸 샀단 말야. 사 가지고 이제 한 군데를 떡 가는데,

"아 그러지 말고 색시가 보고 싶은데, 우리 좀 보자. 아무개 좀 보고 싶은데 뵈켜라."

하니깐 이거 거짓뿔이여. 뵈키는데 여자가 죽는단 말야, 병이 들어서.

"야 너 비행기 샀으니까 비행기 타고 가자."

셋이서 비행기 타고 가니깐 죽거든.

"너 사과 죽은 사람 먹이면 산다고 했으니까 먹여라."

셋이서 다같이 천만 원짜리를 썼는데 그 여자는 셋 중 하나, 나 살린 사람을 같이 살아야 되겠는데 셋이 다같이 살순 없고. 그러니깐 재판을 하는 거야.

누구랑 살아야겠니? 그래 사과 준 사람이랑 같이 살았대. 왜냐하면 사과 준 사람의 사과는 이제 먹고 없잖아. 나머지는 다 있고. 거울은 임시 보이기만 했지. 비행기는 타고 오기만 한 거고. 이게 다 의견 놀음이야.

61. 기생의 도움으로 어사된 사내 【G.17-2-25-6】

사람이 둘이서 살았어. 둘이서 사는데 한 글방에서 글을 같이 배웠거든, 둘이서. 그런데 인제 언약을 하기를 어떻게 언약을 했냐면,

"니가 잘 되면 나를 도와주고 내가 잘 되면 너를 도와주자."

고 그렇게 언약을 했단 말이야.

언약을 했는데 한참 공부를 하다가 둘이서 얼마나 공부를 했던지 참 과거를 보러 갔다 와서는 한 사람은 인제 그 때 원을, 원은 지금으로 말하면 군수여. 옛날에 군수니까는 높은 직업을 했지. 참 그게 높지. 그렇게 군수를 떡 맡아 가지고 왔단 말이야. 맡아 가지고 와서 군수 노릇을 하니까는 한 사람은 같이 공부를 했는데 아주 못 살고 가난하거든.

그래 이 사람이 매일 같이 그전에 같이 공부를 해서 언약을 했으니깐 가면 좀 도와주겠지. 그래서 갔단 말이야. 그 사람을 찾아가니 아 이런 제길 본 체도 안하고 거렁이가 돼 왔으니깐 거렁이가 하인년한테 가서 얘기할 수 있냐, 내쫓아 내몰았단 말야. 그러니 어떡해. 그러니 할 수 없어서 그만 참 쫓겨 갔단 말야.

쫓겨 가서 나중에 이 사람이 그 집에 가장도 먹을 것도 없고 쫓겨 가는 길인데, 한 데 가보니깐 하루 종일 가다보니깐 참 그 무슨 집이 하나 있거든. 그래서 먹을 것도 없고 배도 고프고 그러니까는 들어가 좀 자고 가자. 보니깐 이제 집은 여느 사람이 아니라 기생의 집이란 말이야.

기상, 기생이래도 이게 이름이 인제 옥단이라는 기생이거든. 기생인데 아 자고 가라 그러거든. 그래서 그 하룻잠을 자는데 젊은 사람이 기생이 얘기를 자꾸 좀 해 달라고 그런단 말야. 무슨 얘기를 해 달라고 했냐 하면은 그 역사적 얘기를 좀 해 달라고.

"글을 그만큼 배웠으면 역사 얘기가 있을 게 아니냐? 역사 얘기 좀 해 달라."

그래 인제 지가 지나온 얘기를 했거든.

"내가 그게 아니라 친구가 하나가 있는데 서로 잘 되면 누구든지 도와주기로 했는데, 도와주지 않고 그래서 참 나섰는데 그게 그랬다."

"아, 그런 일도 있냐?"

그니깐,

"그러냐? 그러면 당신 공부 더 해야 한다."

"공부를 어떻게 할 수 있냐?"

돈도 없고 하니깐.

"아, 우리 집에서 해라."

자기가 인제 그 기생이 붙잡아서 그 사람 두고두고 공부를 가르쳤단 말야. 이제 공부를 아주 많이 했거든.

"이제 이만큼 했으면 저기 뭐 무슨 과거를 봐라."

그 올라가서 과거를 본 것이 아 그거를 봤단 말이야. 이제 급제를 해서 어사, 어사 직업을 맡았단 말야. 그러니까 인제 이게 박문수 박어사라고 이제 팔도 어산데 그건 아무도 말을 안 해. 그런 어사니까 그 군수 같은 건 도지사 같은 건 그 따위 무슨, 나랏님만 내놓고는 그 외에는 다 없앨라면 없애고 살리면 살린단 말야. 아유, 그 맡았느니까는 뭐 뭐 대단치도 않거든. 뭐 또 그 담에 거랭이 행세를 하고서 떡 내려왔단 말야. 내려와 또 그 친구를 찾아갔지.

"사실 그전에 이래서 그렇게 괄세할 수 있느냐?"

하니까는 아, 그 놈 또 막는단 말이야. 그래,

"내가 사실은 내가 어사노릇 하는데 어사가 돼서 왔는데 니가 그럴 수가 있느냐? 사람이 그래서는 못 쓴다."

고 잘 나서서 타이르고 그래 가지고선 그 사람한테 그래.

"내가 너를 떨궈 내버렸으면 좋겠지만 사정이 그렇지 못하니깐 기약은 기약대로 해야 된다. 나는 잘 되고 너는 군수 같은 건 아무 것도 아니니까는 내가 시키는 대로 해라."

그래 용서를 해 줬대. 그렇게 의가 좋게 그러면서 살아가는 사람이 있더라 이거여.

62. 할머니로 둔갑한 여우 【G.17-2-26-6】

한 사람이 이제 질(길)을 갔어. 질을 가는데 한 공동묘지를 당했단 말야. 공동묘지를 당했는데 가만히 보니깐 하얀 놈이 백여우 하나 오더니 묘지를 자꾸 판단 말이야. 뫼를 파더니 해골을 갖다가 씌운단 말이야. 해골을 하나를 갖다가 뫼에서 해골을 파 가지고 대가리에다 들이 씌우거든. 아, 들이 쓰니까 하얀 할머니가 생겼는데 둔갑을 한단 말이야.

아, 그러다 보니깐 아 덜 맞으면 돌려서 다시 씌우고 아주 미(美)따운 할머니가 돼서 참 이쁜 할머니. 그러니까 그 죽은 무덤의 그 해골을 뒤집어썼던 거여. 그 백여우가. 아 그렇게 해고서는 가거든. 가는데 자꾸 뒤를 따라간다. 뒤를 따라가는데 가다 보니까는 큰 잔치집이 하나 있는데 거기로 쏙 들어갔단 말야. 그담에 그 놈이 그니까네 젊은 첩을 있는 대로 간단 말이야. 그리고 거기서 잔치상을 떡 받아서 먹어. 그래 이 사람이 다짜고짜 그 방으로 뛰 들어가 그 백여시를 지팡이로 내리쳤어. 그러니 그 주변 사람들이 다 놀라지. 아니 이게 노인네를 쳤다고. 노인네를 쳐서 죽게 만들었다고 다 난리야. 그래 그 사람을 잡아가려고 달려드는데 이 사람이,

"잡아갈 때 잡아가시더라도 한번 기다려 보시라."

고 그래. 그래 있다가 보니까 그 할머니가 죽어서 해골 쓴 백여시로 변한단 말이야. 이제 죽었으니까 원래 모습으로 돌아온 거지. 그래 사람들이 이 사람 때문에 여시를 잡았다고 아, 고맙다고 이 사람한테 많은 재물을 줬대. 그래 그 사람이 부자가 됐대.

63. 쌍둥이 아기장수 【G.17-2-27-5】

이제 그건 우리 엄마 시댄가 할머니 시댄가 그런데 요요 웃말 요기에 옛날에 진짜 장수를 낳았대요. 둘을 낳았는데, 쌍둥이를 낳았는데, 개네 엄마도 낳아놓고도 몰랐대요. 쌍둥이를 낳는데 똑같이 눕혀 놨는데, 하나는 이짝으로 눕구 하나는 이짝으로 모로 누워 있드래요.

나두 우리 할아버지한테 얘기를 들었는데, 그게 어떻게 된 거나 하구서는 자꾸 디다 보고 한 살 묵어 두 살 묵어 세 살 먹으니깐 자꾸 변동을 하드래요. 이제 눕혀 놓으면 눕혀 놓은 대로 안 있고 자꾸 돌라 눕구, 이렇게 비 오고 안개 끼는 날은 없어지고, 이래서는 이게 왜 이러나 하고 동네

할머니들에게 물어보니까,

“야야, 그게 아무래도 이상하다.”

그러더래나. 그게 수상한데 그걸 어떻게 하나.

“그래 어떻하니, 그러니 차차 지켜봐라.”

이제 요기 나가면은 요기 나무가 큰 게 하나 있어요.

이게 안개 낀 날은 이게 없어져서 거기 가서 연습을 하고 그 옛날엔 장수 났다 알게 되면 부모가 죽는데 부모가 알게 부모가 안 죽이면은 장수가 죽이고 나간다고 하는 거야. 부모 말 난다고 부모를 죽이고 간다고 그러더라구. 그래 그게 무서워서 부모가 부모두 죽일거구, 그래서 어떻게 하나 그래서 세 살을 먹었는데 부모가 걱정을 하는 것을 어떻게 듣고서는,

“우리를 죽일라면 우리를 죽일라면 암만 때려도 안 죽는데 우리를 죽일라면 요 겨드랑을 들어보면, 요 겨드랑을 들어보면.”

그 목욕시킬 때는 못 봤다는데 요기 무슨 구멍이 있다고, 날개가 나오는 구멍이 있다고 그러드래요.

“그래야 죽지. 아무리 우릴 때려도 죽일라구 그래도 못 죽인다.”

아 그래서 이 진짜 그 새끼를 죽인다는 게 말이나 되요? 나라에서 알기만 하면 아도 죽고 부모도 죽고 하니깐 새끼를 천상 죽여야 우리가 살 수가 있지를 않냐, 자식은 또 낳으믄 되지 않냐 이래 생각을 했어. 그 둘을 요롷게 겨드랑이를 보니깐 요 날개 나오는 구멍이 있드라구. 그 날개가 나왔다가는, 들어갔다 나왔다하는 꽤 큰 구멍이 있었어. 양짝에 구멍이 있었어. 근데 여느 칼로 찔르면 안 죽는다고 그러드래. 여느 칼로 찔르면 안 죽으니까 싸리나무 산에 가면 싸리나무라고 있어. 그거는 불을 때도 연기가 안 나. 불을 때도 연기가 안 나고. 요롷게 연기가 안 나는 나무가 있어. 이래 이제 그 나무를 해 가지고 거기를 찔르라고 하드래.

이제 세 살 먹은 아가 그러니까는 거기를 찔르면은 우리가 죽는다고 그래. 그리구선 어머니 아버지 하구 그래 죽이고 나니깐 저녁에 죽었어. 아침 새벽에 아주 하얀 말이 날아오더니 마당에 가서 소리를 질르더니 죽더래.

부모는 그래 용마가 두 마리가 내려와서 장사가 나면 씨가 없어진다는데, 아버이 돌아가시고 어머이 돌아가시고 장사를 나면은 아주 끝이 난다는구만.

64. 산의 혈을 자른 마을 【G.17-2-28-10】

수퍼 그 밑에 식당에서 거기 할아버지가 어떤 서울서 온 어떤 할아버지가 점잖은 할아버지가,

"아주머니들 어디서 나왔소?"

그래서,

"우리 저 마을에서 나왔는데요, 사는데요."

하니까는,

"아 그 마을은 참 좋은데."

저짝에 이제 모동으로 들어가는 길목이 있어요. 그런데 옛날에 길이 이렇게 있는데 길이. 거기 이제 동네로 들어가느라고 줄기가 끊어졌겠지. 저 줄이 끊어져 가주고 우리 동네가 여기가 인재가 안 난다고 그러더라구.

근데 진짜로 이 동네에는 뭘 해먹는 사람이 하나도 없어요. 무슨 과장급되고 뭐 그런 사람이 없다니까요. 최서방들은.

(조사자: 여기가 최씨 집성촌이에요?)

예, 예. 여기는 강릉 최씨 아주 그걸 보더니 그러더라구. 그래서 내가 들어와 가지구 세상에 어떤 할아버지가 아는 것 모양 저거만 안 끊어졌으면 이 동네가 아주 살기도 좋고 보기도 좋고 아주 그냥 뭐 인물도 나고 할텐데 이 동네는 저 명줄이 끊어져 가지구 이 동네는 출세하는 사람이 하나도 없겠다고 하더라구.

65. 할미봉 유래 【G.17-2-29-8】

할미봉은 왜 할미봉이라고 하냐 하믄에, 전설에 의하면 이제 옛날에 하늘에서 선녀가 바람을 피웠는지, 어떻게 했는지는 잘 몰라. 잘못되어 가

지구 쫓겨났다구. 쫓겨나 가지구 이제 여기에 내려앉았는데. 그래서 이제 그 선녀가 여기서 오래도록 혼자서 할머니가 될 때까지 혼자서 이제 살다가 죽었다 그래서 이 봉을 이제 할미봉으로 전해지고.

66. 학대리 유래 【G.17-2-30-8】

그렇게 이제 선녀가 버림을 받아서 하늘나라에서 쫓겨는 왔지만은 그래두 이제 너무 불쌍하니까 이 산이 이제 학이 내려앉은 형국인데 옛날에 선녀가 타고 내려왔다는 학이 내려와서 앉은 자리라고 해서 이 마을이 옛날에는 학대리야, 원래 이름이 학대리. 학이 내려와 앉은 터라, 터 대(垈)자. 어, 학이 내려와 앉은 터라 그래서 학대리라고 옛날에는 이름이 그렇게 내려오다가 이게 이제 그 음이 바뀌면서 말이 바뀌면서 그 새로운 말들이 나오듯이 그렇게 해서 학터, 학터 학터 하다가 이젠 한터가 됐어.

한터 중간에 한 고려 때쯤 고려 중간 쯤 가서 이게 한터가 됐다구 한터가. 이제 나중에는 한문으로 풀다 보니까 한 가지 터가 큰 터다, 이래서 이 마을이 요즘에는 이조 적부터 대대리라 큰 대(大)자 터 대(垈)자 해서 대대리. 이렇게 해서 이름이 전해졌고.

67. 독바위 유래 【G.17-2-31-8】

전설에 의하면 그 선녀가 내려와서 살던 항아리라 그래서 그 독이, 바위지 바위, 실제 독은 아니고 전설에 의하면 그 독처럼 생긴 바위가 여기 있어서 그 바위가 독바위라고 부른다구. 그래서 마을의 이름은 그렇게 됐고.

68. 강릉 최씨가 마을에 정착한 이유 【G.17-2-32-5】

여기에 두 시조는 왜서 그렇게 들어오게 됐냐 하믄 고려 때에 그건 군지를 봐야 되겠지만 어느 임금 시절에 인자 호자라는 할아버지가 고성군

와서 원을 했다구. 고을 원을 하는데 그 분의 동생이 인자 하자라고. 하자 되시는 분인데 이천 현감으로 계시다가 지금으로 허믄 나라가 혼란스러우니까 내려 오신 거야. 이분은 청렴결백하신 분인데

'나라가 혼란스럽고 정치 하는 게 한마디로 메스깝고 드러워서 못보겠다 이제 나는 초야에 가서 깨끗이 그냥 생명이나 연명하면서 살겠다.'

이런 생각을 하신 거지. 그래 지금으로써는 사직서를 내고 형이 고을 원으로 있으니까 형 있는데 놀러 왔어요. 놀러 왔다가 여기 들어오니까 산세도 수려하고 물도 깨끗하고 상당히 마을이 살기가 좋을 것 같다, 그래서 많은 후손을 앞으로 여기다가 퍼뜨려야겠다, 그래서 여기다가 최초로 들어왔던 분이 인자 하자 할아버지가 강릉에서, 이제 원래 우리는 강릉 최씬데 이 마을에 들어와서 이제 질빵을 벗어놓고 오늘날 이렇게 손이 많이 퍼졌고 현재 이 마을에서 98%가 강릉 최씨 문중들이 살고 있어요.

69. 할머니를 더 오래 살게 만드는 할미봉 【G.17-2-33-5】

이 마을에는 할미봉이라고 했단 말이에요. 지금은 노고산이라고 하는데 할미산, 할미봉, 할미봉이라고 하는데 그래서 그런 진 몰라도 지금까지는 이 마을에는 할머니보다 할아버지가 오래 사는 법이 없어. 할머니들은 다 90세 넘어가고 다 사는데 이상하게도 여기는 전부 그러니까 할머니들은 오래 살고 할아버지들이 전부 남자들이 오래 못 살아요. 그래서 할미봉이 높다, 그래서 그렇다. 그래서 요즘에는 일명 하는 얘기로 남자가 오래 살라믄 저 산을 깎아내야 된다.

70. 사자바위 턱을 깨버린 청년들 【G.17-2-34-9】

그리고 저 위에 올라가므는 사자 형국으로 생긴 바위가 뭐 우리는 봐두 사자 같지 않아. 그런데 옛날 뭐 풍수지리설에 의하면 풍수지리를 보는 분들이 이 마을을 수호하기 위해서 선녀가 내려와 사니까, 선녀를 보호해서 사자 네 마리가 동서남북으로 이렇게 뻗어 있는 형국이래. 바위가 그

래서 이 마을이 번창하고 요 뒤에 있는 교동리라는 마을이 옛날에는 역촌이에요.

역촌이 뭐이냐 하면 암행어사들이 내려와 가지구 암행어사 출동할 때, 방멩이들고 쫓아 댕기는 사람들 그 상놈들이지. 한마디로. 그래서 그 마을이 되는 게 없어서 하두 이 마을의 기에 눌려 가지구 안 되어 가주 그 청년들이 밤에 몰르게 와서 사자의 턱 깨내 버렸다구 바위로 깨내 버렸어.

그래서 이제 지금 그 마을이 잘 하구 사는지 몰라두 이제 그런 유래가 있고, 이 동네는 그래서 양반이지. 그래서 어윤정 최라고. 그래서 입간정 최씨가 네 번째로 여기로 들어왔었어요. 고성군을 만들은 거지.

71. 화진포 장자못 4 【G.17-2-35-5】

옛날에 여기 화진포라는 지역이 그 이제 호순데, 그게 옛날엔, 그게 전설이지요.

호수가 아니라 인제 한 잘 사는, 일테면 부자의 대지였었답니다. 긴데(근데) 원래 구두쇠처럼 아주 살았대요. 긴데 하루는 이 소 우양간을 치는데요, 중이 와 가지고,

"시주 좀 하시오."

하거든요. 그래 그 담에 시주를 떡 하라는데, 마구 치러 내다봤더니,

"아, 남은 땀을 파뜩파뜩 흘리며 일을 하는데, 아 저 녀석은 돌아 댕기는 거냥 시주만 하라고 해! 옛다, 이 놈 말야. 소똥이나 말야, 한 가래 받아 가지고 가라."

소똥을 일테면 가래로 이래 툭 쳐서 주니까는 이 양반은요, 그 중 양반은, 스님은 인제,

"아, 나무관세음보살."

하면서 인제 일테면 호주머닐 펴고 거기다 그냥 받아 가지고 가거든요.

안에서 가만히 내다보니까는 그 집 이화진씨 며느리가요. 그게 아주 한이 없거든요. 어디 시주는 못하나마 소똥을 떠서 이를테면 이걸 받아가

라고 주는 법이 어디 있어. 그래서 항상 한 서너 달 동안 두고 그 중이 안 오나. 그러면 좀 다시 내가 대접하 보내겠다 했는데.

한 서너 달 후에 그 스님이 오셨다고 해요. 그래서 그 담엔 마침 시아버님은 안 계시고. 어디 이렇게 갔는데. 가 가지고 어디로 갔는지 암만 돌아봐도 안 보이거든.

그래서, 들어오시라 그래 가지고 그 다음엔 대청에다 앉혀 놓고는 쌀을 한말 퍼드렸거든요. 그러니까는 그 스님이 하시는 말씀이,

“신선 좀 돼야지 않겠습니까? 신선 못 될라면 부처라도 돼 봐야지요.”

“하이고, 그리 되면 좋지요.”

이 집이 부자야. 그 이를테면 화진포 그게 다 남들도 부쳤겠지만, 거진 그 화진포 땅 거진 차지하고서는 농사를 짓다보니 탈도 많고 해 되고 아주 힘들거든. 아, 잠깐 어디라도 피해라도 보고 싶단 말야.

“그러면 내가 부처님한테 좀 잠깐 가서 좀 이래보겠다.”

그러니까,

“그러면 날 따라 오시오.”

검봉사로 들어가는 게 원당리라는 데로 해서 고총서낭을 해서 거기로 기어 올라가는데, 하여튼 스님이 하는 말이,

“암만 벼락 치는 소리가 나도 뒤돌아보지 마시오.”

그러거든.

그래 거길 올라가다 보니까는 아, 갑작시레 천둥소리가 나거든요. 근데 와륵와륵 소낙비가 쏟아지니까,

“아차 내가 아이 스님 내가 고추장단지 안 덮고 왔어요.”

그리고 딱 돌아보니까는 벌써 화진포가 물바다가 됐거든. 그 넓은, 일테면 자기네 대지가 다 싹 물바다가 됐거든. 털썩 앉아서,

“저걸 어떡하나.”

하고 우니까는,

“당신도 보니 부처되긴 다 틀렸습니다. 여기 앉아서 오고가는 사람 침

이나 받아먹고 사시오."
하고는 목을 틀었거든요. 죽였어요.

거기다 파묻었는데 그게 인제 화진포 전설이예요.

72. 기자조선과 고총서낭 【G.17-2-36-5】

그게 우리나라 높은 고개를 내 형로봉이나 어느 높은 산에 단이 다 있잖습니까. 그 단이 원래는 그 단을 누가 뫄 가지고 했나 하니 기자요. 기자조선. 옛나라 기자 임금이 중국에서 은나라 마지막 주왕의 삼촌이 거기서 주왕이 하도 포악하게 하니까는, 죽일라고 하니까는 미친 시늉을 하고 동방으로 나왔거든요.

우리나라 기자 조선이 그 양반이 일테면 나라 국신을 이렇게 모시는데 그러니께 중국 황제에 증손자 되시는 양반이요. 고신씨를 모셨거든요. 그 신위를 갖다가 이를테면 높은 데로 높을 고(高)자를 써서요. 여기다 고총서낭이 그래서 고총서낭이야. 거기다 이 지역을 넘어 댕기는 그러니까는 기자대왕 후로부터 삼십대 할아버지거든요. 고신씨가요 삼십대 할아버지를 일테면 갖다가 우리나라 국신으로 모셨거든요.

여기 어디 오대산이나 태백산 왕검성 그게 후세에 사람들이 이제 여기서 그걸 제대로 이를테면 파악을 하지 못하고 후세에 그걸 다 잊어먹고 이렇게 됐거든요. 그니까 거기다 인제 목을 틀어서 고신씨가 제사를 지내던 그 옛날에 기단 앞에다 파묻었거든요. 파묻고는 그 다음에 지냈는데 그 후세에 오는 사람이 이화진이 며느리가 고총산하로 부른다 그랬거든요. 그전에 할아버지한테 어려서 들은 게 기억이 나는데, 그게 아니라 거기다 그렇게 파묻어 놓고 중도 사람이요 사람이잖아. 너무 생생한 사람을 목을 틀어 죽여 파묻어 놓고 자기가 할 수 없거든. 그러니까 이화진의 며느리의 넋을 빌어주기 위해서, 그 너머에 갈 것 같으면 넘어 송정에서 지금 용하리 올라가는데 고 사이로 북동쪽으로 고안에다 남서, 속칭 남서라고 합니다.

거기다가 갖다 집을 짓구. 그 와서 이화진한테 똥 받아가던 스님이 죽을 때까지 똥 받아 가던 중이 며느리의 넋을 기려주었다고 해요. 그리고 돌아가셨다 해요. 지금은 절터를 찾을 길이 없고 천주교묘지가 되어 있습니다. 그 곳이 고총서낭 넘어 절이 있었답니다. 그런데 지금은 절이 어디 있었는지 형체를 찾지 못한답니다. 절이 있던 건 분명하대요.

73. 화포리 지명 유래 【G.17-2-37-8】

원래 여기는 인제 여기가 화진포를 중심으로 해서 거진 뒤에 제일 높은 산이 은봉산이라고 있습니다. 화포리 땅 뒤에 거기서 인제 거기가 삼각진데. 응봉은 매가 와 앉았다고 해서 매 응(鷹)자라고 붙였는데, 그리고 응골 밑에 화포리 도곡에 생긴 것이 꼭 새처럼 생겼거든요. 그러니까 입이 동쪽 그 매 있는 매산으로 가고, 그래서 옛날 은초 매 병아리 그래 가지고 인제 매병아리라 부르는 것을 학병아리라고 학병아리, 학병아리 포구가 있어 학포 학포 그랬거든요.

그런데 그렇게 살아 나오다가 어느 중간에 한 분 와서 어느 참 도산지 어느 양반이 지내가다가 딱 들러 가지고,

"아, 동네 도국 좋다. 나비 형국이로구나!"

그래 가지고 그래서 처음엔 농부들이 앉아서 일테면 그 어른의 얘기를 잘 듣고 보니까 그럴 듯하긴 한데 나비는 꽃이 있어야 되거든요. 근데 나비가 저쪽으로 아니고 이쪽 산 있는 데로 간단 말이야. 가는 판국이거든. 꼭 나비 형국입니다.

"나비는 꽃이 있어야 하는데 뭔 동네 도국이 좋다합니까?"

하니 하는 말씀이,

"화진포에는 갈꽃도 많읍디다."

화진포 쪽에는 갈꽃도 많다 말씀을 하셨다 그래요. 아하 포구나 이화진의 포구자리니까 여기가 전체 다 돌아 가지고 화진포 저기 저 해양박물관 있는데 거까지 물 터진 데까지 우리 화포리 마을입니다.

화포리의 전설은 그래 가지고 화포라고요. 그전엔 매병아리니 학병아리니 옛날에 어른들이 그렇게 불렀지요.

74. 화진포 팔경 【G.17-2-38-5】

화진포 팔경이라는 게 원당이라는 데가 있습니다. 원당리 앞에 고 복판에 가볼 것 같으면 달이 반달이 너이가 되어 있습니다. 월안리라 그랬죠. 월안 풍림. 이를테면 반달 안에 나무가 많이 찼었거든요. 그래서 그게 아주 가을 같으면 단풍이 들어서 정말 좋았거든요. 월안풍림 고게 제 1일입니다. 화진포 팔경이.

차동리라고 딴 마을이 되어 있어요. 일제 때 화포로 통합되었는데 지금도 차타고 들어가다 보면 큰집이 있는데 커다란 송목 있죠. 차동취연. 이를테면 저녁에나 아침이나 아주머니들이 밥 짓는 연기가 뭉게뭉게 올라가는 것이.

세 번째는 해당화가 많았습니다.

네 번째는 뭐냐 할 것 같으면 쟁팽. 지금 화진포 해수욕장 들어갈 것 같으면 주차장 호수가 있었습니다. 쟁평, 쟁팽이라는 것은 돌 소리가 납니다. 파도에서 돌 여기는 원래 화진개 여기는 쟁팽개라고 불렀습니다.

다섯 번째가 농파라고 썼더군요. 높을 능자, 희롱할 롱(弄)자를 썼더라구요.

그 다음엔 구룡치수. 해양박물관 고 앞에 차고 잔뜩 찼다가 물이 빠져나갈 땐 큰 파도 칠 때는 아주 좋아요.

전해율(81, 남) 고성군 거진읍 용하리 3반 2002.11.2
(전해율 제보자께서 들려주신 설화 자료는 75번이다.)

75. 아들을 죽이려다 금덩이를 얻은 효자 【G.17-2-39-1】

옛날에 이제 한 집에 가족이 많은 집이 살았어. 못살거든. 참 가난하단 말이야. 손주가 하나 있어. 아들 손주가 하나 있는데 할아버지가 사는데 할아버지 상을 위해서 품을 팔아. 참 효자란 말이야.

품을 팔아서 고기 같은 걸 조금 사 가지고 할아버지한테 드리면 할아버지는 자기 안 먹고 손주를 자꾸 먹인단 말이야. 할아버지 그냥 드리지 손주를 자꾸 먹이니까 아니 우리가 그게 우습단 말이야. 할아버지 우리가 잡수라고 그런 걸 손주를 자꾸 먹이니 손주를 먹이는 거나 한가지니 안 되겠다 이거야. 아무리 생각해봐도 안 돼. 바깥 사람하고 둘이 얘기를 했단 말이야.

"자식은 낳으면 또 있으니까난 할아버지 있을 때까정은 저 놈을 없애야지. 저 놈을 더 뒀다가는 할아버지 고기도 하나 못 얻어 잡숫겠다."

고 그러니깐,

"아 그거 좋다고. 할아버지 그 잡숫지 못하고 손주 주니까 안 되겠다. 아무 날짜를 정해 가지고 이 놈을 갖다가 파묻자."

하고 나갔단 말이야.

아들 파묻을라고 나오니까는 땅 구뎅이를 파는데 산 놈을 파묻을라고 땅 구뎅이를 파는데 아 누런 게 이만한 게 나온단 말이야. 보니까는 이게 금덩어리거든. 금덩어리가 캐 나오니까는,

"이만하면 부자가 되는데 왜 아들을 죽일 수가 있냐?"

아들 데리고 금덩이를 파 가지고서는 참 왔단 말이야. 오니까네 고마네 부자가 돼 가지고 효자라는 건 그렇게 사람을 죽일라고 하면 동시에 그만한 돈이 나온다 이거여. 그니까 효자가 아니면 없지. 효자가 아니면 안 되지마는 효자라는 건 하늘이 내리기 때문에 그만한 돈을 내 놓으면서 그래 잘 살더래. 그런 얘기가 있어.

죽왕면

문암리는 만호리, 괘진리, 망포리, 망개리 등의 속칭이 있다. 삼국시대 때 신라 유민이 들어와 어업과 농업을 겸업하며 살았으나 고구려의 영토 확장으로 고구려 군사들이 신라 땅인 이 마을을 침략하였다. 이 때 이름을 알 수 없는 신라 장군이 이들과 맞서 치열한 싸움을 벌였으나 갑작스런 침략과 힘의 부족으로 혼자 남게 되었다. 장군은 이 곳 해안의 바위 밑에서 장렬하게 전사하였다. 그런데 마을을 지키지 못하고 죽은 것을 한탄한 장군이 죽은 자리에 난데없이 돌로 된 미륵동이 생겨났다. 장군이 돌아올 날을 기다리던 고향의 부인이 장군이 전사하였다는 소식을 듣고 이 곳을 찾아와 미륵동 옆에서 슬피 울다가 죽게 되었다. 부인의 혼은 뱀이 되어 미륵동을 지키게 되었다고 한다. 죽을 때 부인은 "내가 죽은 후 뱀이 되어 미륵동을 지킬 때 나를 해하지 않고 보살펴 주면 이 곳 마을은 신라 사람 만호(萬戶)가 거주하여 온 주민이 부귀 영화를 누릴 수 있다"고 하여 이 때부터 마을을 만호리라고 부르게 되었다. 이 소문을 들은 박씨 성을 가진 고구려 사람이 부인의 혼인 뱀을 죽여버리고 말았다. 마을 사람들은 멀지 않은 시기에 곧 망하게 될 것이라고 하여 조선 말엽에 와서는 망포리라고 불렀다. 그 후 마을 앞에 개(浦)가 있고 개울을 바라보는 마을이라 하여 망개리라고 불렀다. 1919년에 문암리로 개칭한 후 1954년에 현재의 문암1리로 분리되었다. 문암2리는 어촌 마을로 매월 음력 1월 3일에는 부두 성황당에서 주민의 안녕과 풍어를 기원하는 제를 올리고 있다.

서춘화(78, 여) 고성군 죽왕면 문암1리 2002.10.26
(서춘화 제보자께서 들려주신 설화 자료는 76번부터 83번까지이다.)

76. 다리바위 【G.17-3-1-8】

선녀 손바닥 바우두 있구, 저 앞에 있는데 그 앞에 다 보애. 아야진을 예전에 작은 애김이, 큰 애김이 맞어. 아야진을 옛날에 그렇게 불렀었지.

여기두 다리바우잖어. 여기 다리바우라고. 교암[3]이 다리바우라고, 다리바우. 다리 교(橋)자, 바우 암(巖)자. 옛날에 다리바우라고 했어.

77. 마주 선 돌부처 【G.17-3-2-5】

바위가 아니구, 바위라구 안 하구 옛날에 한 백 년 전 됐겠구만. 일본 아이들이 저걸 만들어 놓구 가져 갈라구 여까지 갖다 놓구 못 가져갔다구. 저걸 가져갈라 기러면 자꾸 파도가 치구 그래 가지구 일본 사람들이 저걸 못 가져갔다는 기라. 그래 가지구 육이오 나구 저게 모래에 묻혔던 거를 찾아낸 지가 한 사십, 삼십 년 될 꺼야. 그래 가지구 그 일본 사람들이 저걸 만들어서 저걸 가져 갈라구 만들어 가지구, 제작을 해 가지구 여기다 가져다 놓구. 옛날엔 여기가 큰 포구였어. 항구. 배가 지금으로 말하면 팔십 톤짜리가 들어올 수 있는 항구였어.

배가 들어올 수 없으니까 저걸 저기다 나뒀는데, 그래 저걸 여기 있다는 걸 알고서는 저걸 저 만들어 놓은 거이 귀한 거니까 저걸 마을 사람들이 저걸 포크레인질 해서 파 가지고, 그래 저걸 여기 해수욕장이니까 저걸 여기다가 놔뒀잖아. 저 가 보시면은 남자 여자 만들어서, 저짝 게 할멈이고 이짝 게 남자여.

78. 문암 유래 【G.17-3-3-8】

이름을 만개라고 그랬지. 만개. 근데 지금은 현대식으로 인제 문암이라구. 뭐 우리는 자세히 모르겠구, 여기 노인네들이 그런 얘기를 하더구만. 언젠가는 여기에 만호가 들어선다. 근데 지금은 글월 문(文)자 쓰구 바위 암(巖)자 써 가지구. 문암.

---

3) 교암: 橋巖

79. 어멈바우 【G.17-3-4-5】

아, 어멈바우라고 그러잖아. 거기 그전에 돌이 많았는데 그 돌은 못 깼어. 그러니까는 그 아 업은 돌을 깨면 되겠나? 그래서 못 깼지. 그래 시방두 가면 올라서 고개가 이렇게 보면 요렇게 요렇게 엎인 게 있어. 그래서 아, 어멈바우라고 그래.

80. 백도 유래 【G.17-3-5-8】

저 흰 섬에는 왜 허옇냐. 왜 백도라고 하냐면 그전 옛날에 오리가 많았어. 어, 거 처음에 오리가 많아서 하얗게 똥을 싸서 하얗게 만들어서 백도라 그러잖아. 백도. 여기는 특별난 게 없어.

81. 도깨비 제사 【G.17-3-6-6】

요 앞에 해수욕장, 고 앞에 돌멩이가 오똑한 게 있거덩. 고게 서 있는 거는 그전 옛날에 또까비가[4] 많다고 거기서 또까비 제사를 지냈잖아. 인제 개를 잡아서 놓구 팥죽을 쒀서 놓구 그렇게 또깝 제사를 지내지. 또까비, 또까비, 하고 이 놈들 먹구 가라구. 그러면 거기 바위 사이에 싹 숨어서 보면 사람 그림 모양이루 왔다갔다 왔다갔다 하면서, 그저 옛날에 또까비 제사를 지냈다구.

제사를 지내면 그전은 옛날에는 청어, 그전 옛날에는 또깝 제사를 왜 지내 주냐 하면 에, 그런 제사를 왜 지냈냐 하면 그렇게 지내고 나면 이 앞에 여기다가 동상에 덤장을, 인제 청어 잡는 덤장을 한다고. 그렇게 하면 또깝 제사를 지내고 나면 청어를, 그렇게 배를 몇 배씩 저거 어디 부대에 있는 거기서 인제 청어를 인제, 거기서 막 배오라고 불을 캐가 가지고 돌리지. 군선 빼오라고. 청어 잡는데 군선 빼오라고 막 불을 돌리고 하면

4) 또까비: 도깨비

은 거기서 나가서 막 청어도 이런 걸 잡아와. 고기도 참 많이 났어요. 응. 또깝 제사를 지내면 여기 또 청년들이 그 또깝 제사를 지내면 숨고, 저기 가서 뭐 기다리고. 뭐 그거 인제 훔쳐다 먹니라고. 그전 옛날에는 뭐, 먹을 게 있나? 떡도 많이 훔쳐가고 이렇게 하고. 여긴 그전 옛날에는 삼년 돌이로 굿을 많이 했어. 서낭굿을 많이 했는데 시월(세월)이 이렇게 발달하고는 굿을 안 하잖아. 서낭굿 할 때 뭐 특별한 뭐, 그런 게 있었어요. 그럼, 굿할 적에는 무당들이 몇 명씩 와 가지고 사흘 나흘씩 와서 굿을 하고, 글하고 나면 고기도 좀 인제 잡히고 굿하고 나면 버덩에 곡식도 잘되고. 지금도 뭐 굿 안 해도 고기 날 때는 고기 나고, 곡식도 잘 되고. 달나라 가는 세월에 무슨 굿이냐고 안 하더라고.

82. 일본인이 못 가지고 간 돌미륵 【G.17-3-7-5】

왜정 때 그 미륵을 일본 사람이 여기서 해 가지고, 그전 왜정 때 그 미륵을 일본 사람이 여기서 해 가지고 일본으로 가져 갈라고 여기다가 갖다 놨는데, 미륵장군을 배가 와 가지고 실을라 하면은 파도가 막 쳐서 못 싣고 못 싣고 해서 미륵이 여기 안 줄라고 못 가지 가게 할려고 파도가 막 치는 거라. 그 일본 사람이 한 거여 그게. 일본으로 가져 갈려고 여기서 다듬어 가지고 저기 맨들었는데, 거기다 세웠는지 난리통 안에 그만 미륵이 없어져버렸어.

미륵이 파도에 넘어졌는지 어떻게 됐는지 그게 없어졌다가는, 파도가 치니까 모래가 없어져 가지고, 대를 잡아 가지고, 아니 사람들이 대를 잡아 가지고서, 그게 인제 굿할 제, 서낭굿 할 제, 대를 잡아 가지고 미륵을 찾아냈다구 그래. 그러니까 모르는 사람이 미륵인줄 모르고 돌인 줄 알고 거게다가 섭도 삶아 먹고, 해 가지고 미륵 얼굴 한쪽이 화상을 입었더라고. 여기 새로 또 발라서 모르지.

83. 서낭제에 나타난 호랑이 【G.17-3-8-6】

여기서도 배 댕겨야 되니까, 배 댕기는 사람들은 서낭님 위해야 되니까 인제 거기서 서낭제 지내고 그러지. 그러니까 서낭제 지낼 적에는 가서 제사를 지내고, 그렇게 한 거여. 그전에 서낭굿 할 적에는 호랑이도 더러 나타났지. 더러 나타났었는데 보는 사람은 봤지만 우리는 못 봤거든. 왜 나타나냐 하면은 서낭님을 모시고 댕겨야 하니까 나타나고 그러는 거야. 그리고 뭐 해꼬지를 하거나 이런 거는 없어.

오호리는 속칭 오진리(五津里)라고도 한다. 옛날 마을 근처에 송지호, 금지호, 번개, 버덩개, 황포라고 불리던 다섯가지 호가 있어 오호리라 칭하였다. 오호1리의 유적지로는 택당 이식이 길이 360m의 토성을 쌓아 병사를 훈련시키고 무술을 연마하였다는 고성 죽도성지가 있다. 성지 남쪽에 있는 용바위는 가뭄 때 개를 집어 넣으면 부정을 타 비가 내린다는 전설이 내려온다.

장용수(70, 남) 고성군 죽왕면 오호2리 2반 2002.10.26
(장용수 제보자께서 들려주신 설화 자료는 84번부터 89번까지이다.)

84. 소죽도와 대죽도에 얽힌 이야기 【G.17-3-9-6】

저기 보면은 대섬에 가면은 옛날 기와가 나와요. 이조 한 중엽, 이조 중엽에, 거기에 새마을 사업하느라고 토끼 한 백 마리를 구해서 거기다가 키웠어. 그니까 지금 보면은 섬이 요렇게 동그랗게 된 높은 봉우리 거기가 그 홈이 졌는데 아직 거 터가 있어요. 거기다가 그 토끼집을 지을라고 하니까 기와가 나오더라구요. 하도 이상해서 기와를 캐보니까 그 지금도 기와가 많이 나와요.

그게 그 감정해 보니까, 이조 중엽, 이조 오백 년 아니요? 한 이백 년 넘겠죠 그 때, 그 이조 중엽에 보니까 절이 있었대요. 여기 죽도와 지금 현재 거리가 약 한 삼백 미터, 죽도 여기하고 바다가 그런데, 봄에 기후적으로 비가 안 올 때는 육지가 돼버려. 그래서 우리가 어렸을 때 노루도 잡았고, 산돼지도 잡았다고. 산 짐승이 바닷물을 먹지. 새끼를 가질 때는 염수를 먹어야 된 대요. 그러니까 그 때는 먹으러 왔다가 육지가 되니까, 건네 갔다가 고담에 여름이 되면, 또 이렇게 봄이 지나고 나면은 바다가 삼백 미터가 되니깐 못 건네 오고. 그래 인제 여기서 거 바다에 봄에 이월 경에 봐서 아 그 물이 이렇게 넓어지면은 아, 금년에 인제 비가 많이 오겠구나, 봄에 그래서 인제 농민들이 그 대비를 한단 말야.

비가 많이 올걸 대비를 하고. 그게 인제 육지가 됐비린단 말야. 그래 인제 요렇게 신을 요렇게 신고, 양말 신고 건네 갈 정도예요. 그냥 건네 갔단 말야. 소죽도와 대죽도 사이 거리가 약 오십 미터가 되는데, 그 신 벗고 그냥 건네 가도 된단 말야. 지금은 한 길이 넘어요. 지금은.

그게 인제 우리가 이렇게 또 할아버지들이 얘기한 거 하고 저가 한 열 살 때부터 한 육십까지 한 연도를 쭉 보면은 그게 맞단 말이야, 그 할아버지들이 얘기하던 게.

"아, 가물구나 올해."

그리면 아마 방죽도 손질하고, 그니까 그 물 하마 준비를 하고. 그면 그 절이 어떻게 있었느냐, 그 절을 왜서 지었느냐. 그 절을 지었는데, 그 절이 북쪽을 보고 지었대요. 예, 북쪽을 이렇게 보고. 근데 어느 그 여자가 남자가 그 때도 북쪽에 인제 아마 이, 돈을 벌러 갔답니다. 가다가 고담에 뭐 이렇게 그 벼슬해 갔다든지 그리 남편이 돌아오지 않아서, 그 남편을 기다리기 위해서 그 절을 지었답니다. 그 남편이 오기를 기다렸다가 근데 그 바다가 되니까 그담에 육지서 가보니깐 뼈만 남았더래요.

그 절에서 죽어서, 혼자 죽어서 그래서 그게 허물어졌다는데 나무는 다 썩고, 지금도 기와는 많이 나와, 기와가 엄청나게 많이 나온다고. 그 기와 지금도 기와가, 가서 이렇게 파면은 옛날 그 흙으로 한 기와가 지금도 많이 있어. 근데, 그 절 이름은 암자라는 것만 알았지, 그 절 그거는 아직까지도 우리 할아버지들 또 그전에 할아버지 그니깐, 한 이백 년 전 그니깐 그 할아버지들도 그 때는 뭐 글이란 걸 잘 모르잖아요. 그니깐 그걸 아마 잘 모르고. 암자가 있었단 얘기만 듣고. 그담에 군사혁명이 났을 때 박정희 때 그 새마을 사업으로 토끼를 키워라, 그래서 키우다가 그 기와가 발견됐다 말이예요.

그래서 고담에 그걸 옮겼어요. 우리가 옆으루 팔 수가 없어. 기와가 이놈의 집이 암자가 내려와 가지고 그 앉아가 있으니까 그 밑에를 파면은 마 주춧돌이 나오겠지. 그러나 뭐 우리가 그게 뭐 그 하지 않고 옆으로 피해서 그 집을 지어서 토끼를 키우고 그랬는데 그런 전설이 있고. 죽도에 있어요.

그 대죽도, 소죽도 있어요. 앞에 보면은 똥그란 게 나가 보시면 똥그란 게 하나 있고 뒤에 큰 이렇게 큰 게 있고. 지금도 현재 기와가 많이 나오고, 그게 뭐 한 두 대가 아니요. 근데 그 기와가 형태가 이렇게 있으면 다행인데 이게 퍽 주저져서 다 깨졌단 말야. 그니깐 어떤 거는 이렇게 그 큰 거 한 장은 옆구리가 나가고 그렇게 출토 됐어.

85. 용바우 · 섭바우 【G.17-3-10-6】

할아버지들이 그래. 고 뒤에 용바우란 바우가 있어요. 이렇게 인제 이렇게 그 여기 보면은 섬이 이렇게, 이렇게 인제 둥그렇게 돼서 이렇게 나가 있다구요. 지금 절터는 여기 있고 바로 여기에 명당이 있었어요. 뒤에 가면은 이렇게 둥그러니 용바우가 있어요.

용바우 있고 요 뒤에는 섭바우라고, 섭이 인제 그 홍합. 하두 많아서 이 바우 이름이 섭바우야, 섭바위. 우리 강원도에서는 섭이라고 그래. 응? 그치만 전라도나 그런데 가면은 홍합이라고 그러지, 홍합. 지금 서울에서도 홍합이라고 그러는데, 이렇게 있고 요기 인제 소죽도가 있어 여기 인제 오십 미터 정도 되고 여기 길면은 한 삼백 미터 정도 되는데 여기다가 여기 인제 응? 용바위가 되는데.

86. 용바우 기우제 【G.17-3-11-10】

인제 그 옛날에 간성에, 간성에 원이 있었대요. 여기도 간성원이고, 왕곡면이라고 하는데 그거는 일본 사람이 나와서 왕곡면이 됐고 고을은 간성 고을에 속하고 있었다고. 원님이 간성면에 있었는데 여기서 기우제를 지내, 기우제. 인제 비가 안 올 때면 기우제를 지내고 장마가 지면은 인제 또 제사를 지내면은, 근데 반드시 개를 잡아 지냈다고. 그런 전설이 인제 내려오는데 여기다가 개피를 묻히면은 비가 온대요. 예, 인제 그런 전설도 있고.

그 형체가 용처럼 생겼으니 용바위라고 이렇게 생긴게, 지금 여기 송지호 횟집 있는, 요 바닷가 나가서 요렇게 보면은 저짝으로 보면은 그 바우가 이렇게 그 서낭부처가, 큰 바우가 요 정도의, 두께는 요 정도예요. 고 두께는 한 삼십 센치 정도 되는 게 큰 게 있는데, 지금은 불과 얼마 안돼. 요정도인데, 고게 중심에 딱 부처바우라는 바우가 있고, 그짝으로 이렇게 보면은 용 아가리가 용 여의주를 물은 것처럼 완전히 인제 남아 있는 그런 게 있단 말야.

그래 저짝으로 해서 마을이 형성이 돼서 거기다 지금 서낭당, 그 마을의 서낭당이라는 것은 마을 사람들이 옛날에는 우리 지금 현재 마을 회의를 해서 단합을 하지만은, 그 때는 그 서낭당 일 년에 한 번 제사를 지내는 것이 그 마을 주민들의 단합장소가 아니예요? 지금 우리가 과학적으로 얘기하기는 그 학술적으로는 지금 거게를 단합이다, 정성을 드리는 것이 목적이 아니라 전 마을 사람들이 한 마음이 되기 위해서 그 서낭 그 지냈다고 하는데 그런 전설이 있고.

87. 오호리 지명 유래 【G.17-3-12-6】

여기가 인제 오호리래요. 오호리 다섯 오(五)자 호수 호(湖)잔데, 그전에는 오리진이래요, 오리진. 옛날에는 이조 때는 인제 오리진이고, 행정구역이 되면서 여기가 양양군이거든. 그전에는 강원도 뭔가, 양양군 그니까 일본말로 뭔가, 강원도에 강원도 양양군 죽왕면 오호리였었는데, 이걸 행정구역 도가 생기구 이렇게 하면서 이렇게 됐고, 그전 질러 다닐 때는 오리진이래요. 오리진. 여기서 공현진 가도 오리요, 여기서 문암으로 가도 오리요.

그래서 여기서 인제 주막에, 왜 당나구에다 짐 싣고 장사 댕기던 사람들이 여기 와서 자고 가고 그랬단 전설이 있는데, 마 특별한 전설은 잘 모르겠고, 그니깐 여기가 보면은 여기가 인제 오호리 아니요? 오호리면 여기서 여기가 공현진이고 여기가 문암이란 말이요. 저 남쪽. 이게 여기서 이짝으로 오리. 그담에 여기가 인제 실지론 여기가 지금 킬로 수로 그 때는 질러 댕겨서 오리가 됐는데, 지금 도로로 따지면은 사 킬로가 넘어요. 사 킬로가 돼요, 한 사 킬로. 응, 근데 옛날에는 이렇게 질러 댕겼으니까 중간으로 이렇게 질러댕기니깐 거리가 가까웠는데, 지금은 도로 내기 위해서 이렇게 평도로니까 한 사 킬로, 여기도 한 사 킬로 저 되고, 인제 여기서 한 사 킬로 되는데 옛날에는 오리라고 했다 그래요. 그래 오리진 오리 이렇게 이름은, 옛날 이름은.

88. 송지호 장자못 2 【G.17-3-13-5】

근데 그 거기에 그전에 뭐 기와집 있었던 얘기고, 근데 우리가 현재인으로서는 믿을 수가 없는 얘기야. 현대도 아니고 뭐 거기에 기와집에서 부자가 있었는데, 그 외아들을 인제 놓구 그 담에 그 머슴, 인제 머슴이 오륙 명 두고 이렇게 사는 그 큰 부자, 그니깐 보다시피 여기 인정천, 요기 인정들 거 들이 하나 있잖아요? 거 형성돼 있잖아요? 그 사람이 그거를 한 반은 그 사람의 소유였대요.

그 땅이 그니까 지금으로 말할 것 같으면 몇 십만 평이겠지. 가진 그런 부자였었는데, 얼마나 그 뭔가 이 구두쇠인지 그 어느 대사가 거기를 와서 시주를 달라고 그랬는데 인제 그런데 소똥을 줬대요. 소를 많이 키워.

농사를 지으니까. 그 때 옛날에는 소를 몇 십 마리 키워야 농사를 지을게 아닙니까? 아, 그랬는데 소똥을 줬대요.

근데 그 뭔가 대사가 뭐 자기 그 직관, 그 지팽이 있잖아요? 딱 꽂고 간 다음에 호수가 돼 가지고 물이 그냥 잠겼다 뭐 이런 전설이 있는데 그건 전설의 일종인데 다른 건 몰라도 그 전설은 참 못 믿겠더라고.

89. 송지호의 큰 고기 【G.17-3-14-6】

근데 일본 놈들이 나와 가지고는 거기다가 그 뭐라 그러나, 장어 있잖아 장어. 민물에 장어를 그 잡으러 갔는데, 그니까 석호 정자각에서 거리가 얼마가 안돼요. 거기다가 주낙을 놨어요. 배를 갖다 놓고. 그 사람이 어디다 사는가 하면은 양양에서 욜루 들어와서 잡아가는데, 그 때 군청이 양양경찰서가 일본 놈들이 거게 있었단 말이야.

그 때 무신 심부름을 가니라고 초등학교 2학년 때 그 누가 일본말을 못해서 내가 번역을 해야 된대요. 일본말을 해주러 거기를 따라가니까 경부도 있더라구. 큰, 요새 그 왜 전두환이 나올 때 보면 큰 칼을 차고 있잖아? 그런 니폰도 차고 있고 참 그랬는데, 그 사람이 고기를 낚으러 갔는데 그런데 그거는 전설도 아니고, 근데 그 사람이 배를 버리고 하루는 일년 넘게 잡다가 하루는 그 날 다 버리고 왔다라는 거야.

그 날 싹 다 버리고. 그래 내가 듣는데, 그 눈이 말이야, 그 사람 그 일본 사람이 하는 얘기가 눈이 박쥐만 하더라, 이 거야. 한짝 눈이. 그거는 큰 고기가 고기겠지 뭐어. 그게 그게 어떻게 물어 가지고 끌려와서 비치니깐 다 버리고 고담부터 오지를 않았다니깐. 그게 근데 그렇게 얘기를 듣고 내가 그 때 한 오십 이십 년, 한 이십 년 전에 여기 지서장 했던 팽안도 사람인데, 박형범이라는 사람이 있는데 지서장으로 왔어. 형이가 있는데 평안도 박천 사람이 있었는데, 형이가 태망을 잘해요.

그 이게 철도가 이렇게, 철도가 이렇게 있는데 코스가 이렇게 되니깐 여기가 홈이 돼 있다고. 여기가. 여기가 고기가 들어오면은 투망을 던졌는데 머리가 방 크기보다 크다 그래요. 하여튼 방 크기 같은 게 말야. 오리가 앉으니까, 그 오리를 먹을라고 약 한 일 미터 앞에서 들이치더라는 거예요. 그 놈이 오리를 잡아먹을라고. 근데 그게 '푸아' 하니까 물이 '푸아' 하고 올라오더니 오리가 푸득푸득 얼마 못 날아가더라는 거야. 그게 치는데 소리가 엄청나더라는 거야. 파악 딱 세 번을 하고 그니까 그 사람도 투망을 버리고 고담에 갔어. 나 이제 다시는 안 오겠습니다, 하고.

사십 이 년도 얘기 한 걸 듣는 거 하고 그담에 한 이십 년 전에 그 사람이 얘기한 얘기를 들어서 종합해 맞추면은, 그 송지호에 큰 고기가 살고 있다고 하는 거는 그거는 현실이다 말이야. 그건 전설이 아니고 현실이다 말야, 그 호수에 지금.

오봉리는 조선시대 대는 금성, 왕곡, 적동으로 불려오다가 경술국치와 동시에 금성, 왕곡, 적동이 합하여 오봉리가 되었다. 이 명칭은 오봉1,2를 중심으로 5개의 높은 산이 병풍처럼 둘러서 있어서 붙여졌다.

마을 뒤쪽 오음산 유래는 이 산의 정상에 올라가면 주위에 있는 장현리, 왕곡리, 적동리, 금성리, 서성리, 탑동리 등 6개 마을에서 들려오는 닭소리와 개 짓는 소리까지 들을 수 있다 하여 오음산이라 불렀다 한다. 오음산에 대한 다른 전설로는 옛날 산밑에 선유담이 있었는데 신선이 이 산에서 오음육율을 즐겼다하여 오음산이라 칭하였다는 이야기가 전해지고 있다. 오봉1리에는 전통건조물보존지구 1호로 지정된 왕곡마을이 있다. 또한 함희석 효자각과 함씨 4세 5효자각이 있어 예부터 효자마을로 명성을 날렸다.

함형찬(71, 남) 고성군 죽왕면 오봉리 394 2002.1.1
(함형찬 제보자께서 들려주신 설화 자료는 90번부터 91번까지이다.)

90. 오봉산 봉우리 유래 【G.17-3-15-8】

(조사자: 이 봉우리가 다섯 개 이름이 다 따로따로 있나요?)

이름이 다 따로따로 있어. 뒤에 큰 산은 두백산이라고, 머리 두(頭)자

흰 백(白)자 두백산. 그담에 여짝에 여거 들어오는 데 여거는 저거는 걸미 같이 생겼다고 해서 넓은 홍(洪)자에 이름 모자 써서 홍모봉, 저짝 건너에 있는 산은 저 머이라 갯가에 호수 변에 있다고 해서 갯가산, 고담에 요거는 밭 큰 데에 있다고 밭톳산, 그 담에 여기 오는 거는 불르는 거 그거는, 그니까 지금 네 개를 댔지, 그니까 인제 하나 더하면 되는데, 미시령 말령이라고 그러는데, 그것도 산줄기야 산이라고. 그거 쬐끄만 건 안 치구, 미시령 말령이라고 그래, 통칭은.

91. 강릉 함씨 효자비 【G.17-3-16-1】

여기 근데 효자비가 요 위에 있는 거는 4세 5효비야. 대수는 사대구 사람은 다섯이라구. 그거는 인제 양근 함씨 그것도 우리도 양근 함씬데, 우리는 이짝으로 강릉서 본을 고치지 않았으니까 우리는 강릉 함씨. 그러하고, 그거는 저 뭐이가, 아들이 다섯이 아버지가 돌아가실 적에 손을 단지를 해 가지고 손가락을 잘라 가지고서 사흘씩 살았어.

그래서 그 저기 4세 5효, 효자는 다섯이고 대수는 사 세고. 생세 4대거든 인제. 죽은 사람들은 대수로 세고 고 사람들 살아있을 때는 인제 몇 세 몇 세 인간세 세잖수. 4세 5효, 대수는 네 대고 사람 숫자는 다섯이구. 요 앞에 있는 효자비는 요 앞에 건 우리 증조분데, 그거는 현판이 인제 강릉 함씨라고 돼 있다구. 근데 그 할아버지도 희자 저 뭐야 함희석이라고, 희자 석자. 함희석 효자비, 이 효자비는 저 효자비도 국가에서 하사해 준 거구 우리 효자비도 저 뭐이라, 고종 말년에 저 뭐이라 고 뒤에 있는 서문을 보게 되면 승정원 경 현대부 이제현이라고 하는 사람이 대원군의 조카라구.

그래서 그 분이 서문을 해서 국가가 핸 그, 그리고 또 규장각에 아직 전부가 기록이 돼 있고 그래서 우리가 지금 이 양근 함씨로 왜 못 곤치는 이유가 왜 그라나 하니까, 우리들이 여기 간성에 함씨네가 고려 공민왕 때, 공양왕 때 낙향을 해 왔다구요. 고려 홍문관 박사로 있는 부자 열자 할아버지가 공양왕을 데리구서 여길 와서 간성 수탈사라는 데를 와선 아들 하날 델구 할머니하고 공양왕하고 시종배 사람들하고 와서 거기 있다가 공양왕은 여기서 또 관군이 자꾸만 이성계하구 부대끼니깐 저 산척 위로 오면 군청이라는 데 가서 돌아가셔 가지구 거기가 공양왕묘가 산청 위로 가면 군청리라는 데가 있다구.

그카고 우리 할아버지는 여기 와서 아들 하나를 데리고 온 분이 아들을 두 형제를 낳아 가지고 그 인제 맏아들이 간성에 있고 작은아들이 바로 여기로 왔다 그래. 그니깐 우리들은 딴 데 나든 자손들만 여기로 오지, 여기서 본터배기들은 나든 데가 없다구. 그담에 왜 또 이 강릉으로 환도를 했나 하니까 양근인데 우리도 여기 사는 사람들도 양근으로 돼 있는 사람들 많다구요.

근데 이 딱 한 번 안 한 사람들이 우리지. 여기 오봉 마을 집들인데, 오봉마을 집들도 여기 효자비도 양근으로 개종하구, 개성 참 성을 곤치고 왕곡파만 지금 안 곤쳤는데, 그 와보면 작은 것들은 어떻게 된 거냐? 어떻게 되긴, 그 때 우리들은 세력이 약하고 인제 강릉은 저기 뭐이가 저기 양촌 경포대 다라 같은 게 있는 게 바로 그게 간성읍 할아버지 형님이거든. 이조 개국공신 함부일이라고, 부자 일자 팔도관도 하고, 그 분이 바로 이성계와 같이 이십 일 명 스물 한 사람이 그 혁명을 일궈서 고려를 때려쳐부셨는데, 그래서 스물 한 사람 속에 인제 그 할아버지가 들어가는데 강릉 함씨는 그 위에 시조들도 있지만은 양촌에들, 중시조들도 있지만도.

고 할아버지부터 인제 강릉서 예조판서도 한 분이 있고, 그담에 뭐 판서가 강릉서 삼 판서가 다 났지. 그 강릉 때 오봉서원 같은 거는 칠봉공이 글케 하고. 글서 그담에 그 때도 족보 맨들 제 여기서 강릉으로 가는데 강릉서 여기 사람들은 강릉으루 시젤 가죠.

그래 우리는 뭐 족보 따로 있어도 강릉 함씨로 해서 지금은 많이 곤쳤다고 해. 근데 우리만 따로 못 곤쳤어. 왜 우리만 못 곤쳤나 하니깐 이 효자비가 고종 말년에 온 효자비가 나라서 했는데 강릉 함씨 통정대부 행동양부도정 함희석이라 했단 말이야. 우리가 우리 멋대로 하믄, 그게 지금 대한민국의 서울대 지금 규장각에 있거든. 멋대로, 호적이야 뭐 아무것도 아닌 사람이야 호적이야 법에 의해서 곤치면 된단 말이야. 글구 우리가 지금 여기 내려와서 22댄데, 22대에 있는 그 지석 상석마다 강릉 함씨란 말야.

그래서 지금 우리도 강릉 집들 가두 그르지 말구, 호적은 양근으로 곤치되, 어디다 비석으로 하자. 우리가 이러이러한 사연으루 양근인데 강릉이 됐단 말야. 그래서 지금 우리는 이제 함씨라고 하는 거는 뿌리는 하나이고 동근, 뿌리는 동근 이란 말야. 뿌리는 하나고 아저씨만 두 갠데, 무슨 뭐 잡동성이가 아니잖느냐. 부자 일자 할아버지하고 부자 열자 할아버지가 한 형젠데, 형되는 분은 고려충신이고 참, 동생은 이 저 이성계네 혁명 투척세력이고, 스물 한 사람.

이 간성 할아버지는 고려충신인디 그니깐, 반 혁명이겠지. 여기가 인제 뭐한 거는 오봉리가 요 앞에 송지호가 있잖아? 송지호가 있는데 여기가 인제 형국이 어떻게 생겼나 하니까 배산임수라고, 풍수학적으로 등아리데다, 등에다는 산을 지고 앞에는 물이 있고, 저 안동 그 하회마을도 산이 있고 그 앞에는 호수가 있잖아. 그래서 배산임순데, 등아리다 산을 지고 저 뭐이가 그 물이 인제 물에 다다른다고 하는 게 그래서 다 좋은 자리라고 하지. 여길. 그러나 뭐 여기서 무슨 큰 그렇게 되다 보니 무슨 벼슬 한 사람이 있나, 강릉서 전부 했었겠지 뭐. 강릉 거 오봉서원 함칠봉공두 고성가서 군수를 했다고요. 저 뭐인가, 1442년인가? 그 때 와서 여기 간성 군을 살고서 갔죠.

최창선(88, 남) 고성군 죽왕면 오봉리 2001.9.5
(최창선 제보자께서 들려주신 설화 자료는 92번부터 95번까지다.)

92. 오음산(五音山) 【G.17-3-17-8】

오음산 올라가는 능선에 가 보면 사람을 파묻을 수 있을 만한 자리가 있다고. 옛날에 한 도사가 거길 지나가는데 비가 너무나 많이 내렸나봐. 그러니 그 도사가 그게 이상하니까 그 곳을 살펴보니 아 글쎄 거기에 시체가 묻어져 있더라는 거지. 그래 가지고 그 시체를 옮겨 딴 곳에 묻었더니만 비가 그치더래. 여름에 비가 너무 안 오면, 마을 남자들이 사람 뼈를 벽지에 싸 가지고 갖다 묻기만 하면 비가 온대. 그래서 머슴들이 그 곳에 뼈를 자주 갖다 묻었대. 산 이름이 그래서 오음산이 됐다고 하더구만. 산 모양새가 퉁소라. 퉁소에는 다섯 소리가 나잖아. 그래서 오음산이라고 불려졌다고.

93. 빈대와 적곡사지(笛谷寺地) 【G.17-3-18-5】

저기 적곡사 절터가 말이야. 지금이야 뭐 암 것도 없지. 옛날에는 말이야. 거기에 스님이 절을 세워 가지고 사람들이 자꾸 오니깐 절이 금방 부자가 됐단 말이야. 아 그러니깐 게으른 스님들이 아무 것도 안하구 그냥 놀구 먹은 거지. 어디 스님들이 그럼 되나. 안 되지. 그러니 부처님도 화가 난 모양이야. 하루는 지나가던 스님이 그걸 보고는 한심하니깐 빈대들을 옮겨 가지고 그 절에 스님들을 다 쫓아내 버렸나봐. 그러면 정신을 차려야 하는데 스님들이 그래도 배가 불렀는지 계속 얻어먹기만 하다가 다시 절에 모여 들었대. 근데 거기에 와 보니깐 금기둥이 뚝하니 하나 서 있어서 서로 막 달려갔더니만 글쎄 그게 금기둥이 아니라 빈대들이 모여 가지고 기둥을 만든 거였어. 그래 가지고 그 적곡사가 폐허가 됐다지.

94. 전서방네 장사 【G.17-3-19-5】

전서방이 조상이 죽어 산소를 만들었는데 지관이 하는 말이 이 자리를 쓰면 어린 아이가 나는데 그 아이가 장사라는 거야. 시간이 지나 사내아이를 낳았는데 그 아이가 시렁 위에 올라가 있더래. 옛날에 장사가 나면 역적이라 아이를 죽이려고 아이 배 위에 벼 두 섬을 올려놓았는데 배를 들썩이면서 죽었대. 그래서 능선에 묻었는데 그 날 밤에 용마가 나타나 밤새도록 울며 돌아다니더라는 거지. 다음날 아침에 나가보니 말의 재갈이 남아 있어서 주워 왔는데 중이 찾아 왔길래 그 얘기를 했더니 중이 금숫가락 열 단을 주면서 그 재갈과 바꾸자고 했대. 그렇게 바꾸고 나서 중은 부자가 됐다나봐.

95. 애뚝이의 지혜 【G.17-3-20-6】

옛날에 말이야. 부잣집이랑 아주 가난한 애뚝이네가 살았거든. 근데 그 부잣집 영감이 얼마나 욕심 많구 심통이 많은지 사람이 원 아주 못되먹었어. 얼마나 못됐냐 하면 애뚝이네 애미가 아주 이뻤다고. 그러니깐 그걸 그 영감이 보고만 있었겠어? 얼토당토 않는 내기를 걸고서는 애뚝이 애비한테 내기에 지면 애뚝이 애미를 데리고 간다는 거지. 어이가 없지만 그래도 어쩔 수 있나? 옛날에는 다 그렇게 살았다구. 돈 없으니 할 수 없는 거지. 내기가 뭔고 하니 수탉이 낳은 알을 사오고 당장 가서 멍석딸기를 따오라는 거야. 한 겨울에 멍석딸기가 어디메 있어. 그래도 어찌나 애미를 그대로 빼앗길 수 없어서 그 한겨울에 딸기 따러 갔다가 다리에 해만 입고 집에 와서 앓았지. 그 영감이 당연히 자기가 이긴 내기니까 신이 나서 지내다가 애뚝이네 집에 가서 애뚝이 한테,

"애비는 지금 뭘 하고 있나?"

하고 물었지. 그러니깐 다섯 살 된 애뚝이가,

"딸기 따러 갔다가 다쳐서 아파 누워있어요."

하니 크게 웃으면서,

"미친놈도 아니고 이 겨울에 어딜 가서 딸기를 구한다고."

하고 말을 한 거야.

근데 고 신통한 애뚝이가 그 말을 듣고는 영감한테,

"그런 줄 알면서 어떻게 그런 내기를 걸 수가 있느냐? 또 어떻게 수탉이 알을 낳을 수가 있느냐?"

하고 가르쳐 달라고 졸랐던 모양이야. 영감이 그러니 어디 할 말이 있어?

지 꾀에 지가 넘어간 거지. 결국은 얼굴이 시뻘개져 가지고는 아무 말도 못하고 재산의 반을 내기에서 진 값으로 뚝 떼어줬다는구만. 그러니 맘을 곱게 써야지.

함희석(88, 남) 고성군 죽왕면 오봉리 2001.9.5
(함희석 제보자께서 들려주신 설화 자료는 96번부터 97번까지이다.)

함희석 할아버지께서는 할아버지 집안에 내려오는 이야기인 효자각 이야기를 직접 들려주셨다.

96. 운봉산 【G.17-3-21-8】

운봉산이 원래 먹을 게 있는데 얼마나 많은지 사흘 동안 사람들이 다 모여 가지고 먹어도 남는대. 옛날에 운봉산도 금강산이 되려구 봉우리를 자꾸 만든 모양이야. 근데 금강산이 벌써 났다는 말을 들으니깐 열이 받은 거지. 얼마나 심하게 우는지 막 구르고. 너무 심하게 울어 가지고 그걸 보고 운봉산이라고 불렀던 모양이야.

97. 함씨 4대 효자 【G.17-3-22-1】

옛날에 어린아이들을 모아서 가르치던 함성욱이란 사람이 부친이 위중하니까 글쎄 자기 손가락을 잘라 가지고 부친에게 먹였대. 그래서 그 아버지가 살았다는 거야. 그리고 그 사람의 자식 셋도 부친에게 손가락을 잘라 피를 먹여 생명을 연장하게 했다네. 그래서 마을에 4대 효자가 났다고 효자각을 세워줬다는 얘기가 있지.

백순녀(69, 남) 고성군 죽왕면 오봉리 2001.9.5
(백순녀 제보자께서 들려주신 설화 자료는 98번이다.)

98. 은혜 갚은 호랑이 【G.17-3-23-6】

관대골 초가집에 어머니하고 아들이 살았어. 한겨울에 아들이 놀러 갔다가 눈이 너무 많이 와서 집에 돌아오질 못했어. 근데 하필 그 날 집채만한 호랑이가 집 부엌으로 기어 들어와서는 검불에서 새끼를 낳는 거야. 무섭기도 하지만 그래도 생명이 있는 거라고 어머니가 좁쌀을 끓여 가지고 먹였지. 그러구 며칠이 지나선가? 호랑이가 웬 참한 색시를 데리고 다시 오지 않겠어. 그 처자가 어디서 왔는지 알 수는 없지만 그래도 꽤 부자집에서 온 모양이야. 그래서 그 처자하고 아들하고 혼인해 가지고 애 낳고 잘 살았다고 하네.

토성면

용촌리는 옛날에는 사야지리(沙也只里)라 불렀다. 농촌마을임에도 대지 대부분이 모래가 많아 속칭 사촌리라고 부르고 있으며 뒷산 용바위에서 용마가 등천하였다 하여 용촌리(龍村里)라 명명한 것이 지금의 명칭이다. 원래는 용포리와 사촌동 두 마을을 1915년 행정구역 병합으로 합치면서 용포의 용자와 사촌의 촌자를 합쳐 용촌리라 부르게 되었다. 과거 용포리는 용촌2리이며 사촌리는 용촌1리가 되었다. 용촌2리는 1892년에 건립된 노상언효자각과 연안김씨 열녀각이 있다.

박태원(76, 남) 고성군 토성면 용촌1리 2002.10.27
(박태원 제보자께서 들려주신 설화 자료는 99번부터 102번까지이다.)

99. 아들이 아흔 아홉인 가리터 중 【G.17-4-1-5】

옛날 애길 한 마디 할까? 근데 이 선생님들 여 돌 쩍 옷고름을 매는 거죠. 나 꺼정 돌 쩍 옷고름을 맸어요. 저고리 다가 옷고름을 이케 가지고 돌 쩍은 이렇게 맸거든. 근데 옛날에 가리터서 가리터의 중, 중이 아들이 얼매나 하니깐 아흔 아홉이라 아흔 아홉. 중이 아들이 아흔 아홉이여.

학생들 이거 들어봐. 자식을 뭐 낳으려면 불공드리러 간다 절에 가고 그러면 이렇게 어데 일단 방을 만들어 놓고 그 젊은 여자들 자고 아 갈 때 중놈이 인제 다 이케 관계를 하니 나가면 아들, 그러면 니가 나가서 자식을 나면 중이 자기 자식을 시(세어) 볼라고 돌 쩍 옷고름을 해 메라 그랬대. 거 옷고름을 이렇게 했다고.

돌 쩍 옷고름을 이렇게 했는데, 근데 이 왕이 왕 마누라, 옛날에는 다 잘나고 참 골르고 골르고 했는데 애를 못 낳으니께, 인제 아흔 아홉 째 너그 가 가지고 아무 절에 가리터 그 중놈이 그 용하다니께 걸로 가라. 그래 거 가지고 있는데 그니께 왕의 부인이니께 나졸들이 딱 따랐을 꺼 아니요? 지금의 대통령 아니요? 그 나졸들이 숨어있는 줄 모르고 이 놈이 참 저 죽을 짓을 해 가지고 이렇게 했는데, 그래 이 놈 안 된다 말이야. 그래가 왕이 붙들어다가 그래서 중이 무덤이 없고 불을 태우는 거여.

남그 한 그이 해다가 산더미 같이 그 꼭대기다가 묶어서 그래서 태운 거여. 그래서 중이 가리터의 중이 아들이 아흔 아홉 째 그만 그 가리터서 중이 그만 불더미 올라서 죽었잖어. 그래서 역사에 내려오는 것이 중 무덤은 없잖어. 중은 죽으면 전부 불 때다가 그거여. 그렇대요. 그래서 중을 남그 다가 죽으면 불 해놓고 그 꼭대기다가 태워서 재를 맨들어 놓은 게, 그렇게 해서 역사가 내려 온 거여, 그거여.

그럼 아들을 백을 채울 건데 왕이 잘못한 게 아니고 나졸이 잘못한 게 지금 대통령하면 여자, 남자 그렇게 따른대, 그래 역사가 그렇게 내려왔지. 나도 들은 얘기지 뭐 내가 봤나. 이게 다 역사 얘기래. 그래서 중이 죽으면 무덤이 하나도 없어. 언제든지 물어봐. 다 불에 태우지.

그러니께 가리터 중놈. 돌 때 옷고름이라는 건 나까지 맸어요. 내가 올해 칠십 살인데 나까지 맸어요. 이렇게 옷고름을 해. 그래서 그 가리터 중놈이 저기 뭐, 어디어디 산다, 여자하고 그러니께 알 꺼 아니요? 그래 어느 절에 가 돌 쩍 옷고름을 매고 가면 아, 요건 내 자식이다 그렇게 했대요. 그래서 옛날에 돌 쩍 옷고름을 매고, 그래 뭐, 우리까지 맸는데 그럼. 아흔 아홉 째 죽었어. 그래서 중 죽은 무덤은 하나도 없거든, 글치요? 중 죽으면 다 불태우잖아, 죽기만 하면. 염불하고 그렇게 때문에 중 무덤은 역사가 중무덤은 없어.

100. 계정자에서 걸어 간 색시 【G.17-4-2-6】

옛날 고구려 땅이었던 양양과 고성 지역엔, 신라나 백제에는 없는 원(遠)집이라는 것이 있었는데, 그것은 보부상들이 쉬어가거나 밤을 보내던 곳입니다. 이 원집의 터라고 알려진 곳이 현재 고성군 토성면 도원리 저수지 근처의 원터라는 곳과 고성 대진리 구천동령 골짜기 부근에 있는데 이 설화는 구천동령에 있는 원집인 계정자[5] 이야긴데 고구려 때인지 고려 땐지 이조 땐지 거기서 있었던 일이랍니다. 여기 고성할 것 같으면 지금 명파리라는 곳이 있지 않습니까? 명파리가 원래는 그 아래는 원래 주막거리고요. 고 위에 옛날에 안에 들어가서 큰 마을이 있었습니다. 고 위에 산으로 쪼끔 들어가면 옛날에 원래 살던 때는 고 위에.

그런데 거기 총각이, 그 이를테면 구천동 넘어 고성군 수동면 예민이라는 데가 있어요. 예민에서 장가를 드는데, 장가를 드는데 옛날에 인제 당나구를 타고 인제, 옛날에 인제 신부를 가마에다 메고 오지 않습니까? 그런데 이제 해가 얼매 안되고 하니까는 어디까지 인제 맞바지[6]를 와야 이를테면 메고 올 게 아닙니까? 그러니깐 이제 양쪽에서 이제 통하기를 그러면은,

"계정자까지 맞바지 오너라. 마중을 오너라. 우리 저쪽에서는 인제 거까지 메다 주겠다. 신부를 데려다 주겠다."

그랬는데 이쪽에서 명파리에서 이를 테면 맞바지꾼들이 가는데요. 거기까지 언제 가려다 하다가 그 전에 잔칫집이 있어 가주구 술을 이제 막걸리를 뚜가리로 실컷 먹고 가다가, 술통을 지구가야. 그 독한 술을.

옛날에 저쪽에서 오신 손님들 이제 배웅해 보내야 할 걸 술이 얼찐하니까 가다 중간에서 거까지 안 가구선,

"야, 우리 이거 잔뜩 지구 가면 뭐하냐? 무거운데 한 잔씩 다 따라 먹구 가자."

그래서 따라 먹구선 쓰러져 잤거든요, 거기서. 그러니 지금은 시계가 있지만 옛날엔 시계가 없구 해만 보구선 몇 시 정도에 도착하겠다 했는데 아 거기를 보니깐 맞바지꾼이 안 왔거든요. 신부를 모시구 올 맞바지꾼이 안 왔거든. 아, 그래서 저기서 아 골이 나 무섭거든요.

---

5) 계정자: 제보자는 처음에 계경지라 하다가 나중에 계정자라고 수정해 말하였다. 계정자는 고성과 간성의 경계지에 있다 하여 계정자로 불린다.

6) 맞바지: 마중

맞바지꾼들이,

"우리 안 간다."

하니까, 가마 안에 있던 신부가 그 문을 열고 나오니 신부 모시고 오는 여자가 따라올 거 아니여. 이름을 뭐라고 불렀는지,

"아무게야, 아, 저 함 좀 내리춰라 하거라."

"왜 그러십니까?"

하고 물으니까는,

"함 좀 낼춰라."

그러니까는 함 속에서 뭘 끄내는 거야. 예를 들면 시집에 가서, 한삼 있잖아요. 그걸 끄내서 옛날에 고운 짚신을 신고 시집을 가는데 고 위에다 이 버선을 벗어서 함 속에 집어넣고는 한삼을 갖다가 그 위에다 신는 거예요. 그래 그 날은 신부날이니까는 여느 사람은 말 못 한다구. 입장이 그렇게 되니까는 저쪽에서 따라오는 후행도 그 신부 하는 행동만 보고 있는 거지. 여기다 그러면은 한삼을 신더니만 말이에요. 이렇게 해서 버선처럼 해서 짚신을 신고 가거든요.

그래 처음으로 참 이것도 못 보는 신랑이지요. 얼굴도 못 보는 신랑을 가지고,

"서방님, 길 서둘르시오."

하거든요. 그래 얘기를 한 번 안 해보고 상객도 말을 못하겠단 말이야. 이쪽에서 저희가 잘못을 했으니까 맞바지가 못 가겠다고 해서 못 갔으니까 신부 하자는 대로 해야지 이제 그래 처음 보는 신분데,

"서방님, 길을 얼른 서둘르시오."

그러니까는 당나구를 타고 신랑이 가는데 그걸 걸어오더랍니다. 걸어가지구 그 영에서 이를테면 계정자에서 이를테면 명파리까지 걸어오는데 그 날 해온 시간을 늦추지 않고 그 시간에 걸어서 도착했대요.

예, 색시가. 걸어서 도착을 해 가지구 참, 초야를 치루고 했는데 그렇게 해 가지구 나왔답니다. 그래서 거기를 여기 간성 현감에 택당 선생이

그거를 와서 알아보고 했다는 얘기도 있고. 옛날에 어느 선사가 그래서 그 이름을요, 계정자라고 하는 것은 가정자, 아름다울 가(佳) 자를 써서 가정자, 이렇게 아름다운 이 정자에서 이렇게 아름다운 이야기가 있어서 가정자라고 했대요.

101. 고성 토주 노천씨 【G.17-4-3-6】

옛날에 선생님들 다 들으셨겠지만 여기 금강산에 오십삼불이 인도에서 들어왔다는 말씀 들으셨겠지. 금강산에 이를테면 오십삼불이 인도에서 오십삼불이, 서국에서 들어와 가지구 금강산에 부처로 와 들어와 앉았다고 하잖아요. 그래서 그 옛날엔 토주라고 했는데, 군수를요. 이거를 이제 토주라고 하면 잘 모르거든요. 그래서 현감, 군수라고.

고성군에 노천 씨라는 양반이, 노천 씨라는 군수님이 인제 역국에서 인제, 서역에서 그 왜 인도를 가주구 서역이라고 하지 않습니까? 서역에서 오십삼불의 부처가 이제 금강산으로 나오신다니까, 아, 나도 그 부처님을 따라가서 좀, 이를테면 서역국의 그 법을 좀 배워보겠다고, 그래 가지구 그 책사란 양반이, 지금으로 치면 아마 비서관이래요, 책사란 양반을 시켜 가지구,

"야, 너 나가서 쇠게다가 오장태 달아 가지구 지구 나가서 계란 좀 사들여 오너라."

이랬거든요. 이래서 이제 망태지구 책사가 인제 소를 끌구, 인제 소에다가 잔뜩, 그 양반도 이제 서역에서 계란을 사와야 되거든.

근데 이 양반이 책사 양반이 소를 끌구선 한 나절도 못 된데 저 고성 들어갈 것 같으면 여기 포예진 들어가주구 가 보셨나요? 안 가보셨겠지요? 여기 남북이 막혀 가지구 어디 고향이 어딘지 모르겠지만 그 쪽이 아니시라면 그쪽 지명을 잘 모르실 겁니다 아마. 거기 선주암, 제주암, 포예진, 영랑호, 그게 다 있습니다. 근데 선주암을 다 지나서 제주암을 지나드니 예 없든 탱수 소리, 그거 들어보지 못한 탱수 탱수 소리가 나거든. 그 다

음에 이제 예 없든 북소리 나고, 그 다음에 이제 예 없든 개금소리 나고, 개금소리는 이제 이런 거 있잖아요, 소반 뚜껑같은 거, 이런 거 치잖아요. 징소리가 나거든요. 그래 이게 무슨 소린가 하고 차차 차차 그 소리 나는 데를 가보니까 사람이 수십 명 모인데 수백 명 모인데 그 가운데서 중이 중들이 춤을 추고 놀거든요. 이거 뚜드리면서 말이야. 이를테면 이게 염불식인데 중의 이를테면 염불놀이죠?

그 위에서 그걸 한참 들여다보고 있는데 웬 중 하나가 나오더니만,

"여보, 저 양반이 왜 이렇게 오래 여기 있나?"

그래.

"왜 그러십니까?"

하니깐,

"우리 부처님 노시는 곳은 잠시 잠깐 눈 깜짝할 사이에도 삼 년이 됩니다."

이래거든요. 그래서 아 수상하거든. 아, 그래서 돌아봤거든요. 돌아보니까 아 여기다 망태기를 해 걸머진 것이 썩어서 물러 앉았거든요.

쇠게다 붙잡을 적에 쇠게다 바를 붙들어 맸는데 빼(뼈)가 썩어서 쇠가 다 없어졌단 말입니다. 자 그러니 어떡하겠소. 그 다음에 그 소릴 듣고 정신이 바짝 나서 이제 시간이 이렇게 갔구나 하고 돌아가 이를테면 군수님한테,

"아, 저 놈이 어디 갔다가 말이야. 심부름 안 하고 아, 저 놈이 이 년이나 어디 갔다가 묵어 있다가 오느냐?"

고,

"어디가 숨어 있다가 인제 오냐?"

고 그래서 그 다음엔 대청 앞에 엎드려 가지구는 그 얘기를 하거든.

"내 선주암을 가니 개금소리가 나서 그걸 잠시 들여다보니 내 손에 쥔 고삐가 썩었단 말이에요. 망태 다 떨어지구. 지팡막대 이를테면 장지지. 장지도 죄 이렇게 되었단 말입니다."

아, 그 다음에 군수님이,

"아, 네가 벌써 부처님을 보고 오셨구나. 아이구 저런."

이러는데 부처님은 벌써 그 동안에 금강산에 들어갔거든. 오십삼불이 그 다음에 금강산에다 연락을 하니까는,

"아, 부처님 벌써 돌아 앉으셨습니다."

이러니까는,

"아, 할 수 없다. 인제는 나는 부처님은 못 따라간다."

이러니까 여기 건봉사 절이요, 저 안에 건봉사 절이 우리 4대 사찰 중에 하나가 아닙니까?

"거기 건봉사 절에 가서 참 선(禪)이나 닦아야 겠다. 불도나 믿구."

그리구선 떠난데 여기 저 산이 저 향로봉에 저 산이, 그 뒤에 영, 그 뒤에 뾰족한 게 있잖아요. 저게 향로봉이에요. 저게 백두대간에요. 진부령 현리로 나가는데 저 산이 해발 1300미터래요. 저게 이제 백두대간의 원류이거든요.

저 산에서 흘러 내려간 산이 저 고성 시내까지 가서 딱 끊어지는데, 그 산을 이를테면 그 산 앞을 적벽산이라고 하는데 남강 그 앞을 적벽을 쌓았어. 아주 그냥 전부 돌이여요. 지금 거기서 끝났거든.

그런데 노천 씨가,

"난 이제 건봉산이나 가겠다."

하니깐 저 산을 접어들어 그 산을 나오는 거거든. 그 산을 나와서 뭐 며칠을 걸어 나왔는지는 모르죠. 그런데 뒤에서 참 무슨 발자국 소리가 나거든요. 그러니까 이상하다. 그래 다 조사를 하니까 사람은 안 보이고 뭐 얼찐얼찐해. 그래서 저기를 왔거든요. 저기 여기 청상봉이라는 데가 있습니다. 청상봉이라는 데가 이제 청상과부가 치마 쓰고 울었다는 산이름이 있어요. 청상봉 그 치매(치마)바우. 시내 거 올라가는데 이렇게 저 병풍처럼 돼 가지고 아주 제우(겨우) 계단 밟고 올라가는데 거기가 이제 치매바우라고 있지요. 거기가 이제 청상봉, 청상봉이라는 산이름이 있지요.

거길 또 그 산등이를 나오니까는 건봉사에서 인경 소리가 나거든요. 절에 왜 큰 종 있잖아요. 그래 이제 노천 씨가 아 이제 건봉사를 찾아왔구나 하구선. 저쪽 산능선으로 이렇게 내려오는데 아 이쪽에서 과부가 보니까는 인경소리가 나니까 절이 멀지 않았거든. 이를테면, 이제 군수님을 과부는 그 노천 씨 그 군수를 아주 사모하던 과부가 있었거든요 그러니까 그 가는대로 그 뒤를 따라 산을 쫓아왔단 말이예요.

예, 그 발자국 소리가 과부 발자국 소리거든 이제 거 가서 인경 소리에 이제는 저쪽 건봉령쪽으로 더 안 내려가고 중간에 산을 내려왔거든 산으로 내려오니까는 아이구 이제는 저 양반 놓쳤구나 하고는 말이야. 거기서 이제 칭얼대고 울었거든. 그런데 갑작시리 노천 씨가 보니까 여자 울음소리가 나거든요.

그 담엔 거기서 떡 서 가지구,

"웬 여자가 이 산중에서 요사스럽게 우느냐?"

하니깐 여자가 얘길 하는 거예요.

"내가 사실은 군수님을 사모했습니다. 사모하고 있는데 군수님이 절로 가신다고 군수님이 결심하셨기 때문에 내가 뒤따라 왔습니다. 군수님 가시는 데까지 내가 따라가 볼라고 왔습니다. 근데 인제는 큰 절을 만났으니 군수님은 글루 갈 게 아니요. 나는 여기서 어떻게 하라고 하십니까?"

하구선 치매를 뒤집어쓰고 울었대.

그래 군수가 그걸 보니 자기를 사모하고 그 산을 며칠이나 따라 나온 그, 이를테면 그 전부터 사모하고 있었던 걸 그걸 생각하니깐 그 산을 못 가겠는 거야. 거기 딱 서서 숨이 넘어갔어. 그래 그 치매바우 저쪽 너머에 보면 군수바우라는게 있어요. 이 집 한 반 만한 바우가 아주 딱 서있는 거라.

그게 이제 고성 군수 노천 씨의 전설인데 근데, 그 인제 책사가 거기서 그렇게 오래 있으니까는 소는 인제 그렇게 오래 있으니까는 이게(고삐) 썩어버리니까는 소가 도망을 쳤거든요. 도망을 쳐서 북으로 가는 게 아니라 남으로 나왔습니다. 남으로 나오다 명파리 안으로 들어가다 보면 지르매골이라고 있어요.

(조사자: 지르매골이요?)

예, 소 지르매. 거기다 지르매를 벗어 던지구, 그 다음엔 저 화포 저 뒷산에 삼정동이라고 있습니다. 삼정동이라구, 소 지르매가 이제 나무로 해서 딱딱하지 않습니까? 그 속에다가 이제 이런 것(담요와 같은 헝겊 따위)처럼 해서 살 위에 받치구 지르매를 올려 놓거든요. 그래서 삼정을 요 뒤에다 벗어놓고, 그래서 거길 삼정동, 적삼 삼(衫)자에, 또 속에 있던 걸 벗어 놓곤 하도 목이 마르니까는 어딜 가냐 하면 지금 거진국민학교 뒤에 송정리로 올라가는데요, 자산리 그 산이 그게 와우산입니다.

그 와우산, 소가 누워있는 산, 그 전에 거기 그 바깥에 소(沼)가 있어요. 개울물이 내려가면서 소가 된 게거든. 그러니까 소가 거기서 하두 뛰어서 여기까지 나오다 보니까 거기 나와서 물이 멕혀 물을 먹고는 노곤하니까는 거기서 앉았더래. 거기서 소가 누웠다고 해서 와우산이라는 거야.[7)]

102. 함정고개와 개무덤 전설 【G.17-4-4-6】

우리 마을에 개무덤이라고 옛날에는 이 길이 하나도 안 나구요, 욜루해서 그게 이제 옛날 큰 길입니다. 그런데 어느 할아버지가 이렇게 어디를 화진포 어느 할아버니가 어디를 갔다가요, 시장이나 어디를 가다가 술을 너무 많이 자시고 왔거든요. 와 가지고는 이제 개무덤에 와서 잠이 들었었거든요. 그런데 개를 키웠는데, 수캐를, 개가 이제 주인 할아버지를 많이 따라 다니거든요.

근데 얼마쯤 자다가 깼죠 정신이 나서 보니까요 계속 와서 옆구리에서 말이에요. 그 부딪끼고 쥐어뜯거든요. 그래,

---

7) 이 이야기는 옛날 고성 지역에서 안택굿을 할 때, 강신(降神)이 되면 부르던 노천 씨에 대한 이야기라고 한다. 서사무가의 사설을 구연한 것이라고 볼 수 있는데 고성 지역의 각 지명 전설이 망라되어 있는 귀중한 자료라 하겠다.

'아, 이 개가 왜 이러나?'
하고 자세하게 들여다보니까는 저쪽에서 어떤 짐승 발자국이 나거든요. 얼굴에다 갖다가 말이야. 찬물을 끼얹거든요. 근데 첫 번에 끼얹을 땐 몰랐는데 그리구 그 다음에 어디로 가거든요. 간 다음에 또 개가 와서 들볶아. 그래 가지구선 그 개를 그 다음에 어떻게 되나 하고 그 다음에 가만히 꼼짝을 안 하고 있으니까 개가 어디로 또 가거든요. 그 다음에 또 얼굴에다 물을 뿌리는데 아 그 다음에 눈을 요렇게 뜨고 보니까 개가 아닌 딴 짐승이거든요. 개가 아닌 딴 짐승이 와서 물을 턴단 말이에요. 호랑이지. 호랑이가 자는 짐승 안 먹는다고 하지 않습니까?

호랑이가 사람하고 한 가지거든요. 그럼 깨워야 먹거든요 그 깨어나야 이를테면 잡아먹겠는데 깨울라고 가서 물을 붓는 건데 거기서 요기서, 대관령 아파트 있잖아요, 거기가 개무덤입니다. 그래서 우리 애들 장사하는 거기가 옛날에 인제 논벌인데, 논벌에 와서 꼬리에다 물을 묻혀 가지고 인제 털거든요. 그리고 이제 개는 그거 물칠을 하는 동안에 와서 주인을 깨우는 것입니다.

그 다음엔 그렇게 해 놓고 몇 번 그러거든요. 그, 그 다음엔 누워 있다 보니까,

'호랑이는 사람과 같이 사는 짐승은 안 잡아먹는구나.'

그래서 그래 가지구는 인제 어느덧 새벽이 됐거든요. 닭이 운단 말이에요. 호랑이는 아홉 시에 나와 가지구 새벽 두 시에 첫 닭만 울면 들어간답니다. 그래 가지구 그 다음엔 호랑이가 간 곳이 없거든. 그래서 조금 있다 보니까 개가 털털 오는데 혀를 이만하게 빼 물고 옆에 와서 턱 드러눠서 개가 죽었거든요.

그래서 개 죽은 의견비라는 게 거기 서 있거든요. 그래 가지구 고 넘어 창고 있는 고 밑으로 원래는 옛날엔 길이 아주 깊었어요. 그리구 옛날에는 거기 사람이 안 살았거든요. 저짝 넘어 거기서 이제 경계서 도로 있는 이쪽은 화포고 저쪽은 봉포리야. 거기 함정고개라고 있단 말입니다. 그

게 그 때 부텀 호랑이가 거기 돌아다닌단 말이에요. 그래서 호랑이 잡을라고 거기 함정을 파서 함정고개라구 그래요.

신평리는 옛날에 성대리가 처음 마을로 형성된 후에 성대의 남쪽에 위치해 성남이라 부르던 곳에 새로 생긴 마을이란 뜻에서 새말이라 명명한 것이 속칭이 되었다. 신말(新末)은 쌀밥 먹고 장작만 땐다는 마을로 그만큼 생활이 풍부하였다는 유래도 있다. 마을 신앙으로 매년 음력 3월과 10월에 성황제를 지내며 1943년에 건립한 가선대부 김학현 묘비와 김두현 송덕비가 있다. 문화유적으로는 화암사와 임진왜란 때 노적가리로 위장하여 왜군을 무찌른 전설을 간직한 수바위, 산에 돌이 많고 바람 때문에 하늘이 운다는 천후산이 있다.

화암사 큰스님(82, 남) 고성군 토성면 신평리 2001.9.5
(큰스님 제보자께서 들려주신 설화 자료는 103번부터 105번까지이다.)

103. 화암사(禾岩寺) 유래 【G.17-4-5-8】

여기 이 화암사가 말이지 처음에는 혜공왕 5년 진표율사가 창건을 한 거란 말이지. 아 근데 이 절이 벌써 다섯 번이나 화재를 입었거든. 왜 그런고 하니 이 절 남쪽에 있는 수(秀)바위허구 북쪽에 코끼리 모양을 하고 있는 바위하구 서로 맥이 상통하는 자리가 바로 이 절터였던 게지. 그러니 이 수바위가 뿜어내는 열기를 이겨낼 수 있어? 그러니 결국은 다섯 번이나 불이 난 거지. 그래서 지금 이 절은 원래 지은 때보다 남쪽에 한 백 미터 떨어진 곳에 있어.

104. 쌀이 나왔던 수(秀)바위 【G.17-4-6-5】

옛날부터 여기 수바위에 전해져 내려오는 얘기가 있는데 말이야. 원래 여기 절이 사람들 사는 곳하고는 멀리 떨어져 있잖아. 요즘에도 거리가 먼데 아 옛날에는 오죽했겠어. 그러니 스님들이 시주하러 한 번 가려면 큰 애를 먹은 거지. 아 근데 어느 날 이 절에 계시던 두 스님들이 꿈을 꿨는데 머리가 허연 노인이 나타나 가지고서는 수바위의 쪼만한 구멍에 매 밥때마다 지팡이를 두드렸거든 거야. 그래 가지고서는 그 스님들이 다음 날 아침부터 그 곳에 지팡이를 두드렸거든. 근데 신기하게도 그 곳에서 쌀이 나오더라는 거야. 이 소문을 듣고 멀리서 한 사람이 찾아와 가지고는 욕심이 나니깐 여섯 번을 두드렸다는 거야. 그렇게 나쁜 마음을 먹고 두드렸는데 그게 잘 될 리가 있어? 그러니깐 그 곳에선 쌀이 아니라 피가 쏟아졌다는 거지. 그 뒤로는 이 수바위에선 쌀이 나오지가 않게 됐대.

105. 관대(冠帶)바위 유래 【G.17-4-7-8】

고성군 간성읍 탑동리 선유령 가는 길목에 옛날 산을 타고 다니는 '관대'라는 사람이 살았어. 어느 날 관대라는 사람이 그 산 주변에 바위 버섯이 많이 난다고 해서 버섯을 따려고 산을 타고 다니다가 거기 가니 큰 짐승이 앉아서 으르렁거리고 있는 거야. 그래서 그 관대라는 사람이 그 앞에서 길을 비켜 달라고 빌었는데 그 짐승이 꼼짝도 하지 않더라는 거야. 그래 가지고 그 관대라는 사람이 침을 탁 뱉었는데 그 침이 짐승 앞에 떨어지니까 짐승이 바위로 변해 버렸대. 그래서 관대바위라고 불렀다고 하더라고.

현내면

산학리는 원래 두 모퉁이로 나뉘어져 있어 옛 운근리를 분리한 학산리(鶴山里)와 열산리(烈山里)가 있었다. 고려 때 열산현의 소재지가 열산리에 있었는데 조선시대 관제개혁으로 없어지는 동시에 간성군으로 속해 현내면으로 개칭된 후 1915년 행정구역 통·폐합으로 두부락의 산(山)자와 학(鶴)자를 따서 산학리로 불렀다. 1914년까지는 현내면 소재지이기도 했다. 마을 뒤에는 고려초에 만든 성지 흔적이 남아있었다고 전해지며 쑥고개 봉화봉에서 횃불로 신호하면 이 곳에서 받아 다시 간성 고성산으로 연락하였다 한다.

박춘화(69, 여) 고성군 현내면 산학리 2001.9.5
(박춘화 제보자께서 들려주신 설화 자료는 106번이다.)

106. 노인산 유래 【G.17-5-1-8】

저기 저 산이 노인산인데, 저기가 왜 노인산인고 하니 저 산이 아주 높고 가파르다고. 나무도 없고 그러니깐 보이기에 꼭 벌거숭이 맨치로 맨들맨들했지. 그니깐 그게 돌바우가 산을 덮고 있는 게 그게 생긴 게 꼭 늙은 노인네 머리처럼 보였나봐. 그래서 저 산을 보고 노인산이라고 부른다고 하더라고. 그래서 노인산이지.

명파리는 동해의 맑은 물과 백사장을 낀 아름다움 때문에 생긴 이름이다. 명파리는 광산천과 명파천이 흘러 마을이 형성되었기에 전답이 비옥하고 각종 어종이 풍부하다. 속칭 광산골에는 일제시대 일본인에 의해 개발된 광산에서 금, 은을 생산하다가 6·25로 채광이 중단되었다. 이 광산은 그후 70년대에 다시 개발되었으며. 이 곳에서 생산되는 은이 유명하다.

백춘식(70, 남) 고성군 현내면 명파리 2001.9.5

(백춘식 제보자께서 들려주신 설화 자료는 107번부터 108번까지이다.)

107. 가정자(佳亭子) 유래 【G.17-5-2-8】

간성가는 쪽에 계경지[8]라 하는 원막이 있었다고. 거기에 옆 마을에서 어린 여자가 시집을 왔는데 시집가는 중간에 가마꾼들이 모두 술을 먹고는 뻗었대. 그러니 그 여자가 걸어서 시집으로 들어갔다고 하더구만. 한 겨울이었다는데 여자도 대단하지. 몇 십 리나 되는 길을 걸어갔으니 아주 다부지지. 집안에는 그런 다부진 여자가 들어와야 잘 사는 법이거든. 여자가 어리니깐 물이라고 제대로 이고 다닐 수 있었겠어? 다음날에 그 시어마이가 물동이 대신 작은 바가지 같은 걸 준 모양이야. 추운 밤에 몇 십 리 길을 걸어와 손이 다 부르트도록 또 물을 길러 다니니깐 동네 사람들이 그걸 보고는 다들 칭찬을 했지. 아도 잘 키우고 그래 가지고서는 계경지가 가정자가 됐대. 아름다운 정자라는 뜻으로 그 여자를 보고 이름을 그렇게 고쳐 불렀다고 하더구만.

108. 왕곡마을 기우제 【G.17-5-3-10】

마을 뒤편 오음산 정상에 올라가면 능선 중간에 사람이 묻혔던 자리가 있는데 흙이 차돌처럼 단단해져서 곡괭이로 힘껏 파야지 됐어. 어느 날 도사가 마을에 들려 쉬어 가는데 장마가 시작되는 거야. 닷새 동안 비가 내리고 하루 그치고, 또 닷새 동안 비가 오고 하루 그치기를 반복하는 까닭에 마을 사람들이 도사에게 그 연유를 물어봤대. 도사가 산에 올라가서 지형을 보니까 오음산 중턱을 파보라고 그러더래. 거기에 누가 몰래 장례를 치러서 시신이 묻혀 있는 거야. 그래서 그 시신을 수습해서 내려온 뒤로 비가 그치더라 하더라고. 그래서 여기 사람들은 비가 안와서 가물면 공동묘지에서 시신 유골을 담아서 오음산 중턱에 묻고 그런다고.

---

8) 계경지: 堺境地=堺亭子

양양군

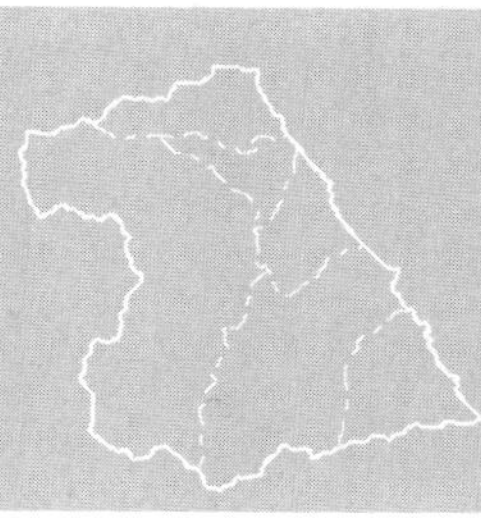

양양군

주요 제보자

윤석인(양양읍 거마리)

박영순(양양읍 남문리)

주요 제보자

이인계(양양읍 연창리)

윤대석(양양읍 청곡리)

주요 제보자

추두엽(양양읍 청곡리)

박세종(양양읍 화일리)

주요 제보자

박용운(양양읍 화일리)

전성녀(양양읍 화일리)

주요 제보자

김래월(강현면 강선리)

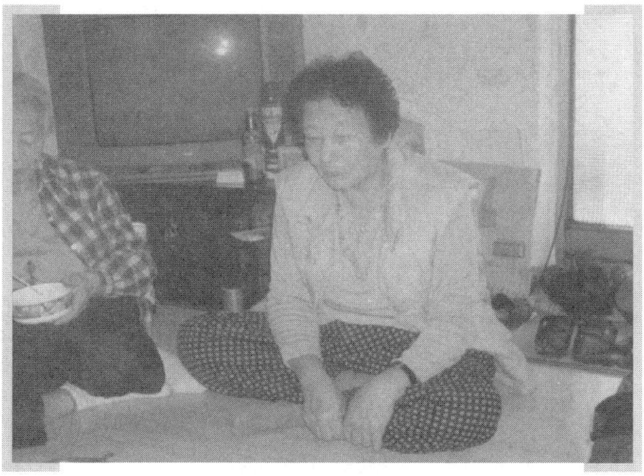

박기난(강현면 강선리)

주요 제보자

이경란(강현면 침교리)

엄익환(서면 갈천리)

주요 제보자

탁봉원(서면 송천리)

김종본(서면 수상리)

주요 제보자

이춘우(서면 황이리)

최형근(손양면 밀양리)

주요 제보자

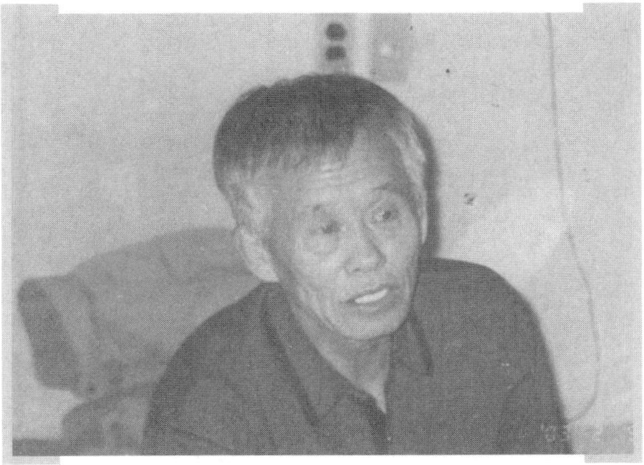

김진우(손양면 상운리)

김완식(좌), 홍복상(우)(손양면 주리)

주요 제보자

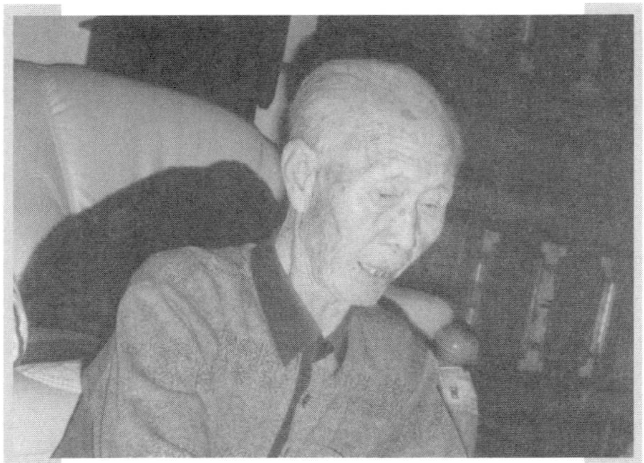

김진택(현남면 입암리)

김준근(현북면 어성전리)

주요 설화 증거물

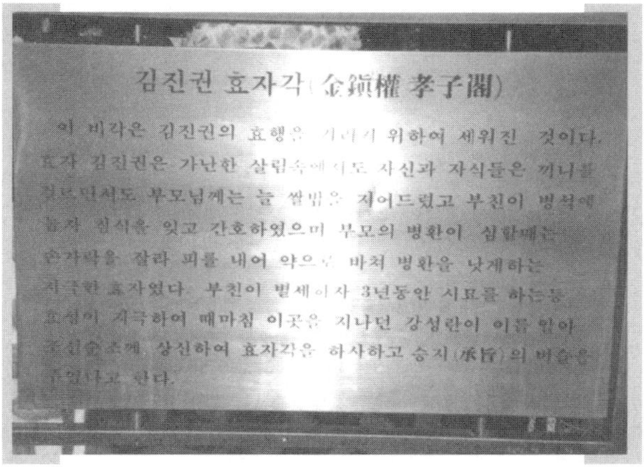

김진권 효자각(서면 논화리)

1. 양양군 지역개관

양양군은 강원도 중부에 있는 군으로 북쪽으로 속초시, 서쪽으로 인제군, 남쪽으로 강릉시 · 홍천군에 접하고, 동쪽으로 동해에 접해 있다.

양양군은 고구려의 익현현 또는 이문현이었던 것을 신라에서는 익령현이라 하였다. 고려는 현종 때 현령을, 1211년(고종 8)에 양주방어사를, 1257년(고종 44)에는 강등시켜 덕령감무를, 1260년(원종 원년)에 다시 승격 양주지사를 두었다. 조선시대에는 1397년(태조 6)에 태조의 외향이라는 이유로 부로 승격시켰고, 1413년(태종 13)에 도호부가 되었으며, 1416년(태종 16) 양양으로 개명하였다가 1895년(고종 32) 군으로 고쳤다. 그때 강릉부에 속하였다가 이듬해(건양 원년) 13도제 실시로 강원도 양양군이 되고, 1919년 간성군이 폐지됨에 따라 토성면과 죽왕면이 편입되었다. 1939년 속초면이 읍으로 승격되고, 1945년 8 · 15 광복과 더불어 국토가 분단되자 현남면 · 현북면 및 서면의 일부가 강릉군에 편입되었다. 1954년 11월 수복지구 임시 조치법 시행에 따라 현남면을 명주군에 남기고, 현북면 · 서면을 본군에 복귀시켰다. 1963년 1월 속초읍이 시(市)로 승격되어 독립하자, 토성면 · 죽왕면은 고성군(高城郡)에 이관되고, 현남면이 명주군으로부터 본군에 환원되었다. 1972년 1월 권금성 비룡폭포 피골이 속초시에, 1973년에 서면의 명개리가 홍천군 내면에, 손양면 상왕도리 일부가 양양면 월리에 편입되었다. 1979년 5월 양양면이 읍으로 승격되었으며, 1983년 2월 강현면 상복리 일부가 속초시에 소속되었다. 1989년 1월에는 손양면 가평리와 송현리 일부가 양양읍 송암리로 편입되었다. 현재 양양읍과 서면 · 손양면 · 현북면 · 현남면 · 강현면의 1읍 5면으로 이루어져 있다.

양양군의 자연환경은 다음과 같다.

서쪽은 태백산맥이 뻗어 설악산 · 응복산 · 오대산 등이 이어져 높고 험준하며, 동해안 쪽은 산지가 급경사를 이루며 해안에 약간의 평지가 있어 농경지로 이용된다. 하천은 대개로 길이가 짧고 급류를 이루며 수량은 적은 편이다. 이들 하천 중 큰 것은 남대천으로 오대산에서 발원하여 서면 북평리에서 서림천과 오색천을 합쳐 동해로 흘러든다. 평지는 해안을 따라 2~4km 너비로 길게 발달되어 있다. 해안선은 40.3km에 이르나 매우 단조롭고, 곳곳에 석호가 발달하였다. 인구리에는 육계도인 죽도가 있다. 암석해안은 해식애를 이루며 부근의 모래해안과 조화를 이루어 좋은 휴양 · 관광지로 이용되고 있다. 한편, 물치 · 인구 · 남애 등지에 바다가 육지로 깊숙이 들어와 있어, 항구로 쓰이고 있다. 겨울철에는 서쪽의 태백산맥이 차가운 북서계절풍을 막아주는 한편 푄 현상이 일어나, 기온은 같은 위도상의 서해안에 비해 높다. 또 가을에 강수량이 비교적 많은 것도 특색이다.

양양군은 식량 작물로 쌀을 가장 많이 생산하며, 그 밖에 감자와 고구마 · 콩 · 옥수수 등이 생산된다. 채소류는 전체 면적에서 차지하는 비중이 낮다. 참깨 · 들깨 등의 특용작물이나 사과 · 배 · 복숭아 · 감 등을 조금씩 재배한다. 양양군의 임산물로는 도토리 · 대추 · 송이버섯 등이 생산되며 이 중에서 송이버섯의 생산량이 많다. 물치리 · 인구리 · 남애리 등지에 작은 어항이 있고, 주요 어획물은 명태 · 오징어 · 멸치 · 고등어 등이다. 남대천으로 회유하는 연어도 빼놓을 수 없다. 손양면 송현리의 국립 양양내수면연구소에서 내수면 어류, 특히 연어를 키워 바다에 방류한다. 양양읍에 냉동 · 냉장 시설 등이 있다. 양양군의 지하자원으로는 약 540만t의 자철광이 매장되어 있어서 양양 철광산의 경우 한때 국내 제1의 철산지를 이루었다. 이 철광석은 과거 거의가 포항종합제철소에 공급되었고 일부는 일본으로 수출하였다. 양양군은 서쪽에 태백산맥이 남북으로 뻗어 있어 해안을 따라 도로가 발달하였다. 고성~속초~양양~강릉간 국도가 있으며, 한계령 · 구룡령을 넘어 양양읍에 도달한다. 서울~강릉간 영동고속도로를 이용한 고속버스가 속초에서 운행된다. 군내에는 설악산 국립공원과 동해 도립공원을 비롯해 17개의 해수욕장이 개발되어 일년내내 관광객이 끊이지 않는다.

양양군의 현재 교육시설로는 초등학교 19개교, 중학교 5개교, 고등학교 2개교와 관동대학교가 있다. 문화공간으로는 일반공연장과 군민회관 · 복지회관 · 청소년회관 · 문화원이 있다. 매년 6월 중 군민의 화합을 도모하기 위한 민속놀이 · 문화제 · 체육대회 등이 펼쳐지는 현산문화제가 열린다. 이 밖에 해맞이축제 · 송이축제 · 연어축제도 매년 펼쳐진다.

양양군의 문화재는 2001년 현재 국보 1점, 보물 9점, 사적 1점, 천연기념물 1점 등 12점의 국가지정문화재와 유형문화재 8점, 기념물 3점, 문화재자료 7점 등 18점의 도지정 문화재가 있다. 주요 문화재로는 진전사지 3층석탑, 진전사지 부도, 선림원지 3층석탑, 선림원지 석등(보물 445), 선림원지 홍각선사탑비(보물 446), 선림원지 부도(보물 447) 등이 있다. 이 밖에 현남면의 포매리 백로 및 왜가리 번식지(천연기념물 229), 낙산사 홍예문(강원유형문화재 33), 낙산사 원장(강원유형문화재 34), 낙산사(강원유형문화재 35), 의상대(강원유형문화재 48), 현북면의 명주사 동종(강원유형문화재 64) 등의 문화재가 있다.

2. 양양군 설화의 현황과 특징

양양 지역 현지 조사에서 얻은 설화의 총 자료 수는 111편으로, 읍면별로는 양양읍 12편, 강현면 19편, 서면 57편, 손양면 13편, 현남면 8편, 현북면 2편이다. 각 읍·면별 주요 설화의 현황과 특징을 살펴보면 다음과 같다.

양양읍은 양양군 소재지로 각종 기관, 단체들이 들어서 있으며 상가 밀집지역이다. 때문에 지역적 특성을 알 수 있는 설화 자료를 채록하는데 많은 어려움이 있었다. 채록된 자료의 대부분은 그 지역의 지명 유래에 관한 것이다. 원님이 절을 했다는 배일리나 원님들이 그곳에서 활을 쐈다는 관동리, 대감이 말을 타고 행차했다는 거마리 등의 지명유래 이야기를 통해 지배계층의 행위와 관련된 유래담이 두드러진 것을 볼 수 있다. 그 다음은 민담의 성격이 강한 흥미와 재미 위주의 이야기들이다. 집에 손님이 오지 않게 하기 위해 바위를 눕혀버려 결국은 집안이 망하게 된 풍수 설화 역시 다른 지역에도 두루 퍼져 있는 이야기이다.

강현면은 관동팔경의 하나인 낙산사를 비롯하여 설악산이 있고 서울과의 항공로가 개설되는 등 관광, 산업의 요지로 각광을 받고 있는 지역이다. 이 지역 역시 지명유래 이야기가 가장 많이 전승되고 있다. 강현면에서는 비교적 서사구조가 뚜렷한 청소(沼) 장자 설화를 찾을 수 있다. 그러나 그와 관련된 증거물이 없는 것으로 보아 지역에서 자생하여 내려오는 전설이라기보다는 우리나라 전역에 퍼져있는 장자못설화의 한 변형이라고 보는 것이 더 타당하다. 강현면의 열녀설화에서는 자신의 허벅지를 베어 남편을 봉양한 열녀 이야기와 욕을 당해 스스로 목숨을 끊은 열녀 이야기를 통해 조선시대의 유교적 전통을 엿볼 수 있다. 또 석교리 상놈과 안골 양반 이야기는 신분 차별이 뚜렷했던 당시 사회의 모습을 반영하고 있으며 지배계층과 피지배계층간의 대립적인 모습도 나타내고 있다.

서면은 산악이 전면적의 90% 이상을 차지한다. 특히 계곡이 깊고 물이 맑은 곳이 많아 많은 관광객이 방문하곤 한다. 이곳의 오색 약수는 전국적인 이름난 관광지이기도 하다. 서면에서 가장 많은 설화를 채록할 수 있었는데 이는 산간 지역이라 비교적 개방이 느려 세대간 전승이 이루어질 수 있었기 때문이라 판단된다. 서면에서 가장 두드러진 설화는 탁장사 설화이다. 탁장사가 이웃의 강릉 장사와 힘을 겨뤄서 이겼다는 내용부터 궁궐에 쓸 나무를 해다 나라에 바쳤다는 내용, 이웃을 골탕먹이려다 혼이 난 내용에 이르기까지 다양한 종류의 이야기가 전승된다. 이웃해 있는 지역인 강릉과의 대결의식 속에서 승리하기를 원하는 양양 지역 서민들의 소망을 반영하고 있다고 하겠다. 또한 그 탁장사가 이웃에게 골탕을 먹기도 하는 모습은 영웅이 아닌 민중과 친숙한 평범한 인간의 모습을 강조한 것으로 민중이 탁장사를 더욱 친근하게 느낄 수 있도록 하는 요소로 작용한다. 또 서면의 설화 가운데 이 지역의 유명한 관광지인 오색 약수의 유래 이야기도 전승의 비중이 큰 설화이다. 그리고 산악지역이라는 지리적 조건에 때문에 골짜기와 계곡에 관한 유래담이 유독 많은 것도 특징 가운데 하나라고 할 수 있다. 기우제에 관한 설화도 찾아 볼 수 있는데 이는 농사를 중요시하는 농경 사회의 모습을 엿볼 수 있게 해준다. 또한 산악지역이라 호환당한 이야기들도 여러 편 전승되고 있다.

손양면은 38선 이북에 위치하고 있으며 동쪽은 동해, 남쪽은 현북면, 서쪽은 설악산 일대인 서면과 접해 있다. 손양면은 열녀 설화가 두드러진다. 단지공양을 한 열녀, 호환 당한 남편을 따라 죽은 열녀의 모습을 통해 유교적인 전통을 중요시했던 모습을 볼 수 있다. 또한 널리 알려진 탁장사가 손양면에서는 부모를 잘 공양한 효자의 모습으로 변형되어 나타나고 있음을 볼 수 있다. 이는 구비전승 되는 가운데 다양하게 변형될 수 있는 설화 문학의 한 특징을 보여주는 것이라고 할 수 있다.

이상 살펴본 각 읍 · 면별 설화의 전승 양상을 바탕으로 한 양양군 설화의 특징은 다음과 같다.

첫째, 탁장사 관련 설화가 많다. 탁장사 관련 설화는 서면을 중심으로 하여 양양 지역 전역에서 찾아볼 수 있는데, 이는 양양 지역의 우월성을 나타내고자 하는 민중 의식의 한 반영이라고 할 수 있다. 또한 탁장사를 단순히 영웅으로만 묘사한 것이 아니라 그에게 민중과 친근한 인간적인 모습도 있음을 강조하고 있는 것도 탁장사 관련 설화의 특징 가운데 하나라고 볼 수 있다. 아쉬운 점은 이러한 설화들이 제대로 채록되지 못한 실정임에도 불구하고 제보자를 만나기가 쉽지 않다는 점이다.

둘째, 다른 지역과 마찬가지로 단편적인 지명유래 이야기가 많다. 이는 짧은 이야기의 형식이지만 자신의 근원을 잊지 않고자 하는 의식의 반영이라고 할 수 있다. 다만 이와 관련된 긴 이야기들이 있을 것임에도 불구하고 이제 그것을 알고 계신 제보자를 찾기 어려운 것이 아쉬운 점이다.

셋째, 산이 많은 지역적인 특성상 풍수와 관련된 다양한 설화들이 전승되고 있다. 욕심을 부리다가 망한 집안 이야기 등과 같이 교훈적인 내용을 담고 있는 것에서부터 아들을 낳길 원하는 소박한 심리에 이르기까지 다양한 민중의 심리가 반영되어 있는 설화들이다.

양양지역 설화조사를 볼 때 지역에 따라서 전승이 그대로 유지되는 설화들도 있으나 이미 전승력을 상실한 설화들도 많이 볼 수가 있다. 설화 복원과 채록에 지속적인 관심을 가지고 적극적인 조사가 이루어져야 할 것이다.

3. 양양군 설화의 유형별 분류표

유형 / 면	면별 설화 유형 분포										
	효행열녀설화	교훈설화	지혜설화	인물설화1(신화)	인물설화2(전설)	인물설화3(민담)	동물식물설화	지명유래설화	풍수설화	기타설화	계
양양읍	1					4		5	2		12
강현면	1				1	2	1	9	2	3	19
서 면	2				8	2		35	4	6	57
손양면	3				1	1		8			13
현남면					2			6			8
현북면					1				1		2
계	7	0	0	0	13	9	1	63	9	9	111

4. 양양군 설화 조사지역 및 분포도

양양군 설화 조사지역

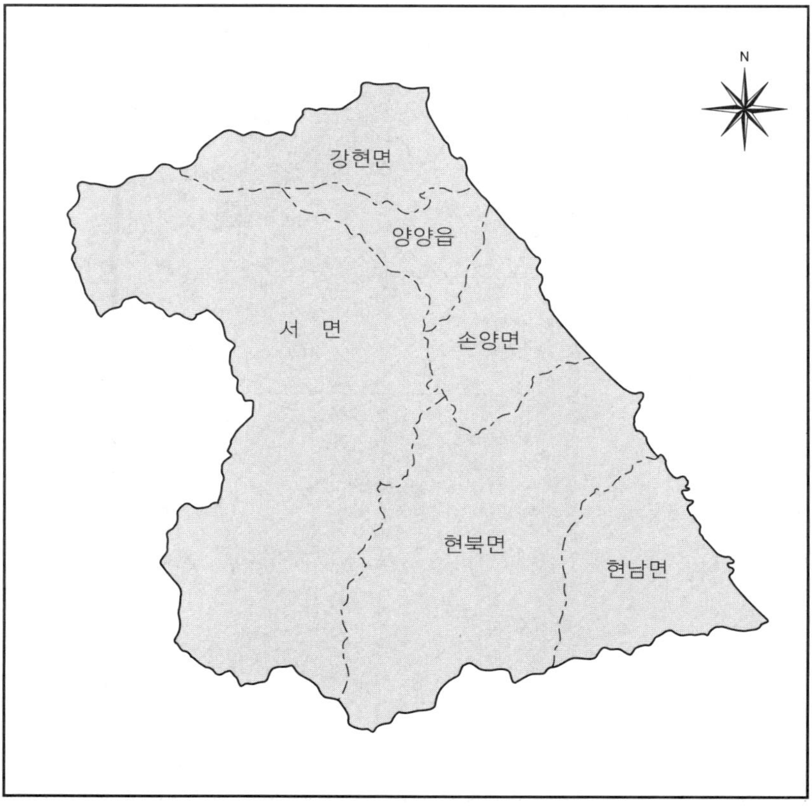

양양읍 설화 분포도

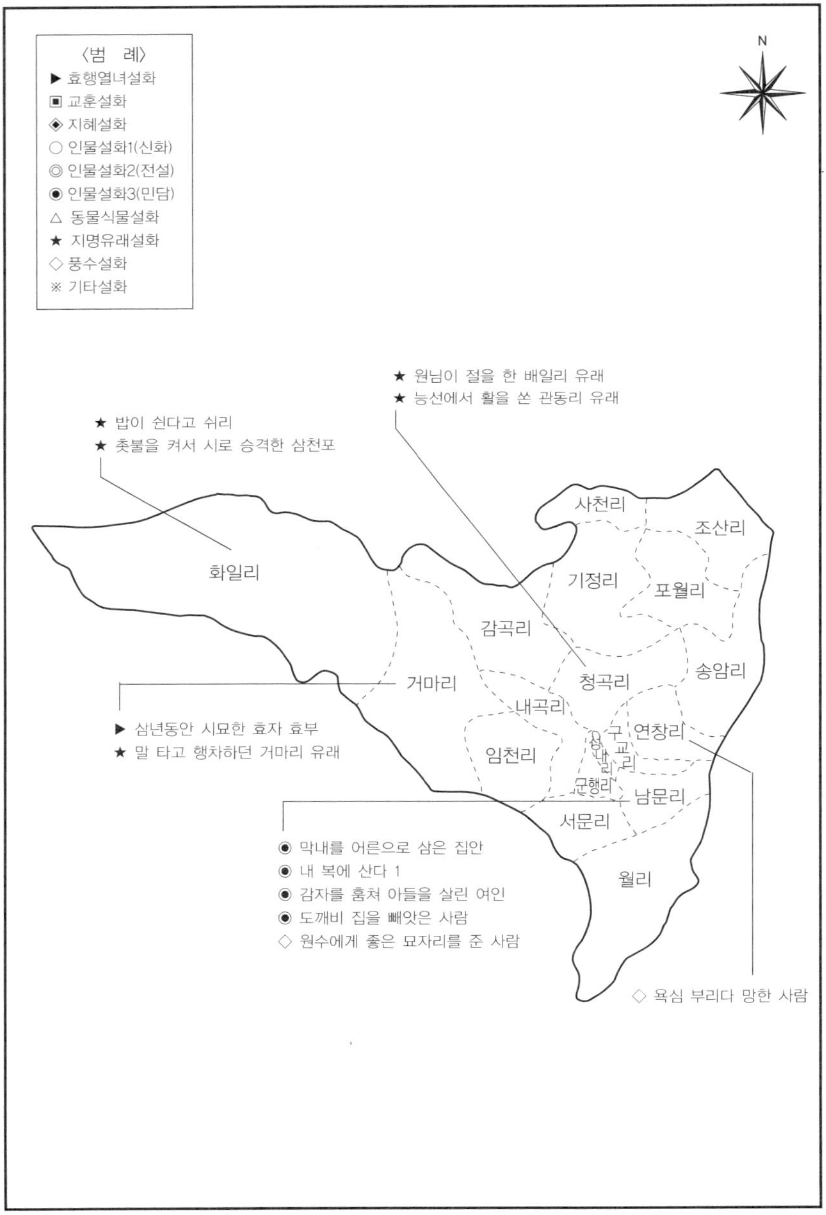
〈범 례〉
▶ 효행열녀설화
▣ 교훈설화
◈ 지혜설화
○ 인물설화1(신화)
◎ 인물설화2(전설)
◉ 인물설화3(민담)
△ 동물식물설화
★ 지명유래설화
◇ 풍수설화
※ 기타설화
N
★ 원님이 절을 한 배일리 유래
★ 능선에서 활을 쏜 관동리 유래
★ 밥이 쉰다고 쉬리
★ 촛불을 켜서 시로 승격한 삼천포
사천리
조산리
화일리
기정리
포월리
감곡리
송암리
거마리
청곡리
내곡리
▶ 삼년동안 시묘한 효자 효부
★ 말 타고 행차하던 거마리 유래
구교리
연창리
임천리
성내리
군행리
남문리
서문리
◉ 막내를 어른으로 삼은 집안
◉ 내 복에 산다 1
◉ 감자를 훔쳐 아들을 살린 여인
◉ 도깨비 집을 빼앗은 사람
◇ 원수에게 좋은 묘자리를 준 사람
월리
◇ 욕심 부리다 망한 사람

강현면 설화 분포도

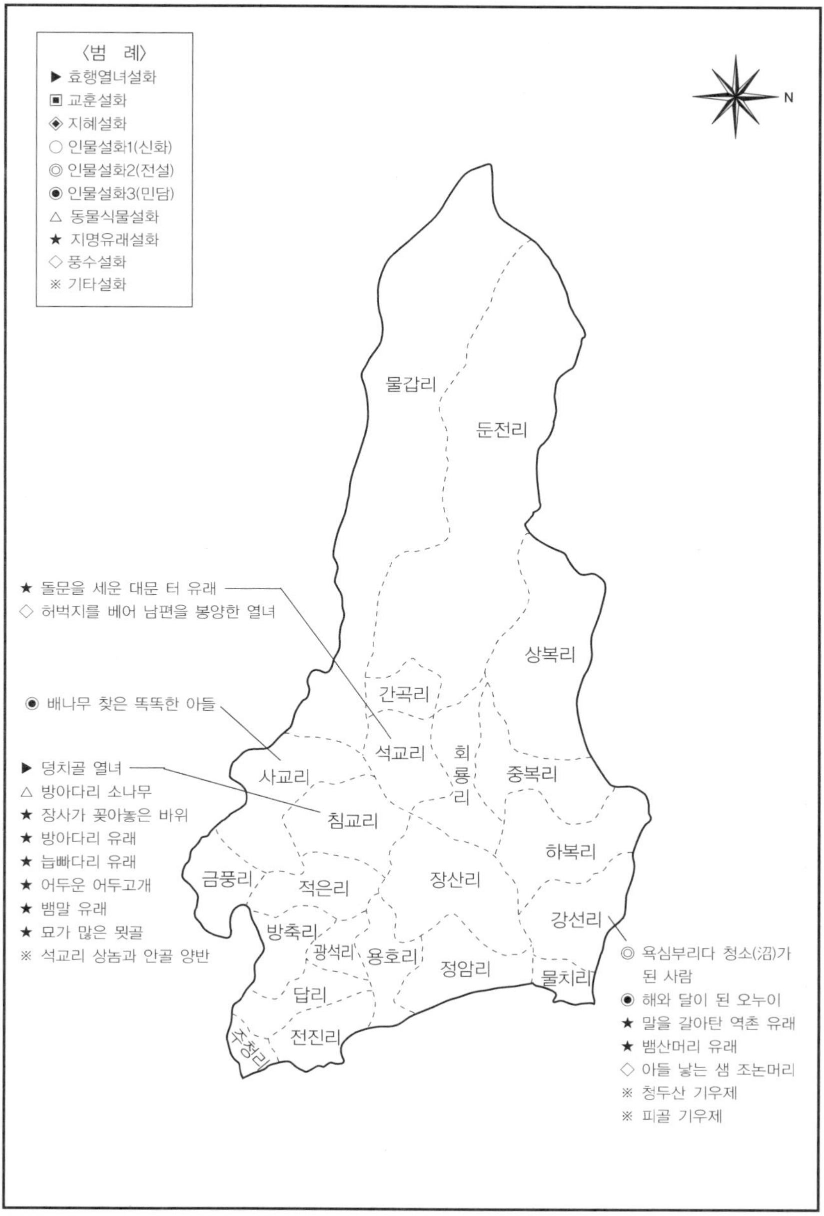
〈범 례〉
▶ 효행열녀설화
▣ 교훈설화
◈ 지혜설화
○ 인물설화1(신화)
◎ 인물설화2(전설)
◉ 인물설화3(민담)
△ 동물식물설화
★ 지명유래설화
◇ 풍수설화
※ 기타설화
N
물갑리
둔전리
상복리
간곡리
석교리
회룡리
중복리
사교리
침교리
하복리
금풍리
적은리
장산리
강선리
방축리
광석리
용호리
정암리
물치리
답리
전진리
주청리
★ 돌문을 세운 대문 터 유래
◇ 허벅지를 베어 남편을 봉양한 열녀
◉ 배나무 찾은 똑똑한 아들
▶ 덩치골 열녀
△ 방아다리 소나무
★ 장사가 꽂아놓은 바위
★ 방아다리 유래
★ 늡빠다리 유래
★ 어두운 어두고개
★ 뱀말 유래
★ 묘가 많은 묏골
※ 석교리 상놈과 안골 양반
◎ 욕심부리다 청소(沼)가 된 사람
◉ 해와 달이 된 오누이
★ 말을 갈아탄 역촌 유래
★ 뱀산머리 유래
◇ 아들 낳는 샘 조논머리
※ 청두산 기우제
※ 피골 기우제

서면 설화 분포도 1

〈범 례〉
▶ 효행열녀설화
▣ 교훈설화
◈ 지혜설화
○ 인물설화1(신화)
◎ 인물설화2(전설)
◉ 인물설화3(민담)
△ 동물식물설화
★ 지명유래설화
◇ 풍수설화
※ 기타설화
◎ 탁 장사의 힘자랑 1
◎ 탁 장사의 힘자랑 2
◎ 탁 장사의 힘자랑 3
◎ 탁 장사의 힘자랑 4
◎ 인색하게 굴다 망한 박씨네
◉ 내 복에 산다 2
◉ 보쌈 당한 과부
★ 송천리 지명 유래
★ 송천 떡마을 유래
★ 장군바위 유래
★ 다섯 가지 색의 꽃이 피는 오색나무 1
N
오색리
장승리
서천리
수상리
논화리
상평리
북평리
송천리
범부리
용천리
★ 백암 유래
★ 관청이 들어선 관 터
★ 벼락소 유래
★ 행금소 유래
★ 구룡령 유래
★ 황어가 많이 잡히는 황어소
★ 의춘암 유래
★ 여러 강이 합쳐지는 합풀래기소
★ 용소 유래
★ 영과 치 유래
★ 가마골 · 점골 유래
◇ 장군바위가 깨진 이유들
※ 풍구노래
※ 숯가마 등치기 놀이
공수전리
수리
영덕리
내현리
서림리
황이리
갈천리

서면 설화 분포도 2

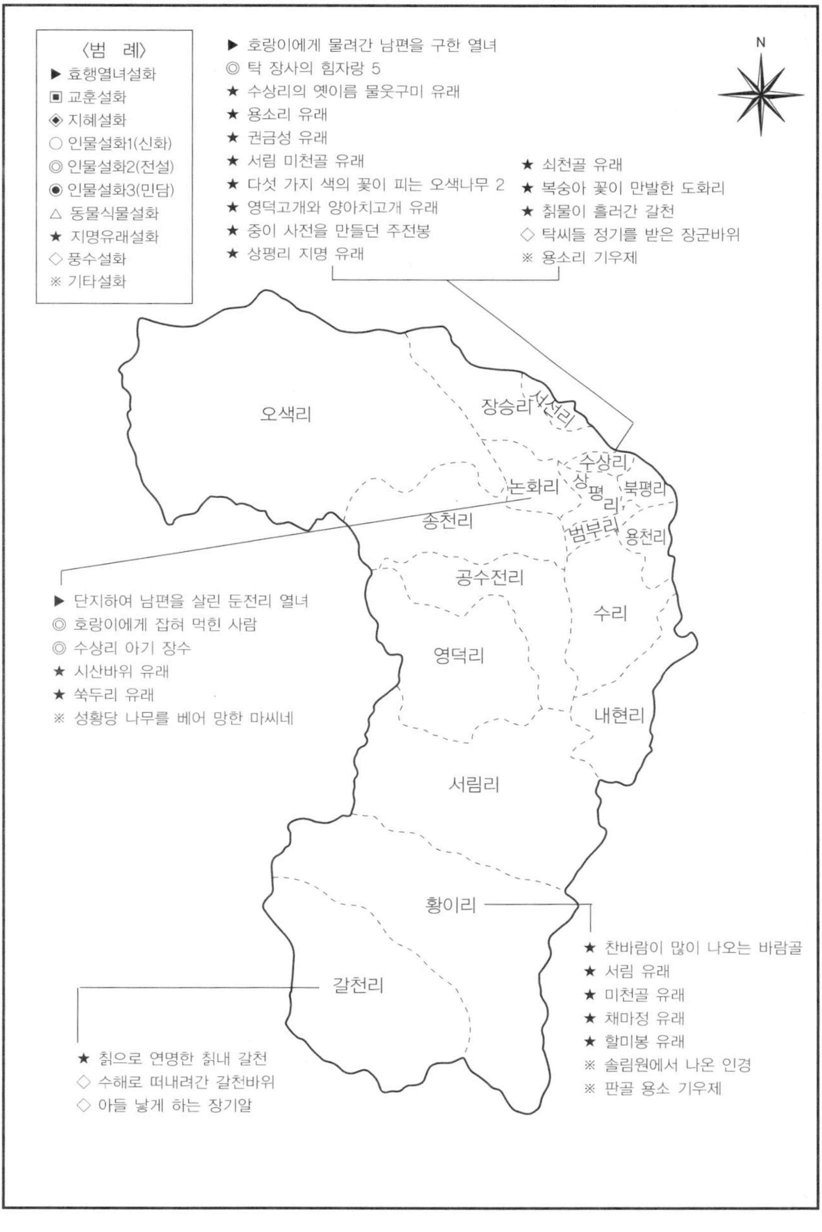
〈범 례〉
▶ 효행열녀설화
▣ 교훈설화
◈ 지혜설화
○ 인물설화1(신화)
◎ 인물설화2(전설)
◉ 인물설화3(민담)
△ 동물식물설화
★ 지명유래설화
◇ 풍수설화
※ 기타설화
N
▶ 호랑이에게 물려간 남편을 구한 열녀
◎ 탁 장사의 힘자랑 5
★ 수상리의 옛이름 물웃구미 유래
★ 용소리 유래
★ 권금성 유래
★ 서림 미천골 유래
★ 다섯 가지 색의 꽃이 피는 오색나무 2
★ 영덕고개와 양아치고개 유래
★ 중이 사전을 만들던 주전봉
★ 상평리 지명 유래
★ 쇠천골 유래
★ 복숭아 꽃이 만발한 도화리
★ 칡물이 흘러간 갈천
◇ 탁씨들 정기를 받은 장군바위
※ 용소리 기우제
오색리
장승리
서선리
수상리
상평리
북평리
논화리
송천리
범부리
용천리
공수전리
수리
영덕리
내현리
서림리
황이리
갈천리
▶ 단지하여 남편을 살린 둔전리 열녀
◎ 호랑이에게 잡혀 먹힌 사람
◎ 수상리 아기 장수
★ 시산바위 유래
★ 쑥두리 유래
※ 성황당 나무를 베어 망한 마씨네
★ 찬바람이 많이 나오는 바람골
★ 서림 유래
★ 미천골 유래
★ 채마정 유래
★ 할미봉 유래
※ 솔림원에서 나온 인경
※ 판골 용소 기우제
★ 칡으로 연명한 칡내 갈천
◇ 수해로 떠내려간 갈천바위
◇ 아들 낳게 하는 장기알

손양면 설화 분포도

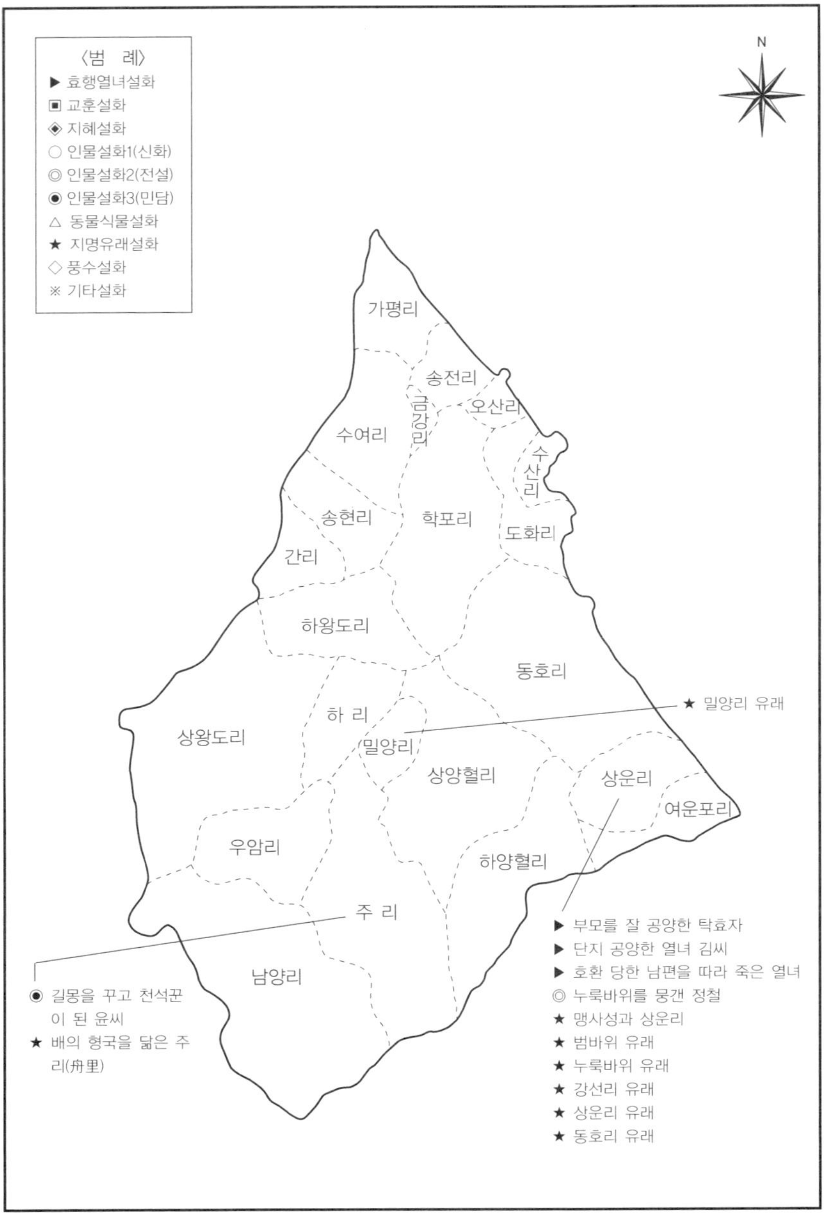
〈범 례〉
▶ 효행열녀설화
▣ 교훈설화
◈ 지혜설화
○ 인물설화1(신화)
◎ 인물설화2(전설)
◉ 인물설화3(민담)
△ 동물식물설화
★ 지명유래설화
◇ 풍수설화
※ 기타설화
N
가평리
송전리
금강리
오산리
수여리
수산리
송현리
학포리
도화리
간리
하왕도리
동호리
★ 밀양리 유래
하 리
상왕도리
밀양리
상양혈리
상운리
여운포리
우암리
하양혈리
주 리
남양리
◉ 길몽을 꾸고 천석꾼이 된 윤씨
★ 배의 형국을 닮은 주리(舟里)
▶ 부모를 잘 공양한 탁효자
▶ 단지 공양한 열녀 김씨
▶ 호환 당한 남편을 따라 죽은 열녀
◎ 누룩바위를 뭉갠 정철
★ 맹사성과 상운리
★ 범바위 유래
★ 누룩바위 유래
★ 강선리 유래
★ 상운리 유래
★ 동호리 유래

현남면 설화 분포도

〈범 례〉
▶ 효행열녀설화
▣ 교훈설화
◈ 지혜설화
○ 인물설화1(신화)
◎ 인물설화2(전설)
◉ 인물설화3(민담)
△ 동물식물설화
★ 지명유래설화
◇ 풍수설화
※ 기타설화
N
북분리
동산리
두창시변리
죽정자리
인구리
광진리
포매리
상월천리
남애리
견불리
원포리
입암리
임호정리
지경리
하월천리
◎ 세조와 오덕떼기
◎ 보쌈 당한 과부 김씨
★ 양승백이 노래 유래
★ 연꽃에 꽃피는 형국의 연수골
★ 궁이골 유래
★ 어귀노리
★ 민며느리 노래 유래
★ 쿵쿵바우 유래

현북면 설화 분포도

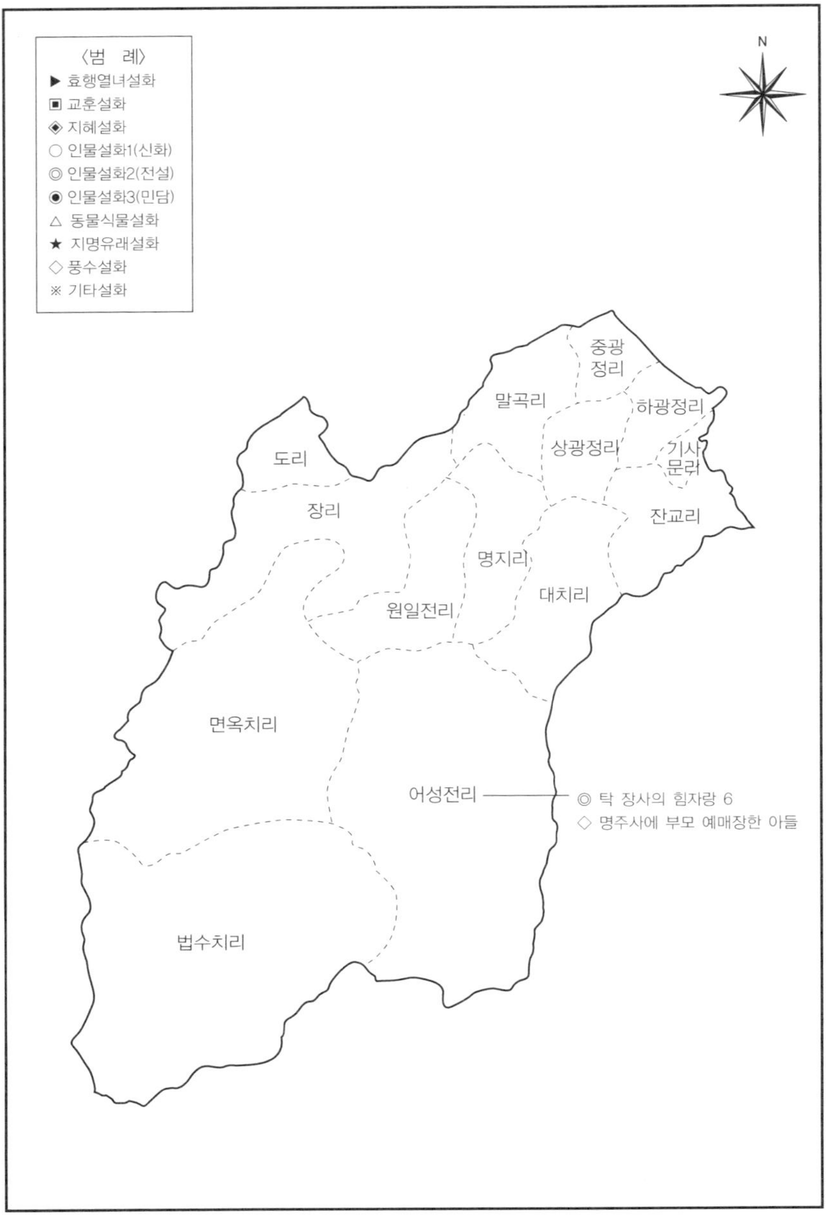
〈범 례〉
▶ 효행열녀설화
▣ 교훈설화
◈ 지혜설화
○ 인물설화1(신화)
◎ 인물설화2(전설)
◉ 인물설화3(민담)
△ 동물식물설화
★ 지명유래설화
◇ 풍수설화
※ 기타설화
N
중광정리
말곡리
하광정리
상광정리
기사문리
도리
장리
잔교리
명지리
대치리
원일전리
면옥치리
어성전리
◎ 탁 장사의 힘자랑 6
◇ 명주사에 부모 예매장한 아들
법수치리

5. 설화 자료

양양읍

남문리는 양주성 남문 밖을 지칭한 지명으로 양양 시내의 가구 수가 점점 증가됨에 따라 서쪽부터 동쪽으로 1,2,3,4리로 구분하여 오늘에 이르고 있다. 양양군 군내면 지역으로 양양읍성의 남문이 있을 때는 남문거리라 하였는데 1916년 행정구역 변경에 따라 남문리라 하였다. 남문1리에 육군 제1101야전 공병단 전후복구사업기념탑이 세워져 있다.

박명순 (89, 남) 양양군 양양읍 남문3리 3반 2003.2.5
(박명순 제보자께서 들려주신 설화 자료는 1번부터 5번까지이다.)

박명순 할아버지께서는 슬하에 3남 4녀를 두셨으며 남문리 토박이시다.

1. 막내를 어른으로 삼은 집안 【Y.18-1-1-6】

옛날 얘기 한 마디 하겠는데 그짓말이지 뭐. 한 집에 사는데 아들이 다섯이고 아버지까지 여섯이거든. 천상 아무리 죽을 해먹어도 못 살어. 못 사니까 아버지가 뭔 말씀을 하셨냐.

"야, 내가 어른을 못하니까 누가 어른을 해봐라."

마누라한테,

"마누라, 어른 해봐."

하니까 못해. 둘째 아들한테,

"해봐."

하니까,

"못 해."

하거든. 셋째 아들 넷째 아들 다 못하는데 막내아들이,

"내가 어른 노릇을 합니다."

막내아들이 어른 노릇을 한다. 그 날 막내아들이 일하러 안 나가고 가만 집에 있는 기여. 올 짝에 가만 나갔다가 돌을 들고 들어오는 거야, 돌을.

"돌, 지게에 지고 와라."

그래 이 놈은 집에 가만히 있으면서 돌을 다섯 개를 가지고 담을 쌓는 것이여. 그래 일 년을 갔든. 어쨌든 계속 쌓았단 말이여. 아, 근데 노상벽력(뇌성벽력)을 하고 비가 퍼붓는데 돌을 안 지고 들어왔어. 아버님이고 뭐고 다 내쫓았어. 돌을 안 지고 들어왔다고. 아버님이고 뭐고 다 내쫓았어.

"돌을 져 와라."

집에서 내쫓으니 나갔어. 할 수 없지 뭐. 다른 형들이고 아버지고 뭐 다 내쫓았어. 돌을 지고 오라고. 그래 인제 돌을 지고 왔어. 돌을 지고 와 똑 쌓았는데, 저 건너 아주 큰 부자 집이 있는데, 아 이거 밤에 나와 보니까 그 놈으 담에서 생금이 있는 거여 생금이. 금. 금. 생금이 누운단 말이여. 그래 와서 그 쌓아올린 사람한테 부탁했어.

"여보게, 내 노적가리하고 자네 담을 바꾸세. 자네 담을 나한테 팔게."

노적가리. 쌀 몇 백 석이고 싼 노적가리하고 담하고를 바꾸자는 거야. 그랬더니,

"예, 팔지요."

"자네 담하고 바꾼기여"

하고 바꿨는데, 인제 그 다음에 제 아범이고 형님이고 먼저 그 노적가리가 저 건너에 있거든. 저 건너에 딱 가니까 그 할아부이가 꼭대기 한 섬을 내려놓고 주더라 이거이여. 맨 꼭대기 한 섬을 낼쿠고 주는 것이여. 그래 알았다. 그래서 노적거리를 다 져 건너냈어. 담을 헐어갔지요. 그래 가지고 담을 헐어가러 왔어. 헐어갔는데 또 이 사람은 꼭대기 한 덩거리를 냉겨두고 주었거든. 생금을 내 놓고 주었단 말이여. 져 가지고 봐 봤자 아무것도 안 되고 생금은 생금대로 잃고 노적가리는 노적가리대로 가져왔다 이 말이여.

옛말이 그려. 그거 잃고 그 집은 망했다는 거여.

2. 내 복에 산다 1 【Y.18-1-2-6】

옛날에 아들도 있었겠지만 딸을 삼형제를 뒀거든. 아주 돈이 많은 사람이여. 딸을 불러 가지고 맏딸을 불러 가지고,

"너는 뉘 덕에 사냐?"

"아버지 덕에 살지유."

또 둘째를 불러 가지고,

"너는 뉘 덕에 사냐?"

"아버지 덕에 산다."

셋째는 제일로, 막내딸은 귀엽게 생각했는데,

"넌 뉘 덕에 사냐?"

"내 덕에 삽니다."

이기여.

막내딸이 내 덕에 산다 하니까 아주 아버지가 얄밉단 말이여. 그 놈으 지지배가 아주 얄미워서,

"에이, 숯쟁이 노총각한테 시집가거라."

만날 숯 속아 가지고 어머이 아버이가 딱 사는데 총각 한 놈이 숯을 가

져와 가지고 만날 숯 한 톨을 팔아다 먹고 사는 사람이여. 그래 그 숯장사 가는 아를 불렀어.

"이리 오너라."

하고 부르니까 갸가 숯 지고 가다가 들어왔지. 할 수 없이. 할아부이가 부르니까,

"너 내 딸 데리고 가."

그러니까 아주 이 애는 놀랬어. 어머이 아버이하고 살아도 못 살겠는데 저걸 데리고 가면 어떻게 사냐. 그래도 할 수 없이 데리고 갔어. 그래 데리고 가 떡 사는데, 저 어머이가 아들 숯 굽는데 죽을 쒀 가지고 가 대접을 하고 하는데, 며느리가 시어머이가 가지고 가는데 자기가 가만히 집에 있을 순 없다. 그래서,

"어머니 오늘 내가 죽을 가지고 갈 터이니 어머니는 집에 계세요."

며느리가 그 죽물을 쒀 가지고 떡 가니까 야 그 숯가마가 금덩어리거든. 이 며느리가 볼 때 금 덩어리여. 자기 남편한테,

"여보시오, 오늘 짝엔 숯을 지고 오지 말고 그 이맛돌을 빼서 지고 오시오."

남편이 가만히 생각하니까 집안 다 망하겠어. 여편네 땜에 다 굶어 죽겠어. 이맛돌 빼 갖고는 숯을 못 구우니까. 이맛돌, 이맛돌, 빼서 지고 왔어. 떡 지고 와서는,

"당신 오늘 이걸 지고 나가 아무 장에 가 팔아 가지고 와. 값은 무조건 제 값 다 달라고 해."

그래 떡 나갔단 말이야. 나와 보니 뭐가 아무도 보지를 않어. 아 돌이 시꺼멓게 끄실은 이기 누가 본체도 안 해. 저녁 때가 뜩 되니까 어떤 할아버지가 옷가지를 깨끗이 하고 와서는,

"야, 물건 동우가 났구나."

"야, 물건 좋은 거 났구나."

눈이 번쩍 뜨였어.

"여보게 팔게. 백 냥 줄게 팔게."

그러거든. 아 그 때 돈이 백 냥이면 큰 돈인데.

"예. 그러지 말고 제 값 다 주세요."

그래. 그러니,

"이백에 줄 테니 팔게."

"아, 예. 그러지 말고 제 값 다 주세요."

"삼백 냥."

"아 그러지 말고 제 값 다 주시라니깐."

"그러니깐 사백 냥."

그러니깐,

"아 애구 올리지 말고 제 값 다 주시면 되지 자꾸 왜 그러십니까?"

그러니까,

"오백 냥."

그래서 오백 냥에 팔아서 잘 살았대. 이렇게 잘 살았다 이기여. 그래 사람은 본을 지키면 돼. 사람은 본이 마음을 착하게 먹어야 돼. 너무 나쁘게 먹지 말라 이 말씀이여. 막내딸이 아버지한테 자기 덕에 산다고 그랬잖아. 그려.

3. 감자를 훔쳐 아들을 살린 여인 【Y.18-1-3-6】

그 전에 한 사람이 저 골짜구니에다 큰 밭때기에다가 감자를 심어 놨다 이기여. 감자. 감자를 심궈 놨는데 아, 이놈으 감자가 하룻밤에 많이도 안 들어가 쪼끔씩 쪼끔씩 몇 태기씩 없어져. 아, 어떻게 하고 지켜봤어. 한 달밤에 떡허니 지켜보니까 한 어떤 젊은 여자가 오더니만 아주 골병 사래대.

"하느님, 내가 죽을 죄인이니까 내가 이 감자를 안 파 가면 우리 아들은 다 굶어 죽어요. 이거를 남의 감자를 파 가면 죄를 짓는 거니까 용서해 주십쇼."

하고 절을 하거든. 그 날 감자 임자가 그걸 보니까 딱 알거든. 그래 어디로 가나 뒤를 슬슬 따라가 봤어. 따라가 보니까 아주 오막살이로 들어가. 그래서 이걸 갔다가 나라에 낮에 상소를 했어. 이 사람이. 나랏님한테 상소를 했어. 재상이여. 그러니까 그 다음에 아주 나라에서 잘 살게 돈을 줬다 이 말이지. 틀림없어. 도둑이 아이거든. 자기 자식을 위해서 팠으니까. 그래서 사람은 본심을 들어라.

4. 원수에게 좋은 묘자리를 준 사람 【Y.18-1-4-9】

그러니까 무슨 옛 나리가 뭐냐, 남을 망하려고 하는데 남을 망하게 하면 안 된다 하는 얘긴데, 저 어느 자제 분이 아버지가 삼형젠데 아버지 삼형제면 어디가 날을 받으면 되냐 산 자리를. 그런데 그 사람은 저 집과 원수가 졌단 말이야. 왜 원수가 졌냐.

"우리 아버지가 삼형젠데 산 자리를 좀 봐주시오."

산 자리를 봐달라니 할 수 없지. 그래서 산 자리를 봐주러 갔어. 가니까 이제 산 자리를 봐주는 기여. 떡 봐주는데 이 사람이 뱀의 혈에 개구리 형국에 배무리를 섰단 말이여. 거그다 딱 쓰기만 하면 찌물새. 이 지관 볼 적엔 찌물 자린데 그 다음에야 써봤는데 만날 잘 돼 그 놈으 집은. 야 이거 왜 잘 되나. 또 가 펼쳐 놓고 또 봐. 만날 봐야 만날 잘 될 자린데 묻어 죽을 자린데.

안 좋은 자린데 이 사람이 저 한 번 떡 가서 배추를 늘이고 풀밭에 들어가 있으니 한 어떤 할아버이가 바람망태를 짊어 덮어 씨고 오더래. 떡 내려오시되 묘 섶에 떡 오더니만 일삼아 풀밭을 지키고 있는 것이여.

"야 참, 누가 산 주인인지 산 자리 좋구나."

그래 이 놈이 풀밭에서 떡 나와서,

"할아버지 이기 형국이 무슨 형국입니다."

"개구리 형국이지."

"둘러싼 산 형국이 무업니까?"

물으니까,

"그건 뱀의 형국이지."

개구리 뱀 다 죽게 되었거든. 다 했는데,

"그게 왜 좋은 형국입니까?"

글쎄 내 얘기를 들어봐요. 그 물어봤어.

"할아버이, 이 어떻게 된 거입니까?"

"여보게, 저기 저 높은 산 저게 황새 산이여. 자 개구리가 이 황새가 내려 쪼아 꼼짝도 못하는 자리여. 개구리란 놈이 색을 놓을려면 황새가 내려 쪼으니까. 그래서 이걸 다 끝까지 다 봐야지 덮어놓고 보면 안 돼. 산을 덮어놓고 보면 안 돼. 뱀이 개구리를 잡아먹으려고 하는데 황새가 내리 쪼는 거여.

(조사자: 그러니까 형국이 오묘하게 맞아떨어진다는 얘기잖아요. 결국은 좋은 자리를 잡아 낸 거네요.)

그려, 거그가 명당자린 거여.

5. 도깨비 집을 빼앗은 사람 【Y.18-1-5-6】

사는데 못 살어. 아무리 벌어도 못 살겠어. 그래 저기 골짜구 안에 아주 큰 기와집이 허물어 진 게 있어. 거그서 기왓장만 져 오면 망하거든. 근데 거기서 땅도 넓고 한데 망하니까 한 사람이 살다 살다 못해,

"아이, 기왓장이 없든 그 집에 가 살아본다."

들어갔어. 기왓장을 주워 내 버리고 살았어. 떡 사는데 그 집이 무슨 집 자리냐. 천 또깨비 집이야 천 또깨비.

촌 도깨비. 옛날에는 촌도깨비가 있었어. 아, 그런데 거기 들어가 사니까 뭐 아 토지가 많지. 집이 있지. 헐고 하니까 맘대로 살어. 오늘 살아도 멀쩡 내일 살아도 멀쩡. 그래 몇 십 년 살았단 말이여. 그러니까 어느 그 집 앞에 연못이 큰 게 있고 수양버들이 둘러 섰다. 헌데 그 큰 할아버이가 장에 갔다, 시장에 갔다, 그 연못가로 시깡 옆으로 돌아오는데 아, 뭐이 대성통곡을 하고 울거덩. 뭐이 울더란 말이여. 우니까,

"너 뭐이로 우냐?"

물으니까,

"우리 촌도깨빕니다."

"그래 촌도깨비는 왜 우냐?"

물으니까,

"여기 우리 집이 저 안에 우리 집이 우리 집입니다."

그래. 저 집이 우리 집인데 저 집이 여기 들어올 제 이십 년 대통 운을 띄웠다. 이십 년. 대통 운을 띄우니까 우린 꼼짝도 못한다 이 말이여.

그렇지. 그래서 올 적에 다행히 저 놈의 집을 아주 부실려고 작정을 하고 있었는데 오니까 삼십 년 대통 운을 띤 아들을 낳았다 이 말이여.

(조사자: 아들 낳았다구요?)

그렇지. 그러니까 삼십 년을 기다려 봤는데 안 되잖냐. 그래서 웁니다. 그러더래. 이 할아버이는 집에 갔지. 가 가서는 아들 씰쪽허니 그 집에 가 물어봐라. 그러니까 아주 틀린 줄 안단 말이여.

(조사자: 틀림없이 아들을 낳았단 말이죠?)

아들 낳았지. 그래 대통 운을 띄우면 꼼짝도 못한다 이기여. 쫓겨갔다 이거지. 꼼짝을 못해. 이십 년 기다리고 있다가 삼십 년 또 대통 운을 낳았는데 어떻게 해.

연창리는 옛날 상운역이 이곳으로 이전함에 따라 큰 창고를 연이어 건립하였다하여 연창리라고 불렀다. 옛 지명은 대미소고랭이로 유래는 산등성이에 대나무가 울창하게 있었고 그 산밑에는 소(沼)가 있었으므로 대미소라는 이름으로 불렀다.

이인계(78, 남) 양양군 양양읍 연창리 2003.2.5

(이인계 제보자께서 들려주신 설화 자료는 6번이다.)

이인계 할아버지께서는 연창리 토박이시며 슬하에 2녀를 두셨다.

6. 욕심 부리다 망한 사람 【Y.18-1-6-9】

저 밑에 거북바우 밑에 하고 대가리만 나와 있는데, 그거하고 아까 그 술 먹던 젊은 사람 있잖아. 그 사람이 육십이여. 그 사람 네 집하고 아까 내려오던 꼭대기에 저 한 거, 그 집에 손님이 얼마나 오는지 옛날에는 손님이 와 가지고 저 집에는 손님을 끊어야겠는데, 저 꼭대기 집도 손님을 안 오게 해야 동냥을 덜 주겠는데 안 되겠어. 아 그래 다 잘 살았지. 근데 중이 목탁을 두드리고 왔더라고.

"우리 집에 손님이 많이 들어오는데 어떻게 했음 좋겠소?"

"좋은 수가 있소. 이 앞에 거북바위 옆파리만 떼면 손님이 안 듭니다."

(조사자: 거북바우 옆파리라니요?)

거북 옆이에요. 옆이지.

"옆을 떼면 손님이 안 듭니다."

이러고 이 집에 잘 사는 사람은 이제,

"우리 집에 자꾸 손님이 드는데 어떡하면 좋겠냐?"

니까 그 대사 양반이 뭐라고 하는가 하니,

"저기 가면 바우가 있어. 바우가 꽤 크지. 그 바우를 파서 눕혀라. 저 건너에."

이 놈을 파설라무네 눕혀 놨네. 바우를 눕히니까 싹 밥그릇하고 국그릇하고 이렇게 찌그러지는데 먹고 살 수가 있나. 손님이 하나도 안 들어. 망한 거여. 손님이 안 들고 집도 망했다고. 자기 혼자 잘 먹고 잘 살겠다는 생각은 버려라는 그런 얘기야. 베풀어야지. 오는 사람 동냥이나 주고 그랬으면 괜찮았을 것을.

파일리는 풍수한(風水旱)의 삼재불입지처(三災不入之處)로 토질은 척박한 편이나 매년 풍년이 들어 수곡, 수일이라고 하였다가 그후 행정구역 제정에 따라 파일리라 하였다. 옛날 이 곳에 물방아가 있었다 하여 수침동 또는 물방아골이라고도 하였다. 문화유적으로는 영혈사가 있다.

박세종(68, 남) 양양군 양양읍 파일리 1반 2003.2.5
(박세종 제보자께서 들려주신 설화 자료는 는 7번부터 8번까지이다.)

박세종 할아버지께서는 6·25때 이주하셨고 슬하에, 3남 4녀를 두셨다.

7. 밥이 쉰다고 쉬리 【Y.18-1-7-8】

그래 이 화일리가 그 전에 옛날엔 쉬리여 쉬리. 밥이 쉰다고 해서 쉬리라고.

밥이 왜 쉬냐면 자, 먹고 남으니까. 그래 쉬리라는 걸 없애고 화일리요. 파일리. 논이 많아서 부자래서 그런건 아니고 그 전에 사람도 적었었지. 그래서 이렇게 된 거야.

8. 촛불을 켜서 시로 승격한 삼천포 【Y.18-1-8-8】

촛불이 삼천포시가 어떻게 되었나 하니 그 전에 그 전 모씨가 시를 만들어야겠는데 시를 만들 도리가 없더라 이기여. 서울서 내려와서는 양촛불을 죄다 켜 놓는 기여. 싹 돌려서. 사람이 많이 사는 것처럼. 그럼, 사람이 많이 사니까 여기를 시로, 그래서 삼천포시가 그래서 삼천포시가 된 거여.

(조사자: 삼천포로 빠지는 것은?)

왜 빠지는가 하니 시가 안 될 거를 되게 했으니 이를 빠졌다고 하는 거지.

청곡리는 옛날 구한말시대에 고을 수령들이 이 곳을 통과할 때는 이 곳에서 하마하여 설악산 신령을 향하여 한 번 배례를 하였으므로 배일이라고 하였다. 1913년에 산이 좋은 골이라 하여 청곡리라 칭하였으며 마을 인구가 증가되고 지역이 커지자 새터마을을 1리로 동쪽 마을인 비석거리를 2리로 구분하게 되었다.

추두엽(70, 남) 청곡리 1반 2003.2.6
(추두엽 제보자께서 들려주신 설화 자료는 9번부터 10번까지이다.)

9. 원님이 절을 한 배일리 유래 【Y.18-1-9-8】

여기가 왜 청곡린데 산이 맑고 골이 깨끗해서 청곡린데 그 전에는 이름이 뭐였냐. 배일리. 그 때는 왜 배일리였냐면 원님이 지나갈 때에 이 마을에 뚝방이 있었는데, 원님이 여기 섰는데 길에서 절을 했어. 그 뚝방에서. 그래서 절 배자에 배일리여. 원님이 오니까 그 하인이 와서 절을 했거든. 그래서 마을이 배일리라 전해져 있거든.

10. 능선에서 활을 쏜 관동리 유래 【Y.18-1-10-8】

관동리라고 있었어요. 여 4반. 여기 마을이 네 집 사는데 예전에 과녁판이 있어 가지고 저 능선에서 활을 쐈어. 옛날 원님들이 활을 쏴서 관동리라. 지금도 관동리야. 그런데 그 산 능선에 가보면 옛날 기왓장 같은 게 더러 있어요. 그 뭐 대갓집도 있던 모양이야. 근데 다 없어졌어. 우리 알기는. 아주 옛날 이야기지.

거마리 마을 앞으로 흐르는 하천을 옛날에는 금계천이라 하였는데 그 이름을 따서 마을 이름을 금계리라고 하였다. 이것을 1857년경 황진사가 거마리로 개칭하다고 한다. 그후 1916년 행정구역 변경에 따라 새잇말, 단짓골, 아양골을 병합하여 양양면에 편입되었다.

윤석인(70, 남) 양양군 양양읍 거마리 1반 2003.2.17
(윤석인 제보자께서 들려주신 설화 자료는 11번부터 12번까지이다.)

윤석인 할아버지는 거말 토박이시며 슬하에 1남 1녀를 두시고 계신다.

11. 말 타고 행차하던 거마리 유래 【Y.18-1-11-8】

거마리라고 하는 것은 원래 거마리가 아니라 원래 차마리라고 했어요. 근데 왜 거마리라고 그래냐. 수레 거(車)자, 말 마(馬)자. 인제 그 당시에 이 고을로 대감이 행차하셨다고 해서 말을 타고, 말을 타고 대감이 행차하신 길이라 해서 수레 거 자, 마 마자 거마리라고 불렀지. 이 거마리라는 부락이 옛날 정감록에도 나온 얘기인 모양이에요. 정감록에 뭐라고 나왔냐면 거마리에 언제 버스 종점이 들어선다.

(조사자: 버스 종점이요? 정감록에 그런 얘기가 나와요?)

요 위에 버스 종점이 들어섰잖어. 첫 번째 버스 종점이 들어선다고 했는데 뭘 보고 거마리에 버스 종점이 들어서나 했다고 근데 떡 하니 버스 종점이 들어서고, 참 거마리를 횡단하고 버스가 오르내리는 것을 보니께 그 말이 맞거든.

12. 삼년동안 시묘한 효자 효부 【Y.18-1-12-1】

여 우에 집에 효자 효부가 났어요. 왜 효자 효부가 났냐 할 거 같으면, 그 아버님이 돌아가셔 가지고 사랑방에다가 지청을 모셨거든. 돌아가신 양반 위하는 지청을 모셔 가지곤 삼 년 육 개월이란 세월을 꼭 아버지방에서 밥을 같이 잡숫고, 부인은 부인대로 안방에서 잡숫고, 그래 가지고 참 그기 하루 이틀이지 삼 년 육 개월이란 긴 세월을 처자도 버리고 단독으로 혼자서 부모님을 모시고 꼭 상식 새벽에 항시 때때 마둥 점심까지 저녁까지 상식 올리고 그래 성의로서 효녀상 탔지.

강현면

석교리는 300여 년 전부터 대문터라 칭하다가 조선 후기 행정구역 개정 시 노고천에 큰 돌다리가 있어 석교리라 하였다. 문화유적으로는 김병수의 처 경주이씨 열녀비가 있다.

김문광(61, 남) 양양군 강현면 석교리 3반 2003.2.5
(김문광 제보자께서 들려주신 설화 자료는 13번부터 14번까지이다.)

김문광 할아버지께서는 석교리 토박이시며 노인회장 직을 맡고 계시다.

13. 돌문을 세운 대문 터 유래 【Y.18-2-1-8】

대문터. 여기가 근데 연도 수를 모른단 말이야. 근데 들어오는 입구에 다 돌문을 해 세웠었어요. 여기 돌문을 해 세웠었는데 그래서 대문터라 이름을 지었던 건데, 그것도 우리는 자세한 것은 모르지요. 어른들 말씀만 들었는데.

14. 허벅지를 베어 남편을 봉양한 열녀 【Y.18-2-2-9】

우리 여기 열녀비가 하나 있어요. 전주 김씨래요. 전주 김씨 그 여자 분이 남자가 병이, 중한 병에 누워 있는데 이 허벅지를 베어 가지고선 봉양을 했대요. 그래 가지고 오래 연명을 해 살았대요. 그래서 열녀비가 여기 영광정이란 데 있어요. 그리고 여기가 예 대문 터가 집교리로 됐나 하면은 징검다리를 돌로 이렇게 놓아 가지고서 집교리라고 그 다음에 이름을 지었지요.

강선리는 신라의 화랑인 영랑과 구랑이 이 곳에서 잠시 머물렀으므로 이를 기념하여 강선대를 짓고 마을 이름을 강선리라고 하였다.

김래월(85, 여) 양양군 강현면 강선리 3반 2003.2.6
(김래월 제보자께서 들려주신 설화 자료는 15번부터 16번까지이다.)

김래월 할머니께서는 양양군 토박이로서 강선리로 시집을 오셔서 생활하고 계신다.

15. 해와 달이 된 오누이 【Y.18-2-3-6】

혼자 살았는데, 어머이 혼자 살고 아들 딸 둘을 두고 사는데 옛날에, 저 저 저 산씨를 넘어서 인제 왔어. 남의 집에 가서 삼 삼어 주고 이러곤 이제 밥을 얻어 가지곤 떡을 해줘서 들고 이래 가지고서는 산씨를 넘어가니까는 호랑이 한 마리가,

"어흥!"

하고 내달리더니

"내가 너를 잡아먹겠다."

고 말하네. 그래서,

"나는 아이들만 놔두고 이렇게 와서 이렇게 먹을 것만 해 갖고 간다."

고 하니까,

"뭐 먹을 게 있냐?"

고 하니깐,

"밥이랑 떡이랑 있다."

"떡을 내놔라."

하니까 먹고선 이 할머닐 또 가라고 그러더래. 가는데 세상에 한 고개를 또 넘어 가드래니깐 또 호랑이가 내달으더래. 내달래서 또 잡아먹겠다고 그러더래. 그래서 밥을 주고 이젠 세 번을 그러니까는 이 할머니가 줄 게 없더래. 그래니깐 한 고개씩 넘을 때마다 어머이를 잡아먹더래.

그래 그 자식 있는 대로 찾아갔단 말이여. 자식들 아들 딸 둘 두고서 왔는데 그래 찾아왔는데 이 할머이가 집에 가기 전에 어머이를 잡아먹었으니 집에 가서,

"아가, 아가, 문 좀 벗겨다우."

그러니깐,

"우리 어머이 목소리가 아닌대요."

"왜 늬 어머이 목소리가 아니냐?"

그러니까,

"어머이 팔 좀 들어밀어 보라니까."

호랑이 다리가 털이 숭숭하지.

"우리 어머니 다리가 아닌데요. 우리 어머이 손이 아닌데요."

그러니깐 근데 야들이 어떻게 할 수가 없더래.

그래 두 오누가 마당에 두레 우물이 있는데 버드낭구가 있었대. 거길 둘이 기어 올라갔대. 기어 올라가니까 이 놈으 호랑이가,

"아가, 아가, 니 거기 어떻게 올라갔니?"

하니까,

"양지 집인가 응그 집인가에 가서 지름 읃어다가 여기 찍고 저기 찍고 올라왔다."

니까 호랑이가 여기저기 찍고 올라오니 주르르르 미끄러지지. 그래 아주 죽겠더래. 그래 야들이 그 위에서,

"하하."

웃으니까 달밤에 물 안에 애들이 수양버들낭구에 올라가 있으니까 조리로 뜰까 남박으로 뜰까 드다보고 그러니 야들이 웃을거 아니야.

"야야, 야야, 니네 어떻게 그렇게 올라왔니?"

하니까 나는,

"저 양지 집인가 가서 작을 얻어다가 여기 찍고 저기 찍고 올라왔다."

그러더래. 야들이 그러니까 호랑이가 가서 여기 찍고 저기 찍고 올라오더라는구만.

"하느님, 하느님, 날 살리려거든 새 동치를 낼궈보내고 날 죽일려면 흔 동치를 낼궈보내라."

니깐 하늘에서 새 둥지를 낼궈 보내서 야들이 둘이서 턱 허니 타고 올라가니까 호랑이가,

"하나님, 하나님, 날 죽일라면 흔 둥지를 낼궈보내고 날 살굴라거든 새 둥지를 낼궈보내라고."

흔 둥지를 낼궈보내서 그만 이 호랑이가 올라가다가 뚝 떨어졌어. 이 식귀[1] 밭에 떨어졌대. 식귀 밭 대궁이 이렇게 빨건 게 있잖아. 이기 호랑이 피래. 그래서 야들이 하늘에 올라가서는 두 오누가 오빠는 밤에 달이 되라고 그러고 여자는 내가 해가 되겠다고 그래서 두 형제가 하늘에 올라가서 잘 먹고 잘 살다 죽었대.

16. 욕심부리다 청소(沼)가 된 사람 【Y.18-2-4-5】

저그 메 빼꾹산이란 데가 있어요. 그 밑에 청소가 있었단 말이여 옛날에.

(조사자: 청소요?)

소. 소. 연못 말이야. 연못이 있었는데 그 위에 아주 큰 기와집이 살았대. 옛날에 할아버지 말씀 말따나. 그런데 도사 중이 와서 동냥 좀 달라고 하니까 이 영감이 가래 쉿 돌을 치면서,

"뭐 줄 게 있어요? 난 줄 게 없어요. 똥이나 한 삽 받아 가시오."

하더래. 그래 도사 중이 똥을 받더래. 그런데 며느리가 뭘 아주 떠 가지고 나와서 이거 받아 가시라고 하니까루 안 받아 가주 그냥 가며 며느리더러 그러드래.

"아무 때고 여기서 노상 벼락을 칠 테니까 뒤로 돌아보지 말고 나오라."

그러더래. 며느리한테.

그래 하루는 막 천둥을 하며 벼락을 치더래. 이 며느리가 쫓겨나오며 돌아보지 말라는 걸 고만 이렇게 돌아다본께 집은 다 떠나 나가고 장단지

---

1) 식귀: 수수

만 동동 이렇게 솟아 나가는 기 며느리를 고만 미륵장군으로 만들더래. 돌아다봤다고. 그리고 그 똥가래를 준 사람은 다 바다로 떠나 나가서 청소가 됐어요. 거그가.

청소 있던 자리에 옛날에 기와집이 있었는데 기와집이 그래서 고만 떠나가면서 청소가 되었대. 그래 그래서 토란에, 병자년 토란에 다 메꿔서 소가 없어졌어. 병자년 토란에 내리 눌러서 없어졌어.

박기난(82, 여) 양양군 강현면 강선리 3반 2003.2.6
(박기난 제보자께서 들려주신 설화 자료는 17번부터 21번까지이다.)

박기난 할머니께서는 고성군 아야진에서 19세 때 이곳으로 시집오셔서 생활하고 계신다.

17. 말을 갈아탄 역촌 유래 【Y.18-2-5-8】

임금이 저기서 오는데 이르러서 저 야양군 동산리 엮 동네고 사화리 엮 동네고 양양 강신 연창리 엮 동네고 여그가 엮 동네래. 그래서 쉬어간 자리래. 말 갈아탄 역 동네래. 역 동네, 역 동네, 그러잖아. 그러면 여그가 역도 아닌데 와서 쉬어가서 그 사람들 밥해 먹여서 그랬는데 역 동네래. 쉬어간 동네. 근데 쌍놈의 동네라잖아. 여기 와서 쉬어갔다고 쌍놈의 동네라고 그런대. 밥 해 주고 그랬는데 쉬어갔다고 역 동네인데 쌍놈의 동네라고 그런대.

18. 아들 낳는 샘 조논머리 【Y.18-2-6-9】

조논머리라는 게 있어. 조논머리. 그런 샘이 있어. 그런 샘이. 그런데 옛날에 자식 못 낳는 사람이 물을 여기 응짓물에서 떠 가주고, 또 뱀산 머리에서 떠 가주고 조논 샘에 가서 그 물을 떠서 쌀을 씻어 새움을 지 올리고 빌면 아들을 낳는대. 못 낳게 되면 또 거그서 거그까지 표시를 해준대. 여기서 그런 사람이 있어. 그래 그렇게 지니까 마지막에 삼 년만에는 까

마구가 공중에서 날아오면서 꽉 꽉 지마구 귀때니까 손등에 피가 새파랗게 떨어지더래. 그래서 그냥 쫓겨왔대.

(조사자: 왜요?)

자식 못 낳으니까 빌지 말아라. 그래서 쫓겨왔대. 까마귀는 이제 날라고 하니까 치성을 드리니까 마지막에는 못 낳을 사람이니까 그렇게 표시를 하더래. 샘들이 있어. 여기.

19. 뱀산머리 유래 【Y.18-2-7-8】

응굴둔이라는 이름이 있어. 응굴둔지. 그 샘이 있고 그 너머에 가면 뱀산머리라는 샘이 있어. 그리고 거그 또 가면 조논샘이란게 또 있어. 그 샘들이 옛날에 참 좋대. 그런 말이 있어. 뱀산머리는 산머리 모양이 뱀머리 같다는 말이지. 삥 돌아나갔죠. 삥 둘러서.

20. 청두산 기우제 【Y.18-2-8-10】

여기 산 밑에 이렇게 된 산이 있어. 여기서 넘어가서 저 산밑에서 보면. 여기서 볼 때 여기 사람은 청두산이라고 해. 청두산이라고 하는데 거기서 비가 하도 안 와 애가 말리면 구름이 이렇게 이렇게 돌아 나와 가지고는 서로 입을 맞추면 비가 온대.

근데 거기 절이 하나 있어. 청두산에 구름이 피어올라서 입을 맞추면 비가 온대. 아무리 가물어 비가 안 와도 그 산에서 나와 가지고 입을 맞추면 비가 온대. 안 빌어 안 빌어도 너무 애가 말라 그러면 그 산에서 구름이 나와 이렇게 맞추면 비가 온대.

21. 피골 기우제 【Y.18-2-9-10】

비가 안 오면 그러면 그건 기우제를 지내지. 기우제. 개를 잡아 가지고서 개울에 가서, 아무 개울이고 물 많은 개울에 가서 하지. 피골 안 막힘인 데가 있어.

(조사자: 안 막힘이요?)

산 밑에, 산 밑에. 거기 아주 깊은 산에서 내려오는 물이 있지. 개를 잡아 거그 가서 거가 잡아서 부정을 피운단 말이여. 비가 안 오면. 그럭하면 거그서 나쁘게 부정을 피우면 갑자기 천둥을 하민 비가 오지. 그렇게 옛날에 했어. 그렇게 옛날에 했다구. 그런데 지금은 그러나.

침교리는 300여 년 전 방학정리(放鶴亭里)라 하였으나 그 후 다듬이돌 같은 석재로 교량을 임시 가설하였다 해서 석교리라고 하였다. 또한 마을 한가운데 약 5백년 된 소나무가 마치 방아다리처럼 생겼다 하여 방아다리라고도 부르고 있다.

김학범(72, 남) 양양군 강현면 침교리 1반 2003.2.6

(김학범 제보자께서 들려주신 설화 자료는 22번부터 28번까지이다.)

김학범 할아버지께서는 강현면 토박이로서 슬하에 2남 2녀를 두셨다.

22. 방아다리 유래 【Y.18-2-10-8】

우리도 모르는데 그걸 보고선 방아다리라고 그랬다고. 우리도 확실힌 몰라. 예전에 방앗간 다리처럼 이렇게 되어서 방아다리라 이렇게 되었다고 하는데, 지금 한문으로 보아도 방아 진자, 다리 교자 이래. 그래 다리가 있었어요. 지금 현재 다리가 쭈욱 나 있지만 그래 이렇게 되고.

23. 장사가 꽂아놓은 바위 【Y.18-2-11-8】

방아다리 그 옆에 비석 돌 있잖아. 그 비석이 유래가 좀 있어 이제. 그 양반이, 방아다리가, 지금 우리가 어딜 가기만 하면 방아다리 재수 없다. 만날 이러거든. 이제 방아다리란 늪빠다리라고.

이젠. 왜냐하면 그 양반이 옛날에 개 한 마리를 잡아 가지고선 한 마리 한 양지기를 다 잡숫곤 식으면 국물을 다 쏟아져. 그리고 그 양반이 서울을 떡 가니깐 그렇게 장사지 뭐 그 양반이.

그래 서울을 떡 가니깐 한 군데 사람들이 전부 모여 있더래. 그래 뒤에서 이렇게 보니까 그 씨름을 하더래요. 씨름을 하다 지니까 또 하나 들어오고 이 양반이 보니까 마지막에 들어올 사람 없냐 하니 이 양반이 가만히 보다 보니까 자신이 있는데 마지막에 들어갔어.

이 양반은 농촌 사람이니까 허술하지. 그 옛날에 한양에서 씨름하는 사람은 다 이랬잖어. 거 뒤에 후원자도 있고 그랬는데 이 양반은 단지 서울 갔다가 우연히 보게 된 거야. 이제. 그 다음에 들어갈 사람이 없으니,

"아이, 내가 한 번 들어가 본다."

하고 이제 걷고서 들어갔어. 들어가 보니까 만만하니까 쉬이쉬 돌아. 팔다리가 심이 들어 빙빙 돌아 내다 꽂았단 말이야 이제. 저기 나가 떨어졌어. 나가 떨어지니까,

"저 놈 잡아라."

고. 그 사람이 이제 거기서 도망쳐 온 거야. 장사 났다고 저 놈 잡으라고. 거기서부텀 도망쳐서 오는데 한 발자국 뛰는 게 옛날에 보리밭고랑 있잖어. 이렇게 보리밭 고랑이. 그런데 한 발자국 뛰는 게 보리밭 열 고랑 째 넘어 뛰어 왔거든 이제. 그래 가지고선 어디까지 왔냐하면 옛날엔 대관령 쪽 길이고 한계령 진부 이랬잖어. 쪽 길이니까. 글루 오다보니까 오색에까지 왔어요.

그래 오색에 와선 이젠 못 쫓아오니깐 거그서 큰 바우 하나를 옆에다 찌고선 여기 와서 콱 꽂아놓은 게 바우가 하나 있잖어. 비석이 하나 있고 바우가. 이 양반이 거기서 병이 들려가서 그 다음에 그래서 사망됐어.

24. 늡빠다리 유래 【Y.18-2-12-8】

그래서 느빠다리. 그게 느슨하다고 한 번 먹고 며칠씩 굶고 그래서 늡

빠다리라고 그래. 늡빠다리요. 그 방아다리라는 그게 있어 가지고. 이제 그랬지만 그 사람이 그렇게 느슨하니까 그래 우리가 어딜 가면 에이 느빠다리들. 느슨하다 이거지.

방아다리라는 게 아까 얘기했지만 여기 소나무 죽었잖어. 몇 백 년 된 게 있었는데 그게 없어지고 그래서 그 다음에 그걸 살리기 위해서 우리 고장에서 나무를 하나 또 구해 심었어. 또 파내고 또 심었어. 근데 또 죽었어. 금년에 또 심어야 돼. 나무를. 그래 이름을 뭐나 하면 우리가 옛날 것처럼 바다리라 이렇게 졌는데 이걸 심으려고 해.

(조사자: 근데 그게 왜 자꾸 그렇게 죽나요?)

몇 백 년 된 게 왜 죽었냐면 포장하는 바람에 그짝에 그 물이 없어서 그래서.

25. 석교리 상놈과 안골 양반 【Y.18-2-13-10】

여기 모두가 부자들이지. 여기가 뭐냐면 강현면이거든. 강현면인데 삽교리부터 죽 내려가는 길이 있어요. 저짝하고 이짝하고. 이짝은 안골이라고 해. 저짝은 내가 무이라고 하면 저짝 사람들이 기분 나빠 해. 그 짝 사람들하고 혼인을 안 했어요. 이쪽에서.

(조사자: 석교리쪽 하고요?)

그렇지. 저쪽이 못 살아서기도 하고 예를 들어서 뭐냐 하면 옛날 말로 거기는 쌍놈들이여. 안골은 양반들이고. 그래 땅도 현재 여기 이쪽 땅은 그쪽 땅만도 못하지만 옛날엔 여기 땅 한 평이면 그쪽 땅 몇 마지기를 샀어. 여기 안골하고 저쪽 땅하고 여그가 왜 비쌌냐. 연평군내에 쭉 올라가면 농경지가 다 있어요 이젠. 옛날에는 농경지도 없이 곡식도 안 되고 아주 그쪽 사람 굶어죽지요 만날. 여기 땅들은 옛날부터래도 흉풍이 없었어요. 그래 안골 양반들 안골 양반들 저쪽에서 사람들이 안골 양반들. 그랬지.

26. 묘가 많은 묏골 【Y.18-2-14-8】

옛날에 왜 묏골이라고 했냐면은 옛날에 여그서 살다 보면 사람이 죽으면 전부 다 거그다 장사를 지냈어. 그래 묘가 많다고 해서 묏골.

27. 어두운 어두고개 【Y.18-2-15-8】

그리고 저 어두고개라는 데가 또 있는데 뭐냐면 거기는 길이 이렇게 난 것이 옛날에 글루 넘어가다 보면 아주 어두워서, 어둠에 어두고개라는 데가 있어요.

28. 뱀말 유래 【Y.18-2-16-8】

산골이라는 데가 여기가 주욱 산골이거든. 왜 산골이냐 지금은 예 이렇지만 산이 죽 둘러서 호랑이가 나와서 들어가질 못했어요. 그 산골로 들어가다가 골짜구니로 뱀말이란 데가 있거든. 뱀말이 뭐냐면 지금은 뱀이 없지만 거기는 사람이 가지를 못했어요 뱀 때문에. 뱀골이라 이렇게.

이경란(90, 여) 양양군 강현면 침교리 2반 2003.2.6
(이경란 제보자께서 들려주신 설화 자료는 29번부터 30번까지이다.)

이경란 할머니께서는 강현면 토박이로서 8남 2녀를 두셨다.

29. 방아다리 소나무 【Y.18-2-17-7】

그 소낭구나 옛날에 아주 죽아버렁게 아주 큰 게 옛날에 졌거든. 그래서 옛날에 여글 방아다리라고 했어. 방앗간 다리처럼 그래서. 이젠 여길 침교리라고 그러지. 그 낭구가 그만 죽어서 찍고선에 낭구를 갖다 세워서 딴 낭구 심은 게 또 죽었잖어. 그래 딴 낭구를 또 세워. 옛날에 아주 옛날적부텀 있던 낭구가 죽었어. 그래서 여글 방아다리라고 그랬지. 그 방앗간 다리 같다고. 옛날에 옛날 어른들이 그런 게 그만 그 낭구가 죽어

가지고 딴 거 갖다 심은 게 또 죽었잖어. 그래 또 파다 또 심궜더니 그랬대.

30. 덩치골 열녀 【Y.18-2-18-1】

저 아래 덩치골에 열녀비가 있지. 여긴 없지. 덩치골 올라오다가 뒤에 열녀비 있잖어. 거기에 얽힌 이야기는 이래. 그게 이제 옛날에 뭐이 어떻다 그러지. 덩치골 열녀비는 이래. 혼자 사는 어멈을 남자들이 오다가 젖통을 만졌어. 그래 그만 젖통을 만지는 바람에 그 여자가 다 젖통을 다 비내리고 죽었지.

젖 만졌다고. 그래서 거기 열녀비를 세웠어.

사교리는 300여 년 전 색은교(索隱橋, 색은다리, 싹은다리)라고 하다고 그 후 사개교리(沙介橋里)라 개칭하였으며 일제시대에는 행정구역 개편시 사교리로 변경하였다.

정춘영(77, 여) 양양군 강현면 사교리 1반 2003.2.6
(정춘영 제보자께서 들려주신 설화 자료는 31번이다.)

정춘영 할머니께서는 강현면 토박이시다.

31. 배나무 찾은 똑똑한 아들 【Y.18-2-19-6】

옛날에, 옛날에 이제 한 집은 못 살고 한 집은 잘 살았대. 잘 사는 집은 위에 살고 못하는 집은 아래 살았는데 이제 아들이 하나 났는데 아들이 아주 똑똑했대. 그 위에 아주 잘 사는 집이 울타리에 배나무가 하나 서 있는데 그 위에 잘 사는 집이 그 배나무가 밑에 있는 집 배나문데 그 잘 사는 집이 배가 열면 해마다 따 가더래.

(조사자: 부잣집에서요?)

부잣집에서. 배나무는 이제 밑에 섰는데. 자꾸 열기만 하면 따 가더래.

그래 아들 하나 난 게 크게 커서 그 아들이 영리하더라잖아. 그래서 하루는 그 잘 사는 집에 들어가서 문으로 팔뚝을 확 밀어 넣었대. 밀으니까 그 주인 할아버지가 뭔 팔뚝이 들어왔느냐고.

"문 열어라."

고 하니까 그 문을 열고,

"이 팔뚝이 안에 있냐 바깥에 있냐?"

하니까,

"바깥에 있다."

고 하더래. 그래,

"이 배나무가 배나무가 울 안에 있냐 바깥에 있냐?"

이렇게 물으니까,

"울 안에 있다."

고 하더래. 그래 그 아들이 배나무를 찾았다잖아. 찾았대.

서면

갈천리는 화전민이 옛날 춘궁기에 생활이 어려워서 갈근(葛根)으로 근근히 풀칠하여 하천이 갈분일색(葛粉一色)이었다는데서 유래하였다. 치래리라고도 한다.

엄익환(67, 남) 양양군 서면 갈천리 2반 2003.2.6
(엄익환 제보자께서 들려주신 설화 자료는 32번부터 35번까지이다.)

엄익환 할아버지께서는 산삼을 캐는 심마니로서 생활하고 계시다.

32. 칡으로 연명한 칡내 갈천 【Y.18-3-1-8】

옛날 태고적에는 여기가, 민가가 처음 시초에 들어왔을 땐, 칡내라고 했대요, 칡내. 그러다가 그 말이 변모되면 치래. 그러다 또 이제 그 행정이 발달됨으로써 한자를 칡 갈(葛)자, 내 천(川)자, 그래 갈천이라는 마을. 냇가에 그 강가를 위주해서 인간이 산다는 거. 그런 이유로 해서 우리 마을의 유래는 그렇고. 그 살면서 국난 속에 산속으로다가 찾아들다 보니까, 아마 생계가 유지하기가 어려웠을 때 칡으로 연명했대요. 칡으로 연명해서 그 칡 생활을 하면서 저거하다 보니까 이제 칡내. 칡을 빨아서 물가에 앉아서 먹는다라고 해서, 그 칡내라는 유래가 되다가. 다시 이제 칠래, 칠래 하다가, 이제 그 좀 마을 발원이 바로 서게 되다 보니까 치래라고 그랬대요.

33. 70리 거리 치래 【Y.18-3-2-8】

또 아니면 어떤 전설이 있냐면, 양양에서 그 여기까지 거리가 70리라고 해서, 치래 70리. 이제 그런 유래도 있고. 그리고 또 거리가 실제 70리야. 그리고 방금 얘기한 거 같이 그 후에는 행정이 이양되면서 이제 문화도 발달되고 하다 보니까, 글자는 한자로다 칡 갈(葛)자, 내 천(川)자. 이래 갈천이라고 지금도 그 유래가 내려오고 있는 거죠.

34. 수해로 떠내려간 갈천바위 【Y.18-3-3-9】

한 때는 그 6·25 전에는 여기가, 지금은 양양군 서면 갈천리지만, 그 당시에는 6·25 후에는 강릉군 신서면 갈천리였지. 그러다가 다시 이제 진행해 가지고, 다시 양양의 군청이 행정 수립이 되면서 다시 양양군으로 이전되고. 다른 유래라는 건, 지방 유래는 그런 거지.

(조사자: 이 마을엔 뭐 큰 부자나 그런 건 없었어요?)

부자라기보다도, 그 마을에 어느 병자년인지. 병자년은 기억은 못하지만, 여기 마을 들어오는 입구 끝에 기와집 바위가 있었대요. 그 기와집 바위가 병자년 수해 나기 전에 이 갈천 위에 있었는데, 갈천 마을 그 밖으로 떠내려갔대. 그래 가지고 바위가 있을 적에는 이 마을에 그 식생활하는 거라던지, 아니면 그 상당히 생계에 어려움을 갖지 않고 살았는데, 그 바위가 이제. 그 바위가 그 어느 병자년인지는 모르겠어, 난. 병자년 수해로 인해서 저 내려가면, 냇가 끝에 가 가지고 물 복판에다가 기둥 두 개. 설악산 가면 흔들바위 세워놓듯이, 다 그렇게 세워놓은 게 복판에 있다고. 그래 가지고 그 후에는 인가도 줄어지고, 식생활도 어렵고 이렇다는 전설적인 그런 건 있어요.

35. 아들 낳게 하는 장기알 【Y.18-3-4-9】

(조사자: 그 삼 캐실 때 짚고 다니는 지팡이와 관련된 이야기가 있나요?)

이 번에 체험을 내가 한 게. 그 이제 옛날 전설적인 얘기겠지만, 저희 부친이 이제 한학도 하고 이제 그 시골서 침도 놓고 애들이 아프다고 하면 가서 만져두 주고 그랬다고, 아버님께서. 그러면서 들은 얘기가 있었길래, 남자들이 대로 내리면서 가보같이 장기 있잖아, 장기. 할아버지가 쓰던 거 아들이 또 쓰고, 아들이 쓰던 거 손주가 쓰고, 이런 장기 쪽. 아들

포태 못하는 사람들은, 그걸 삶아서 그 물을 먹으면 잉태를 한다는 거예요. 장기 쪽두. 그래 남자들이 오래도록 가지고 놀은 거. 그럼 이제 기가 접한다는 거지. 그러니까 상기, 인기가 접한 그 기를 받아서, 그 몸에 이상이 있으니까 그 여자가 포태를 못하잖아. 그러니까 그 기가 접해지니까. 기는 보이지 않는다고. 그래서 그 잉태가 되는 거지. 또 이렇게 부부관계가 된 게 아니고, 접을 한 게 아니고, 기가 기끼리 상통되면 그런 수가 있단 거야. 그래 옛날에 그런 전설적인 것도 얘길 들은 게 있었던 건, 무심코 나도 얘기한 게 말이 씨가 된 거야.

송천리는 하천 가운데 송림이 울창하여 강물이 양쪽으로 흘러 내려갔다하여 송천이라 하였다고 한다. 또한 마을 후면에 있는 하천의 지류인 속내가 있으므로 속내리라 칭하다가 변하여 송애, 소래 또는 송천이라 하였다고도 한다. 1916년 행정구역 통 · 폐합에 따라 송천리라 하였으며 1954년 송어리를 병합하였다.

탁봉원 (74, 남) 양양군 송천리 97-7번지 2003.2.6
(탁봉원 제보자께서 들려주신 설화 자료는 36번부터 60번까지이다.)

탁봉원 할아버지께서는 조합장과 문화원 이사로서 지역의 살림과 문화를 위해 활발한 활동을 하고 계셨다. 지명 유래를 비롯하여 여러 유형의 설화를 많이 알고 계셔서, 근래 보기 드문 이야기꾼이라 칭할 만하다.

36. 송천리 지명 유래 【Y.18-3-5-8】

이게 솔 송(松)자. 내 천(川)자야. 응. 송천이란건 솔 송(松)자, 내 천(川)자데 그게 인제 예전에 그 기록이 이 솔밭이 많았고 저 앞에 강을 끼고 있는데, 고 강 쪽에 솔밭에 있었어. 응. 음. 지적도상에 보면은 그 강은 양쪽으로 이렇게 흘러나가고 그 가운데 예, 동림이라고 해서 마을 인제 솔밭이 있었다고.

근데 이제 솔밭이 여기 두 개 있었는데 그게 뭐 여느 데도 다 솔밭이지만은 우선 인제 냇가 속에 내가 흐르는데 강, 내가 흐르는 가운데 이제 솔밭이 있었단 말이야. 그래서 그거를 따가주 송천이라한 게 아니냐.

옛날 어른들 인제 그런 얘기가 나오지. 그래서 송천이다. 말하자면 강복판에 이 내 복판에 솔 밭 있는 건 드물거든.

뭐 사실 이 양쪽 외가리로 인제 이 내천이 있지만 그 때 당시에는 그게 어떻게 여기 이 마을에 저 내다보이는 저 앞에 가운데 솔밭이 있었다고. 그래 솔밭이 있으면서 양쪽 외곽으로 강이 흘렀고. 그래 인제 송천이란 게 아니냐. 그래서 송천이라는 명칭을 붙인 게 아니냐.

37. 송천 떡마을 유래 【Y.18-3-6-8】

(조사자: 오다 보니까 마을 입구에 떡마을이라고 써 있던데 여기가 그 유명한 송천 떡마을인가요?)

응. 떡마을이래는 건, 요 근래에 와서 떡마을이라 핸 기고 뭐 예전부텀 그 떡이란 걸 해먹었지만 인제 요 근래에 와 가주 뭐 장사해 먹을게 없고 이러다 보니까 옛 풍속대로 우리 떡을 좀 해서 좀 관광객들한테 좀 팔아보자. 이래 가지고 시작을 핸 기 참 민속떡으로 된, 이제 말하자면 이름이 지금 홍보가 돼 가지고 뭐 전국에서 지금 다 알고 있지. 에, 송천 민속떡이라면 모르는 데가 별루 없다고. 서울이고 부산이고 지금 다 알고 있으니까 거기 지금 다 모든, 배달까지 이 택배로 간다고. 주문만 들어 오면 당일로 가니까,

(조사자: 아, 주문도 받고 그래요?)

그럼. 주문받으면 인제 당일로. 어 오늘 갈끼면 오늘 새벽에 3시, 4시에 일어나서 그 떡을 해 가지고 아주 첫차에 결국 갖다 붙이면 다 가니까. 당일로 다 가니까 인제 그렇게 배달도 하고. 그래서 근래 와서 이제 떡마을이라고 쓰지 그 전부터 떡마을은 아니고. 여기서 그러니 그럴 수밖에 없지.

이런 산골에서 살다 보니까 뭐 곡식은 많지 않고 먹을 껀 없고. 옛날엔 다 옛날 세대는 다 그래. 우리들 클 세대는 다 그랬다고. 이쌀밥 먹은 때가 별루 없었어. 전부 잡곡 아니면 그 다음에 뭐 쑥이니 저 나물, 저 송구, 송구 떡이라고 해. 나무 껍질 베껴 가주 뭐 소나무 껍질 베껴 가주.

그거 가지고 쳐 가주 인제 떡을 해먹고 쑥 뜯어다가 인제 떡을 해먹고. 그리고 인제 쌀 낱이래야 별루 많이 먹지 않았지. 그래 그렇게 살다 보니까 인제 떡을 자꾸 하다 보니까 그니 기냥 먹을라니 쑥도 뜯어 가지고 기냥 먹을라니 그렇고. 응, 나중 송구도 삶아 가지고 솔 껍질 가지고 소나무 껍질 베껴 가주 그걸 기냥 먹을라니 그렇고 우리는 뚜드려서 먹다 보니까 뭐 가루도 섞어야 되고 약간의 뭐 누기 말따나 쌀가루도 좀 섞어야 되고 그래서 인제 늘 먹을라니까, 늘 먹을라니까 인제 그런 떡을 자꾸 해먹게 됐다 이런 애기야.

그래 해선 먹게 되니까 아, 요렇게 하면 맛있더라. 저렇게 하면 맛있더라. 해 가주 그 해 먹다 보니까 맛있게 하다 보니까 여기 인제 결국 민속떡이 되어서 인제 이런 게 지금 현재 와서 내려온 거지 뭐 딴 건 없고. 그기 뭐 잘, 인절미라 하는 게 그 요 근대에 와서 이 뭐 일정이 들어와서 인절미라 그랬지. 그 전에 뭐 인절미 어쩌구 그랬나. 뭐 찰떡 어쩌구 이랬지. 결국 우리말론 찰떡이지 인절미가 아니야. 찹쌀로다가 만드는 건 찰떡이라 이래 가며 옛날에 찰떡, 찰떡. 그리고 떡, 찰떡, 인제 이래 가지고 맨글어 먹다 보니까 좀 맛을 내게, 같은 값이면 맛을 내 먹자 해 가지고 핸 것이 결국은 지금 와서 민속떡이다.

인제 이래 가지고 이름이 난 거. 사실 먹어보면 여기, 저 뭐 서울서는 마카 대도시에서 이 떡방앗간에서 떡 해먹는거 보다 천지차이지. 응. 그 사람들 그 기계에다 빻아와 가지고 결국 말하자면 이렇게 해 먹는건 우리 저 요 금사에 와서 우리 마을따나 기계로 뽑아서 이렇게 꽃 피우고 뭐, 이렇게 뭐, 모양 있게 해먹는데, 맛이야 지금 이런 데서 하는 것만 못하지. 떡메로다 쳐 가지고 이렇게 하고 인제 이러니까 맛은 확실히 낫지. 그러니까 한 번씩 와서 관광객들이 먹어보면 그렇게 맛있다고 그래 찾아오는 거야. 그 저 한패가 와 먹고 가면, 야, 한패 가면 놀러 가면 거 가서 떡 먹고 오너라. 인제 이런 식으로 자꾸 하다 보니까 연줄연줄 이렇게 홍보가 되고 인제 이래서 여가 떡 마을이라는 소문이 나 가지고 그래 여가 인제 지금 현재 잘 되고 있지.

여기 인제 결국엔 주로 처음엔 인절미로 했지. 근데 인절미로 핸데 근데 요즘 와선 고거 한 가지만 해 가지고 안되니까 그래 여러 가지로 하지. 지금 송편도 하고 손으로 빚는 송편도 하고 그 다음에 인제 계피떡이란 것도 하고 그 다 음엔 뭐 저 저 뭐야. 어. 시루떡. 시루떡도 하고 인제 여러 가지로 하지.

38. 탁 장사의 힘자랑 1 【Y.18-3-7-5】

이 마을에 장사 태어난 이야기인데 이 마을에, 이 마을선 인제 태어나지 않고 우리 선존데 우리 6대존데. 여기 지금 현재 그 양반 산소가, 묘소가 지금 어디 있나 하니 고성군 토성면 성천리에 있어. 그 전엔 야양군인데 속초시가 떨어져 나가는 바람에 인제 그게 고성군에 편입돼 가주 지금 고성 토성면 성천이라는데 저 묘소가 있는데 태어나기는 원래 여기 인제 이 선조가 오색리에 있어. 여기 우리 선조 산소가 야양에 처음 들어와서, 들어오신 할아버지가 이 오색 관터라는 데 인제 선조 산이 있다고.

거기서 자제들이 살다가 쭉 나오다 보니까 이 양반이 이십 삼 세 땐가 그 때 인제 거서 태어났는데 그래 저희들한테 지금 6대조야. 6대존데 참 야양지구에선 그 양반 따라갈 힘, 힘 없었지.

참 뭐 탁 장사, 탁 장사 뭐 이래 가지고 그래 가지고 참 이 나라에 옛날에 이 뭐 경복궁 질 때고 이 중앙청에 지금은 중앙청이지만은 그 나라 임금 시대에 거기서 나무를 모든 각 고을에다가 마중 할당을 했어. 뭐 중앙청 짓는 뭐 그런 지도육 감이라든지 용마루 감이라든지. 또 혹시나 또 뭐 나랏님 관 낼 감이라든지. 에, 돌아가시면 인제 이 관 짜는 관 낼 감이라든지. 그래 거서 나무 좋은 거 오며는 관 낼 감도 쓰이고 그 경복궁도 인제 그 자재, 목재를 보내면 인제 자재도 쓰고 그랬는데, 그게 각 고을에다 옛날엔 지금처럼 뭐 제재소가 있고 무슨 목사있고 뭐 이럼 나무를 비서 뭐든 이렇게 하지만 그 땐 그게 없었거든. 옛날엔 그게 없었기 때문에 각 고을에 이제 말하면 현감한테 지금 말하면 군수지. 옛날 그 현감한테 할당을 한 거야. 누 고을에서 나무 뭐 얼매 가져 오너라. 누 고을에서 나무 얼매 가져 오너라.

인제 이래 할당을 했는데 그 때 당시 인제 이름이 난 게, 장사 이름이 난 게 이 야양하고 강릉하고 그 경계에, 경계에 그 나무가 아주 참 우리 전국에서 제일 유명한 나무가 있었단 말이야. 제일 크고, 제일 좋은 나무가 서 있었는데 그 경계에 있으니까 강릉지방에선 강릉에서 에 그 베서 상납할라고. 그러고 우리 야양 고을에서는, 야양서 그걸 비가주 인제 나라에다 상납 할라고. 그러고 이렇게 다투다 보니까 그럼 같이 가서 우리가 비자 이렇게 된 거야. 비자. 그 비는 데는 똑같이 이렇게 요렇게 섰으니까 경계에 섰으니까 똑같이 비서 어느 쪽으로 넘어가는지 넘어가는 쪽에서 가져가자.

처음엔 인제 약속을 이렇게 했다는 거여. 양쪽에서 비는데 어느 쪽 말하자면 강릉 쪽으로 넘어가면 강릉에서 가져가고 야양 쪽으로 넘어가면 야양서 가져가고. 인제 이런 식으로 약속을 해 가주 시작해 빈 기 이 나무가 어떻게 강릉 쪽으로 넘어갔다 얘기야.

강릉 쪽으로 넘어가니까 야양고을 원이 가만 생각해 보니 아 저걸 뺏기면 안 되겠는데 우리 야양, 야양서 갖다가 바쳐야 되겠는데 뺏기면 저게 참 우리 어디가 나무 가져갈 수가 없다 이런 얘기야. 그러니까 이제 힘내기를 한 기지. 시작을 핸 거야.

"그럼 이 나무를 결국 지고 가는 사람을 힘으로 이겼다고 하고서 가져가게 하자."

그러니 이짝에는 이제 탁 장사가 있다는 걸 인제 알고, 심 센 장군이 있다는 걸 알고 이걸 다듬어서 뚝 잘라 가지고는 결국은 뭐 얼매 정도로 했는지는 몰라도 하여튼 이런 뭐 나무를 질빵을 걸어서 졌다니까. 뭐 뭐 엄청나게 기운이 세긴 셌겠지.

그래서 결국은 말하자면, 그러믄 강릉에서도 가만 생각하니 강릉에도 장사가 있었단 말이야. 거긴 또 권 장군이라고.

(조사자: 권 장군이요?)

어. 권 장군이라고 강릉에 인제 그게 권 장군이라고 있어. 지금도 거기 강릉 나가면 이게 저기 저 주문진리에 들어오면 저 연곡면. 어. 연곡면 거기 권 씨라고 있어. 그런데 거 권 장군이 거기 있었고 야양에는 인제 이 탁 장군이 있었고.

인제 이러는데 그래 두 분이 끈에다 하여튼 져 보자. 인제 이렇게 돼 가주 그 지게내기 되는데 그 전엔 뭐 질빵이 있어 뭐 있어. 지금은 뭐 와이어 줄 있고 뭐 있고 했으니까 그렇지만 옛날에는 뭐 이 다랫줄. 이 뭐 머루 다랫줄. 이 이런 머루 다래 뭐 산에 가면 있잖아. 그걸 빙빙 꽈 가주는 그걸로 해서 질빵을 걸어.

놔놓고는,

"지고 가라."

이렇게 된 거라.

"그래 너 쪽으로 먼저 넘어갔으니 강릉서 먼저 져라."

그러니 거서 장사가 하나 나왔는데 장사가 아주 키가 딱달한기 에 우리 쪽에 탁 장사는 아주 키가 크고 그 양반은 아주 땅떨어진 기 뭐 이 뉘기 말마따나 지금 장사 같으면 이만기 장사처럼 땅떨어진 기 키도 안 크고 그래 가지고 이런 사람이,

"내가 지고 간다."

그래 질빵을 이 양반이 걸어 노니까 지고 일어나긴 일어나더래. 그 나무를. 그래 장사긴 장사지. 그 일어나긴 일어났는데 일어나 가주 얼매 가다가 인제 더 이상 못 갈테니까 저 경계로 지고 간 거지. 강릉 쪽으로 지

고 내려간 거야. 그래 인제 더 못 가겠다. 그 못 가겠으면 우리가 진다. 그래 이 양반이 지고는 기냥 뉘기 말따나 내달래 야양 쪽으로 기냥 디래 달린 거라.

디래 달리니 뭐 그 야양 와서 지금으로 말하면, 지금 그 야양군의 경계선이 강릉하고 주문진에 조금 들어오면 지경이란데, 지경이란 데가 있다고. 저 현남면 지경이라는 데 뭐 거기서 그 경계선 내려와 가주 거까지 끌구 들어오니 다신 인제 강릉에서 뭐 달게들 뭐 염치가 없지. 그 양반이 뭐 단 백 미터도 못 가서 난 못 가겠다고 벗어났으니 그 담엔 이 양반은 몇 백 미터를 지금 내려왔는데 그럼 뭐 그 달게 들겠어?

"그건 뭐 할 수 없다."

그래서 인제 야양서 그걸 나라에다 바쳐서 그래 인제 야양 탁 장군 인름이 났다. 이런 전설이 지금 있는 거야.

39. 탁 장사의 힘자랑 2 【Y.18-3-8-5】

(조사자: 그 탁 장사라는 분이 태어날 때부터 그렇게 힘이 남다르셨나보죠?)

그렇지. 그런데 인제 그 힘만 그렇게 셌지. 사실은 용맹이 없어 가지고. 옛날에 그 때 당시에 말이, 용마 있고 말하자 뭐하면 그 나라를 치고 들어가면 그 역적이 돼. 그래니 그 용마가 없는 탓에 다행히 에 사람이 아주 살다가 인제 돌아가셨다. 이런 얘긴데 만일에 그렇게 기운이 세고 머리만 비상했다면 그 가만히 있었겠냐 이기야. 웬만해선 다 모둥(모든) 나라 껀 다 내 끼다 하고 댕겼을 꺼 아니냐 이런 얘기야.

그래서 인제 그 장군이 머리는 별로 좋지 않았다. 인제 이런 전설이 있지. 그래서 이 여러 가지 얘기가 많지. 그 양반 기운이 세다 보니까 그런 장군 노릇을 하다 보니까 인제 여러 가지 전설이 그 많은데 그거 뭐 일일이 다 얘기 할 순 없고, 그런데 문제는 고런 뜻에서 인제 나랏님한테 그런 황장목이, 황장목이라 그래. 그걸. 그 황장목이라 그걸 나라에다 바쳤기 때문에 그 나라에다 뉘기 말따나 뭐 그게 경복궁 뉘기 말따나 대들보 감으로 보냈다는 얘기도 있고. 거 가서는 나라 임금님 관으로, 관으로 썼다 하는 애기도 있고. 그래서 나라에다 바친 게 황장목을 바쳤다. 그래서 인제 장군 호칭을 받은 거지.

40. 장군바위 유래 【Y.18-3-9-8】

인제 그런 애기가 있는데, 오색에서 태어났는데 오색에 그 가보면 그 앞에 강 건네, 강 건네 거기 장군석이 있어.

(조사자: 장군석이요?)

어. 장군석이라고 석이 또 그렇게 생겼어. 아주. 옛날 장사가 말을 타고 투갑을 씨고 이렇게 내달리는 이런 형국이 그 안대산에 그런 형국에 장사 바우가 있다고. 그 장군석이라고 그런걸. 지금도 장군석이라고 그러지. 그 장군석이야. 그 장군바위, 장군바위하면 오색에 올라가면 그 장군바위 뭐 주유소, 뭐 장군바위 휴게소. 인제 그래서 붙인 데가 있다고. 지금 도로변에 보면 바로 그 앞에 산에 그런 장군석 안대가 서있는데 그 안대에 우리 선조 사람들이 있어.

41. 장군바위가 깨진 이유들 【Y.18-3-10-9】

그 안대에 그 장군석 바람에 이 장사가 났다. 그 인제 뭐 그 바람에 그 장사가 났다. 그래 그 때 그 애기가 그 양반 태어날 밤에 결국은 그 앞에서 강에서 뭐 용마가 울고 말이, 말. 말이 우는 소리가 들렸다 이런 애기야. 이래 들려서 아, 이기, 이기 뭐 이상하다. 이래 가주 그러니까 뭐 어리니까 보통 기운이 세니까 달렸겠지. 그래 그 양반 태어나고 그 다음부텀 딴 자손들도 태어난 기 다 모두 기운이 세더라 이런 애기야. 그래 기운이 센데 그 기 그 다음에 딸들이 말하자면 출가를 하니까, 출가를 하니까. 에 처갓집에 사우들이 오면 처남들이 다 기운이 세니까 장난삼아 기냥 손목을 잡아도 뼈가 부서지는 것 같고 그게 뭐 맥을 못췄다 이런 애기야. 그래서 전설에는 뭐 사우들이 가서 그 장군석을 깼다 뭐 이런 전설도 있는데 항간에는 일본아들이 들어와 가지고 그 땐 일본 사람들이 들어와 가주 혈을 찔렀다 그러잖아. 웬만한데 가서 이 한국에 인물들이 많이 나니까 인물 저 사명당 같은 이런 인물도 나고 그러니까 그 일본 아들이 그 사명당 때문에 임진왜란 때 얼마나 혼났어. 그 사명당한테.

그러다 보니까 인제 결국은 이 한국에 건너가면 말짱 아주 뭐 산이란 산은 다 가서 쇠 말뚝을 다 뚜드려 박아라. 혈을 질러라. 말이야. 거서 장사가 나고 인물이 나니까.

이 한국에 이 산세가 그렇게 돼 있다. 이래 가주 일본아들이 와서 그 장군 바우를 깼다. 인제 이런 전설이 있다고. 그래서 지금 보믄 이 투갑석이, 투갑이 떨어져나간 것처럼 이렇게 되어 있다고.

(조사자: 투갑이라고요?)

철모. 말하자면 철모지. 옛날엔 그것도 투갑이니까. 그 사위들이 왜 장군바위를 깼냐면 아 함부로 그 기운이 있어서 함부로 못 배기니까. 처갓집에 오면 처남들한테 배기지 못하니까. 저 놈의 장군석 때문에 이 처갓집에 모든 장사가 나는 모양이구나. 인제 이래서인데. 뭐 그러진 않았겠지. 그러진 않았는데 그런 전설이 있는데 그 담에 인제 얘기를 듣기로는 일본아들이 와 가주 그 그 혈을 찔렀다 이런 얘기가 있어.

42. 탁 장사의 힘자랑 3 【Y.18-3-11-5】

용마가 막 태어났잖아요. 그 용마가 오르락내리락 울었다 그랬는데 그 투갑을 깨고는 없어졌다 이기지. 그래서 그 투갑을 깨고는 없어졌다. 그런 전설은 지금 저 야양지구에서는 지금 저 어성전 쪽에 가며는, 현북 어성전 쪽에 가면 그 짝에서 그 장사놀이를 늘 매년 한 번씩 한다고.

(조사자: 장사놀이요?)

어. 장사놀이를. 거가 인제 에 현북이란 데가 현남하고 지경이야. 거기서 지경에서 결국은 나무 비간 그 고 자리니까. 그 현북 저 법수치라는데 거가면 거기 아직 우리 집안들 살아. 살고 있는데 거기서 행사를 한다고.

마을단위로. 근데 그 양반이 그 때는 뭐 기운이 세니까. 인제 어떨 땐 먹을 게 없고 피난하고 이렇게 사니까 그 때 무슨 뭐 크게 먹을 게 없거나 참 나물죽 해가주 기냥 잡곡밥 먹고 지금처럼 논농사를 많이 짓나 어쩌나 그게 없었거든. 그러다 보니까 옛날에 이 소금을 염전이라 해 가주 인제 소금을 옛날엔 이 앞에 이 뭐인가 저 이 물치. 뭐 이 낙산 이쪽에서 저 수산, 오산 이쪽에서 소금을 받거든. 인제 이 염전을 맨들었다고 그래. 소금발이를 싣고 뭐 당나귀에다 싣고 이 령을 넘어 댕기고 이랬는데, 그 때 인제 여기서 이 임천이라는 마을에서 그 전엔 그 물방아라는 게 있었어. 뭐 이 물통 가지고 물통방아라고 있었는데 물로다가 이 곡식을 찧어서 꺼풀을 베껴 먹는 게 이제 통방아라고 있었는데 물통방아라고 있었는데 그기 참 뉘기 말따나 한 20명 달겨들어야 그거 미고 갈 수가 있다는 거야.

그러니 그것도 이런 소나무지. 이런 큰 소나무로 해서 끝에는 이 귀숭을 파고, 물 담는 귀숭을 파고. 여기서 지금 사람들 아들한테 저 어떤 거 놓면 이 수수데기 가지고 고런 걸 맨들어 가지고 딸깡딸깡 물 담았다 이렇게 쏟을 제는 올라가고 이 물이 다 쏟아지면 탁 떨어지면 찧고 인제 이런 게 물통방아란 말이야.

그걸 걸어 놓고 인제 마을 사람들이 술 한 잔 먹고 막걸리 갖다 놓고 먹고 인제 이러고 있는데, 이 양반이 소금 사러 저 수산 쪽으로 내려가는데 몰랐다 이런 얘기야. 못 봤다 이런 얘기지. 그러니 뭐 못 봤으니 뭐. 뭐 그 양반이 아, 탁천서 내려가는 걸 봤다고 오색 쪽에서 탁천서 내려가는 걸 누가 봤냐고 그러니 못 봤으니. 봤으면 오시라 그래 가지고 술 대접했겠는데 못 봤다 이런 얘기야. 아, 요놈들이 괘씸하거든.

"아, 이게 내가 내려가는데 네 놈들이 저희끼리 모여 앉아 술이나 먹고 날 본체만체한다."

그래서 방아를 덜렁 들어다가 이게 수렁 논에다 갔다 콱 박아 놨네. 박아 놓고, 술 먹고 와보니 방아가 대반 없어졌는데 어디 갔니, 어디 갔니 하니 방아가 없어졌다고. 가보니 논에다 갔다가 콱 박아놨거든. 지팽이

꼽듯이 꼽아놨단 말이야.

"아, 이게 큰일났다야. 야. 이게 이 탁 장사가 왔구나. 이 탁 장사 양반 아니면 이게 누가 이 큰 놈의 걸 한 이십 명이 미고 가도 못 미고 갈 놈의 걸 이 수렁에다 박아 놨으니 어떡하느냐."

그래 인제 그 양반이 틀림없이 어디어디 소금 사러 갔을 것이다고 짐작을 하고 그래 조금 있다 가니까 당나구다 소금을 싣고 이러구 짊어지고 인제 이러고 오는 거야.

"아주 죽을 때를 만납시다."

하고 가서 길가 가서 막 만나서 그 하니까,

"아, 우리 방아가 없어져서 클났습니다. 이거 어떻게 했으면 좋냐. 아 좀 살려달라고."

고 말이야.

"아, 망할 놈들. 그 진작 그러지 그러믄서 내가 내려간 걸 알면서도 그래 그 술도 한 잔 먹으란 소릴 안해."

"아휴, 몰랐습니다. 몰랐습니다."

그래가주 아 술 갖다 대접하고 하니까 그까짓 껄 뭐.

"아, 뭐 우리들 뭐 뉘기 말따나 막대기가처럼 쑥 뽑아다가 걸어 가주 아주 다 걸어까지 주고 방아를 다 맹글어 찧도록 맹글어 주물대 봐라."

하고 인제 찧도록 맹글어 주고는,

"아, 이만하면 됐지?"

하고 인제 갔다는 그런 전설이 있어. 그래 어떤 때는 그런 심술을 피웠다. 또 어떤 때는 또 좋은 일을 해 주고. 이러고 그 기운이 세니까. 인제 그런 전설이 있지.

탁 장사가 뭐 호랑이도 잡았다는 얘기는 없고 결혼을 했는데 그 아이들은 장사는 아니였어. 그렇게 특별한 장사가 안 났고. 그 담에 그 다음 후손들은 기운은 다 셌어. 우리들이 지금 약한 사람은 없어. 다 남한테 지지는 않아. 기운이 다 셌어. 약한 사람은 없어.

43. 탁 장사의 힘자랑 4 【Y.18-3-12-5】

사실은 참 그 용맹이 없어진 기 한때 왜 용맹이 없어졌냐 하니 기운 세고 댕기는 인제 그런. 지금도 얘기했지만 참 그런 바우 얘기도 있었고 그 다음에는 인제 영을 넘어가다 보면 마방집이 있다고. 말을, 말을 가지고 댕기니까 거 와서 자게 되며는 말을 들이대고 그 집에서 말죽을 쒀 주면 인제 돈 몇 푼씩 받고 그런 여인숙이지. 말하자면 질 옆에 여인숙이 있었는데, 그 여인숙에다가 말을 갔다 들이 매는데, 이 규칙이 원래가 제일 먼저 들어온 말이 제일 먼저 나가야 되니까 쭉 열 필이고 스무 필이고 마가 있으며는 제일 먼저 완 게 뉘기 말따나 늘 문턱으로 밀려 나오게 돼 있거든. 마지막에 들어온 건 안으로 들이몰고 또 마지막에 들어온 건 또 그 안으로 들이고. 근데 나올 때도 먼저 들어간 게 먼저 나오게끔 규칙이 되어 있는데 이 양반은 맨 마지막에 들어가도 맨 먼저 나올라고 맨 문아구다가 말을 떡 맨다 이기여.

그 여느 사람들이 마방들의 주인들이 볼 적에는 저 양반 건들였다는 안 되니까 말을 못하지. 이건 그 말하자면 그 법을 어긴 거지. 말하자면 규칙을 어긴 거야. 기운이 시니까.

규칙을 어기고 인제 맨 마지막에 들어와두 그냥 문아구에다 기냥 매놓고 아침에 젤 먼저 나가고 마죽을 쒀 줘도 나가봐서 먼저 콩이라도 많이 있는 걸 임재 말부터 갔다 멕이고 그러는데, 여느 사람들은 주인도 그렇고 뭐 말을 못 한다 이런 얘기야. 그래서 하루 아침에는 이 양반이 인제 그 말죽을 쑤고 인제 불 꺾어 넣는 이런 기척이 나니까,

"아, 인제 가서 인제 우리말 콩부터 먼저 쒀 준다."

고 나갔단 말이야. 나가니까 뭐 보잖던 쬐끄만 사람이 초립동이가 하나 한데 와서 불을 거기다 때는 거야. 불을 때는 거 보니 이 싸리나무가 그 질기잖아. 인제 비 매 씨는 싸리나무가 있어. 싸리나무를 한 단 갔다 놓고는 그기 이 도꾸로 짤라가주고 한 번에 잘 안 나가는 나문데 가만 보니

까 한 웅큼 잡북 쥐어 요렇게 끊으니까 기냥 칼로 끊은 거처럼 똑똑 끊어지더라 이런 얘기야. 그래,

"이상하다. 보통 기운이 아닌데. 저 싸리나무를 한 웅큼 쥐어 가지고 이렇게 잡아 댕기는구만."

이제 넣기 좋게 이 아궁지다가 인제 마죽 쑤는 아궁지다가 넣기 좋게 똑똑 끊어서 넣고 이 힐끔힐끔 보면서 똑똑 끊어서 넣고, 넣고 하더라 이런 얘기야.

그래 화장실에 가는 것처럼 하고 나가 화장실에서 한참 있다가 들어오니까 한 반 단을 남겨 놓고 없어졌다는 얘기야. 이 초립데기가,

"이상하다. 그게 어디로 갔나?"

하고 슬금슬금 보니까 안 보이더란 얘기야. 그래 안 보여서 얼른 날름 가서는 앉아 가지고 이 놈의 한 웅큼, 그 초립동이가 짤르다시피 한 웅큼 딱 움켜쥐고는 딱 잡아댕기니까 아, 이게 단단하다 이기야. 하, 이게 큰 일 난거야. 딱 잡아 댕기니까,

"뚜두둑, 뚜두둑."

하면선 그 사람처럼 똑 끊어져. 칼로 빈 것처럼 톱으로 가른 것처럼. 안 꺾어지고 끊어지긴 끊어지는데 자기 힘, 힘대로 잡아댕겨 끊었는데 뚜두둑하민 기냥 길고 짧고 그렇게 끊어지더라 이런 얘기야.

"아이고, 큰 일 났구나."

그래 얼른 저 못 본 체 하구 아궁이에다 집어넣고는 일어날라고 하니까

"고까짓 놈의 힘을 갖고 그제서야 나타나 갖고 뭐 고까짓 놈의 힘을 가지고 힘자랑 하고 댕기냐?"

고 말이야.

"다신 앞으로 어딜 가서 힘 자랑 하지 마라."

고 말이지.

"오늘 아침에 말죽도 맨 마지막에 퍼 가지고 가라. 다시 한 번 그러면 아주 기냥 뉘기 말따나 오금에다가, 오금에다가 철을 박아 갖고 댕기지도

못하게 맨든다."

아주 엄포를 놓더라는 겨. 그 다음부터는 그만 맥을 못 추고 결국은 다신 힘자랑을 안했다는 거여. 그 양반이 아주 서민 생활을 했다는 거야. 어디가 힘자랑을 안하고.

그러다 인제 돌아가셨다는 이런 우리 집안의 전설이 있어. 그기 산신령이다. 그 양반이 이제 사람이 아니고 그 초립동이가 신령이 와 가주 혼내주니라고. 다신 서민들을 울리지 말아라. 기운 약한 서민들을 울리지 말아라 하는 뜻에서 인제 신령이 나타나 가지고 그랬다.

그래서 다시는 힘자랑 안 했다고 그래. 힘자랑 안 했다가 기냥 서민으로 생활하다가 돌아가셨다는 그런 전설이 있는데 모르지 뭐.

(조사자: 그러면 탁 장사가 일반 사람들 골탕 먹인 이야기도 있나요?)

이게 골탕 먹인 기지. 뭐 딴 게 골탕 먹인 게 아니지. 아 저 말죽도 임재 껏만 콩있는 거 말죽 골라다 다 맥이고, 저 마방에 들어가는 것도 아뉘기 말따나 맨 마지막에 간 사람 맨 마지막에 나와야 되는데 맨 마지막에 간 사람이 맨 먼저 나가게 문턱에다 말을 메고 그러다 보니까 그게 골탕 먹인 거지. 골탕 먹였다는 게 그거지 뭐.

44. 다섯 가지 색의 꽃이 피는 오색나무 1 【Y.18-3-13-8】

지금 구룡령, 이 뒤로 가면은 구룡령이잖아요. 구룡령이고 이쪽으로 가면 한계령이라고도 하고. 옛날엔 인제 오색령, 오색령이라고도 하고. 한계령은 저쪽 인제지방에서 부르는 게 한계령이라고 했고 우리 야양지구에서 부르는 거는 오색령이라고 했고. 이랜데 그기 한계령으로 지금 명칭이 된 기 그 군인들이 질을 닦았거든. 처음에는 저 공병대에서 군인이 질을 닦을 제 그 군인들이 인제 거 한계리 와서 마이[2] 합숙했어. 이러는 바람에 그래서 그 명칭을 한계, 한계령이라고 이름을 지어 가지고 지금

---

2) 마이: 많이

한계령, 한계령 그런다고.

그 이짝에서 볼 때는 오색령이라고. 그가 경계인데 지금 한계령 휴게소 지은 기 우리 야양 땅이라고. 그게 인제 땅 아니라고. 그 휴게소 지은 건 야양 땅인데 저 팔각정 그 꼭대기 이렇게 산봉오리 올려다 지은 게 있지. 그게 바로 경계에다 진 거야. 그 팔각정 지어 놓은 기. 그래 군인들이 질을 완공하고 준공 공사할 제 상부에다 명칭을 지은 게 한계령, 이렇게 지어서 지금 한계령으로. 지금 뭐야 우린 야양서는 오색령인데 왜 그걸 한계령이냐. 사실 휴게소도 지금 야양 땅에 있는데 왜 한계령으로 했느냐. 그러니 우리 속초 비행장들과 똑같지. 그게 야양 땅인데 왜 속초, 속초 이름을 여다 했느냐. 이것과 똑같은데 그 때 한번 등록하면 고치기가 힘들다고.

오색은 왜 오색이냐면 오색은 나무 하나에 꽃이 인제 다섯 가지 꽃이, 그 전설에 다섯 가지 꽃이 피었어. 나무 하나에. 그래서 거 오색, 오색이라고. 오색 꽃이 피었다 그랬어. 다섯 가지 색깔의 꽃이 피었다라는 이런 얘기야. 무슨 무슨 꽃이 피었는 건 정확히는 모르겠고. 그기 현재 우리가 볼 땐 그 때 그기 매화나무라고 하는데 우리가 지금 매화나무라 그러잖아. 아주 꽃이 이래 커다란 게 봉수리 매화나무인데 그 매화. 나무는 매화나문데 근데 그 오색 꽃이 피었다는 거야. 그 당시에. 그래 오색이라고 명칭이, 지금 마을 명칭이.

지금 그 오색꽃 핀 데가 어딘가 하니 바로 우리 선조산 밑이야. 거 관 터라는 데야. 관 터. 오색 약수터에서 조금 내려오면 관대리라고 민속촌 있지. 한와으로다가 쪽 진 데가 바로 관 턴데 바로 그 마을에 그 오색 꽃이 핀 게 있었다고.

45. 관청이 들어선 관 터 【Y.18-3-14-8】

(조사자: 그럼 관 터는 또 왜 관 터예요?)

거 관 터는 옛날에 일본 사람들이 들어가주 관이 먼저 들어섰지. 거기 저 주재서가 먼저 들었다고. 그 때 당시는 그 오색 쪽에 일본아들이 처음 들어와 가주는 거기서 나무를 비어 가려구 질두 먼저 인제 오색질이 먼저 났고 그 다음에 구룡령 질이 났고.

그기 왜 질이 나느냐 하니 이 낭구 비먹고[3] 나무가 참 이런 나무가 좋았으니까. 나무 비서 그거 가져가고, 그 다음에 목탄 가서 숯 빻아 가주 숯 몇 장 가져가서 그땐 목탄차로다가 기름이 없을 때니까 가들이 그 저 목탄가주 차 몰고 댕기고 기차 몰고 댕기고 그랬다고 웬만한데 다. 그기 나무가 많은 곳이니까 질을 먼저 뚫은 거야. 그거 모둠 비내고 그거 모둠[4] 목탄 과서 사용할라고. 그래서 인제 오색이 그 관청이 먼저 그 들어왔기 때문에 그기 인제 관 터라고 해. 관 터 이름이 이제 내려와선 뭐 구암이라는 이름이 있지. 구암이란 뭐 거북 구(龜)자 바우 암(岩)자. 구암이라는 이름 있지. 거와서 뭐 이 이름이 쭉 많아.

46. 백암 유래 【Y.18-3-15-8】

백암이라는 이름 있지. 허연 바우가, 인제 그 바우가 아주 허옇게 보이니까 그 백암이라 그래서 명칭이 있고 뭐.

47. 의춘암 유래 【Y.18-3-16-8】

쭉 가다보면 구룡령인데 쪼그만 이 산 같은 거는 이름이 있어요. 이름이 다 있어. 이 마을 송천리를 둘러싼 우리 마을에도 오르면 골짜기 이름이 많아. 경계 논하리 있고 경계선부텀 거기 의춘암이란 데가 있어. 의춘암. 의춘암이라는 그 옛날에 그 암자가 거기 있었다고 해서 인제 의춘암이야.

48. 여러 강이 합쳐지는 합풀래기소 【Y.18-3-17-8】

거가 우리 송천리 1번지 지역이야. 그래서 거기 의춘암에서 쭉 올라오

3) 비먹고: 베어 먹고
4) 모둠: 모두

면 뭐 소 이름도 많지. 올라오면서는 무슨 황어소라는 데도 있고, 여기 올라오면 또 요 밑에 입구에 그 공시원서 나오는 강하고 오색에서 나가는 강하고 거 합풀래기라고 또 있어. 합풀래기소라고 하는데 그건 뭐 한군데 모인다고 해서 그 합친다고 해서 합풀래기소라 그리고.

49. 벼락소 유래 【Y.18-3-18-8】

벼락소라는 데도 있지. 여기 벼락소란 데는 또 천둥 벼락을 쳐 가지고 그 바우가 깨져 나가고 그래서 벼락소라 하고 이름이 다 있어요.

50. 행금소 유래 【Y.18-3-19-8】

거 쭉 올라오면서 행금소라는 건 그 소가 좋으니까 선비들이 거기 앉아서 뉘기 말따나 여름철에 시원하게 가서 목욕도 하고 앉아서 서로 피리도 불고 행금도 켜고. 인제 옛날엔 행금이라 그러지 뭐. 지금 악기 이름이 무슨 뉘기 말따나 기타니 피리니 그랬지만 옛날에는 행금 켠다고 그랬잖아. 인제 그런 걸 하다가 거기서 결국은 술 한 잔씩 먹고 하다가 그 소에 빠져 죽은 사람도 있고, 이렇다 해서 인제 행금소, 행금소라고 한다고.

51. 구룡령 유래 【Y.18-3-20-8】

구룡령은 왜 구룡령이냐면 그게 그 옛날 전설에 그 구룡령은 아홉 구비가, 저 구비가 인제 아홉 굽이다 이거야. 저 대관령도 굽이가 무슨 아홉 굽이 그래는데 그것도 굽이가 아홉 굽이다. 이래 가지고 구룡령이 됐다고 하고.

그 담에 용이 구룡이 이 질(길)로 넘어갔다. 이래서 인제 구룡이라고도 하고. 그래 아홉 구(九)자 용 용(龍)자 그래서 구룡이라고 인제 명칭이 그래 됐지. 그 용이 왜 그리로 넘어갔는지는 모르지. 뭐. 서울로 갈라고 넘어갔는지 하늘로 올라갈라고 넘어갔는지 그건 모르지. 인제.

그래서 그기 구불구불하게 된 거는 인제 그 구비가 아홉 구비가 돼서 말하자면 구룡령이다. 이렇게 전설도 나오고. 저 속초서부텀 속초 밑에 저 영랑호부텀 그 용이 출발해 가지고 결국 완 기 노루목고개라는데 하고 저 싸리재. 싸리재를 넘어서 노리재로해서 고 담에 여기 저 선일재를 넘어서 그 담에 양아치고개를 넘어서 쭉 해서, 령이 구룡령까지 아홉 개야. 용이 그 때 인제 그래서 넘어왔다. 이 영 넘고 이 영 넘고 이렇게 넘어가서 아홉 재 만에 간 게 구룡령이다. 전설에 이렇게도 나오고.

52. 황어가 많이 잡히는 황어소 【Y.18-3-21-8】

황어소. 황어소는 인제 그 고기가 올라와서 이제 봄철에 이 황어라는 고기가 있어. 황어. 황어라는 고기가 있어 가주 바다에서 그 황어라는 고기가 올라오면 그 소가 놀기가 제일 좋았던 모양이라. 황어가 올라왔다 하면 그 소에 가서 뭉치는 거야. 그래서 거기가 황어, 황어소라고 인제. 황어는 연어하고 다르지. 색깔이가 달라. 거 빨건 줄도 있고 좀 잴고(잘고), 연어나 송어보단 좀 잴어. 황어라는 거는. 그래서 그게 황어소라.

53. 용소 유래 【Y.18-3-22-8】

저 건네 동네 공시원 올라가면 거기에 용소가 있지. 거기 용소가 있는데 그 동네 이름이 용소리야. 그게 지금 이 양수 발전소가 생기는 바람에 그만 그기 묻혔어. 용소가 양수발전소 때문에 그렇게 없어졌다고.

그래 거기서 용이 났었대. 그게 용이 올라간 소다. 이래 가주(가지고) 보믄 그 때도 보믄 아주 용이 또배살 틀고 앉은 형국이야. 그 물속 바우. 막 이런 바우 석각이니까, 석각 밑에 소가 생겼는데 낭떠러지 물 떨어지는 폭포순데 그 폭포순데, 보믄 그 안에 용이 또배리 틀고 들어 앉았었다. 그런 형국이 그대로 이렇게 또배살 튼 것처럼 파여 있었다고 그래서 그걸 용소, 용소라 그랬지.

54. 인색하게 굴다 망한 박씨네 【Y.18-3-23-5】

이 마을에 이렇게 부자, 옛날에 부자 전설이 있긴 했는데, 박씨들인데 아주 부자로 잘 살았는데, 그 산소가 아죽 저 꼭대기에 있다고. 있는데에 말하자면 이래.

중이 와 가지고 동냥을 달라 그랬는데 그게 망할려구 그랬는지 몰라도 쌀을 주믄 그냥 줬으면 좋겠는데 쌀에다 뭘 딴 걸 뭘 모래를 섞었니 뭐니 이런 얘기가 나오는데 그걸 섞어 주더라 이런 얘기야. 어 그래 주니까 대사가 아무 소리 안하고 갔지. 그러면서 떡 나가면서 저 꼭대기 저 산이 참 명당인데, 앞으로 큰, 잘 될 산인데 그게 한 소고삐 한 지래기만큼 쬐금 더 올래 섰으면 참 뉘기 말따나 이 임금이 날 자리라고 말이야. 인제 이러구 갔다 이기야. 결국은. 그러니까 주인이 동냥을 주고 나가면서 얘기하는 소리를 들어보니, 그 주인이야 뭐 그거 아나. 저 뭐 동냥을 주고 주인은 사랑방에 떡 앉아 있는데 그런 소리를 하더래.

"하, 참, 누 산인지 그 참 산이 명당인데 그 한 점만 더 있었음 참 좋은 인물이 나겠는데."

이러고 가니 쫓아나가서,

"뭐 그거 무슨 소리냐? 대사님 그거 무슨 소리냐?"

"아, 저기 저 산이 누구 산인지 몰라도 한 점만 더 올라섰으면 참 훌륭한 인물이 나겠다."

고 이러니 참 이러니,

"정말이냐?"

"정말이죠."

그래 근데 그 산이 올라 쓰면 금방 망했다는 거여. 그거 망하라고 그 산을 이장하라 그랜 거란 말이여. 그게 결국은 그래서 그런 전설이 있어. 그래 그 산이 그 밑에 구관 자리가 있어. 파서 위다 올려 쓴 자리가 있다고. 아직 그냥 우리가 볼 제도. 근데 그기 그래서 망했는지, 어째서 망했는지 하여튼 그 집들이 망해서 이 마을을 떠났다 이런 전설이 있어.

(조사자: 그러니까 결국 묘 자리를 잘못 이장해서 망한 거네요.)

그렇지. 진짜 명당자린데 그 중이 망하라고, 망하라고 그렇게 시켜준 거라 이 말이야. 파 옮기면 금방 망한다 이런 얘기지. 그래서 그런 동냥을 줘도 참 이왕 시주할 껄 깨끗이 한 거를 줘라. 이제 이런 전설이지 뭐. 마음을 바로 쓰면 자연히 잘 되는데 마음을 삐뚤게 썼으니 그 동냥을 좀 제대로 주지 왜 그렇게 줬냐 이런 얘기야. 그러니 너 집은 한 끈 요만큼 밖에 못 살겠구나 해서 인제 망하라고 그렇게 해 준거지.

55. 내 복에 산다 2 【Y.18-3-24-6】

옛날에 잘 사는 사람은 잘 살고 하인들 두고, 옛날엔 종이라 그러지. 종을 부리고 이렇게 부자들 잘 사는 사람은 잘 살았거든. 그런데 한 부자가 딸이 삼형제가 있었는데, 아직 시집을 다 못 갔는데 그 막내가 하 말썽을 부리고 부모 말을 잘 안 듣고 그래서 그 어머이, 아버지가 하루는 떡 앉아 가주는,

"큰애야!"

하고 불러 가주는 떡 부르니,

"너는 누구 덕에 먹고 살며 누구 복에 사느냐?"

"아이고, 저희들이야 뭐 어머이 아버지 복에 먹고 살죠. 덕에 먹고 살죠."

"둘째야,"

부르니,

"너는 누 덕에 먹고 사느냐?"

"아휴, 아버지 어머이 덕에 먹고 살죠."

"응, 그렇지."

"막내야!"

이러니까는,

"얘, 너는 누 덕에 먹고사느냐?"

"아, 내 덕에 먹고 살죠. 누 덕에 먹고 살아요?"

아, 막내가 이렇게 대답을 하는 거야. 아 괘씸하거든. 이 여태 부모들이 키워 가주 부모들이 부자가 돼 이래 가주 지금 족방에 앉아서 이렇게 크는데, 아, 내 복에 먹고 산다고 이러니.

"아, 내 복에 먹고 살죠. 내가 복이 없으면 내가 이런 집에 태어났겠어요?"

어, 말하는 거니 뭐 다 해거든. 내 복. 그게 맞는 얘기지.

"아, 니 복에 먹고 산다고. 그냥. 아 그래? 너 그러믄 시집을 아무데나 줘두 아, 아무데나 줘두 니 복이니까."

아, 그러자마자 무슨 숯장사가 하나 와서, 숯사재기 해달라는 숯을 해 짊어지고 숯 팔러 댕겼으니까 에 여기로 말하면 야양 시내 같은데 인제 그런 부자가 하나 앉아 가주 그래 시내 숯장사가 왔으니 아 숯장사 보고,

"여보게."

"아, 예."

"그러니 자네 그 숯 벗어 놓고 일로 들어오게."

아, 이거 뭐 큰 죄 진 줄 알고 그런 양반의 집안에서 들어오라 그러니 그 큰 걸 이렇게 씨고 내다보고 사립문을 탁 잡아,

"자네, 이거 숯 놔두고 숯은 내가 다 살 테니까 일로 들어오게."

아 들어와선 아 구부리면서,

"하이고, 그저 죽을 때를 만났습니다. 제가 뭘 잘못했는지 그저 용서해 주십시오."

"아니다. 아니여. 막내야. 그래 너 이리 나와라. "

그래 숯장사 앞에다 내어 놓곤 숯 장사보고,

"야, 오늘부텀 야 하고 둘이 살게. 이 저 이거 우리 딸인데 데려가 살아. 자네 어디 혼자서 맨날 숯만 해 먹겠나. 야, 데려가 살게. 너 당장 이사람 따라가. 인제 니 뭐 니 복에 산다니까."

"아, 가라면 가죠. 다 내 복인데."

아, 이러면서 따라 나선 게야. 뭐 자기 소지품만 기냥 둘 둘 둘 싸 가지고 참 보따리 한 요만한 보따리 하나 들고,

"갑시다. 이 뭐 당신이 내 남편이니까 인제 갑시다."

아 그 따라갔다는 거야. 그러니 이게 무슨 영문인지 숯장사가 이거 뭐 감을 모르잖아.

"집이 어딘지 갑시다."

이러니 뭐 간다는 게 뭐 솔직히 말해서 지금 얘기하면 저 산골짜기로 기냥 아 숯 굽는 데로 막을 하나 쳐 놓고 거다 오막살이 하나 쳐 놓고는 숯가마니 박아 놓고는 인제 숯만 가서 시장 내다 팔고 이렇게 먹고 사는 사람인데 떡 갔네.

가 보니 그 기가 맥히지. 뭐 말은 뭐 내 복에 산다고 해놨는데 이기 뭐 숯쟁이를 따라서 떡 시골에 들어가 보니 이기 뭐 잠이 올 턱이 있나. 죽을 지경이지 뭐. 그래 며칠 이렇게 살다가 숯을 다 꺼내 가지고는 인제 신랑은 숯을 모두 해. 가마니다 해. 그래 옛날엔 뭐 나무를 틀어 가주 가마니지 무슨 뭐 이런 가마니가 뭐 있었나? 낭구 이제 숯을 이렇게 엮어 가주 인제 이래 가주 거기다가 한 톨씩 넣어 가주 이래고 팔러 당길 땐데 이 팔러 가고는 와서 뭣을 쌀 도배기라도 하나, 한 두 개 사 가주 오고, 기냥 그 뭐 고등어라도 한 손 사 가주고 오고, 뭐 이래서 먹고 사는 건데, 하룻밤에 숯가마를 다 불 땠을 때 뜨거워서 인지는 모르지만 다 숯가마가 비고 꺼내 놘 거 인제 그거 팔러만 댕길 땐 데 하룻밤에 다 한심하지. 한심하기야.

그 좋은 집에서 그런 데서 살다가 새까만 숯가마 속에 와서 사니 그게 죽을 지경이 아니야. 그게. 그래 하루 나가서 떡 보니. 그 숯가마 앞이 뭐 달이 뜬 것처럼 환하더란 얘기야. 아주 우리말대로 전깃불 켜 놘 것처럼 환하게 보이더란 얘기야.

아, 저기 어디 숯가마 속에 뭐 불이 났나 하고 쫓아가 떡 보니, 들어와

보니 아 그 안에 무슨 호랑이가 들어와 앉아서 불을 켜고 앉았는지, 뭐 하여튼 환한 게 기냥 촛불을 켜 놓은 것처럼 환하더란 얘기야. 아 그래 들어와 가주는 신랑보고,

"여보, 여보. 저 숯가마에 뭐 불이 났소? 숯가마에 불이 났소?"

인제 이랜데 그 저 숯가마에 불이 났다고 하니,

"아, 숯가마에 뭔 불이 나. 불 끈 지가 언젠데."

"숯가마에 불이 나요."

좇아 나가 보니 뭐 아무렇지도 않거든. 껌껌하거든. 그게 인제 신랑은 보믄 껌껌한데, 아 이 마누라는,

"뭐 저기 환한 게 저기 안 보이냐?"

"아, 뭐 시커먼데 뭐 뭐 뭐이 보이나."

그래 가서 이래 보니 그 숯가마에다가 인제 불 때는 이맛돌이 있어. 이 이맛돌, 여기 저 아궁지 맹글듯이 인제 옛날에 불 때는 아궁지가 있는데 그 뭐 거기 이맛돌이, 가서 이래 쓱쓱 문대보니 그게 금이다 이기야. 생금덩어리다 이기야. 그 금이 비춰 가지고 아 그래 환하게 보이는 걸, 그 신랑은 보이는 게 없으니 그걸 몰랐다 이기야. 그 이맛돌이 금덩이더라. 생금이더라는 얘기야.

아, 그래 인제 이 여자가 가 보니 아 그기 금이거든.

"하, 내 복은 내 복이구나."

인제 아, 그러니 자기 복 때문에. 아 그 신랑 복이 아니니까 신랑은 몰랐지. 그 숯만 과 먹었지. 그래서 이 여자가 신랑한테,

"인제 됐다."

고 그래.

"왜 그리냐?"

"이게 금이다."

이기야.

"이 이맛돌이 금인데 아, 이런 큰 놈의 이런 암반 같은 돌 갖다가 떡 얹

어 놓으니 금이니 그런 생금덩어리가 그렇게 크니 그게 뭐 얼매만한 돈인지도 모르지요 뭐."

그래.

"그니 그 당신 숯 안 과도 살아요. 숯 안 과도 살 테니까."

그 다음에 인제 쬐금 쬐금씩 띠다가 인제 갔다 파는 거야. 팔아 가주 인제 어느 정도 떡 돈이 생긴 거야. 돈이 생겼는데 그 다음에는 돈을 주면서,

"이걸 가져가서 당신이 가져가서 오늘 가서 다 씰라면 씨고 뭐 냉겨 가주 올라면 아주 실컷 먹고 싶은 대로 실컷 먹고, 술집에 가 먹든 뭐 기생집에 가서 먹든 실컷 먹고 놀아."

라고 하는 기야. 뉘기 말따나 사람을 아주 이제 교육을 시키는 거야. 신랑을. 신랑을 시내 가서 좀 약아져라 하는 얘기지. 아, 그리고 옷도 사 가지고 그냥 번질하게 입고 그러니까 인제 어느 정도 살게 됐다 말이야.

그 다음에 인제 집을 그냥 집터를 하나 마련해 가주 어디 좋은 데다가 집터를 마련해 집을 하나 짓고는 그 다음에 이제 양반이 되는 거지. 뭐. 돈 많으면 양반이니까. 아, 그래 가지고 참 하인도 부리고 뭐이 이리고는 떡 이렇게 사는데, 그래 인제 그 술집에 가서 술 먹다 보니까 술값은, 오늘 술값은 말짱 내가 본다, 이러고 하니까 아, 친구가 자꾸 생길 수밖에 없잖냐 이기야.

아, 그래서 이제 아 이놈이 어떤 놈인데 이 놈이 이렇게 흥청망청 막 씨냐. 인제 그 지금, 지금으로 말하면 건달이지. 건달패들이 인제 술 먹으로 와서 이러는데 아 어떻게 됐든간에 이 내가 산다.

그래 이제 완전히 의형제가 되다시피 친하고 이러다 보니까 뭐 이 사회물정도 다 잘 알고 인제 이러는데, 그 다음엔 어느 하루 떡 있다가 마누라가 그런단 말이야.

"인제 처갓집에 갑시다."

이랬다는 얘기야. 아, 처갓집에 갔다가 맞아 죽을라고 처갓집에 가.

"아이, 이제 됐다."

"이제 처갓집, 친정집보다 우리가 더 잘 사니까 인제 처갓집에 가자."

그래 가주 아, 그래 하인들을 데리고 뉘기 말따나 의관을 갖추고 가매를 타고 말을 타고 아, 이러고 처갓집 마당에 들이 달리니 앞에서 아, 하인들이,

"이리가라. 저리가라."

하고 말이야. 앞에서 기냥 디래 달리고 하니까 또 영감이 사랑문을 열어 놓고 이래 내다보니 아, 이게 무슨 어사 출도가 내리는 건지 뭔지, 아, 이 뭐 대궐에서 뭐이 오는 건지 아, 큰일 났거든.

아, 그래 쫓아 내려가 문을 열고 신도 못 신고 나가서 맞이는 거야. 이래더니 뭐 가마에서 나오고 뭐 말에서 내리고 하더니,

"아, 아버님 잘 있었습니까?"

하고

"장인 잘 있었습니까?"

하고 나오더니 이 사람 떡 보더니,

"아, 이기 딸, 사우가 오는 거구만."

하는 기라. 아 그래 뭣을 말야,

"이게 어떻게 됐냐? 이게 어떻게 됐냐?"

그러니,

"이 내 복에 이렇게 살잖아요."

그 딸이 와서 그래. 그 때까지도,

"아, 내 복에 이렇게 살잖아요. 아 그기 다 내 복에 살지. 뭐이 어머이 아버지 복에 어떻게 살아요?"

와서 그러니, 그래 맞긴 맞다. 그 다음에 위에 형들 두 형제가 아, 뉘기 말따나 동생이 시집 가 가주 숯쟁이로 가더니 저렇게 부자가 돼서 잘 살고 오니 그기 또 배가 아플 수밖에 더 있나. 그래.

"야, 복은 복이구나."

이래. 그래서 사람이란 건 내 복이, 내 복두 50%로는 가지고 있더라 하는 그런 전설이 있어.

56. 영과 치 유래 【Y.18-3-25-8】

영(嶺)은, 그 쪼그만 영은 치(峙)라고 그랬잖아. 이 큰 재는 영이라고 그랬고. 치라는 거는 쪼그만, 쪼그만 영. 고개. 쪼그만 고개. 그래 고개 치지. 영은 큰, 큰 고개를 가지고 영이라고 그랬고.

57. 가마골 · 점골 유래 【Y.18-3-26-8】

쬐그만침 가주 가서 한 짐만 지고 가서 요만큼만 쇠를 녹여 가주와도 뭐 호미도 하나 맹글 수 있고 낫도 하나 맹글 수 있고 인제 있으니까 나무 많은 데 가서 그 불을 때 가주 그를 녹여야 되거든.

그래서 옛날에는 솥두를 짊어지고 산에를 들어간 거야. 참나무 많은 데를 그래서 인제 점골이라 그러지. 점골. 점골 해 가주 인제 웬만한데 가보면 이 쇠 녹인 소똥 쇠가 드문드문 있어. 그 지금도 가보면 솥 녹이던 곳에서 말하자면 쇠똥이지. 말하자면 솥물, 솥물 똥이지. 그 솥물 녹이던 똥이지. 그 이제 원 솥만 가져 나오고 그래서 여기 인제 점골, 점골 해 가주 여기 명칭이 많지. 저 뭐 숯을 많이 간 데는 그저 숯가마 골. 뭐 어쩌고.

인제 가마를 박아 숯가마를 박아서 해서 가마골이라 그러고 인제 쇳물 녹인 데는 점골이라 그리고, 점토라 그리고, 그런 명칭이 많아. 저 큰 산골 저기 들어가면. 여기도 많지. 뭐, 여기도 인제 야양 광산 쇳돌 가지고 녹인 데가 점골이 여기 꽉 차고 또 갈천, 거기도 광석이 있었거든. 났었거든. 거기도 갈천도 광석이 있었단 말이야. 그런데 질이 여기 야양 요 아래 질이 좀 좋지 않아서 많이 못 파겄지만, 거기서도 거 아직도 내버린 기구들이 아직 있을 텐데. 광산이 있었고 여 야양 장성에도 인제 광산이 있었고 파먹다 나머진 여 산벌 이북이거든. 그래서 또 이북아들이 와서 또 소련아들이 와 파 가주가고 나머진 또 소련아들이 파먹고 이랬다고. 그래 대한민국 들어와서 조금 파다가 인젠 못 파고 말았지. 이제 하도 짚이 들어가서 인제.

58. 보쌈 당한 과부 【Y.18-3-27-6】

과부를 뭐 누구 말따나 푸대다가 과부 싸 가주고 미고 가니 어째니 그런 전설이 있다고 뭐. 옛날에 원래 과부가 시집을 가고 싶어도 못 갔잖아. 옛날 법이 가서 보쌈하기 전에는 못 갔다고. 가고 싶어도 못 갔단 말이야. 가서 뭐 여자 자는데 가서, 가마이 자는데 가서 여럿이 가서 그 보쌈 한다고 그래지.

참 자루를 가지고 가 가주는 그냥 자는데 가 가주는 위서부텀 디래 씌워 가준 꼼짝도 못하게 해 가주는 둘러 미고. 그럼 속으론 좋지.

'아이고, 인제는 시집갔구나.'

속으론 좋은데, 옛날에 그랬잖아. 속으론 좋지만 가지는 못하니까. 지금처럼 재혼을 못하니까. 그 옛날에 보쌈한다고 그런 게 인제 그래서 보쌈. 여기 얘기 들어보면 더러 보쌈해서 와 큰 사람 있대. 옛날에도 할머니들이 보쌈당해 가주 와 큰 사람 있대. 그 뭐 소실 때는 누구 말따나 아들도 하나 못 낳고 아, 저 시집갔다가 신랑이 죽으니까 꼼짝 못하고 거서 사는 거지.

그러니까 웬만해서 장가 못 들은 사람들은 가서 보쌈을 해 가주 와야 그 장가들 꺼 아니야. 그러니 가서 인제 밤에 자는데 가서 싹 외다가 참 보초서다가 기냥 그저 가 갔고 문 열고 들어가 가지고 기냥 훅 뒤잡아 씌우니 누가 와서 했는지 모르지.

속으론 뭐 뉘기 말따나,

'병신한테 시집을 가도 인젠 시집을 갔구나.'

하고 인제 속으론 그랬겠지.

"아효, 나 죽겠다."

고 빼든쩍대 봐야 그건 법에 안 걸린다는 거야. 보쌈해 가주 오는 건 법에 안 걸린대. 그래 가서 풀어 놓고 하면 그 집에서 잔치한다는데 뭐. 아, 오늘 신부 들어온다고. 그래 잔치하는데 가서 탁 풀어 놓으니 그 어떡할

껴야. 그 인젠 그 집에 시집완건데 뭐. 그제서 인제 신랑 얼굴을 보는 거지.

누가 신랑이라는 게 이제 나타나지. 그 옛날엔 그래서 살았다는 거야. 혼자 사는 과부들이 그렇지 않으면 죽을 때까지 거기서 살아야지 뭐. 시집을 못 가니까. 참 옛날 법이 무섭지.

59. 풍구노래 【Y.18-3-28-10】

풍구놀이 일종이야. 우리 애기 잘도 잔다. 풀미 풀미 하는 게 그기 바로 풍구 놀이 하는 일종이란 말이야. 풀미야 그기. 그 아들 데리고 그런 거. 그 델고 노니라고 풀미풀미하는 게 그 풍구질하는 노래라니. 그 따지고 보면 그렇잖아? 풍구가 그렇잖아. '후~' 인제 그 바람 내니라고 하는 게 그기 그 애들 이게 놀리케 하는 게 그기 풀미풀미 하거든.

그 풀미풀미하니까 그기 인제 우리가 볼 적엔 왜 그기 풀미가 되느냐. 인제 이렇게 지금 하니까 그게 바로 풍구 노래다 이기야. 이런 얘기야. 그기. 쇳물 멕이는 그 바람 내는 풍구노래가 애들한테 인제 그게 풀미풀미 했단 말이야. 그래 인제 그런 노래가 있겠는데 이걸 발굴을 못해 가지고 지금 이러잖아.

그래서 그 아들 어를 적에 그 아들 붙잡아서 풀미풀미, 그 아들 이름 부르면서. 뭐 우리 애기 잘도 논다. 풀미풀미 이러잖아. 그게 바로 이제 풍구노래 일종이란 말이야.

60. 숯가마 등치기 놀이 【Y.18-3-29-10】

그래 그런 게. 그 숯가마도 인제 등 치는 게. 그 숯가마 박을 제는 뭐기 말따나 가마를 이렇게다 숯을 가매를 이렇게 박을 제는 그기 흙을 가주 진흙을 갔다가 덮고는 숯 나무를 쪽 세우고 진흙을 덮고는 기냥 디래 다지거든.

어. 그걸 다져야 말하자면 그 불 때면 그기 안 까라 앉는단 말이야. 그러니까 인제 그기 그 때도 그 다질 제 뭔 노래가 있었겠는데 그 노래를 지금 발굴 못하잖아. 지금 딴 게 아니야. 숯가매도 저 모래 바다 가서 저 해수욕장가서 저 얹어서 놓을 제, 인제 그 숯가마를 밟는다고 발등을 이렇게 놓고 모래를, 모래를 이렇게 탁 두드리잖아. 탁 두드리고 살살 데면 여기 아물 남잖아. 숯가마도 그런 형국이라. 그기 바로 숯가마 형국이야. 이 발, 발을 이렇게 놓곤 그 장난하니라고 이렇게 해서 모래를 이렇게 싹 젖은 모래를 이렇게 끼얹어 놓고 디래 뚜들잖아. 그 숯가매 등친다. 그러지. 이래 뚜드려 가주 완전히 다진 다음에는 그 아물 날까 살살 발을 빼는 거야. 그게 바로 인제 숯가마 놀이라는 거지.

황이리는 토질이 척박하여 곡식이 누런 귀처럼 오그라지면서 흉년이 자주 든다고 황이리라 하였다고 전해지고 있다. 문화유적으로는 미천교가 있으며 미천골 조보의 남산 기슭에 선림원지가 있다. 이 곳에 선림원지 삼측석탑, 선림원지 석등, 홍각선사탑비 등이 있다.

이춘우(76, 남) 양양군 서면 황이리 2003.2.17
(이춘우 제보자께서 들려주신 설화 자료는 61번부터 67번까지이다.)

이춘우 할아버지께서는 서면 토박이시다.

61. 찬바람이 많이 나오는 바람골 【Y.18-3-30-8】

여기 뭐 바람골이라고 있는데 이제 어, 얼음, 여기가 얼음 있어요. 얼음골이 있는데 거기를 가지고 바람골이라고 해요. 근데 왜 바람골이냐면 그래 거기서 찬바람이 나온다 해서 인제 얼음골이라고 인제 그래요. 그래서 바람골이다.

62. 서림 유래 【Y.18-3-31-8】

서림은 왜 서림이냐면 그 서림은 그게 서쪽에서 서림 쪽을 보니까 인제 그 수풀 림이, 수풀 림이 아주 아름답게 이렇게 보였다 해 가지고 인제 서림이라고 했대. 그게 서녘 서자하고 수풀 림자 마을 리자 하고 이제 서림이라 부른답니다.

63. 미천골 유래 【Y.18-3-32-8】

여기에 무슨 솔림원이란 게 있는데, 여기에서 미천골 올라가면 솔림원지가 있어요. 그게 뭐냐면 옛날에 그기 뭐 중들이 말하자면 교육장소라 그래요. 그래서 아주 옛날에 그게 미천골, 미천골이라 그러죠. 미천골. 쌀 미(米)자에 내 천(川)자해서 미천(米川). 미천골은 왜 미천골이냐면 그러니까 인제 왜 미천골이냐면 옛날에 거기 솔림원지가 아마 상당히 컸었던 모양이라. 컸는데 거기서 쌀을 씻치면 그 쌀뜨물이 야양의 남대천까지 내려갔다. 인제 이래서 미천골이라 이렇게 이름을 지었다 그래요.

64. 채마정 유래 【Y.18-3-33-8】

여기서 드가면 우측으로 꼬라배이가 하나 있는데 거기도 인제 채마정이라고 하는데 채마를 마이해서 인제 채마정이라고 하는 데가 인제 있죠.

65. 판골 용소 기우제 【Y.18-3-34-10】

판골이라고 있는데 거기 들어가면 용소가 있죠. 용소가 인제 있는데 거기 폭포가 아홉 갠가 이렇게 돼 있어요. 순 너래로 낭떠러지로 내려가서 이래 빙빙빙빙 돌고 그 옛날에 이제 그 말로는 명주꾸리, 그 저 누에, 누에 놔 가주 실 맨글어서 그 명주꾸리 하나에 다 들어갔대는 거예요. 그렇게 깊다는 거예요. 거기서 그게 소가 그렇게 깊고 또 인제 비가 안 와서 가물 때는 가뭄에 비 오라고 개를 잡아 가주 거 가서 뭐 피칠, 개 잡아 피 뻘겋게 칠해 놓면 비도 오고 이렇게 했다는 거지.

66. 할미봉 유래 【Y.18-3-35-8】

여기 상봉도 있어요. 상봉약수는 인제 구룡령 너머에 올라가서 넘어가서 상봉약수라고 있고요 미천골에 올라가서는 인제 조봉이라고 있죠. 조봉.

(조사자: 조봉이요?)

예. 조봉. 조봉도 있고 할미봉도 있고 조봉은 왜 조봉이냐면 조봉은 인제 그 뭐, 할아버이봉이다 해서 조봉이라 하는 거고, 할미봉은 인제 할머이라 해서 할미봉이라 하는 거고.

거기 무슨 얘기를 하자면 거 뭐 얘기를 해야. 조봉은 여기 있고 할미봉은 저짝에 있는데 조봉에서 뭐 영감이 할미봉을 쳐다본다. 인제 내려다보고 있고 할머이는 영감을 쳐다본다. 이래서 인제 조봉, 할미봉 이렇게 구분이 되는 거죠. 그렇게 높으니까 인제 할아버이봉이라고 해 가주 조봉이다 이렇게 하고. 그 할미봉은 인제 거기서 쪼금 아래에 있는데 좀 이렇게 낮고 이래서 할미봉이다.

67. 솔림원에서 나온 인경 【Y.18-3-36-10】

미천골이요. 쌀뜨물이 남대천까지 갔다고 그랬잖아요. 그럼 쌀을 많이 씻어야 되잖아요. 그렇죠. 그러니까 인원이 그렇게 마이 있었다는 거지. 그렇게 부자는 아니고 절인데 중이, 중들이 절에 쌀을 가져왔겠지. 어서(어디서). 어서 져 왔겠지. 그럼. 져다가 인제 거기서 교육을 하면서도 먹고 거기서 살았겠지.

그래서 그 때 그리고 아마 뭐 지금으로 말하면 아마 천 년 이상 됐다. 이렇게 보는데 그래서 그 망할 때 그 인경이, 인경이 거 여기 팔목도를 해 왔어요.

그 땐 여기 뭐 도로도 없고 소롯길 뭐 이런데 있었죠. 지금은 미천골에도 휴양림 있어서 길도 좋고 뭐 차도 댕기지만은 그 맘 때만해도 뭐 차도 못 댕기고 도로도 없고 소롯길로 길로 팔목도를 미서 나왔어. 그래서 거기 가기는 어딜 가냐믄 월정사 갔는데 월정사 가주선 딴 데 어딜 갔다 그래는데 그 망할 때는 뭐 여기서 백 여살 살은 이들도 뭐 어떻게 망했는지 몰라요.

인경이라는 건 절에서 인경 치는 거 있잖아요. 인경 치는 거. 그거이, 그게 인경인데 그 때 망할 때 그래도 그 뭐 땅을 파고 파묻어, 파묻었는데 거기 왜 그걸 발견이 됐냐 하면 거기가 인제 미천골 산골이니까 그게 이 6·25 당시에도 뭐 나무들이 많으니까 옛날에는, 뭐 지금은 시대가 좋으니까 뭐 스뎅이니 뭐 저 고무다라니 숱하게 나왔지만은 그 맘 때만해도 그런 게 없잖아요. 없으니까 나무를 비서 그릇을 파 가주고 함비 그릇을 파서 인제 그런 걸로 살기 때문에 거 함지산판이 거기 들었었거든. 그래 그걸 파니라고 거 거기다가 그 집을 짓니라고 그 가리, 가리로 갈라고 집을 파는데 그 인경이 나왔지. 그 인경이 나와 가지고 월정사서 가져간 거야.

수상리는 서면 소재지로 일제 강점기 때 상평리였는데 6·25 후 행정이 수복된 뒤 수상리로 분리되었다. 강줄기가 변경되어 마을이 형성되었다고 하여 물웃구미라고도 한다.

김종보(84, 남) 양양군 서면 수상리 35번지 2003.2.17
(김종보 제보자께서 들려주신 설화 자료는 68번부터 82번까지이다.)

김종보 할아버지께서는 경상북도 영덕군 출생으로 해방 후 이곳에 이주하여 살고 계시다.

68. 수상리의 옛이름 물웃구미 유래 【Y.18-3-37-8】

수상리는 왜 수상리냐면 수상리는 인제 그기 옛날에 여기 저기 지금 저 오다 보면 부락이 있잖어. 부락. 저 학교 있는데 거가 옛날에 소여. 아주 옛날에는 그기 물이 있다가 들어와 가주 이렇게 꾸부러져 이렇게 돌아 가주 그 지금 바로 학교마당 거가 소라고. 그래서 그 산비탈로 이렇게 사람이 댕겼지. 그래서 인제 그걸 부를 때에 물웃구미, 물웃구미 그랬다고. 물웃구미 물 우에 산다고 해서 인제 물 이렇게 돌아가는 구미 우에 산다고 그래서 인제 물웃구미, 물웃구미. 이 부락이 그 전에 옛날에 물웃구미라고 그렇게 불렀거든. 그래 이렇게 물이 돌아가는 구미 우에 산다. 그래서 물웃구미, 물웃구미 이렇게 불렀는데, 그게 그 병자년 뭐 수해가 나고 뭐 어떻게 이렇게 되니라고 또 개울이 변동되고 뭐 이래 가지고선 거가 메워졌단 말이야. 메워지믄서 개울이 절로 바로 뚫어져 나갔잖아. 그래서 인제 그 담에 이제 여기 뭐 6·25사변 후에 이제 행정이 수복되고 이래 가지고 드래와서, 그게 물웃구미니까 물웃 부락이니까 그래서 인제 한문으로 따지면 수상이다.

그래서 수상리로 인제 이름을 진데, 이름을 수상리로 진 데는 한 60년 되지. 그 전에 인제 물웃구미 물웃구미 이래서 이 상평하고 한 부락이었거든. 옛날에 그 번지수도 한 번지고 한 부락인데, 그래서 인제 유래가 그 전에 상평, 수상 한 부락이니까 인제 뭐 수상리란 이름이 없구 지금도 얘기했지만 물우, 물이 이렇게 돌아가는 소 위에 산다 그래서 물웃구미, 물웃구미 이렇게 부르다가 인제 이 행정 수복되고 이러면서 여기가 부락이 커지니까 인제 갈랐지. 갈라 가주 인제 부락 이름을 질 때 물 우니까 수상이다. 그래서 수상이라는 이름이 붙여졌지.

69. 호랑이에게 물려간 남편을 구한 열녀 【Y.18-3-38-1】

여기 옛날에 저 장승리에 올라가면 여기서 한 2km 올라가면 열녀비가 하나 있는데 그 얘기 해 줄게. 인제 그 자기 남편을 옛날에 호랭이가 물고 갔어. 옛날에는 호랭이가 마이 물어가. 호랭이 한테 뭐 이렇게 물려가는 게 가끔 있었잖아.

그 호랭이가 자기 남편을 물고 갔는데 그 부인이 참 그 산골짜기로 올라가 쫓아가면서 얼매나 참 애쓰고 쫓아가면서 볶아쳤던지 호랭이가 남편 물고 가던 걸 그냥 놓고 갔다고. 그 여자가 하도 쫓아오며 그랬으니까.

그래서 그 인제 그 열녀비가 지금 서있지. 신씬데. 신씨 열녀비요. 그걸 그 광업소에서 지금 광업소가 없어졌지만은 그 광업소가 우리 뭐 만여명 있었잖어. 가족 단위로 와서 사는 게 일 년에 한 번씩 돼지 하나씩 잡아 가지고 제사 지내주고 이랬지. 호랭이 내려올 줄 알고.

그래 그런 유래가 여기 가까운, 제일 가까운데 그런 유래가 있고. 저기 올라가면. 저 마을서 한 구릉지에서 잘못하면 호랭이가 내려온다는 인제 이런 유래가 있어 가지고 옛날부터 그 제사를 지내 내려오는 게 지금 현재까지도 지냈지. 지금 광산이 없어지니까 안 지냈지. 한 2, 3년까지도 지냈다고. 그런 유래가 하나 있고. 그니까 그 제사는 호랑이한테 지내는 거지. 인제 그렇게 위하지 않으면 또 내려와 해꼬지 한다. 그래서 옛날부터 내려오던 그런 유래니까.

70. 용소리 유래 【Y.18-3-39-8】

그 지금 저 댐 막는 데가 있잖아. 거가 인제 그 용소린데 거기매가 그 옛날에 용소라는 게 있어. 용소라는 게 이제 이렇게 있는데 아주 양짝에 석산이 이렇게 양짝 산으로 석산이고 이렇게 내리 째 가지고서 용소가 생기고 그 밑에 또 탕소라는 게 있어. 탕소라는 게 있는데 탕소는 이제 그 때 송어가 이렇게 거기 많이 올라갔단 말이야. 거 송어가 탕소에 올라가서 이렇게 쉬는 걸. 그래서 그 탕소에서 이제 그 송어를 족대로 이렇게 할아버지들이 잡았다는 이런 얘기가 있고. 거기 용소가 참 아주 뭐 우리도 가 봤는데 학교댕길 제라. 아주 뭐 참 까맣게 내려다 보이키지. 그래 거기 올라가면 그 저 용소 이렇게 웅덩이 바깥에 나온 부분 이렇게 요, 요렇게 생긴 게 있어. 몽글랑하게 이렇게, 이렇게 요만하게 생긴 게 있는데 용이 거기서 생겨 가주 올라와 가주고서 거 용소에 거 와 앉아서 쉬어서 올라갔다. 하늘로. 우리 거 앉았던 자리라 그래 가주고. 그래 그 용소라는 유래가 여기선, 양양선 젤 큰 유래지.

71. 용소리 기우제 【Y.18-3-40-10】

지금도 그래 비가 뭐 안 오고 이래면 마카 뭐 기우제라는 거 있잖어. 그 아는지 모르겠네. 그 비 와달라고 지내는 제사. 그 기우제를 야양서 꼭 거가서 지내잖어. 거 가서 개 잡아 가주 이렇게 피를 흘려서 이렇게 바우에다 묻혀 놓고 이래면 인제 그 옛날엔 뭐 그 용이 저 내려다보고 부정탄다고 그 씻겨 나가라고 그래서 인제 비를 준다. 인제 그런 유래가 있어 가주고. 그걸 여 야양선 가물만 심하면 거기 올라가서 저 기우제를 지내고 그러잖어. 그건 지금도 하는데 뭐.

72. 탁씨들 정기를 받은 장군바위 【Y.18-3-41-9】

장군 바우라는 게 있지. 장군바우. 옛날에 여기 그저 우리 탁 서방이라고 살았는데 송천에 올라가면 한 2km 올라가면, 탁씨들이 살았는데 아주 장사가 하나 있었어요. 지금으로 말하면 뭐, 뭐 아주 큰 장사지. 참. 그런 장사가 하나 있는데 거 가면 그 오색에 올라가다 보면 이렇게 들여다 보이키지. 그 지금도 장군바우, 장군바우 그러는데 여기 올라오다 보면 장군바위 주유소라는 거 있잖아. 거긴 안 가봤나? 그거 바위 이름을 따 가지고는 장군바위 주유소라고 그랬는데 잘 들어가다 이렇게 보면 딱 이런 석산이 이렇게 있는데 보믄 아주 꼭 말 탄 것 같지. 뭐 사람이 아주 꼭 말 탄 것처럼, 말 타고 앉은 것처럼 이렇게 형체가, 형체가 뵈이키지. 그래 인제 그 맞은편에 탁씨들 묘가 있었거든 그 묘에서 인제 그 정기를 타고 나서 그 탁 장사가 났다. 그래 가주 지금까지도 탁 장사, 탁 장사 그래잖아, 장군바우, 장군바우. 참. 그래 탁씨들 그 묘에서 인제 그 장사가 났다. 그래 가주 인제 그 지금도 장군 바우, 장군 바우 그래고. 그래 별다른 큰 유래는 내가 알긴 잘 모르겠어.

73. 탁 장사의 힘자랑 5 【Y.18-3-42-5】

그 뭐야. 저 황궁길 있지. 궁궐. 지금도 그랬는 모양이더구만. 궁궐 질 때는 순전히 그 나무로 지으니까 각처에서 그 낭구를 고르거든. 그 잘록한 거 옹이도 없이 이렇게 큰 거, 신 거. 이런 거 골라 가주 인제 가는 기, 우리 야양 여기 앞산도 여기 있언 모양이야. 낭구가. 그래 가주 그걸 강릉 사람들하고 그 낭구를 서로 비어 올릴라고. 이제 정부에다가 말이야. 그래 가서 비니까. 뭐 유래. 뭐 맨들은 말이겠지만. 그 유래가 인제 여긴 그렇게 내려와 있지. 그래서 그 낭구를 빌 제, 비러 가니까 강릉서도 비러 오고 야양 사람들도 또 비러 갔단 말이야. 그래 서로 인제 눈독을 두고 있다가. 그래 가서 서로 싸움이 붙은 거라. 누가 가주 간다. 우리가 가주 간다. 강릉서 이렇게 싸움이 붙어 가지고. 그래믄 비어 냄겨 놓고 이걸 지고 가는 사람이 가져 가기로 하자.

그래 가지고서 그 비어 냄겨 놓고선 뭐 이런 질방을 걸어 가지고 뭐 그게 뭐 거짓말이겠지만은 모르지. 하여간 유래가 지금 그렇게 와 있고. 그래서 그 강릉 사람은 그걸 못 졌는데 여기 탁 장사가 그걸 졌단 말이야.

지금 애기하는 그 탁 장사가. 그래서 야양서 저걸 궁궐지라고 올려 보냈다는 그 유래가 있어서 지금 우리 야양군 큰 행사지. 성산문화제라고. 그래 가주 유월 달에 늘 하는데. 그거 낭구 지는 거. 그래 가지고 상도 주는 그런 유래가 있어.

74. 다섯 가지 색의 꽃이 피는 오색나무 2 【Y.18-3-43-8】

오색 유래가 옛날에 저 다섯 가지, 다섯 가지 꽃이 피는 나무가 있었어. 옛날에 여기서 저기 걸어댕길 제, 이기 서울로 가는 통로거든요. 이기. 야양서 떠나 가지고 저기 지금 절로 질이 안 나고 이 등으로 일루 올라와 가지고 이 앞으로 건너 가주 일루 해 가주고 이 뒷산으로 올라가면 바로 오색이가 나온다고.

여기 서느재라고 인제 그 재를 넘어가면 그 서느재라고 있는데, 그땐 그 주재소라 그러지. 옛날 주재소라 그러는데 오색이 있었다고. 지금 말하자면 지서지. 근데 그 관 터, 관 터. 이래는 데가 있어요. 오색이 저 못가믄 거기 관 터라는 데가 근데 지금 말하자면 주재소가 거기 참, 파출소가 있던 자린데 그래서 관 터라고 그러는데 거기매 가믄 거 옛날에 한 나무에서 다섯 가지 꽃이 피었어요. 다섯 가지 꽃이 피어서 다섯가지 색깔이 있다, 그래서 인제 그 오색이다. 그래서 인제 오색이, 오색이 그런 이름이 붙여전 걸로 전해지고 있어요. 다섯 가지 꽃이 뭔지는 모르지. 하도 오래 적 얘기니까. 근데 지금은 그 낭구가 없어졌어.

그 나무에 얽힌 이야기는 그 정도지 뭐. 그래서 인제 그 나무에 얽힌 얘기는 뭐 참 미신이니까 거기 와서 뭐 참 불공을 들이고 이래면 아들도 낳고 딸도 뭐 이렇게 한다고 해 가지고 신혼부부들이 정성을 들이고 뭐 이랬다는 그런 유래가 있지.

75. 권금성 유래 【Y.18-3-44-8】

권금성은 거기 올라가면 거기 갔다 왔지는 모르겠지만 산비탈이 뭐 이런 석산이 올라가서 거기 좀 이래 펴랬다고.

거 장군이 거기서 훈련을 했어. 옛날에. 권 장군이라는 사람하고 김장군이란 사람. 거 내가 이름은 모르겠는데 그 두 장군이 거기 올라가서 훈련을 했다고. 산 타고 뭐, 인제 뭐 말 타고 댕기는 뭐 이런 전술을 훈련을 배웠어요. 그래 가지고 그래 거기를 인제 김 장군하고 권 장군 하고 올라가서 그 훈련하던 자리다, 그래 가지고 권금성이다. 이렇게 이름이 지어졌지. 거기도 양양 땅이거든.

76. 서림 미천골 유래 【Y.18-3-45-8】

절 얘기를 할려면 우리 묘 꺼를 하나 더 해주까? 그러면 여기 올라가면 저 저 서림 올라가면 저 미천골이라는 데가 있어. 미천골. 거 뭐야 거 산

림청에서 놀이터 뭐 이런걸 맨들어 놓고 지금 관광객들이 많이 오지. 거기도 내려가면 절터가 있는데 거기 내려가면 우리가 해방 후에 그 저 화전 일궈 가지고 밭 해 먹다가 그렇게 땅을 파다가 땅 소리가 쾅쾅 나서 뭐 이상한 소리가 나서 파니까 그게 나오더라고.

저 인경. 참 이만한 인경이 나와서 그걸 파내서 그런 걸 있는데 그 미천, 미천 하는 게 그기 여기서 우리가 부르는 건 새래골, 새래골 그러거든. 쌀내골. 새래골, 새래골 그래는데 그 때 중이 얼매나 많았는지 거기서 밥 해 먹느니라고 쌀 씻는 물이 그 내로 흘러 내려오는 기 인제 여까지 흘러내려 왔다. 그래서 인제 쌀내골, 쌀내골. 이제 쌀, 쌀 씻는 물이 이제 여까지 흘린 물이 내려왔다. 그래 가지고 쌀내골, 쌀내골 그래지. 사래골. 그래 사래골. 그걸 쌀 미 자를 써서 지금 이제 미천이다. 이렇게 이름을 또 바꿔 놨지. 지금. 그 한자로. 그런 유래가 있고 거기 가면 지금 탑도 있고. 그 뭐 이런 원형으로 맨들어 논 거북이형, 뭐 이런 게 한 10여종 지금 거기 그대로 보존 돼 있다고. 그래 진전사지하고 똑같지 뭐. 진전사지도 그런 정도로 보존이 돼 있고. 거기 그 절은, 미천골에 있는 절은 왜 없어졌는지는 모르겠고. 언제 없어졌는지도 모르지. 하도 오래되니까. 하여간 지금 가 보면 이렇게 그 발굴을 다 했는데 이 아주 터는 다 파내놨지. 그 주춧돌까지 이렇게 다 나오게 맨글어 놨더라고. 거기서 뭐 참 중이 그 전에 그렇게 마이 있었다는 그런 얘기가 있고 그래서 인제 그 쌀 씻은 물이 그렇게 여까지 흘러 내려왔다. 그래 살내골, 쌀내골 그랬는데 그걸 한자로 고치니까 지금 미천이다. 쌀 미(米)자, 내 천(川)자 그래서 지금 부락 이름은 미천이라 붙였지. 뭐 그런 유래가 있고.

77. 상평리 지명 유래 【Y.18-3-46-8】

거 두루가 큰 기 있거던. 두루, 두루. 버덩. 버덩. 인제 들판. 들판이 여기 큰 게 있어. 그러니까 여기 물웃구미고. 물웃구미. 위에 있으니까 웃두루, 웃두루 그랬다고. 웃두루, 우에 있는 두루다. 논 두루가 큰 게 있으니까. 그래서 인제 거 웃두루니까 인제 위에 있는 들판이니까 상평이다. 그래서 상평이 됐지. 유래가 그렇게 돼 있다고. 요 아래 웃부락은 옛날에 한 부락인데. 그 웃두루, 물웃구미 이랬거든. 그 전에, 그러니까 이제 물 우에 있으니까 여긴 수상리가 되고 또 그 인제 웃두루니까 위에 있는 들판이니까 상평이다. 그래 인제 평(平)자하고 웃 상(上)자 해 가지고 상평이라 그랬지.

78. 영덕고개와 양아치고개 유래 【Y.18-3-47-8】

영덕에 양아치. 작은 양아치, 큰 양아치, 새입 양아치. 그렇지. 어. 고개가 세이지. 공수전서 이렇게 넘어가는 고개가 셋인데 인제 공수전서 올라가는 그기 작은 양아치고 거기서 쭉 나가다 보면 다시 큰 고개가 있어요. 저기 영덕, 지금 댐 넘어가는 그 부락 넘어가는데 거기 그 고개가 아주 크지. 그래서 그기 큰 양아치. 그래서 작은 양아치, 큰 양아치 그래는데 그 새간에 인제 또 그 쪼그만하게 넘어가는데 마루턱에 여관집이 하나 있었다고. 옛날에 걸어 댕길 제니까 쉼터니까 주막, 주막집이 하나 있었는데 그걸 인제 새입 양아치라 그래지. 새입 양아치. 작은 양아치, 새입 양아치, 큰 양아치 이렇게. 왜 양아치라고 그러는가 하면 그 두 개니까 양아치지. 고개가 둘이다. 고개 둘이니까 양아치. 두 양(兩)자 그래서 양아치.

79. 중이 사전을 만들던 주전봉 【Y.18-3-48-8】

주전봉이라는 게 돌 맨들던 봉이라는 얘긴데 거 옛날에 인제 일로 그 고관들이 말 타고 일로 뭐 걸어댕길 땐데 그 오색이 절이 인제 그래서 없어졌다고. 그래는데 거기도 손곡사라는 절이 있잖아. 절터가. 오색이도. 거 약수터 들어가 보면 거서 한 2km 들어가면 거기도 절터가 하나 있어. 지금 진전사지 모양으로 그런 절터가 하나 있는데 저 말을 타고 그 지금 말하면 도지사쯤 되는지 뭐 인제 한계령을 넘어 가지고 이렇게 오다 보니까 뭐 또드락 또드락 두드리는 소리가 나더래.

이래 망치 소리가. 그래서 인제 말을 세워 놓고선 하인들 보고서,

"저게 뭐인지 가 봐라."

그래 가 보니까 중들이 그걸 맨들어서. 지금 말하면 사전[5]이지. 사전. 옛날에 엽전 순전히 돈. 참. 쇠꼬치잖아. 옛날에 돈은 순전히 쇠꼬치잖아. 엽전. 지금 철전. 그래 그 망치로 두드려 가지고 그걸 맨들었다 이기야. 중들이 모여 앉아 가지고.

그래 가지고선 그 사람들 참 귀양을 보내고 그 절을 없앴다. 그렇게 돼 있잖아. 그래서 지금 그 절터만 남아 있지. 그래서 주전봉, 주전봉 그래잖아. 지금도. 주전골, 주전골. 그 봉두리가 이렇게 올라가 있는데 거 지금 뭐 관광객들이 많이 가지. 그 스님들이, 중들이 왜 사전을 만들었냐면 아, 지금도 위조 화폐 만들잖아. 그것처럼 사전 맨들어 쓸라고 그랬지 뭐. 지금도 그런 사람들 있잖아.

80. 칡물이 흘러간 갈천 【Y.18-3-49-8】

그기 왜 갈천이냐 하면 말이지. 저 칡이 많아. 칡. 칡을 아는지 모르겠네. 그 저 뿌록지(뿌리) 파 가지고 먹고 그랬거든. 왜 지금도 뭐 그 무슨 저 칡 즙 팔아 가지고 술 먹는 사람들 먹고. 옛날에는 칡을 가지고 식량을 많이 했거든. 쌀이 없으니까. 우리도 그거 마이 파 먹었어. 우리 클 때. 그래서 그게 칡이 아주 그 사방 산이 뭐 칡이 다 있지만은 거기 칡이 가리가 그렇게 많았대요. 갈기가 그렇게 잘 나왔다고. 그래서 거기서 인제 그 칡을 그렇게 많이 파 먹었는데 그 칡을 파내 가지고 개울을, 그 개울에서 지금은 뭐 수돗물에다 씻고 그러지만 그 땐 여전히 개울가에서 양봉이 뭐 갈기 내 먹자면 순전히 빨아야되니까. 그래 그걸 인제 칡 물을 인제 흘려 보냈다고 해서 갈천이잖아. 칡 갈(葛)자. 내 천(川)자. 그래서

---

5) 사전: 私錢

갈천. 칡 물을 흘려 보내는 곳이다. 그래서 갈천. 그런 유래가 있지. 거그에.

81. 복숭아 꽃이 만발한 도화리 【Y.18-3-50-8】

여기 아마 뭐 도화 꽃이 만발하고 그래서 복숭아 도(桃)자, 꽃 화(花)자, 도화리지.

82. 쇠천골 유래 【Y.18-3-51-8】

뭐 이런가 봐. 뭐 이런 얘기가 있더라고. 소지명이 여가 쇠천골이라고 해. 쇠천골. 쇠 쇠자. 천 천자, 고을 골자. 쇠천골이라고 해. 여기를. 그기 글쎄 쇠가 천 마리라고 해서 쇠천골이라고 그랜다고 뭐. 근데 그 전설은 뭐 옛날 얘기로 그렇다고 들었어.

논화리는 옛날 양양 관가에 상소하기 위해 주민들이 모여서 최종 논의를 하고 결의하던 곳으로 정하였다는 연유로 명명하였다고 하다. 산과 논이 많다 하여 논옛골 노내골이라고도 한다.

박병윤 (74, 남) 서면 논화리 2003.2.5

(박병윤 제보자께서 들려주신 설화 자료는 83번이다.)

박병윤 할아버지께서는 서면 토박이시다.

83. 시산바위 유래 【Y.18-3-52-8】

그 위치는, 위치는 여문리라고. 여문리예요.

(조사자: 여문리요?)

강가예요. 강가. 강간데 옛날에 어른들이 거기서 사람들이 꼭 이렇게 보면은 살만한 턴데 십년을 못 산대요. 그래 가지고 거가 사람 죽으면은 이렇게 이렇게 묶잖아. 일곱 매디. 그런 형국이래 가지고 거기선 사람은 못 산다. 그런 말이 있더구만요. 우리가 뭐 알아요? 그렇다는 거지. 그래서 시산바위라고. 그래는데 지금은 거가 복지원이 들어섰어. 복지원이 들어서 가지고 장애자들이 있고 이렇게 민간 살림하는 집은 한 집인가 밖에 없어.

김봉화(83, 여) 양양군 서면 논화리 215번지 2003.2.17
서정희(49, 여) 양양군 서면 논화리 215번지 2003.2.17
(두 분이 제공한 설화 자료는 84번부터 88번까지이다.)

김봉화 할머니께서는 서면 토박이시고, 서정희님은 김봉화 할머니의 며느리시다. 김봉화 할머니께서는 주로 구연을 해 주시고 서정희님은 보완을 해 주셨다.

84. 수상리 아기 장수 【Y.18-3-53-5】

그 애가 거기 왜 이 선반, 선반에 올라 앉았더래. 그래 보니까 그 애기가 이 밑에 이렇게 날개가 있더라잖아. 그 애기를 죽였다는 얘기가 있더라고. 그 학교 앞에서 그런 얘기가 있었어.

85. 쑥두리 유래 【Y.18-3-54-8】

그래 거기 그 전에는 아주 이렇게 시퍼런 큰 소가 있었어요. 거기 인제는 다 메워 가지고 옛날에는 거기를 쑥두리라고 불렀대요. 거기를 수상리라고 안하고 쑥두리. 옛날엔 거기 쑥이 많이 나서 쑥두리라 불렀지. 지금은 수상리라고 부르는데 옛날에는 거가 쑥두리. 그 양양에서 올라와서 거기 척동네라고 고개 넘어서. 고개 너머 인제 거기 탁 넘으면 올르면 거기 학교 있잖어. 고 앞에 큰 연못이 있었대요. 근데 거기서 그런 얘기가 있더라구요.

86. 호랑이에게 잡혀 먹힌 사람 【Y.18-3-55-5】

마을 사람 중에 호랑이에게 물려간 사람이 있어서 그 사람들이 막 나서서 찾는데 깜깜해서 못 찾아 가지고 도로 집에 와서 자고 인제 가니까는 그 머구골이라는데 골짜기가 있는데 이렇게 바우, 우리가 소멕이러 댕길 때 바우 봤어. 거기 이렇게 넓적한 바우 있는데 고 옆에 샘이 있는데 그 샘물 옆에서 이 몸뚱이는 다 먹고 그 머리만 싹싹 빗겨서 고 바우에다 이렇게 착 올려놨더래. 그래서 찾아왔다는 그런 전설이 있지. 뭐.

87. 단지하여 남편을 살린 둔전리 열녀 【Y.18-3-56-1】

둔전리는 열녀, 열녀문이 섰잖아. 열녀문이 섰는데 그 집이 어떻게 했냐믄 경주 최씬데 그 아저씨가. 그 인제 그 아줌마가 신랑이 죽을라고 하니까 단지를 했어. 이 손을 짤라 가지고 피를 멕여서 살렸어. 그 아저씨가 인제 오래 살았어. 연세가 많이 들으시면서 엄마, 그 마누라가 먼저 죽었어. 다 죽고 아저씨는 더 오래 살았어. 4년인가, 5년 더 살다가 돌아가셨고. 지금 열녀비 세운 데다가 옆에다 아버니 어머니 모셨더라고.

88. 성황당 나무를 베어 망한 마씨네 【Y.18-3-57-10】

산재골이라 그래요. 근데 거기 인제 1년에 한 번씩 정월달이면 제사 지내요. 날을 받아 가지고. 그것도 인제 저 날 택일하는 사람한테 가서 날을 받아 갖고 제사를 지내잖아요. 그러면 그 제를 지내는 사람이 딱 마을에서 정해지는 게 아니고 그걸 맞춰. 일기를. 신수를 맞춰 가지고 어느 사람 나이하고 생일 대 가지고 그 사람이 다 목욕재계하고 집에서 채려 가지고 그것도 지관이라고 두 명 더 있어.

한 사람 인제 이장님이 하면은 그러면 뭐 지관이 금기사항이 있는데 뭐 3일간 부부관계를 맺지 말라든지 이렇게 정해지는 게 있어요. 내가 시집온 지 삼십 년이거든 그런데 그런 그 전에도 없는데 그 일은 있더라고.

여기 한 집이 마씨네가 사는데 그, 그 가잿골이라는 데서 살았대. 그 살았는데 자기네 찌리. 마씨네 찌리. 이제 성황당을 모시고 제를 지내잖아. 1년에 한 번씩 제를 지내는데 그 나무를 비었어. 그래 가지고 지금 이렇게 살아오면서 벌을 받는 거 같다고. 그 집이, 뭐 자식들이 말짱 이혼을 하고 뭐 이렇게 풍비박산이 돼. 지금. 다 성황당 모셨던 나무를 비어냈다고 그렇게 됐어.

그런데 그런 거는 있더라고. 지금 이렇게 살아오면서 그런 일이 그 집에 자꾸 생기는 거야. 성황당 모셨던 나무는 비지 말아야 된다. 마씨넨데 그런 일이 있어. 지금 그 집들이 교통 사고 나서 죽고 뭐 막 이래. 자식들이 다 멀쩡한데 그 집들만 그러니까.

손양면

밀양리는 약 400여 년 파평 윤씨가 거주한 곳인데 겨울이 늦게 들고 봄이 일찍 찾아와 기후가 따뜻하다 하여 밀양리라고 하였다. 1916년 행정구역 통·폐합에 따라 손양면에 편입되었으며 예전에는 행남학교가 있었고 행남리라고 칭하였다.

최형근(83, 남) 양양군 손양면 밀양리 14-1(반정동) 2003.2.5
김순덕(83, 남) 양양군 손양면 밀양리(반정동) 2003.2.5
(두 분이 제공한 설화 자료는 90번이다.)

89. 밀양리 유래 【Y.18-4-1-8】

(조사자: 왜 밀양리예요?)

왜 밀양리냐고? 그건 모르겠는데, 그게 이 밀양리라는 데가 역사가 있었단 말이야. 그 전 왜정 때부터 이 손양면은, 밀양리라는 게. 저 그 번지수는 몇 번지인지 모르겠는데, 거기가 원래 소재지란 말이야, 아주 옛날부터. 일본 사람 나기 전에부터 거기에 면 소재지가 있었거든. 있었다가 그게 일본 사람 오고 그래 가지고 어떻게 돼서 이전됐거든? 그래서 지금 지도는 어디 있을런지는 모르나, 손양면 소재지가 옛날에는 밀양리로 되어 있었단 말이야. 지금 지도에는 안 나왔지만, 그 전 지도는 손양면이라는 데는 없어도 밀양이라는 데는 있었거든. 그 유래만 내가 이제 알지. 그 전에 옛날 고려시대에는 밀양리라는 지명이 어떻게 됐는지는 모르지. 그래 이제 내 알기엔 그렇게 내려왔단 말이야. 그래 그 밀양이라는 데가 현재 가면 밀양리, 밀양리 하고. 어디 가서 저 서울 같은 데서도 옛날말로 통성명(通姓名) 같은 거 하면, 밀양 있다면, 아이구 먼 데서 왔다고. 저 아래 밀양인 줄 알거든. 전라도 밀양이나, 경상도 밀양이나. 거기서 그냥 온 줄 알고, 먼 길 왔다고. 아니 우리 양양군 손양면 밀양리라는 데가 있다고. 아이, 그러냐고 이제, 그런 수가 많어. 이제 그렇게 내려온 거만 알지, 원 역사는 어떻게 밀양리인지 모르고.

주리는 마을형태가 배와 같은 형세를 하고 있다 하여 주리라 하였다. 풍수서에 의하면 이 마을은 항구처럼 생겼기 때문에 마을 아래에 내려가 살면 죽고 중턱에 올라와 살면 산다고 하여 대부분의 주택이 마을 산쪽에 많이 치우쳐있다.

김완식(69, 남) 양양군 손양면 주리 451번지 2003.2.5
(김완식 제보자께서 들려주신 설화 자료는 90번부터 91번까지이다.)

90. 배의 형국을 닮은 주리(舟里) 【Y.18-4-2-8】

이 마을이 배 형국으로 생겨서 주리가 됐다고 그러거든.

(조사자: 배 형국으로요?)

지금 그 형체가 없으니 어떻게 알아. 여기 배 돛대라고, 여기 돌배나무, 배나무가 아름드리가 여기 있었는데, 지금 그 배나무가 없잖아. 그러니까 뭐 현재 배나무가 없으니까, 현재 지금 줄기만 되어 있는 거지. 배 돛대가 어디에 있었냐면, 여기에 있었대요. 배 돛대가. 그래 여기 중심지가 이제 배 돛대로 서 있으니까, 여기가 배말이 되는 거야, 배말. 배 형국이 돼 가지고 배말이 되는데, 지금은 틀리단 말이야. 그래 전통이 내려오는 게 배 주(舟)자 하고 배말로 되어 있는 거지.

91. 길몽을 꾸고 천석꾼이 된 윤씨 【Y.18-4-3-6】

(조사자: 이 마을에는 부자가 꽤 많았나봐요, 옛날에는?)

부잣집이, 처음에 부자집은 이쪽 집에. 이제 이쪽 집이 윤계명이라고 그 양반이 부자고, 그 다음에 또 이 집 작은 집이 저 아래 저 집. 윤구병이라고. 그 양반이 또 작은 집이 부자가 돼 가지고, 또 이 다음에 또 부잣집이 난 거고. 이 집은 옛날 천석군이라고 그랬어, 말하자면. 옛날 아주 천석군이란 말이야.

뭐 어떤 꿈울 꾸었냐 하면, 소시적에 이 저 손양면 저 아래 댕면이라고 거기 살았거든?

(조사자: 동면이요?)

댕면, 댕면. 댕면이라고, 옛날 그 댕면이라는 말을 거기 잘 하는데. 이 양반 애기가 한 30살 먹어서 꿈을 꾸는데, 잉꿈을 꾸었다는 거야. 애들이 이제 하나, 머슴애 하나, 홀랑 벗은 머슴애 하나 주서 들어오는 꿈을 꾸어 가지고, 꿈을 꾸는데. 어떻게 하다 보니까 이제 돈이 자꾸 생기고 그래서, 처음에 이제 와 집을 짓고 그래서, 그 양반이 윤계명이라고 그 양반이 부자가 됐거든. 부자가 돼 가지고, 왜정 때부터 이제, 왜정 때부터 이 양반이 천석군이란 말이야.

(조사자: 그 전에 이제 그런 꿈 꾸셔 가지고.)

그래 가지고 부자가 돼 가지고, 천석군이가 되어 가지고. 그 때는 강원도 일부[6] 라고 그랬어 이 양반이, 강원도 일부라 그랬단 말이야. 그래 농촌에 토지 가지고 있는 이 양반이 돈이 많다고 해서 일부라고 그랬는데, 지금이야 뭐 전부 시내에는 돈이 있지만 농촌엔 돈 있나? 그 양반이 그렇게 하다가 인수인계를 딱 맞는데. 그 양반 내가 짐작에 한 60 몇 살인가, 한 70 돼서 일거리를 만졌단 말이야. 여기가 해방되고 삼팔선 이 앞에 있고, 여기는 이북이고 저기는 이남이거든? 그래 그 이북에서 토지개혁 있었어, 토지개혁. 토지개혁 있어 가지고 토지개혁 들어갔으니까, 이제 친일파로 선대에 몰은 거야. 그래 가지고 여기서 전부 나가고, 집을 전부 못 써. 토지도 전부 못 써 가지고, 6·25 난 후에 다시 또 들어와서 그 토지 전부 찾아 가지고, 그 양반 다 사망되고. 그 손주가 있었거든, 윤도희라고. 그래 손주가 서울에서 살다가 내려와 가지고 집도 망가졌는데 수

---

6) 일부: 제일가는 부자, 一富

리하고, 뭐. 그랬지. 그 집도 다 망가졌단 말이야, 다 문짝이고 뭐고 다 부시고 집도 다 개량하고 이래 가지고.

상운리는 마을 지형이 말이 달리는 형세이며 여운포리 국암을 향하고 있고 일출시에는 상서로운 구름이 오래 떠 있어 상운리라 하였다. 또는 옛날 상운리에 상운사라는 절이 있었다 하여 상운리라고 칭하였다고도 한다. 1916년 행정구역 통·폐합에 따라 관터 정자말을 병합하여 손양면에 편입되었다.

김진우(62, 남) 양양군 손양면 상운리 336번지 2003.2.
(김진우 제보자께서 들려주신 설화 자료는 92번부터 101번까지이다.)

김진우 할아버지께서는 역사적 사실에 바탕을 둔 설화를 구연해 주시려고 노력해 주셨다.

92. 맹사성과 상운리 【Y.18-4-4-8】

맹사성, 그 맹정승네 그 전설과, 그리고 그 정철 부사가 어느 임금 때 정철이, 송강 정철이 강원도 관찰사를 했었는데, 그 맘 때 그게. 이 정철이 강원도 관찰사를 할 때 전설, 이 구비문학이 상당히 풍부한 지역이야, 여기가. 그런데 그거를 뭐 내가, 나두 여기서 나 가지고 생활한 게, 군생활을 제외하고는 계속 여기서 자라 가지고 공부도 하고, 정규 교육은 중학교 밖에는 못 받은 사람이야. 그래서 아는 것도 없고. 나두 주워 들어서, 이런 게 구비문학인 걸 알고, 구비문학이라 그러는데. 그러니까 그게 우리가 저거를 공부를 하려고 그러면 알아야 된다구.

내 맹사성 얘기를 먼저 하지. 말하자면 세자겠지, 세자를. 태종인가 세종인가, 그 외손주를 되게 귀여워했대. 그래 가지고 무릎에다가 앉힌 거를, 그래 가지고 태종의 비위를 거슬러 가지고 세종 때인가, 여기에 상운에 찰방이라고 여기 지금. 찰방이라는 벼슬을 놓았어. 요 너머가 그래서 관고개고. 요 산이 있어요, 해발 한 50m 되는 산이 있는데 거기를 관고개. 옛날엔 이제 조선조 때에는, 여기에서 저쪽 그 진등이라는 길이 있어요. 여기서 이렇게 올라서 저 여운포라는 덴데, 거기루 이렇게 걸어가는 길이 있는데. 그게 옛날에 도로지, 말하자면. 말 타고 다니는 도로인데. 관고개고요, 그 고개가. 그리고 이쪽에 가면 맹사성이가 와서 살던 그 찰방이라는 터가. 그래서 거기는 관터라고 그런다고. 관터라고 그래. 관터고. 관우물이라고 그러고 그러는데. 그 품계가 몇 품인지 나는 모르겠어. 어쨌든 찰방이라는 걸로 봐서, 그 맹사성 씨가 와서 했다고 그러더라고. 그래서 이제 관고개고, 관우물이고. 이런 데가 있고 이제.

한마디로 임금이 여기로 귀양을 보냈는데, 그 워낙 역사적인 족적을 남기신 분이니까, 훌륭한 분이니까, 이런 시골에다가 오래 둘 수는 없잖아. 그 태종의 외손자인지 하여튼 버릇이 없어 굴어 가지고 그 분이 이제 훈계를 했는데 임금의 노여움을 사 가지고 여기를 왔는데, 와 가지고 얼마 오래 있지는 않았대요. 그래 가지고 다시 이제 죄를 풀어 가지고 중앙 부서에 올라가 가지고. 그 분은 뭐 조선조 역사에서 아주 청렴미로 이름이 나신 분이니까.

93. 누룩바위를 뭉갠 정철 【Y.18-4-5-5】

그 다음에는 강원도 관찰사를 하던 정철 부사가, 요즘으로 말하면 지사님 돼 가지고 각 원으로 순례를 하는 거겠지. 그 과정에서, 여기가 이 동네가 그래서 옛날부터 역이요, 역. 역마 제도가 있을 때 역이라고. 그게 이제 30리에 하나씩 역을 두었거든. 그런데 이 양양 들어가면, 이 연창이라는 데가 뜰이 넓어. 지금 양양 고속버스 터미널 있는 그 밑으로 넓다고. 거기가 역이고. 또 들어가면 물치 그 비행장 있는 데, 그 속초 비행장 있는 거기가 그 원래 강선이거든, 강선. 내릴 강(降)자, 신선 선(仙)자 쓰는 강선이라는 덴데, 거기가 여기고. 거기도 한 천석들이 된다고. 그리고 여기 상운이 여기가, 이 바닥이 넓잖아. 옛날에 그 역마 제도가 있을 적에 그 큰 들을 하나씩 놓고 해야, 많은 말을 이동할 적에 그 먹이를 충분히 주고 이랬어. 그 이제 넓은 버덩을 낀 데를 꼭 역으로 삼았나봐, 아마. 그래 가지고 여기 인구 나가면, 인구가 여기고. 거기 또 연곡, 거기는 지금 강릉시지만, 옛날에 명주군 땅 연곡이라는 데가 역이고 그랬는데. 이 강원도 정철 부사가, 관찰사가 이제 순회를 할 적에 여기를 와서 이제 이쪽 저 아래 그 말죽거리라는 데가 있는데. 옛날에 그 말 매놓는 데라고, 말 매놓는 데가 말죽거리라는 덴데. 거기에 이제 그 아주 깊은 소가 하나 있었대요. 그런데 그 바위가 어마어마하게 높았었나봐. 그래서 옛날에 전하는 전설에 의하면 그 소가 엄청 깊어 가지고, 명주꾸리하나가 들어갈 정도로 깊었다 하는 얘기가 있는데. 그리고 저쪽 그 앞에 내다보면 지금 그 누룩바우라고, 이렇게 누룩장을 쌓아 놓은 거 같이 착 착 착 포개져 있는 바위가 있어요. 그 누룩바위는 현재 전승을 하는데, 거기 여운포 앞에 마을에서 거기다 성황당을 모시고 있는 데에 그 누룩바위가 있다고.

그런데. 정철 부사가 이제 말죽거리에다가 갖다가 말을 매놓고 말죽을 쑤어 오라고 그러니까, 이 마을이 얼마나 잘 살았는지 옛날에 그 잘 못 살던 시절에도 그 말 죽통을 전부 놋대야로다가 놋으로 만든 대야로다 갖다가 그 말죽을 쑤어다가 주니까, 정철 부사가 어떻게 해서 이 놈의 동네가 이렇게 잘 사나 하고 보니까. 그 풍수학적으로, 그 양반도 고관이지만도 그 풍수학에 대해서도 잘 알았나봐, 아마. 조선조 건국 때 그 정도전이가 풍수학의 대가이듯이, 정철 부사도 풍수학을 잘 알아 가지고 이렇게 보니까, 그 누룩바위하고 여기가 그 범바위라는 바위인데, 범바위가 둘러 싸 가지고 이 동네가 그렇게 잘 된다 그랬대요.

이 옛날에는 이 마을이 저쪽에서 들어갈 적에 들어가면서 보면 마을이 있는지 없는지 몰랐대. 지금 여기도 큰 봉우리가 하나 있었는데, 그건 지금 다 들어내고. 저 앞으로, 여기가 이렇게 보면 뺑 둘러 싸 가지고, 요 앞에 개울이 흐른다고. 그런 게 이 앞으로는 옛날에는 그 느티나무 이런 게 꼭 차게, 제방을 꼭 차게 있으면, 저 앞에서 거지가 여기 동네가 없는 줄 알고 그냥 지나갔다는 기라, 옛날에.

그 정철 부사가 이 누룩바위를 뭉개 놓고. 너무 잘 사니까, 그 뭐 일종의 심술이 발동을 했다고 봐야지. 아무리 그 양반들이 조선조의 큰 족적을 남긴 양반들이라고 해도. 그래서 그 바위를 뭉개라고 그랬대. 뭉개라고 그래서 그 소를 다 메워 버렸어. 지금도 거기 가면 큰 바위들이 있어. 그러고 이제 이 동네에는 뭐 그 다음에는 크게 유명한 사람이 이 동네에는 나지를 않았어.

94. 범바위 유래 【Y.18-4-6-8】

(조사자: 할아버지, 범바위는 왜 범바위예요?)

그러니까 글쎄 그 범바위를 왜 범바위라 그랬는지는 모르겠지만, 그 형상이 뭐 범처럼 생겼다고 범바위라고 그랬겠지.

여기에 이 범바위라는 것은, 그 밑에 기단석. 그 탑으로 말하자면 기단석. 땅 지표면에 불쑥 나와 있는 바위 밖에는 남아 있지 않은데, 그거는 범바위라고 했으니까 그 형상이 범처럼 생겼으니까 범바위라고 했겠지. 다른 유래는. 그 유래 내용은 확실하게 모르지. 이제 범바위라고 하니까, 이제 범처럼 생겼으니까 범바위라고 그랬겠지 그렇게 생각하지. 지금은 지표면에 남아있는 기단석 밖에는 없어, 바위가.

95. 누룩바위 유래 【Y.18-4-7-8】

저쪽에 있는 건 지금 현존하니까, 누룩바위라는 건 그 이제 옛날에 시골에서 누룩을 잡으면 이런 네모 반듯한 틀에다가 이제 그 모양을 잡아가지고 말렸거든. 말려 가지고 잠깐 쌓아놨다가. 지금 저쪽에 있는 누룩바위라는 자체는, 지금 현존하니까 누룩장을 쌓아 놓은 것처럼 형태가 그렇게 되어 있으니까 누룩바위다 그랬겠구.

96. 강선리 유래 【Y.18-4-8-8】

나 나름대로 판단을 하는데. 그 강선이라는 데는, 내릴 강(降)자, 신선 선(仙)자거든. 그래서 그 비행기 타는 놈은 다 옛날로, 지금으로 말하면 다 신선이여.

97. 상운리 유래 【Y.18-4-9-8】

그런데 여기 상운이라는 데가, 이 상서 상(祥)자, 구름 운(雲)자 거든. 상서로운 구름이다 이랬는데. 이 비행운이 여기를, 이 상운을 스치고 지나가서 이게 상운이라고 짓지 않았나 그런다고.

98. 동호리 유래 【Y.18-4-10-8】

그 비행장 밑에가 동호리거든? 거기는 구리 동자에, 개 호자를 쓴다고. 그래 거기가 지금 해수욕장이 돼 가지고, 여름에는 아주 사람이 발 들여놓을 틈이 없어. 그래서 이 틀림없이 옛날에 어떤 사람들이 여기가 해수욕장이 되리라고 미리 예견을 하고 동호리라고 이렇게 진 거 같애.

99. 단지 공양한 열녀 김씨 【Y.18-4-11-1】

여기 열녀비가 하나 있는데, 그게 경주 김씨네들 거라구. 그 경주 김씨 상총공파 집안들 건데, 그 관리하는 사람들이 옛날에 그 익재씨라고 있었는데. 요 뒷집에 살았는데, 그 익재씨 계실 때까지만 해도, 그 문중들을 규합을 해 가지고 보수를 하고 그랬었는데. 그 노인네가 사망을 하시고는, 뭐. 그 집안에 익재씨 손자는 지금 경희 체대 교수 노릇을 하는데. 그 사람도 요즘 뭐 신교육 받은 사람들이어서 그런지, 뭐 그런 쪽에는 관심이 없는 거 같애. 그래 가지고 거의 폐가가 되다시피 한 걸, 군청에서 돈을 들여 가지고 푯말을 했어.

(조사자: 왜 열녀라고 내려준 거예요?)

그 분의 열녀 내력은 잘 모르겠어요. 근데, 남편이 병이 들어서 단지(斷指) 공양을 했는데, 그래도 죽으니까 같이 그 장례날 아마 그 목 매달아 죽은 거 같더라고. 단지 공양을 해서 손가락을 잘라 가지고 피를 입에다가 넣어주니까. 이 단지 공양이 손가락을 잘라서 피를 넣어주는 거거든. 할고(割股) 공양이라는 것은 내 허벅다리 살을 비어서 부모님에게 공양하는 것을 할고 공양이라고 그러고. 이 손가락을 잘라서 피를 입에다가 넣어주는 것은 단지 공양이라고 그러잖아. 그러니까 이 단지 공양 같은 건 좀 쉽지. 뭐 칼 같은 거, 입 같은 거, 입으로 꼭 깨물어 가지고 피를 입에다가 넣어주면 되는데, 이 할고 공양이라고 하는 것은 이 자기 허벅다리 살을 비어내서 그걸 구워 가지고 부모님에게 공양을 하니까 그건 어려운 거지. 그건 참 엄청난 효자들 아니면 아예 상상을 못하는 거지.

그러니까 이제 단지 공양을 해도 그 남편이 천수(天壽)를 다 하니까 죽으니까 이제 같이. 옛날에는 그렇잖아, 이제 열녀라는 개념이. 요즘은 열녀라는 개념이 바뀌었잖아. 열녀라고 그러면 둘이서 뿌린 씨앗을, 누가 하나 죽더라도 열심히 살아가면서 그 자식을 출세 시켜야지 열녀지. 남편 죽는다고 같이 따라죽으면 내가 뿌린 씨앗은 그냥 남게되니까 그건 열녀 개념에선 벗어나는 거지. 요즘은 세월따라 그래서 그 충, 효, 열 개념이 자꾸 변색되어 가.

(조사자: 할아버지, 그러면 그 아내도 목 매달아 죽었어요?)

그렇지.

(조사자: 어디에다가 목 매달아 죽었는대요?)

아, 그건 뭐. 그건 모르지. 어디다가 목 매달아 죽었는지는 모르겠지만, 그러니까 옛날에는 조선조 때에는 여자들이 크게 나가 활동을 못하니까 집에 어디다가 뭐를 해 가지고 잘못했겠지. 요즘처럼 뭐 쉽게 죽는 방법이 없었으니까.

100. 부모를 잘 공양한 탁효자 【Y.18-4-12-1】

성씨가 뭔지도 모르고. 여기 이 양양에는 탁 효자가, 탁씨네 탁장군들이 있지. 그런데 탁씨네 집안에 효자로 난 게, 저기 저 서면 가면 있는데, 효자각이. 그 탁씨네 효자각인데. 그 양반이 이제 사후에 벼슬을 받은 게, 그 이제 도승지, 좌승지. 도승지는 아니고, 이제 좌승지인지 우승지인지 벼슬을 이제 추징을 받았더라고.

그 효자각에 가서 보니까. 그 분은 뭐 다른 건 하나도 없고, 워낙 사람이 올찬 사람은 못 되는데. 옛날에는 그 뭐 순전히 농사만, 사농공사일 때가 있었으니까. 그 분은 10리 밖에 가든지 20리 밖에 가서 일을 하든지, 옛날에는 이게 이제 투가리라고 나무로 이렇게 판 그릇이 있어. 절에 가면 스님들 공양 그릇 하듯이. 이렇게 투가리라고 이렇게 나무로 판 그릇이 있는데. 거기다가 개별적으로 다 담아줬어, 옛날에는. 여기도 옛날에는 다 담아줬어. 근데, 지금은 그냥 뭐 함지라던가 대야 같은 데다가 담아 가지고 공동으로 먹지만, 옛날에는 다 투가리밥이라는 걸 줬는데, 그 분네는 그 20리 밖을 가든지 10리 밖을 가든지, 자기 몫을 챙겨 가지고 와서 부모님 대접하고 남는 거 자기가 먹고 일을 했대. 난 저 모르고, 우리 어른께서 그 전에 그런 말씀을 하시더라고. 옛날에 탁 효자가, 그 분 다른 건 하나도 모르고 오로지 그저 부모님밖엔 몰랐대. 그래 가지고 그 분이 사후에 그 좌승지인지 우승지인지 내가 그거는 잘 기억이 안 나. 도승지는 못 했더라고. 옛날에는 임금님이 법이니까. 그게 이제 올라가서 임금님이 거기다가 벼슬 하나 내려라 그러면 벼슬을 내렸으니까. 승지가 아마 정3품 벼슬일 거야, 아마 승지가.

지금 뭐 어사 이런 거 나오는데, 어사 박문수 이런 거 나오는데, 말짱 근거가 없는 얘기들이야. 근거에다가 두고 얘기를 해야지. 정3품 벼슬이라고, 이게 어사가. 어사또는 정3품 벼슬 밖에는, 그 이상 정2품이라던가 종2품이라던가 이런 벼슬을 한 사람들은 어사로 안 내보내. 정3품 벼슬만 어사로 내보냈는데, 지금 나오는 게 순 엉터리지, 뭐. 그게 옛날에 어사는 나와 가지고 그 토색질[7]하는 관리들을 갖다가 상소를 해 가지고 중앙부서에다가 올리면은 중앙부서에서 벌을 주고 그랬지.

101. 호환 당한 남편을 따라 죽은 열녀 【Y.18-4-13-1】

그 열녀가 참 진짜로 열녀야. 옛날에 그 광업소가 솔이 엄청나게 무성한데, 이 호랑이가 자기 남편을 물어갔어. 물고 가니까 그 아래 상평이라는 데 사는데, 거기서도 그 광산이 꽤 올라가는데. 깜깜한 밤인데, 그 여자가 호랑이를 뒤쫓아 가지고 가니까. 호랑이가 더 빠르니까, 벌써 내려놓고 어디 편한 데 가서 앉아서 먹으려고 호랑이가 그러더라 그거야.

그러니까 여자가 가서 덮친 거야, 호랑이를. 그래 아주 몇 번을, 한 2번을 그렇게 해 가지고 덮치고, 먹을라고 그러는 걸 덮치고 덮치고 해 가지고, 지금 그 광산 거기 가 가지고 호랑이가 먹을라고 그러는 걸 호랑이 몸뚱이를 덮치면서 남편을 뺏었어, 여자가. 그러니까 호랑이가, 이 호환에 갈 사람이 아니면 호랑이는 절대 먹지 않는대요. 그 애기를 들으면, 호환에 갈 팔자라야지, 호랑이한테 물려갈 팔자가 아니면 절대 안 먹는대거든. 그러니까 여자가 덮쳐 가지고 남편을 그 자리에다가 뺏어 놓고 있었지.

이제 날이 새면서 사람들이 그 뒤로, 이제 여자가 호랑이를 쫓아 올라갔으니까, 그 마을 사람들이 횃불을 해 들고 뒤를 따라온 거지. 와 가지고 거기 가서 여자가 자기 남편, 남편은 이미 전부 숨이 넘어갔지, 호랑이가 물어 가지고 그러니까. 그래 가지고 남편을 그 자리에다가 눕혀 놓고 앉아서 날 샐 때만 기다리는 거지, 여자는. 그러니까 동네 사람이 횃불을 해 붙잡고 이제 사뭇 소리지르며 올라와 가지고. 결국 내려와 가지고 장사를 다 치렀는데, 장삿날 남편을 장사 지내고, 그 산에 가서 목을 매달아 죽었어.

---

7) 토색질: 討索, 돈이나 물품 따위를 억지로 달라고 하는 짓

그러니까 이 동네에서 열녀각을, 그 호랑이가 마지막 가서 먹을려고 놓은 자리에다가 갖다가 열녀각을 세운 겨. 그런데 이제 일본놈들이 우리나라를 1912년에 합방이 됐잖아? 1910년이 경술국치지. 1910년에 일본놈들하고 합방을 했으니까, 그 전이지, 아마. 거기다가 동네 사람들이 열녀각을 하나 세웠는데, 그 동네 사람이라는 게 그 집들도 경주 김씨들이야. 열녀각을 하나 세웠는데, 일본놈들이 이제 내려와 가지고 양양 광업소에서 이제 철이 나니까. 거기가 이제 광산 땅으로 들어가니까, 일본 사람들은 그 조선 사람들의 미신 이런 걸 안 믿으니까, 열녀각을 헐어내 버렸단 말이야. 그리고 이제 자기네들이 필요한 도로로 쓰고 이랬는데. 광산에서 무슨 사고가 자꾸 나니까, 그러니 거기 사람들이, 주변 놈들이 아마 그랬겠지. 그래 갖고 일본 사람들이 세워놓고서는 사고가 없었다고.

(조사자: 다시 세워 놓으니까요?)

그럼. 열녀각을 세우고 제사를 아주 후하게 지내고 광산에서 매년 지내고 그러니까.

현남면

입암리는 마을 남쪽 산에 바위가 있는데 그 모양이 갓과 같다 하여 관암이라고 하였고 맞은편 산밑에 족두리 모양의 바위가 있었는데 이 두 바위를 갓바위라 하여 입암리라고 하였다.

김진택 (68, 남) 양양군 현남면 입암리 2003.
(김진택 제보자께서 들려주신 설화 자료는 102번부터 109번까지이다.)

김진택 할아버지께서는 우리 소리에 남다른 자부심을 가지고 계셨다.

102. 세조와 오덕떼기 【Y.18-5-1-5】

오덕떼기라고 노래가 있잖아. 오덕. 덕을 본다고 오덕이야. 내가 오덕떼기라 하는 것에 대해서 설명을 해 드리죠. 내 아는 데까지. 세조가 풍병 들린걸 그 전에 다 아시죠. 그렇지. 세조대왕이 그 때 그 가만있어. 어느 누구 있나? 그 때 연산군이 있나? 근데 지금 말하자면은 에, 자기가 인제 형이 있고 지금 쉽게 얘기 하자믄. 그 조카고 이렇게 있는데.

(조사자: 아, 단종을 말씀하시는군요.)

그래 단종 때야. 단종. 그러니 그 형수가 지금 말하자면은 이제 아이구 자식이 나이가 어리지만은 그러니 일국의 임금 때니까. 그래믄 나이 어려도 시아주버니 믿고 아이구 난 이제 임금은 죽었지마는 지금 말하자면 태후지. 그래 조카를 보호해 놓을라고 이렇게 했는데, 그 세조가 뺏었지 않나. 세조가 하룻밤에 잠을 자면서 꿈을 꾸니까 형수가 찾아왔어. 그래 세조 형수가 세조한테 하는 얘기는 우리 역사에 안 적혀 있어. 그기 나쁜 얘기기 때문에 안 적었지. 그래 그 형수가 시아주버니 얼굴에다가 침을 탁 뱉어,

"에이, 이 나쁜 드러운 놈 같으니라고."

하면서 말이야. 형수가 나타나서. 꿈에 나타나서 그랬단 말이지. 그 형수가 누구겠어. 단종의 어머니지. 그러니까 그 형수가 인제 시아주버니한테 선물을 그렇게 한 기야.

이렇게 침을 탁 뱉고 갔는데 그 때에 어떻게 된고 하니 그래고부터 얼굴이 자꾸 부식이 되더라.

(조사자: 세조 얼굴에 부스럼이 났다는 얘기죠?)

그렇지. 부스럼이 나고. 그래 인제 한 가지 명사라는 건 알아서 거 지금 말하자면 거 학자겠지.

"대왕께서는 세상 약을 쓰나 낫기 힘드니 그 오자 들어가는 데 가서 수양을 해야 병이 낫습니다."

이렇게 얘기를 했어. 그래니 지금으로 말할 것 같으면 뭐 국무총리라고 할까. 그 때로 말하면 대신이겠지. 그런 분이 대왕은 어디 가지말고 여기서, 여기 침실에서 지내시라고 그랬거든. 그래 임금이 가만히 생각하니 그것도 그럴 듯해. 그래 고 보니 오자 들어간 데가 없어. 그러니 이 강원도 밖에 오자 들어간 데가 없더라. 첫째 골은 저 옥계 무릉계고. 옥계 무릉계. 옥계에 오자가 들어가서. 그 다음에는 이제 오대산이야. 그래 그 세조가 처음 올 적에는 옥계에 그 무릉계에서 아마 서너 달 몇 달 있었대요.

그래 수양을 하니까 몇 달 있다가 가만히 이렇게 생각하니까,하루는 이 6, 7월 달이죠. 해는 석을 향해서 넘어 가는데 농요가 들리는 거다. 어떤 사람은 노래 소리가 리 가면 인제 십리 간다고 적어도 오리까지는 간다고 그래 오덕떼라고 하는데,오덕에 영막이라 하는데,그게 아니고 세조가 듣기에 어떤 농부가 부르는 소리가 구성지고 참 그 들차다. 그래서 그 노래 이름은 오덕떼기라고 해라. 그래서 오덕떼기라 합니다. 오돌떼기가 아니라 오덕떼기래요. 그럼 아무것도 모르는 우리 같은 사람도 오독떼기가 아니라 오덕떼기여. 오덕을 봐야지, 병이 낫는다고 하니까. 그래 오덕 오덕떼기라고 해라. 그래 이렇게 얘기를 해서 오덕떼기라고 되니 그래 영남이구 초남이고 이 노래 없어. 그러니까 그 오덕떼기의 노래는 세조와 밀접한 관련이 있는 거지.

103. 양승백이 노래 유래 【Y.18-5-2-8】

양승백이 이 노래 이름이 양승백인데 왜서 양승백이라 하는고 하니 양승백이 그기 사람 이름입니다. 글자 그대로 양승백이가, 왜서 노래 이름이 양승백이냐. 그거는 양산백이라는 선비가 이 율도서 영동부분에 제일 가는 선비야. 제일가는 선비인데 그 제자 글도 많이 가르치고 이랬지만 그 선생님은 일생에 과거를 안 봅니다 그래서 사람들이 왜 과거를 안 보냐고 물어봤지요.

"선생님은 왜 과거를 안 보십니까? 과거를 봐서 그래도 어디 참 출세를 한다 이러면 이렇게 어렵게 안 살아가지 않겠습니까?"
그랬더니 그 양승백 선상이 한다는 소리가

"에이, 나는 봉록에 안 끌려. 내가 돈을 많이 번다면 내게 맞지 않아. 내 평상에 이기 내 죽은 다음이래도 자네들이 거 할 적에 내 이름. 이 내 이름을 몇 천 년이고 몇 백 년이라도 잊지 않는 것이 내 소원일소."

이렇게 나왔어요. 그래 그 양반이 양승백이야.

104. 연꽃에 꽃피는 형국의 연수골 【Y.18-5-3-8】

어느 골이다 뭐 이렇게 들어가면은 연수골이라고 인제 이렇게 있지요. 요 내려가면 연수골이라고 있는데 그 연수골이라는 데는 왜서 연수골인고 하니까 예전에 어른들이 그 뭐 그 때 아마 배운 얘기지. 지리산에 그 지금 패철을 놓고 지리박사가 그런 얘기를 아마 핸 모냥 같은데 그 연수부설형이라고 했어. 연수부설형. 연꽃에 꽃이 핀다. 그래서 이 아래 내려가면 그 일반 여기 연수골이야.

105. 궁이골 유래 【Y.18-5-4-8】

요새 또 저 건너에 인제 산으로 이렇게 본다면은 궁이골이라는 산이 있어. 궁이골. 궁이골. 지금으로 본다면은 쉽게 얘기하자면 귀골, 귀골. 거 산이야. 거기가 궁이골이야. 궁이골. 소여물 먹는 구융 있지. 그래 빨리 붙이니까 궁이골이라 하거든. 그래 저 내다보면 산이 그기 있는 궁이골 산이고.

106. 어귀노리 【Y.18-5-5-8】

어귀노리, 어귀노리 하거든. 거 가면 어귀노리라고. 자 저기 어귀노리 거 가면 그 산이 인제 이렇게 돼 있거든. 그래 그러면 왜서 거기 어귀노리라 하느냐. 그렇게 불러왔거든. 그게 인제 아마 고기 어(魚)자를 넣어서. 그래 그 바우라는 게 아주 거 가면 큰 게 이렇게 있는데 고기처럼 생겼던 모양이야. 그 바위가 서 있어요. 궁궐처럼 넓어서 여름에 가면 넓어서 좋지요.

107. 민며느리 노래 유래 【Y.18-5-6-8】

어머니가 열 살이고 열두 살 먹은 남의 집에 가서 인제 그 살게 된다. 그래 그것은 뭐라고 하는고 하니까 민며느리라고 해. 어려다 쪼끄만 걸 데려다 키워 가지고 인제 며느리 삼고. 그기 인제 왜서 그렇게 됐나. 그래 옛날에는 우리 한국 사람이 어데든지 이렇게 됐다는 기요. 지금은 변천이 돼 가지고 인제 저기 저 과천이란 데는 과거에는 옛날에는 우리 여기 지금 강원도 보다 더 해요. 과천. 여북해 과천 나무 장사라 그랬나. 말소리도 뚝딱뚝딱하고. 그래 지금 그러는데, 이게 그 옛날 할아버이들이 지내 온 그 역사를 이렇게 본다면 지금 사람들은 참 호강이지 뭐. 그래고 우리들도 다 크긴 다 잘 컸지만은 우리 아버지 할아버지들이 그만침 참 아주 어렵게 살고 컸다고. 그래 민며느리제를 했는데.

그래 논매는데 그 뭐 양산백이의 노래야 이게.

에헤 더뎌 온다 더뎌 온다
칠월 한달 더뎌 온다
오네 에헤 더디 온다
칠월 한달 더디 오네
에헤야 데헤 으-으-흐이구
지화자 지어 왜 웃으시나."

그래 이기 왜서 그 양산백 선비가 이 노래를 지었나 하니 살림은 어렵고, 그래도 밥술이나 먹고 그래는데 내 자식이 이렇게 참 어린 기 난 능력이 없고 자네 내 자식 좀 키워주게. 그래 이렇게 나왔어. 그래니까,

"아이고, 여보게 내가 자네 그 귀한 자식을 내가 어떻게. 밥이나 좀 멕여 주께."

그래 하루는 거 갖다 떡 맽겼죠. 그래 뭐 어머니 아버지 떠나니까 나머진 항상 그게 허구한 날 시늉 뿐이지 좋아할 리가 있겠소. 그러니까 차라리 시집올 걸 그래 됐는데. 그래 언감 키우다가 나잇살 차니까 그 거 자기 아들이 나잇살 차고 있으니까,

"야, 이거 어려서 내가 키운 그게 자기 속으로 낳아 준 건 아니지만은 아주 어려서 언나를 데려다 키워 가지고 며느리를 삼으까."

그러나 옛날이나 지금이나 그기 어떻게 쉬운 일이겠나. 그 키운 사람은 괜찮아요. 이건 그래 순전 자기가 키웠지. 지들이 키웠다고 며느리 삼느냐. 아, 지금은 그랬겠지만 예전엔 그게 아니거든.

그래서 인제 그 며느리를 삼고 나니까, 식을 성례를 떡 하고 나니까,

'에헤 더뎌 오네 더뎌 오네 칠월 한달 더뎌 오네.'

그 인제 여자 편에서 나온 그 노래라고. 그 왜서 칠월 한 달이 왜서 얼루 오라고 하느냐. 이 의미가 옛날에는 인제 우리 한국 법으로는 딸 키워

서 이제 나이가 차면 시댁에 가서 이렇게 있다가 이제 음력으로 유월 달 그 칠월 달 이렇게 되면 시가를 버리는 기야. 친정으로. 응. 시가를 버리고, 인제 시댁에서 살림살이를 조금 사가면은 떡을 해서 광주리에다 이렇게 담아 가지고 소에다 싣고 그 또 천민이라고 하인이라고 있었잖아. 서방님 갖다 모셔 드려라. 그래 하인하나 불러서 그 말이면 말 등에다 그 사람이 타지만은 짐은 떡 바구니는 옛날에도 그걸 해서, 그래서 가만히 이렇게 생각해 본다면 우리 양양에서 그런 일이 많이 심했던 기래요.

그니 뭐 이런 산골에, 그래서 아이구 아버지 오늘 떡 바구니가 왔다고 떡 바구니가 와. 그럼 보면 떡 바구니가 온다 하면 그 아무개 벌써 하마 출가했네. 그래 인제 친정댁에서는 사우가 말 타고 가고 인제 자기 딸하고 이렇게 가는데, 실어갈 사람들이 얼른 와야 부모 동상들을 만나 보지. 그래 내 인제 핸 노래가 그런 사연이 있는 노래야.

108. 보쌈 당한 과부 김씨 【Y.18-5-7-5】

옛날에는 과부가 재가를 못했어요 옛날에는. 재가를 못했는데, 재가를 못하니까 그 참 하룻밤에 이거는 저 삼산 연곡면에서 났다는 얘기인데. 김씨 댁이라고 인제 참 있었는데. 야 이기 아버지도 이제 사망이요 어머니도 바보가 됐지. 또 어머이가 지금 뭐하지만 아들이 또 죽어서 며느리도 과부가 되어 과부가 둘일세. 청상 과부가. 저 들으니까 그 부근에 홀애비 또 사는 사람이 있을 끼 아니요.

그게 또 그러니 그 시어머니가 아마 알았던 모냥이야. 그 눈치를 채고. 이 놈들이 아무 때고 우리 집에 습격을 할 끼다. 이렇게 짐작하고 있었대요. 그 양반 매형이 누군고 하니까 김성옥이래요 성옥이. 연곡 큰어머니 집에 살았단 얘기야. 왜 아는고 하니까 그 양반이 우리 아버지하고 글 배울 때 같은 동문수학이야. 그래서 여기서 성옥이, 성옥이 하고 이랬는데 삼산 저기 연지타령이라는 데가 있어요.

그러니까 하룻저녁에 그런 습격을 또 당하고 나니까 시어머니가 그거 늙은이가 눈치챘대. 며느리가 혼자 돼서 그 손자를 낳았으니까. 자기는 인제 한 살이라도 더 먹은 어머이니까. 내가 차라리 붙잡혀 가는 일이 낫지 며느리를 붙잡히게 해야 겠냐.

그래 그 집에 옛날 큰 무쇠 덩어리가 있었답니다. 예. 지금 여 저 플라스틱 큰 드럼 있잖아요. 다라. 그런데 무쇠 덩어리가 잘 들지도 못하는 그런 쇳덩어리이거든. 바깥에서 붙잡고 뭐 누구를 뭐 없애고 뭐 이렇게 꼼짝 말고 호통을 치니까 이 시어머니가 딱 먼저 가서 무쇠 드럼을 열고,

"애 아가 너 여 들어가거라."

그래 그 속에다가 무쇠 드럼을 확 덮어 놨대요. 확 덮어 놓고,

"너 뭐 하러 왔나? 아니 너 뭐냔 말이야. 가자 가. 아 그거 뭐 못할게 뭐 있나. 야 엎고 가자."

와 이기 어데를 간다고 하니까 그래 그 때는 어떻게 가기는 가면 거기서 살았지. 데려 오지는 못한답디다. 그래 연곡 세화인가 여기를 왔대. .

그래 아침에 떡 자고 인나서 이 양반이 지금 시아버지 되는 사람한테 나는 삼산에 아무개네 아무개 며느리다. 며느린데 느들 지금 나를 이렇게 하는 법이 있나, 느히들 이렇게 사람을 납치를 해 가도 무엇을 좀 알고 가지 그래도 우리 응 어머니가 아버지가 여기 골에 수지사업이 이렇게 되는데 느가 우리 집에 와서 나를 묶어가? 아이 뭐 느 멋대로 해봐란 말이야. 그 다음에는 감화가 됐는데 그 때에는 지금은 개판이지만 그 때는 명문상사라고 했어요.

아, 그렇다면 명문상사에 걸리겠거든. 그래니까,

"아이구, 잘못했습니다."

하고 업어. 업고 가만히 붙잡아 간 기 그 다음날 아침에 가마에 태워서 아이구 집으로 향해 돌아가시오. 그래 이래 본 적이 있어. 그래 아버지가 그 전에 춘천시에서 여 이사와 가지고 그래 그 얘기를 했대요.

109. 쿵쿵바우 유래 【Y.18-5-8-8】

방우재라고 있는데, 방우재라고 그러는데, 쿵쿵바우가 있는 게, 참 이렇게 산이 경사가 지니까 산이 꼭 내려 와 이렇게 비스듬하게 돼 있는데, 이 너머에 넘어가면 있다고. 그것 밖에 모르지, 내가 옛날에 여기서 컸어도 그것 밖에 더 아나?

(조사자: 이름이 되게 특이하잖아요. 왜 쿵쿵바우예요?)

그 전에 옛날에 우리가 다닐 때 거기 이렇게 밟으면 '쿵' 한다고 해서 쿵쿵바우라고 그랬어, 거기를. 거기 이렇게 산이 비스듬하게 내려 배겼어. 그런 걸 이렇게 디디면 쿵 한다고, 그걸 가지고 쿵쿵바우라고 그러잖아. 옛날 전설이라고 지금 내려오는 전설이 그래. 쿵쿵바우라고.

아기 장수가 태어났다 뭐 이런 소리는 못 듣고, 그냥 뭐 쿵쿵바우라는 소리만 들었지. 뭐 아기가 태어나기는 거기서 어디서 태어나나. 그런 소린 못 들었어. 단지 그 소리만 들었지, 거기. 우리 여기서 나서 여기서 컸어도 그 소리만 들었지, 뭐. 여기서는 들을 게 있나.

(조사자: 방우재는 왜 방우재라고 그래요?)

거기를 가지고 방우재라고 그러잖아.

(조사자: 왜?)

모르지, 왜 그런지. 그게 방우재라. 이름이 방우재라고 써 놨어.

(조사자: 할아버지, 이 마을에 큰 못이 있었어요?)

못은 있지. 저 고누골로 들어오면, 그 왜 저 양양 저 다리 있는 데서 이렇게 건너 와 가지고 저 영춘쪽 올라가는 길 있잖아. 다리를 건너와서 이렇게 올라가는데, 거기로 들어오면 고누골이라는 데가 있잖아. 거기로 들어와야 그 쿵쿵바우 있는 데루 오거든. 거기로 오는 데가 쿵쿵바우지.

현북면

어성전리 마을 주위는 산성으로 둘러져 있고 마을은 기름진 전답이 수십 만평에 이르렀다고 한다. 어성전리는 장작불로 밥을 짓고 고기를 잡아 배불리 먹으니 살기 좋은 이상향을 이룬 곳이라고 하여 어성전이라 하였다. 해방후 행정구획상 1,2리로 분할하였다. 어성전 1리에는 문주대사와 해명대사가 창건한 명주사가 있다.

김준근(70, 남) 양양군 현북면 어성전 2003.2.17
(김준근 제보자께서 들려주신 설화 자료는 110번부터 111번까지이다.)

김준근 할아버지께서는 현북면 토박이로서 노인회장으로 활동하고 계시다.

110. 탁 장사의 힘자랑 6 【Y.18-6-1-5】

여기 명주 군에 싸움이 한 번 났어요. 힘 싸움. 여기 저 우리 매형이 탁 씨지만은 양양의 탁 장군 강릉의 권 장군이 있거든. 탁 장군, 권 장군. 강릉, 원준데. 거 황장목을 만들어서 보내라 그래서 만들었는데 여 어성전 끝이야. 거기서 경계선으로 강릉, 양양의 경계를 딱 나누는 첫 나무가 그 자격이 됐거든. 이걸 비어서 넘어가는 데가 가져가자. 강릉이랑 양양이랑 싸웠는데 양양은 사람이 많었겠지. 비다 보니까 강릉 쪽으로 넘어갔어. 이거 뭐 죽도록 같이 파고 독으로 팠는데 그래 양양의 탁 장군이 다시 제안을 한 거야. 이거 짊어지고 가는 사람이 이기기로.

(조사자: 아, 이제 넘어가는 게 아니라 짊어지고 가는 사람이 이긴다고요?)

양양의 탁 장군이 맞붙어서 했는데 이거를 떡 쇠고랭이를 아주 벗어 짊어졌는데 절로 넘어 가니까 누가 먼저 지었느냐 하니까 권 장군이 내가 지고 간다 이기야. 권 장군이 짊어지고 한 50미터 지났다 이기야. 더 심이 장사니 하였는데 힘이 들어. 가다가 권 장군이 50미터를 냐려 간 기야.

상대방이 못 가져간다 하고 생각하고. 근데 양양의 탁 장군이 딱 짊어지고 고개를 넘어와서 이쪽 양양 쪽으로. 권 장군이 다시 못 지고 왔단 말이야. 여기 탁 장군에 힘이 나았어. 그기 여기서 우리 어성전 얘기야.

111. 명주사에 부모 예매장한 아들 【Y.18-6-2-9】

여기에 강씨, 함씨, 이씨 셋이 들어왔어요.

(조사자: 강, 함, 이씨라고요?)

아직도 그 성씨가 살아요. 근데 그 당시에 수없이 화전하고. 화전 알아요? 불 피워 가지고. 수 없이 왔지만은 경작한 사람이 강, 함, 이씨가 들어왔다 이거죠. 고려 말에 망월산이라고 있어요. 거기서 이 명주사라는 절이 들어 왔는데 명주사 주지가 이제 얘기가 나오고. 주지가 들어와야 절이 되잖아.

그 때 그래서 명주사가 들어왔는데 여 노전이라고 있어요. 노전. 지금도 노전의 그 절이 명주사. 노전에 들어왔던 성이 전가. 이름은 없어.

(조사자: 전씨 성을 가진 스님이 들어왔다는 말씀이시군요.)

응. 그래고 절을 짓고 거기서 인제 생활 다 했는데. 그 때는 전혀 지금도 마찬가지지만 산골에 감자, 옥수수 밖에 없었거든. 쌀이라도 얻어먹기 위해 땡중들이 목탁 치고 댕기면서 인제 동냥해요.

동냥을 했는데 그것이 현북에서 소량 수거해 가지고. 해 왔는데 그 한 중간쯤 되는 승이 여 동호리라고 있어. 소양면에. 거기서 예전에 서면이었는데 맞쳐 가지고 손으로 해 가지고 그래서 노전 절에서 명사에서 져 올렸는데 아주 뭐 무겁더래. 짊어지고 오는데. 그래서 와서 절에 와서 털썩하며,

"아휴!"

하고 땀을 닦았는데 구랭이가 이런 기 나오더래. 구렁이가 쌀 섬에서 나와서 빙빙 돌아서 그 절 뜨럭, 뜨럭에 들어갔대. 그래서 명주사에서 크는 기야. 그런데 그래서 명주사가 됐고 그 지역의 중이 수가 없었고. 고려

이조 초당에 육백 리 모두가 중이야.

(조사자: 그만큼 승이 많았다는 얘기군요.)

그 다음에 그 때 이조 이성계 초대 당시 얘긴데. 그 때 인제 우리나라는 중국의 영향을 받아 가지고 묘를 잘 써야 자식이 잘 풀린다. 이것이 고려 때부터 내려오던 얘기야. 내 얘기론 우리 고조부터 내려온 얘긴데 그 때 묘를 잘 썼는데 그 묘가 이 노전에 그 절이 비었지만은 그 옆에 가면 그 묘가 있어요. 근데 누가 죽고 우린 지금 세대는 모르는 얘기지만 말을 타고 말고삐에다가 고삐 들고 하인 데리고 이건 근데 그이 얘기여.

근데 그 묘 밑에 절이 있거든. 사람도 많았고. 농촌에 씨레기 알어? 씨레기 껍데기 마 등을 갖다가 그걸 덮었어. 그 당시에. 그런데 그 묘에 자식이 나타나 가지고 정승이 되어 말을 타고 앞에 그 바우로 해서 이 옛날에 치주도가 있던 모양이야. 그걸 따 가지고 왔는데 찾는 묘가 없잖아. 그래서 찾고 또 찾고 내려가 찾는데 그 때 절에 최고 왕 스님한테 일이 났어. 뭐이 났단 말이야. 꿈에 얘기가 나왔는데. 대사가 주지 보고,

"야, 이놈아 그걸 살펴 줘라. 자식이 와서 찾는 거 묘 자리를 살펴 줘라." 했는데 주지가 생각해 보니 주지도 도산데 나무 패서 몇십 년 파묻은 걸 이기 그 묘라고 얘기하면 모가지 탕 치면 죽으니 그걸 피할려고 거짓말했단 말이야. 꿈에 나왔지마는 무효라고 혼자 새겼는데, 그게 삼일 사일 찾다가 안 되니까 정승이 갔대. 가버리는 날에 그 날짜에 절에 불이 났어.

(조사자: 절에요?)

주지가 거짓말해서 불이 난 거죠. 절이 다 타 버렸다. 그니까 정승이 묘를 찾으러 왔는데 꿈에 도사가 나타나서 주지한테 가르쳐 주라고 했는데, 장작을 매일 패 가지고 장작 찌깨비 갔다가 묘를 덮어 놨는데 가르쳐 주면은 목을 칠까봐 거기 나가 가지고 자기가 가르쳐 주지 않고 정승이 3일 동안 기다리다가 가면서 절에 불이 났다.

거, 불이 나니까 싹 망했지 절은. 이조 때 얘기가 흘러 내려와. 이조 때 얘기. 고려가 망하고 이조 때. 절이 망해도 중은 살아 있더라. 중들이 자

기 그 때 명성 뭐 하고 했는데 절은 망했는데 중들이 절을 지어야 사니 그 절에 명사절에 암자 일곱 군데가 있어. 그기 지금도 그 때 한 삼백여 년 전 얘기야. 그 때 명주사 그 주지가 절을 다시 지어야 될 꺼 아니요. 올라가 보니 명사야. 올라가 보니 묘가 있어. 예매장. 뭐라 할까 우리 부모를 쓸라고 남이 쓸까봐 겁이 나서 해는 거 예매장이라고 했잖아 예매장. 임시 미리 묘를 자기가 쓰려고 표시해 놓는 거 말이요.

가묘가 아니고 그 때 예매장.

금강산 관련 북 강원도 설화

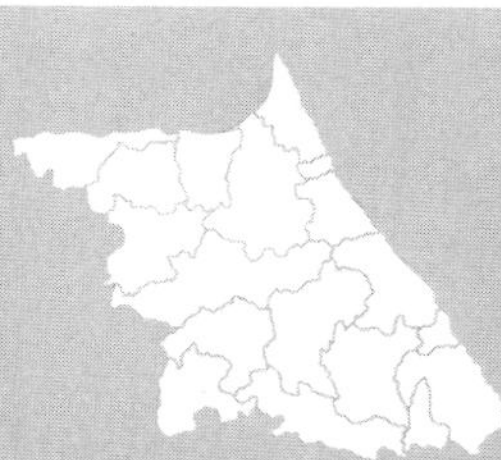

북강원도 설화

금강산 관련

1. 김시습과 금강산

김시습(1435~1493)은 서울 성균관 뒷마을 빈한한 선비의 집안에서 태여났다. 그의 자는 열경, 호는 매월당이였다.

시습은 어려서부터 시를 잘 지어 사람들을 놀라게 하였다. 전하는 말에 의하면 그는 세 살 적에 바야흐로 저물어 가는 봄날을 노래하여

> 복숭아꽃 울긋불긋 버들잎은 푸르러
> 춘삼월 호시절이 저물어만 가는구나

라고 하였으며 솔잎에 맺힌 이슬을 보고서는

> 솔잎에 맺힌 이슬은
> 푸른 바늘에 꿰인 구슬인 양 하여라

라고 읊었다고 한다.

다섯 살 때에는 그의 명성을 듣고 찾아온 당시의 늙은 재상 허주를 대하여

> 늙은 나무에 꽃이 피니
> 마음 어이 늙다 하리

라고 그의 심정을 묘사하여 듣는 사람으로 하여금 경탄케 하였다고 한다. 그에 대한 소문은 궁중에까지 알려져 당시 국왕이었던 세종에게 불리여 간 시습은 '5세 문장'이라는 칭찬까지 듣고 상으로 비단 수십 필을 받았다.

그러나 어려서 어머니를 여읜 그는 외할머니의 슬하에서 자라다가 그

마저 세상을 떠나자 집에서 병석에 있는 아버지를 돌보며 지냈다. 이처럼 그의 어린 시절은 불우하였다. 하지만 고독한 가정환경 속에서도 학문 연구에 뜻을 두고 공부에 전심하였다.

김시습은 드디어 집을 떠나 삼각산에 들어가게 되었다. 그는 여기서 선배들이 이룩한 연구성과들을 체득하는 한편 장차 쓸모 있는 인재가 되기 위해 오로지 학업에 몰두하였다.

그가 20살 되던 해인 1455년에 세종의 동생 수양대군이 어린 왕 단종을 밀어 제끼고 제가 왕이 된 사건이 일어났다.

세조(수양대군)는 자기를 반대해 나섰다하여 당대의 유명한 학자들인 성삼문, 박팽년, 하위지 등 70여 명의 문무 량반들을 처형하고 세종 이후로 과학연구사업의 보금자리로 되어온 집현전을 철폐하였다. 세조의 폭거에 불만을 품은 200여 명의 관료 학자들이 깊은 산골로 혹은 외로운 섬으로 흩어져 갔다.

이 소식을 전해 듣고 격분을 금할 수 없었던 청년 김시습은 분연히 읽던 책을 불사르고 선비의 의관을 찢어 버린 후 방랑할 것을 결심하였다. '남아가 세상에 나서 자기 포부를 펴지 못할 바에는 차라리 산으로 들어가서 산사람 노릇이나 할 것이다.' 이것이 벼슬길을 단념한 그의 울분의 토로였다.

그는 방랑의 길에 나서면서 머리를 깎고 중 차림을 하였다. 다만 수염만은 깎지 않았다. 그는 이와 같은 자기 행색에 대하여 다음과 같이 노래하였다.

머리를 깎음은 세상을 피함이요
수염을 남김은 대장부의 표적일세

'시통하나 걸머메고 손에는 막대 짚고 바람, 비를 꾸짖는……' 김시습의 방랑생활은 이렇게 시작되었다.

시습이 처음 송도와 개성 일대를 떠돌아다니다가 관동지방에 발길을 들여놓게 된 것은 26살 때인 1460년경이었다. 그는 천하명승 금강산을 비롯한 '관동8경'을 돌아보면서 황홀하고 감동된 심정을 "사람의 마음과 눈을 씻을 수 있으며 유쾌한 오늘의 회포는 도무지 무어라고 말할 바를 모르겠다."고 피력하였다. 그 때 지은 시들을 묶은 시집이 '탐유관동록'이다.

그는 '관동의 명산'이라는 시에서 금강산과 그 일대의 장엄한 모습을 다음과 같이 격조높이 노래하였다.

오대산 푸르러
일만 겹이요
금강산 희디희여
일천 층이라

국도섬 파도소리
우뢰마냥 장하고
총석정 돌기둥은
서슬이 엄하여라

삼을포 모래밭은
깨끗도 한데
단서암 여섯 글자
이끼 끼였네

하늘에 잇닿은듯
바다 넓은데
삼신산 불로초도

여기서 캐겠구나

김시습은 그 후에도 국내 각지로 방랑생활을 계속하는 과정에 많은 작품들을 썼다. 그 동안 세조와 그의 뒤를 이은 성종이 시습을 불렀으나 더러운 세상에서 벼슬길을 단념한 그의 결심을 변경시킬 수 없었다. 그리하여 그는 후세에 세조의 왕위 찬탈을 끝까지 반대한 '생육신'의 한 사람으로 불렸다.

김시습이 방랑하면서 가장 오래 머물러 있은 곳은 금강산의 중흥사였다. 그는 여기서 금강산의 아름다움을 노래한 수많은 시들을 지었다. 그때 그의 창작과 관련한 이런 일화가 전해지고 있다.

여름에 한 소나기 퍼부으면 중흥사 부근의 골짜기에서는 삽시간에 골물이 터져서 사품치며 흘러내리곤 하였다. 시습은 이런 때면 으레 100여장의 종이장을 안고 산골물을 따라 내려가다가 여울목의 바위 등에 자리잡고 앉아서 추잡한 세조의 행위에 항거하는 시편들을 썼다.

시 한편을 쓰고는 목메어 읊다가 여울물에 띄워 보냈다. 그리고는 또 한편을 쓰곤 하였다. 쓰고는 읊고 띄워 보내고…….

이런 때 그가 하루에 쓴 시는 무려 백여 수에 달했다고 한다.

후에 누구인가 이 사실을 두고 읊은 시가 있었다.

사품치며 흐르는 물 어디로 가나
굽이치며 흘러서 바다로 가지
푸른 하늘 한 조각 같은 종이쪽에
읊고 쓰고 쓰고 읊고 여념없었네

2. 성군수를 감동시킨 화담 선생

화담은 우리 나라의 중세철학을 대표하는 철학가인 서경덕(1489~1546)

의 호이다. 개성 동문 밖의 가난한 선비 집안에서 태여난 그는 살림이 구차하여 14살부터야 공부를 시작하였다.

그러나 남달리 총명하여 일찍이 세상 리치를 터득하였다. 어려서부터 청렴결백을 자기의 생활신조로 삼아온 그는 량반 통치배들이 더 큰 권력과 재물을 차지하려고 서로 물고 뜯는 현실을 보면서 벼슬살이를 단념하고 일생을 고향 마을인 화담 언덕에서 학문탐구와 후대 교육에 힘썼다.

그리하여 사람들은 흔히 서경덕을 화담 선생이라 일컬으며 그를 존경하였다.

그가 34살 되던 해에 있은 일이다. 서경덕은 오랜 동안의 은둔생활에서 벗어나 아름다운 조국산천을 두루 편답하면서 현실을 체험하기로 작정하고 집을 떠났다.

수백 리 길을 걸어 관동지방에 이른 그는 곧추 금강산으로 행하였다.

서경덕은 금강산에 들어서면서부터 신비경을 펼쳐놓은 듯한 절승경개에 그만 넋을 잃었다. 천태만상을 이룬 기암괴석들과 수려한 봉우리들, 지심을 울리며 천길 나락에서 떨어지는 폭포수들과 손을 담그면 방금 파란 물이 들 것 같은 명소들, 개울물소리 유정한 깊은 계곡들과 바람결에 설레이는 수림들…….

돌아보면 볼수록 황홀하여 시흥이 저절로 일어나는 금강산이였다.

금강산의 경치가 얼마나 그를 매혹시켰던지 화담 선생은 지고 온 길량식이 떨어졌다는 것도 몰랐다.

어느 날이였다. 그 날도 금강산에 올라 이곳저곳을 두루 돌아보던 화담 선생은 배가 출출한지라 시냇가에 이르러 지고 다니던 전대를 풀었다. 그런데 전대에는 한두 끼 밥을 지을 만한 쌀밖에 남아 있지 않았다. 화담 선생은 그때야 비로소 길량식이 떨어졌다는 것을 알고는 앞으로의 려정을 위해 얼마간의 쌀이라도 구해야 되겠다는 데 생각이 미쳤다.

그는 궁리 끝에 고성군수를 찾아갔다. 관가에 이른 화담 선생은 통인 아이에게 개성 사는 선비 아무개가 군수를 만나러 왔다고 알리도록 하였다.

전갈을 받은 군수는 마뜩지 않은 눈길로 통인을 바라보며,

"들어오래라."

고 한마디 씹어뱉었다. 그 때 고성군수는 무관 출신으로서 대체로 문관들을 하찮게 여기는 사람이였다. 그러니 화담 선생이 당대의 이름난 학자라는 것도 알 리 없었다.

그래서 화담 선생이 들어와 정중히 문안 인사를 하였으나 군수는 동헌의 비단보료 위에 비스듬히 누운 채로 약간 알은 체를 하고는 퉁명스럽게 물었다.

"그래 무슨 일로 나를 찾아왔소?"

화담 선생은 찾아오게 된 사유를 간단히 이야기하였다. 그러자 군수는 업신여기는 눈길로 그를 바라보며 다시 물었다.

"금강산을 유람하였다니 당신 보기엔 무엇이 제일 장관이였소?"

"며칠 전에 불정대에 올라 해뜨는 것을 보았는데 내 생각엔 그것이 제일 장관이었소이다."

화담 선생이 대답하자 군수는,

"그래, 그것이 어떻던고?"

하면서 그 광경을 말해보라고 하였다.

불정대의 해돋이 장면을 다시 상기하는 듯 잠시 눈을 감고 있던 화담 선생의 입에서는 격정과 희열에 넘친 말이 거침없이 흘러나왔다.

"이른 새벽에 불정대에 나는 듯이 걸어올라 만리를 굽어보니 운무가 자욱히 덮여 하늘과 바다가 맞붙는 것 같았습니다. 그야말로 태고적의 혼돈이 아직 갈리지 않았던 그 상태를 방불케 하였지요. 이윽고 새벽빛이 점차로 열려 아래 우와 사방이 걷어들리니 가볍고 맑은 것은 하늘이 되고 무겁고 흐린 것은 땅이 되었다는 말 그대로 하늘과 땅이 제자리에 놓이고 만상이 제각기 분별되였습니다. 미구에 오색 채색구름은 바다를 누르고 붉은 기운은 하늘을 쏘고 겹겹이 일어나는 파도는 흔들거리더니 장엄한 불덩어리 하나가 떠들려 나왔습니다. 그러자 바다는 한층 밝아지

고 구름은 흩어지며 불덩어리의 휘황한 빛이 아물아물하니 눈이 부시여 잘 볼 수가 없더군요. 그 불덩어리가 점점 높이 오르니 온 우주가 환하게 열리여 먼 봉우리와 가까운 산들이 알쏭달쏭 수놓은 듯 선명하여졌습니다. 이 광경을 붓으로 그려낼 재주도 없고 입으로 형용할 말도 없습니다. 이것이 으뜸가는 장관이 아니고 무엇이겠습니까."

화담 선생이 말을 마치자 군수는 정신이 번쩍 든 듯 냉큼 일어나 앉으며

"그대의 말이 정말 장하오. 나로 하여금 세상을 잊고 천지간에 우뚝 솟은 감을 주오 그려."

하면서 무릎을 쳤다.

그리고는 화담 선생을 동헌마루로 청하면서 일변 리방을 소리쳐 불렀다. 리방이 달려나와 머리를 조아리자 군수는 그에게 일렀다.

"이 분은 우리 고성마을에 온 귀한 손님이신데 앞으로 갈 길이 많으니 로자와 량식을 넉넉히 마련해 주도록 하라."

고성군수는 그 길로 당장 떠나겠다는 화담 선생을 굳이 만류하여 며칠 동안 묵게 하면서 그를 후히 대접하였다.

3. 금강산은 과연 명산

추강 남효온(1455~1504)은 15세기의 이름난 문장가의 한 사람이다. 그는 성격이 활달하고 자유분방하여 가까운 벗들과 함께 아름다운 조국 산천을 유람하면서 글짓기를 좋아하였다.

효온이 태여난 이듬해에 수양대군(후에 세조)의 왕위 탈취 사건이 있었다. 봉건적 '충의'에 충실하였던 그는 앞날이 촉망되는 청년으로 성장한 다음에도 세조에 대한 뿌리깊은 원한으로 하여 벼슬길을 마다하였고 일생 은둔생활을 하면서 옳지 못한 조정의 무리들을 폭로, 조소하는 수많은 시들을 썼다. 그는 세조의 그릇된 처사를 끝까지 반대한 '생육신'의 한 사람으로 불리게 되었다. 그런 만큼 매월당 김시습과는 나이 차이가 비

록 20년 가까이 되었지만 매우 친근하게 지냈다.

남효온이 벗들과 함께 금강산을 찾은 어느 해에 있은 일이였다. 때마침 금강산에는 김시습이도 이미 와 있었다. 시습이 금강산에 있다는 것을 알게 된 효온은 함께 온 친구들과 함께 그가 묵고있는 숙소부터 찾았다.

효온은 마당에 들어서며,

"동봉(김시습의 다른 호)!"

하고 소리쳐 불렀다. 그 소리에 펄쩍 놀라 문을 열어 제낀 시습은 마당에서 있는 효온을 보자,

"추강!"

하며 마주 달려나왔다. 오래간만에 다시 만난 벗들은 서로 얼싸안고 그리웠던 정을 나누었다.

시습은,

"우리 몇 해 만에 다시 만났는데 저기 〈산수정〉에 올라가서 회포나 나누세나."

하고서는 먼저 씨엉씨엉 정자로 올랐다. 〈산수정〉에서 그들은 그간 지내온 소식들을 주고받기도 하고 세상 형편도 두루 이야기하면서 시간가는 줄을 몰랐다.

어느덧 해가 설핏해지자 효온 일행과 래일 금강산으로 오를 데 대한 상론을 하고 있던 시습이 발을 헛디디는 바람에 갑자기 정자에서 두어 길 되는 아래쪽으로 떨어졌다. 친구들이 급히 달려 내려가 보니 시습은 크게 다쳐 숨도 제대로 쉬지 못하였다. 모두 다 달라붙어 팔과 다리, 가슴을 주물러주고 림시 응급대책을 취해서야 시습은 겨우 숨을 돌리였다.

친구들이 그를 맞들어 정자 안에 눕혔을 때 효온은,

"동봉이 이렇게 중상을 입었으니 래일 어떻게 떠나겠소."

하며 걱정스러운 눈으로 그를 바라보았다. 그러나 시습은 오늘밤에 치료를 잘해서 만약 조금이라도 차도가 있으면 억지로라도 당신들을 따라가겠으니 여러분들은 〈후루원〉에서 나를 기다려달라고 가까스로 말했다.

다음날 아침에 효온 일행은 약속한대로 〈후루원〉으로 갔다. 그런데 그곳에는 뜻밖에도 시습이 먼저 와서 기다리고 있었다. 친구들이 의아스러움을 금치 못하여 가까이 다가가 보니 시습은 조금도 높은 곳에서 떨어져 중상을 입은 사람 같지 않게 어제나 다름없이 몸가짐도 하고 말도 하였다.

그 모습이 너무도 천연스러워 효온은,

"아니 동봉은 무슨 요술을 피워서 우리들을 속였소?"

하며 핀잔 비슷이 말하였다.

"내가 속이다니. 그럴 리야 있겠나. 추강은 아직 몰라서 그렇지만 여기서 얼마 멀지 않은 온정동 골 안에는 어혈이 진데 특효가 있는 온천이 있는데 어제 밤과 오늘 이른 새벽에 거기서 한바탕 목욕도 하고 찜질도 하였더니 이렇게 씻은듯이 나았네 그려."

김시습이 이렇게 말하며 친구들이 보는 앞에서 기운차게 걸어나가자 효온은 '금강산은 과연 명산이로다!' 라고 감탄하며 그의 뒤를 따랐다.

남효온은 그 때 김시습과 함께 금강산을 유람하면서 리조 시기에 창작된 대표적인 금강산탐승기의 하나인 '금강산기' 를 썼다.

4. 녀류 시인의 금강산 유람

황진이는 16세기에 활동한 우리나라의 이름 있는 녀류 시인이다. 그는 개성에서 살던 량반 황진사의 첩의 딸로 태여났다. 호는 명월이였다. 황진이는 용모가 아름다운데다가 어릴 때부터 노래와 서예에서 뛰여난 재능을 보여주었다. 그리하여 그에 대한 소문은 린근 각지에 퍼졌고 적지 않은 일화들도 남기었다.

그가 15살 나던 해에 한 동네에서 살던 총각이 짝사랑하던 나머지 상사병에 걸려 죽었는데 총각의 상여가 황진이의 집 대문 앞에 이르자 말뚝처럼 굳어져 움직이지 않았다. 총각이 죽은 사연을 알고 있던 한 친구가 황진이의 집으로 뛰여 들어가서 그에게 전후 사실과 방금 상여가 땅에서 떨어지지 않는다는 것을 이야기하였다. 크게 놀란 황진이가 소복단장을 하고 달려나가 자기의 치마를 벗어 관을 덮어주었는데 그제야 상여가 움직이였다고 한다. 또한 이 일이 그가 기생으로 된 동기로 되었다고도 한다.

황진이는 비천한 첩의 딸로서 온갖 멸시를 받으며 규방에 묻혀 일생을 헛되이 보내기보다는 차라리 봉건적 륜리의 질곡 속에서 벗어나 자유롭게 살기를 원하였던 것이다. 그 결심을 실천하자면 당시 그의 신분으로써는 기생으로 되는 길밖에는 다른 출로가 없었다. 그리하여 그는 어머니에게 이 자식은 죽고 없는 것으로 알아달라는 한마디를 남기고 집을 뛰쳐나가 기생이 되었다.

재색을 겸비한 황진이의 이름은 곧 팔도에 알려졌다. 그때 개성에는 철학자로 유명한 화담 서경덕과 생불로 자처하는 만석(지족선사)이라는 중이 있었다.

황진이는 지조가 굳고 인품이 고결하다고 소문난 학자와 중의 의지를 시험해보리라 생각하고 먼저 화담 서경덕을 찾아가서 제자가 되기를 청하였다. 화담은 두말없이 쾌히 승낙하였다. 황진이는 얼마동안 다니다가 하루는 날이 저물었으므로 선생이 거처하는 방에서 자고 가기를 청하였다.

화담은 천연히 승낙했다. 그날 밤 황진이는 피곤한 척하면서 팔을 그의 가슴 우에다 올려다 놓기도 하고 다리를 그의 배 우에 올려놓기도 하였다. 그럴 때마다 화담은,

"허. 몹시 피곤한 모양으로군."

하면서 팔과 다리를 조용히 들어 바로 놓아주군 하였다.

그 후 여러 해를 황진이와 화담은 한 처소에서 지내면서 때로는 자리를 같이 하기도 하였으나 화담은 끝내 스승으로서의 한계를 넘지 않았으며 황진이로 하여금 오직 글을 읽고 쓰는 데만 전심하도록 가르쳤을 뿐이었다.

화담 서경덕의 고결한 인품에서 깊은 감동을 받은 황진이는 그의 슬하를 떠나 이번에는 만석을 찾아갔다. 그는 천마산에서 10년 동안 도를 닦고 화담보다 자기 지식이 높다고 자랑하는 중이였다.

황진이 찾아가 도를 닦을 것을 청하자 만석은 눈을 감은채 화를 내며 '지족선사는 원래 여자를 가까이 하지 않는다.' 고 한마디로 거절했다.

며칠 후 청상과부 모양으로 소복을 하고 절간으로 찾아간 그는 만석의 바로 곁방에 자리를 잡고 죽은 남편을 위해 백날 불공을 한다고 하면서 매일 밤 남편의 명복을 비는 글을 지어 아름다운 목소리로 랑랑히 외웠다. 만석은 처음에 태연한 체 아무런 반응도 보이지 않았으니 하루 이틀 지나는 동안에 황진이의 아릿다운 자태를 엿보고서는 끝내 참지 못하여 불교의 계률을 어기는데 이르렀다. 그 때부터 '십년공부 나무아미타불' 이라든가, '만석중 놀리듯 한다' 는 속담이 새로 생겨났다고 전해 온다.

당시 개성 사람들은 용모와 예술적 재능이 뛰여난 황진이를 화담 서경덕, 박연폭포와 함께 '송도3절(3가지 뛰여난 것)' 로 꼽으며 자랑하였다.

원래 량반 계급이 절대화하고 있던 봉건적 유교 도덕의 속박을 싫어한 황진이는 주로 남녀간의 애정을 짙은 서정으로 섬세하면서도 자유분방하게 노래한 시조 작품들을 많이 남기였다.

청산은 내 뜻이요 록수는 님의 정이
록수 흘러간들 청산이야 변할손가
록수도 청산 못잊어 울어예어 가는고

이 시조는 그러한 대표작의 하나이다. 황진이는 이와 함께 〈박연폭포〉와 같이 크나큰 긍지를 가지고 조국의 아름다움을 노래한 시도 썼다.

그는 경치 좋은 곳을 유람하기를 좋아하였다. 그러한 황진이 세상에 소문난 금강산을 찾지 않을 수 없었다.

어느 날 그의 명성을 듣고있던 서울의 한 젊은이가 개성으로 놀러 왔다. 그도 유람을 좋아한다는 이야기를 듣고 황진이는 같이 금강산 구경을 가자고 하면서 이렇게 말하였다.

"이웃 나라 사람들도 고려국에 태여나 금강산을 한번 보는 것이 원이라 하였거늘 우린 조선 사름으로서 제나라에 있는 금강산을 못 본다면 어찌 수치가 아니겠소. 우연히 당신을 만나보니 가히 동무하여 유람을 갈 만하오.”

젊은이도 반기며 선뜻 응해 나섰다.

황진이는 번다한 행장을 다 버리고 굵은 삼베 치마 저고리를 떨쳐입고 망태를 졌으며 손에는 지팽이를 쥐였다. 같이 가는 젊은이 또한 무명옷에 삿갓에 쓰고 량식을 등에 짊어졌다. 얼핏 보면 허물없는 오랍 누이동생 같은 그들의 차림새에도 까다로운 남녀간의 례의범절을 벗어나 금강산의 경치를 마음껏 즐기려는 황진이의 섬세한 심정이 담겨 있었다.

유람 길에 나선 그들은 수백 리 먼길을 걸어 금강산에 이르렀다. 과연 소문 그대로의 금강산의 절경에 접한 그들은 이루 형언할 수 없는 기쁨에 휩싸였다.

날마다 희열에 넘쳐 금강산의 명소들을 찾은 황진이와 젊은이는 서로 노래도 부리고 화답시도 읊으면서 산천경개를 즐겼다. 꿈속에서처럼 날은 흘러 어느덧 가지고 떠난 약간의 로자도 다 떨어져 그들은 굶다 시피 되었다. 그들의 얼굴은 초췌해져 말이 아니였다. 게다가 연약한 녀성의 몸으로 험준한 산발을 타고 넘다니니 황진이의 발에는 로독까지 생겼다.

엎친 데 덮친 격으로 황진이는 젊은이의 종적마저 잃게 되였다. 아무리 애타게 찾아보았으나 그가 간 곳을 알 수 없었다.

그러나 금강산을 다 돌아보지 않고서는 쉽게 떠날 황진이가 아니였다. 그는 로독 오른 다리를 끌고 민가나 절간들에서 밥을 빌어먹으면서도 금강산의 명소들을 다 돌아보고서야 그곳을 떠났다.

그는 내친걸음에 태백산을 거쳐 우리나라의 5대 명산의 하나인 지리산까지 구경하고 돌아오는 길에 전라도 라주에 이르렀다. 마침 그 곳에서는 라주 목사가 큰 잔치를 벌이고 있었다. 라주는 물론 부근의 명창들까지 구름같이 모여들어 노래를 부르는 바람에 집이 떠나갈 듯하였다.

황진이는 말도 없이 잔치판에 슬며시 끼여들어 아름다운 목소리로 노래 한 곡조를 건드러지게 불렀다. 때아닌 고운 목소리에 명창들은 입을 다물었고 목사이하 좌중은 물 뿌린 듯 조용해졌다.

행색으로 보아 미친년이 분명한데 어데서 저런 노래 소리가 나오는가가 의문되여 모두들 놀라는 가운데 황진이를 쳐다보기만 했다.

이윽고 목사가 통인을 불러 그의 신분을 알아보게 하였다. 그가 다름아닌 팔도에 이름난 송도의 명기 황진이임을 알게 된 목사는 그를 가까이 불러 올리고 잔치의 귀빈으로 모셨다. 그리하여 황진이는 금강산 유람을 떠난 이래 처음으로 륭숭한 대접을 받게 되었고 집으로 무사히 돌아왔다고 한다.

이처럼 자기 생애에 많은 일화를 남긴 녀류 시인 황진이는 마흔 살을 전후하여 세상을 떠났다. 그의 금강산 구경에 대한 이야기는 사람들의 입을 통해 후세에 전해 오고 있지만 다만 금강산을 노래한 황진이의 시가 없음이 유감일 따름이다.

5. 당신은 눈 뜬 장님

어느 해 가을이였다. 세상 천지를 두루 떠돌아다니던 김삿갓은 한겨울 피곤한 몸도 쉬일 겸하여 못 견디게 그립던 금강산에 다시 찾아왔다.

금강산 초입에 들어서니 불어치는 삭풍에 락엽이 우수수 흩날리는데 멀리 바라보니 잎새 떨어진 나무들 사이로 들쑹날쑹한 바위산들이 기묘한 자태를 활짝 드러내고 있었다. 푸른 숲이 뒤덮였을 때는 미처 몰랐다가 신비경을 펼쳐놓은 듯한 그 모습에 황홀감을 금치 못한 삿갓은 다리아픔도 잊고 금강산 골 안을 따라 걸음을 옮겼다.

한 굽이를 돌고 또 한 굽이를 돌 때마다 마주서는 봉우리의 기묘한 자태가 눈뿌리를 빼고 희디흰 바위들 사이로 흐르는 맑은 시내물 소리 유정하여 삿갓은 떠오르는 감흥을 바이 누를 길 없었다. 그는 이 날따라 친구들과 함께 옥계수 흐르는 너럭바위 우에 올라 앉아 한 잔 술을 부으며 사시장철 아름다운 금강산의 경치를 마음껏 읊고 싶었다.

이 때였다. 어디선가 난데없이 말발굽 소리가 골 안을 울렸다. 삿갓은 반가운 김에 소리나는 쪽으로 얼굴을 돌렸다. 머리에 쓴 삿갓을 비스듬히 제끼고 아래쪽을 눈 여겨 바라보니 나귀등에 올라앉은 길손의 모습이 보였다. 그 길손이 탄 나귀 뒤에 부담마까지 달린 것을 보아 필시 먼 곳에서 오는 량반 행차가 분명하였다.

순간 그는 이맛살을 찌푸렸다. 량반이라면 반감부터 앞서는 삿갓이였다. 그는 돌아서 걸음을 옮기려다 말고 생각을 고쳐먹었다. 량반은 량반이지만 인적 드문 가을철에 금강산에 찾아온 걸 보니 뜻 있는 손비가 아닐가 하는 생각에서였다. 그는 다시 그 쪽을 내려다보았다.

그런데 금방 올라오던 량반 행차가 멎어 섰다.

나귀 우에 탄 량반은 사방을 두리번거리기만 할 뿐 더 올라올 념을 하지 않고 머뭇거리고있었다.

그의 거동을 살피던 삿갓은 참지 못하고,

"여보시오. 왜 그러고 섰소? 이리로 올라오시오."

라고 소리쳐 불렀다. 그 소리에 량반은 흠칫 놀란 듯하더니 저도 한적한 골 안에서 사람을 만난 것이 반가운지 나귀등에 채찍을 치며 삿갓이 있는 쪽으로 급히 올라왔다.

가까이 온 량반은 삿갓의 초라한 행색을 보더니 두 눈이 샐쭉해졌다. 그러거나 말거나 삿갓은 례를 깍듯이 차리며 물었다.

"어디서 오는 길손이시오?

보매는 허술한 차림이지만 어딘지 기품이 있어 보이는 그의 정중한 태도에 은근히 주눅이 든 량반은,

"서울서 오오."

하고 점잖을 빼며 대답하였다.

"금강산 구경을 왔구만요. 그래 보니 어떠하시오?"

"어떻다니? 보이는 것 돌과 물뿐인데 뭐 말할거나 있소. 난 가을의 풍

악산이 좋다해서 찾아왔는데 철을 놓쳤으니 이만 돌아갈까 하오."

"아니 쉽지 않은 걸음인데 돌아가다니 웬 말이시오?"

"내 이미 말하지 않았소. 보이는 건 돌과 물뿐이라구."

량반은 짜증섞인 말로 대꾸하였다.

"여보시오. 자고로 이곳은 금강석처럼 빛이 나는 기암괴석과 옥계수로 유명하여 금강산으로 불리어오는데 그 모습이 완연히 드러난 이때에 돌아가겠다니 당신은 혹 장님이 아니시오?"

"뭣이, 내가 장님이라구?"

"눈뜨고도 금강산의 진미를 보지 못하니 장님이랄 수밖에, 당신 같은 눈 뜬 장님은 다시 온다 쳐도 금강산의 신묘함을 알지 못할 거요. 가겠으면 썩 돌아가오. 어서."

삿갓의 호령과 엄엄한 기상에 눌린 량반은 항변할 엄두도 못 내고 슬며시 말머리를 돌려 꽁무니를 빼고 말았다. 허둥지둥 내빼는 그 모양이 하도 우스워 한바탕 통쾌하게 웃는 삿갓의 웃음소리가 조용하던 금강산 골안에 울려 퍼졌다.

그 날 저녁 중 없는 텅 빈 절간 방에 누웠던 김삿갓은 낮에 있은 일을 두고 시 한 수를 지었다.

즐거울 땐 금강산
잊어버리니
푸르렀던 금강산이
뼈만 남았네

내 뒤에 나귀 타고
찾아온 길손
아마도 볼 것 없다
머뭇거리니

시냇가에 돌 없으면
냇물은 멋이 없고
돌 있는데 물 없으면
돌 또한 무색하리

이 고장엔 내 흐르고
돌마저 곁들었네
하늘은 조화부리고
나는 시를 읊으리니

6. 시대에 역행한 마의 태자

지금으로부터 천여 년 전인 935년에 있은 일이다.

당시 후기 신라는 멸망의 위기에 처하여 있었다. 신라의 통치배들은 국토통일을 목표로 적극적으로 진출하고 있던 고려의 태조 왕건과 신라를 병합하려고 군사행동을 강화하고 있던 후백제 왕 견훤이 서로 세력을 다투는 와중에 끼워 겨우 잔명을 유지할 따름이였다. 사실 그 때 신라의 남은 령토는 불과 백여 리, 그것도 왕명이 통하는 곳은 경주 부근의 몇 개 군, 현에 불과하였다.

각 지방에 할거하고 있던 신라의 '성의 우두머리', '장군'들은 대부분 왕건에게 투항하였고 백성들의 마음도 옛 고구려를 다시 일으켜 세우려는 고려 편으로 기우러졌었다.

후기 신라의 멸망은 시간문제로 되었다. 이런 형편에서 후기 신라의 마지막 왕 김부(경순왕)는 신라 왕조가 더는 유지될 수 없음을 깨닫고 고려에 항복할 것을 결심하였다. 그의 이런 결심을 더욱 확고하게 해준 것은 후백제 안에서 내란이 일어나 자식들에게 갇힌 몸이 되었던 견훤이 왕건에게로 도망쳐 가 고려에 투항한 사건이였다.

그 해 10월 어느 날 김부는 문무백관을 궁으로 불렀다. 고려에 통합할 데 대한 문제를 정식으로 론의하기 위해서였다.

룡상에 나와 앉은 김부는 드넓은 대청 안에 늘어 앉아있는 신하들을 둘러보면서 무겁게 입을 열었다.

"이렇게 경들을 갑자기 부른 것은 다른 뜻이 아니고 경들의 생각은 어떤지 모르나 나는 이미 결심을 내렸소. 제공도 알다시피 나라의 땅은 대부분 남의 손에 들어가고 남은 것은 왕경(경주) 부근의 몇 개 군현 뿐, 그나마도 보존할 군사와 식량도 가지지 못하였으니 이러고 어찌 앉아서 사직의 유지를 운운하리오. 대세는 이미 기울었으니 차라리 사직을 깨끗이 폐하고 고려에 의탁함이 어떨까 하는 것이요."

김부는 솔직하게 자기의 결심을 털어놓았다. 그리고는 다시 말을 이었다.

"내가 고려를 택하는 것은 다른 뜻이 아니요. 수십 년 싸움에 지칠대로 지친 신라의 민심이 벌써 오래 전에 고려에로 쏠린 때문이요."

그는 말을 마치고 신하들의 의견을 물었다. 그러나 어느 누구도 일어설 념을 하지 못했다. 근 천년의 사직을 하루아침에 허물어버리는 것이 가슴 아팠지만 대세의 흐름은 국왕의 결심을 쫓지 않을 수밖에 없다고 모두들 절감한 때문이였다.

그 때였다. 좌중을 헤치고 왕의 앞에 나와 엎드리는 사람이 있었다. 그는 다름 아닌 왕의 대를 이을 태자였다. 이윽고 머리를 든 태자는 침통한 목소리로 부왕에게 고하였다.

"젓사오나 고려에 의탁함은 안될 말씀으로 아뢰옵니다. 자고로 나라의 존망은 하늘에 달려 있다 하거늘 그 명을 받은 왕으로서 어찌 그 소임을 소홀히 생각할 수 있겠나이까. 그러하오니 부왕께서는 그런 생각을 버리시고 지금이라도 널리 천하의 충신 의사를 소리쳐 부르시고 아래로 민심을 수습하시여 끝까지 사직을 도모하심이 옳을까 하나이다. 어찌 힘이 다할 때까지 싸워보지도 않고 천년의 력사를 가진 사직을 함부로 남의 손에 넘기겠나이까!"

태자는 부왕의 결심을 반대하였다. 그는 아직 국토 통일에로 흐르는 대세의 흐름과 인민들의 념원을 깨닫지 못하였으며 '충의' 하나만 들고나선다면 다 기울어진 신라를 다시 추켜세울 수 있다고 믿었던 것이다.

태자가 반대의 뜻을 표시하자 물 뿌린 듯 조용하던 장내가 술렁거리기 시작하였다. 하나, 둘 태자를 지지해 나서는 신하들도 있었다. 그러나 왕은 조금도 물러서지 않았다. 그는 부복한 체 부왕의 대답을 기다리고 있는 태자를 내려다보며 다시 입을 열었다.

"동궁(왕태자)의 눈에는 사직의 래력만 있고 한 나라 한 강토에서 살기를 바라는 백성들은 보이지 않는가? 민심이 이러하거늘 끝까지 사직을 지킨다는 헛된 명분으로 대세의 흐름을 거역할 수는 없다. 그만 물러가라."

부왕의 결심을 더 이상 움직일 수 없다는 것을 안 태자는 눈물을 뿌리며 궁궐을 나섰다. 태자는 군사를 일으켜 고려와 싸우든지 아니면 중이 되어 금강산 골 안에서 일생을 깨끗이 마치든지 두 길 중에 한 길을 택하리라 마음 속에 다지였다.

마침내 김부는 고려에 투항한다는 국서를 왕건 앞으로 보냈다. 사량궁(신라왕의 궁전)이 온통 통곡소리에 잠긴 그 날 태자는 자기를 따라 나선 몇몇 신하들과 약간의 군사를 거느리고 금강산을 향해 경주를 떠났다. 며칠간의 행군 끝에 금강산 어귀에 이른 그는 군사를 삼억동(금강군 내강리)에 머물게 한 다음 신하들과 함께 장안사를 찾았다. 절 앞에 이르니 대륜법사가 미리 알고 나와 있다가 일행을 마중하였다. 태자와 법사는 날이 밝을 때까지 장차 어떻게 할 것인가를 의논하였다.

법사는 나라를 지키려는 태자의 '충의'를 갸륵하게 생각하면서도 간곡한 말로 그를 타일렀다.

"두 임금을 섬기지 않고 일편단심 사직을 지키려는 그 마음 거룩하기 비길 데 없을 줄 아옵니다. 옛날 백이 숙제가 수양산에 들어가 절개를 지켰다고 하지만 태자님처럼 군사를 거느리고 기울어진 나라를 건지려고는 하지 않았소이다. 하지만 태자님, 대세는 이미 고려에 의한 국토통일에로 기울러지고 있소이다. 고려는 동족간의 싸움을 그만 두고 하나의 나라 안에서 살려는 백성들의 마음을 틀어쥔 줄 아오니 이러한 때 군사를 일으킨다는 것은 닭알로 바위를 찧는 것과 같은 어리석은 짓인 줄로 아나이다."

"법사도 그렇게 생각하는가? 음"

태자는 법사의 얼굴을 쳐다보며 길게 탄식하였다. 그의 눈앞에는 며칠 전 사량군 안에서 벌어졌던 일이 선히 떠올랐다. 문득 그의 귓전에는,

"오늘같이 고립되고 위태로운 형세에서는 나라를 보존할 수 없다. 고려에 의해서 나라가 통일되는 것은 대세의 흐름이고 인심의 취향이니 이것은 천명이요, 천명은 거역할수 없다."

고 하던 부왕의 말이 쟁쟁히 울려왔다.

크게 믿고 찾아온 대륜법사까지 군사를 일으키는 것은 무모한 짓이라고 간할진대 이제는 더 이상 바라볼 것이 없었다.

태자는 드디여 항쟁을 단념하고 따라왔던 군사를 해산하였다. 그러나 그는 큰 소문을 내고 금강산에 들어온 이상 고려왕조를 섬길 마음은 조금도 없었다. 태자는 그 때로부터 〈개골산(금강산)〉의 동굴을 집으로 삼아 베옷(마의)을 입고 풀뿌리를 캐여 먹으면서 일생을 깨끗이 마치었다. 이로부터 후세 사람들은 그를 '마의태자'라고 불렀다.

금강산에는 지금까지도 〈태자성〉, 〈삼억동〉, 〈룡마석〉 등 '마의태자'와 관련한 지명들과 여러 가지 토막 전설들이 전해지고 있는데 이것은 모두 '한 신하가 두 임금을 섬기지 않는다'는 봉건적 '충의' 관념에서 그의 행적을 찬양, 선전하기 위하여 고려왕조는 물론 리왕조의 통치배들이 과장하거나 꾸며낸 것이다.

사실상 당시 고려에 의한 나라의 통일은 절대다수 인민들의 념원을 반영한 진보적인 사변이였던 만큼 그에 역행한 '마의태자'의 행동은 시대

착오적인 것에 지나지 않는다.

7. 왜적의 침입을 예견한 리지함

우리나라 고전들 가운데는 임진 조국전쟁 시기의 력사적 사실들을 기록한 '임진록'이라는 책이 있다. 이 책에는 임진왜란을 전후한 시기에 있은 사실들도 적혀 있는데 그 가운데는 16세기의 관료이며 유학자인 토정 리지함(1517~1578)이 금강산을 유람하면서 멀지 않은 앞날에 왜적의 침입이 있을 것을 예견하였다는 이야기도 들어 있다.

리지함은 본래 '주역'같은 책을 연구하여 항간에서 이른바 천기(하늘의 조화)를 내다볼 줄 아는 사람으로 소문났었다. 당시 봉건 량반 관료들은 태평성대를 읊조리면서 국방에는 관심이 없이 서로 더 많은 권력과 재물을 차지하기 위한 당쟁만 일삼고 있었다. 조선 안의 이런 현실을 엿본 일본의 관백 도요도미 히데요시 놈은 장차 조선을 집어삼킬 흉악한 목적 밑에 전쟁 준비를 미친 듯이 다그치고 있었다. 리지함은 비록 량반 관료의 몸이였으나 바다건너 왜국에서 벌어지는 심상치 않는 움직임을 풍문으로 들으면서 한시도 마음을 놓지 못하고 있었다.

그러던 그가 팔도강산 유람길에 나서 금강산을 찾은 것은 50고개를 넘어서였다. 늘그막에 천하명승 금강산을 돌아보게 된 그의 기쁨은 한량없이 컸다.

어느 날이였다. 발걸음을 옮길수록 새롭게 펼쳐지는 절승경개에 끌려 해 가는 줄 모르던 그는 저녁 무렵에 산마루 중턱에 자리잡고 있는 한 암자에 이르렀다. 하루종일 걸은 탓인지 피곤에 휩싸인 그는 암자에 올라가 댓돌 옆에 지팽이를 놓고 란간에 의지하여 황혼 속의 금강산을 바라보다가 자기도 모르게 단잠에 들었다.

얼마나 지났을까 그의 꿈속에 두어 명의 중이 나타났다. 그들은 암자 안을 깨끗이 거둔 후 병풍도 치고 여럿이 앉을 자리도 마련하였다. 그가

무슨 일이 있는가 중들에게 물어보니,

"지금 여러 명산의 산신령님들이 나라에 일이 생긴 것을 근심하여 의논하려 모이고 있나이다."

라고 대답하였다.

중들의 대답이 채 끝나기도 전에 흰 수염을 길게 드리우고 위엄 있는 옷차림을 한 여러 신령들이 차례로 들어와서 각각 자리에 앉는 것이였다.

먼저 삼각산의 신령이 지리산의 신령더러 말하였다.

"요즘 천문을 보니 천왕별의 움직임이 정상이 아닌데 남에서 북으로 움직이는 것을 보면 남쪽에서 무슨 사변이 생겨날 듯 하요. 이것은 왜국의 요사스러운 기운이 동남쪽으로 해서 온다는 것을 말해주는 것이 아니겠소."

지리산의 신령이 곧 그의 말을 받았다.

"비단 별의 운행에 변괴가 있을 뿐 아니라 사람의 일에도 념려되는 바가 있으니 남쪽 오랑캐가 날뛰는 것이 날로 우심해지고 있소. 그런데 조정에서는 연회만 차리고 태평성대만 부르짖고 있으니 나라가 망할 때가 닥쳐왔는가 보오. 천운이 이러하니 더 말해 무엇하리오."

그의 말을 듣고 풍악(금강산) 신령이 크게 놀라면서,

"조선은 례의지국이요. 우리가 이 나라에서 살면서 제물을 받아먹고 있으니 우리 또한 례의지신인 셈이요. 저 짐승 같은 남만(왜)이 하루아침에 이 땅에 들어와 살게 되면 우리 또한 짐승의 신으로 되고 말 것이니 이 같이 부끄럽고 수치스러운 일이 또 어디에 있겠소. 이 자리에 모인 여러 신령들이 제가끔 깊이 생각하여 미리 방비책을 세우는 것이 좋을까 하오."

라고 말하였다. 여러 신령들이 그의 말에 옳다고 수긍하였다. 산신령들은 모임을 마치더니 서로 손을 들어 가볍게 인사하고 흩어져 가는 것이였다.

리지함은 소스라쳐 잠에서 깨여났다. 시간은 퍼그나 흘러 하늘을 쳐다보니 봉우리에는 새벽달이 걸려 있었다. 그는 자리를 털고 일어났으나 방금 꿈에서 본 장면이 생생하게 눈앞에 어려와 진정할 수 없었다.

금강산에서 돌아온 리지함은 앞날에 반드시 왜적들의 침입이 있으리라는 것을 예견하고 주위에서 벌어지는 일들에 더욱 각성을 높이였다. 그가 삼척 고을에 가서 살던 때였다. 하루는 리지함이 중의 차림을 한 수상한 자를 만났는데 말씨나 얼굴 모습으로 보아 틀림없는 왜놈이였다. 사람들을 시켜서 그 중을 붙들어다 여러 모로 심문하니 자기는 조선의 국내형편을 탐지하려고 왜국에서 들어온 렴탐꾼이라는 것을 실토하면서 제발 목숨만 살려달라고 애걸하는 것이였다.

리지함은 충청도 아산 현감으로 있다가 1578년에 죽었는데 그로부터 14년 후인 임진년(1592년)에 왜적이 침입하였다. 그 때 왜장의 하나인 쯔시마의 평의지란 놈은 리지함이 앞을 내다보고 싸움 준비를 든든히 갖춘 삼척 고을에는 군사를 들여보내지 말라고 당부했다고 한다.

8. 사명당의 일화

사명당(송운대사)은 서산대사와 함께 임진 조국전쟁 시기 왜적을 쳐 물리치는 데서 이름을 떨친 중 출신 의병장이다. 그의 본래 이름은 임응규이며 법휘는 유정, 법호는 사명당 또는 송운이라고 하였다.

사명당은 1544년에 밀양에서 태여나 어려서 아버지를 여의고 할아버지 밑에서 자랐다. 13살 어린 나이에 중이 된 그는 불교 공부에 전심하여 벌써 젊은 시절에 불교 선종의 교리에 도통한 중으로 이름이 났다. 사명당은 금강산 유점사로 자리를 옮긴 후 여기서 서산대사를 만나 그의 제자가 되였다.

력사 기록에 의하면 사명당은 중이면서도 얼굴 생김과 성격이 중 같지 않았다고 한다. 중이 되면 으레 머리를 깎고 수염마저 깎는 법이지만 유독 사명당은 머리는 깎았으되 수염은 그대로 두었다. 그는 풍채가 좋고 얼굴도 호걸남아답게 생겼는데 거기에 수염까지 기른데다가 성격이 류달리 활달하고 도량이 커서 접하는 사람들에게 위엄 있어 보였다. 그가 보통 중이 아니였다는 것은 이것으로도 짐작할 수 있다.

사명당은 금강산을 진정으로 사랑하였다. 그는 불도를 닦고 제자들을 가르치는 외의 여가시간에는 금강산의 명소들을 찾아 돌아다니기를 즐겼으며 때로는 시흥에 못 이겨 시를 읊기도 하였다. 그의 시들 가운데서 만폭동을 노래한 다음의 시가 유명하다.

여기가 인간세상의
백옥경이 아니련가
류리로 꾸민 골 안
중향성 솟았구나

폭포수 흘러내리고
봉마당엔 흰 눈빛인데
장중한 물소리에
하늘 땅도 놀라는 듯

사명당이 이처럼 금강산과 더불어 날을 보내고 있던 때에 우리나라를 호시탐탐 노리고 있던 왜적들이 성스러운 조국 땅에 기여 들었다. 비록 속세와 인연을 끊은 중의 몸이였으나 겨레와 조국을 사랑하는 마음만은 남달리 뜨거웠던 사명당은 결코 앉아서 념불만 외우고 있지 않았다. 그는 '조국이 없이 어찌 백성이 있을 수 있으며 조국이 없이 어찌 중이 있을 수 있겠는가.'고 하면서 왜적 격멸에로 부른 서산대사의 호소에 호응하여 관동지방의 중 300명을 거느리고 순안 법흥사로 달려갔다. 당시 스승인 서산대사가 승병 도총섭으로 임명되였으나 늙은 몸이였으므로 사명당은 부총섭으로서 실지 승병을 지휘하였다. 그는 각지 의병들과 관군과의 협동 작전으로 북상하려는 적들의 길목을 막았고 1593년 정월 평양성

탈환 전투 때에는 승병들을 거느리고 칠성문으로 쳐들어가 전투 승리에 한 몫 하였다.

사명당이 지휘한 승병부대들은 쫓겨가는 왜적들을 추격하여 무리죽음을 안겼고 그후 권률 장군의 휘하에 들어가 도처에서 원쑤들을 족쳤다.

학식이 높고 담대하고 지략이 었었던 사명당은 1594년 봄부터 우리 측 군영의 대표자로서 적진 속에 들어가 주로 외교 활동을 벌렸다. 그는 조선 침략 괴수의 하나인 가또 기요마사(가등청정)를 대상하여 화의 교섭을 하면서 능숙한 외교 활동으로 놈들의 오만무례한 침략행위를 준렬히 규탄하는 한편, 적들의 비밀도 탐지하고 또 적장들 사이의 모순을 리용하여 서로 반목 질시하게 만들어 적들의 군사력을 분산, 약화시키기도 하였다.

사명당은 전 후에 조선측 전권대표로서 일본에 건너가 새로 집권한 일본의 도꾸가와 막부와 강화 담판을 진행하였다. 그는 일본 땅에서 당당한 론리와 주장으로 일본측이 조선에 사죄하고 우리측이 제기한 강화 조건들을 받아들이도록 하는데 성공하였거니와 전쟁시기에 붙잡혀갔던 3,000명의 조선사람들까지 데리고 조국에 돌아왔다. 사명당이 왜 땅에 갔을 때 그곳 왕이 그가 생불인가 아닌가를 여러 가지로 시험해 보고 또 그를 죽이기 위해 숱한 수를 썼지만 그의 신묘한 술법에 의하여 모두 허사로 되고 말았다는 내용의 전설도 이 때에 있은 사실은 반영한 것이다.

유능한 중 의병장, 외교가로서 임진 조국전쟁 승리에 크게 공헌한 사명당의 애국적 활동과 관련해서는 다음과 같은 일화들이 전해온다.

임진왜란이 일어난 지 얼마 안 된 때의 일이다. 대규모의 병력으로 불의에 우리나라를 침공한 왜적들은 두 달도 못되는 사이에 강원도 땅에 기여 들었다. 그 가운데 모리 요시나리라는 왜장이 이끈 침략군의 한 무리가 재물을 탐내여 금강산 유점사에 침입하였다.

임진왜란이 일어나자 제자들과 함께 미륵봉 아래 중내원에 들어가 있던 사명당은 젊은 중 한 사람을 시켜 적들의 동정을 알아오게 하였다. 젊은 중이 돌아와서 사명당에게 말하였다.

"왜놈들이 유점사에 들어오자 미처 피난하지 못한 중 수십 명을 결박해 놓고 금은과 그밖의 보물을 내놓으라고 강박하면서 내놓지 않으면 죽여치우겠다고 위협하고 있소이다."

그의 말을 들은 사명당은 우선 중들의 목숨부터 살려야겠다고 하면서 서둘러 유점사로 떠나려고 하였다. 여러 제자 중들이 앞을 막아 나서며,

"스님 동료 중들을 구원해주려는 뜻은 더 없는 자비심이라 아니할 수 없소이다. 그렇지만 적의 진영으로 들어가신다는 것은 범의 수염을 다쳐 화를 입는 것과 다를 바 없으니 딴 수를 생각해 보사이다."

라고 떠나지 말 것을 간청하였다.

그러나 사명당은 제자들의 만류를 뿌리치고 주저 없이 유점사로 내려갔다. 절간 가까이에 가니 왜놈들은 사방에 떼를 지어있으면서 서로 고아대고 있었다. 사명당은 주변에 사람이 있다는 것을 보지 못한 듯 태연자약하게 걸어 유점사의 정문 앞에 이르렀다. 그 곳에도 왜병들의 한 무리가 풀밭에 앉거나 드러누워 있었는데 놈들이 세워놓은 창과 칼, 조총들로 하여 살벌한 기운이 떠돌고 있었다. 하지만 사명당은 곁눈 한 번 팔지 않고 지팡이를 휘두르면서 위엄 있게 계단을 올라 절간 안으로 들어갔다. 문을 지키던 왜병들은 사명당의 그 위엄에 눌리어 눈이 떼꾼해서 쳐다만 볼 뿐 감히 그를 막아 나서지 못하였다.

사명당이 산영루를 지나 법당 앞으로 다가갔을 때였다. 피난 못한 중들은 묶이운 채 힘이 진하여 계담뜀에 쓰러져있었다. 사명당은 중들도 본체만체하고 곧바로 법당 안으로 들어갔다.

법당 안에서는 왜장 모리 요시나리 이하 부대의 우두머리들이 죽 둘러앉아 무엇인가 의논하고 있었다.

사명당은 이에 아랑곳하지 않고 법당 안을 이리저리 거닐면서 놈들을 눈여겨보았다.

이윽고 왜장이 자리에서 일어나 사명당에게로 다가오더니,

“당신은 글을 아는가?”
고 글자를 써서 보였다. 사명당이,
“대강 볼줄 아오.”
라고 써 보이니 놈이 또 묻기를,
“당신네 나라에서는 7조를 숭상한다는데 이것이 사실인가?”
고 물었다.
“6조(불교 선종 류파의 대를 이은 6명의 중)는 있으나 어찌 7조가 있겠소.”
라고 그가 대답하자 이번에는,
“그렇다면 어디 6조의 이름을 써보라.”
고 왜장이 요구하였다.

사명당은 6조의 이름을 하나하나 써서 보여주었다. 글씨가 활달하고 기백이 있어 왜장과 우두머리들은 조선의 중 가운데 이런 식견 있는 중이 있다는 사실에 적이 놀라 마지않았다. 놈들은 사명당의 지식과 인품에 기가 꺾이면서도 ‘이 절간의 금은보화를 다 내놓으라. 그렇지 않다가는 살아가지 못할 줄 알라.’는 글을 써서 그를 위협하였다. 그러나 사명당은 조금도 두려워하는 빛이 없이 앞에 놓인 종이 우에 붓을 휘둘러 다음과 같은 대답을 적어나갔다.

“예로부터 우리나라에서는 금은이 산출되지 않아서 쌀과 베를 돈으로 쓰고 있다. 금은보화는 나라 창고에도 귀하거늘 하물며 우리 절간 같은 데 있을 수 있겠는가. 산골에 사는 우리 중들은 부처님에 대한 공양을 할 뿐 산나물이나 먹고 삼베옷이나 걸치고 지낸다. 심지어 어떤 중들은 마을을 돌아다니며 밥을 빌어먹는 것이 고작인데 이러한 우리들에게 금은보화를 바치라는 것은 천부당만부당한 일이다. 보건대 당신네는 불도에 밝아서 6조가 있다는 것도 알고 있는데 불교의 법이란 자비심이 많아 사람이나 동물을 죽이지 않는 것을 지상의 임무로 여기고 있다는 것 쯤은 모를 리 없을 것이다. 좀 전에 여기로 오면서 보니 아무 죄도 없는 중들이 섬돌 아래에 묶이워 있는데 그들에게 진귀한 물건이 있을 리는 만무

다. 지팽이 하나를 벗삼아 무수한 산을 오르내리며 백성들의 집에서 밥을 빌어 끼니를 에우는 그들인데 설혹 살을 도려내고 뼈를 에인다 한들 어찌 한 개의 보배라도 내놓을 수 있겠는가. 그러니 그들을 놓아주는 것이 상책일 듯하다."

사명당이 써 내려가는 글을 지켜보던 왜장은 사리정연하고 당당한 그의 주장에 감심이 되었던지 고개를 끄덕이며 곁의 놈들에게도 그 내용을 설명해주는 것이였다. 그러자 살기등등하던 우두머리들의 기색도 달라졌다. 왜장이 하졸을 불러 무어라고 명령하니 그 놈은 독 섬돌 아래로 달려 내려가 묶어놓았던 중들을 풀어주었다. 그것을 본 사명당은 들어오던 때의 그 자세로 지팽이를 휘둬르며 유유히 법당을 나섰다.

그가 돌아간 후 금강산 유점사의 정문에는 왜장이 쓴 다음과 같은 글이 나붙었다.

"이 절에는 도를 아는 중이 있으니 여러 군대들이 다시는 들어오지 말지어다!"

다음날 왜병은 유점사에서 물러갔고 그 후부터 적들은 다시 여기로 기여 들지 않았다고 한다.

9. 금강산 낙락장송에 비긴 굳은 절개

병자년(1456년)의 어느 날이었다. 국왕(세조)이 명나라 사신 일행을 위해 연회를 차린다는 소문이 서울 장안에 파다하게 퍼지고 있던 그 날, 예조승지 성삼문의 집에는 박팽년, 이개, 유응부, 하위지, 유성원 등이 모였다. 그들 모두는 한 해 전에 수양대군(후에 세조)이 어린 조카 단종을 밀어치우고 왕 자리를 빼앗은 처사에 극도로 분격하고 있던 조정의 한다하는 문무 관료들이었다.

그들이 이렇게 모인 것은 삼문의 아버지 성승과 무관인 유응부가 연회때 의장용 큰칼인 운검을 들고 왕의 호위를 담당하게 되는 기회를 이용하여 세조와 그 측근자들을 일거에 제끼고 영월에 유폐되어 있던 단종을 도로 왕 자리에게 앉히기 위한 거사 준비를 위해서였다.

행동계획을 구체적으로 짠 그들은 천재일우의 이 기회에 단종을 복위시킬 것을 맹약하고 흩어져갔다.

드디어 그 시각이 왔다. 그런데 미처 예기치 못한 일이 생겼다. 세조가 연회 때 운검을 파하고 들이지 말라는 명을 내렸던 것이다. 이 돌발적인 소식을 접한 성삼문과 박팽년 등은 일이 틀어진 것을 알고 거사를 일단 뒤로 미루었다.

이 때였다. 음모에 가담했던 김질이 자기 신상에 후가 미칠 것이 두려웠던 나머지 전후 사실을 빠짐없이 밀고하였다. 그리하여 단종 복위 기도는 사전에 탄로되고 성삼문 이하 6명의 주모자들은 모두 의금부에 끌려갔다.

노발대발한 세조는 성삼문을 끌어내다 국문(왕이 직접 하는 심문)하였다.

"네가 나를 반대하는 밀모를 한 것이 사실이냐?"

삼문은 태연히 웃으면서 그렇다고 시인하였다.

세조가 다시,

"너희들이 어찌하여 나를 배반하느냐?"

고 묻자 삼문은 큰 소리로 항변하였다.

"상왕(단종)의 왕위를 회복하기 위함이거늘 어찌하여 배반이라고 하오. 세상에 자기의 임금을 섬기지 않는 사람이 누가 있겠소. 내 상왕이 폐위되었을 때 진실로 죽을 것을 각오하였었지만 그저 죽기는 무익하므로 참고 오늘에 이른 것이요."

"내가 주는 녹을 먹고 나를 배반하다니. 이제 대역부도가 아니고 뭐냐?"

"상왕이 계시거늘 어찌 나를 신하로 여기는고. 나는 대군(세조)이 주는 녹은 하나도 먹지 않았으니 내 집을 몰수하여 보면 알 것이요."

자기를 왕이 아니라 찬탈자로 경멸하는 삼문의 힐책에 성이 머리끝까지 치민 세조는 그에게 쇠를 달구어 살에 놓고 지지는 혹독한 형벌을 가하게 하였다. 그러나 삼문은 살이 타고 뼈가 녹는 고문에도 낯 색 하나 변치 않고 여전히 세조와 그의 측근 신하들을 격렬히 꾸짖었다.

세조는 그 어떤 형벌로써도 그의 절개를 꺾을 수 없음을 알자 잘못을 뉘우치면 죄를 용서해줄 뿐 아니라 종전이나 다름없는 높은 벼슬을 주겠다고 그를 회유하였다.

하지만 고문도, 위협도, 회유도 '충의'를 '대의명분'으로 삼고 있는 삼문에게는 통할 리 없었다. 그는 여전히 세조의 행위를 비인간적 처사로 단죄하면서 단종을 지지하는 입장을 바꾸지 않았다.

어느 날 그는 뜻을 같이하다가 함께 옥에 갇힌 아버지와 동료들 앞에서 자기의 굳은 절개를 노래한 시 한 수를 읊었다.

이 몸이 죽어서 무엇이 될고 하니
봉래산(금강산의 다른 이름) 제일봉에 낙락장송 되었다가
백설이 만건곤할 제 독야청청하리라

그 후 성삼문은 후세에 '사육신'으로 전해진 박팽년, 유응부, 하위지, 이개, 유성원과 함께 처형되었다. 삼문이 처형당한 날 그의 재산을 몰수하러 갔을 때였다. 그의 집 한 방에는 을미년(1455년) 즉 세조가 왕 자리에 올라앉은 때부터 받은 녹봉이 날짜별로 기록되어 쌓여있었다고 한다.

하지만 그가 세조를 끝까지 반대하면서 금강산의 낙락장송에 비겨 자기의 굳은 절개를 표현한 것은 어디까지나 봉건적 충군사상으로부터 나온 것이었다.

10. 천고의 극치

이정(호 나옹, 1578~1607)은 이조 시기의 재능 있는 풍경화가의 한 사

람이다. 유년시절부터 그림 그리기를 좋아한 그는 벌써 8살 때 당대의 이름 있는 화가들과도 어깨를 견줄만한 작품을 창작하여 소년 화가로 이름을 날렸다.

이정은 11살 되던 해에 명산으로 널리 알려진 금강산을 찾았다. 금강산의 여러 명소들을 돌아보는 과정에 그는 조국 강산의 아름다움을 깊이 느꼈고 금강산을 대상으로 한 훌륭한 산수화를 창작하리라 굳게 마음 다지곤 하였다. 때로는 마음 속 충동을 억제하지 못하여 지고 다니던 화구들을 바위 위에 펼쳐놓고 명소들의 아름다움을 화폭에 담았다.

그 그림들이 얼마나 생동하고 선명하였던지 오가던 유람객들은 걸음을 멈추고 원숙한 경지에 이른 소년 화가의 뛰어난 그림 솜씨에 혀를 찼다.

그가 금강산 4대 절의 하나인 장안사에 이르렀을 때였다. 인사차로 주지의 방을 찾아갔는데 마침 거기서 나이 지긋한 중들이 둘러앉아서 장안사 벽에 어떤 그림을 그릴 것인가를 의논하고 있었다.

어찌나 열들이 올랐던지 그들은 이정이 들어서는 것도 몰랐다. 그는 문가에 기대서서 중들의 말에 귀를 기울였다.

한 중은 장안사는 어디까지나 불교 사원인 것만큼 부처님의 '세계'인 '극락세계'를 그려야 한다고 열변을 토했다. 그러자 다른 중이 일어서더니 당시 문인화가들 속에서 많이 그려지고 있던 사군자(매화, 난초, 국화, 대나무) 가운데서 대나무를 택하여 그리는 것이 마땅하다고 주장하였다.

그의 말이 채 끝나기도 전에 이웃나라에도 다녀온 바 있는 중이 일어서더니 장안사 벽에는 마땅히 자기가 가 본 그 나라에서처럼 황룡이나 봉황을 그려야 한다고 단언하는 것이었다.

제각기 자기 주장이 옳다고 중구난방으로 떠들썩하는 속에서 주지도 누구의 말을 들어야 할지 몰라 난처한 기색을 짓고 있었다.

더 이상 들어봤자 모두 다 귀에 거슬린 것뿐이고 신통한 의견도 나올 것 같지 않자 이정은 한 걸음씩 나서며 쟁쟁한 목소리로 말했다.

"황송하오나 저도 한마디하겠나이다."

중들의 눈길이 일시에 이정에게로 쏠렸다. 그리고 자기들 앞에 나타난 사람이 애 어린 소년임을 보고는 모두 놀라워하였다. 주지 역시 어안이 벙벙하여 그를 쳐다보다가 한참 만에야 입을 열었다.

"소년은 도대체 누구인고?"

"예. 저는 서울에서 온 이정이라 부르나이다."

"이정? 이정이라……."

주지는 그의 이름을 곱씹으며 머리를 기웃거렸다. 이 때 중 한 사람이 일어나 주지에게로 다가가 무슨 말인지 소곤거렸다. 그 중은 시주를 받으러 다니던 길에 이미 이정의 그림솜씨를 여러 번 보아온 사람이었다. 그의 말을 듣고 난 주지는 이정더러 어서 말하라는 뜻으로 고개를 끄덕였다.

"스님들이 저를 불손하다고 하올지 모르겠으나 제 어린 소견에도 이제 하신 주장들은 합당치 않다고 보오이다."

"뭐라고?"

중들은 10대 소년이 당돌하게 자기들의 주장이 옳지 않다고 부정하는 바람에 기가 질려 입을 딱 벌렸다.

이정은 그러는 중들에게는 상관없이 태연하게 하던 말을 계속하였다.

"여러 스님들도 저보다 더 잘 알고 계시겠지만 금강산은 천하의 명산으로 이름이 높아 이웃나라 사람들까지 고려국에 한 번 태어나 금강산을 보는 것이 소원이라고 하였고 금강산의 경치가 하도 신비하여 '부처세계'를 보는 것 같다고 하지 않았사오이까. 그런데 어이하여 스님들은 보지도 못한 '극락세계'나 남의 나라 것을 취하자고 주장하시나이까? 장안사는 다름 아닌 금강산의 절이옵니다. 그러하오매 장안사 벽에는 천하절경 금강산 산수도를 그리는 것이 합당할 줄로 아오이다."

비록 소년이지만 사리 정연한 그의 말에 주지는 크게 감동하였고 중들은 감히 이의를 표시하지 못하였다.

"소년의 말이 옳소. 천하에 자랑 높은 금강산을 그리지 않고서야 우리 절을 어찌 금강산의 절이라 하겠소. 일언이폐지하고 이제는 도화서의 화원을 청해올 상론들이나 합시다."

주지의 말이 끝나자 이정은 머리를 숙이며 겸손하게 청하였다.

"주지님, 비록 재간은 없사오나 믿고 맡겨주신다면 제가 그려보겠나이다."

중들은 다시 한 번 놀랐다. 그러나 주지는 그의 그림 재간이 보통 아니라고 귓속말로 전해준 중의 말을 들었던 지라 두말없이 종이와 붓을 가져오라고 일렀다. 이정의 재간을 직접 자기 눈으로 보고 싶었던 것이다.

묻지 않고도 주지의 속심을 안 이정은 가져온 붓에다 먹을 듬뿍 찍어들고서는 크게 망설이지도 않고 펴놓은 참지에다가 금강산의 절경을 힘있는 필치로 그려나갔다. 단 몇 번의 붓질에 금강산의 이름난 명소들이 방불히 펼쳐지자 주지는,

"과연 기막힌 솜씨로군. 이러고 보면 우리들이 수고로이 서울에 가지 않아도 되겠소."

라고 감탄하면서 이정에게 그림을 그려달라고 정식으로 정중히 청하였다.

그리하여 11살의 소년화가 이정은 이곳 중들과 불공드리러 끊임없이 찾아오는 뭇 사람들의 탄복 속에서 장안사의 벽 그림을 훌륭히 완성하였다. 그가 그린 '산수도'가 금강산의 1만 2천 봉우리를 그대로 옮겨놓은 듯 얼마나 실감이 있었던지 당시 풍경화로서는 '천고의 극치'를 이루었다고 한다.

11. 백룡담 바위에 새겨진 시

내금강의 만폭동에 들어서서 전설의 보덕각시가 세수 수건을 걸어 놓았다는 수건바위를 지나면 희디흰 바위에 둘러싸여 널찍하게 자리 잡고 있는 소가 보인다. 이 소가 백룡이 서리고 있다고 하는 '백룡담'이다.

백룡담은 만폭동의 계곡을 누비며 흐르는 개울물을 통째로 받아 담은 비교적 조용한 소로서 두리를 둘러싼 흰 바위에 어울려 비길 데 없이 깨

끗하고 웅심 깊어 보인다.

소에 밑둥을 잠그고 비스듬히 누워있는 널따란 흰 바위는 수십 명이 앉을 수 있는데 앞에 마주 선 봉우리들과 지나 올라온 개울 경치를 한 폭의 그림처럼 내려다 볼 수 있는 좋은 휴식터이다.

하기에 예로부터 금강산을 찾은 많은 유람객들이 백룡담의 이 흰 바위 위에 올라서 시를 읊기도 하고 주변의 바위들에 글을 새기기도 하였다.

바위에 새긴 글들은 하나같이 금강산의 절승경개에 취하여 그 아름다움을 노래하였거나 천하의 명승을 찾는 기쁨을 표시한 것이다.

그러나 백룡담을 조금 지나 왼쪽 벼랑 옆 잡관목이 둘러선 가운데 있는 그리 크지 않은 바위에는 금강산의 절경을 보고도 즐길 수 없는 심정을 토로한 다음과 같은 시 한수가 새겨져있다.

산과 물의 아름다운 경치를 즐김은 사람의 보통 심정이로되
나만은 산에 올라 울고 물에 다다라 우노니
산을 즐기고 물을 즐기는 흥취가 없어
이 끝없는 울음이 있단 말인가
슬프도다 을축년 가을에 44살 늙은이가
여덟 번째로 금강산에 들어와 짓노라

한문으로 6행에 49글자로 된 이 글은 이처럼 여느 시들과는 달리 끝없이 슬픈 마음을 담고 있다.

이름도 적혀있지 않는 이 유명한 시구는 과연 누가 지은 것인가?

옛 기록들과 전하는 말들은 이 글이 김시습이 남긴 것이라고 일러오고 있다. '생육신'의 한 사람인 그가 폭군인 세조를 반대하여 벼슬살이를 단념하고 금강산에 들어와 끝없는 고뇌와 울분 속에서 세조를 저주하는 수많은 시들을 쓴 것이 사실이기 때문에 전혀 근거가 없는 말도 아니다.

그러나 이것은 사실과 맞지 않는다. 이 시에서는 44살에 짓는다고 밝혀

있는데 시습은 1435~1493년에 산 사람으로서 을축년(1444년)에는 겨우 11살이었다. 그가 이런 어린 나이에 여덟 번째로 금강산에 들어올 수야 없지 않는가. 또 어떤 기록에는 을축년을 기축년으로 잘못 전하고 있는데 기축년(1469년)이라 해도 그가 35살 때이다. 그러므로 이 글은 김시습의 글이 아니라 다른 사람의 글일 것이다.

누가 지었든 간에 백룡담의 바위에 새겨진 시는 당시 봉건 통치배들의 악정과 학정으로 말미암아 겪는 고통 때문에 절경의 금강산을 마주하고도 기쁨이 아니라 슬픔이 앞서게 된 울분을 글로 남겨 놓은 것만은 틀림없다.

12. 바가지에 띄운 버들잎

봉래 양사언이 안변 부사로 있을 때 일이다. 어느 날 그는 고성 온천이 좋다는 소문을 듣고 금강산 유람을 떠났다. 행장을 갖추고 떠난 그는 통천에 이르러 총석정을 구경하고 옹천 벼랑길을 지나 고성 온정동에 이르렀다. 온정동은 한하 계곡이 시작되는 온정천 기슭에 온천이 자리 잡고 있다고 하여 생긴 이름이다.

초여름이 시작되는 때여서 말을 타고 먼 길을 지나온 양봉래는 심한 갈증을 느끼었다. 그가 물먹을 생각으로 말에서 내려 길 가까이에 있는 우물로 다가갔다. 마침 한 어린 처녀가 물을 긷고 있었다. 양봉래는 그 처녀에게 물 한바가지를 청하였다.

예쁘장하게 생기고 얌전해 보이는 어린 처녀는 그에게 공손하게 머리 숙여 인사하고는 정갈한 샘물을 한가득 채우더니 우물가에 실실이 늘어진 버들잎을 한 줌 훑어서 바가지에 띄어주는 것이었다.

처녀의 거동을 살펴보던 양봉래는 깨끗한 물에다 버들잎을 띄어주는 그의 행실이 의심스럽기도 하고 은근히 괘씸하기도 하였다. 하지만 갈증에 시달리던 그는 바가지를 받아들자 입술에 걸리는 버드나무 잎을 훌훌 불면서 바가지의 물을 달게 마셨다.

물을 마시고 난 그는 처녀에게 물었다.

"너는 어째서 물에다 버들잎을 띄웠느냐?"

어린 처녀는 미안해하며,

"목마르신 분이 숨을 돌리지 않고 갑자기 물을 마시면 탈이 날까하여 그랬나이다."

라고 낭랑한 목소리로 대답하였다.

처녀의 해동을 불손한 태도로만 생각했던 양봉래는 그제서야 무릎을 치며,

"금강산은 경치만 뛰어난 줄 알았더니 사람들의 마음씨 또한 나무랄 데가 없구나."

하고 탄복하였다.

13. 비래정의 '날 비' 자

1564년이었다. 양봉래는 양반 관료들의 더러운 당파싸움으로 더러워진 세상을 등지고 조국의 아름다운 자연 속에서 마음껏 시도 읊고 글씨도 남기려고 못 견디게 그리웠던 금강산에 찾아왔다. 그는 옛날 아홉 명의 신선이 경치 좋은 산천을 유람하면서 심신을 다졌다는 전설이 깃든 구선봉 아래의 풍치 수려한 감호 가까이에 집 한 채를 세웠다.

양봉래는 이 집에 '비래정'이라는 이름을 달았다. '비래정'이란 '하늘에서 날아온 정자'라는 뜻으로서 그는 여기에 세속을 벗어나 신선처럼 살려고 한 자기의 심정을 담았다.

양봉래는 '비래정'에서 맑은 물 출렁이는 감호와 하늘 높이 솟은 구선봉이며 가없이 펼쳐진 동해 바닷가의 아름다운 경치를 대다보면서 떠오르는 시상을 모아 시를 읊고 붓을 휘둘러 글씨를 쓰면서 지냈다. 그는 여기로 찾아오는 사람들에게 감호는 거울 속에 있는 부용(연꽃)같고 구선봉

은 하늘가에 소라 고동처럼 틀어 올린 상투머리 같다고 하면서 감호와 구선봉은 자기 집 두리에 친 병풍이라고 즐겨 말하였다.

어느 화창한 날이었다. 양봉래는 이 날 따라 새로 지은 집에다 '비래정'이라는 편액을 써서 달고 싶은 충동을 누를 길 없었다. 그는 지금껏 연마해온 재능을 깡그리 쏟아 부어 편액을 잘 써보리라 마음먹고 하나 둘 모아두었던 고래수염으로 정성껏 붓을 맸다. 그런 다음 온 정력을 기울려 활달하면서도 기운찬 필치로 날 '비'자를 먼저 큼직하게 써놓았다. 써놓고 보니 글자의 한 획 한 획이 방금 하늘로 날아오를 듯 서리여 굼틀거리는 용의 기상이 완연하여 자기 딴에도 대견하고 만족스러웠다.

양봉래는 '비'자에 이어서 '래'와 '정'자를 내리썼다. 그런데 그 글자들은 어쩐지 마음에 들지 않았다. 그는 자기의 정성이 모자라는 것만 같아 마음을 가다듬고 다시 두 글자를 썼으나 여전히 날 '비'자만 못하였다. 그는 안타까운 심정을 지그시 누르고 몇 번이고 고쳐 썼으나 종시 뜻대로 되지 않았다.

양봉래는 그만 화가 치밀어 올라 붓을 내동댕이치고 말았다. 그리고는 먼저 써놓은 날 '비'자를 새겨보았다. 보면 볼수록 그 글자만은 살아 움직이는 듯하여 마음에 들었다.

그리하여 그는 날 '비'자만으로 족자를 만들어 가지고 자기가 공부하는 서재에 걸어놓았다.

세월은 흘러 양봉래는 안변부사로 발탁되어 임지로 떠나게 되었다. 그는 비래정을 떠나면서 사람을 두어 집을 지키게 하였다.

1581년이었다. 그는 능묘에 불이 붙은 사건에 대한 책임을 지고 황해도 지방으로 귀양을 갔다. 억울한 누명을 쓰고 낯설은 땅에서 귀양살이를 한지도 어느덧 3년 세월이 지나간 1584년 어느 날이었다.

그가 한 때 신선처럼 살리라 꿈꾸며 지어놓았던 '비래정'에 고성지방의 특이한 드센 바람이 갑자기 불어 닥쳤다. 서재 문을 벌컥 열어제친 바람은 방안에 두었던 책이며 병풍이며 족자들을 사정없이 휩쓸어 안고 나가 공중으로 흩날려 버렸다.

집을 지키던 사람은 황급히 땅에 떨어진 물건들을 다 주어 모았다. 그런데 다른 것은 잃어진 것이 없었으나 날 '비'자를 쓴 족자가 보이지 않았다. 그 사람은 양봉래가 그토록 애지중지한 족자가 없어진 것을 알고서는 부리나케 바람 부는 방향을 따라 바닷가까지 뛰어가며 샅샅이 찾아보았으나 종적이 묘연하였다.

이런 일이 있은 후에 양봉래와 가깝게 지내던 한 벗이 족자가 잃어진 날짜와 시간을 따져보니 그가 바로 귀양살이하던 곳에서 세상을 떠나던 그 시각과 일치하였다고 한다. 그는 양봉래의 죽음을 애석해하며 다음과 같은 글을 남겼다.

"봉래의 과거를 생각할 적마다 어느 사이에 슬픔이 북받침을 느낀다. 봉래가 비록 이 세상 풍진 속에 있었으나 실은 이 세상에서는 초월한 사람이었다. 그의 깨끗하고도 비범한 글씨와 시문은 세상에서 귀중히 여기고 있었는데 귀양지에서 쓸쓸하게 세상을 떠났으니 아까운 일이로다."

언제인가 '비래정'을 찾았던 한 진사가 날 '비'자가 하도 마음에 들어 모사하여 두었는데 그는 임진왜란 속에서도 그 글자만은 불에 태우지 않고 보관하여 두었었다. 양봉래의 맏아들인 양이근이 이 사실을 알고 그를 찾아가 모사한 날 '비'자를 보면서 파란 많은 아버지의 한 생을 추억하였다고 한다.

14. 어부의 이야기에서 충동받은 겸재

겸재 정선이 금강산 일대를 유람하던 때였다. 금강산의 이름난 명성, 고적들을 빠짐없이 돌아보고 난 그는 '관동팔경'의 하나로 손꼽히는 총석정을 보려고 용천을 향해 고성 땅을 떠났다.

예로부터 고성 고을에서 통천으로 가려면 험한 산발을 몇 십리 에돌거나 그렇지 않을 경우 뒤집어 놓은 독처럼 생겼다 하여 옹천(독벼루)이라고 불리는 큰 바위등을 반드시 자나가야 했다. 정선은 옹천 길을 택하였다. 그가 떠날 때 고성 사람들은 옹천 길은 매우 위험하니 조심하라고 하면서 비가 오거나 바람이 세찰 때에는 넘지 말라고 신신당부하였다.

화통을 등에 지고 부리나케 걷던 정선은 어느덧 옹천 밑에 이르렀다. 땀을 훔치며 바라보니 듣던 바대로 뒤집어 놓은 독처럼 생긴 우람한 바위 덩어리가 솟아 있는데 그 밑둥은 바닷물 속에 잠겨 있었다. 통 돌로 된 큰 바위는 만고풍상 비바람을 다 겪는 사이에 씻기고 깎이고 다듬어져서 그 겉면이 푸르스름한 흰빛으로 반들거렸고 어디나 발을 붙이기 힘들 정도로 매끈매끈하였다.

사람들은 옹천에 바위를 쪼아 두어 자 폭의 좁은 길을 내었는데 그것은 마치 큰 독의 어깨에 그은 두 줄기 작은 선과도 같아 보였다. 이 길로는 두 사람이 겨우 어길 수 있었고 말은 한 마리만 지나갈 수 있었다. 그 길 위는 밋밋한 벼랑이요, 길 아래는 천길 벼랑이었다. 벼랑 밑으로는 파도에 밀린 검푸른 바닷물이 소용돌이쳤다. 보기만 해도 오금이 저려나는 옹천 길이었다.

화가다운 눈길로 옹천을 바라보던 정선은 길이 위험하다는 생각보다도 천연의 보루처럼 근엄하고 용맹스러워 보이는 바위의 기상이 마음에 들었다.

이윽고 정선은 옹천 벼랑길에 들어섰다. 마침 날씨도 나쁜 편이 아니어서 이따금 구름사이로 얼굴을 내민 해가 절벽 위를 비추고 있었다. 정선은 얼마쯤 가다가 풍채 좋은 수염발을 드리운 건장한 노인이 골통대를 물고 쉬고 있는 것을 보았다. 노인의 곁에는 메고 가던 그물이 놓여 있었다. 그가 다가가자 노인은 정선의 행색을 눈 여겨 살펴보더니,

"어디서 오는 길손이웨까?"

하고 물었다.

정선은 자기의 신분을 밝힌 다음 지금 통천 쪽으로 가는 길이라고 공손히 대답하였다. 그러자 노인은 반가운 표정을 지으며 자기는 옹천 아래

마을에서 사는 어부인데 역시 그 쪽으로 고기잡이를 나가던 길이라고 하면서 함께 쉬고 가자고 자리를 권하는 것이었다. 정선은 화통을 내려놓고 앉았다.

선비행색이지만 양반 티를 내지 않는 그의 행동거지에 감심이 된 노인은,

"초행이겠는데 옹천 길이 무섭지 않으시오?"

하고 스스럼없이 물었다.

"원 노인장두, 무섭기는요. 되려 범접하기 어려운 그 기상이 마음에 듭니다."

정선은 느꼈던 바 그대로의 심정을 터놓았다.

노인은 그 말에 더욱 반색을 하며 말했다.

"하긴 그 말씀이 옳소이다. 옹천에서 왜적들이 혼쌀났으니까요."

"그래요?! 노인장, 그 이야기를 들려줄 수 없겠소?"

"그야 있다마다요."

노인은 담배 한 모금을 깊숙이 빨고는 이야기를 시작했다.

"전해오는 말에 의하면 퍽이나 오래 전인 고려 말엽에 있은 일이웨다. 그 때 왜구들이 성해서 남쪽 지방을 노략질하다 못해 점점 기승을 부리며 북쪽으로 침습해 왔지요. 그 해적 놈들은 여기 통천, 고성 땅에까지 기어들어와 사람들을 마구 죽이고 농가를 불사르고 닥치는 대로 재물을 빼앗았소이다. 어느 해 가을 그 때도 왜구들이 섭곡현(통천군 송전리, 장대리 일대)에 침입하여 한바탕 노략질을 한 뒤에 고성으로 밀려들고 있었지요. 놈들의 행패에 격분한 강릉도(강원도)의 군사들과 금강산 아근의 백성들은 해적들을 몰살시킬 태세를 갖추고 적을 치기에 알맞춤한 여기 옹천에 미리 매복했소이다. 운암현(지금의 고성군 옹천리)에서 예륜이 고개를 넘어 옹천 길에 들어선 놈들은 너무도 험한 지세에 놀라 이런 데서 고려 군사를 만나면 귀신도 모르게 죽겠다고 수근덕거리며 도적 고양이 모양으로 살금살금 옹천 벼랑길을 에돌아 왔소이다. 놈들의 떼가 몽땅 벼랑길에 들어서자 난데없이 소리 화살 한 대가 '핑' 하늘 중천에 날았지요. 고

려 군사의 싸움 신호였소이다. 그러자 옹천 뒤 산마루와 남북의 개울가에 매복했던 우리 군사들이 일제히 고함을 지르면서 앞 뒤 좌우에서 적들을 들이쳤지요. 외통 벼랑길에서 독 안의 쥐 신세가 된 왜적들은 혼비백산하여 서로 밀치고 닥치다가 고려 군사의 화살에 맞고 백성들이 굴리는 돌에 맞아 첨벙첨벙 바닷물 속에 떨어졌소이다. 성난 파도는 놈들을 단숨에 삼켜 바위에 멨다 붙였지요. 순식간에 끝난 싸움에서 왜적들은 모조리 바닷물에 수장되고 우리 군사는 크게 이겨 승전고를 울렸소이다. 그 때부터 이 고장 사람들은 옹천을 왜놈들이 빠져죽은 벼랑이라고 해서 '왜륜천'이라고도 불러오지요."

노인의 이야기는 끝났다. 하지만 정선은 무엇을 생각하는 듯 까딱 움직이지 않았다. 그러던 정선은 갑자기 일어나 노인의 손목을 잡았다.

"노인장, 좋은 이야기를 들려주어 고맙소."

"아니 왜 이러시오?"

노인은 황급히 마주 일어섰다.

"그런데 노인장, 노인장은 이 고장에서 오래 살았겠는데 언제쯤이면 날씨가 사나와질 것 같소?"

노인은 놀랐다.

"그건 알아서 무엇하자고 그러시오?"

"글쎄 꼭 알아야 되겠으니 한 번 봐주시오."

노인은 도무지 영문을 모르겠다는 듯 머리를 기우뚱거리더니 저 멀리 수평선 쪽을 내다보기도 하고 바람결을 가늠해 보기도 하였다.

"아마 석양녘에는 큰바람이 일 것 같소이다."

"그래요?!"

정선은 노인의 말에 기뻐하며 서둘러 화통을 짊어졌다. 그리고는 위험한 벼랑길을 성큼성큼 걸어 나갔다. 노인은 그의 뒤를 따르면서도 끝내 의문을 풀지 못한 채 옹천을 내렸다.

그 날 저녁이었다. 검은 구름이 장막처럼 드리운 가운데 넘실대는 물결

위에 거연한 자태를 드러낸 옹천 앞에는 사나운 바람에 도포자락을 펄덕이며 한 사람이 서있었다. 그는 정선이었다.

산악같이 밀려들어 우레 치듯 절벽을 들부시며 흰 물갈기를 타래 쳐 올리는 파도 속에 예나 지금이나 범접할 수 없는 기상을 안고 서 있는 옹천은 조국 땅을 지켜선 이 나라 백성들의 불굴의 기상과 억센 기개 그대로였다.

정선은 그 장쾌한 모습을 놓침 없이 새기려는 듯 파도 속에 묻힌 옹천을 점도록 바라보았다.

그로부터 며칠 후 정선은 조국 땅에 기여든 왜적들을 바다 속에 처넣은 이 나라 인민들의 애국의 넋을 안고 활달하면서도 기백 있는 필치로 옹천의 파도치는 모습을 화폭 위에 담았다.

한 늙은 어부의 이야기에서 소재를 얻어 사랑하는 조국 땅을 지켜선 우리 인민의 실기와 용맹을 상징한 풍경화 '옹천의 파도'는 이렇게 그려졌다.

15. 비단 폭에 그린 금강산 산수화

정선이 금강산에서 돌아온 지 며칠 안 된 어느 날이었다. 그는 화실로 쓰는 웃방에서 금강산을 돌아볼 때 그린 산수화들을 다시 보고 있었다.

그런데 조용하던 안방에서 갑자기 '아뿔싸!' 하는 아내의 비명 가까운 목소리가 들려왔다. 정선은 무슨 심상치 않은 일이 생겼음을 직감하며 안방 사이문을 열었다.

순간 그의 눈앞에는 놀라운 광경이 벌어졌다. 방 한구석에는 엎질렀던 국사발이 뒹굴고 있고 당황한 기색의 아내는 방바닥에 펴놓은 비단치마자락을 행주로 부리나케 닦고 있었다.

"어찌된 일이오?"

정선이 급히 물었다.

"제가 그만 실수하여 비단치마에 고기국물을……."

아내는 말끝을 흐리며 저도 모르게 '호' 한숨을 쉬었다. 그럴 만도 하였다. 비단치마로 말하면 같은 중인 출신의 어느 한 사람이 정선의 집에 맡겨둔 것이었다. 정선은 아내 곁으로 다가가 비단치마를 훑어보았다.

치마는 생각하던 바하고는 너무나 험하게 더러워져 깨끗이 빨아 손질한다 쳐도 본 모양대로 될 것 같지 않았다.

아내는 고정한 남편에게 때아닌 근심을 끼친 죄스러움으로 하여 고개를 푹 숙이고 연송 한숨만 토해냈다. 걱정에 싸인 아내를 측은한 눈길로 바라보며 무엇인가 골똘히 생각하던 정선은 갑자기 환하게 웃으며 치마 말기를 뜯고 주름을 펴서 더러워진 데를 깨끗이 씻으라고 아내에게 일렀다. 아내는 의아스러운 감이 없지 않았으나 정선이 시키는 대로 하였다.

며칠 후 유달리 날씨가 청명하고 대기 또한 청신한 아침이었다. 정선은 문갑을 열고 아내가 정히 손질해 넣어두었던 비단치마를 꺼내었다. 모두 세 폭이었다. 그는 그 가운데서 제일 큰 폭을 방안에 쭉 펴놓고 이미 생각해 두었던 금강산 전경을 그리기 시작하였다. 잠시 잠깐 사이에 그림이 완성되었다. 그런데 그가 그린 산수화가 얼마나 섬세하고 현란하였던지 금강산 1만 2천 봉우리와 골짜기들을 통째로 떠 옮겨다 놓은 듯하였고 정채가 흘러 넘쳤다.

정선은 나머지 비단 두 폭에도 금강산을 그렸다. 그림마다 기막힌 솜씨여서 둘도 없는 보배로 될 만하였다.

그 후 비단치마의 임자가 찾아왔다. 정선은 수인사를 나누자,

"내가 얼마 전에 그림 그릴 의욕이 부쩍 동했는데 좋은 바탕 천이 없어서 한스러웠소. 마침 댁의 비단치마가 우리 집에 와 있다기에 주인의 의향을 묻지 않고 거기다가 금강산 1만 2천 봉우리를 옮겨놓았소. 부인과 딸이 들으면 크게 놀랄 터인데 어떻게 하면 좋겠소?"

라고 걱정하면서 비단치마에 그린 산수화를 펴 보였다.

비단치마의 임자는 그림의 품격을 아는 사람인지라 그림을 보자 대뜸,

"이것은 천하의 보물이다!"

고 부르짖으며 정선에게 거듭거듭 고맙다는 인사를 하였다. 천하의 명화를 얻은 반가움과 기쁨에 넘쳐 집으로 돌아간 그는 사례로 잘 차린 음식을 정선의 집에 보내오기까지 했다.

비단치마의 임자는 그림 세 폭 가운데서 제일 큰 것은 장정을 잘하여 가보로 삼았고 작은 것 두 폭은 중국에 가는 사신 일행을 따라 가는 기회에 연경(베이징)에 가지고 갔다. 그가 두 폭의 그림 중에서 우선 하나를 화사에 가져다 보이고 있는데 때 마침 사천성의 중 한사람이 지나가다가 들어와 보더니 세상에 보기 드문 희한한 그림이라고 절찬하여 마지않았다. 그는,

"우리가 방금 절간 하나를 새로 세웠는데 이 그림을 부처님 뒤에 붙이겠으니 은 100냥에 팔아주시오."

하고 간청하였다. 그림 임자는 그렇게 하라고 선선히 응하였다.

그런데 이 때 남경에서 온 선비 한사람이 그림을 보더니 다짜고짜 100냥에 20냥을 더 얹어주겠으니 자기에게 팔라고 조르는 것이었다.

그러자 중이 크게 화가 나서 선비를 책망하였다.

"내가 이미 값을 정하고 사기로 한 것인데 명색이 선비라는 사람이 도리를 잊고 이렇게 할 법이 어디 있소. 내가 30냥을 더 내고 가져가겠소."

그러면서 은 150냥을 꺼내놓았다.

그림 임자는 남경 선비를 타일러 보낸 다음,

"당신 같은 사람에게는 50냥만 받겠소."

하며 금강산 그림을 중에게 안겨주었다.

그는 이국 땅에서까지 경탄을 자아내는 금강산의 경치와 겸재 정선과 같은 명화가를 가진 자랑으로 가슴 들먹이며 화사를 나섰다.

16. 웃음거리로 된 두 행 시

지금으로부터 400여 년 전인 이조 중종 년간에 고성 땅에는 한태갑이

라는 군수가 있었다. 그는 강릉에서 아전 노릇을 할 때 백성들에게서 그악하게 긁어모은 돈 4만 냥을 서울 어느 한 정승에게 뇌물로 섬겨 바치고 군수 자리를 얻은 사람이었다.

그는 일약 한 고을의 군수로 발탁되었으나 그 자리를 그다지 탐탁히 여기지 않았다. 임지에 와보니 땅이 척박하여 바람이 잦아서 농사가 제대로 안 되는데다가 물산도 나는 것이 별로 없어 한 밑천 잡기는 고사하고 벼슬을 얻느라고 고여 바친 본전도 봉창하기 어렵겠다는 생각이 들어서였다.

게다가 그칠 새 없이 금강산 유람으로 행차하는 서울 대감 님들의 뒷바라지를 하기란 조련치도 않았거니와 그 일로 돌아치노라면 재산 늘일 생각을 할 겨를도 없었던 것이다.

한태갑은 날이 갈수록 심사가 뒤틀려 자기를 고성 군수로 보낸 이조판서를 원망하였다. 그는 원래 이조판서에게 보내는 정승의 소개신을 가지고 갈 때부터 쌀 고장에다가 물산도 풍부한 연안, 배천 쪽의 군수자리를 청하려고 마음먹었었다. 그리하여 이조판서를 만난 자리에서 소청을 여쭈었으나 의외에도 고성 군수로 임명하는 바람에 어쩌는 수가 없어 내려왔던 것이다.

그러던 어느 날이었다. 새로 부임한 금강산 유점사의 주지가 인사차로 그를 찾아왔다. 한태갑은 주지와 함께 속에 품은 울적한 심사나 나누려고 그가 온 것을 기뻐하며 잘 대접하였다.

주지와 음식상을 마주하자 한태갑이 먼저 입을 열었다.

"누지에 와서 고생이 여간 아니겠소 그려."

"원, 천만의 말씀을. 불도를 닦는 데야 여기 금강산 절간 만한 데가 어디 또 있겠소이까."

짐작과는 달리 금강산에 온 것을 후회하지 않는 주지의 기색을 살펴보며 한태갑이 다시 물었다.

"그러니 대사는 유점사에 오겠다고 자진해서 소청을 드렸겠소 그려?"

"그럴 리가 있소이까. 그와는 정반대의 소청을 드렸지요."

"정반대라니? 그게 무슨 말이요?"

"아니 그럼 사또는 아직 이조판서 대감의 성미를 모르시오? 그 영감이야 북쪽에 가겠다면 남쪽에 보내고 남쪽에 가겠다면 한사코 북쪽으로 보낸다는 것을. 그러니 뻔하지 않소이까. 나는 관동의 금강산에 오기가 소원이었으니까 그 반대쪽인 관서의 배천 강서사에 가겠다고 청을 드렸지요."

"그게 정말이요?"

"그 대감의 고약한 성미야 온 장안에 소문난 건데 정말이고 말고가 있습니까."

한태갑은 주지의 말을 듣고서야 비로소 자기가 고성군수로 오게 된 까닭은 알게 되었다. 그는 남이 다 아는 대감의 성미도 모르고 우둔하게도 관서 쪽의 연안, 배천으로 가겠다고 청을 드린 자신의 처사가 가슴을 쥐여 뜯고 싶도록 후회되었다.

유점사의 주지가 돌아간 후 한태갑은 울화가 치받치는 것을 억지로 참으며 지냈다.

그런데 하루는 뜻밖에도 이조판서 대감이 금강산 구경을 왔다. 한태갑은 대감이 내심 괘씸하여 쓴 외 보 듯하고 싶었지만 관리들의 생사여탈권을 쥐고 있는 서슬 퍼런 그에게 자칫 잘못 보였다가는 겨우 얻은 군수자리마저 떼일까 보아 있는 정성을 다하여 대감 일행의 시중을 들었다. 끼마다 산해진미로 음식상을 차려 올리고 밤마다 기생을 갈아댔으며 날마다 다리가 아프도록 명승고적으로 길 안내를 하였다. 대감은 대감대로 한태갑을 당나귀처럼 앞세우고 금강산을 물론이거니와 통천과 양양 멀리로는 강릉까지 돌아다니며 '관동 8경'에 속한 경치들을 구경하였다.

드디어 대감 일행이 떠날 날짜가 되어 한태갑은 삼일포의 누정에다가 큰 작별 연회상을 차렸다.

대감 이하 그를 따라온 벼슬아치들과 문객들은 진탕 치듯 먹고 마신 뒤

취흥에 겨워 '관동 8경'에 대한 풍월을 읊어대기 시작하였다. 그러나 손님 대접에 지쳐버린 한태갑만은 누정의 한 쪽 기둥에 기대앉아 조는 듯 눈을 감고 어서 이 놀음판이 끝나기를 기다렸다.

그런데 갑자기 거나하게 취한 판서 대감의 목소리가 울렸다.

"고성군수 한태갑이 어디에 앉았나?"

자기를 찾는 소리에 퍼뜩 정신을 차린 한태갑은 몸가짐을 바로하며,

"예. 여기 있소이다."

하고 대답하였다.

"자네는 금강산의 주인인데 왜 구석에 앉아 졸고만 있나. 겸손을 말고 이리 나와 시나 한 수 읊게."

한태갑은 속으로 언짢았으나 거역할 수 없어 몇 발자국 앞으로 나왔다. 이제껏 왁자지껄 풍월을 읊조리던 선비들이 무슨 시가 나오나 하여 그를 쳐다보았다.

그러나 본시 학식이 밭은데다가 재물 모으는 데만 관심해 온 한태갑인지라 적당한 시구가 떠오르지 않아 끙끙 갑자르기만 하였다.

"왜 장승처럼 서있기만 하는고. 어서 읊게."

대감이 독촉하였다.

한태갑은 가뜩이나 밉살스럽게 생각해오던 대감이 자기를 몰아대는 통에 이 날따라 그가 더 얄미워졌다. 그래서 한태갑은 자기를 비웃듯 쳐다보는 선비들을 아니꼽게 쏘아보며 울기 어린 목소리로 한마디 읊었다.

양강릉지 우
통고성지 풍

예상 밖의 시구에 연회장은 숨죽은 듯 조용했다. 모두들 다음 시구가 연달아 나오기를 기다리며 귀를 도사렸던 것이다. 하지만 한태갑은 입을 봉한 채 먼 앞쪽만 바라보는 것이었다.

기다리다 못해 대감이,

"그게 단가?"

고 물었다.

"예. 다올시다. 양양 강릉은 비가 많이 올 뿐이옵고 통천과 고성은 사철 바람 불 뿐인데 그 외 읊을 게 무엇이 더 있겠소이까."

그러자 대감도 선비들도 모두 배를 그러안고 웃었다.

"단 두 행의 글귀로 '관동 8경'을 단숨에 다 읊어치웠으니 오늘 시짓기에서는 고성군수가 상 으뜸이로다."

대감의 조롱하는 소리에 모두들 또 한바탕 폭소를 터뜨렸다.

이조판서는 금강산을 떠나면서 바래주러 나온 한태갑에게 물었다.

"자네 이번에 수고가 많았는데 뭐 나한테 부탁할 거라고 없나?"

그 소리에 귀가 번쩍 뜨인 한태갑은 이 때라고 생각하였다.

"군수자리를 옮겨주사이다."

"이 사람 봤나. 천하명승도 싫다는 거야?"

"그런 게 아니오라 저……."

"그래 어디로 보내주면 좋겠나?"

한태갑은 유점사 주지의 말이 생각나서 얼른 양양이나 강릉으로 보내달라고 청을 드렸다. 그래야 성미 고약한 판서 대감이 그 반대편이 연안, 배천 쪽으로 보내 주리라 타산했던 것이다.

갑작 머리를 썼으나 한태갑은 한 달 후 양양 현령으로 좌천되었다. 이조판서가 금강산을 구경할 때 자기를 깍듯이 시중해 준 그의 수고를 생각해서 이번만은 특별히 한태갑의 소청을 들어주었던 것이다.

한태갑은 벼슬길에서 소원성취 못한 운수 나쁜 군수로서가 아니라 천하명승 금강산에 있으면서도 그 절경을 느끼지도, 사랑할 줄도 모르고 웃음거리 두 행 시를 남긴 군수로 후세에 알려졌다.

17. 건망증 바람에

정지윤은 이조 말엽에 풍자와 해학으로 이름난 사람이다. 중인 신분의 한 역관의 집에서 태어난 그의 자는 경안이고 호는 수동이었다. 항간에서는 이름보다도 보통 정수동으로 통하였다.

이른바 안동 '김씨'의 세도정치로 나라 정사가 부패할 대로 부패해진 시절에 산 정수동은 지체가 낮은 중인 신분인 탓으로 하여 남다른 포부와 재능을 펴볼 수 없는 울울한 심사를 시와 술, 해학과 풍자에 붙여서 50여 평생을 시정에 파묻혀 지냈다.

본시 명석한 두뇌와 뛰어난 재능을 가졌던 그는 때로는 웃음 속에 정통을 찌르는 시문으로, 때로는 야유와 조소가 바글바글한 기지 있는 해학과 유머로 잇속을 차리는 벼슬아치들의 더러운 꼴을 신랄하게 풍자, 조롱하였다.

한 때 조정의 어느 대감이 그의 재간을 아끼어 벼슬길을 터놓았지만 정수동은 그 연줄을 타고 부귀공명을 탐내기보다는 이미 살던 대로, 통하는 친구들과 어울려 글을 짓고 술을 마시며 마음껏 양반 세상을 비웃기도 하고 명산대천을 찾아 조국의 아름다운 자연 속에 묻히는 자유분방한 생활을 택하였다. 그래선 지 일 년 삼백 예순 닷새 치고 집에 있는 날 보다 없는 날이 태반이었다.

그의 아내가 방금 해산을 앞두고 있던 때였다.

정수동은 순산을 시키자면 불수산(처방이름)을 지어와야겠다는 생각이 불쑥 들어 부리나케 옷을 주어 입고 집을 나섰다.

구리개에 있는 단골 약방을 찾아 걸음을 재우치던 그는 길거리에서 마주 오는 친구 두 사람과 딱 마주쳤다.

"아니 두 분이 동무해서 어디를 이렇게 가시나?"

정수동이 반가운 김에 인사 겸 묻자,

"마침 잘 만났네, 그러질 않아도 우리 둘이 함께 오면서 자네 이야길

하던 참이야."

하고 친구들도 반색을 하였다.

"내 얘기를? 그런데 대체 어디를 가시게?"

정수동이 궁금해서 다시 묻자 한 친구가,

"우리말인가. 금강산 유람을 떠난 길일세."

하고 대답하였다.

정수동이 놀라며 그들의 행색을 찬찬히 살펴보니 발에는 미투리 감발을 든든히 하고 등에는 큼직한 봇짐을 진 것으로 보아 두 친구가 금강산으로 가는 걸음이 분명했다.

"오라 그래서 두 분이 내 얘길 하셨군 그래."

정수동은 감심한 듯 머리를 끄덕이며 친구들을 쳐다보았다.

"바로 맞혔네. 그래 경안도 우리와 동행하지 않으려나?"

"그야 물어보나 마나지."

친구들의 묻는 말에 평소에 금강산 유람이 소원이던 정수동은 두말없이 응낙해 버리고 말았다. 그리하여 정수동은 자기가 지금 아내의 약을 지으러 간다는 것을 까맣게 잊어버리고 친구들이 이끄는 대로 서울 장안을 빠져 나와 금강산으로 향했다.

단발령을 넘어 금강산 경내에 첫발을 들여놓는 순간부터 정수동 일행은 넋을 빼앗는 절경에 취하여 소문난 명소들에서 혹 보름씩 혹 열흘씩 묵으며 도도한 시흥과 주흥으로 시간 가는 줄 몰랐다.

내외금강의 명소들을 빠짐없이 찾으면서 그들 일행이 유점사에 이른 날이었다. 그 곳 대웅전에서 부처들을 차례로 돌아보던 그들이 천불수관음상에 이르자 정수동의 입에서는 부지불식간에 '아차!' 하는 소리가 튀어 나왔다.

"아니 왜 그러시나?"

친구들이 의아해서 묻는 말에 정수동은,

"내 이 건망증 봤나. 우리가 구리개서 만났을 때 실상은 내가 해산을 앞둔 집사람을 위해 불수산을 지으러 약방을 찾아가던 길이였다네."
하고 난색을 지었다.

"뭐 불수산? 그럼 그 때 부인이……."

"음, 아 그런 걸 길에서 자네들을 만나 금강산 유람을 간다는 바람에 그만 앞뒤를 생각지 않고 따라와 버렸으니……."

정수동이 자기의 건망증을 탓하며 더욱더 난색을 짓는 양을 어이없이 바라보던 한 친구가,

"원 참 사람두. 그런데 우리들이 금강산에 온지 1년이 되도록 잊어버리고 있다가 어떻게 지금에야 갑자기 그 생각을 해내셨나?"
하고 물으니 정수동은,

"으 저 천불수관음상을 보니 문득 불수산이 생각나네 그려."
하고는 저도 어처구니가 없는 듯 픽 웃고 말았다.

며칠 후 금강산 구경을 마친 정수동이 서울로 돌아와 친구들과 헤어져 자기 집 대문으로 들어서니 방안에 사람들이 가득 모여 법석이고 있었다.

떠들썩거리며 웃는 것으로 보아 불길한 일은 아닌 것 같고 필경 무슨 경사가 있는 듯 싶었다. 다름 아니라 이 날인 즉은 정수동이 불수산을 지으러 집을 나간 뒤에 부인이 다행히도 순산하여 아들을 낳았는데 그가 금강산을 구경하느라고 돌아다니는 사이에 어느덧 1년이 지난 터여서 그 때 태어난 아들애의 첫돌 잡히는 날이었다.

그런 줄은 꿈에도 모르고 정수동이 큰기침을 하며 마당으로 들어서자 방안에 있던 부인 김씨가 얼굴에 반가운 웃음을 띠우고 분주히 마루로 나와 맞으며,

"영감님이 원체 성미가 급하시어 아이 돌을 잡히는 날에서 불수산을 지어 가지고 들어오십니다 그려."
하고 한 마디 하였다.

부인의 말에 정수동은 빙그레 웃으며 응수하였다.

"내 성미는 본래 그렇듯이 급하려니와 미처 불수산이 오기도 전에 아

이 돌잔치부터 차리려 드는 부인의 성미도 과히 유하지는 않은 것 같소."

곁에서 그들 부처의 주고받는 말을 듣고 있던 일가친척들은 모두 죽어라고 웃으며 한동안 허리들을 펴지 못하였다.

18. 안타까움을 시에 담아

금강산은 동서길이가 100여리, 남북의 너비가 150여리이며 그 면적은 530여 km^2에 달한다. 현대 과학이 발전한 오늘에는 기구나 승강기를 타고 올라가 천봉만학을 이룬 금강산의 절승경개를 한눈에 굽어볼 수 있지만 기껏해야 당나귀가 가장 효과적인 운수 수단으로 이용되던 옛날에는 이런 일을 꿈에도 생각할 수 없었다.

하지만 그 때에도 천하명산 금강산의 모든 경치를 한 눈으로 전망하고 싶어 안타깝게 모대긴 사람이 있었다. 그가 바로 18세기 말엽에 시인으로 활약한 강준흠(1768~?)이었으니 그의 자는 백원, 호는 삼명이었다. 그는 시도 잘 지었을 뿐 아니라 그림에도 능수였다.

금강산의 경치가 천하의 으뜸이라는 벗들의 이야기를 귀에 못이 박히도록 들으며 금강산 유람을 평생의 소원으로 여기던 그는 마침내 뜻을 이루었다.

여러 날의 여행 끝에 금강산의 입구인 온정동 골 안에 들어서 준흠은 사방 눈앞을 가로막아 나선 기암준봉들의 절묘한 경치에 홀딱 반해버렸다.

원래 성미가 급한 편이던 그는 먼길을 오느라고 쌓인 피로도 풀 사이 없이 그 길로 금강산 탐승을 시작하였다. 탐승 길을 따라 골 안으로 들어가면 바위들을 층층이 이고 선 봉우리들이 눈길을 빼앗고 천길 벼랑 위에 명주 필을 드리운 듯 기세 차게 떨어지는 폭포들과 곳곳에 푸른 소를 이루며 흘러내리는 수정 같은 시냇물이 발목을 잡았다. 그리하여 준흠은 매일 저녁마다 세우곤 하던 탐승노정의 절반도 채 돌지 못하는 때가 한두 번이 아니었다.

금강산의 아름다운 경치에 흠뻑 취하여 이곳저곳을 정신없이 돌아치던 어느 날 그는 자기가 여기에 온 지도 퍽이나 많은 시일이 흘렀다는데 생각이 미쳤다. 날짜를 따져보니 당초에 잡았던 예정 기일의 절반 이상이 지나갔는데 금강산 탐승은 이제 겨우 시작에 불과하지 않은가.

지금까지 해온 식으로 하다가는 금강산을 언제 다 돌아볼지 기약하기 어려웠다. 그러니 장만해 가지고 온 노자와 양식으로 모자랄 것이 뻔하였다. 기일은 그렇다손 치고 노자와 양식이 떨어지면 금강산 유람도 중도에서 그만 둘 수밖에 없었다.

준흠은 처음으로 생각이 깊어졌다. 문득 그에게는 금강산의 일만 경치를 한 눈에 굽어볼 수 없을까 하는 생각이 떠올랐다.

그날 저녁 준흠은 머물고 있던 암자의 중과 마주앉아 자기의 안타까운 심정을 터놓았다.

"스님. 한 가지 묻겠소이다. 어디에 오르면 금강산의 경치를 놓침 없이 한눈으로 볼 수 있겠습니까?"

"한꺼번에 보신단 말이오이까?"

"그렇소이다. 지금같이 한 곳에서 하루해를 보내다보면 금강산 구경이 세월이 없을 것 같아서 묻는 말이외다."

"그래서 금강산을 찾았던 한 선비도 이렇게 읊은 것이 아니겠습니까. '백년하고도 삼만 날 여기서 보낸대도 만 이천 봉 한쪽 면도 다 보기 어렵겠네.' 이럴진대 손님 바라는 것은 말하기 어렵소이다. 혹시 금강산 상상봉인 저 비로봉에나 오르면 어떨런지. 그래도 아마 금강산을 한눈으로 다 보았다고는 말할 수 없을 것이외다."

중은 도리머리를 젓더니 무슨 생각이 난 듯 고개를 외로 틀며 슬며시 웃는 것이었다.

"스님. 왜 그러십니까?"

"내 수십 년 동안이나 이 절간에서 살아오면서 서울 대감 행차로부터 고을 아전에 이르기까지 숱한 유람객들을 맞고 보냈지만 손님처럼 금강산의 경치를 한눈으로 굽어보았으면 하고 소원하는 사람은 처음이기에 그러는 것이외다.”

“그래요? 허허…….”

준흠도 허그프게 웃었다.

그러는 그를 바라보던 중은 금강산 1만 2천 봉의 명소들을 다 돌아보자면 끝이 없을 터인즉 이제라도 늦지 않았으니 전망이 좋기로 유명한 곳들을 찾아감이 상책이라고 하면서 20여 곳이나 되는 전망대들을 자상히 일러주었다.

준흠은 주지의 말도 그럴 상 싶어 이튿날부터 이름난 전망대들을 찾았다. 천선대, 망양대. 불정대, 구룡대, 헐성루, 백운대……. 이렇게 소문난 전망대들을 매일 같이 올라 전망 경치를 바라볼 때면 자기의 소원이 어느 정도나마 성취된 듯싶어 가슴 후련해지기도 하였다.

그러나 전망대들에서 바라보는 경치 역시 금강산의 일각에 불과하였다. 전망대들에 오르면 앞이 탁 트인 것 같으면서도 사방 멀리로는 풍치 수려한 험준한 봉우리들이 병풍처럼 둘러서 있어 눈길이 미치는 곳까지 쭉 내다보지 못하는 아쉬움을 금할 수 없었다. 그럴수록 그의 가슴 속에서는 이루지 못할 줄 번연히 알면서도 금강산을 한눈에 굽어보고 싶은 욕망이 불쑥불쑥 머리를 쳐들었다.

그는 마지막으로 금강산의 주봉으로 일컫는 비로봉에서도 제일 꼭대기인 배 바위 위에 올랐다. 거기서 바라보니 금강산의 봉우리들과 골짜기들, 동해바다까지 한눈에 안겨들어 참으로 웅대하고 장쾌하였다. 내 · 외금강의 연봉들이 아무리 키돋움 하여도 겨드랑이 밑에 든 듯 뻗치면 방금 닿을 것 같고 해금강의 바닷물을 떠서 달아오른 얼굴을 식힐 수 있을 것만 같았다.

준흠은 비로봉에서 바라보는 전망 경치에 심취되어 한자리를 맴돌면서 사방을 돌아보고 또 돌아보았다.

하지만 그의 시야도 한계가 있었다. 비로봉이 아무리 높다한들 봉우리와 골짜기마다에 간직된 명소들의 아름다운 경치를 속속들이 볼 수는 없었던 것이다.

준흠은 사람들이 찬탄해 마지않으며 무수히 입에 올리는 유명한 명소들을 하나도 놓치지 않고 굽어볼 수 없는 것이 진정으로 안타까웠다.

이 때였다. 어디선가 날아오른 매 한 마리가 마치 금강산의 전경을 한눈에 굽어보는 듯 유유히 하늘가를 맴돌았다. 그 매를 부러운 듯 바라보는 순간 준흠은 자기도 모르게 즉흥시 한 편을 소리높이 읊었다. 그 시가 바로 강준흠이 자기의 안타까운 심정을 하소한 '금강산에 들어가'이다.

천봉만학 그 사이를
오고가며 맴돌아도
내 눈에 보이는 것
한쪽 면이 고작이라

이 몸이 어이하면
날개가 돋히여서
하늘 위에 날아올라
안팎금강 굽어볼까

19. 금강산을 못 보고선 최 산수라 할 수 없지

어느 날이었다. 최북은 울적한 심사를 풀어보려고 인왕산 막바지에 있는 친구의 집을 찾았다.

그가 들어서자 신이 나서 이야기를 주고받던 친구들이 반갑게 맞아주었다.

"최 산수 마침 잘 왔네. 금방 자네 애길 하던 참이야."

"아니 내 이야기는 왜?"

"여기 이 사람이 금강산엘 다녀왔는데 시 한 수 짓지 못하고 돌아왔다고 하기에 만약 최 산수가 금강산에 가면 모름지기 천 폭의 명화를 그려가지고 왔을 거라고 말하던 참이네."

금강산 말이 나오자 최북은 금강산을 유람하고 왔다는 친구의 손목을 덥석 잡았다.

"그래 금강산이 어떻던가?"

"글세 그 절묘함을 어찌 한마디로 다 이야기할 수 있겠나. 내 재간으론 정말 말못하겠네. 아마 자네도 금강산을 보면 내 심정을 알 걸세."

금강산의 아름다움을 형용할 적중한 말을 찾지 못하여 안타까워하는 친구의 얼굴을 보며 최북은 당장이라도 동경해오던 금강산을 찾아가고 싶었다.

하지만 가난한 화원의 살림에 당장 떠나자니 노자가 문제였다. 그래서 차일피일 미루어오던 그였다.

최북은 안타까운 나머지 '아, 나도 한번 보았으면.'하는 말을 입속으로 뇌이며 부르쥔 주먹으로 가슴을 쳤다. 최북을 지켜보던 친구들이 놀라서 그를 에워쌌다.

"아니. 자네 왜 그러나?"

여럿이 물었다.

그러나 최북은 머리를 수그린 채 아무 말도 입밖에 내지 않았다.

그러자 한 친구가,

"여보게들. 여직 최 산수의 심정을 모르겠나? 금강산을 보고 싶은 마음이 부쩍 동해서 그러는 걸세."

라고 말하였다.

그제서야 친구들은 최북이 벌써 오래 전부터 금강산으로 가고 싶은 심중을 토로해왔으나 노자 때문에 번번이 뒤로 미루어왔음을 상기하였다.

이 때였다. 한 친구가 좌중을 돌아보며,

"호생관이 여직까지 천하명승 금강산을 못 봤다면 최 산수라 할 수 없지. 안 그런가?"
고 물었다.
"아무렴 최 산수가 아니지."
모두다 그의 말을 받았다.
"그러니 우리 모두 푼전을 모아서라도 최 산수를 금강산에 보내는 게 어떤가?"
그 친구가 다시 좌중에 묻자,
"옳거니 그렇게 하세."
하고 모두들 기쁜 마음으로 호응해 나섰다. 이렇게 의논들이 되자 어떤 친구들은 괴춤에 찔러두었던 몇 푼 안 되는 돈을 서둘러 꺼내어 최북의 손에 쥐여 주기까지 했다.

최북은 자기를 아껴주고 생각해주는 친구들의 진심이 눈물겹도록 고마웠다.

그는 이렇게 친구들의 도움으로 그토록 소원이던 금강산 유람을 떠나게 되었다. 떠나던 날 최북을 멀리까지 바래다 준 벗들은 이번에 금강산에 가면 시 한 수 짓지 못하고 돌아온 맹랑한 친구처럼 되지 말고 세상에 으뜸가는 산수화를 많이 그려 한 짐 지고 돌아오라고 신신당부하였다.

최북은 자기의 금강산 길을 도와 나선 벗들의 기대에 꼭 보답하리라 결심하고 금강산을 향해 서울을 떠났다.

20. 능파루에서 읊은 즉흥시 두 편

김삿갓이 내금강 만폭동으로 가려고 길을 떠난 날에 있은 일이다.

때는 무더운 여름철인지라 삿갓은 땀도 들이고 다리 쉼도 할 생각으로 만폭동 초입에 자리 잡은 표훈사 쪽으로 부지런히 걸음을 다그쳤다. 그가 표훈사 다리(함영교)에 들어서며 바라보니 능파루(표훈사의 부속 건물)에 갓 쓴 선비 여러 명이 모여 앉아 벅쩍 떠들어 대고 있었다. 때마침 마주 오는 중에게 물어보니 글 깨나 한다는 양반들이 둘러앉아 한창 글짓기 내기를 하고 있다는 것이었다.

삿갓은 능파루에서 잠깐 쉬었다 가려고 작정했던 차에 그 곳에서 양반 나리들이 글 짓는 내기를 한다는 소리를 듣자 부쩍 호기심이 동했다.

능파루의 시원한 2층 다락 위에 오른 삿갓은 한 쪽 난간에 몸을 기대고 서서 그들의 글 짓는 소리에 귀를 기울였다. 그런데 천하명승 금강산을 노래한다는 그들의 시들이 모두 기백이 없고 허황한데다가 앞뒤 글귀가 맞지 않아 하나도 들을 맛이 없었다.

게다가 그들이 노는 꼬락서니도 가관이었다.

한 양반은 채수염을 내리 쓸며 현명한 체 침묵을 지키고 다른 양반은 대가인 양 눈을 지그시 감고 명상에 잠겼는가 하면 또 어떤 양반은 남이 지은 글귀를 따서 제 것처럼 둘러맞추느라고 모지름을 쓰고 있었다. 지어 시에 무식한 양반 한 사람은 금강산의 자연미를 모독하는 글까지 이어 읊고 있었다.

삿갓은 그들의 노는 꼴이 하도 가소롭고 역겨워 침을 탁 뱉고는 다락에서 내리며 즉흥시 한 수를 큰 소리로 읊었다.

나는 청산이 좋아 들어가는데
녹수야 너는 어이하여 나오느냐

삿갓이 읊고 나서 길로 나서는데 의미심장한 그 시를 새겨들은 양반 하나가 그를 불러 세웠다.

"여보시오. 어디 가는 길손인지는 모르겠으나 이리로 잠깐 올라오시오."

"왜 그러시오?"

"보아하니 길손도 시를 즐겨하는 것 같은데 우리와 같이 시짓기 내기를 해보지 않겠소?"

삿갓은 그의 청에 못이기는 척 하고 되돌아서 다락 위에 올랐다. 행색은 말할 수 없이 허줄하였으나 방금 읊조린 삿갓의 즉흥시에서 충격을 받고 난 지라 양반들은 예의를 차려 그를 맞이하였다.

자리가 정돈되자 구석 쪽에 앉은 한 양반이,

"당신은 시를 지을 줄 아시오?"

하고 물었다.

"지을 줄은 모르지만 부를 줄은 알지요."

삿갓은 습관처럼 되어버린 빈정대는 말투로 대답하였다.

"시를 부를 줄만 안다? 거 참 묘한 말이군. 그럼 어디 한 수 불러보시오."

물어보던 양반이 붓을 들고 삿갓을 쳐다보았다.

"그러면 내 부르는 대로 받아쓰시오."

삿갓은 말을 마치자 별로 생각해 보지도 않고,

"소나무를 가리키는 글자가 있는가요?"

하고 물었다. 그 양반이 제꺽 대답하였다.

"있지."

"그럼 그 두 자를 나란히 쓰시구려."

"자, 두 자를 썼으니 또 부르게나."

"부르지요. 그럼 이번에는 잣나무를 가리키는 글자가 있으면 그 옆에 두 자를 또 쓰시오."

그 양반은 삿갓이 하라는 대로 썼다. 이어 삿갓은 바위를 가리키는 글자가 있으면 두 자를 더 쓰라 하고 그 곁에 돌아간다는 글자를 한 자 덧붙이라고 하였다. 그는 줄을 바꾸어서 같은 방법으로 산과 물을 가리키는 글자, 이곳저곳을 가리키는 글자들을 각각 두 자씩 쓰게 하고는 나중에 기이하다는 뜻을 가진 글자가 있으면 한 자 더 쓰라고 하였다.

영문도 모르고 여기까지 받아쓰고 난 양반은 그만 붓을 홱 집어던지며 화를 벌컥 냈다.

"여보 내가 시를 부르라고 했지 언제 이따위 글자들이나 부르라고 했소?"

샷갓은 골이 잔뜩 난 그 양반을 보고 빙긋이 웃으며,

"그러기에 나는 시를 부를 줄만 안다고 이미 말하지 않았소. 하지만 한 자시에 '능'한 양반이 지어 놓은 글귀의 뜻도 모르고 화부터 내니 이거 너무하는 것 같구려."

"뭐라구?"

"자, 그럴 것 없이 나는 아무래도 글 잘하시는 양반님네들 하고는 내기 상대가 못 되는 것 같으니 그만 물러가겠소이다."

샷갓은 야유가 바글바글한 한 마디를 남기고는 훌쩍 일어나 다락을 내렸다.

김샷갓의 도도한 태도에 눈이 휘둥그레졌던 양반들이 그가 사라지자 글자를 적은 종이 앞으로 우르르 몰려들었다. 그리고는 샷갓이 불러준 글자들을 읽으며 음미해 나갔다.

"송송백백암암회

소나무 소나무 잣나무 잣나무 바위 바위를 돌아서니

산산수수처처기

산산 물물 가는 곳마다 신기하구나."

"야, 이야말로 걸작이로구나!"

양반들은 일시에 환성을 올렸다. 그러나 다음 순간 그들은 졸렬한 자기 시들을 두고 낯이 뜨거워 몸둘 바를 몰랐다.

김샷갓이 표훈사 능파루에서 금강산의 경치를 단 몇 마디의 글로 생동하게 특징지은 두 편의 즉흥시는 이 때부터 세상에 널리 알려지게 되었다.

21. 마하연에서의 글짓기 내기

금강산 천지가 온통 단풍에 붉게 타던 어느 해 가을이었다. 김샷갓은 시를 잘 짓기로 굉장히 소문난 금강산의 한 중을 찾아갔다.

마하연의 암자에서 살고 있는 그 중으로 말하면 금강산에서 나서 자라 누구보다도 금강산에 대한 애착이 깊었고 시를 짓는 데서도 당대의 일류 문장가들과도 어깨를 견줄만한 재능을 가지고 있었다.

"대사의 명성을 익히 듣고 한 번 만나보고 싶었는데 오늘에야 비로소 소원이 성취되어 기쁘기 그지없소이다. 청컨대 많이 편달해주기 바라나이다."

"원 과찬의 말씀이오이다."

김삿갓의 인사말에 중은 겸손하게 대답하였다.

삿갓이 다시 입을 열었다.

"제가 듣건대 대사는 시를 잘하기로 이 금강산에서 당할 사람이 없다 하온데 외람되오나 대사와 함께 금강산에 대한 시짓기를 겨루는 것으로 한 때를 즐기게 하여 준다면 다시없는 영광으로 생각하겠나이다."

뜻밖의 청에 놀란 중은,

"내가 시를 잘 짓는다는 것은 필시 사람들이 헛소문을 돌린 것이오. 나는 이 산 속에서 오십여 생을 살아오면서도 아직 금강산에 알맞은 글귀하나 찾아내지 못하였소. 헌데 그대는 얼마만한 글재주를 가졌길래 감히 금강산에 대한 시짓기 내기를 하자고 청하시오?"
라고 물었다.

중의 말에 호탕하게 웃고 난 삿갓은,

"금강산은 천하의 명산이니 생긴 그대로 읊으면 시 또한 천하 명시가 될 것이 아니오이까?"
라고 대답하였다.

김삿갓의 자신만만한 태도에 은근히 괘씸한 생각이 든 중은 오금을 박듯 말하였다.

"정 그렇게 소원이라면 내 응하겠지만 만약 그대가 졸렬하거나 유치한 글귀로 저 신령스러운 금강산을 털끝만치라도 욕되게 한다면 나는 그대의 이발을 빼어버리겠소.”

삿갓은 중의 내기 조건에 쾌히 응하며 이렇게 덧붙이었다.

“대사의 말씀대로 아무리 글재주가 뛰어난들 어떻게 금강산의 아름다움을 그대로 담을 수 있겠나이까. 저는 다만 대사가 금강산을 누구보다도 사랑하고 귀중히 여긴다고 하여 저 역시 금강산을 보면 볼수록 뜻깊은 심정을 억제할 수 없으니 이 두 마음을 합쳐 글을 짓는다면 혹시 좋은 시가 나올 수 있다고 생각했을 뿐이오이다.”

그의 말에서 단순한 경쟁심에서 나온 청이 아니라는 것을 직감한 중은 두말없이 글짓기 내기에 응하였다. 그리하여 김삿갓과 금강산 중의 글짓기 내기가 시작되었다. 내기는 금강산을 잘 아는 중이 먼저 전구를 떼면 삿갓이 대구를 다는 식으로 벌어졌다.

중이른 아침 입석봉에 오르니
구름은 발아래 생기고
삿갓저녁에 황천강의 물을 마시니
달리 입술에 걸리더라

중사람의 그림자는 물 속에 잠기어도
옷은 하나도 젖지 않았다.
삿갓물 속에 청산을 오르내렸어도
다리는 하나도 아프지 않았네

중산에서 돌이 굴면
천년이 걸려야 땅에 닿을 듯하고
삿갓산이 한자만 더 높으면
손이 하늘에 닿을 듯하여라

중가을구름이 만 리에 뻗었으니
흰 고기비늘이 겹쌓인 것 같고
삿갓천년 묵은 고목의 뻗친 가지는
사슴의 뿔이 높이 솟은 듯하구나

중청산을 돈을 주고 샀더니
구름은 공으로 얻고
삿갓맑은 물가에 다다르니
고기는 저절로 모여드누나

중절벽은 비록 위태롭게 솟아 있어도
그 위에서 꽃이 웃는 경치가 좋고
삿갓양춘은 비록 아름다워도
새는 울며 떠나가니 비감이 생긴다.

중물은 절구공이가 되어
절벽을 연방 내리찧고
삿갓구름은 옥으로 만든 자가 되어
청산을 재어간다.

중이 연해연방 불러대어도 삿갓이 거침없이 대답을 하는데 그것이 앞뒤가 꼭 맞을 뿐 아니라 그 뜻이 하도 깊어서 신기할 정도였다. 중은 마침내 글짓기 내기를 더 이상 계속할 필요가 없다고 생각하면서 아끼던 마지막 구를 떼었다.

달이 희고 눈이 희니 천지가 다 희고

삿갓이 제꺽 그 뜻을 알아차리고 끝을 맺었다.

산이 깊고 물이 깊으니 나그네 수심도 깊다

중은 김삿갓의 마지막 구에 감동되어 입을 딱 벌렸다.

중이 김삿갓의 비상한 재주에 감복하여 말없이 그를 쳐다보는데 삿갓도 중을 마주보며 다음 구를 기다리다가 더 내지 않기에 한 마디 하였다.

"아니 왜 바라보기만 하시나이까. 이빨을 빼버리기엔 아직 이르지 않소이까?"

김삿갓이 빈정대며 웃으니 중이 기쁨을 감추지 않고 물었다.

"그대는 누구인고?"

"김삿갓이올시다."

"오라 김삿갓! 소문에도 시에 귀신이라 하더니만 이제 보니 그대는 과연 시의 신선일세. 내 이 절에서 한 평생을 지내면서 시 짓는 문객들을 수없이 맞고 보내왔어도 언제 한 번 재미를 보지 못하였는데 오늘 이렇게 그대를 만나니 정말 기쁘고 반갑기 짝이 없소 그려."

중은 진정으로 말하였다.

그들 둘은 뜻 깊은 상봉을 계기로 좋은 시벗이 되었는데 김삿갓은 금강산을 찾을 때마다 그 중과 함께 지내면서 조국의 자연을 노래한 많은 시를 지었다.

22. 영접사의 인사

'금강수'가 여러 가지 질병 치료에 효과가 크다는 소문은 우리나라 지경을 벗어나 이웃 나라인 중국에까지 알려졌다.

이조 때 있은 일이다. 중국으로 가는 우리나라 사신이 자기가 부리던 마부를 데리고 간 적이 있었다. 그 때 사신을 맞이하러 나온 그 나라의 영접사는 사신보다도 먼저 마부에게 절을 하는 것이었다.

관례를 벗어난 뜻밖의 일을 당하여 괴이하기도 하고 언짢기도 했던 사신은 연회에서 왜 마부에게 먼저 절을 했는가 하고 영접사에게 물었다.

그러자 영접사는,

"마부는 생수(산 '금강수')를 마신 사람이기 때문입니다."

라고 웃으며 대답하였다. 사신은 그의 말을 듣고 생각되는 것이 있었다. 오랫동안 자기를 따라다니는 그 마부로 말하면 금강산 태생이었으며 중국으로 여러 번 오가는 길에 영접사와도 서로 구면이었던 것이다. 필경 마부가 조선의 명산 금강산에 있는 '금강수'에 대한 자랑을 했으리라고 짐작한 사신은 지금까지 그것도 모르고 살아온 창피스러운 감을 느끼며 조국에 돌아왔다.

그런데 그는 돌아온 지 얼마 안 되어 왕의 명령으로 또다시 사신의 중임을 맡고 중국에 가게 되었다. 그는 이번에 갈 때는 '금강수'를 꼭 마시고 가리라고 마음먹었다. 그러나 떠날 날짜가 너무도 촉박한지라 마부를 급히 금강산으로 보내어 '금강수'를 떠오게 하고는 그 물을 마셨다.

사신은 그 길로 길을 떠났는데 역시 그 마부를 데리고 갔다. 국경을 넘어서니 전번의 그 영접사가 미리 나와 사신 일행을 기다리고 있었다.

사신은 세상에 이름 높은 '금강수'를 마시고 왔기 때문에 영접사가 틀림없이 자기에게 먼저 절을 하리라고 생각하며 벌써부터 흐뭇해하였다. 그런데 이번에도 영접사는 마부에게 먼저 옹근 절을 하고 자기에게는 반절을 하는 것이었다.

사신이 하도 놀라워 그 연고를 물으니,

"마부는 생수를 마셨고 사신님은 사수(죽은 '금강수')를 마셨기 때문입니다."

라고 영접사가 대답하였다.

"사수라니 그건 무슨 말씀이시오?"

"사신님이 고국에 돌아갔다가 다시 우리나라에 오시게 된 기일을 따져

보면 매우 촉박하여 금강산에 가서 생수를 마시기는 매우 어려웠을 것입니다. 그러니 생수를 마셨을 마부에게 옹근 절을 하고 약효가 절반도 되나마나한 사수를 마셨을 사신님에게 반절을 하는 것이야 응당하지 않겠습니까."

영접사의 말에 사신은 아무 대꾸도 하지 못했다. 두 번째 창피를 당한 사신은 조국에 돌아오자 중국에서까지 그 진가를 높이 치는 유명한 '금강수'가 나는 백운대부터 찾았다고 한다.

23. 금강산을 아끼는 마음을 담아

50고개를 넘어서야 금강산을 유람하게 된 최익현의 기쁨은 말할 수 없이 컸다. 그는 산 좋고 물 맑은 조국 산천을 사랑하는 자기의 마음만은 그 누구에게도 짝지지 않는다고 늘 자부해오면서도 천하명승으로 이름난 금강산을 늘그막에 찾게 된 자신이 가소롭게만 생각되었다. 그는 때늦게나마 금강산의 명소들을 돌아보면서 아름다운 금수강산에서 태어난 자랑을 더 깊이 간직하였고 풍치 수려한 이 땅이 왜적의 발길에 더렵혀지지 않게 해야겠다는 경심을 새로이 하였다.

어느 날이었다. 외금강에서도 제일 장관으로 일러오는 구룡연을 찾은 그는 황홀경의 극치를 이룬 아름다운 경치에 완전히 매혹되었다. 구룡연으로 올라오는 길로 폭포를 마주하였던 최익현은 아득한 천길 벼랑에서 지축을 울리며 떨어지는 폭포수를 정신없이 바라보다가 한참 후에야 맞은 편 너럭바위들이 널려 있는 쪽에 눈길을 돌렸다.

그런데 거기서는 이곳 경치와는 너무도 어울리지 않는 광경이 벌어지고 있었다. 옥색 도포앞자락을 되는대로 풀어헤친 양반 벼슬아치들이 기생들을 끼고 앉아 한창 술추렴을 하고 있었던 것이다. 술에 잔뜩 취하여 몸도 제대로 가누지 못하는 벼슬아치들의 몰골, 간간이 울려오는 기생들의 간드러진 웃음소리…….

최익현은 못 볼 것을 본 듯 인차 뒤돌아섰다. 생각할수록 질탕스럽게 놀아대는 그들의 꼬락서니가 금강산을 모독하는 것만 같아 가슴속에서는 울컥 분격이 치밀어 올랐다. 황홀한 경치에 취했다가 마음이 언짢아진 최익현은 분연히 그 자리를 떠나며 시 한 수를 읊었다.

명승지는 예로부터
귀신도 아끼는 듯
예로부터 이 폭포에
올라본 사람 없네

일백 발 비단인가
두 폭포 드리웠고
일만 수레 굴러가듯
구룡탄 울부짖네

절로 생긴 천연의 미
보기는 쉽지마는
변화무쌍한 풍음은
그리기도 어려워라

이 세상 속된 사람
부질없이 찾을까 봐
십리 밖 바닷가에
뭇 봉우리 벌려 섰네

시에는 금강산의 아름다움을 아끼는 그의 애틋한 심정과 함께 유흥을 목적으로 금강산을 찾는 저속한 자들을 경계하는 그의 결백한 심정이 담겨져 있다.

24. 금강산 이름 유래

금강산이라는 이름은 어떻게 유래되었는가? 이와 관련해서는 누가 언제부터 그렇게 불렀다는 이야기는 물론 전해오지 않는다.

옛날 우리 선조들은 산이나 봉우리의 이름을, 많은 경우 그 생김새가 아니면 특이한 자연경치에 따라 불렀다. 금강산 역시 여기에서 례외로 되지 않는다. 원래 '금강'이란 말은 금속처럼 빛나고 굳은 것을 이르는 말이다. 오랜 옛날 불도를 닦던 중들은 멀리에서 바라보면 마치 금속처럼 빛나고 굳은 돌로 되어있는 이 산을 불경을 수록한 〈화엄경〉을 주석하면서 '금강'과 결부시켰다.(8세기 당나라의 중 청량국사 징관은 〈화엄경〉을 주석하면서 '금강'을 우리 나라의 금강산으로 보고 있다.)

이처럼 금강산이라는 이름은 불경에서 유래된 것으로 볼 수 있지만 그보다는 굳고 굳은 천연의 바위들이 층층이 겹쌓인 뭇 봉우리들이 하늘 중천에 높이 솟아 금강석처럼 빛나는 그 모습에 비겨 생겨난 이름인 것만은 틀림없다.

지난 시기에 금강산은 절기마다 변하는 경치에 따라 각이한 이름으로 불리었는데 '풍악산'이란 이름은 가을이면 산 전체가 온통 단풍 천지로 되는 데서 붙은 이름이고 '개골산'은 겨울에 나뭇잎이 다 떨어지고 흰눈이 덮인 기묘한 바위들만 우뚝우뚝 솟아있는 것이 마치도 뼈면 남은 것같이 보인다 하여 붙은 이름이다. '봉래산'은 쑥이 무성한 여름철을, '금강산'은 온갖 만물이 소생하여 빛을 뿌리는 봄철을 각각 비유하여 부른 이름들이다. '봉래'라는 이름은 원래 신선사상에서 동해에 있다는 '삼신산'(봉래, 영주, 방장 등 신선들이 산다는 세 산)의 하나를 이 산에다 결부시킨 데서 생겨난 이름이였다. 이밖에도 옛날 우리 선조들은 금강산을 새하얀 메부리가 서리발 같다고 하여 '상각'이라고도 불렀으며 신선이 산다고 하여 '선산'이라고도 하였다.

산이 하도 기묘하고 아름답기 그지없는데다가 천변만화하는 기이한 경치로 하여 붙여진 그 숱한 이름들 가운데서도 우리 인민들 속에서 가장 친숙하게 불리어왔을 뿐 아니라 세상에도 널리 알려진 것은 '금강산'이라는 이름이다. '해금강'이란 이름은 17세기 말에 와서 처음으로 생겨났다.

25. 삼일포 이름 유래

고성군 온정리에서 동남쪽으로 30리 남짓이 떨어진 곳에 예로부터 호수 풍경이 매우 아름다워 '관동8경'의 하나로 일러온 '삼일포'가 자리잡고 있다. 둘레가 근 20리나 되는 호수는 동서보다 남북이 더 길게 뻗었는데 기슭은 들쑹날쑹 굴곡이 심하여 호수 주변을 에워싼 푸른 산이 푸른 물을 안고 있는 듯하다. 옛날 사람들은 흔히 36개의 크고 작은 봉우리들이 삼일포를 병풍처럼 둘러싸고 호수에 그림자를 던지고 있다고 말하여 왔다. 련꽃과 같은 봉우리들의 그림자를 비껴 담은 맑고 푸른 호수 가운데에는 모래 우에 소나무 숲이 우거진 '와우섬'과 물 우에 머리를 내민 바위섬들인 '단서암'과 '사선정터', '무선대'가 있다. 맑은 호수는 천고의 침묵 속에 전설을 속삭이는 듯 조용하여 이 고장 사람들은 삼일포를 가리켜 마치 하늘의 선녀가 내려뜨린 거울과 같다고들 하였다. 실로 삼일포는 금강산의 수려한 모습에 그윽하고 아늑한 맛을 주는 호수의 풍경이 잘 조화되여 어느 모로 보나 한 폭의 풍경화 같이 아름답다.

옛날 어떤 왕이 금강산에 경치 좋은 호수가 있다는 소문을 듣고 하루 동안 놀 작정을 하고 이 곳에 온 일이 있었다. 호수에 도착하여 수레에서 내린 첫 순간부터 왕은 눈앞에 펼쳐진 풍경에 완전히 매혹되였다. 그는 먼길을 온 피로도 잊고 내시들을 호령하여 인차 배를 대게 하고서는 그 우에 올라 호수를 유람하기 시작하였다.

보면 볼수록 유정하고 수려한 풍치에 넋을 잃은 왕은 해종일 뱃놀이를 하면서 시간가는 줄도 몰랐다. 해가 기울자 신하들은 돌아갈 때가 되었다고 왕에게 여쭈었으나 그는 머리를 저으며

"이런 기막힌 경치를 두고 어찌 쉽게 발걸음이 떨어지겠느냐."

고 하면서 하루만 더 놀고 돌아가자고 하였다.

이튿날이였다. 왕은 전에 없이 즐거운 기분으로 호수의 곳곳을 돌아보고도 성차지 않아 돌아갈 날짜를 또 하루 미루었다. 이렇게 되어 그 왕은 무려 3일 동안이나 호수에서 묵으면서 아름다운 경치를 즐겼다고 한다. 하루를 예정하고 왔던 왕이 호수의 경치가 하도 좋아 3일 동안 놀고 갔다고 하여 그 때부터 호수의 이름은 삼일포로 불리게 되었다.

26. 몽천 이름 유래

삼일포 북쪽 산기슭에 동글 오목한 곳이 있는데 물가에는 흰모래가 깔리고 뒤에는 소나무숲 속에 뜨락 같은 평지가 보인다. 여기에 사시장철 마를 줄 모르고 솟아오르는 맑은 샘이 있다. 이 샘물이 바로 이름난 '몽천'이다. 샘물을 '몽천'이라고 부르게 된 데는 이런 이야기가 정해온다.

옛날 어느 한 로승이 유람객들이 많이 찾아드는 이 곳에 암자 하나를 세우려고 하였다. 절터로서는 더할 나위 없는 명당자리였으나 다만 우물이 없는 것이 큰 흠이였다. 로승은 샘 줄기를 찾기 위해 이곳저곳 파보았으나 끝내 뜻을 이루지 못했다.

근심에 쌓인 로승은 어떻게 할까를 두루 궁리하다가 솔깃이 잠이 들었다. 그런데 그의 꿈속에 백발 로인이 나타나더니 한 바위를 가리키며 그 밑을 파면 샘을 얻을 수 있을 것이라고 하고는 어디론가 사라졌다. 잠에서 깨여난 로승은 이상한 생각이 들어 꿈속의 로인이 가리켜준 바위 밑을 파보기로 하였다. 한 반 길가량 파 들어갔을 때였다. 과연 한 가닥의 샘줄기가 터지면서 맑은 물이 솟구쳐 올랐다. 로승이 기뻐 어쩔 줄 모르며

샘물을 마셔보니 그 맛이 향기롭기도 하거니와 매우 차거웠다. 로승의 입에서는 부지불식간에 "향렬몽천이로구나!" 하는 감탄의 소리가 튀여나왔다.

다음날 로승은 샘터를 깨끗이 손질하고 그 곁의 바위에 '향렬몽천'(꿈에서본 향기롭고 차디찬 샘물이라는 뜻)이라는 네 글자를 새겨놓았다. 그리고 샘터 곁에 암자하나를 세우고 '몽천암'이라고 이름지었다.

지금도 관광객들의 마른 목을 추겨주는 차고 단 '몽천'의 이름은 이처럼 꿈속에서 얻은 샘물이라는 데서 생겨났다.

27. 봉래대와 봉래굴

삼일포 입구에서 오른쪽 계단을 오르면 호수의 전경을 한 눈에 굽어볼 수 있는 좋은 전망대에 이른다. 여기가 장군대인데 여기서 허궁다리를 건너서면 나지막한 바위산 언덕에 마주선 두 개의 큰 바위가 보이다. 이 바위에서 조금 오르면 아름다운 삼일포의 풍경을 부감하기에 그저 그만인 봉래대에 서게 된다.

금강산을 사랑한 양봉래는 이 곳에 자주 올라와 호수 풍경을 바라보며 해가 저무는 것도 몰랐다고 한다. 그래서 이 고장 사람들은 양사언의 호를 따서 여기에 봉래대라는 이름을 붙였다.

봉래대에서 호수 쪽으로 조금 내려서면 큰 바위들이 이리 앉고 저리 앉아 굴 모양을 생긴 우묵한 곳이 있는데 여기서 양사언이 글공부를 하였다하여 봉래굴로 불리고 있다. 봉래굴의 바위 벽에는 삼일포를 노래한 양봉래의 다음과 같은 시 구절이 그의 뛰여난 글씨로 새겨져있다.

련꽃간 서른 여섯 봉우리는
거울 같은 호수에 그림자를 비끼고
금강산 1만 2천 봉우리는

구름가에 삐죽삐죽 솟았네
그 중간 물가에 놓인 반석은
경치를 즐기는 벗과 함께 와서
한가로이 놀기에 참 좋구나

28. 국도(국섬) 이름 유래

원산에서 바닷길로 해금강을 찾아가거나 금강산 탐승을 마치고 배로 돌아오노라면 도중에 반드시 '국도'의 이름난 경치를 보게 된다. '국도'는 통천군 자산리 앞 바다에 있는 작은 청석섬으로서 예로부터 해금강에서도 으뜸가는 절승으로 일러오고 있다. 그 경치가 얼마나 아름다운지 옛 사람들은 금강산 한복판에 옮겨놓아도 짝지지 않는다고들 하였다.

얼핏 보면 온 섬이 모두 하나의 총석 묶음으로 이루어진 것 같지만 섬은 수많은 초본식물들로 한 번 덮여있으며 제일 높은 곳에는 이대(참대)가 무성하게 자라고 있다. 바닷가의 이 외진 섬이 국도로 불리게 된 것도 바로 이 이대와 관련되여 있다.

지금으로부터 400년 전인 임진 조국전쟁 때였다. 바다 너머 왜적들이 이리떼처럼 달려들자 이 지방 인민들은 사랑하는 금강산과 조국 땅을 지키기 위하여 한사람같이 일떠섰다. 의병에 궐기한 그들에게 있어서 무엇보다 중요한 것은 병장기를 충분히 마련하는 일이였다. 그런데 화살을 만드는데 쓸 재료가 충분치 못한 것이 문제였다. 이 때 누구인가가 통천고을 앞 바다의 외진 섬에서 자라는 대를 베여다가 화살을 만들 것을 제기하였다. 누구도 생각하지 못했던 그의 기발한 제기는 의병들의 열렬한 지지를 받았다. 그들은 곧 수십 척의 배를 나누어 타고 섬으로 건너가 싱싱하게 자란 대를 베여다 수천 수만 개의 화살을 만들었다. 이 대 화살은 미친 듯이 달려드는 왜적들을 어김없이 맞히여 쓸어 눕혔으며 원쑤놈들을쳐 물리치는 싸움에 크게 이바지하였다. 그 때로부터 동해바닷가의 이름 없던 이 섬은 나라의 보배라 하여 '국도'로 불리게 되었다고 한다.

29. 되넘이고개 이름 유래

고려의 역사 기록들을 더듬어 보면 슬기로운 고려 인민들과 군사들이 바다 넘어 해적의 무리인 왜구의 집요한 침습을 반대하여 용감하게 투쟁한 수많은 사실들을 알 수 있다. 이 싸움에는 금강산 일대의 인민들과 군사들도 여러 번 참가했는데 그들은 아름다운 조국강산에 왜구의 더러운 발길이 미칠 때마다 한사람같이 떨쳐 일어나 원수들을 족쳤다. 다음의 이야기는 그 때 있은 전투 일화들 중의 하나이다.

지금으로부터 700년 전에 있은 일이다. 천 수백 명이나 되는 왜구의 큰 무리가 통주(통천)에 쳐들어왔다.

급보가 전해지자 통주 인민들과 군사들은 재빨리 대오를 편성하고 왜적이 기여든 쪽으로 진출하였다. 그러나 우리 군사는 수적으로 적었고 병쟁기도 부족하였다. 역량상의 현저한 차이로 형세는 우리 군사들에게 불리하였다. 적들과의 정면 대결로는 승산이 없음을 타산한 우리 군사들은 어둠을 틈타서 일단 백정봉 쪽으로 철수하였다. 깊숙한 산림, 험준한 산세에 의거하여 왜적을 쳐부수기로 작정하였던 것이다.

다음날에야 이 사실을 알게 된 적들은 허둥지둥 뒤따라 왔으나 운전리(고성군)에서 추격을 멈추었다. 우리의 병력이 얼마나 되는지 전혀 알 수 없는데다가 백정봉 어귀에 와 보니 울창한 숲, 깎아지른 절벽이 앞을 막아 있고 도처에 복병이 숨어있는 것만 같아 겁을 집어먹은 때문이었다.

적들이 감히 덤벼들지 못하고 있을 때 우리 군 진영에서는 대부분의 군사들을 운전강 좌우 안에 매복시켜 놓고 싸움을 도와 나선 인민들에게는 백토와 횟가루를 파오도록 하였다. 점심때가 되어오자 10여 명의 우리 사람들이 날라 온 백토와 횟가루를 개울물에 풀어 운전강에 흘려 내려보냈다. 그처럼 맑던 강물은 삽시에 희어졌고 미구에 뿌연 물은 강줄기를 따라 쉼 없이 흘러갔다.

산 아래쪽에 있던 왜놈 진지에서는 큰 소동이 일어났다. 하졸들은 하도 신기한 일에 어리둥절하여 저마다 수군거렸다.

"맑던 강물이 갑자기 왜 이래?"

"글쎄 꼭 쌀뜨물 같구만."

"거참 조화인걸."

놈들이 벅적대는 사이에도 강물은 계속 흘러 내렸다. 하졸들의 보고를 받고 뛰쳐나온 왜장은 불길한 예감이 들었던지 당장 운전리에 남아있는 사람을 끌어오게 하였다. 잠시 후 한 노인이 끌려왔다.

왜장은 노인에게,

"강물이 왜 이렇게 뿌연가?"

고 물었다. 노인은 머리를 들어 백정봉을 바라보았다. 거기서는 도처에서 점심 짓는 연기가 뭉게뭉게 피어오르고 있었다.

왜장의 독촉을 받은 노인은,

"아, 이 물 말인가요?"

하고 되묻고 나서 백정봉을 손으로 가리켰다.

"어제 밤 저 산 속으로 수천 명의 군사들이 들어갔소. 강물이 뿌연 것은 아마도 군사들이 점심을 지으려고 쌀을 씻기 때문인가 보오."

"그럼 쌀뜨물이란 말인가?"

왜장의 다급한 물음에 노인은 그렇다는 뜻으로 고개를 끄덕였다. 왜장은 겁이 더럭 나 자기 주위에 둘러선 부하들에게 말했다.

"뿌연 것은 분명 쌀뜨물인즉 이렇게 강폭이 비좁게 흘러내리는 것으로 보면 백정봉에 대군이 주둔하고 있다는 것이 사실인 것 같다."

기겁한 왜장은 어둡기 전에 골짜기를 빠져 통주읍 쪽으로 총 퇴각할 것을 명령했다. 땅거미가 질 무렵 왜구의 무리는 백정봉을 뒤에 남기고 줄행랑을 놓기 시작했다.

이 때였다. 난데없이 북소리가 울리더니 사방에서 '와!' 하는 함성과 함께 화살이 비오듯하고 양쪽 산마루에서는 돌 사태가 무너져 내렸다. 복병의 불의의 습격을 받은 왜적은 삼대 넘어지듯 쓰러졌다. 이 싸움에서 겨우 목숨을 건진 패잔병들은 고개를 넘어 간신히 바다 쪽으로 도망쳤다.

통주 인민들과 군사들은 '쌀뜨물 전술'로 왜구의 무리를 감쪽같이 속여넘긴 다음 호된 징벌을 안겨 아름다운 금강산이 자리 잡고 있는 고향땅을 믿음직하게 지켜냈다. 그 후 이 곳 사람들은 왜놈들이 혼쭐이 나서 다시 넘어간 고개를 '되넘이고개'라고 불렀다.

30. '삼일금강'의 유래

아름답고 신비로운 금강산을 찾아온 사람들은 의례히 '삼일금강'이라는 말을 듣게 된다.

금강산의 경치가 하도 천하절승이여서 나라의 정사를 잠깐 미루고 금강산 구경을 떠났던 옛날 어느 임금이 그만 해금강의 아름다운 호수에서 명승 구경에 취하여 삼일을 놀았다고 하여 '삼일포'라는 이름이 생긴 것은 널리 알려진 사실이나 '삼일금강'이란 또 웬 말이냐? 금강산의 일만이천 봉우리에 봉이는 봉이마다 기묘한 절승이요 골은 골마다 구슬 같은 옥계수 흐르는 신비로운 명승이니 금강산의 그 아름답고 신기한 경개를 삼일이면 다 볼 수 있다는 말일까? 그 말은 물론 아닐 것이다.

'삼일금강'에 대한 이야기는 이조 봉건왕조의 제7대왕인 세조 왕 때에 유래한 것이니 그것은 지금으로부터 오백 수십 년 전에 있은 일이다.

1) 신령을 찾아서 금강산을 들어감

때는 이조 세조왕 11년인 병술년(1466년) 윤 삼월이었다. 청명 곡우를 낀 이 계절이면 비단옷 단장한 고운 오디새가 뽕나무에 찾아들고 겨우내 눈 산에 울던 멧비둘기는 나래를 치기 시작하며 동네 마을 오동나무에 자주빛 꽃이 초롱같이 망울을 터치면 겨울 지난 두더지는 덮은 땅 껍질을 헤치고 나와 메추라기의 봄 노래에 귀가 트인다고 하였다.

예로부터 윤달은 불공을 드리는 신령한 달이요, 삼월이면 만물이 소생하는 좋은 계절이다. 젖빛 노을이 아롱진 하늘에서 따스한 봄볕이 쟁글쟁글 쏟아져 내리는 이 계절, 단발령 마루로 하나의 긴 장사진을 이룬 화려한 행렬이 느물느물 올라서고 있었다.

서울을 떠나 한 주일의 로정 끝에 드디여 금강산이 지척에 바라보이는 단발령 마루에 이른 임금의 행렬이였다. 군사 진을 이룬 행렬의 선두에는 갑옷 투구를 갖춘 수백의 말 탄 군사들이 의장용 병장기를 번쩍이며 위엄 있게 길 좌우에 벌려서 나가고 그 뒤에 채색 장삼을 떨쳐입은 악공들이 삼현 륙각을 쿵작쿵작 울리며 따라서고 있는데 악공패와 동안 뜨게 사이 두고 눈부신 산호박이에 금은 치장을 꾸민 호화로운 옥련 (임금의 련)과 고관대작들의 보교의 행렬이 붉고 푸른 일산을 제각기 머리 우에 꽃잎처럼 드리우고 건덩거리며 지나간다. 그 뒤를 이어 무장한 군사들과 무거운 짐바리를 끄는 부담마들이 우불구불 뻗어 올라간 고갯길로 끝없이 따라서고 있었다.

자홍색 붉은 바탕에 룡무늬 장식을 한 임금의 련이 고개 마루에 이르자 청포 관대한 내시 하나가 어가 앞에 다가서며 청을 다듬어 아뢰였다.

"상감마마께옵서 단발령에 오르셨음을 아뢰오!"

그러자 아뢰임 소리에 이어 옥련에 드리운 구슬 주렴이 걷히더니 눈길이 우멍스러운 세조의 얼굴이 반쯤 내비쳤다.

"예서 잠시 한숨 쉬고 가자!"

세조의 분부를 알리는 뿌라팔 소리가 뒤따라 뚜우- 하고 산마루에 길게 울려 퍼졌다.

뱀띠 마냥 고갯길을 따라 우불구불 오르고 내리던 긴 행렬이 그 나팔소리에 주춤하여 걸음을 멈추었다.

세조는 시관들의 시중을 받으며 련에서 내려섰다. 곤룡포 자락을 땅에 끌며 시름한 일경이 한 눈에 안겨오자 저도 모르게 환성을 질렀다.

"오, 과연 신령이 내린 명산이로다!"

단발령 마루에서 바라보이는 금강산 일경은 꿈속의 신선세계에 이른 듯 신비스럽기 그지없었다.

햇빛을 받아 은빛금빛으로 눈부시게 빛을 뿜는 들쑹날쑹한 기묘한 봉우리들이 파아란 쪽빛 하늘을 머리에 떠 이고 허리에는 비단필 같은 구름 안개를 띠처럼 두르고 서서 고운 녀인 같은 수려한 자태를 드러내고 있었다.

온갖 인간 세상의 령험이 신령스럽게 드러난다는 금강산이였다. 그래서 속세의 사람들이 다투어 금강산을 찾아와 금강산의 신령과 부처에게 치성을 드리며 소원을 기원한다고 하지 않는가?

먼 옛적 신라의 마지막 왕인 경순왕의 아들인 마의태자도 여기 단발령에서 금상산의 절경을 보고는 속세를 떠나 부처가 되고 싶어 대뜸 머리를 깍고 중이 되였다고 하였다.

세조는 지금 첫 눈에 자기의 넋을 홀리듯 사로잡는 금강산을 멀리서 바라보며 이번 금강산 걸음이 부디 효험이 있기를 속마음에 간절히 빌었다.

사실 그의 이번 행차는 단순히 금강산 경치구경을 위해 떠나온 것이 아니였다. 그는 자기의 온 몸에 번진 만신창이라는 무서운 종기와 선대왕이며 어린 조카였던 단종을 왕위에서 내쫓고 사약을 내려 죽여버린 그 병자년(1456년)의 가을부터 시작된 무서운 악몽의 시달림에서 벗어나려고 이렇듯 윤 삼월을 골라 조정의 문무대신들과 함께 금강산에 불공을 드리려고 떠나온 길이였다.

금강산에는 신기한 금강약수도 있고 효험 있는 온천도 있다고 한다. 더욱이 금강산 신령에게 재(불교식 제사)를 올리면 그 령험이 많아 바라는 소원이 모두 성취된다고 하지 않는가?

세조는 이번 금강산 행차에서 그 효험을 볼 수 있다면 여기에 한 달이 아니라 삼 년 석 달이라도 눌러있을 잡도리였다. 그래서 전국의 이름난 중들을 모두 금강산으로 불러모아 큰 재를 올리도록 하고 함길도(함경도)와 경상도, 전라도 감사들에게도 령을 내려 이번 재에 쓸 식량과 천 필 등속을 금강산으로 직접 실어오도록 엄한 령을 내렸던 것이다.

지금쯤은 아마 그 모든 준비가 끝나 임금의 행차를 기다릴 것이였다.

금강산에 들어서자 그는 마음이 조급해졌다. 세조는 이어 련을 치우고 일산이 높이 드리운 람여에 올라앉았다. 시원스레 바람도 쏘이며 산천 구경을 하고 싶었다. 눈을 반쯤 감고 다시 서서히 움직여 가는 행렬을 바라보노라니 세조는 자기의 위세가 새삼스레 가슴 들먹히 느껴오는 것이였다.

자기의 호령 한마디, 눈짓 한 번에 온 조정이 앉고 서고 가라면 가고 멈추라면 금시 멈추어 선다. 나라 안의 모든 문무백관이 자기 앞에서는 설설 기며 상감마마라고 개여 올린다. 그래서 이 존엄한 임금의 자리에 그 모진 죄업을 마다하고 칼부림하며 올라선 것이 아니였던가? 아 그러나 그 죄업이 끝내 자기를 이토록 괴롭힐 줄이야!

가물에 탄 자갈밭길을 걷는 람여를 멘 군사들의 발걸음 소리가 자박자박 귓전에 울리며 이상스레 지나간 추억을 불러 일으키였다.

세조는 세종왕(리조 제4대 왕)의 둘째 아들로 태여났다. 구중 깊은 대궐 속에서 금의옥식하며 임금의 아들로서 부러운 것이 없으련만 어린 세조는 자기의 인생이 그 무슨 불우한 운명처럼 생각되였다.

한 발 먼저 맏이로 태여났더라면 얼마나 좋았을까? 그러면 세자가 되여 장차 부왕의 뒤를 이어 왕위를 넘겨받을 수 있지 않겠느냐?

어린 그의 눈에도 왕의 존재란 참으로 신기할 만치 위엄 있고 존귀한 것이였다. 왕의 앞에서는 온 나라안의 신하들은 물론 조정의 늙은 로신들도 머리를 땅에 조아리며 썰썰 긴다. 언감 누구 앞이라고 지극히 존엄 있는 그 앞에 감히 눈길인들 바로 들 수 있을까부냐.

임금의 분부 한마디면 죽은 사람도 살린단다. 아니, 죽은 사람은 몰라도 산 사람의 목숨 따위는 '어험!' 하는 기침소리와 눈살을 한번 찡긋하면 갈 데 없이 저승으로 보낸다던가?

어디 그 뿐이랴. 임금의 행차에 따르는 요란한 치레와 시중은 말 말고도 궁중 안의 꽃 같은 수백 수천의 궁녀들도 다투어 임금의 눈에 들지 못해 몸살들이 아니냐?

그러나 궁중의 대신들은 말할 것도 없고 하찮은 대궐 문지기들조차 임금이나 세자가 아닌 담에야 대군쯤은 지나가는 방귀만치나 알기를 우습게 아는 눈찌다. 세자가 아닌 임금의 다른 아들들인 대군은 나라 안의 큰 경사 때나 설날과 동짓날은 물론이거니와 한 달에 초하루와 보름날은 빠짐없이 임금과 세자궁에 찾아가 조정의 대신들과 함께 문안을 올리고 곰살궂게 가르침을 받아야만 한다. 그러니 세자와 대군의 지위도 하늘 땅의 차이라고 하겠다.

세조는 철이 들수록 임금의 룡좌를 부러운 눈매로 바라보군 하였다. 임금으로만 될 수 있다면 세상에 두 번 다시 태여나고 싶은 심정이였다. 왕자로 태여나 어이 한 번도 왕 노릇도 못해보고 속절없이 늙을 것인가.

그는 부왕인 세종이 자기의 이러한 애끊는 속마음을 은근히 알아주었으면 싶었다. 그러면 세자 책봉은 부왕의 마음에 달린 일이니 부왕이 마음만 돌리면 세자를 얼마든지 다른 왕자로 바꿀 수도 있는 것이다.

선대왕이였던 태종도 자기 형인 정종을 밀어내고 왕위에 올랐고 부왕인 세종은 양녕 · 효녕 두 형을 대신하여 셋째 아들로서 세자가 되지 않았던가.

세조는 약골 선비 같은 형인 지금의 세자보다도 체대가 큰 자기가 어느 모로 견주어보아도 세자의 적임자인 것만 같았다.

어느 날 그는 서연(세자가 학습하는 곳)에서 학습을 마치고 나오던 길로 부왕을 만나 뵈왔다. 마침 부왕인 세종은 후원에서 꽃을 구경하며 거닐고 있었다.

"부왕마마, 한가지 청을 들어주소서."

맨땅 우에 꿇어 엎드린 그의 왼손 등에는 먹 글씨로 크게 쓴 임금 왕자가 눈에 띄였다.

"무슨 청이냐?"

"소자의 봉호를 함평으로 고쳐주옵소서."

당돌한 청이였다. 세종은 잠시 그의 청을 가늠하는 듯싶었다. 그의 여덟 왕자 중에 아직 부왕이 지어준 봉호를 고쳐달라고 청을 드린 왕자는 없었다. 그래도 아들들에게 대군의 봉호를 내릴 적에야 부왕이 깊은 뜻을 음미하여 이름을 붙인 것이 아닌가. 그런데 부왕의 그 뜻을 거스르다니, 무엄하다! 그러나 세종은 이어 생각을 고쳐했다. 여러 왕자들 중에서도 그는 둘째인 세조의 혈기방장한 기개를 남달리 사랑하는 터요, 지금 봉호를 고쳐달라고 하는 그 함자가 또한 음미해 보건대 그의 활달한 혈기와 도량에 과히 어울리는 듯싶어 너그러운 웃음을 지어 보였다.

"수지(세조의 자)가 나에게 조르는 일이 없더니 봉호를 고쳐달라 함이 처음 하는 청이로구나. 그 청이 그리 어려운 것은 아니니 네 뜻대로 하려무나."

세종은 그의 손등에 쓰여진 글자에 대해서는 일언반구 말이 없었다.

그리하여 세조는 대군의 처음 봉호였던 진평을 함평으로 고치게 되였다. 진평이라 함은 옛적 어느 성인을 본받아 나라를 평온하게 한다는 뜻이요 함평이라 함은 두루 천하를 평정한다는 의미였다. 하지만 세조는 몇 달이 못 되여 다시 볼이 부은 낯으로 부왕을 찾아가 봉호를 진양으로 고쳐 받았다. 해를 가리키는 볕 양자를 넣은 것이 이전 봉호와 다른 의미를 나타냈다.

부왕 세종은 이번에도 그것을 아들의 한 때 변덕으로 치부해버리며 선선히 들어주었다.

세조는 부왕이 자기의 청을 한갓 대수롭지 않은 일처럼 스쳐보내는데 은근히 부아가 났다. 그래서 무엇이건 닥치는 대로 짓이기며 들부시고 싶었다. 그는 매일같이 무사들과 함께 궁성을 빠져나가 교외 먼 곳에서 사냥놀이로 세월을 보냈다. 사슴이건 노루이건 아무 짐승이나 쏘아 잡아 탕치듯하여 그 내뿜는 선지피를 보고서야 직성이 풀려 궁으로 돌아오군

하였다.

무신 년에 세종은 세조의 생일을 축하하여 조정 대신들과 무사들을 거느리고 록양벌로 사냥놀이를 나갔다. 그 날 세조는 혼자서 수십 마리의 사슴과 노루를 잡아왔다. 다른 대군들이 잡아온 짐승에 비하면 어방없이 많은 것이였다.

세종은 사냥을 하느라 온 몸에 피칠갑을 한 세조를 대견한 눈길로 바라보며 그를 세자(후에 문종이 된 맏아들)의 곁에 나란히 불러 세우고 말했다.

"진양이 오늘은 으뜸이로다. 네 무술이 특출하니 앞으로 세자를 잘 도와 나라를 안봐도록 하거라."

"감사무지로소이다."

세조는 머리를 깊이 수그렸다.

그 날 밤 세조는 사냥터에서 돌아온 길로 부왕의 침전으로 찾아갔다.

"부왕마마, 소청이 있어 찾아왔사오이다."

"이 밤에 웬일이냐?"

피곤에 지쳐 잠자리에 들었던 세종은 아닌 밤중에 찾아온 아들을 의아한 눈길로 바라보았다.

"아뢰옵기 황송하오나 소자의 봉호를 수양으로 다시 고쳐주옵소서."

고집스레 무릎을 꿇고 앉아 부왕을 바라보는 그의 눈길은 간절한 소망으로 이글거렸다.

세종은 잠시 잠옷을 걸치고 침전을 거닐었다. 그는 생각이 깊었다. 아닌 밤중에 홍두깨라니 이 밤에 갑작스레 봉호를 다시 고쳐달라는 것은 결코 무심히 들어 넘길 일이 아니였다. 벌써 이번 일이 세 번째가 아닌가? 애초에 진평으로 지어진 봉호라 함평이면 어떠하고 진양이면 어떠한가. 가만, 수양이라……, 머리 수(首) 자에 볕 양(陽)자라 그러니 저 애가 속에 품은 말은 터놓지 않아도 결국 하늘의 해가 되겠다는 것이 아닌가? 그러니 네가 임금이 되겠다는…….

세종은 장차 다가올 그 무슨 불길한 징조를 느낀 듯 낯빛을 흐리였다.

그러고 보면 언제인가 후원에서 자기의 대군 봉호를 고쳐달라고 청을 할 때 그의 손등에 쓰여 있던 임금 왕자도 이제와 생각해보니 결코 우연한 것이 아니였다. 아서라! 너는 너무 분수에 없는 것을 바라는가 싶구나! 너의 형인 세자가 지금 살아있지 않느냐. 세자가 비록 몸은 여리여도 그는 학문에 밝고 우애가 있는 군자요, 너는 임금이 되기에는 성미가 너무 조폭스럽느니라. 나라의 법에 임금의 아들은 왕이 되는 자를 내놓고는 벼슬을 못하게 되어 있으니 네 차라리 형을 도와 나라의 정사를 잘 받듦이 현명한 처사가 아닐까만, 그래도 세종은 애틋한 부모의 심정이라 이 생일날 밤에 찾아온 아들의 마음을 섭섭히 하고싶은 생각은 없었다. 자기의 주머니에서 값진 구슬 알을 꺼내듯 또 하나의 나라라는 것이 있다면 선뜻 꺼내주련만, 그는 태연히 그러면서도 측은한 눈매로 숙성한 아들을 바라보면 조용히 입을 열었다.

"오늘은 너의 생일이요, 너도 오늘 사냥에서 나를 기쁘게 하였으니 너의 청을 들어주련다. 그러나 이후로는 다른 마음은 먹지 말거라!"

세종은 자르듯 말했다.

세조는 묵묵히 침전을 나올 수밖에 없었다. 어느덧 세월이 흘러 경오(1450)년 겨울에 세종이 병으로 삼십 여 년간의 정사를 마치고 죽자 세자인 문종이 왕위에 올랐다. 문종은 바로 네 해 전 모후의 상에 련이어 두 량친의 장례를 치르느라 급기야 몸이 수척해갔다. 원래가 천생 약질인 그는 하루 세 번 곡을 하고 멀건 미음으로 끼니를 에우느라 나날이 쇠약해졌다. 더욱이 옛 장례 법에 상주는 의례히 삼년상을 그렇게 치르기 마련이라 문종도 그 법도에서 벗어날 념을 못하였다. 그 장례를 치른 것이 빌미가 되였던지 시름시름 앓던 그는 어느 날 자기의 명이 이미 기운 것을 느끼고 나라의 중신들과 종친들을 불러 어린 세자(단종)를 맡긴 채 임금이 된 지 이태에 못 되여 세상을 떠났다.

이렇게 되여 임신(1452)년 2월에 열세 살 어린 세자가 왕위에 올랐으니 그가 리조 제6대 왕인 단종이였다.

'아, 그러니 부왕도 문종 왕도 나를 한갓 혈육의 치장거리로밖에 여기지 않았구나!'

세조는 어린 단종이 룡상에 올라앉자 분이 치밀어 몸을 떨었다.

이 때 선왕 대로부터 충의가 지극한 령의정 황보인, 좌의정 김종서 등의 충직한 로신들과 젊은 학사들이 어린 왕을 보좌하며 나라의 정사를 펴나가고 있었다.

분별없이 자기의 야심을 드러내다가는 역적 모의로 섶을 지고 불 속에 뛰여들기가 십상이였다. 그런데 단종이 즉위하자 쉬쉬하며 동생들인 양녕대군과 금성대군이 왕위를 노린다는 풍문이 세조의 귀에 들려왔다.

세조는 은근히 조바심을 치며 무사 잡류패들을 끌어들이기 시작했다. 이미 전에 교분이 있던 권람과 개성 경덕궁직이로 노나니패의 패두였던 사팔뜨기 한명회가 먼저 그의 책사로 기여 들었다. 그런데 이들의 처지로 보면 목숨을 내대고 줄타기를 하는 셈이였다. 이 놀음에서 이기면 부귀영화를 누리는 공신의 벼슬이요 아차 한번 헛발을 내디뎌 실수하는 날에는 천길 낭떠러지에 굴러 떨어져 패가멸족하는 판이다. 그러나 권람과 한명회는 말직 벼슬에서 지렁이처럼 살기보다 목숨을 걸고 하는 한 번 도박놀음을, 단숨에 룡을 낚고 싶어하는 야심만만한 도박꾼들이였다.

세조는 한 켠으로 시세에 약은 집현전의 정린지며 수찬 신숙주, 도승지 강맹경 등에게도 은밀히 미끼를 던져 선을 늘였다. 그리고 매일 수십 섬의 쌀과 십여 두의 소를 잡아 서울 장안의 네 곳 사장에서 한량패들을 먹이며 은밀히 거사를 준비한 그는 마침내 계유(1453)년 10월, 단종이 자기 누이인 경혜 공주의 생일을 축하하려고 영양위 궁으로 거동한 것을 기화로 불시에 일을 벌렸다.

힘센 무사패를 거느리고 먼저 범 같은 김종서의 집에 달려들어 그를 단숨에 까눕힌 세조는 이어 영양위 궁으로 달려가 어린 왕을 핍박하여 임금의 명으로 조정의 대신들을 부르게 하였다. 그리하여 영양위 궁에서는 밤새 무고한 조정 대신들을 살육하는 그 피비린내 나는 계유년의 무서운

참사가 일어났다.

령의정 황보인, 우의정 정본, 우찬성 리양, 리조판서 민신, 병조판서 조극관, 군기판사 윤처공, 평안도 관찰사 조수량, 충청도 관찰사 안완경 등 수십 명의 충신들이 그 날 밤 칼에 맞아죽고 귀양다리 신세가 되였다. 간신히 그날의 죽음을 면하고 귀양을 갔다고 하는 사람들도 어느 새가 쥐도 새도 모르게 멸족의 화를 입고 말았다.

수양대군은 자기의 집권에 걸림돌이 되리라고 생각한 조정의 중신들을 빗자루로 쓸 듯이 죽여버리였다. 그리고는 즉시 령의정부사 리조, 병조판서 겸 내외병마도통군국중사의 벼슬을 타고 앉아 나라의 실권을 흠빡 거머쥐였으며 이듬해에는 어린 단종을 상왕이라는 허울 좋은 이름을 주어 왕위에서 내쫓고 스스로 룡좌에 올라앉았다. 평생에 소원하던 룡좌였다. 그렇지만 그것은 마음 편한 자리는 결코 아니였다. 그 뒤로 여러 가지 재난과 불길한 악몽이 꼬리를 물고 일어났으니 말이다.

"상감마마께서 장안사에 듭시다!"

문득 전두관이 웨치는 청 높은 소리에 세조는 눈을 반만 감고 꿈속같이 헤매던 상념에서 깨여나 앞을 바라보았다.

바위츠렁이 민틋하게 드리운 산 아래에 단청무늬 화려한 장안사의 건물이 눈앞에 보였다. 또 거기서부터는 희고 붉고 푸른 비단 차일이 골 안을 따라 올라가며 길 량옆으로 빈틈없이 드리워있었다. 그러고 보니 재를 올리려 모여든 중들이 벌써 만 단의 준비를 갖추고있는 모양이였다.

"상감마마께 문안드리오!"

세조의 람여가 절문 앞에 멈춰 서자 읍하고 서있던 강원, 함길, 경상, 전라도의 감사들이 황송한 듯 마중하며 머리를 조아린다.

"경들이 수고했다. 그래 오는 길에 별고는 없었느냐?"

"분부하옵신대로 쌀과 피륙, 소금바리 등속을 정해진 물목대로 모두 가져왔음을 아뢰오."

세조의 물음에 여러 도의 감사들이 소리를 합쳐 아뢰인다.

왕사(왕의 불교 스승)인 학조대사도 재계의 준비가 끝났음을 아뢰였다.

절 문을 지나 따로 새로이 꾸린 장안사의 행궁(왕의 림시 처소)에 들어서니 신하들이 연줄 따라서며 상서로운 징후가 났다고 귀청 따갑게 아뢰인다.

"상감마마를 축하하여 상서로운 채색 기운이 금강산 봉이 마다 어리고 하늘에서 단이슬이 내렸사오이다."

"골은 골마다 단비에 물젖고 기이한 향내가 상감마마의 왕림과 더불어 골 안에 차 넘치오이다."

"상감마마께 아뢰오. 눈부신 광채가 동쪽 하늘에 뻗고 땅이 진동하였으며 청학이 쌍을 지어 하늘에 춤추고 사리가 분신하였음을 보았나이다."

왕의 행차에 상서로운 징후가 새로 났다고 알리는 그 축하의 아뢰임 소리는 끝이 있을상 싶지 않았다.

세조는 신하들의 아뢰임 소리에 무거운 시름에서 벗어나 일순간 가슴이 한 가닥 희열이 피여 오름을 느끼였다. 금강산이 천하의 신령한 산이라고 하더니 벌써 상서로운 징후가 나타났다는 말인가? 아, 이제 금강산 신령이 꿈에 현몽하고 나의 재계가 효험을 본다면 밤마다 괴롭히는 무서운 악몽이며 온몸에 번지는 만신창도 씻은 듯 나을 것이 아닌가?

그는 오늘밤은 악몽이 아닌 단꿈 속에 들기를 마음속에 간절히 기원하며 이어 신령께 재를 올리는 칠성당에 들어섰다. 금강산 신령이시여, 나를 도와주옵소서! 그는 촛불이 활활 타는 칠성당에 꿇어앉아 금강산 신령에게 첫 재를 올렸다.

2) 사나운 꿈자리

"이놈들, 나를 놓아라!"

세조는 숨이 막혀 몸부림치며 소리쳤다. 그는 지옥신들에게 이끌려 천길 깊은 진창 속으로 끝없이 빠져 들어갔다. 숨이 꺽 막히고 가슴이 답답하였다. 그래도 뻘건 혀를 빼문 지옥의 귀신들은 뿔 돋은 머리를 기울거리고 퍼런 빛을 뿜는 왕방울 눈알을 희번덕거리며 열 길스무 길로 자꾸만 끌고 들어갔다. 험상궂게 히물거리는 꺼먼 도깨비의 얼굴……. 으흐하하 너털웃음을 치며 사지를 옴지락도 못하게 끌어당기는 마귀의 사나운 갈구렁 손아귀……. 순간 몸에 불길이 확 달린 그는 뜨거운 불 속에 딩굴었다.

"으악!"

그는 비명을 질렀다.

"상감마마, 상감마마!"

누구인가 세조를 조용히 흔들어 깨웠다.

세조는 그제야 자기가 꿈속에 빠져 있었음을 깨달았다. 무서운 악몽이였다. 휘유, 눈을 뜨니 안도의 숨이 나가는 것 같았다.

늙은 내시가 머리맡에 끓어 앉아 근심스런 얼굴로 지켜보고 있었다.

"내가 꿈을 꿨느냐?"

"그러하오이다. 상감마마께옵서 신기가 편치 않으시온지 가위 눌린 소리를 몹시 하시였소이다."

"음……. 그랬느니라."

행궁 안에 촛불이 가물가물 타오르며 절의 천정을 비치고 있었다. 바위우를 구을러 흐르며 주얼주얼하는 금강산의 냇물소리가 고요한 밤 공기를 흔들며 간간히 울려왔다.

금강산의 첫날밤 꿈은 상서롭지 못하였다. 밤마다 자기를 지옥으로 끌고 가는 그 무섭고 사나운 꿈자리……. 그것을 털어버리자고 불원천리 금강산을 찾아왔건만……. 아, 그 사나운 꿈자리는 병자(1456)년 가을 사륙신의 란이 터지고 이어 세자가 때없이 비명에 죽은 그 날부터 밤마다 때없이 찾아오지 않았던가!

세조는 다시 잠들기가 소름이 끼쳐 멀거니 눈을 뜨고 촛불에 그물거리며 흔들리는 절의 천정을 바라보았다.

그는 꿈속에서도 바라던 룡좌에 거룩하게 올라앉아 있었다. 이제는 세상만사가 자기의 손아귀에 쥐락펴락 노닐 판이였다. 임금은 곧 나라요, 나라라는 것은 곧 임금이라고도 하지 않던가?

조정의 신하들이며 나라안의 만백성이 발끝 아래 아즉히 굽어보였다. 선왕의 유훈을 받은 김종서며 황보인 등의 원로대신들을 나라를 어지럽힌 '역적'으로 몰아내치고 보니 한동안 조정은 그의 사나운 눈부리 아래 설설 기며 곰살궂게 굽어드는 것 같았으나 세조가 임금의 자리에 오른 이듬해인 정축년에는 그 옥좌를 빼앗아 상왕에게 다시 넘기려는 사륙신의 란이 터져 조정을 뿌리채 뒤흔들었다.

그해 가을, 세조의 등극을 축하하기 위해 명나라에서 사신이 왔다. 그 날 세조는 의선관에 곤룡포를 차리고 경복궁을 떠나 사신을 접대하는 창덕궁으로 거둥하였다. 그런데 상왕을 모시고 사신과 함께 자리하고 앉은 그 연회석이 한창 무르익어 갈 때 운검(의장용 큰 칼)으로 들게 되였던 도총관 성승과 삼군도진무 유응부가 왕을 호위하게 된 그 운검으로 자기와 세자를 죽이고 상왕을 다시 왕위에 앉히려고 하였다던가? 그 날 천행으로 하늘이 도왔기에 망정이지 벌써 목 없는 귀신이 되고도 남았을 것이였다.

세조는 그들과 한 동아리였던 형조정랑 김질이 장인인 우찬성 정창손과 함께 제 목숨을 건지려고 역적 고변을 해 나섰을 때 기절초풍하게 놀라 급히 대궐에 국청을 설치하고 '역적'들을 잡아들였다. 무시무시한 형구들이 갖추어지고 심문관들이 좌우에 벌려 섰다.

좌부승지 성삼문이 먼저 계하에 끌려나오고, 문인 재사로 쟁쟁하게 이름을 드날리던 그들이요 조정에서는 또한 왕의 곁에서 근신으로 있던 중신들이였다.

세조는 그들의 뛰여난 재주와 남다른 인품을 아는지라 신하로서의 대우도 륭숭하게 해주었건만 그들은 모두 죽기로써 세조 자기를 나라를 도적한 졸부로 치부하며 선왕에 대한 충의와 의리를 지켜 목숨을 가벼이 내대는 것이였다.

"여보, 나으리. 나으리가 백주에 나라를 도적질하였으니 어린 우리 주인에게 도로 찾아주려고 했을 뿐이요. 충신은 두 임금을 섬기지 않는다 함은 나으리도 늘 외우는 바가 아니요. 충신의 뜻을 편 것이 어찌 죄가 되겠소?"

삼문은 불이 철철 흐르는 눈을 들어 세조를 쏘아보며 열기 띤 목소리로 부르짖었다.

"저, 저놈 보아라. 네가 감히 나를 임금이라 아니 부르고 나으리라고 한단 말이냐. 내 벼슬을 살고 록을 타먹는 터에 네가 내 신하가 아니란 말이냐?"

세조는 기가 막혀 펄펄 뛰며 발을 굴렀다.

"천만에 말씀이요. 내 임금이 계신데 내가 어찌 나으리를 임금으로 섬긴단 말이요. 나으리가 주는 록은 먹은 일이 없으니 나를 신하라 부르지 마오. 나으리가 주는 록을 한 톨도 다치지 않고 고스란히 쌓두었으니 도로 가져가오."

시뻘겋게 단 인두가 살을 지지고 뼛속까지 파고들었으나 삼문은 까무라치면서도 앙문 입술에 신음소리 한 번 내지 않았다.

박팽년의 입에서도 첫 마디에 나으리라는 소리가 쇠알처럼 튕겨 나왔다.

"내가 죽으면 내 임금의 귀신이요, 살면 내 임금의 신하외다. 두 임금을 섬길 리 없소. 나으리가 백주에 빼앗은 왕위를 우리 임금에게 돌려주오."

세조는 얼마 전까지만 하여도 그를 충청도 감사를 시켰고 장차 크게 쓰리라 점찍어 형조참의로 불러 내직에 두었던 사람이였다.

다음 유응부, 그는 두 눈을 의분에 번쩍이며 애당초 고개를 숙이는 법도 없이 허리를 꿋꿋이 편 채로 왕을 향해 꾸짖었다. 그는 형리들이 달려들어 살점을 베여내고 단근질을 했으나 종내 기진하여 넘어지면서도 다리만은 내뻗은 채 꿇리지 않았다.

그 뒤로 문초를 받은 리개는 체소한 몸집을 끌고 형장에 나서자 문득 청을 돋구어 시조 한 수를 늘어지게 읊었다.

> 까마귀 눈비 맞아 검은 것이 흴소냐
> 하늘중천 밝은 달이 밤인들 어두우랴
> 님 향한 일편단심이야 변할 줄이 있으랴

사나운 매로 치고 은근히 달래기도 하고 불로 지지고 살점을 저미였으나 오로지 의리에 죽고 충절을 지켜 금옥같이 이름을 남기려고 하는 그들이였다.

세조는 분통이 치밀어 미칠 듯 날뛰며 그들을 모두 사지를 찢어 참형에 처하게 하였다. 죄수들의 부모형제, 자식과 손자들도 비로 쓸 듯 교형을 당했다.

세조는 그 이후로 누군가가 금시 자기의 목을 겨누고 달려드는 환각에 빠지군 하였다. 그는 눈에 달이 돋혀 매일같이 닥치는 대로 사람들을 끌어 내여 란동죄로 몰아 쳐죽였다. 무고한 수백의 인명이 피를 쏟으며 충절을 지켜 그의 손에 억울하게 죽어갔다.

이제는 또 누구 차례냐? 잡초는 제거되였다. 한다면 그 뿌리는 어디 있느냐? 상왕이였다. 상왕이 하레다! 그가 살아 있는 한 그의 복위를 꾀하는 신하들은 어디서든 또 들고 일어날것이였다.

세조의 샅에 기여 들어 그의 왕위 찬탈과 함께 일약 벼슬이 령의정에 껑충 오른 정린지와 1등 공신이 된 한명회는 세조의 이런 속마음을 알자 또 한번 공을 이룰 양으로 조정을 든장질하여 저희 패당의 련명으로 임금에게 상소하였다.

"상감마마, 나라의 기강을 바로 잡고 종실의 무궁한 안녕을 위해 란신역도의 근원이 되는 단종을 페위시키고 사약을 내리소서."

계유년에 김종서네들을 무리로 죽일 때에는 어린 단종의 왕위를 지킨다는 명분을 내세워 일을 벌린 세조였으나 이젠 그런 너울이 더는 필요 없었다. 아니할 수 없는 그 일을 어서 매듭지어야 일껏 닭알쌓기로 오른 룡상이 흔들리지 않을 것이 아닌가?

세조는 신하들의 청에 능갈친 웃음을 지으며 마침내 조카인 단종에게 사약을 내렸다.

서울에서 내려간 금부도사가 녕월에 귀양가 있던 단종에게 즉시 사약을 내려 죽였다는 소식을 가져왔을 때 세조는 비로소 안도의 숨을 내쉬며 좀처럼 그 속내를 알 수 없는 우멍눈에 징글맞은 웃음을 띠웠다.

단종이 죽자 그는 비로소 만 시름을 잊고 오래간만에 단잠을 청하였다.

헌데 꿈에 사륙신의 모습이 나타났다. 온몸에 피칠갑을 하고 피가 뚝뚝 떨어지는 사지가 찢낀 끔찍한 그 모습 문득 그들 가운데서 머리를 산산이 풀어헤친 한 녀인이 불쑥 솟아났다. 흰 소복단장한 녀인은 벌써 오래 전에 세상을 떠난 단종의 어머니인 현덕왕후였다. 현덕왕후는 쌀쌀한 얼굴로 세조에게 다가와 그의 얼굴에 침을 뱉으며 말했다.

"천하의 인륜을 더럽힌 놈! 임금의 자리가 그리도 탐났드냐. 선대왕의 충신들을 다 죽이고 자기의 친 혈육까지 살육한 네가 천벌이 두렵지 않느냐. 내 아들을 네가 죽였으니 나도 오늘은 네 아들을 그냥 두지 않을 테다."

녀인이 침을 뱉고 돌아서자 이번에는 사륙신의 원혼들이 중게중게 다가왔다.

"당신이 우리 선왕의 아들을 죽였으니 우리도 당신의 아들을 데리고 가겠소."

사륙신의 원혼들도 그의 얼굴에 퉤, 퉤! 침을 뱉고 물러났다. 그들이 안개처럼 사라져 가는 그 속에서 별안간,

"부왕마마! 나를 살려주오!"

하는 세자의 애처로운 비명소리가 들려오는 것이였다.

세조는 그 소리에……. 불길한 꿈이였다. 등골이 서늘하였다. 얼굴이 서물거려 서둘러 손을 가져갔으나 묻어나는 것은 없었다.

이 때 세자궁 쪽에서 울음소리와 함께 부산스러운 발걸음소리가 급하게 울려왔다.

"상감마마, 세, 세자께옵서……."

세자궁의 나인 하나와 내시가 엎어질 듯 달려 들어오며 울음을 터뜨렸다.

"웬 부산들이냐?"

"세자마마께옵서 숨을 거두셨나이다."

세조는 정수리에 벼락을 맞는 것 같았다. 어쩌면 방금 있은 꿈과 그리도 일치한담……. 그런즉 이것이 과연 천벌이 아닐까? 그는 허겁지겁 세자궁으로 달려갔다. 의경세자는 백지 같은 얼굴로 조용히 숨을 거두고 누워 있었다. 어른으로 성장한 스무 살 난 세자였다.

무슨 급살이 그에게 떨어졌는지 모를 일이였다. 세조는 가끔 세자가 부왕이 끼친 죄업이 두려워 후원의 칠성당에 정한수를 떠놓고 그 죄업을 덜어달라며 치성을 드리는 모습을 보아왔었다. 아마 이것은 어쩔 수 없는, 피할 수 없는 운명인가보다. 세조는 세자의 때가 아닌 죽음을 슬퍼하며 그를 쓸쓸히 장사지내 주었다.

그 때부터 세조는 늘 우울한 심사를 어쩔 수 없었다. 그런데 엎친 데 덮친 격으로 그의 몸에는 그 무렵 만신창이라는 더러운 종기가 생겨났다. 분명 꿈에 나타났던 원혼들이 침 뱉은 자리 부위가 먼저 근질거리더니 종기는 차츰 온몸의 살갗을 거밋거밋 먹어갔다. 그리고 얼마 뒤에는 부스럼딱지가 앉으며 진물이 흐르기 시작했다.

게다가 매일 밤 꿈자리에 죽은 원혼들이 찾아와서 온갖 욕설을 다 퍼부으며 못살게 굴었다.

잠자리가 늘 괴롭고 몸의 종기는 나날이 깊이 번져갔다. 우울증에 불면증이 겹치였다. 백가지 약을 썼으나 효험이 없었다. 이름난 뭇거리들을 불러들여 매일같이 굿을 펴고 점을 쳤으나 그것도 허사였다. 온양 온천이며 속리산 문장대 약수터엘 뻔질나게 왕래하며 목욕을 해보았건만 역시 효험이 없었다.

대궐문이 불이 일게 뭇거리들이며 점쟁이들이 쓸어들었다. 어느덧 그 소문은 한 입 건너 두 입 건너 민가들에서도 쉬쉬하는 이런 소리들이 나돌았다.

"나라님께서 몸에 이상한 종기를 앓으신다니 웬일이요?"

"쉬, 그게 만신창이라는 무서운 문둥병이래요."

"저런 쯧쯧, 나라님이 어쩜 그런 몹쓸 병엘 다 걸렸다우?"

"그게 하늘이 내린 징벌 병이라는 거라우."

"그건 또 무슨 말이웨까?"

"전생에 그리도 무고한 사람들을 많이 죽였으니 죄가 돌아 죽을병에 아니 걸릴 수가 있겠소?"

"원, 그만은 아닌갑디다. 대군 시절에 오입하며 기생방을 넘나들 때 묻어놓은 병이라고도하는갑디다."

"허허, 오입쟁이 임금이 죄를 얻었구먼."

"쉬, 누가 들으면 경을 칠 소리."

어느덧 은연중 공포에 사로잡힌 세조는 이번에는 불도에 마음이 기울어졌다. 중생을 다같이 불쌍히 여기는 부처님 앞에 공덕을 쌓고 참회하면 모든 죄업을 너그러이 용서받는다고 하였다.

그는 나라의 재물을 털어 명산 대찰들에 절을 중축하고 서울 장안에도 원각사라는 큰 절을 새로 짓기로 하였다.

영광의 갑사며 양양의 락산사, 오대산의 월정사, 속리산의 속리사, 복천암이며 경기의 회암사, 정업원, 대자암 등 새로 짓고 중축한 절이 다 이 무렵 세조의 지시로 이루어진 것들이다.

리조가 선 이후로는 불교를 멀리하고 유교를 국교로 내세웠다. 태조, 태종, 세종 왕들은 유교를 국교로 받들며 이전 고려조에 번창하던 절간 사찰들을 정리하고 그에 딸린 노비 전답이며 재산들을 조촐하게 추려버렸었다.

"상감마마께옵서 절들을 그렇게 다시 일구심은 선대 임금들이 세운 나라의 법전에도 어긋남이 있을까 하오이다.”

세조가 바라는 일이라면 섶을 지고 불 속에라도 뛰여들 듯 싶던 근신들조차 세조의 본심을 알 수 없어 조심스러운 말로 이렇게 아뢰였다.

“내가 나라의 임금이니 두 말을 말어라. 절을 짓고 대원각사를 새로 세움은 내 또한 불도에 공덕을 쌓고저 함이니 그래 너희들은 나의 신하가 아니란 말이냐?”

임금이 바라는 바요 또 임금의 신병과도 관련되는 일이랴 누구도 감히 세조의 그 말과 어긋나는 삐꾹소리 한 마디 다시 낼 수가 없었다.

마침내 국고를 기울이고 수만 명의 인부를 동원하여 수년만에 대원각사가 서울 일경에 추녀를 들고 일떠섰다.

오만 근의 동을 부어 만든 큰 종이며 경주 남산의 백옥을 캐서 만든 요화로운 법등이며 지붕에 씌운 팔만 장의 청기와와 법당 안에 거룩하게 앉은 금불상. 어느 것 하나 정묘하게 다듬고 재물을 들이지 않은 것이 없다. 오만 근의 큰 종만 하여도 나라안의 집집들에서 동숟가락 하나씩을 시주시켜 만든 것이니 그만하면 부처를 섬기는 임금의 성의도 결코 적은 것은 아니였다.

세조는 대원각사의 락성 연회를 나라의 경사로 성대히 벌리며 그 뒤끝에는 계유, 병자년에 죽은 혼령들을 위로하는 재도 따로 치를 작정을 하고 원각사의 재 올릴 준비를 직접 주관하면서 신하들을 채근하였다.

“계유년과 병자년에 죽은 대신들의 부인들이 다 모였느냐?”

“전라, 경상, 함길 등 먼 곳에 관비로 박힌 내인들을 내놓고는 다 왔는줄로 아뢰오.”

“음, 그렇겠지.”

세조는 만족한 듯 빙그레 웃으며 고개를 끄덕이였다.

그는 이번 재에 계유, 병자년에 죽은 대신들의 부인들을 그 날 하루만은 관비에서 풀어 이전의 직첩을 가지고 참가하도록 하였다. 비록 그네들을 하는 수 없이 죽이기는 하였으나 그 죽은 넋을 위로하는 관용을 베

푼다는 것이다.

“계유년 후로 시골에 내려간 선비들은 어찌 되였느냐?”

병을 칭탈하고 그 사이 자기 곁을 떠나가 버린 신하들을 념두에 두고 하는 소리였다. 이번 기회에 그들도 불러 올려 자기가 죽은 원혼들을 위해 직접 재를 올리는 것을 보여준다면 죽은 신하들과 친교가 자별했던 그들의 옹친 마음도 위로할 것 같았기 때문이다. 그렇지만 신하들이 올리는 대답은 실망을 자아내게 했다.

“전하께옵서 첨지중추부사와 충청감사를 시키였으나 병 있다 칭탈하고 시골에 내려간 권절은 지금 미쳐 있사옵고 직제학 벼슬에서 스스로 물러나 원주에 내려가 있던 원호는 산곡중에 들어간 후 종적을 알 수 없사오며, 예문관 직제학을 사직한 최덕지는 제 말로 급병에 걸려 죽기 직전이라 하오며 기건은 청맹이 되였다 하옵고, 한림정언을 지낸 리맹전은 귀먹고 청맹이 되여 조정의 전갈을 가려보고 듣지도 못했다 하나이다.”

“허허허.”

세조는 그만 허거픈 웃음을 터뜨렸다. 어쩌면 그들의 병색이 그리도 하나같이 신통스러운 것이다.

“그래 한놈도 아니 왔단 말이냐?”

그는 문득 웃음을 거두며 버럭 소리를 질렀다.

“효녕대군께서 설잠(김시습의 자)을 설유하여 데려왔다 하옵니다.”

설잠이라면 세종왕 때부터 신동으로 이름을 쟁쟁하게 드날리던 문인대사였다. 그는 스물한 살 때 삼각산에서 글을 읽다가 단종이 왕위를 잃었다는 소식을 듣게 되자 책을 불사른 후 머리를 깍고 산승 행세를 하고 있었다.

다음은 학조대사가 아뢰는 말이였다.

“상감마마의 분부를 받잡고 경기, 전라, 경상, 강원 등 전국의 남녀 중 일만 이천을 불러 재계의 준비를 마친 줄 아뢰오.”

“례조에서도 대궐과 서울 장안의 집집 처마들에 크고 작은 채들을 다 내걸도록 하였음을 아뢰오."

례조참판이 뒤를 이어 아뢰였다.

세조는 원각사의 락성 연회를 계기로 온갖 번뇌와 고달픔을 영영 끝장내고 싶었다.

드디여 재를 올리는 그 날 저녁 세조는 조정의 대신들을 거느리고 광화문을 나서 운종가 네거리를 지나 원각사에 이르렀다.

팔뚝 같은 황초가 타는 키 높은 등롱이 밝히는 절 문을 지나 법당에 들어서니 죽은 신하들의 이름을 적은 백 수십의 신위들이 제단에 벌려 있고 그 한 켠에 곡을 하며 서있는 초췌한 부인들의 모습이 얼핏 눈에 안겨왔다.

가사를 걸친 설잠이 법설을 끝내자 은은한 음악이 울리는 가운데 세조는 부처 앞에 거룩하게 꿇어앉고, 임금을 대신하여 침통한 목소리로 제문을 읽어갔다.

"유세차 모년 모월 모일 현명하고 거룩하고 어지신 임금님께서 몸소 행차를 굽히시고 제물을 치리시여 죽은 그대들을 위로하나니 이 지극한 은총은 하늘을 덮고 산보다 높은지라 그대들은 지하에서 상감의 갸륵한 은총을 생각하여 일시 서러웁던 노여움을 사르고 제물을 흠향하고 고이 잠들라."

그 날 밤 세조는 신하들이 다투어 아뢰이는 하례를 받았다. 그들은 상서로운 서기가 하늘에 비끼고 단이슬이 내리며 짙은 향기가 대궐에 진동한다고 하였다.

"이 상서로운 징후는 모두 전하께옵서 넓은 은총을 베푸시와 하늘이 내려신 것이오니 이는 곧 나라의 경사이오며 전하의 복인 줄 아옵니다."

세조는 정녕 그 말을 달게 들으며 그 날 밤 만 시름을 잊고 단잠을 청했다.

그러나 그 밤의 꿈에 그 무서운 혼령들은 또 다시 찾아왔다. 더욱 사납고 무서운 모습들이였다.

"살려주오. 살려주오. 나는 오늘 그대들을 위해서 큰 재를 올렸소."

세조는 혼령들 앞에 무릎을 꿇며 애걸했다.

"헹, 이런 놈 좀 보게. 우리를 죽이고는 이제 원혼까지 모욕하려드는 꼴일세. 이 놈아! 네 놈이 저지른 죄악이 하늘을 덮고 남거늘 어찌 그런 약은 장난으로 우리를 업신여기려드느냐. 네 놈의 염통을 지옥에 넣기 전에는 우리 손에서 빠질 념을 말아라!"

혼령들은 그의 코와 귀를 비틀고 입술을 한 발이나 되게 잡아끌며 가시밭 속으로 끝없이 끌고 갔다.

아, 사나운 꿈자리, 꿈, 꿈. 그것은 꿈이라기보다 무서운 고통이였다. 그 꿈은 여전히 매일 밤 그를 찾아와 괴롭혔다. 잠자리를 보기만 해도 무서웠다. 낮에도 잠시 눈을 감으면 밤 꿈이 눈앞에 환영처럼 살아났다.

우멍한 눈자위가 잠에 시달려 퍼렇게 죽어갔다. 종기도 번져갔다. 이제는 어쩌면 좋단 말이냐.

그러던 중 불교에 독실한 숙부인 효녕대군과 학조대사의 청을 따라 이번에는 온갖 병과 번뇌에 효험이 있다는 금강산으로 떠나기로 했다. 이번 길에서는 반드시 지옥에 드리운 죄업을 가시고 효험을 볼 것 같은 생각이 들었다. 그는 곧 여러 도의 관찰사들에게 금강산에서 올릴 재에 필요한 물자들을 실어 나르도록 령을 내리였으며 뒤이어 날을 받아 측근 신하들을 거느리고 서울을 떠났다. 또한 금강산에 이르자마자 산신령을 찾아 정성껏 빌었다.

그랬건만 금강산의 첫날밤 꿈은 상서롭지 못했다. 지옥에 빠져 불가마에 타 죽는 꿈을 꾸다니.

밤 새 그물거리며 차오르던 촛불이 차츰 사그러 들고 있었다.

삼라만상이 고요에 잠긴 깊으나 깊은 정적을 깨뜨리며 새벽을 알리는 절간의 종소리가 은근히 울려왔다. 온 밤 뜬눈으로 멀거니 천정을 바라보며 생각에 잠겼던 세조는 불현듯 끝없는 고독감과 피곤이 새벽의 푸른 기운을 타고 물밀 듯이 자기 몸에 덮씌워지는 것을 느꼈다.

으음, 그는 신음소리를 내지르며 자리에서 뒤채겼다.

3) 금강산의 징벌

세조는 해가 하늘 중천에 떠올랐을 때에야 느지럭거리며 침상에서 일어났다. 머리가 웅웅 울고 심신이 불안하였다.

금강 약수며 외금강 온천으로 어서 찾아가고 싶었다.

행궁 밖이 웅성거리는 품이 벌써 대신들이 아침 문안을 드리려고 모여서 있는 모양이였다.

'흥, 저것들은 밤새 발편잠들을 잔 모양이로다. 새벽부터 들레며 떠들썩하는 것을 보니'

근신들이 웅게중게 모여 서있는 모습이 동창 밖으로 내다보이자 세조는 은근히 부아통이 치밀어 불편을 씰룩거렸다.

양치하고 세수하고 어의가 들어와 몸에 번진 종기를 치료하고 나자 먼저 영의정 이하 조정 대신들과 학조대사가 문안을 드리려고 행궁으로 들어왔다.

"대왕께 문안드리오."

"너희들은 밤새 편안했느냐."

"상감마마의 은총이 후더우사 소신들은 편히 지낸 줄로 아뢰오."

모두 한결같이 머리를 조아리는 품이 과연 지난밤들은 먼 길 행로에 지쳤던지 아니면 금강산의 수려한 산천 구경 뒤끝에 단잠에 빠졌던지 시름없는 한 밤을 편히 지낸 것 같았다.

그들의 문안을 받고 보니 세조는 저도 모르게 다시 속통이 울컥거리며 기분이 잡치는 것을 어찌할 수 없었다.

"전하, 오늘은 전하와 동궁 전하, 왕후 전하의 큰복을 빌어 금강산의 모든 절과 암자, 봉우리들에서 재를 올릴가 하나이다."

학조대사가 황감한 듯 머리를 조아리며 아뢰인다.

그 말은 세조에게 싫지 않게 들려왔다.

"그래 언제쯤부터 재를 올리려 하느냐?"

"신, 유, 술시가 신령이 내리는 시간이라 그 시간을 맞추어 시작함이 어떠하올지……. 전하의 분부를 받잡고저 하옵니다."

"재를 올리는 법도에 어긋남이 있어서야 되겠느냐. 만단을 기하여 재물을 아끼지 말고 크게 차리도록 해라."

"거룩하신 분부를 명심하오리다."

"그리고"

세조는 우멍한 눈길로 대신들을 둘러보았다.

"여러 대신들은 각 절과 봉우리에 나가 재를 살피되 거기에 드는 무명과 비단, 쌀 섬들을 아끼지 말고 쓸 것이며 재를 올리는 중들에게도 광목과 비단을 상으로 내리도록 하라."

"황송하오이다."

대신들을 이렇게 지시하여 내보내고 그제야 분부를 내려 수랏상을 들이게 하였다.

이윽고 수랏상을 마주앉은 그는 얼굴을 찡그렸다. 산해진밀 차린 수랏상에 없는 것이 없건만 그것은 대궐에서 늘 맛보는 눈에 익힌 바요 각별히 신칙하여 들이라고 한 금강 약수가 보이지 않았던 것이다.

이 돼먹지 않은 놈들이 감히 내 령을 거역하다니……. 그는 들던 수저를 놓고 수랏상을 챙기는 별감을 불러들였다.

"어째서 아직 약수를 들이지 않았느냐?"

"황송하오이다. 전하, 새벽에 약수를 받으러 간 나인들이 아직 돌아오지 않았사와 방금 다시 한패를 올려 보냈사온데……."

별감은 미처 말끝을 맺지 못하고 얼굴이 까맣게 질려 부들부들 떨었다.

"흥, 새벽에 올라간 것들이 그래 사지가 굳어졌다드냐. 한 동이 약수를 받아오는데 한 겻이 지나도록 아직도 돌아오지 않으니 너희 놈들이 분명 임금을 허술히 알고 태만하는 게 틀림없다. 그 죄를 어찌 씻으려느냐?"

별감은 벌써 제 정신이 아닌 듯 연신 땅에 머리를 박으며 푸념하듯 외워댄다.

세조는 잠시 마음을 누르고 기다려보리라 작정했다. 어쨌든 까닭을 안 연후에 태만한 놈들은 모두 주리를 틀어 버릇을 가르치리라.

숨을 씨근거리며 한동안 기다리노라니 별감이 무릎걸음을 끌며 다시 들어와 죽은 낯빛으로 아뢰인다.

"상감마마께 아뢰옵기 황송하오나 방금 약수를 받으러 갔던 나인이 기별을 보내왔사온데 샘물이 말라 약수를 받을 수 없다 하오이다."

"무엇이?"

세조는 탕하고 상을 내리쳤다. 아무려면 그 이름난 약수가 말라들 까닭이 있겠느냐. 너희 놈들의 눈이 뜸자리가 되여 분명 왕청같이 다른 곳에 가서 헤매였으리라.

세조는 이제라도 그 곳에 사람을 다시 골라 보내고 싶었으나 곧 생각을 고쳐했다. 차라리 온천으로 가는 길에 약수터에 들려 몸도 씻고 약수 찜질도 하면 좀 좋으랴. 그 곳에 가서 눈으로 보고 나서 이놈들의 그 게으른 행실을 버릇 가르쳐주어도 늦지는 않을 것이였다.

그는 련을 재촉하여 간소한 행차를 차리고 나섰다.

만폭동을 거슬러 올라가서 올려다보니 반쯤 걷힌 주렴발 사이로 웅게중게 하늘높이 치솟은 바위산들이며 그 아래 바위부리를 씻어내리며 흐르는 청청한 여울물이 신선하게 내다보였다.

차츰 골 안이 좁아들며 길이 험해진 듯 련이 가끔 들추었다.

"빌어먹을 놈들 같으니. 대궐에서 펀펀 잘먹고 놀기만 하더니 쉰 놈이 넘는 녀석들이 련을 하나 주체 못해서 얼부렁거리느냐?"

무엇이든지 오늘은 아침부터 눈에 거슬리고 성가시였다. 눈을 들어 바라보니 급한 경사받이 돌길이였다. 앞에 가는 람여군 군사들이 련을 들추지 않으려고 앉은걸음으로 무릎을 끌며 설설 돌아갔다.

'흥, 팔자소관이란 그래서 어쩔 수 없는가보다. 뒤의 것들이 이럴 때는 흥타령을 부르겠군!'

한참 오르고 얼마쯤 더 나아가니 홀연 골 안 멀리 어디선가 태고연한 정적을 깨뜨리며 여인들의 곡성이 울려왔다. 청승맞은 그 곡성은 차츰 가까워졌다. 드디여 목적지에 닿은 듯련이 멎자 내시가 련의 발을 걷어 올리며 여쭈었다.

"전하, 약수터에 이르렀사오이다."

세조는 련을 내려 땅에 발을 짚었다. 사위는 온통 하늘을 찌를 듯 솟은 희디흰 바위산이요 병풍인양 깎아지른 절벽이 눈뿌리가 아득하게 하늘 중천에 드리워 있었다. 그 사이로 트인 파아란 하늘에는 마치도 신선이 타고 노니는 듯 싶은 흰 구름송이들이 유정하게 떠다니고 있었다.

'음, 과시 신령한 지세로다!' 하고 내심 눈앞에 펼쳐진 풍경에 탄복하던 그는 눈길을 돌리며 신하들에게 물었다.

"예가 어디 바루께냐?"

"금강산의 명승 백운대의 아래로소이다."

"음, 그런데 약수는 어디에 있느냐?"

"바로 여기가 약수터이옵니다."

내시가 민틋하게 뿌리를 박고 선 바로 눈앞의 츠렁바위 쪽을 가리켜 보였다.

몇 걸음 못 미친 그 곳에 돌확이 우묵하게 패어 있었다. 다가서 보니 돌확은 바싹 말라버렸는데 그 곁에 궁중 기물인 청동자기 호로병 두 개가 놓여있었다.

"이 곳이야 어디 샘물터냐? 마른 돌판이지."

"아뢰옵기 황송하오나 예가 바로 금강 약수터라 하옵니다."

하고 다른 내시가 몸둘 바를 몰라하며 바위 우에 쓴 글잘 가리켜 보였다. 돌확 우에 분명 '금강약수'라고 큰 글자가 뚜렷이 새겨져 있는 것이 보였다.

이 때 으흐흑, 흐느끼는 녀인들의 목소리가 바로 등뒤에서 들려왔다. 돌아보니 궁중에서 음식을 거두는 나인들이였다. 그러니 저들이 새벽같이 약수를 받으러 여기에 와서 이제껏 곡성을 터뜨리고 있었단 말인가?

"으음!"

세조는 그만 신음에 가까운 소리를 내질렀다.

이것이 사실이라면 불길한 징조로다.

"그래 누가 이 샘물을 잘 알고 있느냐?"

침울한 눈알을 굴리며 차거운 소리로 내뱉듯 물었다.

신하들이 한 늙은 로승을 데리고 왔다.

"이 근처에 있는 〈마하연〉이라는 절에 사는 로승이로소이다."

내시가 아뢰였다.

"그래 네가 말해보아라. 예가 바로 약수가 나오는 곳이냐?"

세조는 중을 보며 물었다.

"그러하옵니다. 소승은 여기 산간에 묻혀 지낸 지가 수십 년이 되오며 매양 이 곳에서 물을 받아 마셨소이다."

"샘물이 더러 이렇게 마르기도 했더냐?"

"그러하온 일은 아직 없었사온대 무슨 일로 하늘의 노여움을 탔을지 며칠 전부터 물줄기가 바싹 마르더니 아예 맥을 끊고 말았사오이다."

세조는 더 물을 용기가 나지 않았다. 며칠 전부터 샘이 마르기 시작했다고 하니 그럼 서울에서 떠날 때를 맞추어 이 샘도 말라들었단 말인가?

세조는 말없이 련에 올라 다음 길을 재촉했다.

"어서 외금강 온천으로 향해라!"

임금의 행차는 백운대 구역을 떠나 다시 산골길을 누비며 영랑봉 등줄기를 타고 올라갔다.

산골길이여서 길은 가파롭고 험하였다. 영랑봉 마루에 올라서자 곧추 내리막길이 시작되였다.

행렬이 금시 내리막길에 들어섰을 때였다. 앞에서 두런두런 들레는 소리가 나더니 련이 멈추어 섰다. 그러자 련에 드리운 주렴사이로 강원도 관찰사의 기가 죽은 얼굴이 드러나 보였다. 먼저 한 발 임금보다 앞서 온천으로 달려갔던 그였다.

"무슨 사연이냐?"

세조는 성가신 듯 그를 보며 물었다.

"전하, 아뢰옵기 황송하오나 외금강 온천도 지금 물이 말랐사와 이 길로 되돌아감만 못하오이다."

그 말에 세조는 그만 발을 구르며 버럭 성을 냈다.

"그 웬 허튼 소리냐. 온천도 마른다더냐?"

"온천이 아직 겨울에도 마른 적은 없었다 하옵고 얼마 전까지만 하여도 분명 더운물이 내뿜었다 하옵나이다."

"흥, 온천이 아니 나온다 함은 듣다 처음이로다. 하늘의 괴변이 아닌 다음에야 어찌 그런 일이 있을가! 얘들아, 어서 급히 가자!"

세조는 그대로 련을 다급히 재촉했다. 이미 내친 걸음이요 더욱이 방금 금강 약수가 물이 마른 것을 보고 난 분김이 겹쳐 온천으로 어서 대여 가고 싶었다.

그는 가슴에 불이 달린 듯 련에 앉아 불같은 재촉질을 해댔다.

람여군들은 산길을 꿰지르며 반달음을 놓아 달려갔다. 얼마나 달렸을가? 수십 리는 잘 대여 온 것 같았다.

"얘들아, 아직 멀었느냐?"

련의 채를 잡고 죽기 내기를 따르던 내시가 숨이 차서 헐떡거리였다.

이 때 귓전에 야드러진 장구소리와 '오호네야!' 하는 뭇구리의 탁성이 가까이에서 울려왔다. 솔 숲가운데 나지막한 집 한 채가 나지자 련이 그 앞에 멈춰 섰다.

"상감마마께서 온천에 듭시오!"

이길 치우는 소리가 길게 울리고 뒤미처 주렴 발이 걷히였다.

세조가 련을 내려서 보니 바로 집 앞 뜰 가운데 한 무리의 무당패들이 울긋불긋한 귀신차림을 하고 한창 굿풀이를 하고 있는 중이였다.

"예서 무엇을 하느냐?"

"온천이 나와 줍시사고 무당패들을 불러모았사오이다."

강원 감사가 뒤따르며 아뢰였다. 세조는 그의 알량한 소리를 귓등으로 흘리며 온탕으로 들어섰다.

집안 네 벽에 흰 차일이 드리우고 그 가운데 바닥에 깔린 흰 자갈무지가 헨둥하게 드러나 보였다. 그래도 자갈은 아주 마르지는 않아 촉촉이 물기를 머금고 가늘게 물김을 피여 올리고 있었다.

“이게 온탕이라는 게냐?”

“……. ”

신하들도 대답이 궁했던지 목석같이 서서 눈만 머룽거리며 떨었다.

세조는 사지에 경련이 일며 기광이 뻗치는 것을 느꼈다. 이번 걸음이 얼마나 고대하고 기원하며 찾아온 길이더냐. 그런데 임금의 지극히 거룩한 걸음을 이렇게 허탕을 치게 해야 옳단 말이냐? 이게 뉘 탓이냐? 그는 꼭뒤까지 분기가 뻗쳐올라 온몸을 우들우들 떨었다.

당장 누구든 목을 치지 않고서는 염통이 졸아 지레 죽고 말 것 같았다.

그는 갑자기 몸을 홱 돌려 온탕을 나서며 짐승같이 부르짖었다.

“당장 형구를 차려라!”

신하들이 부들부들 몸을 떨며 자리를 비켜섰다.

세조는 그들을 사나운 눈길로 훑어보았다. 어느 놈이냐? 나를 욕보인 놈이? 나를 죽을 고에 몰아넣고자 하늘에 대고 재앙을 내려줍소사 빌며 훼방을 놓지 않고서야 어찌 이런 괴변이 생길 것이냐!

그의 충혈된 눈알은 디굴거리다가 한 신하에게 멎었다. 관상감에서 천기를 맡아보는 일관이였다. 옳지, 저놈이로다! 네놈이 길한 날짜라고 떠날 날짜를 고른 것이 결국 흉한 날인즉 네 놈은 나에게 재앙을 바라는 흑심이 있는 놈이로구나.

그를 삼킬 듯 노려보던 세조는 손을 들어 가리키며 소리쳤다.

“여봐라, 저 일관을 당장 끌어내여 목을 쳐라!”

임금의 서슬 푸른 호령 소리에 일동은 모두 악연히 놀랐다. 그러나 벌써 형리들은 그에게 달려들어 결박지으며 한 곳으로 끌어내가고 있었다. 살벌한 풍경에 또 누구를 끌어낼지 모를 일이였다.

이 때 한 대신이 황겁한 걸음새로 다가와 부복하며 나직한 음성으로 아뢰였다.

"전하, 지금은 재를 올리는 중이오니 살생을 금하옵고 부정을 타지 말아야 하옵니다."

"그러면 어찌하면 좋으냐?"

"아직은 의금부에 가두고 잘못은 차후에 따짐도 늦지 않을까 하오이다."

세조는 그 말에 입술을 바르르 떨며 분을 삭이느라 씨근덕거리더니 기가 죽은 소리로 한마디 내뱉았다.

"그럼 그리 해라!"

임금의 행차는 오던 길로 다시 돌아섰다. 며칠이고 여기서 눌러 있으며 온천 치료를 하자던 예정은 아예 틀린 것이였다.

세조는 마음이 불안하고 갑갑하였다.

산길 수십 리를 달음박질치 듯하며 달려온 련군들과 호종 군사들은 지친 다리를 끌면서 발걸음을 옮기였다. 돌아가는 길은 퍽이나 험하고 가파로왔다.

해는 어느덧 중 낮을 기웃이 넘고 있었다.

서녘 하늘가에 감빛 저녁 노을이 짙어갈 무렵, 세조의 일행은 만폭동골 안으로 들어섰다.

임금의 복을 비는 큰 재는 표훈사에서 올리기로 되여 있었다.

어스름이 내리자 장안동에서 만폭동에 이르는 좁은 골 안에는 등롱이 총총히 내걸려 밤하늘의 별 무리마냥 휘황히 빛을 뿌렸다.

밤이 이슥하여 찬물에 세수하고 먹물 장삼에 진옥 념주를 목에 건 세조는 신하들과 함께 표훈사의 법당인 반야보전에 들어섰다.

이어 검은 장삼에 붉은 가사를 걸친 학조대사가 법설을 마치고 임금의 만년 장수를 기원하는 축문을 외웠다.

학조대사가 다시 경점을 울리고

"나무아미타불 관세음보살……."
하고 선창을 떼자 숙연히 두 손을 합장하고 앉은 수백의 중들이 일제히 호창하여 그 뒤를 따라 외웠다.

"옴 수리수리 마하수리 수수리 사하바, 옴 도로도로 사하바……."
하는 중들의 념불소리가 끝없이 절간을 메아리치며 울려갔다. 짙은 향내가 떠도는 속에 촛불에 비친 금빛 부처가 거룩하게 앉아 자애로운 눈길로 지켜보고 있었다.

세조는 두 손을 합장하고 단 아래 꿇어앉아 중들의 념불 소리에 넋을 흘리며 눈을 감고 소원을 기원하였다.

'거룩하신 부처님께옵서 불쌍한 이 인생을 가엾게 여겨주옵소서. 소인이 사람을 죽인 일은 있사오나 그것은 나만을 위한 일이 아니요 나라의 사직을 건지자 한 것이오니 그만 어여삐 여기시와 죄를 덜어 천벌을 멎게 하여주소…….'

한참 이렇듯 속으로 빌고 나니 념불 소리에 끌려 마냥 부처의 세계에 들어서는 것 같았다. 그는 눈을 뜨고 앞을 바라보았다.

그러자 금빛 부처가 촛불에 빛나며 눈부신 광채를 뿌리였다. 허나 그것은 한 순간, 다시 여겨보니 한 녀인의 엄숙한 모습이 뚜렷이 드러났다. 분명 그것은 단종의 어머니인 현덕왕후의 화신이였다. 꿈에 나타나서 네가 내 아들을 죽였으니 나도 네 아들을 데려가야겠다고 소리치던 그 녀인의 모습이 분명했다.

세조는 와뜰 놀라 눈길을 돌렸다. 벽 쪽에 지옥을 지켜선 사천왕이 퉁방울 눈을 부릅뜨고 죄인을 천근 발로 지르밟고 서있는 무서운 보습이 보였다.

저 퉁방울 눈, 그것은 운종가 네거리에 목을 베여 매달았던 삼문이네들의 부릅뜬 그 눈과 어쩌면 저리도 흡사한가, 쏘아보는 모습, 빨건 불이 이는 눈길

"수양 이놈! 지옥에서 너를 기다리고 있은지가 벌써 오랬다. 이놈!"

여운처럼 귓전을 때리고 사라져 가는 저 음성, 분명 그것은 유응부의 노기 띤 목소리였다. 이어 시조를 읊조리며 다가서는 리개며 박팽년의 목소리……. 아! 이것이 어느 지옥이냐

세조는 지옥 세상에 빠져든 것 같은 환각을 느끼며 몸을 부르르 떨었다.

'딱 딱 딱'하는 죽비 소리가 나고 '뗑-'하고 의식을 마치는 대종이 울리자 세조는 환각에서 깨여났다.

그는 부랴부랴 자리를 걷고 일어나 행궁으로 꾸민 영빈관으로 들어섰다.

온 몸에 식은땀이 쭉 내배였다. 후- 한숨을 내긋는데 뒤를 쫓아 신하들이 밤문안을 하려고 들어왔다.

그리고는 늘 들어온 판에 박은 목소리로

"전하께옵서 오늘 큰 재를 올리시여 신령과 부처님께 공양하심은 만백성이 바라던 바요, 전하의 건강이 회춘하실 나라의 큰 경사이오니 소신들은 감사무지로소이다."

세조는 쓸쓸히 답례하여 그들을 내보냈다. 저들의 말처럼 자기의 병이 씻은 듯 낫는다면 얼마나 좋으랴. 오늘 신령과 부처님께 또 한차례 큰 재를 올렸다. 이 밤은 어찌 되려누? 오늘밤은 필경 령험이 나타날 상도 싶었다.

세조는 밤이 깊자 룡상에 기대앉아 내시를 불러들였다.

"소신 분부를 받잡고 대령하였사오이다."

"네 불경을 좀 아느냐?"

"상감마마의 분부로 터득함이 약간 있는 줄로 아뢰오."

"그럼 네 수고스러운 대로 불경을 좀 읽어라. 그러되 내가 잠들더라도 깨우지는 말아다오."

내시는 임금의 불면증을 아는지라 공순히 자리를 잡고 앉아 불경 책을 꺼내들었다.

세조가 직접 주관하여 판각한 〈화엄경〉이였다.

웅얼웅얼, 웅얼웅얼, 경 읽는 소리와 함께 세조는 차츰 무거운 눈시울

을 내리 깔았다.

누군가가 갑자기 세조의 등을 힘껏 발로 찼다.

"아이쿠!"

세조는 룡상에서 떨어져 바닥에 나딩굴며 비명을 올렸다. 그는 곧 자리를 딛고 일어서며 소리쳤다.

"어느 놈이 감히 나를!"

돌아보니 룡상에 한 거인이 앉아 있었다. 머리에 검은 뿔옥관을 쓰고 얼굴 모양이 무섭게 생긴 그 사람은 너털웃음을 터뜨리며 세조를 향해 소리쳤다.

"네 이놈! 예가 어딘 줄 알고 감히 소리를 지르느냐. 여기는 염라국일다!"

세조는 사위를 둘러보았다.

자기의 주위에 뿌로자를 쓴 사나운 귀신들이 붉고 검고 푸른 옷을 너울거리며 빙 둘러서 있었다. 그리고 룡상의 아랫단에 판관인 듯 두툼한 장부를 펼친 평상을 마주한 신하들이 앉아 있었다. 그 판관들이 룡상에 앉은 염라왕에게 소리를 합쳐 아뢰인다.

"만고의 죄인 리유(세조의 이름) 정유년 모월 모일 생 염라대왕의 분부대로 잡아왔음을 아뢰오."

염라왕이 세조를 향해 소리친다.

"세조 이놈 듣거라! 여기가 죄인을 다스리는 염라국일진대 네가 지은 죄를 알겠느냐?"

세조는 머리를 들고 뻣뻣이 서서 대꾸했다.

"나도 한나라의 임금이다. 너희가 어찌 감히 나를 이렇듯 욕보이느냐?"

그 소리에 금시 지옥이 떠나갈 듯 으하하하 하며 지옥신들이 배를 그러안고 어깨를 들썩이면서 웃음을 터뜨렸다. 그러더니 우- 달려들어 억척같은 손으로 세조의 팔다리를 꽁꽁 묶어 구리 기둥에 거꾸로 비끄러매는 것이였다.

염라왕은 자못 노한 듯 소리를 돋구어 분부한다.

"여봐라, 저 죄인이 자기의 죄를 가볍게 아나니 엄하게 다스려야 하리로다. 판관들은 먼저 죄인의 죄목을 낱낱이 아뢰거라!"

그러자 검은 법관복을 입은 판관들이 장부를 벌컥벌컥 뒤지며 죄목을 아뢰인다.

"저 무도한 죄인은 생전에 제 입으로 선대 임금들에게 충성을 외우며 남을 곧잘 속였음은 물론이요, 임금과 신하간, 부모형제간, 친척 친우간에 지켜야 할 인륜에 대하여 버릇처럼 뇌이며 떠들더니 제 놈이 먼저 그 임금을 배반하고 친 혈육을 죽이고 나라의 어진 충신들을 마구 살육하였사옵니다. 헌즉 그 입이 우선 만고에 없이 간사한지라 발설지옥(혀를 뽑는 지옥)에서 혀를 뽑아 함부로 지껄인 그 잘못을 징계함이 마땅하오이다."

그 말이 끝나기 바쁘게 불에 시뻘겋게 단 집게를 든 지옥신이 성큼 나서며 금시 세조의 입에서 혀를 잡아 뺄 모양으로 엉금엉금 다가섰다.

판관들이 목책을 벌컥 한 장 넘기고 다시 청을 돋구었다.

"저 무도한 죄인은 임금도 부모 형제도 친척 친우도 나라의 충신도 모르는 만고의 역신이며 불효자요 의리를 모르는 악인임은 더 말할 것도 없거니와 충성과 의리를 지킨 만고의 충신들을 모두 각을 떠 죽였으니 그 죄 하늘 땅에 용납치 못하는지라 죄인을 작두지옥에 보내여 팔, 다리, 목을 썩둑썩둑 각을 떠서 지옥수에 팽개침이 제가 지은 죄목에 또한 마땅하옵니다."

염라왕이 그 말을 들으며 머리를 크게 끄덕여 보인다.

그러자 이번에는 형구를 차리고 기다리고 있던 여러 지옥신들이 분개한 목소리로 아뢰였다.

"대왕전하, 저 죄인의 죄목이 듣던 바 처음이요, 천고에 짝없는 극악한 대죄이니 먼저 우리 화랑지옥(끓는 기름가마가 있는 지옥)에서 기름가마에 태우며 십만 년 고통을 줌이 제가 지은 죄를 알게 함에 마땅한 줄 아오이다.”

“그 말도 타당하오나 소신의 독사지옥에 보내여 먼저 죄인의 온갖 잡된 넋을 독사의 무서움으로 뽑아야 할 줄 아뢰오.”

몸이 유별나게 뱀처럼 긴 지옥신의 이 같은 말에 이어,

“독사지옥도 좋으나 소신의 지옥에서 끓은 물에 데쳐 내여 초절임시킴이 좋을까 하옵니다.”

하니, 다른 지옥신이 나서며 말한다.

“뭐니뭐니해도 죄인의 몸뚱아리가 나라를 훔쳐먹고 비대해졌으니 우리 무간지옥에서 석삼년에 낟알 한 알씩을 먹이여 굶겨봐야 금의옥식하며 저지른 제 잘못을 깨달을까 하나이다.”

이렇게 여러 지옥신들은 자기 지옥에서 죄를 다스려야 한다고 이구동성으로 떠들어댄다.

세조는 그들의 말을 들으며 소름이 오싹오싹 끼쳐 사시나무 떨 듯 했다. 정녕 지옥이 인간 세상의 온갖 죄악을 무섭게 다스린다더니 지옥신들의 말만 들어도 몸서리를 치지 않을 수 없었다.

하지만 그는 살고 싶었다. 이 지옥에서 빠져나가 극락으로 가고 싶었다. 나를 구원해 줄 사람이야 왜 없으랴. 부처님께도 재를 올리고 금강산 신령에게도 치성을 드리지 않았느냐?

세조는 염라왕을 향해 울음을 터뜨리며 말했다.

“염라대왕, 나를 살려 주시우. 내 그래서 전생의 죄를 속죄하고자 부처님께도 죄를 빌고 금강산 신령께도 정성껏 치성을 드렸으니 그것이 어찌 거짓이라고 하겠소. 사정을 좀 봐주시오.”

염라왕은 그 말에 오히려 분기를 터치며 통통히 꾸짖었다.

“이놈, 발칙하다. 네놈이 전생에 수많은 죄업을 지을 때 그 업보가 돌아올 줄을 몰랐느냐. 사람이 그림자를 달고 다니듯 자기가 지은 죄는 지옥에 드리우기 마련이니라. 내 벌써 부처께서 네 놈이 전생에 무수한 사람을 죄 없이 죽였으니 용서할 수 없으리라 하신 말씀을 받들고 오는 길

이요 금강산 신령도 너의 이번 행차에 치를 떨며 너의 죄상을 나에게 아뢰여 왔으니 그네들이 어찌 나와 같은 심정이 아니겠느냐!"

"아, 아니요. 그들은 나를 용서하리이다. 당신의 말이 사실이라면 그들을 만나게 해주오."

세조는 태질하듯 몸부림치며 부르짖었다.

이 때 아득히 먼 곳에서 종소리가 뗑뗑 메아리치더니 그 여운과 함께 세조의 눈앞에 두 성인이 안개구름을 타고 느닷없이 나타났다.

한 사람은 표훈사에서 재를 올릴 때 자기를 굽어보던 관음부처요. 다른 한 사람은 구름꽃무늬 옷을 차려입은 단아한 녀인이였다.

관음 부처가 조용히 두 손을 마주하고 다가와 세조를 지켜보며 말했다.

"내 여기 아니올 곳에 잠간 나타남은 방금 염라대왕의 소청이 있었기 때문이다. 네가 전생에 범한 죄는 하늘에 사무치고 땅에 넘치나니 그 죄를 어찌 벗으리오. 부처의 령험으로 너의 죄를 씻어주자고 하였으나 너는 오늘도 또 한 사람의 무고한 인생을 죽이려고 했으니 비록 네가 부처의 앞에 잘못을 빈다고는 하나 그것은 허울 뿐이라 어찌 속죄의 효험이 있겠느냐. 부처는 대자대비하지만 또한 악인을 진계하나니 너는 자기 죄를 깨달을지어다."

관음 부처가 사라지자 구름꽃무늬 옷을 입은 단아한 녀인이 앞에 와서 입을 열었다.

"나는 금강산 신령이다. 너와 같은 만고의 죄인이 금강산에 찾아든 것은 천하 명산의 수치요 금강산의 욕된 일이다. 그러니 어서 이 땅에서 물러나거라. 너의 죄로 말한다면 우로는 하늘을 노엽히고 아래로는 만 사람의 가슴에 깊은 원한을 남긴 큰 죄이다. 헌즉 그 죄악을 어찌 씻을 수 있겠느냐. 나는 금강산의 맑은 정기와 꽃바람을 마시며 착한 사람들의 소원을 풀어줌을 락으로 알지만 너와 같은 대역무도한 죄인에게는 징벌을 내릴 뿐이니라. 오늘은 다만 너에게 약수와 온천을 주지 않았으나 네이 곳에 더 머물러 있으면 천벌이 있으리라."

그 말이 끝나자 금강산 신령은 가뭇없이 사라지고 염라왕의 엄한 모습이 다시 눈앞에 안겨왔다.

“이제는 너의 죄를 알겠느냐?”

염라왕은 퉁발울 눈을 부릅뜨고 꾸짖었다.

“여봐라, 저 대역무도한 죄인을 어서 형틀에 올려라!”

염라왕의 호령이 떨어지자 눈알이 뿔 돋은 지옥신들이 무섭게 달려들어 세조를 개 몰 듯굴리였다.

발설지옥신이 긴 집게를 절컥거리고 작두지옥신이 작두를 들어 각을 뜨고 독사지옥에 빠져 이리저리 딩굴다가 불길이 천정을 비치며 활활 타고있는 기름가마에 허궁 떨어졌다.

“이 익크, 뜨거워! 아 아악!”

세조는 끓는 기름가마 우에서 몸을 대구대굴 굴었다. 그러던 중에 어찌된 일인지 기름가마에서 뚝하고 땅에 떨어졌다.

세조는 지끈하고 머리를 바닥에 짓쪼으며 눈을 떴다. 꿈이였다.

휘유- 그는 부지중 긴 한숨을 내쉬였다. 꿈자리가 왜 이리 사납고 모질담. 지옥에서 각을 뜯기고 기름가마에 타 번지는 이런 불길한 꿈이 언제 또 있었던고? 금강산에서 꾸는 꿈은 꿈마다 무서운 지옥꿈이였다.

주위를 살피니 동창이 훤히 밝아오고 있었다. 불경을 읽던 늙은 내시는 밤새 경 읽기에 지쳤던지 행궁 한 구석에 책을 펴놓은 채로 정신없이 쪽잠에 곯아떨어져 있었다.

세조는 머리가 지끈거리고 몸이 천근같이 무거워 으흐흑 느끼며 머리를 싸안고 침상에 쓰러졌다.

늦은 아침.

“대왕마마. 오늘은 어디로 행차를 해야 하올지?”

아침 수라를 대충 끝내자 신하들이 조심히 행궁에 들어와 문안을 올리며 묻는 말이였다.

세조는 우묵이 꺼져 들어간 병색이 짙은 눈길을 들어 그들을 바라보았다.

"그래 아직 금강약수는 아니 나온다더냐?"

"네, 오늘도 약수는 여전히 말랐다 하옵고……."

"온천은 어떻다더냐?"

"온천은 어제보다 더 깊이 말라들어 가는 조짐이나 곧 굿풀이를 벌렸사오니 신령님의 감응이 있으리라 하는데……."

"흥, 네깐 놈들이 나를 위하는 정성이 지극했으면 그 샘물이 마를까 보냐. 필경 나를 허술히 알고 부정한 짓을 하는 게 분명하다."

"황송하오이다."

신하들은 왕의 공연한 분풀이에 몸을 옹송그리며 설설 기였다.

"오늘은 만사가 편치 않으니 산천 구경이나 하련다. 예바루 꽃구경은 어디가 제일이냐?"

"유점사로 가는 길에 금장동 골 안이 꽃구경은 제일인가 아뢰오."

"그럼 금장동 골 안에 꽃놀이나 가자구나."

세조는 우울하고 침침한 심사를 산천 구경으로 가셔버리고 싶었다. 신하들은 왕의 꽃구경소리에 금시 활기가 돌아 우루루 달려나가 람여를 대령하였다.

세자와 왕비도 세조의 뒤를 따랐다. 쾌청한 날씨였다. 하늘은 부신 듯 맑고 상쾌한 꽃바람이 어디선가 짙은 향기를 싣고 와 코를 찔렀다.

함영교를 내리 건느고 영선교를 지나 금장동에 들어서니 때는 한창 꽃절기라 높은 바위, 낮은 바위, 냇가며 산기슭에 온통 울긋불긋 꽃단장이 한창이였다.

온 골 안이 흐늘어진 꽃계절이였다. 보이느니 꽃이요 꽃 중에도 철 이른 진달래가 골 안을 붉게 물들이고 있었다. 어제는 미처 볼 수 없었던 꽃망울이 간밤 사이에 망울을 활짝 터치고 이날을 맞아 다투어 붉게 피여난 것 같았다.

"오, 정녕 산이 그대로 꽃이로다!"

세조는 부석부석한 눈에 꽃을 보자 금시 정신이 맑아지는 것 같아 사위를 둘러보았다.

"예가 봄이면 늘 이리 꽃이 화창하냐?"

곁에 다가선 강원도 관찰사에게 람여를 세우며 말을 건넸다.

"그러하오이다. 금강산 치고 봄이면 꽃 아닌 곧 안이 없사옵고 꽃이 또한 아름다워 봄의 금강산이란 이름도 있사오나 여기 금장동은 꽃이 더욱 으뜸이라 삼월 삼질이면 모두 이 곳에 꽃놀이를 하오이다. 그러나 오늘은 대왕마마께서 오시여 이렇듯 만 산에 꽃이 만발하오니 이는 전하의 큰 덕인 줄 아나이다."

둘레에 따라서던 신하들이 임금의 기색을 살피며 그 말에 뒤따라 너도 나도 아뢰인다.

"꽃이 과연 대왕 전하를 반겨 만 산에 붉은 꽃 바다를 펼쳤나이다."

"꽃이 상서롭고 그 붉은 빛깔도 상서로우니 오늘에 어찌 회춘의 영광이 없사오리이까?"

"참으로 온 산 판이 빨갛게 타오르는 불길 같사오이다."

세조는 그들의 말이 그럴상 싶었다.

'불길? 음 그래그래. 불길 같고 말고. 불길이 빨갛지. 빨갛고 말고.'

저도 모르게 속으로 신하들의 말을 따라 뇌이던 그는 문득 바위츠렁에 흐드러지게 핀 빨간 한 떨기의 진달래에 눈길을 멈추었다.

그것은 꼭 어제 밤 꿈에서 본 지옥 세상에서 널름거리며 타오르던 빨간 불길 같아 보였다. 다음 순간 그의 눈앞에는 다른 환각이 떠올랐다. 지옥의 귀신들이 빨간 눈알을 사납게 굴리더니 혹시 저것이 지옥귀신이 숨어 나를 지켜보는 그 빨간 눈알이 아닐가? 아니, 저것은 곧 사륙신이 흘린 피자욱이다. 성삼문이, 박팽년이, 리개……. 그들이 형장에 맞아 뿌린 선지피가 저렇게 타는 듯 빨갛지 않았더냐!

그의 눈에는 떨기떨기 피여난 진달래가 사륙신의 피 흘리는 모습으로 바뀌여 안겨왔다.

부릅뜬 눈, 험상궂게 일그러진 얼굴, 피를 쏟으며 자기를 절규하던 그들의 사무친 목소리.

"이놈, 이놈, 이놈! 세조 너를 지옥에게 마중하리라!"

귓전에 그들의 목소리가 아득히 메아리쳐 왔다.

아, 그러니 저것은 분명 그들의 혼령이다. 세조는 귀를 막고 눈을 감았다가 한참 만에 다시 떴다. 이번에는 서울 네거리에 내 걸린 사륙신의 피에 젖은 얼굴 모습.

세조는 불현듯 발작이 뻗쳐와 손을 내흔들며 소리쳤다.

"여봐라! 당장 저 앞에 있는 꽃을 꺾어버려라!"

신하들이 영문을 몰라하여 허겁지겁 달려 올라가 바위츠렁에 피여난 진달래를 보두 꺾어버렸다.

그러자 방금 꺾은 그 곁에 또 한 무더기의 빨간 진달래가 핏빛으로 불탔다.

"저것도 꺾어라!"

세조는 또 소리쳤다.

신하들이 그것도 꺾어버렸다.

그러나 이게 웬 일이냐. 온 산발에 피여난 꽃은 모두 한 모습으로 죽은 혼령처럼 나타나 보이는 것이 아닌가!

"저것도 꺾어라. 저것도!"

세조는 향방 없이 손짓을 마구 해댔다. 발광이 일어난 것 같았다. 그러나 깎아지른 바위벼랑이며 아츠러운 산말기에 무덕무덕 피여난 그 많은 꽃을 어이 다 꺾을것인가!

'아, 이것은 금강산이 나를 내치는 징벌이로구나!'

세조는 속으로 이렇게 웅얼거리며 람여에서 내려 어디로 가는지도 모르게 발길을 내짚었다. 발길이 닿는 대로 어디로이건 빨리 이 곳을 벗어나고만 싶었다.

뒤에서 '상감마마! 상감마마!' 하고 찾는 소리가 아렴풋이 들려왔으나 그 소리가 마치 지옥신들이 부르는 소리 같아 허겁지겁 피하며 덤불 속으로 마구 뛰여 들었다.

얼마나 걸었을까……. 불시에 발 아랫도리가 척척하고 선뜩한 것을 느꼈다. 골 바닥을 소리치며 흐르는 냇물에 들어선 것이였다.

예가 어디냐? 사위가 조용했다. 따르던 신하들이 보이지 않았다.

세조는 온몸의 힘이 깡그리 빠져나가는 것 같은 허무감을 느끼며 물가녁에 뿌리박은 너럭바위 우에 걸터앉았다.

주얼주얼 주얼주얼……. 냇물소리가 고요한 골 안을 흔든다. 냇물에 발을 담그고 넋없이 앉아 있느라니 그 냇물도 빨간 핏빛으로 흐르는 것이 아닌가?

눈을 들어보니 여기에도 골 안 가득 붉은 진달래가 함뿍 피여 있었다. 눈길을 내리뜨니 냇물 빛에 죽은 혼령들의 모습이 빨간 핏빛으로 어룽거렸다. 눈을 감았다. 이번에는 주얼주얼 흐르는 냇물소……. 그 흐름에 실려오는 죽은 혼령들의 울부짖음

"이놈! 네 아직 지옥을 벗어나려 하느냐?"

끝없는 환각이 세조를 괴롭혔다. 그는 더는 발길을 옮길 힘이 없었다.

이 때 갑자기 꾸르릉거리며 하늘이 흐리더니 난데없는 소낙비가 억수로 쏟아져 내렸다.

"상감마마! 상감마마!"

신하들이 뒤늦게 그를 찾아 달려왔다. 온몸이 홀딱 비에 젖은 그들은 세조를 서둘러 련에 태우고 장안사로 급히 돌아왔다.

세조는 행궁에서 옷을 갈아입었으나 사방에서 그 무슨 불길한 무서움이 엄습해 오는 것 같아 몸을 으스스 떨었다. 여기에 더는 있고 싶은 생각도 없었다. 꿈을 꿔도 악몽이요, 눈을 떠도 불길한 징조뿐이다. 금강산의 산천도 냇물도 꽃도 만고의 죄인을 질시하는 한 빛이다. 아니, 꿈에 나타난 신령의 말처럼 더 큰 징벌이 자기를 노리며 기다리고 있는 것 같았다.

세차게 내리던 비는 한낮이 기울자 갑자기 걷히였다.

세조는 그만 신하들에게 맥없는 소리로 분부를 내렸다.

"여봐라, 이 길로 서울에 돌아가자!"

신하들은 모두 아연히 놀랄 뿐이였다. 서산에 락조가 짙게 비낄 무렵, 임금을 련에 태운 긴 행렬이 방금 금강산을 뒤에 두고 바로 이틀 전에 넘어왔던 그 단발령을 오르고 있었다. 삼 년 석 달이라도 눌러 있을 상 싶던 임금의 행렬이 금강산에서 사흘을 못 넘기고 다시 서울로 떠나가는 것이다.

저녁의 짙은 황혼이 그 행렬을 쓸쓸히 바래주고 있었다. 찌꿍삐꿍 임금의 련채가 흔들리며 내는 소리가 지옥문쩌귀소리 마냥 청승맞게 끝없이 울리였다.

세조는 금강산에서 돌아온 후 병이 더욱 심해갔다. 온몸이 썩어 가는 만신창과 밤마다 나타나는 악몽, 끝없는 우울과 불안, 환각과 발광증이 겹쳐 그는 끝내 죄 많은 세상을 떠났다.

세조가 금강산을 떠나가자 금강 약수와 온천이 다시 나온 것은 물론이다.

아름다운 금강산도 그 죄 많은 인생을 자기의 품에 용납하지 않았으니 그 때부터 사람들은 세조가 금강산에 왔다간 이야기를 두고 악인을 징벌하는 금강산이라는 의미에서 '삼일금강'이라는 말을 즐겨 쓰며 금강산을 더욱 사랑하였다고 한다.

■참고문헌

금강산 전설. 사회과학출판사. 1991.

조선사회 전설집. 문예출판사. 1987.

구전문학 자료집(설화 편). 사회과학원 문학연구소. 1964.

강원도 관련 문헌설화

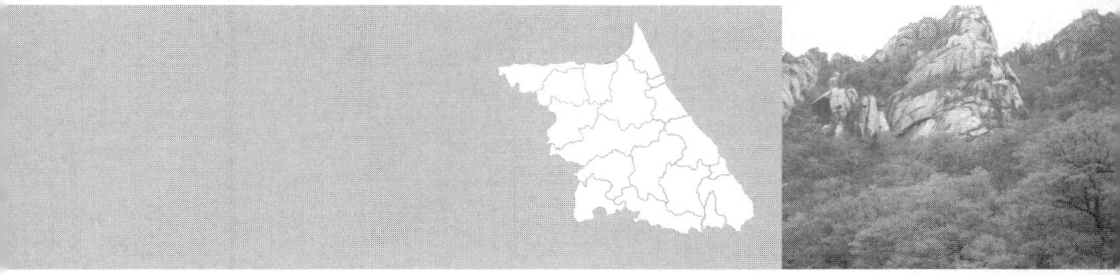

문헌설화

강원도 관련

설화자료

대동기문

1. 최치운이 술을 경계하는 어찰을 벽에 붙여놓고 보며 반성하다

최치운[1]은 강릉 최씨로 자는 백경이며, 호는 조은이다. 태종 정유년에 생원으로 문과에 급제했으며 이조참판까지 지냈다. 한번은 사신으로 연경에 가서 임무를 완수하고 돌아오자, 그 공로로 임금이 토지와 노비를 하사하였으나 치운은 굳이 사양하고 받지 않았다. 그리고는 의기양양하게 집에 돌아와 아내에게,

"오늘 내 청이 받아들여졌으니 마음이 매우 좋소."

하며 자랑했다. 하니 아내가,

"임금이 주시는 선물을 마다하다니 복도 없수."

라고 나무랐다.

평소에 술을 너무 좋아해 세종이 어찰을 내려 주의를 주자, 치운은 그것을 바람벽 좌우에 붙여놓고 드나들며 보고 반성하곤 했다. 그러나 밖

---

1) 최치운(崔致雲, 1390～1440). 조선 전기의 문신. 자 백경(伯卿). 호 경호(鏡湖) 조은(釣隱). 승문원 · 집현전 등에서 학문에 힘썼다. 1433년(세종 15) 때 평안도도 절제사 최윤덕의 종사관으로서 야인 정벌에 공을 세웠다.

에만 나가면 대취해 돌아와 거꾸러졌는데, 그때마다 아내가 머리를 들어 올려 벽을 가리키며 어찰을 보여주었다. 치운이 술에 취해 몽롱한 중에도 상에 머리를 찧으면서 마치 사죄하는 모양으로 머리를 조아렸다. 그러나 술이 깨면,

"내가 임금 은혜에 감동하여 늘 술을 조심하나 술 있는 데만 가면 전의 훈계를 까맣게 잊고 취해버린단 말이야."

하며 탄식했다. 나이 겨우 쉰 하나에 죽었다. 재상 최윤덕의 종사관을 지낼 때 임금의 명으로 「무원록」에 주를 달았다.(「대동기문」 권 1. 세종조.)

2. 최윤덕이 범을 쏘아 시골 아낙네의 원수를 갚다

최윤덕[2)]은 통천 최씨로 자는 여화였다. 태어날 때 어머니가 죽었으나 아버지 최운해는 변방을 지키느라 돌아오지 못하고 같은 마을에 사는 무자리에게 양육을 부탁하였다.

자라나면서부터 그의 완력을 따라올 사람이 없었는데, 센 활을 당겨서는 아무리 굳은 표적이라도 쏘아 꿰뚫었다. 하루는 산중에서 소를 먹이고 있노라니 범 한 마리가 홀연 나타나거늘, 화살 하나로 꺼꾸러뜨렸다. 이를 본 무자리가 윤덕을 데리고 합포진으로 그 아버지를 찾아가 윤덕의 기예를 칭찬해 마지 않았다. 최운해가 어디 한번 시험해 보자고 하고는 사냥 행사에 데리고 갔는데 윤덕이 좌우로 마구 말을 달리며 활을 쏘니 쏘는 살마다 명중하지 않는 것이 없었다. 이를 보고 운해가 웃으며,

"아이 재주가 민첩하긴 하나 아직 법식을 알지 못하는구나. 지금 이 아이 하는 것은 하찮은 장난질일 뿐이야."

하고는 그에게 병법을 가르치니 드디어 이름난 장수로 성장하였다.

세종 기해년에 이종무와 함께 수군을 거느리고 대마도에서 왜군을 토

---

2) 최윤덕(崔潤德, 1376～1445). 조선 전기의 무신. 자 백수(伯修) 여화(汝和). 호 임곡(霖谷). 시호 정렬(貞烈). 음보(蔭補)로 기용되어 아버지와 함께 여러 싸움에서 공을 세워 무관직을 두루 지냈다.

벌했는데, 목 베고 사로잡은 것이 매우 많았다. 승전의 장계가 올라가자 임금이 교서를 내려 노고를 위로하고 우찬성 벼슬과 함께 평안도 도절제사와 안주 목사를 겸임케 하였다.

공무의 여가에 관아 뒤 빈 땅을 갈아 오이를 심고 몸소 호미질을 하곤 했다. 마침 송사가 있어 들린 어떤 사람이 그가 윤덕인 줄 모르고,

"상공께서는 지금 어디 계신가?"

하고 물었다. 공은 부러,

"아무 곳에 계십니다."

라고 일러주곤 곧바로 관아에 들어가 옷을 갈아 입고는 소송을 들어 처결하였다.

한 번은 어떤 촌 아낙네가 울면서,

"간 밤에 범이 제 남편을 물어 갔습니다."

고 호소했다. 공은,

"내가 네 원수를 갚아주마."

하고 범의 뒤를 밟아가 쏘아 죽이고 그 배를 갈라 죽은 이의 골육과 지체를 골라내어 옷을 싸서는 관을 마련해 묻어주었다. 그 아낙네는 감격의 눈물을 그칠 줄 몰랐다.

야인 이만주가 거느린 군대가 국경을 침범하자, 임금은 공을 보내어 정벌케 하였다. 크게 승리를 거두고 개선하자 임금이 근정전에 나와 잔치를 베풀고 친히 윤덕에게 술잔을 내렸다. 또 세자를 시켜 잔을 돌리면서 윤덕에게는 일어서지 말고 앉은 채로 술잔을 받으라고 하였다. 군관에게 명하여 일어나 맞춤을 추게 하였는데, 윤덕이 술이 취하자 그도 일어나 춤을 추었다.

경원 부사 송희미가 군법에 걸리어 사형을 당하게 되었다. 윤덕은 그와는 서로 아는 사이라, 술과 과일을 마련하여 그 뒤를 따르며 영결하였다.

"법에 따라 죽는 것이니 슬퍼하지 마시오. 사람의 삶이란 언젠가 한 번은 죽는 법이니 내 또한 머지 않아 공의 뒤를 따를 거외다."

관직은 영중추부사에 이르고 시호는 정렬이라 하였으며 세종의 묘에 배향되었다.(「대동기문」 권 1. 세종조.)

3. 조 려가 때때로 백이 숙제의 채미 고사가 남긴 뜻을 빌어 시를 짓다

조 려는 함안 조씨로 자는 주옹, 호는 어계였다. 단종 계유년 진사과에 올라 당시 선비들의 큰 기대를 모았으나 어느날 갑자기 성균관의 유생들에게 작별 인사를 하고는 고향으로 돌아가 버렸다. 을해년 이후 과거 공부를 작파하고 두문불출했는데, 당시 쓴 시에는 때때로 백이와 숙제가 수양산에 들어가 고비를 캐어먹고 절의를 지킨 뜻과, 세상으로부터 숨어 근심하지 않는 뜻이 나타나고 있으니 이런 것은 김시습의 뜻과도 흡사하다. 스스로 함안 정암강에 은둔처를 정하니 그곳은 백이산에서 그리 멀지 않은 곳이었다. 정조 신축년에 이조 판서를 추증받고 정절이란 시호도 받았다.

노산군[3]이 영월에 유폐되자 조정에서는 청령포를 건너는 나룻배 운항을 금지시켜 사람을 다니지 못하게 만들었다. 공이 살았던 경상도 함안은 영월과 오백리가 넘게 떨어져 있었으나 공은 한 달에 세 차례나 영월에 가서 몰래 노산군의 안부를 물었으며, 관란 원 호의 집에 유숙하면서 밤마다 왕이 장수하기를 하늘에 축원했다. 세조 정축년 정월 십일에 노산군 승하 소식을 듣고는 밤낮을 가리지 않고 바삐 달려와 한밤중에 청령포에 도착했다. 여전히 건널 배가 없는 지라 이리저리 헤매었으나 도저히 강을 건널 방도가 없었다. 날이 샐 무렵에 하늘을 우러러보며 통곡하니 강물도 또한 우는 듯하였다. 옷가지를 묶어 머리에 이고 물에 들어가려 하는데 갑자기 무엇이 옷가지를 끌어 당기길래 뒤돌아보았더니 한 마리 큰 범이었다. 공이,

---

3) 조선조 6대 왕인 '단종(端宗)'을 일컬음.

"천리길을 달려와 문상하려는데 강을 건널 수가 없구나. 이 강을 건너서 임금 옥체를 거둘 수 있다면 다행이거니와 그렇지 못하면 내 물귀신이 되려는데 네가 왜 날 막느냐?"
하고 말하자 범이 머리를 숙이고 땅에 엎드렸다. 공이 그 뜻을 짐작하고 즉시 등에 올라타자 범이 과연 강을 건네주었다. 공이 시신을 모신 곳에 들어가니 지키는 자 둘 밖에 없었다. 통곡하며 네 번 큰 절을 올린 후 옥체를 거두어 방문 밖으로 나서니 범이 다시 강을 건네주었다.

추강 남효온의 시에 이런 구절이 있다.

> 감동한 큰 범이 청령포 건네주니
> 조옹께서 노산군 시신을 거두셨네. (「대동기문」 권 1. 단종조.)

4. 이 이가 임진란이 닥칠 것을 미리 알다

선조 갑신년 정월에 서울 사는 선비 이 아무개란 사람이 마침 일이 있어 강릉땅으로 간 일이 있었다. 어린 종이 모는 늙어빠진 말을 타고 가다가 막다른 산골에 이르러 길을 잃어버렸는데, 날은 저물고 주막은 멀어 어디로 가야할지 막막했다.

이때 홀연 나타난 나뭇꾼에게 길을 물었더니, 그는 건너 언덕을 가리키며,

"저 언덕을 넘으면 양반집 하나가 나타날 거요."
라고 일러 주었다. 선비가 언덕을 넘어 바라보니 과연 몇 간 안 되는 초가집이 있을 뿐 다른 촌락은 전혀 보이지 않았다.

곧장 그 집으로 가 사립을 두드리자 얼마 후에 동자가 나와서는,

"이런 궁벽한 산골에 손님이 어찌 오셨는지요?"
하고 물었다. 객이 연유를 말한즉 동자는 안으로 들어가더니 한참만에야 나와서 객을 방으로 맞아들였다. 보아하니 주인은 나이 예순이 넘은 노인으로, 털이 다 빠진 관을 쓴 차림새로 명아주 지팡이를 짚고 억지로 일어나 객을 맞이하였다.

“오늘 밤에 마침 일이 있어 손 맞기가 참 난감하오. 하지만 깊은 산골에 밤이 되어버렸으니 머물지 말라면 정말 인정이 아닐 거라 생각해서 묵게 한 것이오. 특히 불편한 일이 많을 게요.”
라 하고는 말없이 조용히 앉아 무언가를 생각하는 기색이었다. 선비도 한쪽 구석에 입을 닫고 앉아 있으려니 잠시 뒤 밥상이 들어오는데 때는 이미 황혼 무렵이었다. 주인이 시동더러,
“이제 땅거미가 내렸는데도 아직 오지 않으니 참 이상한 일이로구나. 네가 문밖에 나가 바라다보는 게 좋겠다.”
하니 시동이 나갔다가 다시 돌아와,
“방금 앞개울을 건너오십니다.”
하고 알렸다. 그러자 주인이 객에게,
“말없이 가만히 앉아있을 것이지, 절대로 입을 열면 아니 되오.”
라고 주의를 주었다. (「대동기문」 권 2. 명종조.)

5. 이도자가 장삿배 속에서도 쉴 새 없이 글을 읽다

이도자는 벽진 이씨로 자는 지지, 호는 복재였으며 숙부 이후경과 함께 한강 정 구의 문하에서 공부했다. 정유재란 때, 강릉으로 피난 가 바닷가 어촌으로 돌아다니는 장사꾼의 일을 보아주며 부모를 봉양했다. 장삿배를 타고 있을 때에도 손에서 책을 놓지 않고 쉴 새 없이 중얼중얼 글을 읽으니, 뱃사람과 어부들 가운데도 그 글을 익히 아는 사람이 생길 정도였다. 선조 기해년에 냉천정으로 돌아가 양심당을 짓고 거기에서 살았다.(「대동기문」 권 3. 인조조.)

6. 허 목이 칡을 먹 삼아 과두 문자를 쓰다

허 목은 양천 허씨로 자는 화보이며 호는 미수였다. 오리 이원익이 그의 사람됨을 기특히 여겨 자신의 손녀로써 처를 삼아 주었다. 숨은 학자로 특별히 임금이 발탁하여 나이 여든 하나에 우의정이 되었으며 시호는

문정이다.

선조 을미년에 태어났는데, 손에는 글 문(文)자, 발에는 우물 정(井)자 무늬가 있었고, 눈썹이 길어 눈을 덮고 있었다. 아홉 살에 공부를 시작하였지만 책을 백 번 읽어도 외우지 못하다가, 자봉산에 들어가 수 십 년 동안 독서하였다. 병인년 인조의 아버지가 원종으로 추존될 적에 박지계가 그 의논에 앞장서자 당시 재임을 맡고 있던 미수는 지계를 벌 주면서,

"임금에게 아부하여 예법을 어지럽혔다."

고 나무랐다. 이에 임금이 노하여 그를 과거에 응시하지 못하게 하였다. 정축년에 청나라 군사를 피하여 관동으로 들어갔다가 다시 경상도 사천과 칠원 등지로 옮겨 살았다. 효종 원년에는 천거를 받아 참봉이 되었으며 뒤에 장령 벼슬을 받았다. 경자년에 대비의 상복 문제로 상소를 올려 예법을 논했으나 받아들여지지 않고 삼척 부사로 좌천되었다. 마침 동해에 해일의 재해가 일어나자 공이 〈동해송〉을 지으니 바다가 잔잔해져 다시는 재해를 끼치지 않았다. 을묘년에 임금이 경기도 연천 고을에 집을 지어주고 거기서 살게 하니 그 집에 은거당이란 편액을 달고 살다가 여든 여덟에 죽었다.

그는 신우비를 보고 전자 글씨체를 배워 그 필력이 고아하고 힘찼다. 판서 이정영이 전자체를 금하자고 임금께 청하자 미수가 그 말을 듣고는 시 한 수를 지었다.

> 아침 해 동쪽 언덕 솟아 오르고,
> 안개와 놀 창 앞에 피어나누나.
> 창 밖의 일일랑 알 필요 없어,
> 칡 물을 먹 삼아 과두문 쓰네.

미수가 병이 위중하기 며칠 전부터 이상한 짐승이 밤이면 그가 살던 집 지붕에 와 앉아 있는데, 눈을 뜨면 불빛이 쏟아져 하늘을 밝히니 이웃 마

을 사람들이 모두 놀라고 이상하게 여겼다. 죽는 날 저녁에 어떤 사람이 그와 조령에서 마주쳤는데, 미수가 이상한 짐승을 탔고 초립을 쓴 종자가 고삐를 끌고 있었으며 몸가짐이 평소와 조금도 다름이 없었다. 서울에 닿자 사람들에게 물어보았더니 바로 그 날이 그가 죽은 날이었다.(「대동기문」 권 3. 숙종조.)

7. 오도일이 귀양지에도 소주가 있는가 묻다

오도일은 해주 오씨로 자는 관지, 호는 서파였다. 현종 계축년 문과에 올라 대제학을 역임했으며, 세상에서 그를 동인 삼학사의 한 사람으로 꼽는다. 임금이 그에게 이런 교서를 내린 일이 있다.

"오도일이 술을 즐겨 마침내 고질병이 되었으나 끝내 깨닫지 못하니 애석한 일이다. 예전의 술 경계 하는 시를 적어 주노라.

성군 사랑 지극하셔 장원급제 뽑히고,
어머니 은혜 깊어 학발 드리우셨네,
임금 사랑 모친 은혜 다 갚지 못하고,
술 고질 병 이루면 후회한들 무엇하리.

이 시구를 늘 염두에 둔다면 어찌 낭패에 처하는 폐단이 있으리오?"

도일이 읽고는 감읍하며 술을 끊고 이런 시를 지었다.

고황에 든 술 병을 고치지 못하고서,
꿇어 윤음 읽으며 피눈물 흘린다네.
골육같은 큰 은혜 어이 하면 갚을꼬,
죽기 전 오로지 옛 허물 고치고저.

신사년에 귀양갈 때, 크게 취해 있는 판에 금오리가 와서 전라도 장성

으로 귀양 가게 되었다고 고했다. 도일이 취한 채,

"장성에도 소주가 있는가?"

하고 물으니 관리가,

"소주 없는 곳이 있겠습니까?"

하고 대답하자, 좋다고 하였다. 귀양길에 천안을 지나는데, 군수가 술을 가지고 와 위로하자 실컷 마시고 시 한 수를 주었다.

적막한 나그네 시름 펴지도 못하는데,
천안 고을 태수께서 술병 차고 오셨네.
평생을 술 즐겨 아무케나 마셨지만,
흰 머리 되도록 이 술만은 못 잊겠네.

귀양길 내내 술에 취해 있다가 귀양지에 닿은 지 얼마 안 되어 죽자, 시인 유도삼이 이런 만시를 지었다.

하늘로 가셨구나, 대사마시여!
시혼은 어디메 노니시는고?
고개 돌려 멱라수 바라보니,
청풍은 쉬지 않고 불어오누나.

강원도 관찰사가 되어 관동 지방을 순시하다가 양양낙산사에 이르렀다. 밤에 누각에 앉아 시를 읊노라니, 누각 아래에서 홀연,

"감사가 시에 능하다더니 참 가소롭구나."

하는 소리가 들렸다. 공이 매우 이상히 여겨 시험삼아 다시 이어 읊었더니 누각 아래에서 그런 소리가 또 들려왔다. 노복을 시켜 찾아보게 하니, 어떤 소금 장수가 돌을 베고 자고 있노라고 아뢰었다. 즉시 그 자를 앞으로 들라하여 물어보았다.

“네 놈이 어찌 감히 나를 비웃는고?”

“사또께서 한밤 내내 끙끙대며 시를 지으시고 안 주무시길래 그리 말 해보았을 뿐이옵니다.”

“네가 어디 시를 잘 지으면 마땅히 상을 줄 것이요, 그렇지 않다면 곤장맞는 벌을 면치 못할 게야.”

그러자 소금장수가 즉각 시를 읊었다.

하늘 띄운 큰 바다 동남북 틔어 있고,
기이한 만 이천 봉 육지에 꽂혀 있네.

공이 크게 놀라 그의 손을 잡고,

“그대는 정말 기재로구나. 이름을 뭐라 하는가?”

하고 물었다. 소금 장수는,

“천한 놈의 이름을 세상에 전하고 싶지 않사오니 억지로 물으실 필요가 있겠습니까?”

하고는 끝내 말해주지 않고 다만 성이 오씨라고만 알려주었다고 한다.(「대동기문」 권 4. 숙종조.)

8. 이성원이 석각하던 이의 안경을 깨트리다

이성원은 연안 이씨로 자는 선지, 호는 조은이었다. 영조 갑술년 진사과에 합격하고 계미년 문과에 올랐으며 병술년 중시에 장원하였다. 강원도 관찰사를 지낼 때 각 고을을 순시하는 길에 금강산을 구경하게 되었다. 구룡연에 이르러 바위에다 이름을 새기려 했지만 석각하는 중이 마침 모두 출타하고 없었다. 고성 원이 아래 촌락에 와서 머물고 있는 사람이 제법 손재주가 있어 석각을 할 수 있을 것이라 하길래, 그를 불러다가 제명을 새기게 하였다. 그런데 그 사람이 끼고 있는 안경이 다시 없는 명품이었다. 이공이 평소 명품을 좋아하는 습벽이 있어 그것을 갖고 오게 한 다음 감상하며 탄복해 마지않다가 우연히 실수하여 안경을 바위 위에 떨어뜨리니 산산조각이 나버렸다. 이공이 뜻밖의 일에 깜짝 놀라 값을 치러 주려하니, 그 사람이,

"물건을 갖거나 잃는 것도 운수니 꼭 마음에 매어 둘 필요가 없습니다."
하며 사양했다. 이공이,

"네가 산골짝의 가난한 백성으로 무슨 돈이 많아 이리 좋은 안경을 샀겠는가?"
하며 억지로 돈을 주자 그 사람이 안경갑을 풀어 보여주며,

"이걸 보시면 자연 알게 되실 겁니다."
고 하였다. 이공이 받아서 보니,

'모년 모월 모일에 구룡연에서 순시하는 관찰사를 만나 깨어질 것이다.'
라고 쓰여 있었다. 이공이 크게 놀라,

"이 글을 네가 썼느냐?"
고 묻자,

"당초 살 때 이 글이 있었습니다."
라 말했다고 전한다.(「대동기문」 권4. 정조조.)

9. 이규복의 아내가 나중에 효부가 되다

이규복의 호는 송석이었다. 도암 이 재를 처음 찾아 갔을 때, 도암이 그의 가계를 묻자 시로 대답했다.

삼대 내리 기병으로 가포를 바쳤고
평생 외진 골짝에서 교생의 신세라오.

자신의 신분이 미천함을 숨기지 않고 자기 분수를 알아, 그로부터 온 마음을 바쳐 학문의 깊은 경지에 이르렀으니 정말 기특한 선비라 할 것이

다. 그의 처가 애초 시부모에게 순종하지 않았지만 규복의 지극한 행실을 보고는 감화를 받아 반목하던 마음을 고쳐 드디어 효부가 되었다. 강원도 정선군의 송석마을에 살았기로 그것으로 자기 호를 삼았다.(「대동기문」 권4. 정조조.)

10. 원천석

원척석은 원주 원씨로 자는 자정, 호는 운곡이었다. 글이 넉넉하고 학문이 해박했으나 고려 말엽의 어지러운 정세를 보고는 치악산 자락에 은거해버렸다. 한 뜻으로 재주를 감추고 몸소 밭을 갈아 부모를 봉양하다가, 군적 장부에 이름이 올라 있는 것을 보고는 하는 수 없이 과거 시험을 치렀다. 단번에 진사과에 합격했으나 벼슬에 나아갈 뜻이 없어 고향으로 돌아와 이색과 서로 오가면서 시를 주고받으며 정치 현실에 가슴아파하고 비분강개 하였다. 태종이 평민일 때 그에게서 배웠기에 여러 번 조정으로 불렀으나 나아가지 않았다. 태종이 관동을 유람하던 길에 공의 집에 들르니 공은 몸을 피해 숨어버리고 알현하지 않았다. 그러자 태종은 개울 바위에 내려가 자기가 공부할 때 부엌데기였던 여자를 불러 음식물을 하사하고 발길을 돌렸다. 돌아와서는 공의 아들 원 형에게 기천 고을 감무 벼슬을 주었다. 뒷사람들이 당시 태종이 앉았던 바위를 태종대라 불렀는데, 그 대는 치악산 각림사 곁에 있다.

태종이 상왕으로 은퇴하고 나서 특명을 내려 공을 부르자, 그제야 공이 백의서생 신분으로 대궐에 뵈러 왔다. 상왕이 그를 대궐 안으로 들어오게 하여 옛 일을 이야기한 뒤 왕자들을 불러 뵙게 하고는,

"내 손자들이 어떠하오?"

라 물었다. 그러자 공은 세조를 가리키며,

"이 아이가 할아버지와 모습이 꼭 같으니 희한합니다. 너는 부디 형제들을 사랑하도록 해라. 부디 형제들을 사랑해라."

라고 타일렀다.

공이 진작 야사를 지어 궤 속에 간직해두고 세 겹으로 자물쇠를 잠가 두었다. 죽음에 임하여,

"가묘에 숨겨두고 잘 간직해야 한다."

하고 유언하면서 겉에다가,

'내 자손이 나만 못하거든 열어 보지 말지어다.'

라고 써두었다. 아들과 손자대에는 궤를 열지 못하다가 증손자 대가 되자 종족들이 모여 시사를 지내면서 의논하기를,

"선조께서 유언이 계시긴 했으나 이미 세월이 많이 흘렀으니 별 꺼릴 게 있겠나? 이젠 열어 보는 게 좋겠다."

하고는 궤를 열었다. 그 속에는 고려 말엽에 일어난 사건들에 관한 기록이 있었는데, 숨기거나 꺼리는 일이 없이 바로 기록해둔 내용으로 조선조에 만든 「고려사」와는 차이가 많았다. 종족들이 놀라서,

"이건 우리 씨족을 다 죽게 만들 물건이니 일단 보고 나면 끝내 숨기기 힘든 일이 벌어질까 두렵다."

하고는 다 불태워버렸다.

공이 유고 두 권에다가 당시 일들의 시말을 숨김없이 써두었는데 후세 사람들이 알지 못한 일도 있었다. 가령 우왕을 신돈의 아들이 아니라 공민왕의 아들이라 한 것은 직필의 한 현저한 예라 하겠다. 그 시 가운데는, 〈주상전하께오서 강화도로 유배가시고 원자께서 즉위하셨다는 소식을 듣고 느낀 바가 있어〉라는 제목으로 두 수를 지은 것이 남아 있다. (그 두 시는 문집에 실려 있음) 시어가 질박하여 제대로 시가 이루어지지는 못했으나, 거기에 서술된 사실은 숨김없이 바로 적은 것이다. 정인지가 지은 「고려사」에 비긴다면 해나 별의 빛과 무지개 빛이 서로 현격한 차이가 있는 것과 같을 뿐만이 아니다. 그 시를 읽고 나서 절로 눈물이 흘렀다.

한강 정 구가 강원도 관찰사로 가서 공의 묘에서 이런 제문을 지었다.

'산 에는 고사리 있어 배고프지 않으셨고, 방에는 거문고 있어 스스로 즐기셨네. 예를 갖춰 부르시니 열성께선 온화하고 장하셨네. 천고의 빈

산엔 한 줄기 청풍이라.'

현재 원주 고을에서 동쪽으로 십 리 떨어진 석경촌에 운곡의 묘가 있다.(「대동기문」 〈부록〉 고려 말에 절개를 지킨 여러 신하들.)

11. 유극신의 문장과 능변

유극신(柳克新)은 몽학(夢鶴)의 아들이다. 몽학이 학행이 있어 음관으로 사헌부 지평에 임명되었다. 외직으로 양양 부사가 되어 양양에 나갈 때 극신도 아버지 행차를 따라갔다.

그때 나라의 의론은 동서로 나뉘어 있어 많은 선비들이 그 둘 중 한 가지 의론에 속해 있었다. 극신은 동인이었으나, 항상 의론이 동서로 나뉘어 있는 것을 개탄하였다. 행차가 미수파(彌秀坡)에 도착했을 때 '미수파'라는 시를 지었다.

파의 동쪽 파의 서쪽 두 물줄기는,
동류는 동해로, 서류는 서해로 흐르도다.
명명(鳴鳴) 열열(咽咽) 울어 마지 않으니,
누군들 이에서 눈물 흘리지 않으리.
내가 장차 궁민(窮民)의 3형제를 맞이하여,
맛좋은 술 만종(萬鐘) 삶은 용탕 천 솥으로 예 갖추리.
하늘이 토한 산 가운데 천 · 만길 되는 것 몇 봉우리인가
천천 밖에서 거문고 타는 선녀로 하여금
두 줄기 물 한 줄기 물로 만들게 하여
동으로 한금(漢今)의 성두에 모여
넓고 크게 만만년 흐르게 하리

장계(長溪) 황정욱(黃廷彧)은 문장을 잘하는 사람인데, 이 시를 보고 크게 기특하게 여겨

"이 시는 진짜 잘된 문장이다!"

라고 하였다. 어떤 사람이 '궁민삼형'이 어떤 사람이냐고 물으니 반고(盤古)의 할아버지라고 대답하였다.

극신은 성품이 호방하고 컸으며 언변이 좋았고 기롱하며 의론하기를 좋아하였다. 이승(李昇)이라는 사람이 있었는데, 말재주가 있었고, 또 경제적으로 재산을 늘리는 재주도 있었다.

저자 사람들이 이를 희롱하여 말하였다.

"이승이 왔으니 요즈음 시장의 물건값이 어떠한가?"

이승이 이에 대꾸하였다.

"요즘 시중의 기장과 쌀 반 되면 남쪽으로 행차한 대간 5, 6명을 바꿀 수 있네."

대간으로 남쪽에 행차하였던 극신이 말이 막혀 아무 대꾸도 하지 못하자 좌중의 모든 사람들이 포복절도하였다.(「어우야담」 권 1.)

12. 성황신을 복위시킨 김효원

선왕(조선조 14대 임금 선조) 초년에는 조정에 붕당이 없었다. 심의겸(沈義謙)과 김효원(金孝元)이 서로를 비방하고 배척하자 그로 인해 동서로 나뉘어 당이 만들어졌고, 조정의 의론도 그에 따라 나뉘어 둘이 되었다. 선왕께서는 이에 노하시어 의겸을 하도(下道) 방백(方伯)으로 내렸고, 효원은 관직을 옮기어 부령 부사로 하였다. 이때 율곡이 글을 올려 말했다.

"두 사람이 진실로 죄가 있기는 하지만 효원은 원래 병이 많아 지금 만약 북쪽 변방으로 간다면 반드시 죽을 것이옵니다. 이런 일은 태평성세시에 있어서는 아니 될 일이오니, 다른 곳으로 옮겨주시기를 청하옵니다."

임금께서는 율곡의 말을 윤허하시고, 마침내 효원에게 삼척 부사를 제수하셨다.

삼척은 영동지방으로 부유한 읍이었지만 그 곳에서는 귀신에게 홀리는 일이 많이 일어나 부사들이 잇달아 많이 죽었다. 그때 전관이 모두 의겸의 당이었기 때문에 효원을 사지로 쫓아보냈던 것이다.

효원이 삼척읍에 가자 읍의 아전들은 효원을 관아에 거처시키지 아니하고 촌사(村舍)에 거처시켰다. 효원이 괴이하게 생각하고 그 까닭을 물으니 관아의 아전이 대답하였다.

"관아에 요괴스러운 일이 있어 읍의 태수들이 근래에 창병(瘡病)이 들어 많이 죽었습니다. 그래서 관아를 폐쇄시킨 지 이미 오래 되었습니다."

효원은 엄하게 명령을 내려 관아를 물 뿌려 쓸게 한 뒤 거처하였다. 그때는 춘분이 겨우 지난 시기였기 때문에 관아에 거처할 권속들은 서울에서 감히 따라올 엄두를 내지 못하였는지라 효원 혼자만 텅 빈 관아에 거처하였다.

문을 잠그고 잠이 들었는데, 깨어보니 협문이 저절로 열리며, 한 점 푸른 불꽃이 나타났다. 이 불꽃이 뜰 가운데서 좌측으로 궁글면 그 작기가 반딧불만 하고, 오른쪽으로 궁글면 크기가 동아리만 했다. 작아지기도 하고 커지기도 하다가 끝내는 큰 항아리만 해졌다.

조금 있으니 그 한 점이 침방으로 날아들어왔다. 처음에는 조그마하다가 종내에는 커져 뜰에 있을 때만 하였다. 그 점이 효원이 누워 있는 침상으로 가까이 다가 왔을 때, 효원은 이불을 끼고 일어나 앉아 정색을 하고 말했다.

"사람과 귀신의 길이 다른데, 어찌 사람을 상대로 액을 끼치는 것인고? 어찌 이처럼 괴이한 일을 한단 말이냐. 만약 원한이 있다면 자세히 진술할 것이요, 그렇지 않다면 마땅히 속히 물러나라. 어찌 감히 인간을 업신여기는고!"

말을 마치자 불빛이 홀연히 사라져 어디로 갔는지 알 수 없었다. 이에 효원은 문을 굳게 잠그고 잠이 들었는데, 꿈에 어떤 한 사내가 갑자기 문으로 들어오더니 아뢰었다.

"저는 이 읍을 지키는 성황신이옵니다. 이 읍이 존재하면서부터 산사에 저의 위판을 설치하고 제향을 베풀더니, 중년에 신라 왕의 제 삼녀인 요괴한 무당귀신이 소백산에서 내려와 백성 사이에 괴이한 일을 짓고 혹은 백성을 불러들여 미혹시켰습니다. 그러자 읍에서는 마침내 나를 쫓아내고 그 산사에서 그녀에게 제사를 지내게 되었는지라 나의 위판을 철수해서 관청 안 시렁 위에 걸어두었으니 그 욕됨이 막심하옵니다. 성주께서 속히 그 신위를 꺼내어 나의 옛 사당에 돌려주신다면, 진실로 다행스러울 것입니다."

효원이 일찍 자리에서 일어나 말 갖추기를 재촉하였다. 읍 사람들은 태수가 밤중에 틀림없이 죽었으리라고 생각했는데 새벽까지 무사하자 모두들 신이하게 여기면서 효원에게 물었다.

"어디 가십니까?"

효원이 대답했다.

"성황당에 가네."

그는 유생 약간 명을 거느리고 사당안으로 들어갔다. 그 곳에는 수놓은 협문비단휘장 비단번기 의물(儀物)들이 잘 갖추어져 있었다. 아전에게 그것들을 모두 철거하라고 명령하니, 그들은 모두 말하였다.

"이 신의 영이로움은 비할 데가 없습니다. 이렇게 하신다면 반드시 큰 재앙이 닥칠 것이옵니다."

모두들 눈을 크게 뜬 채 감히 앞으로 다가가지 못하였고, 어떤 자는 조금씩 조금씩 도망하여 숨기도 하였다. 서너 명의 유생을 시켜 위판과 휘장과 기치 등의 집물을 철거하여 마당 가운데 쌓아 놓고 불사르도록 하였다. 그 가운데 순금으로 만든 큰 비녀와 순금으로 만든 큰 방울 같은, 불살라도 타지 않는 것들은 두들겨 부수어 조각으로 만들어 버렸다. 그리고 다시 관청에 가니 관청의 시렁 위에 신의 위판이 있었다. 하리(下吏)에게 명령하여 그 위판을 사당에 안치하라고 시키고 술을 조촐하게 갖추어 제사를 지내주었다.

그 날 밤 성황신이 다시 꿈속에 나타나서 감사를 표하고 떠났는데, 그 때부터 읍 안에 다시는 재앙이 없게 되었다.

그 때 유생 가운데 이오(李璈)라는 자가 있었는데 그 사건에 참여하여 직접 목격하였었다. 지금은 평창군(平昌郡) 군수가 되었는데, 나에게 그 일에 대해 매우 자세하게 말해주었다.(「어우야담」 권 1.)

13. 귀신을 쫓아낸 영석(靈石)

원사안(元士安)은 소경대왕조의 문관 명사이다. 그의 형수 남씨가 일찍 죽었는데, 사안의 작은 누이 동생 원씨(元氏)는 아직 시집을 가지 않았었다. 하루는 누이동생 원씨가 갑자기 정신이 멍해지더니 이치에 맞지 않는 소리를 제멋대로 지껄이며 자칭 남씨라고 하였다. 사안의 형제가 '누이동생'이라고 부르면 곧

"나는 그대들의 누이동생이 아니고 그대들의 형수인 남씨라오. 그대들의 누이동생 혼은 저기에 있소."

라고 하면서 창 사이의 빈 공간을 가리켰으니, 이는 그 혼이 원래 있던 곳을 떠나 원씨 몸으로 들어왔기 때문에 목소리와 행동거지가 다 남씨였던 것이다. 어떤 때는 혼이 떠나기도 하고 어떤 때는 들어오기도 하였는데, 혼이 떠나가면 누워서 신음하며 아파하였고 혼이 들어오면 일어나 용모를 바르게 하고 남씨의 말씨로 말하였다. 이렇게 일 년여를 지내니 원씨의 기운은 더욱 상하여 거의 구할 수 없을 지경이 되었다.

원주는 원씨 집안의 본관으로 거기에 옛 별장이 있었다. 원씨 부모가 딸을 데리고 원주로 돌아갔는데 원래는 귀신을 피하고자 한 것이었으나 그 귀신 또한 그들을 따라와 원씨를 못살게 굴었는지라 증세가 더욱 심해졌다.

하루는 그 귀신이 나가놀면서 돌아오지 않았는데, 수염과 눈썹이 희고 풍채와 거동이 비상한 장부가 정당에 내려와 말하였다.

"나는 너희 선조다. 내 자손이 귀신 씌였다는 말을 듣고 너에게 좋은 처방을 알려주러 왔다. 여주와 원주의 경계에 우만(雨灣)이라는 강이 있

다. 강 속으로 수십 보 들어가면 길이는 수 촌이고 둘레는 한 촌쯤 되는 자줏빛 돌이 수십 개 있을 것이다. 너희 형제 중에 사용(士容)은 용렬하고 노둔하니 이 일을 맡기에 부적합하다. 사안 네가 그 곳에 가서 돌을 가져오면 내 마땅히 선택해 주겠다."

사안이 그 말에 다라 우만에 가니 강 가운데 사주가 있었다. 그 곳에서 과연 자석 수십 개를 획득하여 장부에게 바치자 장부가 꾸짖으면서 말하였다.

"모두 진짜가 아니다. 다시 가서 살펴보아라."

사안이 다시 가서 강의 옅은 여울을 살펴보니 또 수십 개의 돌이 있었다. 모두 주워 가지고 오자 장부가 손수 가려 뽑더니 그 중 하나를 골라 주면서 말하였다.

"이것은 경귀석(警鬼石)이라는 돌인데 암컷 수컷이 있으며 항상 용왕의 책상 위에서 조금도 떠나지 않는다. 마침 근일에 용왕이 밖에 나가 노니는 틈에 이 돌이 잠깐 나가 놀다 호수에 돌아왔던 것이다. 수컷은 네가 다시 찾을 줄 알고 호수의 깊은 곳으로 피해 들어갔으니, 지금 네가 얻어 가지고 온 것은 암컷이다. 애석하다! 네가 처음 갔을 때 두 개를 다 얻어 왔어야 했는데…. 그러나 이 돌의 영험함은 다른 것과 비할 수 없다. 모든 귀신들이 이 돌의 그림자만 보고도 피해 달아날 것이니 마땅히 옷의 허리띠에 이것을 차고 절대로 몸에서 떼어내지 말아라. 다른 사람들이 혹 와서 구하여도 삼가 주지 말아라."

원씨가 이로부터 밤낮으로 이 돌을 차고 있으니 그 귀신이 문밖에 와서는 서성대다가 결국 들어오지 못하였고 그로 인해 이후로는 두 번 다시 오지 않았다. 이후 장안의 사대부 집에서 귀신이 들면 이 돌의 영이함을 듣고 지성으로 와서 구걸하였다. 원사안이 차마 거절할 수 없어서 혹 주어 차게 하였는데 그때마다 효험이 있었다.

일찍이 이 돌을 벽위에 걸어놨다가 잃어버렸는데, 후에 술독에서 찾았다. 이는 벽 위에 있던 돌이 잘못 술독 속으로 떨어진 것이었다. 이후부터는 돌의 신령한 기운이 조금 손상되어 대부분 효험이 없었다.(「어우야담」 권 1.)

14. 남사고의 예언

남사고(南師古)가 강릉에 있을 때 강릉읍 사람들에게 말하였다.

"금년에 반드시 큰 병란이 있어 이곳 사람들이 남아나지 못할 것이니 삼가 피하도록 하시오."

그 곳 사람들은 사고가 신통한 슬기를 소유하고 있음을 평소에 잘 알고 있었으므로 간성과 양양 사이로 피신하였다. 그 해에 역병이 크게 일어나 죽은 자가 헤아릴 수 없이 많아 한 읍이 쓸쓸하였다.

사고가 돌아와 말하였다.

"나의 술업이 가히 조잡하다고 이르겠도다. 역병을 병란이라 하였구나."

읍중 유사 최운부(崔雲溥)가 과거에 급제한 뒤, 양친을 위하여 경연을 장차 열려고 하자 사고가 읍인들에게 말하였다.

"당신들은 모름지기 잔치에 가보시오. 이 후로는 이 읍에서는 30년 동안 이와 같은 경사가 다시 없을 것이오."

후에 이오(李璈)가 비로소 과거에 급제하였는데, 그 일이 있은 지 바로 31년 후였다.

일찍이 경성의 참판 정기원(鄭期遠)이, 어렸을 때 어른을 따라와 사고를 한 번 보았었고 후에 다시 찾아오니, 안에서

"정수재가 왔구나!"

라는 큰 소리가 들리더니 사고가 엎어지듯이 달려나와 기원을 맞이하였다. 정기원이 이상하게 여겨 물었다.

"제가 올 줄 어떻게 아셨습니까?"

사고가,

"그대가 올 줄 미리 알고 있었소."

라고 대답하면서 벽을 가리켰는데, 벽 위에는 '아무 일 정 아무개가 온다.'라고 쓰여 있었다.

가정(嘉靖) 정묘년(丁卯 : 1567)에 사고가 잠두(蠶頭)에 올라 조망하더니, 놀라 한참 동안을 탄식하면서,

"어찌하여 왕기가 흩어지는가!"

라고 말하더니 뒤이어

"사직동으로 옮겨갔구나."

라고 말하였는데, 얼마 있지 않아 공헌대왕[4]께서 돌아가시고 뒤를 이을 아들이 없어 소경대왕(昭敬大王)[5]이 사직동 잠저(潛邸)에서 왕으로 옹립되어 즉위하셨다.

정축년(丁丑 : 1577)년에 치우기(蚩尤旗)가 나와 길게 뻗쳐 하늘가지 닿자 사고는 그걸 보고 임진의 난이 있을 것임을 미리 알았다고 한다.(「어우야담」 권1.)

15. 호걸승 유정

유정(惟政)[6]은 우리나라의 호걸스러운 중으로, 송운(松雲)이라 자호하였고 휴정(休靜)[7]의 제자다. 평소 오대산 월정사에 거처하였는데, 만력 임진년(壬辰年 : 1592)에는 금강산 유점사에 거처하다가 왜병이 대거 이르

---

4) 조선 13대왕인 명종(明宗, 1534~1567, 재위 1545~1567)의 시호이다. 명종은 중종과 문정왕후의 둘째아들이며, 인종의 아우이다. 비는 심강(沈綱)의 딸 인순왕후(仁順王后)이다. 1551년에는 권문세가들이 불법으로 겸병한 토지를 몰수하여, 이를 공정하게 재분배하는 등 치안 · 국방 · 문화창달 · 경제개혁 등에 걸쳐 많은 업적을 남겼다. 능은 양주(楊州)의 강릉(康陵)이다.

5) 조선 14대왕인 선조(宣祖, 1552~1608, 재위 1567~1608)의 시호이다. 선조는 덕흥대원군(德興大院君) 초(岹)의 셋째 아들이며, 어머니는 하동부 대부인(河東府大夫人) 정씨(鄭氏), 비(妃)는 박응순(朴應順)의 딸 의인왕후(懿仁王后), 계비(繼妃)는 김제남(金悌男)의 딸 인목왕후(仁穆王后)이다. 처음에 하성군(河城君)에 봉해졌는데, 1567년(명종 22) 명종이 후사(後嗣)가 없이 죽자 왕위에 올랐다.

6) 유정(惟政, 1544~1610). 조선 중기의 승려. 호 사명당(泗溟堂/四溟堂) · 송운(松雲) · 종

자 산사에서 같이 기거하던 중들과 더불어 왜구를 피하여 깊은 산골짜기로 숨었다.

어떤 중이 가서 엿보니, 왜병이 유점사에 들어가 그곳에 거처하던 중 수십 명을 결박하여 놓고 금은보화를 토색하며 내놓지 않으면 죽이겠다고 협박하였다. 유정이 이 말을 전해 듣고 유점사에 가 보고자 하니 중들이 만류하며 말하였다.

"우리 선사께서 같이 기거하던 중들을 위해 그들을 죽음에서 구하고자 하시니 자비로움이 막대하십니다. 그런 호랑이 입을 더듬어 수염을 잡아당기는 격이니 이로울 것이 없습니다. 다만 화를 불러일으킬 뿐입니다."

유정은 이 말을 따르지 않고 난병(亂兵) 가운데로 들어갔는데 그의 행동이 방약무인한지라 왜병이 괴이하게 생각하였다. 절 문에 이르르니 왜병들이 앉아 있기도 하고 검과 창을 번갈아 익히고 있기도 하였다. 유정은 채 지팡이를 끌고 손을 내저으며 들어가자 왜놈은 한참 동안 익히 쳐다보더니 들어가는 것을 금하지 않았다.

산영루(山映樓)를 지나 법당 아래 이르르니 중들이 모두 양 처마 밑에 결박되어 있다가 유정을 보고 눈물을 흘렸는데, 유정은 돌아보지 않았다. 한 왜놈이 선당 밖에서 문서를 다스리고 있는데 마치 군목 같았다. 유정이 서서 보니 왜병도 그를 못하게 막거나 꾸짖지 않았다. 그 문서들의 글자를 보니 알아보기 어려웠고 간혹 예자(隸字)가 간간히 섞여 있었다.

유정이 곧장 법당에 오르니 왜장들이 모두 의자를 나란히 하고 앉아 있

봉(鍾峯). 유정은 법명이다. 어려서 조부 밑에서 공부를 하고 1556년(명종 11) 13세 때 황여헌(黃汝獻)에게 「맹자」를 배우다가 황악산 직지사의 신묵(信默)을 찾아 승려가 되었다. 초서를 잘 썼으며 밀양의 표충사, 묘향산의 수충사에 배향되었다. 저서에 「사명당대사집」, 「분충서난록」 등이 있다.

7) 휴정(休靜, 1520~1604.). 조선 중기의 승려 · 승군장(僧軍將). 자 현응(玄應). 호 청허(淸虛) · 서산(西山). 1534년(중종 29) 진사시에 낙방하자 지리산에 입산, 숭인(崇仁) 문하에서 승려가 되어 「전등록(傳燈錄)」과 「화엄경(華嚴經)」, 「법화경(法華經)」 등을 배웠다. 좌선견성(坐禪見性)을 중시하고 교(敎)를 선(禪)의 한 과정으로 보아 선종에 교종을 일원화시켰다. 문집으로는 「청허당집(淸虛堂集)」이 있다.

었다. 유정은 손을 내려뜨린 채 예를 표하지 않고 이리저리 돌아다니며 마음대로 관찰하였다. 한 장군이 글을 써 물었다.

"문자를 아느냐?"

유정이 글로 써 보여주었다.

"조금 아오."

"너희 나라에서는 칠조(七祖)를 존경하느냐?"

"육조(六祖)가 있지 어찌 칠조가 있소?"

"들어보고 싶구나"

유정이 6조를 열서하여 보여 주자 왜장이 크게 이상히 여기고 말하였다.

"이 절에 있는 금은보화를 네가 모두 다 내놓아라. 만일 그렇게 하지 않으면 마땅히 너를 죽이겠다."

유정이 대답하였다.

"우리나라에는 금과 은을 보배로 삼지 않고 쌀과 베만을 사용하니 금은보화는 온 나라를 들어도 드므오. 하물며 산의 중은 공불만 일삼으며 채식을 하고 초의를 입는다오. 혹 곡식을 끊고 소나무를 먹으며 혹 촌민들에게 걸식하여 자생하는데 어찌 금은을 축적해둘 이치가 있겠소? 또 보건대, 장군은 불가에 6조가 있고 불법은 자비를 온전히 하여 죽이지 않는 것을 최상으로 삼는 것을 알고 있으면서도, 지금 보니 죄가 없는 어리석은 중을 처마 밑에 결박하여 진기한 보화를 토색하고 있소. 그들은 지팡이 하나로 온산을 다니며 민간에 기식하여 조석을 공양받는 자들이오. 비록 몸을 가르고 뼈를 부순다 해도 어찌 조그마한 보물이라도 있겠소? 그러니 장군은 그들을 살려주시오."

왜군은 유정이 쓴 글을 돌려가며 읽어 보고는 얼굴빛이 변하여 하졸에게 말하였다.

"마루 밑에 내려가 양 처마에 묶인 20여 명의 중을 풀어 주어라."

유정이 다시 손을 휘저으며 지팡이를 끌고 나가니 왜장이 큰 판자에 크게 글씨를 써서 절문에 걸었다.

"이 산에는 도를 아는 고승이 있으니 병사들은 다시 들어오지 말라."

즉시 병사를 파하고 물러나갔다. 이로부터 왜병이 다시는 유점사에 들어오지 않았다. 조정에서 유정에게 관직을 주어 승장(僧將)으로 삼고 8도의 승군을 거느리도록 하였다.

유정은 왜의 진중에 출입하며 유세하는 것을 일삼았는데, 일찍이 적진에 들어가 왜장 청정(淸正)[8]을 알현하니 청정이 말하였다.

"너희 나라에서는 어떤 보물이 최고 귀한고?"

"보물이라 할 만한 것은 없고, 보배로 여기는 바는 바로 청정의 머리입니다."

청정이 억지로 웃기는 하였으나 마음속으로는 실로 두려워하였다.

난이 평정된 후 일본국에 들어가니 가강(家康)이 설면자(雪綿子) 2만 근을 주었다. 유정이 사양하였으나 받아들여지지 않자 그것을 모두 대마도주(對馬島主) 귤지정(橘智正)에게 주고 귀국하였다. 조정에서 종묘와 궁궐을 중수하자 유정이 온나라 안의 승군을 모아 역사를 도왔다.

내가 향산 보현사에서 유정을 상견하였는데, 머리는 깎았으나 구레나룻은 남아있어 길이가 허리까지 닿았고 색깔은 희었다. 그때 가선대부가 되었는데 후에 치악산에서 죽었으니 나이가 70이었다. 문집이 있다.(「어우야담」 권 1)

16. 김시습의 제자 최연

최연(崔演)은 강릉 사람이다. 김시습이 중이 되어 설악산에 은거한다는 말을 듣고 나이 어린 동지 5, 6인과 더불어 시습을 따라 다니며 배우기를

---

8) 가등청정(加藤淸正, 가토 기요마사, 1562~1611). 일본의 무장(武將). 임진왜란 때 장수로도 출전했다. 도요토미 히데요시[豊臣秀吉]와는 6촌간으로, 어렸을 때부터 히데요시의 시동을 지내며 많은 전투에 참가해 전공을 세웠다. 임진왜란이 일어나자 함경도 방면으로 출병하여 조선의 왕자 임해군과 순화군을 포로로 잡는 등의 활동을 펼쳤다.

청하였다. 시습은 모두 사양하였으나 최연 만은 가르칠만 하다고 여기고 머무르게 하였는데, 최연은 반년 동안 사제의 도리를 다하여 누우나 일어서나 곁을 떠나지 않았다.

달이 높이 뜬 깊은 밤마다 잠에서 일어나 보면 시습이 간 곳이 없었고 침석이 비어 있었다. 연이 마음 속으로 이상하게 여겼으나 감히 쫓아가서 살펴보지 못하였는데 이와 같은 것이 여러 차례였다.

어느날 저녁 한밤에 달이 또 밝으니, 시습이 옷과 관을 갖추어 차리고 가만히 나갔다. 연이 멀리까지 그 뒤를 따라가 골짜기 하나를 넘고 고개 하나를 넘어 수풀 속에서 가만히 엿보니, 고개 아래 넓고 편편한 큰 바위가 있었는데 평평하고 넓어 앉을 만하였다. 두 손님이 있었는데, 어디에서 온 사람인지 알 수 없었다. 서로 읍을 한 뒤 바위 위에 마주 대하고 앉아 이야기를 나누었다. 거리가 멀어 무슨 이야기를 하는 지는 살필 수 없었다. 한참 이야기하다가 헤어지는지라 연은 먼저 돌아와 이전처럼 누워 잠들었다. 다음날 시습이 연에게 말하였다.

"너를 가르칠 만하다고 여겼었는데… 이제 보니 조급하고 참을성이 없더구나. 더 이상 가르칠 수 없다."

드디어 작별을 하고 떠났는데, 시습과 말을 나눴던 자들이 사람인지 신선인지는 끝내 알지 못하였다.(「어우야담」 권 1)

17. 삼척읍의 귀신 백두옹

옛날에 고려의 공양왕이 삼척에서 죽었는데, 이때부터 삼척에는 귀신이 내리는 재앙이 있어, 머리가 흰 노인이 나타나면 반드시 읍의 원님이 죽었다.

윤변(尹卞)이 삼척 부사가 되어 바야흐로 병을 앓고 있었는데 그때 관찰사 송기수(宋麒壽)가 삼척부에 들어와 서죽루 연근당에 머물고 있다가 기일을 당한지라, 깨끗이 재계한 후 문서를 물리치고 혼자 앉아 있으니, 어떤 한 머리가 흰 노인이 창을 열고 틈으로 엿보더니 말했다.

“부사인 줄 알았는데 감사로군!”

이내 문을 닫고 가버렸다. 기수가 소리쳤다.

“너는 누구냐?”

그러나 적막하니 아무런 대답이 없는지라, 배종(陪從)들을 부르니 배행 동자와 기녀들이 대청 밖에 있다가 응대하였다. 기수가 말했다.

“너희들은 어디 있었기에 외부 사람이 감히 당돌하게 들어오는 것이냐?”

그들이 대답했다.

“외부 사람이 들어온 적이 없었습니다. 소인들은 모두 대청을 떠나지 않고 있었는뎁쇼.”

“그렇다면 좀전에 왔던 노옹은 누구란 말이야?”

“저희들은 보지 못하였사옵니다.”

기수는 비로소 그 노옹이 사람이 아닌 사실을 깨닫고 자못 놀라고 두려워하며, 찰방(察訪)을 불러 말했다.

“오늘 당장 강릉으로 향하겠으니 급히 행장을 차리도록 하여라. 비록 날이 저물었지만 그래도 출발하겠다.”

마침내 기수는 출발하여 한밤중에 우계역(羽溪驛)에서 묵고 다음날 길에 올랐다. 길을 가던 중 삼척에서 온 한마(汗馬)를 만났는데 기수에게 다가와 말했다.

“부사님의 병이 위독합니다. 청심원(淸心元)을 얻을 수 있었으면 좋겠습니다.”

행차가 미처 강릉에 이르지 못했을 때 삼척에서 문서가 왔는데, 부사가 세상을 떠났다는 것이었다.

이로부터 삼척읍의 부사가 되는 자들은 서로 뒤를 이어 죽었는데, 죽을 때는 반드시 머리가 흰 노인이 나타났다.(「어우야담」 권 1)

18. 왜진(倭陣)에서의 탈출

평창 군수 권두문(權斗文)은 임진왜란 때 왜병에게 사로잡혀 팔다리에 쇠사슬이 채워진 채 호적고(戶籍庫)에 갇히었다. 조금 있으니 한 왜병이 상자 하나를 가지고 들어와 열더니 두문에게 보여주는데 그것은 사람이 머리였다.

"이것은 원주 목사 김제갑(金悌甲)의 머리다. 곧 장군의 진영에 바쳐질 것인데 내일이면 너도 이처럼 될 것이다."

이것을 본 두문은 더욱 두려워 밤새껏 쇠사슬을 벗겨내려고 애썼다. 팔다리에 온통 피가 흐르고서야 쇠사슬이 끊어졌다. 호적책을 대들보와 같은 높이가 될 때까지 쌓아올린 뒤 그것을 타고 천장 위로 올라 온통 먼지투성이가 된 채 나오니 담장 밖에서는 왜졸들이 호적을 베고 잠들어 있었다. 두문은 아랫도리를 걷고 그들을 밟고 지나갔는데 왜놈들은 워낙 깊은 잠에 들어 깨지 않았는지라 무사히 그 곳을 빠져나올 수 있었다.

그때 수사(水使) 이지(李芷)는 나이가 어려 현달하지 못하였을 때였다. 여섯 살 난 아우를 데리고 수풀 속에 숨어 있다가 왜놈에게 잡혀 진중에 바쳐졌다. 왜놈들은 쇠사슬을 그의 목에 채우고 집안 깊숙한 곳에 가두더니 기둥에 못을 박아 그를 묶어 놓고 지켰다. 때는 여름으로 왜놈들이 어지럽게 누워 자 집과 뜰 사이에 발디딜 틈도 없이 꽉 차 있었다. 이지는 밤새껏 그 못을 흔들어 빼냈으나 그를 지키는 왜병이 횃불을 들고 와 살피는지라 못을 도로 전처럼 박아놓고 왜놈이 깊이 잠들기를 기다려 못에 채운 사슬을 추슬러 가슴에 품었다. 차마 동생을 버리고 도망갈 수 없어 등에 업고는 울지 말라고 단단히 경계한 뒤 맨발로 잠자고 있는 왜놈들을 넘어 땅을 골라 밟고 나왔다. 뜰에 4, 5척 쯤 되는 낮은 담장이 있었는데 담장 밖은 몇 길이나 되었다. 동생을 업고 뛰어 넘을려고 했지만 그 뛰는 소리가 진동할까 두려워 먼저 동생을 내려 놓으며,

"울지 마라! 울면 죽는다."

고 말한 뒤 땅에 던지니 동생은 아아거리며 울어댔다. 뒤를 따라 이지 자신도 담을 넘어 동생을 업고 달아났는데, 왜졸들이 깊은 잠에 들었던지라 깨어나지 않았다. 후에 이지는 과거에 급제하였고 이름을 립(笠)으로 바꿨는데 전라 좌수사가 되어 죽었다.(「어우야담」 권 1)

19. 김시습 기이한 행적의 의미

김시습(金時習)은 성품이 예리하여 다른 사람을 용납하는 아량이 없었던지라 당시 세상에 받아들여지기 어려웠으므로 종적을 치류(緇流)[9]에 의탁하여 세상을 안중에 두지 않았다. 승도들이 그를 무척 존경하여 그에게 귀의하는 자들로 저자를 이루었으나, 시습은 이를 몹시 싫어하였다.

일찍이 춘천의 탄초암(呑草菴)에 있을 때 한 중이 시습을 사모하여 100리 밖에서 방문하였다. 시습도 그를 몹시 정성스럽게 대우하며 밥을 지어 대접했는데 그 중은 창 밖 계단 위에 앉게 하고 자신은 창 위에 두 다리를 뻗고 앉더니 발로 흙을 차서 밥 속에 넣었다.

중이 말하였다.

"사부님! 무슨 장난이십니까?"

흙을 덜어내고 먹는데 두 번, 세 번, 네 번을 거듭하며 그치지 않으니 중이 노하여 먹지 않고 가버렸다.

또 시습이 달 밝은 밤에 삼각산(三角山) 승가사(僧伽寺)의 북쪽 바위 위에 앉아 절의 중을 부르니 중이,

"이는 오세(五歲)의 음성이다."

라고 말한 뒤 신을 거꾸로 신고 달려나가 본 즉 시습이었다. 서로 안부 인사를 나누었는데 잠시 후 시습이 소매 속에서 한 마리 마른 생선을 꺼내어 중에게 권하자 중이 이를 거절하였다. 시습이 먹으라고 강요하자 중은 노하여 가버렸다.

---

9) 치류(緇流): 치의(緇衣)를 입은 무리, 승려

또 서울 원각사(圓覺寺)에서 무차대회(無遮大會)를 열자 8도의 중들이 풍문을 듣고 이르렀는데 그 수가 억(億)으로 추정되었고 시습도 가서 참여하였다. 가사(袈裟)를 입고 도량(道場)에 들어갔다가 잠시 후 변소에 빠져 손으로 삶은 닭다리를 집어 먹으니 중들이 놀라 쫓아내었다. 그가 일을 행함에 비틀리고 어긋난 것이 이와 같았는데, 대개 그의 뜻은 세상 사람들이 자기를 친하게 하는 것을 싫어하여 해를 멀리 하려는 것이었으며, 불교의 좌도(左道)[10] 숭상을 모멸한다는 뜻을 분명하게 밝힌 것이었다.

시습이 비록 세상을 버리고 홀로 거처하였다 해도 인간사에 거의 뜻이 없었을까? 그가 지은 「매월당집(梅月堂集)」은 모두 그가 손수 쓴 것이다. 상국(相國) 기자헌(奇自獻)에게 있는 「매월당집」은 필적이 몹시 고아하여, 소재(蘇齋) 노수신(盧守愼)이 흠모하고 공경한 것이다. 이로 보건대 김시습 또한 자기가 죽은 후의 명성에 뜻이 없는 자는 아니었다.(「어우야담」 권 1)

20. 정렴의 음률과 예견

북창선생 정렴(鄭廉)은 음률(音律)을 해득하였다. 새끼줄로 술병을 묶은 뒤 동으로 만든 두 개의 젓가락을 하나는 술병 안에 끼우고 하나로는 술병을 두드리며 아곡(雅曲)을 지었는데 오음육률(五音六律)에 맞지 않는 것이 없었다.

그의 부친 순붕(順鵬)이 강원도 감사가 되어 금강산을 유람하다가 마하연(摩訶衍) 암자에 이르렀는데 렴도 그때 따라갔었다. 순붕이 렴에게 말했다.

"사람들이 네가 휘파람을 잘 분다고 말하던데 나는 들어본 적이 없구나. 이같이 아름다운 곳에 이르렀으니 한 곡 지어 불어 보아라."

렴이 대답하였다.

---

10) 좌도(左道): 유교의 가르침에 어긋나는 다른 종교나 사상을 이르는 말

"오늘은 많은 고을 사람들이 이곳에서 기다리고 있으니 내일 비로봉에 올라 불도록 하겠습니다."

그 다음날 렴이 비를 무릅쓰고 일찍 나가니 중이 저지하며 말했다.

"오늘은 비 때문에 비로봉에 올라갈 수 없습니다."

정렴이 말했다.

"오후에는 갤 것이오."

마침내 명아주 지팡이를 가지고 갔다. 오후가 되니 과연 날이 개어 순붕도 뒤를 따라가는데 골짜기 사이에서 몹시 높은 피리 소리가 들려 암곡간을 모두 진동시켰다. 중이 놀라 말했다.

"산 깊고 외진 경계에 웬 피리 소리입니까? 맑고 장려한 것을 보아 필시 신선일 것입니다."

순붕은 마음 속으로 이미 짐작하고 있었는데, 이르러서 보니 과연 렴의 휘파람 소리이지 피리 소리가 아니었다. 비록 손등(孫登) 원적(阮籍)이 소문(蘇門)에서 불던 휘파람 소리라 할지라도 이보다 더 뛰어날 수는 없었다.

렴은 산사에 거처하면서 병풍을 여러 겹 쳐 놓고, 관 쓰고 머리 빗는 것도 폐한 채 문밖도 엿보지 않고 종일토록 조용하게 말없이 무릎을 꿇고 앉아 있었다. 그때 산사에 거처하는 어떤 중이 문안을 드리니 렴이 말했다.

"오늘 우리 집 노비가 술병을 가지고 올 것이오."

조금 있다가 놀라며 말했다.

"애석하구나! 술을 마실 수 없게 되었소."

얼마 안 있어 렴의 집 노비가 집에서부터 이르러 말했다.

"오늘 술병을 지고 오다가 산마루 밖에서 바위에 넘어져 술병을 깨뜨렸습니다."(「어우야담」 권 1)

21. 보우와 고승

보우(普雨)는 요승(妖僧)이다. 경전을 많이 알고 시에도 능했으며 글도 잘 지었다. 춘천 청평산에 거주하였는데 원근의 중들이 그를 존경하고 믿었다. 가정(嘉靖) 연간에 문정왕후(文定王后)가 수렴정치를 할 때 봉선사(奉先寺)와 봉은사(奉恩寺)에 교선 양종(敎禪兩宗)을 설치하고 봉선사에서 무차대회(無遮大會)를 베풀어 낟알을 수백 가마니 쪄서 중들을 먹이니 사방의 중들이 구름 같이 모여들었는데, 아름다운 비단으로 지은 가사를 입은 보우를 뭍 중들이 무리지어 옹호하여 상좌(上座)에 모셨다.

덕지덕지 기운 중옷을 입고 안색이 마른나무 같은 한 노승이 석장(錫杖)에 의지하여 맨 마지막으로 도착하자, 보우가 그 노승을 멀리서 바라보더니 달려나가 절을 올리고 머리를 땅에 대고서 감히 고개를 들어 바라보지 못하는지라 좌우에 있던 사람들이 두 사람을 힐끗힐끗 쳐다보았다. 보우의 두 눈에서 눈물이 흘러나와 땅에 떨어졌고, 한참 동안을 엎드린 채로 있으면서 일어나지 못하니 노승이 꼿꼿이 서서 지팡이를 두드리며 말하였다.

"아! 네가 이렇게까지, 이렇게까지 하리라고는 생각도 못하였다."

노승은 결국 보우와 한마디 말도 나누지 않고 가버렸다. 보우는 그 후 여러 날 동안 쓸쓸한 모습으로 즐거워하지 않았으므로 사람들이 모두 이상하게 여겨 그 중의 법호(法號)를 물어보니 지행(智行)이라고 하였다.

보우는 고승(高僧) 일선(一善)이 도가 있다고 생각하여 두터운 예를 갖추어 맞이하였는데 묘향산(妙香山)에 심부름꾼이 이르자 일선은 한 마디도 말하지 않고 큰 글자를 써서 주었다. 그 글은 다음과 같다.

> 구름 진령(秦嶺)을 가로지르니 집은 어디 있는가?
> 눈 쌓인 남관(藍關)을 말은 나가려 하지 않도다.

일선은 끝내 일어나지 않았다.

후에 일이 어그러져 보우는 추운 계곡의 산 암굴 속에 도망가 있다가 붙잡혀 제주에 유배되었다. 제주 목사가 보우로 하여금 객사(客舍)를 모두 쓸고 닦게 하고 또 날마다 힘이 센 무인 40인으로 하여금 각각 주먹으로 보우를 한 대씩 때리게 하는 것을 상례로 삼았는지라 보우는 마침내 주먹질에 맞아 죽었다.

일선은 묘향산에 있으면서 종신토록 입정(入定)하며 걸상 아래로 내려오지를 않았고, 비록 대관들이 왔을지라도 문밖으로 나가 그들을 영접한 적이 없었다. 이량(李樑)은 권세 있는 귀인이었는데 묘향산에 놀러갔다가 일선을 존경하여 비단옷을 벗어서 그에게 입혀주었다. 이량이 산을 내려가자마자 일선은 곧 옷을 벗어 그를 따르는 사람에게 주며 말하였다.

"내가 어찌 이 옷을 입겠는가?"

보우가 죽은 뒤 그의 시집이 세상에 돌아다녔다.(「어우야담」 권 1)

청구야담

22. 이씨 성의 무관이 깊은 골짜기에서 맹수를 죽이다

인묘조 때에 서울 한 무변이 있으니 성은 이요, 이름은 수기(修己)라. 풍골이 준수하고 육체적인 힘이 과인하더니, 일찍 관동 땅에 볼 일이 있어 길이 양양을 지나는지라. 마침 날이 저물고 희미히 길을 잃어 산곡 사이로 연하여 수십 리를 점점 들어가니 산의 기운이 심히 기구하고 촌가를 얻지 못하여 방황할 즈음에, 홀연 불빛이 멀리 수풀 사이로 비치거늘 말을 몰아 급히 다다른 즉 바위 언덕 사이에 한 집이 있으니 널로 반자하고 나무로 기와하였는데 한 노구가 문을 열어 맞거늘, 말 거느려 들어간 즉 한 소년 여자가 연광이 이십은 하고 자색이 극히 아름답고 소복이 가장 담결하여 노구로 더불어 동거하니 방 사이 다만 위 아래 두 간 뿐이라.

벽을 격하여 문이 있으니 객을 아래 간에 머무르고 석반을 올릴 새 산채 정결하고 향기 좋은 술로 반주하여 대접하는 뜻이 극히 은근하거늘, 깊이 탄상하고 묻되,

"그대 장부가 어디 갔느뇨."

그 여자가 아미를 숙이고 말씀을 나직히 하여 가로되,

"마침 나갔으니 오래지 않아 돌아오리이다."

하더니, 밤이 깊은 후에 한 장부가 들어오니 신장이 팔척이요, 용모가 헌앙(軒昻)하고, 어음이 우레같은지라. 소부더러 물어 가로되,

"산촌 깊은 밤에 어떤 사람이 남의 부녀 혼자 있는 방에 와 있느뇨. 극히 괴이하도다. 가히 그저 두지 못하리라."

하거늘, 이생이 크게 두려 나가 가로되,

"원객(遠客)이 심야에 길을 잃고 천신만고하여 귀사에 이르렀거늘 주인이 가긍히 여기는 뜻이 없고 도리어 책망함이 있느냐."

장부가 웃어 가로되,

"객의 말이 옳도다. 내 특별히 희롱함이니 괴히 여기지 말라."

하고, 뜰 가운데 불을 크게 밝히고 사냥하여 온 바 산짐승을 벌여 놓으니 노루, 사슴, 토끼, 산같이 쌓인지라. 이생이 더욱 두려워하더니 주인이 문득 기쁜 빛이 움직여 사슴을 가마에 삶아 안주를 장만하고 또 좋은 술을 사온 후, 밤이 장차 반이 지난지라. 촉을 잡고 방에 들어가 생을 청하여 내려 앉히고 큰 동이에 술을 부어 생을 권하고 또 주인이 술을 잡아 피차 담소가 난만하더니, 주인이 문득 생의 손을 잡고 가로되,

"그대 기골을 보건대 범상치 아니하니 필경 용력이 타인과 다를지라. 내 지극한 설움이 마음에 맺히어 반드시 죽일 원수가 있으니 만일 의기와 용력이 가히 사생을 한가지로 할 남자가 아니면 족히 더불어 일을 계교치 못할지라. 그대 능히 긍측히 여겨 허락할소냐."

생이 가로되,

"다만 그 실상을 말하라."

주인이 눈문을 뿌려 가로되,

"어찌 차마 말하리오. 내 여러 대 이 동중에 있어 부요(富饒)함을 사람이 일컫더니, 십 년 전에 한 큰 모진 범이 근처 깊은 산에 와 웅거하니 내

집에서 가기 십여 리라. 날마다 촌민이 그 해를 입은 자가 그 수를 알지 못하니 이러므로 다 이산하여 하나도 남은 자가 없고 내 조부모와 부모 형제 다 그 범에 해한 바 되니 나도 즉시 떠나갈 것이로되, 창졸간 피할 땅이 없어 십일지내에 연하여 해를 입고 나 한 몸만 남았으니 홀로 산들 무엇에 쓰리오마는 내 여간 용력이 있으니 이 범을 반드시 죽인 후에야 가히 거취할지라. 이러므로 그 범으로 더불어 서로 힘을 겨룬 지 여러 해로되 나와 저 범이 힘이 상적하여 승부를 지금 결정하지 못하였으니 만일 한 장사를 얻어 한 팔 힘을 도운 즉 가히 죽일 것인 고로 지금 구한 지 오래되 마침내 얻지 못하여 설움이 골수에 박혀 날로 부르짖어 울 따름이더니, 이제 다행히 그대를 만나니 결단코 범인이 아니라 감히 입을 열어 실사를 고하노니 그대 능히 유념할소냐."

이생이 듣고 크게 감동하여 주인의 손을 잡고 가로되,

"슬프다, 효자여. 내 어찌 한 번 손드는 수고를 아껴 주인의 원억함을 풀지 아니하리오. 그대를 따라 범 있는 곳에 가기를 원하노라."

주인이 다시 일어 절하여 사례하거늘, 이생이 가로되,

"그 범을 그대 어찌 칼과 총으로써 죽이지 못하느뇨."

주인이 가로되,

"이 짐승이 연구(年久)한 노물이라. 나의 병장기 가진 줄 알면 매양 피하여 뵈지 아니하고, 만일 가지지 아니한 줄 알면 나와 겨루니 이러므로 죽이기 어렵고 나도 또 여러 번 위태한 지경을 당하여 감히 자주 범치 못하노라."

이생이 가로되,

"내 그대에게 의기를 이미 허하였으니 마땅히 기운을 길러 수일을 지낸 후 가히 나아가 그 범과 겨루리라."

하고, 인하여 머물러 술과 고기로써 낭자히 먹기를 십여 일을 하더니, 일일은 하늘이 청명하고 일기 화창하거늘, 주인이 가로되,

"가히 행할지어다."

하고, 생에게 한 자루 날카로운 검을 주고 자기는 기계도 없이 집을 떠나 동으로 향하기를 십여 리를 하여 산곡으로 깊이 들어갈 새, 두어 고개를 넘으니 청산은 첩첩하고 녹수는 잔잔하여 수목이 총잡한 가운데 홀연히 바라본 즉 골이 열려 평전(平田)한 밭이 있고 맑은 시내와 흰 모래 위에 한 높은 바위 있으되 돌빛이 검고 험하여 높이 수십 장이라. 주인이 생더러 깊은 수풀 사이에 숨었으라 하고 단신 공권으로 행하여 시냇가에 이르러 길이 휘파람 부니 그 소리 심히 맑은지라.

홀연 티끌과 모래 바위 위로조차 일어나 일동에 가득하고 날빛이 그믐밤 같더니, 이윽하여 바위 이마에 한 쌍 횃불이 발그락 꺼지락 번득이고 빛나거늘 이생이 수풀 사이로조차 살펴본 즉 한 괴이한 것이 바위 사이에 걸렸으되 한 폭 검은 비단 같고 한 촛불이 그 사이에 있는지라. 주인이 보고 팔을 뽐내며 크게 부르니 그것이 한 번 뛰어 내려오매 빠르기 제비 같은지라. 주인으로 더불어 서로 앉았거늘 자세히 보니 한 큰 검은 범이라. 머리와 눈이 흉하고 모질어 사람으로 하여금 자연 놀라 바로 보지 못할러라.

그 범이 바야흐로 사람과 같이 서거늘 주인이 머리를 범의 복장 사이로 들이밀어 범의 허리를 꽉 안으니 범의 머리 곧아 능히 굴치 못하고 앞다리로써 사람의 등을 허위대, 원래 주인의 등가죽이 굳고 단단함이 쇠같아서 날카로운 발톱이 베풀 곳이 없는지라. 사람은 범을 넘어치려 하고 범은 사람을 넘어치려 하여 한 번 밀고 한 번 물러 나오락무르락하되 어찌할 길이 없는지라.

이때 이생이 수풀 사이로조차 칼을 빼어 들고 바로 범의 앞으로 달아드니 그 범이 보고 크게 한 소리를 지르니 바위 터지고 산이 무너지는 듯 한지라. 제 아무리 벗어나고자 하였으나 사람이 꽉 안았으므로 할 길이 없어 황란한 거동이 급급하여 두 눈빛이 번개같이 번득이거늘, 생이 조금도 마음을 요동치 아니하고 바로 앞으로 나아가 칼로 범의 허리를 찔러 수차 출납하니 그 범이 벽력같은 소리를 지르고 이윽하여 뒤쳐져 피 흘러 샘

솟듯 하거늘, 주인이 그제야 칼을 취하여 범의 배를 가르고 뼈를 찍어 육장(肉漿)을 만들고 간을 내어 널며 실성 통곡하더니, 이윽고 정신을 차려 생을 이끌고 집에 돌아와 머리를 조아 읍배하니 생이 또한 감창(感愴)하여 흐르는 눈물을 금치 못할러라.

이튿날 주인이 큰 소 오 척(五隻)과 준마 두 필을 몰아들여 피물(皮物)과 인삼 등의 물건을 가득히 싣고 또 칠한 궤 둘을 내어놓으니 다 천 냥이라. 그 소녀를 가리켜 가로되,

"이 여인은 후한 값으로 얻은 것이요, 한 번도 가까이 한 바가 없고 내 여러 해 이 재물을 모음은 하룻밤의 원수 갚을 자를 위하여 은혜를 갚고자 함이니 다행히 사양치 말고 거두어 가라."

하고, 또 무수히 읍배하거늘, 생이 이미 의기로 서로 마음을 허하여 건졌으니 어찌 재물을 사랑하는 뜻을 두리오.

굳이 사양하여 가로되,

"내 비록 무부이나 어찌 이름없는 재물을 탐혹하여 받으리오. 다시 이르지 말라."

주인이 가로되,

"내 여러 해를 연하여 마음을 쓴 바는 다만 금일을 위함이니 그대 어찌 이런 말을 하여 나의 지극한 소원을 막느뇨."

또 다시 일어나 두 번 절하고, 미녀를 돌아 향하여 가로되,

"네 이 재물을 수습하여 은인을 잘 섬기라. 만일 타인을 섬기고 재물을 낭비하면 내 비록 천 리 밖에 있어도 반드시 알 것이요, 또 네 명을 보전치 못하리라."

하고, 말을 마치매 표연히 가거늘, 생이 할 일 없어 미녀와 재물을 거두어 가지고 집에 돌아와 미녀를 위하여 가랑(佳郎)을 구코자 한대, 그 미녀가 죽기로 맹세하고 원치 아니하니 마침내 생의 첩이 되니라.(「청구야담」 권1. 3 이무변궁협격맹수(李武弁窮峽擊猛獸))

23. 지혜로운 어린 계집종이 좋은 묏자리를 차지하다

관동 땅의 한 곽씨 성의 선비가 있으니, 문벌이 높고 가세 풍족하여 노후에 한 중을 사귀어 날로 바둑, 장기로 소일할 새, 서로 넘나들어 그 희학이 무상하여 평교[11]와 같이 하는지라. 그 자제 자주 간하되 선비가 듣지 아니하니 가인이 다 산승을 아주 미워하더라.

선비가 죽으매 초종[12]을 겨우 마친 후 산승이 비로소 와 조문한대 상인(喪人)이 조문 받기를 마치매 인하여 책망하니, 그 중이 책하는 말을 발명치 않고 다만 가로되,

"소승이 돌아가신 아버지의 은덕을 입사와 천품(賤品) 대접함을 평교같이 하오시니 결초 운수(殞首)하올지라. 음성과 용모가 적막하여 이제 정을 베풀 바가 없사오니 원컨대 한 길지를 드려 장사하올 곳을 얻은 즉 가히 만일지보(萬一之報)를 본받고자 하나이다."

상주 곽씨가 믿지 못하고 자기 또 풍수를 아는지라. 바야흐로 산지를 편답하되 명혈이 없을 듯하니 아직 산승의 말을 좇아 시험하리라 하고, 이에 승으로 더불어 한 산에 올라 용을 좇아 혈을 찾을 새, 승이 한 곳을 가리켜 가로되,

"이 혈이 인장묘발지지(寅葬卯發之地)[13]요, 부귀 영화가 대대로 끊어지지 않느리니 다시 더불을 데 없나이다."

상인이 산세와 안향(按向)을 살펴보고 가로되,

"이 혈 내룡(來龍)[14]이 비록 높고 빼어난 듯하나 겁살을 많이 띠고 안산(案山)[15]이 비록 돌올한 듯하나 도리어 허위지고 득수득파(得水得破)[16]가

---

11) 나이가 서로 비슷한 친구 사이

12) 초종장사(初終葬事)의 준말. 초상이 난 때로부터 졸곡(卒哭)까지를 일컬음

13) (묏자리를 잘 쓴 탓으로)장사지낸 뒤에 곧 운이 트고 복(福)을 받을 수 있는 땅

14) 풍수지리에 쓰는 말로, 종산(宗山)에서 내려온 산줄기

15) 집터나 묏자리의 맞은 편에 있는 산. 청룡, 백호, 주산과 함께 풍수학상의 네 요소의 하나로, 여러 산이 중첩해 있을 때에는 내안산, 외안산으로 구별함

16) 풍수지리에서 산 속에서 나와 산 속으로 흐르는 물을 이르는 말. 묘지(墓地)에서 보아서

다 격에 합치 아니하니 다른 곳을 점하라."

그 승이 한 뫼를 가리켜 가로되,

"이는 어떠하니이꼬."

상주 곽씨가 나아가 보고 크게 기꺼 가로되,

"내 산을 봄이 많되 이같이 진선진미함은 보지 못하였다."

하고, 인하여 복복칭사(僕僕稱謝)[17]하거늘 그 승이 가로되,

"이 땅은 불과 작은 고을 원님 하나만 날 곳이니 상공이 큰 것을 놓고 작은 것을 취함은 어찌뇨?"

상주 곽씨가 가로되,

"나의 산을 보는 안목이 선사에 내리지 아니하고 어버이를 위하는 마음이 타인에게 배한 즉 그대 여러 말 말라."

하고 돌아와 길일을 가리어 군수 날 땅에 완장하니라.

처음 산승의 용혈을 의논할 제 아이종으로 하여금 밥을 이어 따르게 하였더니, 그 아이 천성이 총혜하여 산자리 평론함을 들었는지라. 가만히 주인의 복지 버림을 한탄하고 돌아와 그 어미더러 일러 가로되,

"아무 곳 혈이 장차 타인의 점거함이 될 것이니 망부(亡父)의 해골을 이 땅에 옮겨 혹자 타일에 면천함을 바람만 같지 못하다."

하니, 그 어미 그렇게 여겨 밤을 타 옛 무덤을 파 시체를 메고 두 여자가 간신히 광중(壙中)을 짓고 간략히 묻으니 분상을 이루지 못하니라.

그 여자가 어미더러 이르되,

"우리 여기 있으면 양역(良役)[18]을 면치 못하리니 모녀가 서로 이끌고 멀리 도망하여 자취를 감춤만 같지 못하니이다."

어미 본대 이 딸을 사랑하는지라. 그 말을 좇아 저문 저녁에 모녀가 도망하여 서울 가 집세를 얻어 들어 길쌈하고 침선하여 살림을 부지런히 하

처음 뵈는 점을 특수, 나중에 뵈는 점을 '파문(破門)'이라 함

17) 귀찮을 정도로 번거로이 고마움을 표시함

18) 조선조 때 양인이 부담하던 국역

고, 또 천우신조하여 범사에 경영하는 바가 순성치 않음이 없는지라. 이에 가사를 늘리며 전답을 장만하여 엄연히 부가옹이라. 이웃 마을에 그 소녀의 재주와 자색을 일컫지 아닐 이 없으니 부자집 자제가 다투어 맞고자 하되 그 여자가 일병 물리쳐 가로되,

"저 무리는 비록 부유하나 다 미천하니 나의 원이 아니라."

하더라.

동리에 김씨 성을 가진 이가 있으니 높은 지위의 후예로 일찍 부모를 여의고 지극히 가난하여 의탁할 곳이 없어 사람의 고공(雇工)이 되어 나이 삼십이 넘었음에도 아내를 얻지 못하였으나 사람됨이 순직하고 우직하니 온 마을에 웃는 자가 많은지라. 그 여자가 가로되,

"만일 이 사람 곧 아니면 내 종신토록 늙으리라."

하되, 그 어미가 또 그 뜻을 거스르지 못하여 마침내 화촉을 이루니, 그 여자가 김생으로 하여금 농업을 단절하고 글을 힘쓰게 하니 김생의 재주가 용둔하여 여러 해 공부를 착실히 하되 문리를 얻지 못한지라. 다만 성품이 착실하여 그 처의 가르치는 바를 일호라도 어김이 없더라.

그 여자가 집을 경중에 옮기니 마침 이첨[19]이란 사람의 집과 한 이웃이라. 그 여자가 김생을 가르쳐 의관을 정제하고 종일 꿇어 앉아 책상을 대하여 책을 펴놓고 언어를 망령되이 못하게 하니, 김생이 한가지로 그 말에 맞게 행동하매 온 마을 사람들의 입으로 퍼져 다 알게 되어 도학군자로 지목하니, 이첨이 매양 출입하는 길에 높은 초헌[20]을 타고 김생의 서당을 굽어 본 즉 기상이 늠연한지라. 여러 해를 지나되 게으르지 아니하니 이첨의 문객과 노복이 또 보고 들은 것으로써 이첨의 앞에서 일컬으니 이첨이 이미 기탄하는 바에 공론을 들은 즉 더욱 김생의 포부한 바를 알러라.

---

19) 이이첨. 조선조 광해군 때의 권신. 선조가 급사하고 광해군이 즉위하자 예조 판서에 올라 소북 일파를 숙청하고 이어 영창대군을 제거하고 폐모론을 일으켜 인목대비를 유폐하는 등 패륜 행위를 자행하다가 인조반정 후 세 아들과 함께 참형당함

20) 종 2품 이상의 벼슬아치가 타던 승교

그 여자가 또 일척 황우를 가중에서 치되 꼴을 먹이지 아니하고 참깨죽을 상해 먹이니 그 소가 심히 살찌고 윤택한 지라. 이첨이 마침 중병을 얻어 비위 패하고 구미 약하여 산해진미를 일병 하저치 아니하니 일가가 초민하거늘, 그 여자가 그 일을 자세 알고 소를 잡아 포를 만들어 이첨의 안으로 보내니 이첨이 한 번 맛보매 비위 열려 다 먹고 또 구하거늘 연하여 이르니, 이같이 한 지 수월에 한 마리 우육을 다 먹으매 신병이 쾌히 나은지라. 이첨이 크게 기꺼 장차 틈을 타 한 번 가 그 학문을 평론하려 하거늘 비복배 그 소문을 듣고 안에 들어가 고한대 그 여자가 김생더러 이르되,

"이상서의 오기를 기다려 마땅히 겸양읍손하여 삼가 아는 체 말고 본색을 탄로치 말라."

수일 후 이첨이 과연 추종을 간략히 하고 왔거늘 김생이 맞아 한훤(寒喧)[21] 접대한 후 안상에 주역이 놓였거늘, 이첨이 그 깊은 뜻을 물은대 김생이 사양하여 가로되,

"나같은 노망(魯莽)[22]함이 어찌 역리를 알리오."

이첨이 누차 캐 묻되 마침내 응치 아니하고 기색이 숙연하니 이첨이 물러 와 더욱 그 지조를 탄복하더라.

자주 전관에게 부탁하여 나라에 천거하여 초사(初仕)를 제수하신 기별이 여러 번 이르되 굳이 사양하고 출사치 아니하더라.

그 여자가 또 아들 셋을 연하여 낳으니 아들마다 옥수방란(玉樹芳蘭)이라. 다 고문 대가에 장가가니라.

일일은 그 여자가 그 세 아들로 하여금 이첨의 죄를 읽어 일장 상소를 지으라 한대, 그 세 아들이 가로되,

"모친이 어찌 우리집 망할 말씀을 하시나니이꼬. 이재상은 당세에 권세 으뜸이오니 만일 촉범함이 있으면 목전에 화액이 당할 것이요, 또 가

---

21) 일기의 춥고 더움을 묻는 인사. 안부를 물으며 하는 인사

22) 성질이나 재질이 무디고 거침

군을 천거하온 은덕이 있사오니 이제 배반함이 상서롭지 아니하니이다."

그 어미가 크게 구짖어 가로되,

"너의 무리 무슨 소견이 있으리오. 만일 내 말을 듣지 아니하면 맹세코 너희들을 평생 대면치 아니하리라. 또 이첨이 위세 비록 융중하나 대의를 모르는 대역이라. 망함이 조석에 있으리니 네 어찌 알리오."

그 아들들이 마지 못하여 소 하나를 지어 바치니 과연 죄벌을 입으니라.

천도가 순환하여 성주가 반정하시니 적신 이첨의 무리 하나도 보전한 자가 없으되, 김생이 향자 일소로 세상에 추앙함이 되니라.

고관대작으로 천년(天年)을 마치고 그 삼자가 차례로 등과하여 각각 청요(淸要)에 거하여 다 청백 정직하니라.

일일은 세 아들이 한 권세 있는 재상을 논핵하려 하여 서로 의논하거늘, 그 어미가 알고 밤을 타 좌우를 물리치고 세 아들을 불러 앉히고 조용히 일러 가로되,

"너희 무리 근원을 알지 못하고 방자한 기운을 내어 사람의 집을 망코자 하니 내 자손이 이런 행실 있음을 듣고자 아니 하노라."

세 아들이 듣고 놀라 근원의 말을 묻자온대, 그 어미가 혀를 차며 탄식하기를 오래 하다가 가로되,

"나는 남의 종이라. 곽모의 집에 복역하더니 여차여차하여 이에 이르렀으니 네 마땅히 겸억(謙抑)함을 겨를치 못할 것이어늘 도리어 양양자득하여 뭍 사람으로 비견코자 하느냐."

세 아들이 부끄러워 하며 물러 가니라.

그때 마침 도둑이 있다가 이 설화를 낱낱이 듣고 재물을 도모하고자 하여 나는 듯이 곽씨집에 가 고하니 곽씨가 바야흐로 곤궁하여 의지할 데 없다가 그 소문을 듣고 즉시 김가에 가 계집종으로 하여금 안에 통한대 그 부인가 크게 기뻐하며 가로되,

"나의 오라비 왔도다."

하고, 맞아들여 매우 정답고 친절히 대접하고 사람이 없을 때면 노주의

분을 차려 심히 공순하니 곽생이 고마이 여겨 인하여 인척으로 김가에 출입하여 불쌍히 여김을 후히 받고, 또 김가 세 아들의 주장함을 입어 음록을 얻어 군수에 이르니라.(「청구야담」 권 2. 1 점명혈동비혜식(占名穴童婢慧識))

24. 청화공 이양소가 절개를 지키며 세상을 피하다

이양소(李陽昭)의 자는 여건이니 여말 사람이라. 우리 태종으로 동년생이요, 홍무 임술에 또 진사 시험에 함께 합격하니라. 어려서부터 교분이 깊더니 및 명을 혁(革)[23]하매 연천 땅 도당곡에 은거하였더니, 태종이 물색으로 찾으시고 인하여 그 집에 거동하샤 술을 두어 옛 친구간의 정을 펴고 서로 시구를 화답할 새 상이 먼저 연구를 지으시니 가라사되,

秋雨半晴人半醉　　가을비 반만 개이매 사람이 반만 취함이라

양소가 즉시 대하여 가로되,

暮雲初捲月初生　　저문 구름이 처음 걷우매 달이 처음 남이라.

하니 대개 월초생은 상의 소시적 사랑하시던 계집 이름이라. 상이 상에 내리샤 손을 잡으시고 가라사되,

"그대는 참 나의 옛 친구로다."

하시고, 명하여 뒷 수레에 실으라 하되, 양소가 굳이 사양하고 나지 아니하니 토인이 그 거한 바를 이름하되 왕림리(王臨里)라 하고 어수정이라 일컫더라.

양소가 처음에 상으로 더불어 곡산 청룡사에서 공부할 새 그 산수를 사랑하여 타일에 이 고을 태수됨을 원하노라 하더니, 이에 이르러 상이 그 말을 기록하샤 특별히 곡산 군수를 제수하시니 양소가 또 명을 응치 아니

23) 고려 왕조가 조선 왕조로 바뀐 것을 뜻함.

하거늘, 상이 그 뜻을 아름다이 여기샤 그 거한 바 산을 이름하여 청화산이라 하니 대개 백이의 청풍과 희이[24]의 화산을 취함이라.

그 후 여러 번 부르되 일지 아니하거늘 그 땅에 집을 짓고 이화정이라 현판하니, 양소가 또한 즐겨 않아 심협에 옮아 초옥을 얽어 안분당이라 하고 뜰에 문행 수주를 심으고 거문고를 희롱하며 고서를 읽어 여년을 맞고 임종에 손수 명정을 쓰되 고려 진사 이모라 하니, 상이 들으시고 차탄하샤 가라사되,

"살아서 능히 그 뜻을 굴치 못하고 죽으매 가히 관작으로 더러이지 못하리라."

하시고, 특별히 시호를 청화공이라 내리시고 국사 무학을 보내어 장지를 점할 새, 철원 땅에 길지를 얻은대 양소의 아들이 고하되,

"선인의 유명이 '장지를 연천 땅에 떠나지 말라' 하셨사오니 명을 봉승치 못하리로소이다."

수령이 이 사연을 아뢴대 상이 철원 땅 십 리를 베어 연천에 붙이라 명하시고, 그 땅을 둘러 봉하여 수총(守塚) 이가(理家)를 두어 전토와 임학을 다 주시고 아들을 불러 초사를 하이시니라.

그때 또 원천석과 남을진과 서견이 양소로 더불어 세상을 도망하니 시인이 고려 사처사라 하더라.(「청구야담」 권 2. 13 이청화수절둔세(李淸華守節遯世))

25. 구명창이 권술(權術)로써 사나운 도적을 잡다

구남양(具南陽) 담(　)이 소시(少時)로 효용이 절인(絕人)하고 담략이 있으며 노래를 잘 부르고 술을 좋이 여겨 풍골이 준수한 소년이라. 일찍 무과하여 상의 주부(尙衣主簿)를 하였더니, 당시의 재상에게 미움을 당하

24) 송(宋)나라 진부(陳傅)의 사호(賜號). 진부는 당나라 말에 태어나 오대(五代)때 화산(華山)에 은거하여 수도하였음. 송나라 태종이 희이선생이라는 호를 내렸음

여 낙사(落仕)한 지 십여 년이라. 울적히 뜻을 얻지 못하더니, 정묘조(正廟朝)에 양양(襄陽) 땅 이경래(李景來)란 도적이 여력이 뛰어나 무리를 이뤘는데, 관군이 능히 잡지 못하는지라. 임금께서 구담(具)의 용력을 들으시고 선전관을 제수하여 밀지를 주샤 이적을 잡으라 하시고 임행에 경계하여 가라사되,

"너를 금오랑(金吾郎)과 암행 수의를 겸대하노니 편의로 종사하라. 치행(治行) 반전(盤纏)은 군문(軍門)으로 넉넉히 줄 것이니 만일 실포(失捕)하면 군률 시행하리라."

담이 봉명하고 집에 물러와 팔십 노모를 뵈오매 정사가 망연한지라. 이윽고 탄식하여 가로되,

"남아가 세상에 나서 어찌 길이 유락(遊落)하리오. 금년에 도적을 얻고 말 만한 금인(金印)을 취하리라."

하고, 포교 변시진(卞時鎭)으로 수종을 청하니 시진은 기포를 잘하고, 또 남완석(南完石)을 부르니 완석으로 지이고 걸어 행하여 양양 지경에 다다르니, 그때 담의 숙부 세적(世績)이 양양 원님이 되어 추후 내려오니 특지로 하였더라.

담이 숙부로 더불어 가만히 의논하여 종적을 감추어 책실이라 일컫고, 산정에 처하여 날마다 이향배(吏鄕輩)로 더불어 활 쏘며 주육이 질펀하고 돈 쓰기를 물같이 하여 이향 관속의 마음을 얻은지라. 동정을 살피더니 기중 별감 한 사람이 풍채 준수하고 담론이 유여하여 마을에서 권세 있는지라.

이 사람으로 심복의 벗을 삼고, 일일은 술을 두어 밤이 깊도록 잔을 대취함에 담이 문득 좌수로 그 소매를 잡고 우수로 칼을 빼어 그 가슴을 찌르려 하니 별감이 경황망조(驚惶罔措)[25]하여 가로되,

"이 어쩐 일이뇨."

25) 크게 놀라 어찌할 줄을 모름

담이 가로되,

"내 다름이 아니라 종적을 비밀히 하여 이경래를 잡으려 하더니 비로소 네 경래인 줄 알았으니 여러 말 말고 내 칼을 받으라."

별감이 가로되,

"소인은 경래 아니오. 참 경래는 근처에 있으니 원컨대 무죄한 목숨을 어여삐 여기소서."

담이 가로되,

"그러면 이적이 어디 있느뇨."

답하되,

"일전에 읍내에 머물더니 관가가 새로 내려오심을 듣고 기미를 알고 도망하여 금강산에 은신하였사오니 그리로 가소서."

담이 가로되,

"네 어찌 적실히 아느뇨. 필경 네 동모(同謀)함이로다."

답하되,

"동모는 진실로 지극히 원통하옵고 다만 친숙하온 고로 자연 아나이다."

담이 가로되,

"네 만일 이적을 좇으면 일문이 주륙을 면치 못할 것이니 어찌 나를 좇아 이적을 잡아 큰 공을 세움만 같으리오."

별감이 '네, 네' 하거늘 또 가로되,

"내 이제 너를 놓아 보내니 네 만일 기미를 누설한 즉 마땅히 너를 먼저 잡으리라."

별감이 또 '네, 네' 하거늘, 이에 놓고, 이튿날 변포로 북을 치이고 도처에 영산(靈山)을 부르니 짐짓 절창이라. 의복을 빛나게 하고 보물을 흩어 각사 중과 및 유산(遊山)하는 사람에게 널리 베푸니 이러므로 이름이 산중에 가득한지라.

구명창(具名唱)의 곡조를 듣고자 사람이 구름 모이 듯하거늘 담이 두루 살피되 경내의 면목이 없는지라. 전일 별감에게 이적의 용모 파기(疤記)를 자세 들은 고로 내외 산을 밟아 여러 사람 가운데 가만히 살피되 마침내 얻지 못하고, 비로봉에 올라 하늘께 축수하여 통곡하고 내려와 장안사에 유숙할 새, 추풍은 소슬하고 월색은 처량한데 경경히 자지 못하고 신선루에 올라 야색을 보더니, 산 밑 초막에 등불이 비치거늘 마음이 홀연 동하여 누에 내려 초막을 찾아가 본 즉, 한 중이 구담의 들어옴을 보고 급히 무엇을 무릎 밑에 넣거늘 구담이 중의 곁에 가까이 앉아 수작하니 중이 가로되,

"명창이 어찌 그러하뇨."

구담이 그 무릎 밑에 감춘 것을 보려 하여 중을 밀쳐 가로되,

"산승이 어찌 나의 절창을 아느뇨."

중이 번드쳐 누울 때에 큰 짚신 한 짝을 반만 삼은 것을 보고 그 중을 결박하여 가로되,

"이는 반드시 이경래의 신이로다. 네 경래의 있는 곳을 알 것이니 바로 이르라."

전에 별감을 인하여 이적의 발 큰 말을 들은 연고이러라.

중이 놀라 항복하거늘, 담이 가로되,

"만일 나로 더불어 이적을 잡은 즉 상이 적지 않을 것이요, 조금이나 은휘하면 검두(劍頭)의 혼이 되리라."

중이 가로되,

"명령대로 좇으리이다."

구담이 가로되,

"내 봉명하고 왔으니 어찌하면 이 도적을 잡을꼬."

중이 가로되,

"오늘 밤에 소승을 만남이 하늘이라. 마땅히 도적 잡을 모책을 고하리니, 경래 일찍 명창을 듣고자 하여 다시 내일 초막으로 언약하여 오마 하고, 또 나더러 짚신을 삼아 달라 하기 마침 삼다가 이루지 못하였사오니

경래 만일 오거든 소승이 청하여 타령하게 할 것이요, 또 이적이 평생 술을 즐기는지라. 술을 연하여 권하고 그 취함을 기다려 잡은 즉 일을 이루리이다."

구담이 드디어 중으로 심복 삼고 크게 기뻐하여 그 밤에 임동을 양양에 보내어 내일 안으로 건장한 교졸 오십 명을 보내게 하고, 각각 변복하여 장안사 각처 요해지에 파수하고, 또 독한 소주를 구하여 임동으로 하여금 초막에서 팔게 하고 각각 약속을 일정 어기지 말라 분부하였더니, 다시 내일 경적이 과연 초막에 왔거늘 중이 구담을 불러 타령하라 한 대, 구담이 먼저 권주가와 장진주를 스러져 가는 듯이 부르니 경래 책책(嘖嘖)히 잘한다 일컫고 무릎을 치는지라. 구담이 임동이 소주를 많이 사 일변 부으며 일변 권하니 경적이 그 소주에 혹하여 술을 주는대로 다암다암 먹으매 취함을 깨닫지 못하여 두 눈이 다 풀린지라.

연하여 권하되 사양치 아니하더니, 이윽고 경적이 취하여 조을거늘 구담이 소매에 철퇴를 넣었다가 별안간 치니 경적이 본대 용력이 절륜한지라. 비록 취중이나 초막 밖에 뛰어나 동분서주하더니, 이때 각처 파수가 호성(呼聲)이 서로 응하니 경적이 정신이 황홀하여 향할 바를 알지 못하거늘, 구담이 급히 변복하고 구경하는 사람 가운데 섞여 경적의 뒤를 걷묻어 평생 힘을 다하여 경적의 다리를 철퇴로 치니 다리 부러지거늘, 파수 교졸을 불러 일제히 결박하니 결박한 줄이 썩은 새끼같이 끊어지거늘 철퇴로 또 그 팔을 꺾은 후 비로소 결박하고 관군을 발하여 함거에 넣어 경성에 보내어 죽이고, 초막 중과 별감을 후히 상사(賞賜)하고 복명하는 날 당상(堂上)하는 날 당상(堂上) 선전관을 제수하시니 전명하기를 잘하는 고로 길이 승전(承傳)을 띠고 여러 번 주군을 지내니라.(「청구야담」 권3. 5. 포광적구명창권술(捕獷賊具名唱權術))

26. 임경업 장군이 산 속에서 화적을 만나다

임장군(林將軍) 경업이 소시에 달천(撻川)에 거하여 말달리고 사냥하기를 일삼더니, 일일은 월악산의 사슴을 쫓아 태백산 중에 이르러는 날이 장차 저물고 길이 또한 궁한지라. 수목이 울밀하고 암학이 유수하여 갈 곳이 없어 정히 근심할 즈음에 문득 한 초부를 만나 앞길을 물은대, 초부가 건넌 뫼 아래 인가를 가리키거늘, 임공이 대문을 들어간 즉 날이 이미 저물고 사람의 소리 적연하니 한 빈 집이라.

공이 종일 산행하매 자연 곤비(困憊)하여 다행히 한 간 방을 얻어 숙소를 삼아 의대를 끄르고 홀로 누웠더니, 홀연 창외에 불빛이 있거늘 마음에 심히 의괴하여 망량이 아니면 반드시 요괴라 하였더니, 한참 있다가 사람이 문을 열고 물어 가로되,

"그대 요기 못하였노라."

초부가 방에 들어와 벽장을 열고 주육을 내어 주어 가로되,

"착실히 요기(療飢)하라."

공이 심히 시장하다가 다행히 여겨 다 먹고 초부로 더불어 수어(數語)를 마치지 못하여 초부가 문득 일어나 벽장을 열고 칠척 장검을 내거늘 공이 가로되,

"이 어찐 일인고. 내게 시험코자 하느냐."

초부가 가로되,

"아니라. 오늘 밤에 가변(家變)이 있으니 그대 능히 두림[26]이 없으랴."

공이 가로되,

"무슨 두림이 있으리오. 보기를 청하노라."

밤이 깊은 후 초부가 장검을 이끌고 공으로 더불어 한 곳을 향하니 문호가 중중(重重)하고 누각이 침침한대, 점점 나아가니 문창에 울연히 두 사람의 그림자가 비치었더라.

초부가 연못가의 한 정정한 나무를 가리켜 가로되,

"그대 이 나무에 올라 모로미 띠와 요대를 끌러 나무 가지에 몸을 단단

26) 두려움

히 매고 부대 소리를 내지 말라.”

공이 초부의 말과 같이 하니라. 초부가 몸을 솟구쳐 각중(閣中)에 뛰어 들어가 삼인이 한가지로 앉아 술도 마시며 말도 하더니, 한참 있다가 초부가 어떤 사람을 불러 이르되,

“오늘 밤에 언약이 있은 즉 자웅을 결함이 어떠하뇨.”

그 사람이 가로되,

“좋다.”

한가지로 일어나 문을 열고 나와 두 사람이 공중에 솟아 검광이 섬삭(閃　)[27]하고 두 줄 백홍(白紅)이 되어 형영을 보지 못하고 다만 도환 소리 은은히 들리더라.

공이 나무 위에 있어 다만 찬 기운이 뼈에 사무치고 머리털이 주뼛하여 능히 안주치 못하더니, 홀연 무엇이 땅에 떨어지는 소리 나며 초부가 그 뒤로조차 내려오니 그 때에 공이 찬 소름이 조금 풀리고 정신이 적이 나는지라. 맨 것을 풀고 내려온대 초부가 공을 옆에 끼고 날아 각중(閣中)에 이르니 선연한 한 미인이 머리를 구름같이 얹고 의상이 찬란하고 안색이 화월같이 앉았으니 아까 희소(戱笑)가 이제 처량하더라.

초부가 꾸짖어 가로되,

“요마한 한 여자로 말마암아 세상에 대남자를 해하였으니 네 죄를 네 알리라.”

임공을 돌아 보아 가로되,

“그대 약간 담용으로 세상에 남이 불가하니 산중 유벽한 곳에 이 사람과 이 화각(畵閣)을 두어 공명을 사절하여 여년을 보냄이 어떠하뇨.”

공이 가로되,

“오늘밤 일을 도무지 알지 못하니 자세히 안 후 그대 말을 좇으리이다.”

초부가 가로되,

---

27) 섬삭(閃　): 번쩍하고 빛나는 모양

“나는 보통 사람이 아니요 녹림호객이라. 누년 겁략하여 재산을 얻으되 탐묵한 관장과 불의한 부한(富漢)의 재물을 탈취하여 고대광실을 전학에 배치하여 도처에 두고 집마다 일개 미녀를 두어 팔도에 두루 놀아 이르는 곳마다 행락하더니, 뜻밖에 저 계집이 틈을 타 아까 죽인 남자에게 아첨하여 도리어 나를 해코자 한 지가 한두 번이 아니라. 마지 못하여 아까의 거조(擧措)가 있음이라. 비록 저 손을 죽였으나 어찌 차마 저 계집을 또 죽이리오. 이 장학(庄壑)과 저 여인으로 그대에게 허하는 바는 이 연고이니라.”

공이 가로되,

“저 남자의 성명은 무엇이며 거주는 어디뇨.”

초부가 가로되,

“저가 양국(兩局) 대장 재목으로 남대문 안 절초장(折草匠)이라. 어두움을 타 와서 새벽에 가니 내 기수(幾數)를 알은 지 이미 오래되 남자의 꽃을 탐함과 여자의 담을 넘음이 예사이라. 어찌 다 책하리오. 내 삼가 피하였더니 저 놈이 요녀의 달랜 바가 되어 반드시 나를 죽인 후 말지니 오늘 밤 이 일은 어찌 나의 본심이리오.”

하고, 일장통곡한 후 가로되,

“아깝다. 천하장사를 내 손으로 죽이도다.”

임공더러 가로되,

“그대 담략과 재용이 또한 쓸 만한 남자라 이를 것이나 만일 세로(世路)에 한 번 난 즉 반상반하(半上半下)한 사람이 될 것이니 천운에 관계한 바이라. 능히 여의치 못하면 한갓 수고할 따름이니 원컨대 내 말대로 이 전학을 차지하여 평생을 좋이 지내라.”

공이 일향 마음이 없거늘 초부가 허희하여 가로되,

“하릴없다. 그대 만일 즐겨 않을진대 이 요희를 어디 쓰리오.”

하고, 장검을 한 번 들어 머리를 두 조각에 내어 연못 가운데 던지고 누에 내려 초석으로 남자의 신체를 말아 또한 못 가운데 넣으니라.

이튿날 임공더러 일러 가로되,

"그대 이미 공명에 유의하니 가히 만류치 못하나 남자가 세상에 남에 검술을 알지 아니치 못하리니 모로미 머물러 조박을 알고 가라."

공이 드디어 육일을 머물러 칼쓰는 법을 가초 배우되 그 신묘한 변화는 다 통투치 못하니라.(「청구야담」 권4. 5 임장군산중우녹림(林將軍山中遇綠林))

27. 거사가 좋은 묏자리를 정하여 아름다운 부인을 얻게 하다

성거사(星居士)는 가산(嘉山) 사람이라. 속성(俗姓)은 장(張)이요 승명(僧名)은 취성(就星)이니, 일찍이 부모를 여의고 십오에 출가하여 강릉 오대산 월정사에 가 삭발하고 법승 운대사(雲大師)의 제자가 되니 총명 영오함이 모든 중에서 특출한지라. 대사가 극히 사랑하여 삼 년지간에 경문을 가르치지 아니한 것이 없으되 오직 세 권 책을 상자 속에 깊이 두고 상해 보지 못하게 하더니, 일일은 대사가 금강산 유점사에 갈 새 취성더러 일러 왈,

"내 일 년만에 돌아올 것이니 그 사이 착실히 공부하고 상자 속에 있는 세 권 책은 삼가 내어 보지 말라."

당부하고 드디어 육환장(六環杖)을 짚고 가니 취성이 모든 제자로 더불어 산문에 나가 배송하고 돌아와 마음에 심히 의아하여 가로되,

"사부의 감춘 바 세 권 책은 이 무슨 기이한 글이건대 제자로 하여금 보지 못하게 하시느뇨."

하고, 틈을 타서내어본 즉 불경은 아니요 지리책이라. 위로 하도 낙서부터 아래로 음양오행의 수와 구궁팔괘(九宮八卦)의 법까지 현묘 무궁하니 진실로 천고에 전치 못할 비결이라.

취성이 보아오매 점점 침혹하여 불경을 전폐하고 이 글만 숙독하니 불과 반년에 그 미묘함을 정통한지라. 축일(丑日) 산행하여 용맥(龍脈)의 굴곡과 풍수의 취산이 장중에 역력하고 목전에 삼삼하니 스스로 생각컨대 세상의 업술(業術)을 얻었으니 인간 부귀는 타수가득(唾手可得)이라.

드디어 퇴속할 마음이 있더니, 일일은 홀연 깨달아 가로되,

"석가 공부는 정심(正心)이 위상이라. 내 출가한 지 십 년에 일찍 반점 잡념이 없더니, 이제 사심이 졸발하여 사부의 교훈을 듣지 아니하고 지리의 방술을 침혹하니 어찌 행실에 방해롭지 않으며 또 사부가 알으시면 중회(重誨)를 면치 못하리라."

하고, 스스로 분향하고 포단(蒲團)에 앉아 손으로 염주를 굴리며 입으로 불경을 염하더니, 오래지 않아 대사가 들어와 취성을 불러 왈,

"네 죄를 네 아느냐."

취성이 뜰에 내려 꿇어 대왈,

"소자가 사부를 섬긴 지 이미 십 년이로되 터럭끝만도 불손한 일이 없으니 진실로 우매하여 무슨 죄인 줄 알지 못하노이다."

대사가 책 왈,

"행실 닦는 공부가 그 조목이 세 가지니 몸과 마음과 다못 뜻이라. 네 잡된 방술을 침혹하여 불가의 적멸한 것을 싫어하고 시속의 부귀를 사모하니 십 년 공부가 일조에 무너진지라. 그 죄 가히 일시도 머물러 두지 못할 것이니 빨리 산에 내려가라."

하고, 중장하여 내어쫓으니 취성이 사문에 용납치 못할 줄 알고 이에 고향으로 돌아올 새 강릉으로부터 경성에 이르도록 지나는 바의 명산대지의 용절좌향(龍節坐向)을 세세히 기록하여 낭중에 감추고 곧 도성에 들어가 그 점지한 곳을 팔고자 하여 성중으로 두루 다니며 봉인즉설(逢人卽說)[28]하니 듣는 자가 다 허황히 여겨 하나도 사기를 원하는 자가 없거늘, 취성이 가장 마음에 한탄하고 드디어 가산(嘉山)을 향할 새 행하여 평산에 이르니 신은 바 짚신이 다 해여졌으되 원래 취성의 발이 크기 한 자가 남은지라. 길가의 파는 신이 다 발에 맞지 아니하고 발은 이미 부르튼지라. 촌촌전진(村村前進)하여 겨우 수 리를 행하더니, 한 마을에 이르니 한

28) 사람을 만나기만 하면 이야기함

상인(喪人)이 있어 그 신이 없어 발이 상함을 보고 이에 한 큰 신을 주거늘 거사가 마음에 심히 감격하여 물어 가로되,

"주인이 친상이신가 싶으니 과연 영장(永葬)을 하였느냐."

답왈,

"산지를 정치 못하여 반년이 되대 완폄(完貶)을 못하였나이다."

거사가 가로되,

"내 풍수를 약간 아니 주인이 내 말을 믿을진대 마땅히 한 혈을 정하여 신 준 후의를 갚으리라."

상인이 듣고 대희하여 즉시 맞아 중당에 들어가 후히 대접하거늘, 거사가 이에 상인으로 더불어 한가지로 행하여 불과 십리 허에 한 혈을 정하고 주인더러 일러 가로되,

"이 혈이 백자천손지지(百子千孫之地)요, 또 발복이 심히 속하리니 주인이 비록 가난하나 마땅히 거부 될 것이요 결복(闋服) 후에 또 과거하리라."

하고, 드디어 서로 이별하고 가니 그 상인은 곧 평산 이씨라. 장사지낸 후에 응험이 한결같이 거사의 말과 같더라.

가산에 이르러 갈산 아래 수 간 초옥을 짓고 집 뒤 산벽에 한 작은 구멍이 있으니 매양 아침에 진언을 염하는 손으로 구멍을 더듬은 즉 두어 되 쌀이 절로 나오니 이로써 조석 밥을 하더라.

숙천(肅川) 백운산에 안가(安哥) 성의 사람 형제 있으니 조상부모하고 나이 삼십이 넘도록 실가를 두지 못하고 자생(資生)이 간곤하여 형제 다 남의 집 고공이 되었더니, 거사가 백운산 아래로 지나갈 새 때마침 유월이라. 길에서 급한 비를 만나 바삐 촌가로 들어가니 이 곧 안수재 고공사는 집이라. 거사가 오래 문 밖에서 비 개기를 기다리니 날은 이미 저물고 우세(雨勢)는 그치지 아니하는지라. 거사가 주인에게 하룻밤 자기를 청한대 주인이 질욕(叱辱)하고 허락치 아니하더라.

안수재 마침 소를 몰고 나가다가 거사를 보고 일러 가로되,

"이 집 뒤에 작은 집은 곧 우리집이니 만일 누추함을 혐의치 아니하거든 한가지로 가 쉼이 어떠하뇨."

거사가 가로되,

"우중 심협에 호표(虎豹)는 많은데 만일 밤에 한데서 자면 정녕 죽을 액을 당할러니 다행히 어진 수재를 만나 한가지로 유하기를 허하니 가위 생인지불(生人之佛)이로다."

안수재 인하여 데리고 그 곳에 이르러 자리를 정히 하고, 그 아우를 불러 가로되,

"우리 형제 석반을 이리로 가져오라."

아우 즉시 주인의 집에 가 두 상을 가져와 한 상은 거사께 드리고 한 상은 형제 나누어 먹더라.

이튿날 비 한결같이 오니 거사가 떠나지 못하고 이같이 하기를 삼사일을 비가 종시 개지 아니하고 안수재의 접대는 전일과 한결같이 조금도 괴로워하는 빛이 없더라.

제 오일에 비 비로소 개이니 거사가 장차 행할 새 물어 가로되,

"수재의 친산이 어디뇨. 한 번 보기를 원하노라."

수재 기꺼 즉시 거사로 더불어 선영을 가 볼새, 거사가 먼저 주산에 올라 그 용세와 수구를 보고 버거 혈처(穴處)에 가 그 입수(入首)와 명당을 보고 이에 가로되,

"국세 심히 아름다우나 다만 정혈을 잃었으니 어찌 빈천을 면하리오. 대저 이 혈이 심히 너르니 가히 당중(當中)하여 쓰지 못할지라. 무릇 흙은 그 뿔을 쓰나니 뿔은 불을 이름이라. 불이 흙을 생하느니라."

하고, 이에 고쳐 뿔난 머리를 점혈하여 좌향을 정하고 길일을 택하여 영장할 새 금정 놓을 때에 거사가 물어 가로되,

"수재의 소원이 무엇이뇨."

안수재 가로되,

"내 자식이 되어 장차 폐륜할 지경에 이르렀으니 불효가 큰지라. 배필

얻음이 가장 급하다."
하거늘, 거사가 상생법으로써 재혈(裁穴)하고 안장한 후에 주인더러 일러 가로되,

"팔월 모일에 마땅히 미인이 천금을 가지고 와 배필이 될 것이니 가히 발빈(拔貧)할 것이요, 십 년이 못되어 자손이 가득하리라."

수재가 가로되,

"발음(發蔭)이 어찌 이리 속하랴."

거사가 가로되,

"안산이 가까운 까닭이라. 내 마땅히 십 년 후에 다시 올 것이니 그 사이 비록 천백 술사가 있어 훼방할지라도 삼가 천동치 말라."
하고, 인하여 이별하고 가니라.

팔월 모일에 형제 함께 집에 있더니 오시(午時) 쯤에 한 사람이 등에 한 보(褓)를 지고 와 물어 가로되,

"이 안수재의 집이냐."

답왈,

"그러하다."

그 사람이 가로되,

"형제 한 집에서 산다 하니 형의 이름은 무엇이며 아우 이름은 무엇이며 그저 배필을 얻지 못하였느냐."

수재 가로되,

"그러하다. 어찌 써 묻느뇨."

그 사람이 바로 방중에 들어와 주인을 향하여 가로되,

"나는 본읍 곽좌수(郭座首)의 딸이러니 나이 바야흐로 스무 살에 부모가 동리 오성인(吳姓人)에게 정혼하고 명일은 장차 초례(醮禮)할 날이라. 유월 아무 날부터 몽중에 신인이 와 일러 가로되, '나는 백운산 신령이라. 네 연분이 백운산 아래 안가의 집에 있으니 형제 금방 동거하되 배필이 없는지라. 네 만일 안씨의 집에 가 부부가 된 즉 백 년 신세 부귀 화락

하려니와 만일 오가로 더불어 성혼하면 평생을 그르치리라' 하여 지금 날마다 현몽하니 몸이 규중처자가 되어 촌보를 문 밖에 나지 아니한지라. 몽사를 부모께도 고하기 어려워 지금까지 자저하더니, 명일은 성혼할 날인데 신몽이 이렇듯이 정녕한 즉 결단코 앉아서 날을 기다리지 못할지라. 백 가지로 생각다가 한 계교를 내어 남복을 얻어 입고 새벽을 타 문을 나 열 걸음에 아홉 번씩 엎어져 간신히 이르렀으니, 대저 삼생의 연분은 중하고 일시 혐의는 경한 고로 정도를 버리고 권도를 좇으며 육례를 폐하고 수치를 무릅써 스스로 왔으니 첩이 남자가 아니요 이에 여자이라. 오직 군자는 처분하소서."

안수재 듣고 마음에 자탄하여 가로되,

"거사는 집짓 신인이로다."

하고, 이에 곽처자로 더불어 성혼하려 할 새 형이 아우에게 사양하여 가로되,

"나는 이미 나이 많았으니 네 모로미 작배하라."

아우 가로되,

"형의 연기 사십에 차지 못하고 또 아우를 먼저하고 형을 후에 함이 크게 불가하니이다."

형이 부득이 하여 처를 삼고 택일 행례 후 삼일이 지나매 곽씨 이에 가저온 경보(輕寶)를 풀어 내어 차례로 파니 수천 금이 족한지라. 가세 요족하더라.

아우의 혼인은 구치 아니하여도 절로 되니 형제 다 성취하여 자제가 만당하더니, 십 년 후에 과연 성거사가 왔거늘 전도하여 나가 맞아 신명으로 대접하니 거사가 가로되,

"그대 형제 성취하고 또 부자 되고 자녀가 슬하에 나열하니 기쁘거니와 사람이 부후(富厚)하나 다만 글이 없으면 천히 여기나니 마땅히 고쳐 타혈(他穴)에 천장(遷葬)하여 문장재사가 나게 하리라."

하고, 드디어 전광(前壙) 좌각(左角)의 한 혈을 정하여 면례(緬禮)하게

하고, 거사가 가로되,

"이 산의 자손이 문필이 대불핍절(代不乏絕)하여 본향의 갑족이 될 것이요, 과갑이 대대로 연면하여 날 것이요 관면(冠冕)이 서로 이으리라."

하더니, 그 후 응험이 여합부절(如合符節)하다 하더라. (「청구야담」 권4. 13 득미처거사점혈(得美妻居士占穴))

28. 수척함을 헤아려 보살펴 준 재상의 옛 은혜를 갚다

옛적에 유진사(柳進士)라 하는 사람이 있으니 집이 가난하여 조불여석(朝不慮夕)하고 또 흉년을 당하여 연 닷새를 밥을 굶고 기갈이 특히 심하여 외당에 누웠더니, 내당이 요적하여 오래 사람의 소리 없는지라. 진사가 괴히 여겨 일어나 들어가고자 하되 능히 기운을 차리지 못하여 겨우 기어서 안뜰에 이르러 본 즉, 그 아내 바야흐로 무엇을 입에 넣고 너흘다가[29] 그 들어옴을 보고 황망히 숨기고 얼굴에 부끄러운 빛을 띠었거늘 진사가 가로되,

"군이 홀로 무엇을 먹다가 나를 보고 숨기느뇨."

처가 가로되,

"내 만일 먹을 것이 있으면 어찌 차마 홀로 먹으리이까. 아까 혼도(昏倒)할 즈음에 수박씨가 벽상에 말라 붙은 것을 보고 취하여 깨어 본 즉 빈 껍질이라. 바야흐로 한탄하더니 그대 들어옴을 보고 난연함을 깨닫지 못한다."

하고, 인하여 수박 빈 껍질을 내어 뵈고 서로 더불어 탄식하더니, 이윽고 문밖에 하님 부르는 소리 있거늘 그 아내 가로되,

"어떠한 사람이 문에 와 종을 부르는고. 나가 보라."

진사가 기어 나가본 즉 한 하인이 문앞에서 진사의 나옴을 보고 배알한 연후에 인하여 물어 가로되,

---

29) 너흘다가: 물어뜯다가. 옛말 '너흘다'는 물다, 물어뜯다의 뜻

"이 댁이 유진사 댁이니이까."

진사가 가로되,

"그러하다."

가로되,

"진사님 명자는 아무시며 자는 아무시니이까."

답왈,

"그렇다."

가로되,

"진사님께서 아무 릉 참봉 수망을 들어 몽점하신 고로 망통(望筒)을 가지고 간신히 찾아 왔나이다."

하고, 즉시 소매 속으로써 망통(望筒)[30]을 내어 뵈니 과연 자가 성명이라.

그러나 이조 판서가 누군 줄을 알지 못하거늘, 이제 이에 의망하니 실로 의외라. 여취 여광(如醉如狂)하여 의괴하기를 양구히 하다가 가로되,

"이 반드시 나로 더불어 동성 동명이로다. 네 그릇 찾아 왔으니 다른 곳에 가 자세히 방문하라. 내 집이 지빈하여 세상에 내 성명 알 이 없으니 어찌 의망할 리 있으리오."

하고, 인하여 도로 들어간대 아내 물어 가로되,

"문 밖에 어떠한 사람이 찾아 왔더니이까."

진사가 그 사연을 자세히 말한대, 처가 놀라 기꺼 가로되,

"만일 그러한 즉 가히 살리로다."

진사가 가로되,

"내 백 가지로 생각하여도 이러할 리 만무한지라. 진사로 초사하는 자가 반드시 먼저 공송(公誦)을 얻은 후에야 가히 망을 비추이나니 세상에 뉘 나를 위하여 말할 자가 있으리오."

하고, 반신 반의하더니, 그 하인이 또 와 종을 부르거늘 진사가 또 나가

30) 삼망(三望)을 기록한 단자(單子). 삼망은 벼슬아치를 발탁할 때에 후보자 세 사람을 추천하는 일

본 즉 가로되,

"소인이 이조에 가 자세히 탐문하온 즉 분명히 진사님이라. 정녕 무의하오니 아무 염려로 마옵소서."

진사가 비로소 믿어 가로되,

"내 비록 벼슬은 하였으나 방금의 절식한 지 여러 일이라. 능히 기동치 못하니 어찌 써 숙배할 기운이 있으리오."

그 하인이 즉시 저자에 가 시량을 사 먼저 죽을 끌여 마른 창자를 추긴 후에 이어 쌀과 여간 찬물을 무역하여 오니, 진사가 연하여 죽을 마시매 눈이 비로소 뜨이고 기운이 능히 행보할지라. 이에 그 하인더러 일러 가로되,

"네 구급함을 힘입어 다행히 생도를 얻었으나 그러나 머리에 쓸 것이 없고 발에 신을 것이 없으니 어찌 써 숙배하리오."

한 대, 그 하인이 즉시 전(廛)에 가 의관을 세내어 왔거늘, 인하여 그 하인으로 하여금 친구의 집에 편지하여 관복을 빌어오니 치하하는 사람이 점점 와 모이니 전일에 비컨대 염량이 판이하더라.

참봉이 숙배한 후에 이조 판서를 탐문한 즉 이공 아무이니 본대 지면이 없으되 마침 한가지로 공부한 벗이 있어 이조 판서로 더불어 친절한지라. 그 빈궁하여 죽게 됨을 듣고 힘써 이조 판서에게 공송하니 이조 판서가 듣고 긍측히 여겨 수망에 넣으리라.

그 후 수 년에 또 대과 급제하여 청현직(淸顯職)을 다 지내고 드디어 동전(東銓)을 당하니 그때 마침 간성(杆城) 과궐이 있으니 가장 요부한 고을이라. 위로 경재(卿宰)로부터 아래로 친척에 이르기까지 청하는 자가 심히 많아 취사하기 어려운지라. 개정할 날이 가까우매 마음에 심히 민망하더니, 부인이 그 안색을 보고 괴히 여겨 그 연고를 묻거늘 그 소유를 갖추어 말한대, 부인이 가로되,

"대감이 참봉할 때에 뉘 덕으로 하였나니이까."

가로되,

"그때 이조 판서는 이미 죽고 그 아들 두어 사람이 다 입조하였으되 다 청한한 벼슬에 있느니라."

부인이 가로되,

"대감이 만일 이 사람으로써 간성을 시키지 아니하면 가위 배은 망덕이라. 청촉(請囑)이 비록 많으나 삼가 자저치 말고 결단코 이 사람으로써 수망에 넣은 후에야 가히 옛날 벼슬시킨 은혜를 갚을 것이니 대감이 어찌 수박씨 너흘던 일을 생각지 아니시나니이까."

유공이 듣고 크게 깨달아 익일 정사에 이모로써 간성 수망에 넣어 몽점하니라. (「청구야담」 권5. 9 의유읍재상상구은(擬邑宰相償舊恩))

29. 늙은 훈장이 태(胎)를 빌려 아들을 낳다

옛적 서울 한 선비 있어 일을 인하여 영남에 갈 새 태백산 중에 이르러 길을 몰라 점막(店幕)을 지나고 날이 어두운지라. 드디어 한 촌사에 이르러 들어가니 그 집이 안과 밖이 다 기와집이라. 서울집과 다름이 없더라. 주인을 보니 의용이 심히 웅위하고 수발이 반백이라. 쾌히 허락하고 석반을 정히 하여 대접하고 물어 가로되,

"나이 얼마나 하며 자녀간 몇이나 두었느뇨."

사인이 가로되,

"나인 즉 삼십이 차지 못하였으되, 아들인 즉 열에 가까우니이다."

하니, 주인이 가로되,

"나이 젊은 사람이 어찌하여 자식을 그리 많이 두었느뇨."

사인이 대하여 가로되,

"대개 한 번 범방한 즉 문득 잉태하오나 집이 본대 빈한하여 자식 많음이 도리어 우환이라."

한대, 주인이 전연이 흠선(欽羨)[31]하는 빛을 두고 탄식하여 가로되,

31) 우러러 흠앙(欽仰)하여 부러워함

"어떠한 사람은 저렇듯한 복이 있는고."

사인이 웃고 대답하여 가로되,

"우환 중 큰 우환이거늘 어찌 복력이라 일컬으시니이까."

주인이 가로되,

"나는 나이 육십이 지났으되, 한 번도 생산치 못하였으니 비록 만석꾼이나 무슨 세상에 즐거움이 있으리오. 나로 하여금 만일 한 자식이 있으면 조반석죽하여도 한이 없으리로다. 이제 그대의 말을 들으니 어찌 흠선한 뜻이 없으리오."

하다니, 그 이튿날 사인이 하직하고 가고자 하거늘, 주인이 만류하여 닭을 삶고 개를 잡아 공궤함을 풍족히 하고 밤에 이르러 좌우를 물리치고 사인을 인하여 협실로 들어와 종용히 말하여 가로되,

"내 심중에 말이 있어 고하노니 내 부가에서 생양하여 이제 백수에 이르렀으되, 간곤한 형상을 알지 못하니 무슨 원이 있으리오마는 다만 자궁(子宮)이 기박하여 한 자식도 낳지 못하므로 자식 보기를 위하여 부실 측실이 또한 많지 아니함이 아니요. 또 기도 의약을 다 쓰지 아니함이 없고, 평일에 자식 나음 즉한 여자를 보아도 또한 태기 없으니 나이 점점 늙어 궁독(窮獨)함을 면치 못하게 되고 이제 있는 소실이 셋이로되, 연미이십에 또한 희소식이 없으니, 비록 다른 사람의 아들이라도 한 번 아비라 부르는 소리를 들으면 지금 죽어도 가히 눈을 감을지라. 이제 들으니 그대 한 번 동침하면 곧 잉태한다 하니 원컨대 객주의 복력을 빌어 잉태하는 법을 시험코자 하나니 아지 못게라. 어떠하뇨."

사인이 놀라 가로되,

"이 무슨 말씀이니이꼬. 남녀유별함이 예절에 중하여 유부녀 통간의 법이 극히 엄하니 비록 평생 소매(素昧) 사이라도 감히 마음을 두지 못하려든 하물며 수일 주객지의(主客之誼)에 어찌 차마 이런 말씀을 과객에게 하시나니이까. 상한의 계집도 오히려 그렇지 못하거든 하물며 사부의 별실이리까."

주인이 가로되,

"첩은 본대 비천한 것이요, 또 내 스스로 말하였으니 조금도 혐의로움이 없을 것이오. 밤이 깊고 인적이 고요하니 일후 자식이 나면 뉘 능히 알리오. 말이 심복으로 나고 호발도 꾸밈이 없으니, 바라건대 이 놈의 신세를 어여삐 여겨 즉시 허락하여 자식 없는 늙은이로 하여금 아들 낳은 희보를 듣게 하면 세세생생(世世生生)에 어찌 이런 은혜 있으리오. 그대에게는 양편함이 이에서 더함이 없거늘 어찌코자 하느뇨."

사인이 이윽히 생각다가 마음에 혜오되,

"주인이 이미 간청함이요, 내 스스로 잠통함과 다르니 다른 염려는 없을 듯하고, 비록 외면 인사로써 재삼 사양하였으나 남녀간 대욕이야 뉘 없으리오."

하고, 이에 가로되,

"도리로써 말한 즉 만만 불가하나 주인의 청함이 이같이 간절하시니 명대로 하려니와 내 마음인 즉 심히 불안하오이다."

주인이 듣기를 다함에 크게 기꺼 손을 곧추어 사례하여 가로되,

"이제 객주의 덕을 입어 가히 아비 부르는 소리를 드르리로다."

하고, 급히 들어가 그 연유를 모든 첩에게 말하고 객을 들여보내어 하룻밤씩 지내매, 그 세 첩이 또한 반드시 생자할 줄 알고 사인의 거주 성명을 물어 가만히 심중에 기록하더라.

삼일을 지난 후 객이 인하여 하직한대, 주인이 두터이 주는 바가 있거늘, 다 묵직하므로써 사양하고 산에 나와 서울로 돌아왔으나 자식이 많은 연고로써 살아가는 계교가 극난하고 자녀 손이 삼십여수이라, 수간 모옥에 용슬할 길이 없고 삼순 구식과 십 년 일관을 또한 변통할 길이 없는지라, 드디어 모든 자식을 분산하여 처가살이 시키고 다만 부처와 및 맏아들로 더불어 한가지로 살아 슬그머니 이십 년이 되었더라.

일일은 무료히 앉았더니, 홀연 묘소년 세 사람이 준마를 타고 차례로 돌아와 당에 올라 절하거늘, 사인이 그 의복이 화려하며 거지(擧止) 단아

함을 보고 황망히 답례하여 가로되,

"손님이 어디로서 오니까."

세 소년이 가로되,

"우리들은 곧 생원님의 아들이로소이다. 생원님이 능히 아무 해 아무 땅에 이리이리하신 일을 기억치 못하시나니이까. 우리드이 다 그때 잉태하여 한 달에 났으되, 날인 즉 차차 선후가 있어 이제 나이 십구 세니이다. 어렸을 적에는 다만 노인의 아들인 줄로만 알았삽더니 십여 세에 이르러 모친이 자세히 그 곡절을 이르시기로 비로소 생원님의 아들인 줄 아오나, 그러나 생원님은 어디 계신 줄 알지 못하고, 또한 십여 년 양육한 은혜 극히 융중한 지라, 차마 일조에 배반치 못하고 노인이 별세하기를 기다려 와 모시고자 하였더니, 십오 세에 한날 취처하여 신부례를 행하고 재작년 이월 분에 그 노인이 별세하니 향년이 팔십일 세라. 초종을 후히 하고 길지를 가리어 장례하고 삼년상을 입음으로써 그 은혜를 갚아 이제 대상(大祥)[32]과 담제(祭)[33]를 이미 마친 고로 모친의 기록한 바를 의지하여 형제 삼인이 말머리를 연하여 이제 와 뵈옵나이다."

사인이 황연히 크게 깨달아 모양을 자세히 살핀 즉 과연 서로 같은지라. 이 사연을 처자와 및 자부에게 자세히 말하고 하여금 각각 절하여 뵈라하고, 또 물어 가로되,

"너의 노모가 이제 나이 얼마나 되었으며 다 무양하냐."

삼자가 각각 대답하고 가로되,

"생원님의 가세를 살펴보온 즉 말이 못되나이다."

하고, 행중에 있는 바를 노자로 하여금 풀어 돈을 내어 쌀을 팔고 나무를 사 조석 먹을 것을 하고, 그 밤에 삼자가 조용히 말하여 가로되,

"생원님 춘추가 이미 높으시고 서방님이 또한 일찍 학업을 잃어 계시

---

32) 대상(大祥): 죽은 지 두 돌만에 지내는 제사

33) 담제(祭): 상례에서 대상을 치른 다음다음 달에 지내는 제사

니 과거와 벼슬은 바랄 것이 없고 또 조금도 여유가 없어 가을을 당하여도 작은 곡식도 없으니 적수 공권으로 메마른 땅에 어찌 자생하시리이까. 낙향하여 여년을 맞게 하심만 같지 못하나이다."

사인이 가로되,

"내 또한 이 뜻이 있으되, 전토와 가세 없으니 어찌하리오."

"우리 전 노인이 누거만금 부자로서 작고하시고 다른 친척이 없어 그 허다 재산이 다 우리 무리의 둔 바가 되었으니, 혼실이 그곳으로 행차하신 즉 가히 요족하여 근심 없으리이다."

사인이 듣기를 다함에 크게 기꺼 가로되,

"그러면 무슨 걱정이 있으리오."

하고, 드디어 말과 교자를 세내어 택일하여 길을 떠나 그 집에 이르러 세 첩과 세 며느리를 다 본 후에 사인은 큰 집에 들고, 삼자는 각각 그 모를 받들어 이웃 집에 들게 하고, 수일을 지낸 후에 사인이 제물(祭物)을 갖추어 노인의 무덤에 가 울어 제하고, 그 처가살이 갔던 아들을 차차로 데려와 재산을 분배하여 한 동리에 거하니, 전후 좌우에 수십여가이라. 그 사인이 두루 삼첩의 집에 윤회하여 자, 그로써 옛 인연을 맺고 호의호식하며 여년을 지낼 새 그 노인의 제는 삼자의 몸이 맞도록 폐치 아니케 하더라.(「청구야담」 권 7. 6 노학구차태생남(老學究借胎生男))

30. 안절사 오윤겸이 영랑호에서 설생을 만나다

광해조 시절에 설생이라 하는 자가 청파에 거하여 문사가 넉넉하고 기운을 숭상하여 과장에 여러 번 출입하되 수기(數奇)[34]한 양 한 번도 마치지 못한지라. 일찍 추판(秋判)[35] 오윤겸으로 더불어 정의 친밀하더니 계축 폐모변[36]을 당하매 생이 개연히 추판더러 일러 가로되,

34) 운수(運數)가 기박함

35) '형조판서(刑曹判書)'를 달리 이르는 말

36) 폐모변: 광해군 5년(1613) 인목대비(仁穆大妃) 폐출 사건을 가리킴

"윤기 멸한지라. 어찌 벼슬에 거하리오. 그대 능히 나로 더불어 한가지로 물외에 놂이 어떠하뇨."

추판이 양친이 당에 계시니 가히 멀리 가지 못하므로 말하고, 수월 후 생을 찾은 즉 부지거조이라.

반정 후 갑술년에 오공이 관동에 안절사가 되어 순력나가 간성에 이르러 배를 영랑호 물가에 띄웠더니, 홀연 물가에 배를 끌고 오는 자가 있거늘 점점 가까이 오매 살펴본 즉 곧 설생이라. 크게 놀라 주중에 맞아들이니 서로 기쁨을 측량치 못할지라. 그 거하는 곳을 물은대 생이 가로되,

"내 집은 양양 읍내 동남으로 육칠리 허에 있으니 동명은 회룡골이라. 지형이 유벽하여 인적이 드물고 다만 여기서 멀지 아니하니 불과 반일에 가히 왕환할지라. 청컨대 그대는 나의 있는 곳으로 한 번 구경함이 어떠하뇨."

공이 좇아 장차 석양에 견여(肩輿)[37]를 타고 동구에 들어가니 산로가 기구하여 수 리를 가더니, 푸른 뫼가 깎은 듯이 우뚝 서 기이한 형상이 눈에 현란하고 중간에 석문이 열려 맑은 시내 석문 곁으로 솟아나니 이는 회룡동이라. 석경이 돌문 터진 데로 조금 꺾어 올라간 즉 참암 굴곡하여 칡을 이끌고 나무를 받들어 나아가매 비로소 굴이 있으니 몸을 구부려 들어가는지라. 이미 들어간 즉 땅이 심히 광평하고, 전토가 기름지며 인가가 즐비하니 뽕과 삼이 좌우에 둘렀고 배와 대추나무가 전후에 총밀하여 별유천지비인간이라.

생이 있는 곳은 굴 안에 당중하여 집을 지었으되 극히 정쇄하고 그윽한지라. 공을 맞아 당에 올리고 산미(山味)로 대접하니 향기로운 나물과 기이한 실과가 벌였고 인삼 정과가 살찌고 크기 팔뚝 같은지라. 요기한 후 손을 이끌어 나가 놀 새 봉만과 암석이 기괴하고 장려하여 가히 형용치 못할지라. 공이 황연히 삼신산에 이른 듯하여 스스로 부귀의 더러움을

---

37) 사람 둘이 앞뒤에서 메는 가마, 교자(轎子)

알지라.

공이 가로되,

"여차 승계는 진실로 은자의 있을 바이나 그대 가계 요족치 못하니 산중에 어찌 이를 판득하뇨."

생이 웃어 가로되,

"내 세상을 피하므로써 임의로 두루 놀며 널리 볼 새, 하루도 한가함이 없어 서으로 속리산과 북으로 묘향산과 남으로 가야산 두류산 승경을 찾아 무릇 동방 산천의 기이한 곳을 들으면 족적이 아니 미친 곳이 없어 뜻에 맞으면 문득 풀을 베어 집을 짓고 거친 땅을 열어 밭을 만들어 거한 지 혹 일 년이며 혹 이삼 년에 홍이 진하면 문득 옮아 다른데로 가니, 나의 거한 곳은 산의 기이함과 물의 절승함과 모옥의 정결함과 전포의 생곡하는 자가 이에서 십배나 나은 것이 많으되 다만 세인이 알지 못하느리라."

공이 생의 종복이 다 준미하며 풍류에 능함을 보고 물으니 다 첩의 소생이요, 화월같은 소년 절염이 청가묘무(淸歌妙舞)로 좌우에 벌여 행락하는 자가 수십이거늘, 공이 기이하여 생의 평생 뜻을 얻음을 보고 스스로 진세에 욕됨을 돌아보매 위하여 허희 탄식하고 시를 지어 주어 머문 지 이 일에 비로소 떠날 새, 생에게 언약하여 가로되,

"후에 반드시 나를 경사에 찾으라."

하였더니, 그 후 삼 년에 과연 와 공을 찾으니 이때 공이 이판으로 있는지라. 생을 천거하여 사로(仕路)에 남을 청한대, 생이 참괴하여 하직치 아니코 바로 가니라.

그 후에 공이 한가한 때를 타 영을 넘어 화룡굴에 가 생을 찾은 즉 생은 없고 빈 터만 남았으되 사람이 알 이 없는지라. 공이 크게 탄식하고 기이히 여겨 돌아오니라.(「청구야담」 권9. 1 오안사영호봉설생(吳按使永湖逢薛生))

31. 순찰사가 경포호에서 신선인 줄 알다

강릉 땅에 경포대 있으니 집이 호수 위에 있고 십 리에 평평한 물이 거울

같아서 깊지 아니하매 자고이래로 빠져 죽은 자가 없으니 일명 군자호이라. 호 밖에 바다가 있어 빛이 하늘 같고, 한 모래 언덕이 막히어 날마다 급한 파도가 들이치되 일찍 무너지는 바가 없으니 또한 이상한 일이더라.

시속에 이르되 경호 터는 옛적에 한 부요한 사람이 살 때에 곡식을 만 섬이나 쌓고 살되 성품이 인색하여 한 싸라기도 남을 주지 아니하더니, 일일은 문 밖에 한 노승이 와 양식을 빌거늘 주인이 답하되,

"양식이 없노라."

승이 정색 왈,

"곡식을 전후에 뫼같이 쌓고 없다함은 어찜이뇨."

주인이 노하여 가로되,

"중놈이 어찌 감히 이렇듯 하리오."

하고, 인하여 똥을 떠 준대 승이 아무 말도 아니하고 자루를 열고 받은 후 인하여 절하고 가더니, 오래지 아니하여 뇌전이 대작하며 큰 비 붓듯이 오더니 땅이 두려빠지며 큰 호가 되니 일문 사람이 하나도 죽기를 면한 자가 없고, 쌓았던 곡식이 다 흩어져 들어가 화하여 조개 되니, 이름하여 제곡(齊穀)이라 하고 강변 남녀가 아침 저녁으로 주워다가 먹고, 또 흉년에 구황한다 이르더라.

호중에 홍장암이라 하는 바위 있고 근처에 홍장이라 하는 명기 있으니, 그때 순사로 아무가 순력할 제 이 땅에 이르러 홍장을 수청 들이고 심히 총애하더니, 그 후로 능히 정을 잊지 못하여 매양 본관을 만난즉 되풀이 하여 말하니 그 원은 순상과 절친한 벗이라. 속이고자 하여 거짓말로 가로되,

"월 전에 홍장이 죽었다."

하니 순상이 망연히 슬퍼하더니, 그 후에 또 순력으로 이 땅에 이르러 창연히 무엇을 잃은 듯하여 홀홀히 즐겨 아니하거늘, 원이 가로되,

"금야에 월색이 정히 좋으니 한 번 경호에 놂이 어떠하뇨. 들으니 경호는 신선의 곳이라. 매양 풍청 월백한 즉 왕왕이 생소와 난학의 소리 들린

다 하니 홍장은 명기라 혹 신선이 되어 선관 선녀를 따라와 노는지 어찌 알리오. 만일 이러한 즉 혹 만날까 하노라."

순사가 흔연히 좇아 배를 호중에 띄우니 맑은 달빛은 정신을 어리고 좌우 산천은 그림 같은데, 물과 하늘이 한 빛이고 푸른 갈대와 흰 이슬에 연기는 사라지고 바람은 맑은데 밤이 삼경이더니, 홀연 들으니 멀리서 옥저 소리 오오열열하거늘 순사가 귀를 기울이고 듣다가 옷깃을 여미고 문왈,

"이 무슨 소리뇨."

원이 가로되,

"이는 반드시 해상 선녀가 놂이니 사또가 선연이 있기로 이 소리를 얻어 들음이요, 또한 그 소리 이 배를 향하여 오는 듯하니 또한 일이 이상하오이다."

순사가 흔연하여 향을 피우고 기다리더니, 이윽고 일엽 소선이 바람을 따라 지나거늘 살펴본 즉 한 학발노인이 선관 우의로 단정히 선상에 앉았고, 앞에 청의 동자가 옥소를 불고 곁에 한 소아가 취수 홍상으로 옥배를 받들어 뫼셨으니 표표하여 능운(凌雲) 보허(步虛)[38]하는 태도가 있거늘, 순사가 어린 듯 취한 듯 눈을 쏘아본 즉 완연한 홍장이라. 인하여 몸을 일어 선상에 뛰어 올라 머리 조아 가로되,

"하계 범골이 상계 진선의 강림하심을 알지 못하옵고 영후하는 예를 잃었으니 원컨대 죄를 사하소서."

노선이 소왈,

"그대는 상계 신선으로 인가에 적강한 지 오래더니 오늘밤에 만나니 또한 일단 선연이라."

하고, 곁에 있는 가인을 가르쳐 왈,

"그대는 이 낭자를 아는가. 이 또한 옥제 향안전 시아로 인세에 적강하였더니 이제 기한이 차매 돌아가느니라."

38) 구름을 뚫고 허공을 걸어 다님

하거늘, 순사가 눈을 들어본 즉 과연 전일 홍장이라. 청산을 잠간 찡그고 추파를 반만 움직여 원망하는 듯 슬퍼하는 듯하거늘, 순사가 그 손을 잡고 울어 가로되,

"네 차마 어찌 나를 버리고 어디로 가려 하느뇨."

홍장이 또한 눈물 뿌려 대왈,

"인간 인연이 이미 진하매 어찌할 길 없더니 상제께오서 상공이 첩을 권연하는 정성을 감동하샤 하루밤 말미를 주샤 그대로 하여금 한 번 모이게 하시니이다."

하거늘, 순사가 노선을 대하여 왈,

"이미 옥제의 명이 계신 즉 마땅히 홍장을 허하소서."

노선이 가로되,

"그러면 그대는 홍낭으로 더불어 배를 한가지 타고 돌아가라."

하고, 또 홍낭을 경계하여 가로되,

"이미 상제의 정하신 연분이 있으니 이 사람으로 더불어 하룻밤 자고 오라. 내 미명시에 마땅히 이곳에서 배를 매고 기다리리라."

홍낭이 염임 대왈,

"삼가 가르치심을 받들리이다."

노선이 표연히 일어 순사와 홍장을 선상에 올려 보내고 일진 청풍에 돛을 돌이켜 가더라.

순사가 홍장으로 더불어 성중에 들어가 침실로 이끌어 들어가니 견권(繾綣)의 정과 운우의 꿈이 상시로 다름이 없더라.

날이 밝은 후 놀라 깨어 마음에 생각하되 홍장이 이미 갔으리라 하였더니, 눈을 들어 본 즉 홍장이 곁에 앉아 단장을 다스리거늘 흔들어 연고를 물은대 답치 아니하더니, 문득 또 보니 본관이 들어와 웃으며 왈,

"양대의 꿈과 낙포의 연분이 어떠하뇨. 하관에게 월로의 공이 없지 못하리라."

하거늘, 순사가 비로서 속은 줄 알고 서로 더불어 대소하더라.

경호의 홍장암과 명기 홍장의 일은 또한 읍지에 기록함이 있더라.(「청구야담」 권 11. 8 경포호순상인선연(鏡浦湖巡相認仙緣))

32. 아내를 데리고 가다가 옹천 땅에서 벼락을 만나다

군자정(軍資正) 이산중이 간성 원으로 있을 때에 그 아들 태영의 처가 잉태하여 만삭하니 해산을 서울 집에 와 하려 하고 발행하매 태영이 호행하여 옹천 땅에 이르렀더니, 급한 비 붓듯이 오며 뇌정이 대작하니 독교(獨轎)[39] 실은 말이 자주 놀라거늘, 태영이 독교를 내려 인부에 메이려 하고 내려 미쳐 사람의 어깨에 닿지 못하여서 일성 벽력이 말머리를 지나가 앞에 있는 회화나무를 쳐 부서지니, 말이 놀라 뛰어 바위 위를 치닫다가 굴러 바다에 내려져 죽고 독교는 이미 사람에 메인 바가 되더니, 태영이 대경하여 급히 독교를 길가에 내려 놓고 발을 들어본 즉 그 부인이 몸이 곤하여 잠이 들어 깨지 아니하고 마침내 무사하였더니, 칠월에 이르러 희갑을 낳으니라.

나이 사 세에 그 대부인을 따라 수교 외가에 머물더니, 마침 그 집이 화재를 만나 다시 고치려 하고 동우와 들보와 연목을 뒤뜰에 쌓았더니 희갑이 그 아래서 놀다가 쌓은 재목이 일시에 무너져 그 밑에 든지라. 집 사람들이 경황하여 반드시 죽었으리라 하고 그의 조부가 또한 차악하여 어찌할 줄 몰라 급히 노복으로 하여금 나무를 옮기고 본 즉, 세 나무가 서로 엇이어 섰고 그 아이 그 속에 업드려 놀라 얼굴이 흙빛 같으되 한 곳도 상한 바가 없으니 그의 조부가 항상 말하되,

"이 아이는 크게 달하리라."

하더라.(「청구야담」 권 12. 4 솔내행옹천봉뇌우(率內行甕遷逢雷雨))

39) 말 한 마리가 메고 끄는 가마

33. 한문으로 아무렇게나 쓴 제문(祭文)이 언문으로 쓴 것보다 낫다고 하다

대쇠라 하는 자는 양반의 집 노자(奴子)이다. 어려서부터 수청(守廳)하여 비록 글을 배우지 못하나 대강 문자를 알더니, 그 상전이 간성에 부임하였을 제 대쇠 따라갔더니, 세여(歲餘)에 유고하여 상경할 새 산길에 술막이 적은지라. 행하여 일처에 이르러 촌가에 빌어 잘 새 그 집이 마침 상고(喪故)가 있어 밤 새도록 훤요(喧擾)하고 주인이 빈번히 문을 열고 바라보며 가로되,

"언약이 있으되 오지 아니하니 대사에 이런 낭패 없으니 장차 어찌할꼬."

거조가 망급(忙急)하거늘 대쇠가 그 연고를 물은대, 답하여 가로되,

"이제 새벽에 장차 망부의 장례를 지내려 하매 제주관(題主官)[40]을 모동(某洞) 모생원(某生員)께 청하여 정녕 상약하였더니 방금 소식이 없으니 낭패 극하다."

하고, 인하여 물으되,

"귀객은 경화에 있는지라. 반드시 제주를 알 것이니 다행히 나를 위하여 써 주심이 어떠하뇨."

대쇠 또 제주하는 법을 알지 못하되 어리석은 마음으로 쾌히 허락하니 주인이 크게 기꺼 술과 안주를 후히 대접하니라.

새벽 행상할 새 대쇠로 더불어 상산하여 이미 하관 평토하고 청하여 제주하라 한 대 대쇠 이미 허한지라. 사양할 수 없어 쓰려 하되 법을 알지 못하여 반나절이나 생각다가 인하여 '춘추풍운초한건곤(春秋風雲楚漢乾坤)' 여덟 자를 써 주인에 올리니 이는 대개 장기판에서 익히 본 연고이더라. 쓰기를 다하매 교위 위에 봉안하고 여럿이 행제(行祭)하더니, 이윽고 산하로부터 일개 도포 입은 자가 십분 취기를 띠고 올라 왈,

---

40) 신주(神主)에 글자를 쓰는 것을 맡은 사람

"때 어찌 되었느뇨."

하거늘, 주인이 맞아 가로되,

"생원이 어찌 남의 대사를 낭패케 하드뇨."

그 사람이 가로되,

"내 친구의 만류한 바가 되어 술이 취하매 미쳐 오지 못하였더니 이제 놀라 깨닫고 급히 왔노니 제주를 어찌하뇨."

주인이 가로되,

"다행히 경객(京客)의 오심을 힘입어 이미 하였나이다."

그 사람이 가로되,

"그런 즉 심히 좋으니 한 번 보기를 원하노라."

대쇠 이 말 듣고 크게 놀라 홀로 헤오되, '이 글이 반드시 이 양반 눈에 탄로할 것이니 내 장차 대욕을 당하리로다' 하고, 인하여 측간에 감으로써 핑계하고 몸을 피하여 도주하고자 할 즈음에 그 사람이 제주를 보고 웃어 가로되,

"인 즉 참글이라. 내 언문에서 크게 낫도다."

대쇠 비로소 방심하여 취하도록 먹고 익일에 하직하니 주인이 무수히 칭사하더라. (「청구야담」 권14. 2 제신주진서승언문(祭神主眞書勝諺文))

34. 남곡 김치는 생사간에 이상한 일이 있었다

김감사(金監使) 치(緻)의 별호는 남곡(南谷)이니 백곡 득신(得臣)의 부이다. 젊을 적부터 추수(推數)[41]하기를 잘하여 맞추고 이상한 일이 많더라. 혼조(昏朝)[42]에 등과하여 홍문교리(弘文校理) 하였더니 늦게야 비로소 뉘우쳐 병을 칭탁하고 벼슬을 갈고 용산에 복거하여 두문 사객하였더니, 일일은 시자가 고하되,

---

41) 앞으로 닥쳐 올 운수(運數)를 미리 헤아려 앎

42) 암울한 임금이 다스리던 시절. 여기서는 광해군 때를 말함

"남산동 거하는 심생이 와 뵘을 청하나이다."

김공이 사례하여 가로되,

"존객이 나의 병폐함을 알지 못하고 수고로이 왕림하였으나 인사를 폐한 지 이미 오랜지라. 이제 맞지 못하리로소니 심히 한탄하도다."

하고, 밖으로 보내니라.

김공이 평일에 자기 사주로 평생을 추수한 즉 마땅히 물 수(水) 변 글자 성(姓)을 가진 사람을 힘입어야 가히 큰 화를 면할지라. 문득 생각하매 온 손이 이미 수 변 성인 즉 이 사람이 내게 유력함이 아니냐 하고 급히 시자로 하여금 따라 중로에서 만나 모시고 오니 이 심기원(沈器遠)이라.

김공이 연망히 맞아 가로되,

"노부가 스스로 인사를 폐한 지 오랜지라. 존객이 누사에 욕림하되 마침 신병이 있어 맞아 절하는 예를 잃었으니 참괴함이 심하도다."

객이 가로되,

"일찍이 승안치 못하나 그윽히 장자의 추수하심이 정통함을 들은 고로 외람함을 피치 아니하고 감히 와 써 질정하려 하오니 내 사십 궁유로 명도가 기구한지라. 이제 옴은 한 번 신안에 뵈고자 함이라."

하고, 인하여 소매 가운데로써 사주를 내어 뵈고 또 가로되,

"내 올 때에 절기(切己)한 벗이 또 사주를 써 부탁하오매 물리침이 어려워 마지 못하여 가져 왔사오니 심히 번거하여이다."

김공이 일일히 보고 만구 칭찬(萬口稱讚)하여 가로되,

"부귀 당전하였으니 모로미 다시 묻지 말라."

최후의 객이 또 한 사주를 뵈어 가로되,

"이 사람이 부귀는 원치 아니하고 평생에 병없음을 다만 원하고 또 수한을 알고자 하니 어떠하니이꼬."

공이 별안간 한 번 보고 곧 시자를 명하여 돗을 펴며 책상을 놓고 일어 의관을 정제히 하고 염슬 궤좌(斂膝跪坐)하여 그 사주로써 서안에 두어 분향하고 가로되,

"이 사주는 귀함을 가히 말 못할 것이라. 상례 사람의 명수가 아니오니 어찌 흠경치 않으리오."

심생이 물러가고자 하거늘 공이 가로되,

"노부가 병중에 수란하여 존객을 추심키 어려우니 다행히 잠깐 머물러 써 병회를 위로함이 가하다."

하고, 인하여 유숙하게 하고 밤이 깊은 후 공이 이에 촉슬(觸膝)[43]하고 가로되,

"노부가 불행히 이때를 당하여 조정에 자취를 붙였더니 늦게 뉘우침이 있어 칭병하여 문을 닫고 세상을 사절하니 조정의 번복이 오래지 않을지라. 그대 와 질정함을 내 이미 아노니 다행히 서로 숨기지 말고 실상으로 말함이 가하도다."

심생이 크게 놀라 처음은 숨기고자 하다가 마침내 그 연고를 말하거늘 공이 가로되,

"성사함이 조금도 의려가 없으니 장차 어느 날로 거사하려 하느뇨."

가로되,

"모일로 정하였노라."

공이 침음 양구에 가로되,

"이 날이 길한 즉 길하나 차등 대사를 택일하매 파살랑(破殺狼)의 일자가 있은 연후에 가하니 모일이 소사에는 길하거니와 대사에는 가치 아니하니 내 마땅히 그대를 위하여 다시 길일을 택하리라."

하고, 인하여 책력을 헤치고 익히 보아 가로되,

"삼월 십육일이 파살랑을 범하였으니 이 날 거사할 즈음에 비록 혹 고변하는 사람이 있을지라도 조금은 해로움이 없고 필경 무사순성하리니 반드시 차일로써 거사함이 가하니라."

심생이 크게 이상히 여겨 가로되,

---

43) 무릎을 마주 대고 앉음

"만일 그러한 즉 공의 이름을 마땅히 우리 도록에 치부하리라."

공이 가로되,

"이는 원하는 바가 아니라. 다만 명공은 성사한 후에 죽기에 드리운 명을 구하여 화에 마치지 아니케 함이 이 바라는 바이로다."

심생이 쾌히 허락하고 가니라.

반정함에 미쳐 김공의 죄를 가히 사치 못함으로써 말하는 자가 많으되 심공이 힘써 구하여 영백(嶺伯)을 제배하니라.

공이 일찍 자가 사주로써 중원 술사에게 물은 즉 한 구 시에 가로되,

華山騎牛客이	화산(華山)의 소 탄 손이
頭戴一枝花이라.	머리에 일지화(一枝花)를 이었도다

하니, 그 뜻을 알지 못하더니, 및 영백이 되어 순력하여 안동부에 이르러는 졸연 학질을 얻어 물릴 방문을 두루 물은 즉 혹이 써 하되, '당일 소를 거꾸로 탄 즉 즉시 났다.' 하는 고로 그 말과 같이 소를 타고 뜰 가운데 두루 다니다가 잠깐 소에게 내려 방 안에 들어와 누워 두통이 극심한지라. 한 기생으로 하여금 머리를 짚히고 그 이름을 물은 즉 일지화이라. 공이 홀연 중원인의 시구를 생각하고 탄식 왈,

"사생이 명이 있다."

하고, 새 돗을 펴며 새 옷을 입고 베개를 정히 하고 유연히 몰하니라.

이 날에 삼척 수가 아중에 있더니, 문득 공이 추종을 성히 하고 문으로 들어오거늘 놀라 일어 가로되,

"공이 어찌 타도를 월경하여 하관을 찾느뇨."

김공이 웃어 가로되,

"내 인간 세상 사람이 아니라 아자(俄者)에 작고하여 바야흐로 염라왕으로 부임하는 길에 지나다가 그대를 보고 또 청할 바가 있으니, 내 이제 부임하매 신건(新件) 장복(章服)[44]이 없으니 그대 평일 정의를 생각하여

다행히 위하여 판비할 소냐."

삼척 수가 마음에 그 허탄한 줄을 아나 그 간청함을 인하여 비단 일필로써 드리니 김공이 흔연히 받고 사례함을 마지 아니하여 하직하고 가거늘, 삼척 수가 크게 놀라 사람을 보내어 탐문한 즉 과연 이 날에 김공이 안동부에서 몰하였더라. 이러므로 김공이 염라왕이 되었단 말이 세상에 성행하니라.

박구당(朴久當) 장원(長遠)이 김공의 아들 백곡으로 더불어 절기한 벗이라. 일찍 북경에 추수하여 써 온 즉 모년 모월에 마땅히 죽으리라 하였거늘, 박공이 한 장 간지를 주니 백곡이 가로되,

"어느 곳에 편지하느뇨."

박공이 가로되,

"그대 한 글을 얻어 선존장께 부치려 하노라."

백곡이 당황하여 써주지 않으려 하거늘, 구당이 가로되,

"그대 나로써 허탄타 하느냐. 아무케나 나를 위하여 쓰라."

하고, 재삼 간청하니 백곡이 마지 못하여 붓을 들거늘 구당이 입으로 불러 하여금 써 가로되,

"자의 절우 박모의 수한이 장차 금년에 이른지라. 다행히 엎드려 바라건대 특별히 긍련함을 들이와 하여금 그 수를 늘여 주소서."

외봉 운 '부주전(父主前)'이라 쓰고 내봉에 '자(子) 득신(得臣)은 상백시(上白是)라' 쓰니라.

쓰기를 마치매 구당이 일실을 수소하고 소화하여 가로되,

"이제로부터 면한 줄 아나이다."

하더니, 과연 그 해를 안과하고 그 후 수십 년에 비로소 몰하니 일이 극히 망탄하나 김공의 영혼이 크게 타인에서 다르더라.

---

44) '관디'를 달리 이르던 말. '관디'는 벼슬아치들이 입던 공복(公服). 지금은 구식 혼례 때에 신랑이 입음

그 후 매양 밤마다 추종을 성히 하고 등촉을 벌여 장동 두 사이로 왕래하여 혹 지구(知舊)를 만나면 말게 내려 서회하더니, 일일은 밤에 한 소년이 낙동을 지나다가 김공을 노상에서 만나 물어 가로되,

"영감이 어디로조차 오시느니이꼬."

공이 가로되,

"금일은 나의 기일이라. 음식을 흠향하러 갔더니 제물이 불결하여 흠향치 못하고 창결히 돌아오노라."

하고, 인홀불견(因忽不見)하거늘 소년이 즉시 그 집에 가니 그 집은 창동이라. 주인이 제를 파하고 나오거늘 소년이 그 수작으로써 전한대, 백곡이 크게 놀라 곧 내정에 들어가 두루 제물을 살피되 하나도 불결한 물이 없어도 떡 가운데 인모가 있거늘 거가가 경송하여 매년 기일마다 십분 조심하더라. 그 후 일인이 또 노상에서 만난 즉 김공이 가로되,

"내 일찍 타인의 강목을 빌어 보다가 미쳐 보내지 못하고 제 몇째 권 몇째 장에 금박지를 접어 끼웠으니 일후 돌려 보낼 때에 만일 살피지 아니하면 금박을 유실할 염려가 있으니 이 말로써 내 집에 전하여 자세히 살펴 금박을 빼고 보내라 하라."

그 사람이 돌아가 그 말을 전하거늘 백곡이 강목을 뒤져본 즉 금박이 과연 있으니 사람이 다 이상히 여기고 신통히 여기더라. (「청구야담」 권 14. 4 김남곡생사개유이(金南谷生死皆有異))

35. 귀물이 매일밤 구슬을 달라고 하다

횡성(橫城) 읍내에 한 여자가 있으니 출가한 후 일개 장부가 밤마다 오매 타인은 다 보지 못하되 기녀가 홀로 보니 여러 날 되매 정녕 그 귀물(鬼物)인 줄 알되 물리칠 계교가 없더니, 기녀의 숙부가 들어온 즉 궐물이 피하거늘 그 여자가 그 형상을 말한대 그 숙부가 가로되,

"궐물이 만일 오거든 실꾸리 끝을 바늘에 매어 그 옷깃에 꿰어 맨 즉 가히 궐물의 있는 곳을 알리라."

기녀가 그 말같이 하여 이튿날 밤에 귈물이 오매 실끝을 바늘에 매어 옷기슭에 꽂았더니, 그 숙부가 돌입한 즉 귈물이 달아날 새 실꾸리 차차 풀리는지라. 그 숙부가 다만 실만 보고 쫓아 가니 앞 수풀에 이르러 그치거늘 다다라 본 즉 실이 땅 밑으로 들어갔는지라. 인하여 땅을 두어 치 남짓 판 즉 한 썩은 방아 나무에 실이 매이었고 그 머리에 탄자같은 붉은 구슬이 있어 광채 사람에게 쏘이거늘, 인하여 그 구슬을 빼어 주머니에 넣고 그 나무는 소화하니 그 후에 귈물이 절적하니라.

일일은 그 숙부의 문하에 홀연 한 사람이 밤에 와 애걸하여 왈,

"원컨대 이 구슬을 도로 주소서. 만일 주신 즉 부귀공명을 마땅히 그대 원하는 대로 하리이다."

그 숙부가 허치 아니한대 그 사람이 종야 애걸하고 가더니, 매양 밤마다 이같이 한 지가 사오 일이라.

일야에 또 와 가로되,

"이 구슬이 내게는 심히 긴하고 그대께는 긴치 아니하니 마땅히 다른 구슬로써 바꿈이 가하니, 이 구슬인 즉 그대에게 유익하니라."

그 숙부가 가로되,

"그러면 나를 뵈라."

그 사람이 밖으로부터 한 낱 검은 구슬을 들여 보내니 모양이 전 구슬과 같은지라. 그 숙부가 아울러 탈취하니 그 사람이 인하여 통곡하고 가매 다시 형영이 없더라.

그 숙부가 매양 사람에게 자랑하되 그 어느 곳에 쓰는 줄을 알지 못하니 그 귀물에게 쓰는 곳을 묻지 아니함이 가히 아깝도다. 그 후 타처에 나갔다가 이취(泥醉)하여 노상에서 자더니 줌치 가운데 두 구슬이 다 부지거처이라. 반드시 그 귀물이 가져감인가 하더라. (「청구야담」 권 17. 5 귀물매야삭명주(鬼物每夜索明珠))

36. 홍천읍에서 어사가 자태를 드러내다

이부학(李副學) 병태(秉泰)[45]가 동협(東峽)[46]에 안렴할 때 행하여 홍천 읍내에 이르러 장차 타읍으로 향하려 하여 앞 마을에 이르러 기갈이 심한지라. 한 집에 가 밥을 구하니 한 여자가 문에 나와 가로되,

"남정 없는 집이 빈궁함이 극한지라. 집에 시어머니가 있으되 조석을 오히려 궐하니 어느 겨를에 행인을 접대하랴."

공이 물으되,

"가장이 어디 갔느뇨."

그 여자가 가로되,

"나의 가장은 곧 이 읍의 이방이라. 요기에게 혹하여 어미를 박대하고 아내를 내친다."

하고, 홀로 꾸짖기를 마지 아니할 새 방 안에서 노구가 소리하여 가로되,

"식부(息婦)[47]가 어찌 쓸데 없는 말을 하여 가부의 악사를 드러내느뇨."

공이 듣고 그 이방을 괘씸히 여겨 도로 읍내를 향하여 수리(首吏)의 집을 찾으니 정히 한 낮이라. 그 집에 들어간 즉 수리 청상에 앉아 점심을 먹고 곁에 한 기아(妓兒)가 또한 마주 앉아 밥을 먹거늘, 공이 청변(廳邊)에서 가로되,

"나는 경중(京中) 과객으로 우연히 이곳에 와 실시하였으니 한 그릇 밥을 얻어 요기함이 어떠하뇨."

때마침 흉년이라. 수리 눈을 들어 아래 위를 훑어 보고 머슴을 불러 가로되,

"아까 개 해산을 위하여 죽을 끓이더니 있느냐."

가로되,

---

45) 조선조 영조 때의 청백리. 호는 동산(東山). 합천 군수로 선정을 베풂

46) 경기도 동쪽 지방과 강원도 지방을 아울러 이르는 말

47) 며느리

"있나이다."

수리(首吏) 가로되,

"한 그릇으로써 이 걸인을 주라."

이윽고 머슴이 한 그릇 죽을 앞에 놓거늘 공이 노하여 가로되,

"그대 비록 요부(饒富)하나 곧 이배(吏輩)요, 나는 비록 유걸(流乞)하나 곧 사족(士族)이라. 때를 놓쳐 밥을 구한 즉 한 그릇을 허함이 좋은 일이요, 그렇지 않으면 그대 밥을 덜어 주어도 가하거늘 이제 개 돼지 먹던 남저지[48]로 사람을 먹이니 이 무슨 도리뇨."

수리 눈을 부릅뜨고 후욕(詬辱)하여 가로되,

"네 이미 양반인 즉 네 집 사랑에 있지 아니하고 이같은 행사를 하느뇨. 이제 살년(殺年)[49]을 당하여 비록 이것이라도 얻어 먹지 못하거든 너는 어떤 사람이건대 감히 이같이 하느뇨."

죽 그릇을 들어 치니 이마 깨어져 유혈이 낭자하고 죽의 국물이 온 몸에 묻은지라. 공이 아픔을 참고 곧 나가 출도하니, 이때 본수가 마침 진휼하고 남은 곡식을 작전하여 경제(京第)[50]에 보내려 하는 문서가 현착(現捉)한지라. 인하여 봉고파출(封庫罷出)[51]하고 수리와 기생을 아울러 타살하니, 한 여자의 원언(怨言)으로 일이 이에 이르니 이른 바 일부함원(一婦含怨)에 오월비상(五月飛霜)[52]이로다.(「청구야담」 권 17.7. 홍천읍수의노종(洪川邑繡衣露蹤))

37. 별점을 치는 기이한 사람을 깊은 골짜기에서 만나다

경중 한 사인이 북관에 갔다가 돌아올 때에 산중 경개를 탐하여 소로로

48) '나머지'의 경상도 방언

49) 크게 든 흉년. 큰 흉년

50) [임시로 시골에 나가 있는 사람이] 서울에 있는 본집을 이르는 말

51) 봉고파직(封庫罷職). 어사나 감사가 부정이 많은 수령을 파면시키고 관가의 창고를 잠그는 일

52) 한 여자가 한을 품으면 오월달에도 서리가 내린다, 곧 여자의 한이 갖는 독기를 나타낸 말

조차 행하더니, 일일은 이천(伊川) 지경에 이르러 일세 저물고 산세사면으로 둘렀고 수목이 참천하고 호표호리(虎豹狐狸) 낮에 횡행하는지라. 배회하여 사고하되 인적이 끊어지고 산로가 험준하여 정히 위태한지라. 행하여 인가를 찾더니 홀연 보니 큰 돌이 가운데 열려 성문 같고 대천이 그 가운데로 흘러 나오고 무와 배추 잎이 때때로 유수를 따라 흘러 나오거늘, 사인이 갈되,

"이 사이에 반드시 인가가 있도다. 무릉 선계 아니면 반드시 천태은거(天台隱居)[53]이라."

하고, 그 노자로 하여금 물에 헤엄하여 들어가 보라 하니 이윽고 그 노자가 작은 배를 타고 나오거늘, 사인이 드디어 배에 올라 노자로 더불어 배를 저어 거슬러 올라가 물이 진한 곳에 가 언덕에 배를 붙이고 행하여 한 곳에 이르러 인가가 있으니, 산고 곡심(山高谷深)하여 진애(塵埃) 이르지 아니하는 곳에 촌거가 극히 소쇄하니 정히 별세계라. 한 노인이 막대를 이끌고 나오니 의관이 탈속한 지라. 사인을 맞아 가로되,

"이 땅이 심히 유벽하여 인세로 더불어 통치 아니한 지 백여 년이라. 속객이 아는 자가 없거늘 그대 어찌 써 들어오뇨."

사인이 길을 잃은 형상을 고한대, 그 노인이 맞아 자리에 올려 석반을 대접하매 산채 야소가 세간의 맛이 아닐러라.

인하여 동침할 새 조용히 담화하여 이르되,

"그대 내 말을 들으라. 우리 선대로부터 세상의 영욕을 사절하고 지기지우(知己之友) 오륙인으로 더불어 이에 복거한 지 이제 수백 년이라. 종적이 한 번도 산에 나지 아니하고 생남 생녀하여 서로 더불어 혼취하매 이제 누백 호(累百戶) 대촌(大村)이 되어 밭 갈아 먹고 길쌈하여 입어 시비 이르지 아니하고 조세를 내지 아니하며 다만 꽃 피면 춘절이요 잎 지

53) 천태은거: 천태는 천태종의 개조(開祖)인 천태대사(天台大師) 지의(智顗)를 가리킴. 지의는 천태산에서 10년 간 수양하였음

면 가을인 줄 아노라."

밤이 깊은 후 뜰에 거닐다가 홀연 한 별이 떨어짐을 보고 문득 놀라 가로되,

"평구(平邱) 박진헌(朴震憲)이 죽었도다."

인하여 탄식하되,

"머지않아 병란이 날 것이니 이를 장차 어찌하리오."

그 사인이 마음에 괴히 여겨 가만히 그 날짜를 행중 작은 책에 기록하고 노인더러 물어 왈.

"병란이 만일 일어난 즉 어찌 화를 피하리이꼬. 청컨대 길지를 가리어 주소서."

노인 왈,

"만일 강릉 삼척으로 가면 가히 화를 면하리라."

다음날 사인이 석문(石門)을 나와 집에 돌아올 때에 평구촌에 이르러 물으되,

"여기 박진헌이란 사람이 있는냐."

마을 사람이 가로되,

"이미 죽었나이다."

그 날짜를 물은 즉 과연 별 떨어지던 밤일러라.

병자란을 당하매 사인이 그 노인의 말을 생각하여 드디어 처자를 데리고 삼척으로 이접하여 마침내 전가가 무사하니라.(「청구야담」 권 17. 12 점천성심협봉이인(占天星深峽峰異人))

38. 세 노인이 초당에 앉아 다가올 재앙을 물리치려고 빌다

선묘조(宣廟朝) 갑신 정월에 낙하(洛下) 이생이 마침 강릉 땅에 일이 있어 행하여 절협에 이르러 미미히 길을 잃어 인마가 피곤하여 날이 저물고 술막이 멀어 향할 바를 알지 못하더니, 문득 수풀 사이에 한 목동을 만나 길을 물으니 목동이 건넌 뫼를 가리켜 가로되,

"저 아래 모성 반가가 있고 그 외는 다른 인가가 없느니라."

생이 그 말을 좇아 집을 찾아 간 즉 초옥 수간(에 한 노인이 나이 육십 남짓하고 머리에 파모관(破毛冠)을 쓰고 손에 청려장(靑藜杖)을 짚었으니 곁에 한 쌍 동자가 모셨더라.

흔연히 영접하여 가로되,

"이같은 궁향에 귀객이 왕림하시니이꼬."

사인이 길을 잃음을 고한대 주인이 유숙함을 허하고 서로 대좌하여 정히 한 말이 없어 우려함이 있는 듯하니, 생이 또한 설화를 한만히 못하고 한 구석에 앉았더니 이윽고 석반을 내어 오니라.

황혼 때에 주옹이 시동더러 일러 가로되,

"날이 이미 어두우되 오히려 오지 아니하니 심히 괴이하다. 네 모로미 나가 보라."

시동이 문을 열고 멀리 바라보고 고하여 가로되,

"이제 앞 내를 건너 오나이다."

주옹이 생더러 일러 가로되,

"반드시 곁에 있어 개구치 말라."

잠깐 동안에 두 사람이 들어오니, 일은 궁조대(窮措大) 늙은 사람이요, 일(一)은 검은 장삼 입은 중이라. 당에 올라 한훤을 마치매 다시 잡언이 없고, 시동을 명하여 정화수 한 그릇을 반상에 놓고 분향하고 다 북면하고 꿇어 앉아 오래 축원하니, 생이 들으되 가히 해득치 못할지라. 이같이 하기를 수식경에 주옹이 동자를 불러 가로되,

"네 문에 나가 성신(星辰)을 둘러보라,"

동자가 응명하고 나가더니 조금 사이 들어와 고하되,

"큰 별이 동방(東方)으로부터 떨어져 빛이 땅에 비추더이다."

주옹과 다못 두 객이 허희 탄식 왈,

"막비천수(莫非天數)이라. 어찌하리오."

생이 그 형상을 보고 의괴하여 무망중 물어 가로되,

"주인의 탄식함이 무슨 일이뇨."

주인이 가로되,

"율곡 선생의 명이 장차 진한 고로 내 이 두 사람으로 더불어 하늘께 빌어 그 수를 늘여 생령을 구하려 하더니 대수(大數)가 관계한 바에 마침내 영험이 없으니 아까 떨어진 별은 이모의 주성이로라."

생이 가로되,

"내 금월초에 경중에서 떠나올 제 이모가 조금도 미양이 없더니 이 어찐 말이뇨."

주인이 가로되,

"칠팔 년 후에 왜구가 장차 범경할 것이니 율곡이 계신 즉 거의 난을 막을 것이어늘 이제 하릴없이 팔로 창생이 다 어육이 되리로다."

두 사람이 처창함을 띄어 가거늘, 생이 물어 가로되,

"국운이 장차 이같을진대 나같은 궁유는 어찌 살기를 바라리오."

주인이 가로되,

"만일 당면(唐沔)의 땅으로 향하면 가히 도면(圖免)하리라."

또 물으되,

"두 객은 이 뉘뇨."

주인이 가로되,

"유관(儒冠)한 자는 가히 그 성명을 이르지 못할 것이요 치의(緇衣)는 이 검단대사(黔丹大師)이니라."

생이 집에 돌아와 물은 즉 율곡 선생이 과연 모일에 하세하니, 그날은 삼인의 기성(祈星)하던 밤일러라.

임진란을 당하매 당면지간에 이접하여 전가가 무사하니라. (「청구야담」 권 17. 14 좌초당삼노양성(坐草堂三老禳星))

39. 금강을 지나다 급한 어려움을 보고 의로움을 발휘하다

강릉 김씨 한 사인이 가빈(家貧) 친로(親老)하니 그 편모가 그 아들더러

일러 가로되,

"너의 집이 본대 부명(富名)이 있더니 중간에 탕패하매 노비 호남 도중에 흩어 있는 자가 그 수를 알지 못하니 네가 수속하여 오라."

하고, 인하여 노비 문권을 내어 주니 사인이 문권을 가지고 도중에 가니 백여 호 촌락이 다 노비 자손이라. 문권을 보고 차례로 뵈어 절하거늘 그 중두령을 불러 수천금을 수렴하여 속량하고 문권을 다 소화한 후 돈을 싣고 돌아올 새 길이 금강을 지나는지라. 이때 월색이 강에 조요한데 마침 보니 노옹 노고와 한 소부가 강변에 열좌하여 다투어 물에 들고자 하되 서로 붙들어 통곡하거늘, 사인이 괴히 여겨 물은대 노옹이 가로되,

"내 외아들이 있어 감영 아전이러니 포흠(逋欠)[54]이 만석에 가까운지라. 누삭 체수(滯囚)하매 가장(家藏)을 진매(盡賣)하고 족징(族徵) 동징(洞徵)하되 오히려 나머지가 많은지라. 명일로써 정한하니 만일 명일이 지난 즉 장하에 경혼이 될지라. 푼전 입미를 다시 판출할 길이 없으니 차마 외아들의 죽음을 보지 못하여 내 물에 빠져 죽어 모르고자 하되 노처와 소부가 한가지 죽고자 하여 나의 물에 듦을 보고 서로 건져 내고 인하여 통곡하나이다."

사인이 가로되,

"돈이 얼마나 하면 가히 포흠을 다하랴."

가로되,

"수천금이면 가히 구하리이다."

사인이 가로되,

"내 추노한 돈이 수십태 있으니 이로써 갚으라."

하고, 다 내어주니 그 삼인이 일시에 손 묶어 배사하여 가로되,

"우리 네 사람의 명이 이를 말미암아 생도를 얻으니 장차 어찌 은혜를 갚으리오. 원컨대 내 집에 유숙하고 가소서."

---

54) 포흠(逋欠): 관청의 물건을 사사로이 써버림

사인이 가로되,

"날이 이미 저물고 돌아갈 길이 또 급하니 가히 유련치 못하리라."
하고, 곧 말을 몰아 가니 그 노인이 빨리 따라 소리를 높이 하여 가로되,

"원컨대 행차의 거주 성명을 듣고자 하노라."

답하여 가로되,

"들어 무엇하리오."
하고, 인하여 돌아 보지 아니코 달려 가니라.

노옹이 즉시 차물로써 숙포를 가 갚으매 그 아들이 옥 밖에 살아 나오니 혼실이 사인을 감축하되 그 거주 성명은 망연부지라.

사인이 집에 돌아와 문후하니 그 어머니가 그 무양히 환귀함을 기꺼하고 또 추노를 여의(如意)함을 다행히 여겨 그 속량한 돈을 어찌 수운하뇨. 사인이 금강의 일로써 고한대 그 어머니가 그 등을 어루만져 가로되,

"이 참 내 아들이로다."

그 후 그 어머니가 천년으로 마치니 초종을 간신히 지내고 지사(地師) 일인으로 더불어 걸어 행하여 두루 답산하여 장지를 구할 새, 한 곳에 이르러 지사가 가로되,

"저 곳에 대지 있으되 산하에 촌락이 즐비하고 또 큰 집이 있으니 가히 의논치 못하리로다."

생이 가로되,

"과연 대지면 비록 점산 하기는 어려우나 한 번 가봄이야 무엇이 해로우리오."

드디어 지사로 더불어 그 산에 올라 용맥을 찾아 한 곳에 안고 쇠를 띄워 가로되,

"이 명혈이라. 공명 부귀 일세에 제일이요 자손이 창성하리니 가히 유없는 길지라 이를 것이나 이 대촌이니 일러 무엇하리오."

탄상함을 마지 아니하거늘 김생이 가로되,

"비록 그러나 일세 이미 저물었으니 저 대가에 유숙하고 감이 또한 무

방하도다."

지사로 더불어 그 집에 들어가니 한 소년이 객실에 영접하여 석반을 지난 후 상인(喪人)이 등잔을 대하여 산지 일사(一事)로 근심하더니, 홀연 안으로써 한 소부가 창을 열고 돌입하여 김생을 붙들고 일성통곡에 기운이 막히어 능히 말을 못하거늘, 소년이 놀라 그 연고를 물은대 소부)가 가로되,

"이는 금강에서 만났던 대은인이라."

노옹 노고가 그 말을 듣고 뛰어 나와 김생 앞에 나배하여 가로되,

"나를 낳으신 자는 부모이요, 나를 살리신 자는 존객이라. 낳으시고 살리심이 어찌 사이 있으리오."

생이 처음 본사를 알지 못하고 당황하거늘 주인 내외 금강 일을 자세 말하고 인하여 가로되,

"그때 존객이 아니면 우리 어찌 금일이 있으리오. 존객의 은혜를 감격하여 중심에 새겨 매양 외실에 객이 오면 반드시 창틈을 엿보아 만일 다행히 만남을 바라더니 어찌 금일이야 은인을 만날 줄 알리오. 우리 아들이 생출하매 인하여 퇴리하고 촌에 거하여 산업을 이뤄 이제 부가를 이뤘으매 가사 전장을 두 곳에 배치하여 하나는 내 주장하고 하나는 써 존객을 기다린 지 오랜지라. 이제 하늘이 도우사 서로 만나오니 만일 앞 산에 영폄[55]코자 하신 즉 이 집으로 묘막을 삼고 나는 다른 데 이접할 것이니 오직 존객은 임의로 하라."

생이 복복 칭사하고 길일을 가리어 완장하고, 인하여 그 집에 거하여 자손이 만당하고 공명이 대불핍절(大不乏絕)하니 대개 음덕의 이룬 바일러라. (「청구야담」 권 18. 2 과금강급난고의(過錦江急難高義))

40. 이절도사가 보리 타작 장소에서 신승을 만나다

이병사(李兵使) 원(源)은 당장(唐將) 이제독(李提督)의 후예라. 춘천(春

55) 영폄(永 ›): 완전하게 장사함

川) 땅에 유락하여 가래와 호미를 친히 잡아 농부가 되었더니, 마침 하절을 당하여 보리 타작을 하고 곤하여 마당 가 나무 그늘에 누워 자더니 졸음을 깨는 자가 있거늘, 이원(李源)이 눈을 떠 본 즉 한 소년 중이 곁에 있는 지라. 원이 일어나 가로되,

"네 내 잠을 깨웠는가."

가로되,

"그리하였나이다."

하고, 인하여 가로되,

"서방님이 보리 마당에 골몰치 말고 즉금으로 발행하여 상경하소서."

원이 가로되,

"내 경성에 하나도 아는 이 없고 또 볼 일 없이 공연히 상경함이 시러곰 허랑치 아니하냐."

중이 가로되,

"불과 사오일에 서방님이 반드시 벼슬하시리이다. 또 자상(自上)으로서 서방님을 찾으시니 이제 빨리 상경하소서."

재삼 부탁하거늘 원이 그 말을 이상히 여겨 즉시 경행하여 동대문 안 여각에 머물렀더니, 명일에 몸소 정판서 창순(昌順)의 집에 가니 소매 평생이로되 시재 병판인 연고이라. 문밖에 통자하니 즉시 불러들여 보거늘, 이원이 아무의 후예라 말한대, 정판서가 가로되,

"일전 연중(筵中)에서 자상으로 채판서(蔡判書)께 이제독(李提督)의 후예를 물으시니 그대 모로미 채판서를 가보라."

이원이 즉시 가 채공을 보니 채공이 인접하여 자세히 묻고 또 가로되,

"자주 다니라."

채공이 후일 입시에 즉시 품한대 자상으로 특별히 남행 선전관을 제수하샤 하여금 제허참(除許參)[56]하고 다니라 하시고, 또 명하여 입시하라

56) 허참례(許參禮)를 면하게 함. 허참례는 새로 입사(入仕)한 벼슬아치가 고참 벼슬아치에

하시니 크게 은전을 입었더라. 오래지 아니하여 무과에 올라 여러 번 웅주 거목(雄州巨牧)을 지내니 심중에 그 중의 신기함을 생각하되 얻어 볼 길이 없더니, 무신(戊辰)에 호남 수사(湖南水使)로 동작(銅雀)이 나루를 건널 새 배 가운데 한 걸승이 있어 서서 눈을 들어 주시하거늘, 수사가 또한 마음이 동하여 사람을 명하여 불러오니 이에 춘천 보리 마당 가에서 보던 중이라. 기쁨을 깨닫지 못하여 행탁 중으로조차 넉넉히 행하하고, 다시 전정을 물은대 매매히 받지 아니하고, 또 가로되,

"영감 전정이 아직 멀었나이다."

이공이 가로되,

"내가 아장이나 하랴."

가로되,

"할 듯하니이다."

이윽고 배 물가에 닿으니 배에 내려 인하여 헤어지니라.

임자년에 공이 울산 병사(蔚山兵使)를 갈고 돌아왔더니, 후에 도감별장(都監別將)으로서 창의문(彰義門) 성역의 감동관(監董官)을 하여 군막가운데 앉았더니, 군막 밖에 중이 있어 두류하며 자주 돌아보거늘 이공이 또 마음이 동하여 군사를 보내어 불러오니 이에 동작진에서 만나던 중이라. 술을 주어 관곡히 대접한 후에 또 내두를 물은대, 중이 웃고 가로되,

"영감님이 어찌 옛날 보리 타작하시던 일을 생각지 아니하시나니이까. 이제 이미 곤수(閫帥)[57]를 지나고 또 아장 하나가 격하였으니 다시 무엇을 바라시나니이꼬."

하고, 마침내 다시 말하지 아니하니 공이 또한 웃고 파하다.

이원이 마침내 병사로서 명년에 졸하니라. (「청구야담」 권 19. 4 이절도맥장우신승(李節度麥場遇神僧))

게 음식을 차려 대접하는 일

57) 곤수: 병사(兵使)나 수사(水使)를 옛스럽게 부르는 말

41. 김승상이 오이밭에서 이인을 만나다

청사(淸沙) 김상공(金相公)이 수의(繡衣)로서 영남에 나갔더니 그때 오뉴월을 당하여 천기 심히 더운지라. 행하여 태백산 중에 이르니 구갈이 심히 급한지라. 협중에 사람도 없고 또한 우물과 샘이 없거늘 겸인(傔人)으로 더불어 노중에서 방황하되 해갈할 길이 없더니, 마침 한 고개를 지난 즉 길가에 참외밭이 있으되 상직막(上直幕)도 없고 다만 보니 참외 많이 익었거늘 갈증이 태심한지라, 어찌 신 들메는[58] 혐의를 돌아보리오. 겸인(傔人)으로 하여금 두 푼 돈을 가져다가 밭 가 콩가지에 걸고 들어가 따오라 하니, 겸인이 들어가더니 불과 몇 걸음에 즉시 혼미하여 밭 가운데 엎더져 입안으로 외마디 소리를 하여 가로되,

"나리님 날 살리오."

하고, 인하여 다시 소리 없거늘 김공이 크게 괴히 여겨 감히 들어가지 못하고 밭 가에서 방황하여 심히 망조하더니, 홀연 보니 한 노옹이 머리에 삿갓을 쓰고 산상으로부터 내려오며 불러 가로되,

"어찌 가히 당돌히 밭에 들었느뇨."

거동을 보니 행보가 완완하고 언사가 옹용하여 조금도 경괴하는 모양이 없거늘, 김공이 고하되,

"목이 마른 연고로써 돈을 달고 들여보내었노나."

전옹이 가로되,

"이 밭이 비록 막도 사람도 없으나 그대 밭 가의 흰 삼 심은 것을 보지 못하는가. 이것이 족히 도적을 막는다."

하고, 웃고 밭에 들어가 겸인의 손을 잡고 아무 방위로 조차 나오니 아까 불성인사하던 사람이 금시에 여상하더라.

또 참외 두어씩 얻어 먹고 김공이 자세히 본 즉 외밭 사면에 흰 삼을 돌려 심었으니 그 심은 법이 혹 성기며 혹 밀밀하여 완연히 팔문(八門) 모양

58) 들메는: 신발이 벗겨지지 않도록 끈을 단단히 조여 매다

을 이뤘으니 뜻하건대 이 팔진도법이라 하고, 인하여 겸인에게 아까 광경을 물은대 겸인이 대답하되,

"겨우 두어 걸음에 오장이 요란하고 칠정이 혼미하여 눈에 뵈는 바가 없고 지척을 분변치 못하여 인하여 넘어졌더니, 아까 노인이 손을 붙들고 길을 가리키니 비로소 눈에 뵈는 것이 있고 정신이 깨어나더이다."

김상공이 크게 괴이히 여기더라.

이에 전옹이 고쳐 한 말도 아니하고 표연히 산을 향하여 가거늘, 김상공이 신인이라 하여 겸인은 근처 촌가에 보내고 가만히 그 자취를 따라와 두어 고개를 넘어 전옹을 따라 그 거처하는 집을 들어가니 이에 수간 초옥이요, 방은 다만 한 간 뿐이더라. 공이 만단으로 자기를 청한대, 전옹이 웃고 안에 들어가 노처로 더불어 조용히 말한 후에 손에 한 그릇 조밥을 가지고 부엌으로 청하여 앉아 먹고 한 닙 짚자리를 펴고 앉기를 청하여 왈,

"산중에 사는 인사가 너무 무지하니 허물 말으소서."

하고, 인하여 한가지로 잘 새 공이 바야흐로 그 평생을 묻고자 하되 전옹의 코고는 소리 우레 같으니 접어할 길이 없더라.

저근덧하여 동방이 새고자 하거늘 공이 전옹을 깨워 가로되,

"주인이 어찌 잠을 곤히 자느뇨."

노옹이 눈을 씻고 일어 앉아 가로되,

"노혼 소치라. 접객 인사가 이같으니 죄를 사하소서."

공이 가로되,

"내 바야흐로 경영하는 일이 있어 이제 아무 땅으로 향하니 알지 못게라. 그 일이 잘 되랴."

노옹이 웃어 가로되,

"내 이미 수의 사도가 내 집에 올 줄 알았으니 속이지 말으소서."

공이 놀라 가로되,

"이 무슨 말이뇨. 향곡의 궁한 선비를 어찌 수의로 보느뇨. 주인옹이

참 망령이로다."

노옹이 손으로 처마 끝의 별을 가르쳐 왈,

"이 별은 수의 맡은 별이라. 이로써 아나니 어찌 자취를 감추느뇨."

공이 이 말을 들으매 은휘할 수 없는 줄 알고 실상으로써 고하고, 평생 사로에 어떠하며 자손의 어떠함을 자세히 물은대, 전옹이 일일이 고하여 가로되,

"아무 년에 아무 벼슬하고 아무 년 아무 가자(加資)하고 아무 년에 입각하여 필경 영상에 이르러 귀함이 인신에 극하고 문묘 배향하여 혈식(血食)[59] 천추할 것이요, 아들 삼인을 두되 버금 아들이 마땅히 영상이 되리라."

하고 무신란(戊申亂)에[60] 이르기까지 역력히 다 말하거늘 김상공이 속에 기록하였더니, 후래에 벼슬과 가자한 일이 다 여합부절이러라.(「청구야담」 권 19. 5 김승상과전견이인(金丞相瓜田見異人))

42. 무릉도원을 방문한 권생이 참세상을 그리워하다

서문 밖의 권진사가 소년에 진사하고 대과에 뜻이 없어 전혀 산천에 유람하기로 일을 삼아 팔도에 주유하여 종적이 이르지 않은 곳이 없고, 명산대천과 영경 승지를 편답치 않은 데 없고 혹 재삼 구경하더라.

춘천 기린창(麒麟倉)에 이르니 그 날은 마침 개시(開市) 날이라.

주막에 앉았더니, 한 사람이 삿갓 쓰고 소 타고 들어와 주인에게 물어 가로되,

"저 방의 객이 어떠한 양반이냐."

답왈,

"이는 서울 사는 권진사님이라. 팔도에 주유하여 방방곡곡이 아니 본 데 없으니 내게도 또한 세 번째 오기로 친숙한 지 오래로라."

---

59) (희생을 바쳐) 종묘에 제사를 지냄

60) 무신란 : 조선조 영조 4년(1728) 일어난 이인좌(李麟佐)의 난을 가리킴

가로되,

"저 양반이 아는 것이 있느냐."

가로되,

"자못 지리 익으니라."

가로되,

"혹 가히 청하여 가랴."

가로되,

"쉬울 듯하니라."

이윽고 점주(店主)가 들어와 고하되,

"아무 촌 아무가 진사님 포재(抱才)[61]하였단 말을 듣고 청하여 가기를 원하니 진사님은 의심치 말고 잠깐 행차하심이 좋을 듯하니이다."

권진사가 여러 날 점에 유하매 무료하더니, 답왈,

"예서 가기 멀지 아니하면 한 번 놂이 무방하다."

하니, 이에 첨지자가 들어와 뵈어 가로되,

"진사님 성명을 들은 지 오랜지라. 이제 내가 소를 타고 왔으니 잠깐 누지에 가심이 어떠하니이꼬."

권진사가 가로되,

"첨지의 집이 예서 몇 리나 하뇨."

답왈,

"이 장에서 불과 삼십리로소이다."

즉시 소를 타고 행할 새 첨지는 채찍을 잡고 뒤에 있으니 때 오시는 되었더라. 그 소가 빨리도 아니 가고 더디도 아니하여 대강 삼사십 리나 갔더니,

권진사가 첨지에게 물어 가로되,

"영감 사는 촌이 멀지 아니할 듯하다."

61) 포재(抱才): 드러내지 않고 품고 있는 재주

첨지 가로되,

"아직 멀었나이다."

진사가 가로되,

"그러면 이제 몇 리나 왔느뇨."

가로되,

"팔십 리니이다."

권진사가 크게 괴히 여겨 가로되,

"백 리나 가까이 와서 촌이 그저 먼 즉 처음 삼십 리라 함이 어찌 그 허랑하냐. 영감이 나를 속이고 온 뜻은 어찌코자 함이냐."

가로되,

"자연 묘리 있으니 점주는 다만 내 집이 삼십 리 허에 있는 줄만 알고 나의 있는 바 마을은 자세히 알지 못하나이다."

진사가 마음에 비록 의괴하나 이미 이에 이르렀으니 가히 회정치 못할지라. 마지 못하여 행하니 대개 장으로부터 삼십 리 밖은 다 심산 궁곡이라. 낙엽에 발이 빠지고 다만 작은 길이 있더라.

해질 무렵에 이르러 첨지 소를 잡고 왈,

"잠깐 내려 요기하고 가사이다."

진사가 소를 내리니 시냇가에 작은 행담에 밥을 묻어 두었더라. 물을 움키어 먹고 또 소를 타고 행하니 날이 이미 서산에 넘어 때 정히 황혼이 되었더라. 이윽고 멀리 사람 부르는 소리 있거늘 첨지 또한 응하여 가로되,

"이제야 온다."

하더라.

진사가 소 등 위에서 본 즉 수십 자루 횃불이 영을 넘어 오니 다 소년 촌맹이라. 횃불로 전도하고 영을 넘어 내려가니 희미한 가운데 한 큰 마을이 있어 일동을 차지하였으니 계견(鷄犬)의 소리와 용저(舂杵)의 노래 사면에 일어나더라. 한 집에 다다라 소를 내려 문에 들어가니 방롱이 정쇄하고 누각이 훤칠하여 산협 백성 사는 데 같지 아니하더라.

이튿날 문을 열고 보니 동중에 인호가 이백여 개 되고 앞벌이 평포하여 무비양전옥토(無非良田沃土)요, 그 주위를 물은 즉 이십여 리라 하니 은연히 세상 밖의 무릉도원이더라. 또 벽을 격하여 수간 방에 밤마다 글 읽는 소리 있거늘, 물은 즉 답왈,

"동중 소년들이 공연히 놀지 못하여 매양 가을과 겨울 당하면 낮에는 밭갈고 밤에는 글 읽어 반드시 여기 모여 공부한다."

하더라.

권진사가 팔역을 편답하고 한 번 도원을 구경할 마음이 매양 경경하더니 의외에 여기 이르니 마음에 흔연하여 첨지를 보고 문득 공경하여 물어 가로되,

"주인이 신선이냐, 귀신이냐. 이 마을이 어떠한 마을이냐."

첨지 경괴하여 가로되,

"진사님이 어찌하여 홀지에 경대하시나니이까.

나는 별 사람이 아니라 선세에 본대 고양서 살다가 우리 증조가 마침 이곳을 얻어 이사하여 들어오니, 그때에 동성 당내 지친과 외가 처가의 겨레와 인친족당이 따라오기를 원하는 자가 합 삼십여 가이라. 한가지로 들어온 후에 상의하기를 다시 세상에 왕래치 말자 하고 여간 경서 염장 등속만 가지고 와 일변으로 기경하며 작답하여 먹고, 혼취하기에 이르러는 동중의 제족이 대대 성친하여 문득 큰 마을이 되니 그 후에 자손이 번열하여 한 우물 먹는 집이 이백여 가이니이다."

진사가 가로되,

"의식은 이 속에서 판비하려니와 소금에 이르러는 어렵지 아니하냐."

가로되,

"진사님 어제 타고 오신 소는 일행 이백여 리 하는지라. 증조가 여기 들어올 때에 가지고 온 바이니 낳는 족족 걸음을 잘 걸어 장에 왕래할 때에 반드시 이 소로써 소금을 싣고 오는 고로 일동의 소금이 전혀 다 이 소를 믿고 고기는 노루, 사슴, 제육, 양육 등속이 있고, 꿀은 벌통 수삼백 개를

산 밑에 벌여 두고 일동에 별로 머무르는 자가 없어 서로 추용하고, 생선은 여러 소년들이 모여 천렵하여 나눠 먹나이다."

진사가 일삭을 유련하여 동중 산천을 다 보고 나올 때를 당하여 첨지 신신 부탁하여 가로되,

"이 동중은 춘천도 아니고 또한 낭천도 아니니 사람이 이르지 아니하고 세상에 알 자가 없는지라. 진사님 여기 오시기는 또한 연분이니 산에 나간 후에 행여 번설치 말으소서."

진사가 가로되,

"내 또한 집에 돌아간 후에 솔권하여 오리라."

첨지 가로되,

"쉽지 못하고 쉽지 못하다."

하더라.

진사가 나온 후에 늙어 집에 거하여 매양 탄식하되 '내 평생에 진개 도원(眞個桃源)에 들어가지 못함은 도시 세속을 벗어나지 못한 연고이라' 하더라. (「청구야담」 권 19. 7 방도원권생심진(訪挑源權生尋眞))

계서야담

43. 도깨비 신랑

원주에 삼장사 최가라는 사람이 있는데 누만금을 모은 거부이다. 원주 사람이 전해주는 말을 들으면, 최의 어미는 겨우 스무살이 지나서 아들을 낳고 지아비를 여의었다. 어린 아이를 데리고 수절하며 외롭게 사는데, 하루는 홀연 어떤 건장한 사내가 하나가 의복은 초라하고 허리는 벌겋게 드러낸 채 구레나룻 수염을 누렇게 해 가지고 와서 마루에 앉는 것이었다.

최의 어미가 웬 일인지 놀라 말하였다.

"수절과부가 사는 집에 웬 남자가 당돌하게 안으로 들어오시오?"

그 사람이 웃으며,

"나는 가장인데 어찌 그렇게 놀라시오?"

하더니 방으로 들어 와 억지로 범하는데 어찌할 도리가 없어 몸을 맡겼다. 다만 교합할 때에 차가운 기운이 뼈에 사무치는데 아픔을 견딜 수 없었다.

이후로는 밤마다 어김없이 오는데, 은전과 포목 비단을 실어 와 곳간이 차고 넘칠 지경이었다. 최의 어미는 그것이 귀물(鬼物)인지 알면서도 저절로 정이 익어갔다.

하루는,

"당신도 무서워하는 것이 있소?"

하고 묻자, 그 사람이 말하는 것이었다.

"무서워하는 거야 별로 없지만, 다만 누런 색깔은 보기가 꺼려지대. 만일 누런 색깔을 볼작시면, 가까이 가지도 못 하지."

그러자 최의 어미는 다음날 황토칠한 물을 많이 구해다가 집의 벽에다 바르고, 또 얼굴과 몸뚱이에다가도 바르고, 옷에도 발라서 입었다.

그 날 밤 그 사람이 들어오더니 놀라서 주춤주춤 물러나며 말하는 것이었다.

"어째서 이런 짓을 했단 말이냐?"

혀를 차며 탄식해 마지않더니 이어서 말하였다.

"이도 또한 연분이 다해서 이런 것이겠지. 이제 오지 않으마. 다만 내가 준 것들을 잘 간수하거라. 도로 뺏어가지 않고 너의 생업거리로 삼도록 해주마,"

하더니 홀연 보이지 않았는데, 이 다음부터는 자취가 없어졌다.

최의 집은 이로 말미암아 부자가 되어 한 도에 으뜸이 되었다. 최의 어미는 나이가 거의 여든이나 되었는데 가산은 여전히 넉넉하다고 한다.(「계서야담」 권 1)

44. 엉터리 제주

큰쇠(大金)라는 자는 우리 집 하인인데 경험이 많고 옛일을 잘 아는 늙은이이다. 어려서부터 돌아가신 할아버지를 모시고 청지기 노릇을 하였는데, 배우지는 않았지만 글을 조금 알았다.

계미년(癸未年) 무렵에 할아버지께서 간성(杆城)의 수령을 맡으셨는데, 그때에 큰쇠가 따라가 관아에 해포 가량 머무르다 연고가 있어 상경하였다. 산길이라 객점이 적었는데, 가다가 어느 곳에 이르자 민촌의 여염집에 방을 빌어 자게 되었다. 그 집에는 초상이 나서 시끄럽고 소란스러웠는데, 주인이 뻔질나게 문 밖에 나가 바라보며 말하는 것이었다.

"약속대로 오지 않으면 대사가 낭패인데, 이를 장차 어쩌나?"

이러한 행동거지가 허둥대는지라 큰쇠가 연고를 물어 보았다.

"이제 날이 밝으면 아버지 장례를 넘기게 되오. 제주관으로 모동 모생원을 청하기로 정녕 약속을 해두었는데, 아직 소식이 없으니 대사가 낭패요."

이러더니,

"손님은 서울 분이니 필시 제주하는 방법을 아실 것이요. 바라건대 나를 위해 써주시는 것이 어떠시오?"

라고 묻는 것이었다. 큰쇠가 뒤를 따라 산에 오르자 이미 하관 · 평토까지 마쳤는데, 큰쇠는 이미 부탁을 들어주기로 허락했던지라 사양할 수 없었다.

글을 쓰려고 해도 법례를 몰라 한참이나 생각하다가, '춘추풍우초한건곤(春秋風雨楚漢乾坤)'이라고 썼다. 아마 이것은 놀음판에서 쓰는 글귀가 눈에 익었던 까닭에 나온 것 같았다. 쓰기를 마치자 주인이 탁자 위에 모셔두고 예법대로 제사를 드렸다.

얼마 있지 않아 산 아래에 도포를 입은 사람 하나가 얼큰하게 취기를 띠고 왔다. 주인이 그를 맞이하며 말하였다.

"생원께서는 어찌하여 남의 대사를 낭패케 하십니까?"

"벗이 붙잡는 바람에 술에 취해 올 수가 없었네. 이제 비로소 깨었는데, 놀라 가지고 서둘러 온 걸세. 제주는 어떻게 썼나?"

"다행히 서울 손님이 와서 써주셨습니다."

"그러면 잘 했네. 한 번 보았으면 좋겠네."

큰쇠는 이 말을 듣고 몹시 놀라 마음 속으로 혼자 중얼거렸다.

"이 글이 틀림없이 이 양반의 눈에 탄로되겠군. 이제 곤경 꽤나 치르게 되겠는걸."

칙간에 간다고 핑계를 대고 막 도망가려고 할 즈음에 그 사람이 제주를 보더니 웃으며 말하는 것이었다.

"이거는 진서(眞書)로군. 내 언서(諺書)보다 낫구먼."

큰쇠는 비로소 이에 마음놓고 배불리 취하도록 마셨는데, 하직하고 갈 때에 이르러서는 주인이 무수히 감사하다는 말을 했다고 한다.

내가 어렸을 때 이 이야기를 듣고서 나도 모르게 포복절도 하였는데, 이제 이에 기록해 둔다. 큰쇠라는 자는 희준(羲準)의 종이다.(「계서야담」 권 1)

45. 활인의 보답

강릉 김씨인 선비 한 사람이 집은 가난한데 늙으신 어머니가 계셨다. 숙수(菽水) 드릴 것마저 떨어지자 늙은 어머니가 아들에게 말하였다.

"너의 집이 선대에는 본래 부자라고 이르던 집이다. 호남에 있는 섬 가운데 흩어져 있는 노비가 부지기수이니, 네가 가서 추쇄(推刷)하여 오너라."

이러면서 상자 속에서 노비 문권 두루마리를 꺼내어 보여주었다. 선비가 문권을 지니고 섬으로 가 보니, 백여 호 촌락이 자리 잡고 사는데 모두 노비의 자손이었다. 문권을 보더니 늘어서 절하며 마침내 밀린 몸값으로 천금을 바치는지라 선비는 문권을 불살랐다.

돈을 바리로 싣고 돌아오는 길에 금강 가를 지나가는데, 때는 겨울이라 몹시 추웠다. 강변에서 어떤 노인과 노파 그리고 젊은 아낙이 물에 들어가 서로 건져내더니 붙잡고 통곡하는 것이 보였다. 선비가 괴이하게 여겨 연유를 묻자 노인이 대답하였다.

"저에게 외아들이 있어 금영(錦營)에서 아전 구실을 하였는데 포흠(逋欠)으로 인해 갇혀 있습니다. 여러 번 정해준 기한을 어긴 끝에 오늘이 죽을 날이지만, 푼전 한 푼 쌀 한 톨 마련해 낼 길이 없답니다. 외아들 놈이 처형당하는 것을 차마 볼 수가 없어 저도 또한 물에 빠져 죽으려고 하자, 늙은 마누라와 젊은 며느리까지 함께 죽겠다고 하였지만, 차마 물에 빠지는 것을 볼 수 없어 서로 건져내고서는 함께 통곡하고 있습니다."

"돈이 얼마나 있으면 포흠난 돈을 갚을 수 있겠나?"

"수천 금이면 말을 수 있겠습지요."

"나에게 추노(推奴)한 돈이 몇 바리 있는데 넉넉히 수천 금은 될 걸세. 이것으로 갚도록 하게나."

즉시 돈을 주자 삼인이 또 대성통곡하며 말하였다.

"저희 네 사람의 목숨이 이로 인해 살아났으니, 장차 어떻게 은혜를 갚사오리까? 저희 집으로 들어가 유숙하고 가시지요."

"날이 이미 저물었고 길도 멀지만, 노친께서 문에 기대어 돌아오기를 기다리신 지 오래 되었으니 지체할 수 없네."

즉시 말을 달려 떠나는데 뒤도 돌아보지 않았다.

세 사람은 이 재물로 묵은 포흠을 모두 갚았는데, 당일로 그 아들이 옥문에서 풀려 나오자 온 집안이 선비에게 감축하였으나, 그의 거주 성명조차 알지 못 했다.

선비가 집에 돌아가자 늙은 어머니는 아들이 탈없이 돌아 온 것을 기뻐하더니 추노하러 간 일이 여의했는지 묻고선 더욱 기뻐하였다. 속량한 재물은 어떻게 가져왔느냐고 묻자, 선비가 금강에서 있었던 일을 말씀드리자, 늙은 어머니가 등을 토닥거려 주며 말하는 것이었다.

"역시 내 아들이로구나."

그 뒤에 늙은 어머니는 집에서 천수를 마쳤으나, 더욱 몰락하여 초종범절을 갖추고자 힘썼지만 하나도 제 모양을 갖추지 못 하였다.

김 상인(喪人)은 지사 한 사람과 걸어다니며 산을 찾았는데, 여러 산을 두루 다니다가 어떤 산소 터에 이르자 지사가 크게 찬탄하였다.

"부귀와 복록을 형언할 수 없는 터로구나!"

산 아래에 큰 집이 한 채 있는지라 시골 사람에게 물어보니 김 노인의 집이라고 하였다. 양전과 미답이 온 들에 널려 있고 마을이 가득히 들어서 있는데, 모두가 노복들이 사는 곳이었다. 선비가 지사를 돌아보며 말하였다.

"이와 같은 터를 어떻게 차지한단 말이요? 그러나 날이 이미 저물었으니 저 집에서 자고 가야 되겠소."

집에 들어가자 한 소년이 있다가, 객실로 영접하며 저녁밥을 대접하였다. 김 상인이 등불을 마주하고 앉자, 슬픈 감회가 가슴에 가득하고 산소 터 때문에 번민하느라고 길게 한숨만 나올 따름이었다. 그때 갑자기 내실에서 한 소부가 문을 열고 뛰어 들더니 김 상인을 붙들고 대성통곡을 하는데, 숨이 막혀 말을 하지 못하였다. 소년이 놀라 까닭을 묻자 소부가 말하였다.

"이 분이 바로 금강에서 만났던 은인이요."

소년도 또한 부둥켜안고 통곡하는데, 늙은이와 할멈이 이 말을 듣고 뛰쳐 나오더니 부여안고 울었다. 곡이 그치자 촛불을 밝히고 마주하여 각기 연조를 묻자 과연 사실에 어그러지지 않았다. 대개 소부는 그 후로 한결같이 밤이면 분향하고 하늘에 빌며 은인을 만나 은덕에 보답하기를 소원하였던 것이다. 그 지아비는 또한 아전에서 물러나 시골에서 살다가 이곳으로 이사하였는데, 갑자기 거부가 되었다. 소부는 매양 내실에서 나그네를 엿보며 용모를 자세히 살펴보았는데, 나이가 젊고 눈이 밝은 사람인지라 보고서 기억해 냈던 것이니, 대개 지성이 하늘을 감동시킨 것이었으리라.

이어 상을 당한 연유를 묻다가 김 상인의 말이 집 뒤의 산소 터에 미치자, 그 집에서는 두 말할 것도 없이 답하였다.

"하관하고 장례 치르는 것은 저희 집에서 감당하겠사오니, 다만 가셔서 발인하여 오십시오."

발인 제구와 담군을 모두 노복들에게 차려 보내고 가마와 말까지 갖추어 보냈다. 그 가권까지 함께 와서 장례를 치르고 졸곡까지 마친 뒤에, 김가에서는 노비와 전장 문서를 바치더니 하직하고 떠나기를 청하는지라, 김 상인이 말하였다.

"가면 장차 어디로 갈 것인가?"

"뒷 동네에도 또 별장이 있으니 먹고살기에는 족합니다. 이 재물은 모두 상주님의 복력이지 저희 집의 소유가 아니니, 원컨대 사양치 마십시오."

그 뒤에 김 상인의 자손은 벼슬이 혁혁하여 이름이 세상에 빛났다.(「계서야담」 권 1)

46. 오대산의 중과 겨룬 이여송의 후손

병사(兵使) 이원(李源)은 이여송 제독의 후손이다. 조정에서 제독이 임진년의 직무에 수고가 있다 하여 그의 후손을 거두어 썼으므로 지위가 병사에 이르렀다. 씩씩한 힘이 있어 능히 두어 길이나 되는 담장을 뛰어 넘을 수 있었고, 강궁을 당길 수 있었다.

그 당숙 아무개가 춘천 땅에 살면서 몸소 농사를 지으며 살아갔는데, 역시 완력과 신이한 용기가 있었으나 사람들이 모두 알지 못했다. 봄에 밭을 갈 때 집이 가난하여 소가 없는지라 손으로 손수 쟁기와 보습을 끌며 밭을 갈았는데도, 도리어 소로 가는 것 보다 나으니, 이때문에 사람들은 혹 괴이하게 여겼다. 친한 친구가 풍천(豊川)의 원님이 되어 있었는데, 하루는 몸소 가서 그 원님을 보고 말하였다.

"내게 큰 화가 있는데 모면할 것을 도모코자 하나 힘이 부족하오. 그대는 오랜 벗의 정으로 나를 살릴 수 있겠소?”

원님이 말했다.

“무슨 말이오?”

“나의 기력이 건실해진 연후에야 이 화를 면할 수 있건만, 곤궁하여 뜻대로 할 수 없소. 오늘부터 그대는 나에게 큰 소를 먹일 수 있겠소? 열 마리를 먹으면, 화를 면할 수 있을 것이오.”

원님이 이를 허락하였다. 이생이 매일 소를 끌고 오게 하였는데, 앞에서 잡아 그 피를 마시고, 다시 그 고기를 들어 피를 빨아먹는데, 색이 하얗게 된 후에야 버렸다. 연일 이와 같이 하더니 고을 원님에게 부탁하였다.

“며칠 새로 한 중이 와서 내가 내려왔는지 여부를 물으리니, 잠시 동안은 내려오지 않을 것으로 말하시오. 그가 만약 믿지 않거든, 내가 날을 기약해둔 글을 써둘 것이니, 이것을 꺼내 보이시오.”

원님이 허락하였다. 며칠 후에 문지기가 들어와 고하였다.

“강원도 오대산의 어떤 중이 뵙기를 청합니다.”

그를 들어오게 하니, 바로 용모가 험상궂은 건장한 중인데, 들어와 예를 보이고 물었다.

“춘천 이생이 여기에 왔습니까?”

대답하였다.

“약속이 있어 잠시 동안은 오지 않을 것이네.”

중이 말했다.

“소승과 더불어 정녕 여기서 약속을 했었는데, 기한이 넘어도 오지 않다니 매우 의아합니다.”

원님이 그 글을 보이며 말했다.

“여기에 글이 있으니, 한 번 보거라. 아무 날에는 마땅히 온다고 했느니라.”

그 중이 글을 보기를 마치자, 하직하며 말했다.

“그 날 삼가 마땅히 나오겠습니다.”

이르고 문을 나갔다.

원님이 괴이하게 여겨 이생에게 물으니 말했다.

"이 중은 바로 나를 죽이려는 사람인데 내 기력이 아직 충실하지 않아 그와 대적할 수 없소. 그래서 십여 일 기력을 보충하면, 비로소 그와 더불어 힘을 겨룰까 하오."

그 날이 되어 그 중이 또 와서 보기를 청할 때 이생은 자리에 있었다. 그 중이 들어와 또 이생이 왔는지를 물으니, 이생이 지게문을 열고서 말하였다.

"내가 과연 왔도다."

그 중이 냉소하며 말했다.

"네가 이미 왔다면 나오너라."

이생이 허리춤에서 쇠몽둥이 하나를 꺼내고 마루에서 내려와 중과 함께 마주 섰다. 그 중도 또 몽둥이 하나를 꺼내어 서로 더불어 치더니, 오래지않아 함께 한 줄기 흰 무지개로 화하여 하늘 끝까지 뻗쳤는데, 공중에서는 다만 몽둥이 치는 소리만이 있었다. 이생이 공중에서 몽둥이를 끼고 내려오더니 얼굴을 쳐들고 시체처럼 눕는지라 곁의 사람들이 다 놀랐다. 이생이 이에 눈을 깜짝이며 가까이 오지 못하게 하고 조금 있더니, 그 중이 구름 가운데서 또 몽둥이를 끼고 날아 내리는데 매가 꿩을 덮치는 것 같았다. 장차 이생의 앞으로 가까이 닥쳐올 즈음, 이생이 홀연 몽둥이를 들어서 치니, 그 중의 머리가 부서지며 땅에 죽어 넘어졌다. 이생은 숨을 헐떡거리며 일어나 말했다.

"내가 이 중과 더불어 매번 몽둥이 쓰는 법을 겨루었으나 힘이 약하여 이기지 못하였소. 오늘도 또 거의 그에게 질 뻔한지라, 부득이 와추법(臥椎法)을 썼는데 다행히 그가 모르고 바로 내려왔소. 그가 만일 이 법을 알고 비스듬히 내려왔다면 나는 죽음을 면하지 못하였을 것이오. 또한 이것도 운수일 것이오."

다시 며칠을 머물다 돌아갈 것을 고하자, 풍천 원님이 중의 내력을 물

었으나 답하지 않은 채 사라졌는데, 춘천의 산 아래에 은거하였다고 한다.(「계서야담」 권 2)

47. 살인 강도를 잡은 아이

김화(金化)현의 시골 사람 부자가 토산(兎山)으로 왕래하며 거간 노릇을 하였는데, 김화에서 토산까지 사이는 두멧길로 무인지경이었다. 하루는 토산 시장에서 소를 사서 돈 수십 량을 싣고 돌아왔다. 아버지는 앞에 서고 아들은 뒤따라가는데, 아들은 겨우 열 네댓 살이나 되었다. 가다가 한 곳에 이르자 갑자기 어떤 건장한 사내가 우묵한 곳에서 뛰어 나오더니, 그 아버지를 찔러 죽이고 또 장차 그 아들까지 죽이려고 하였다. 그러자 그 아들이 애걸하며 말하였다.

"저는 토산 모 주막에서 빌어먹는 아이랍니다. 부모형제도 없고 사고무친이라, 주막에서 비럭질을 하고 있지요. 이 사람이 돈을 주며, 소를 몰며 동행해 달라고 하기에 따라 온 것입니다. 저를 죽여서 무엇하시겠어요? 만일 저를 살려만 주시면 아저씨를 따라 다니는 졸개가 되겠는데, 어떻게 하시겠어요?"

도적이 이에 허락하고 소를 몰게 하여 토산 읍내에 으르자, 장차 고깃간에 소를 팔려고 바야흐로 값을 흥정하는데, 그 아이가 목청껏 소리쳤다.

"이 사람은 우리 아버지를 죽인 도적이요! 제가 장차 관청에 발고하겠으니 여러분은 이 놈을 붙잡아 두세요."

여러 사람이 크게 놀라더니 그 도적을 잡아 묶었다. 그 아이가 관정에 들어가 그 정상을 울며 호소하여, 법에 따라 처치하였다.

내가 홍읍(洪邑)에 있을 때 김화 수령이 와서 이 말을 전해 주었는데, 내가 듣고 탄복하며 말하였다.

"그 아이는 십여 세의 아이로서 갑자기 당황스러운 일을 당했을 즈음에도 이와 같은 임기응변을 하였으니, 담력과 지략이 있다고 할 만하다."

다만 그 아이의 성명을 모르는 것이 한이다.(「계서야담」 권 2)

48. 설악산 영시암과 김창흡

삼연(三淵) 김선생의 휘(諱)는 창흡(昌翕)이다. 만년에 설악에 거처하며 '영시'(永矢)로 암자 이름을 삼았다. 승려와 함께 거처하였는데, 하루는 같은 방 승려가 호랑이에게 물려갔다. 연옹(淵翁)이 글을 지어 조문하고, 참담한 슬픔을 이기지 못했다.

며칠 후에 사위 이덕재(李德載)가 와서 절하는데, 이때 나이 열 예닐곱 살이었다. 영옹이 이전 상황을 말하며 밖에 나가지 말라고 경계하였다. 저녁 식사 후에 이공이 간 곳을 몰라 계속 불렀으나 응하는 소리가 없었다. 비로소 크게 놀라 승려들을 모아 횃불을 들고 찾았다. 달빛은 낮같은데 이공은 홀로 뒷산 꼭대기에 앉아 있었다. 연옹이 보고 크게 꾸짖었다.

"내가 말하지 않았더냐? 일전에 같은 방 승려가 호랑이에게 물려갔는데, 너는 어린아이로 혼자서 어두운 밤, 사람이 없는 가운데 올라왔으니, 혹시 호랑이나 표범이 있으면 장차 어찌하려느냐? 너는 어른의 훈계를 듣지 않는 것이 이와 같구나."

이공이 웃음을 머금으며 말했다.

"악옹(岳翁)[62]께서는 같은 방 스님이 호랑이에게 물려간 것으로 인해, 오래되면 더욱 마음의 병이 깊어지겠기에, 소자가 아까 산상에서 큰 호랑이를 찔러 죽여 스님의 원수를 갚았을 뿐입니다."

연옹이 믿지 않고 말했다.

"어찌 그럴 리가 있겠느냐?"

다음날 아침 여러 승려들이 모여서 가 보니 산 아래 구렁에 큰 호랑이가 난자되어 엎어져 있었다. 이공이 절인한 힘이 있고 검을 잘 쓰는 까닭에 이와 같이 할 수 있었다 한다.(「계서야담」 권 5)

---

62) '장인(丈人)'을 말함

청야담수

49. 상촌 신흠

문정공 상촌 신흠의 자는 경숙이고, 본관은 평산이다. 어머니 송씨는 참찬 기수의 딸이다. 그녀는 큰 별이 품안으로 들어오는 꿈을 꾸고 이튿날 공을 낳았다.

공은 어려서부터 풍채가 빼어나 남의 마음을 움직였으며, 우수한 재기가 두드러지게 드러나 마치 좋은 금이나 아름다운 옥과 같았다.

공의 나이 10여 세가 되었을 때 경전과 사서에 널리 통하였다. 송 참찬이 고서를 많이 비축하여 방 한 칸에 소장하여 놓았는데, 공이 그곳에 들어갈 때면 해가 져도 나오지 않으니, 집안에서 '책방 아이'라고들 불렀다.

청강 이제신이 공의 이름을 듣고 찾아와 보고는 마침내 딸을 공에게 시집보냈다.

공의 아버지가 자애로써 가르침을 늦추지 않고 일찍이 과거시험 공부를 하도록 하였다. 그러나 공령체[63]에 익숙해지지 않자, 글방 선생을 모셔다 놓으려고 어진 선생을 모실 것인가 혹독한 선생을 모실 것인가를 가리다가 미루어져 결정을 짓지 못하고 있었다.

그러던 어느 날 밤 꿈에 어떤 사람이 말하였다.

"그대가 글방 선생을 모시려나 본데, 수춘현[64] 우두평에 사는 글방 선생 아무개가 아니면 안 될 걸세."

공의 아버지는 꿈에서 깬 뒤 이상한 생각이 들어 행장을 꾸려 춘천으로 갔다. 우두평이 어디인가를 물으니, 고을 서쪽으로 몇 리쯤 되는 곳이었다. 그곳에 이르러 보니 들판은 끝없이 넓은데 인적은 드물어 물어볼 수가 없었다.

그러던 중 홀연 한 노인이 지팡이를 끌며 오고 있었다. 공의 아버지가

63) 과문(科文)의 문체

64) 강원도 춘천의 옛 지명

달려가 물으니, 노인이 웃으며 말하였다.

"글방 선생 하는 아무개는 바로 이 쓸모없는 늙은이라오."

드디어 정성스러운 뜻을 갖추어 전달하고 아울러 노인의 집으로 따라 가려고 하니, 노인이 말하였다.

"비좁고 누추한 집이라 귀한 손님을 받을 만한 곳이 아닙니다. 기왕에 초대를 받았으니 여기서 바로 동행하겠습니다."

공의 아버지는 매우 기뻐하며 그 노인과 함께 집으로 돌아왔다. 그리고는 공에게 그 노인 밑에서 글공부를 하라고 명하였다.

노인은 부지런하고 엄하게 글공부를 독려하였다. 밤에 하던 공부가 날이 밝도록 이어졌고, 날씨가 춥고 더운 것을 따지지 않았다.

과거에 대비한 문장을 지을 때마다 각각의 문체로써 제목을 정해주었는데, 노인이 평소 재주를 시험하는 것이 모두 잘 단련이 된 것이었으며 풍부하고 아름다워서 근래 과거시험장에 없던 것들이었다. 번번이 공에게 외우게 하고는 만약 공이 지은 글의 법식이 미흡하면 문득 스스로 한 편을 지어 보완하도록 하였다.

공은 이때부터 글방에서 노닐면서 글을 지을 때마다 번번이 법식대로 지었다. 더러는 미리 초안을 잡아 놓았던 글로 여러 차례 1등으로 뽑혔다.

발해[65]와 회위[66]에 연달아 응시하여 모두 급제하였으니, 몇 년 지나지 않아 입신출세하는 것은 마치 지푸라기를 줍듯 쉬운 일이었다.

공의 아버지는 크게 기뻐하며 글방 선생의 장수를 비는 술자리를 마련하고 말하였다.

"선생이 가욋일로 나오셔서 오로지 더벅머리 아이가 명성을 이루도록 하셨는데, 어찌하여 확굴(蠖屈)[67]함을 달게 여기시며, 아직까지 기보(驥

---

65) 발해(發解 · 拔解) : 과거의 '초시(初試) 합격' 을 이르던 말

66) 회위(會): 초시의 급제자가 서울에 모여 치르던 회시(會試)와 회시의 급제자가 임금 앞에서 보던 전시(殿試)

67) 자벌레가 몸을 굽힘. 사람이 잠시 굴함을 비유함

步)[68]를 펼치시지 않으시고, 청금(靑衿)[69]으로 초야에서 노년을 마치려 하십니까?"

노인이 오래도록 한숨만 쉬고 있으므로, 공의 아버지가 그 까닭을 캐물으니, 노인이 말하였다.

"제가 하는 말을 괴이하게 여기지 마십시오. 저는 사람이 아니라 귀신입니다. 젊은 시절에 대수롭지 않은 행동을 삼가지 않아 인륜의 명분을 밝히는 유교의 가르침에 부끄러운 일을 저질렀지요. 그 일로 인해 50여 년 동안 과거에 응시하였으나 한 번도 급제하지 못하였답니다. 아내가 어질지 못하여 저를 보고 글이 시의를 충족시키지 못하여 벼슬길에서 내쫓겨났다면서 날마다 '둔한 수재'라고 야단을 치므로 저는 울적한 심정으로 한을 남긴 채 생을 마쳤지요. 요즘 들어서야 익히 알게 된 것이 있습니다. 지체가 높은 댁에 복을 쌓아 짐짓 그 덕택을 빌려 문장을 지어 기운을 내뱉음으로써 저로 하여금 평생 아무 것도 하지 못하고 경쟁도 해보지 못하게 한 죄를 알게 해야겠다는 것이지요. 또한 세상 사람들로 하여금 과거에 장원으로 급제하는 자가 이곳 저승에 있고 인간 세상에 있지 않다는 것을 알게 하려는 것이지요."

말을 마친 노인은 가슴을 쓸며 한바탕 통곡을 하더니 땅에 쓰러져 죽어서는 곧 형적도 없이 사라졌다.

공의 아버지는 해괴하게 여기며 한동안 탄식하다가 노인이 자식을 가르쳐준 덕에 감동하여 그가 살던 곳을 다시 찾아갔다. 서까래가 두어 개밖에 남지 않은 초가에 늙은 부인 한 사람이 부엌에서 밥을 짓고 있는 것이 보였다. 그녀에게 물어보니, 그곳이 바로 노인의 집이었다.

"노인은 어디 계시오?"

하고 물으니,

68) 기보(驥步): 천리마의 걸음. 뛰어난 재주를 나타냄

69) 깃이 푸른 옷. 학생이 입던 복식으로 '학생'을 일컬음

"그 양반은 죽은 남편이지요. 죽은 지 벌써 3년이 되었는데 가난해서 장례를 치르지 못하였고, 시신은 집 뒤에 있답니다. 생시에 부지런히 과거공부에 힘썼지만 급제하지 못해서 '둔한 수재'라고 불렀지요. 임종할 때 제게 말하기를, '내가 덕이 없어 청운에 오르지 못하고 근심으로써 고하네. 나중에 마땅히 문장으로 자네에게 복을 주겠네. 삼가 이 말을 기록하여 얼마 남지 않은 목숨을 힘써 늘려보게나.' 하였답니다."

공의 아버지는 그 말을 듣고 슬픔이 배가하여 그 집에 두텁게 은혜를 베풀어 구제해 주고, 힘을 다하여 장례를 치러주고서 돌아왔다.

공의 문장이 노인의 신비한 도움을 많이 입은 까닭으로, 대개 글을 지을 때 붓을 잡기만 하면 그 자리에서 이루어졌으니, 빠르면서도 넉넉한 글이 매우 많았다.

일찍이 도체찰사 정철 공의 종사관이 되었는데, 처리할 서류가 쌓여 있었다. 10여명의 아전을 불러 좌우에서 번갈아 아뢰게 하고, 공은 눈으로 보고 귀로 듣고 입으로 부르며 손으로 판결하였다. 그러면서도 법도에 적중하지 않은 것이 없으니, 사람들이 모두 놀라며 복종하였다.

공의 별장이 김포의 상두산 아래에 있었다. 그로 인하여 스스로 호를 상촌거사라고 하였다.

광해군 때에 고향 마을로 돌아가 초가 단칸방에 기쁜 마음으로 거처하면서 편액을 하루암(何陋菴)이라고 하였다.

병진년에 춘천으로 귀양가서 초막을 짓고 편액을 여암(旅菴)이라고 하고, 또 호를 현옹(玄翁)이라고 하였다. 귀양지에서 백사 이항복 공의 서거 소식을 듣고 글을 지어 애도하고, 그 글을 '현옹자서'라고 명하였다. 그 글에 이르기를,

"현옹은 어떤 사람인가? 현옹은 문장으로 세상에 이름이 났으나 글 짓는 것을 일삼지 않았고, 현옹은 벼슬이 조정에서 높아졌으나 벼슬을 마음에 두지 않았으며, 현옹은 죄를 지어 외방으로 유배를 갔으나 죄 때문에 굽히지 않았다.

좋아하는 것도 없고 경영하는 것도 없어서 가난 보기를 부자 보듯 하고, 풍족한 데 처하여도 검약하는 데 있는 듯이 하며, 남들과 사귐에 친하고 친하지 않음으로 사람을 얻지 않았다.

사물을 접함에 사물에 얽매이지 않도록 하고, 젊어서 학문에 뜻을 둠에 구류에 널리 통하여 거친 대로 그 근원에 이르렀다. 만년에는 「주역」을 좋아하여 천지 만물의 운수를 깨달았으나 또한 그 대략에 통하였을 따름이었다.

살펴보지 않은 바에 대해서는 쓰지 않았다. 서적 이외에도 하루종일 얽매이지 않으니, 속물들이 감히 간섭하지 못하였다. 한 때의 빼어난 부류들과 모두 교유를 하여 현옹을 아는 사람들이 많았다. 어떤 이는 그의 문장을 알았고, 어떤 이는 그가 행하는 일을 알았다.

백사라는 노인이 있어 현옹과 더불어 이웃하여 그의 취향과 조예를 잘 알았고, 현옹 또한 백사를 알았다. 백사가 바른말을 하다가 죄를 얻어 귀양가서 북쪽 변방에서 죽으니, 현옹은 지기를 잃은 탄식을 하며 인간 세상에 뜻을 두지 않았다."

라고 하였다.

계해년 인조반정 후에 바로 문형을 맡았고, 벼슬이 영의정에 이르렀다.(「청야담수」 18화)

50. 열녀 최씨

최씨는 횡성 풍헌의 딸로 자태가 아름답고 슬기로웠다. 최 풍헌의 집은 부유하여 깊숙한 규방에서 딸을 키우면서 손안에 든 구슬처럼 아끼고 사랑하였다.

근처 마을에 조생이라는 사람이 있었는데 가난하게 살며 늙었으나 글에 능하여 마을 훈장 노릇을 하며 생계를 꾸려나갔다. 읍내의 사족들 가운데 아들이나 조카를 그에게 보내 글공부를 시키는 사람들이 매우 많았다.

조생이 죽고나자, 그의 아들은 의지할 데가 없었다. 조생에게 글을 배

우던 사람들이 돌아가신 스승의 정의를 생각하여 그 집에 먹을 것을 보내주고 공부방에 거처하도록 해주었다.

조동은 나이가 20세 남짓 되었으나 아직 장가를 들지 못하였다. 그러자 여러 학동들이 모여 의논하였다.

"우리들이 집안의 힘으로 조동이 혼인하도록 도와준다면 사양하지는 않을 걸세. 아무 마을에 아무개라고 하는 풍헌이 있는데, 집안의 재산이 풍족하고 옥같이 어여쁜 딸이 있다네. 그녀와 혼인을 한다면 충분히 의지할 만한 곳이 될 걸세.그들의 혼인을 맺어주는 데 꾀를 낼 사람이 있는가?"

그러자 한 사람이 말하였다.

"이는 마땅히 권도를 사용해야지 정도를 지켜서는 할 수가 없네." 여러 학동들이 물었다.

"어떻게 권도를 쓴단 말인가?"

"아무개 풍헌은 시골 마을에서는 부유한 사람일세. 그가 어찌 양반이 귀하다는 걸 알고 조씨 집안의 고아를 사위로 맞아들이겠는가? 내가 듣기로 그 풍헌의 딸은 인물도 고우려니와 부덕을 갖추고 있다고 하니 만약 그녀의 허락을 얻어낼 수만 있다면 일이 잘 될 걸세, 조동이 능히 이 일을 해낼 수 있을는지……."

하고는 조동을 돌아보며 말하였다.

"이는 자네가 죽음 속에서 생명을 구하는 것일세. 오늘 저녁 담을 넘어가 그녀와 더불어 이야기를 끝낼 수 있으면, 우리들이 마땅히 그 혼인이 이루어질 수 있도록 도울 것이요, 만약 그리하지 못한다면 차라리 죽을지언정 돌아오지 말아서 우리들과 만나는 일이 없도록 하게."

조동이 대답하였다.

"죽든 살든 자네들 말대로 하겠네."

이 날 밤 삼경에 달빛이 희미하였다. 여러 학동들이 조동을 데리고 풍헌 집 담장 뒤의 높은 언덕으로 갔다. 그곳에서 환하게 불빛이 비치는 조그만 창문을 가리키며 조동에게 말하였다.

"저곳이 바로 규수가 거처하는 방이니 자네는 모름지기 대담하게 마음을 먹고 이야기를 잘해서 신물 하나를 얻어서 돌아온다면 우리들은 마땅히 여기서 기다리지."

하고는 여러 학동들이 다함께 조동을 담장 위로 밀어 올려주었다.

조동은 마침내 담 안으로 펄쩍 뛰어 들어가 환하게 등불이 밝은 곳으로 다가갔다. 창에 구멍을 내고 들여다보니, 그녀는 마침 혼자 앉아 있었다. 조동은 즉시 창을 열고 들어가 감히 가까이 다가가지는 못하고 방 한쪽 모퉁이에 꿇어앉았다. 그녀가 나지막한 목소리로 물었다.

"사람이오? 귀신이오?"

"나는 바로 공부방의 조 생원의 아들 되는 노총각이오."

그러자 그녀는 정색을 하며 꾸짖었다.

"알고 보니 사대부 집안의 자제이신 듯한데, 깊은 밤에 담을 넘어 갑자기 여자가 거처하는 방에 들어오셨으니, 이것이 무슨 도리입니까?"

조동이 처음에는 두려웠으나 곧 이어 부끄러운 생각이 들어 다시금 옷깃을 여미고 대답하였다.

"내 본시 사대부 집안의 자식으로 어찌 이런 행동이 옳지 못하다는 것을 모르겠소? 함께 글공부하던 여러 친구들이 내가 외롭고 곤궁한 것을 민망하게 여겨 나로 하여금 죽음 속에서 살아날 수 있는 계책을 써보라고 하더군요. 나도 또한 그대를 핍박할 생각은 애초에 없었고, 다만 낭자의 말 한마디를 얻어 월하의 가연[70]을 정하고 싶었을 뿐이었소, 그러니 낭자는 나를 가엽게 여겨주시오."

"혼인에 대한 약조는 여자들이 할 일이 아닙니다. 또한 집에 아버님이 계시니 도령께서는 돌아가 공부방의 친구 분들께 말씀하셔서 저의 아버님을 만나 진정으로 말씀하신다면, 저희 집안은 천한지라, 어찌 양반과

---

70) 혼약(婚約)을 맺어주는 좋은 인연

더불어 혼인 맺는 것을 거절하겠습니까? 만약에 일이 뜻대로 되지 않는다면, 제가 마땅히 죽음으로써 따르겠습니다."

"낭자가 몸에 지니고 있는 물건 하나를 얻어서 후일의 신표로 삼았으면 하오."

그녀는 마침내 은가락지를 빼서 조동에게 주었다.

조동은 은가락지를 얻고는 매우 기뻐하며 담을 넘어 나갔다. 여러 학동들이 그때까지 담 밖에서 기다리고 있었다. 조동은 가락지를 보여주며 서로 주고받은 말을 자세히 전해주었다.

그러자 여러 학동들도 또한 크게 기뻐하였다.

이튿날 학동들은 공부방에 다함께 모여 사람을 보내 풍헌을 불러왔다. 그리고는 조동을 가리키며 말하였다.

"이 사람 집안이 양반의 문벌인 것은 그대도 잘 알 것이오. 이제 가난한 데다 의지할 곳이 없어 그대의 집안과 더불어 혼인을 맺고 싶어 하는데, 그 정상이 또한 애틋하구려, 그래서 우리들이 의기로써 서로 권하였으니, 그대도 또한 의기로써 기꺼이 허락을 해준다면, 어찌 시골 마을의 한 가지 기이한 일이 아니겠소?"

풍헌이 한동안 생각하다가 말하였다.

"수재님들의 의기가 참으로 높으시오, 내 어찌 딸 하나를 아껴 수재님들의 높은 뜻을 이루지 못하게 하겠소?"

하고는 드디어 조동과 더불어 혼약을 정하고 그 자리에서 좋은 날을 정하여 그 혼약을 단단히 다졌는데, 날짜가 얼마 남지 않았다.

여러 학동들이 돌아가 부모에게 아뢰고 제각기 꿰미돈을 내어 혼수에 보탰는데, 거의 3, 40꿰미에 이르렀다. 그 돈을 조동에게 주며 말하였다.

"자네의 외삼촌이 근방에 살고 계시니, 우리들이 시종 이 혼인을 주관하는 것은 옳지 않네. 이 돈이 가난한 사람의 혼수를 장만하는 데는 충분할 걸세. 아마 자네 외삼촌댁에 근심을 끼치지 않아도 될 거야. 자네는 이돈을 가지고 가서 급히 혼수를 마련하여 순조롭게 혼례를 치르고 오게.

그러면 우리들이 술자리를 마련하여 축하함세."

"감히 자네들 말대로 하지 않겠나."

하고는 드디어 돈을 가지고 그의 외삼촌을 찾아가 인사를 드리고 찾아온 까닭을 말하였다. 그러자 그의 외삼촌이 말하였다.

"너는 천하의 가난한 백성으로 부잣집 딸에게 장가가게 되었으니, 참으로 천만다행이다. 어찌 문벌의 높고 낮음을 따지겠느냐? 내가 마땅히 너를 위해 기한 안에 혼수를 마련할 것이니, 너는 걱정 말고 머물면서 사촌들과 더불어 함께 지내거라."

혼례 전날, 그의 외삼촌이 갑자기 새끼줄로 그의 손과 발을 묶고, 솜으로 그의 입을 막아 토방 속에 집어넣고 큰 자물쇠를 채웠다. 밤이 되자 예에 따라 폐백을 보냈다.

이튿날, 외삼촌은 자기 아들에게 신랑의 옷을 입혀서는 함께 풍헌의 집으로 가서 전안례를 마치고 맞절하는 자리로 들어갔다. 풍헌은 의심을 하지 않았는데, 신부는 잠깐 신랑을 바라보고 그가 조동이 아니라는 것을 알았다.

그녀는 마침내 까무러치는 모양으로 땅에 털썩 쓰러졌다. 온 집안이 당황하여 그녀를 신방에 데려다 눕혀놓고 물을 먹여도 물이 들어가지 않았다.

신부집에서는 임시로 신랑을 객실로 인도하여 기다리게 하였다.

신부는 누워 있는 방을 몰래 살펴 사람이 없는 것을 확인하고는 신랑의 옷으로 바꾸어 입고 뒷문으로 담을 넘어 달아나서는 곧장 공부방으로 갔다. 그곳에 있는 학동들에게 인사를 한 뒤 물었다.

"조 수재는 어디에 있습니까?"

여러 학동들이 대답하였다.

"오늘은 바로 조 수재의 혼례를 치르는 날이오. 여기서 두어 마장 가면 마당에 차일을 치고 사람들이 시끌시끌한 집이 있을 게요. 그 집이 바로 그의 처가라오."

신부가 다시 물었다.

"내가 듣자니 조씨는 집이 없어서 항상 공부방에 머문다고 하던데, 그럼 오늘도 여기서 차려 보내셨소?"

"여기서 10리쯤 되는 마을의 아무개 집은 곧 그의 외삼촌댁이오. 조수재는 그 집에서 차리고 왔을 게요."

마침내 신부는 인사를 하고 나와 그 집으로 달려갔다. 그 집은 사람이 없는 듯 고요하였다. 울타리 아래서 왔다갔다 하노라니 한 노파가 조그만 방에 혼자 앉아 있는 것이 보였다. 그녀가 들어가 말을 붙였다.

"지나가던 나그네인데 배가 몹시 고프니 밥 한 사발만 얻었으면 하오."

그러자 노파가 대답하였다.

"밥은 없소. 다만 쌀 두어 홉이 있으니 잠깐 앉아 기다리면 죽은 쑤어드리리다."

"후의로 대해 주어 대단히 고맙소."

노파가 부엌에 들어가 죽을 쑤며 때때로 한숨 쉬는 소리를 내므로 물었다.

"웬 한숨이시오?"

"물으실 것 없소. 이건 손님 아실 바가 아니라오."

그녀가 굳이 묻자 노파가 말하였다.

"이 늙은 것은 주인집 누이의 교전비였다오. 상전이 돌아가시자 이 집에 돌아와 살게 되었지요, 상전의 아드님 한 분이 생존하여 아무개 풍헌댁에 정혼했는데, 이 집 주인의 성품이 몹시 모질고 흉악하여 자기 생질을 묶어두고 자기 아들로 대신 혼인을 시켰지 뭐요. 오늘 벌써 저녁때가 되었으니 혼례는 이미 치렀을 것이오. 도령은 토방에서 죽어갈 것이오." 라고 하면서 말하다가 울다가 하여 말소리가 제대로 이어지지 못하였다.

그녀는 토방이 있는 곳을 묻고 곧장 그 집으로 들어갔다. 아무도 막는 사람이 없었다. 토방으로 질러가서 손으로 자물쇠를 깨뜨리고 조동을 등에 업고 나왔다. 결박을 풀어주고 살펴보니, 목 아래에 희미하게 따스한 기운이 남아 있었다. 죽을 그의 입에 넣어주니 한참만에야 비로소 목으로 넘어갔다.

그녀는 마침내 조동을 들쳐 업고 달려서 곧장 공부방으로 갔다. 여러 학동들이 모두 깜짝 놀랐다. 그녀가 학동들에게 말하였다.

"여러분들은 잘 간호를 해서 시종 은혜를 베풀어 주세요. 저는 최 풍헌의 딸이랍니다. 낭군께서 깨어나시면 그간의 일을 들으실 수 있을 것입니다."

말을 마치고 곧장 그녀의 집으로 돌아가니, 그녀의 집에서는 그녀를 잃고 사방으로 찾아다니다가 그녀가 남자 옷을 입고 온 것을 보고 놀라 그 까닭을 물었다.

그녀가 자초지종을 두루 자세히 말하고 마침내 인근 마을의 종들을 모아 신랑 부자를 결박하도록 명하였다. 한편으로 관가에 고하고 혼구를 수습하여 마당에 가져다 놓고 불태우며 말하였다.

"이 모두가 더러운 것들이니 쓸 수가 없습니다."

그리고는 사람을 공부방에 보내 조동의 안부를 탐지하니, 이미 쾌차하였다는 것이었다. 이에 잔치 자리를 새로 차려 물만 떠놓고 혼례를 치렀다.

관가에서 이일에 대해 실상을 조사하여 조동의 외삼촌은 사형에 처할 것을 논하였다고 한다.(「청야담수」 12화)

51. 간이 최립

최립(崔岦)의 자는 입지(立之)이고, 호는 간이(簡易)로, 문명이 세상에 자자하였는데, 시가 특히 좋았다.

후산[71]이 말하기를, '시는 모름지기 뜻을 사용하는 것이 공교로워야 한다.' 라고 하였는데, 우리나라 사람들의 시에는 아무 뜻이 없어서 그 때문에 좋은 시가 나오지 않는 것이다.

간이가 일찍이 고성 땅을 지나가다가 비를 만나 길가에 있는 한 집에 들어갔다. 그곳에는 선비 대여섯 사람이 모여 술을 마시며 시를 짓고 있었다. 간이가 다 떨어진 도포에 망가진 갓 차림으로 말석에 나아가 인사

---

71) 후산(后山): 중국 송나라의 시인인 진사도의 호

를 하니 그 자리에 있던 사람들이 물었다.

"그대는 누군가?"

"생은 글재주도 없고 무예도 할 줄 모르는 사람으로 구름처럼 사방으로 노닐며 장차 강릉으로 가는 참인데 비를 피하러 들어왔다가 마침 성대한 모임이 있기에 혹시라도 말석에 끼어 굶주린 창자를 조금이나마 적실까 합니다."

여러 사람들이 술잔을 잡고 고심하며 시를 읊조리다가 간이에게 말하였다.

"자네 이걸 알 수 있겠는가?"

간이가 거짓으로 겸양하여 말하였다.

"저 같은 소인배가 어찌 그걸 알겠습니까? 여러분이 소리 높여 읊으시는데 무슨 의미가 있습니까?"

그러자 여러 선비들이 말하였다.

"이런 것이 바로 촉물기흥(觸物起興)이요, 모사풍경(模寫風景)이니, 대개 시 가운데 살아 있는 그림이지."

그들 가운데 한 사람이 자기가 지은 시를 뽐내며 말하였다.

"나의 구절은 비록 청련거사 이태백이라도 틀림없이 한 걸음 양보할 걸세."

또 한 사람이 말하였다.

"나의 이 연구는 기실 초당 두보도 아직까지 지어내지 못한 것이지."

또 한 사람이 미간을 찌푸리며 말하였다.

"내 시는 꺾여질까 두렵네."

그러자 곁에 있던 사람들이 물었다.

"어찌하는 말인가?"

"나무를 보게. 나무가 아주 높게 자라면 바람에 꺾여진다네. 나의 시가 매우 높아서 또한 꺾여질까 두렵네. 이때문에 걱정을 하는 것이라네."

서로 손뼉을 쳐가며 각기 지은 시의 우열을 견주어 보더니 간이에게 술을 따라주며 말하였다.

"자네가 비록 문자를 모르긴 하지만 마땅히 우리말로라도 시구를 지어 다같이 한바탕 껄껄 웃어봄이 좋겠네."

간이는 술을 마신 뒤 즉시 다음과 같은 시를 지었다.

書劍元來兩不成	본디 문과 무는 둘 다 이루기 어려워서,
非文非武一狂生	문인도 아니요 무인도 아닌 미친 사내일 뿐.
他時若到京城問	훗날 만약 서울에 와서 물어보면,
酒肆兒童盡誦名	술집 아이들이 다 그 이름을 외울걸세.

여러 선비들이 보고 난 뒤에 말하였다.

"괴이하구먼. 자네가 이런 시를 지을 수 있다니…… . 우연이 아닐세."

한 사람이 말하였다.

"자네가 이런 경지에 이르렀는데, 삼일포를 본 적이 있는가?"

"지나가는 길에 잠깐 보았소."

"기왕에 명승지를 거쳐 왔다면 틀림없이 시를 지은 것이 있을 것이니, 한 번 들어보고 싶네."

"비록 미리 지어 두었던 시는 없으나, 그러시다면 한번 졸작을 지어 보이지요."

하고는 다음과 같은 시를 지었다.

晴峯六六斂螺蛾	비 갠 36봉이 소라와 누에를 거두어들인 듯하고,
白鳥雙雙弄鏡波	고니는 쌍쌍이 거울 같은 물결을 희롱하네.
三日仙遊猶不再	삼일포에 노닌 신선의 자취는 다시 볼 수 없는데,
十洲佳處始知多	이제사 십주[72]와 같은 아름다운 선경이 많음을 알게 되었네.

72) 신선이 산다는 열 개의 섬

여러 사람들이 깜짝 놀라,

“그대는 은둔하고 있는 군자가 아니시오?”

하며 성명을 물었다. 이에 이름을 대니, 선비들은 서로 얼굴을 쳐다보다가 자리에서 내려와 줄지어 절을 하는 것이었다.

간이가 문장에 능숙하다고 하여 주청사의 질정관으로 차출되어 다시 서울에 올라가 보니 종계변무(宗系辨誣)에 관한 일이었다. 지천 황정욱이 다음과 같은 시를 지어 그에게 주었다.

萬里之行一可已	만리 떠나는 길은 한 번이면 그만인데,
五年于此再何堪	5년을 그 일에 매달리니 다시 어찌 견디리오?
官仍質正亦推重	벼슬하여 거듭 질정관이 됨은 모두 추앙하는 일인데,
事是疑誣須熟	시비 가리려면 모름지기 사태를 충분히 알아야 하네.

落筆文章妙千下	붓을 들어 쓴 문장은 천하에 기묘하고,
當關虎豹許朝參	용맹스럽게 나라 지킴은 조회 참석을 허락 받았네.
歸來寶典昭星日	보전을 가지고 돌아와 별을 밝히는 날,
看取聲名北斗南	우러르는 명성을 볼 수 있으리.

간이가 연경에 갔을 때 엄주산인 왕세정의 문장이 당대에 독보적이라는 말을 듣고 가서 사귀자고 하여 여러 차례 찾아갔으나 번번이 어긋나다가 며칠 째가 되어서야 비로소 만나볼 수 있었다.

왕세정은 당시 남사구라는 직책을 맡고 있었다. 모습은 보통 사람에 지나지 않았으나, 안광이 별처럼 빛났다. 꽃동산에 집을 짓고 문도들을 모아 술로써 스스로 즐겼다. 날마다 대여섯 말의 술을 마셔도 취하지 않았다.

시문을 구하는 사람이 있으면 몸종으로 하여금 악기를 연주하며 먹을 갈게 하고는 종이를 펼쳐놓고 손수 글씨를 썼다. 그러면 바람소리가 나는 것이 빠르게 부는 바람이나 소나기가 내리는 듯하였다.

또한 십여 명의 아전을 두어 공사에 관한 서류를 안고 오게 하니, 서류가 선처럼 쌓였다. 좌우에서 교대로 아뢰면, 왕세정은 책상에 가대앉아 총채를 휘두르며 판결하는데 흐르는 물 같이 시원시원하였다. 좌우에서 판결내용을 받아쓰느라 일제히 붓을 쳐드니 잠깐 사이에 산처럼 쌓였던 서류가 구름이 흩어지듯 텅 비게 되었다.

그 뒤를 이어 10여 명의 소년들이 각기 과제로 받았던 시문이나 더러는 소품으로 지은 글을 바치면, 왕세정은 붉은 점을 찍어가며 보는데 손에서 잠시도 붓을 놓지 않는 것이었다.

간이가 깜작 놀라 시중드는 사람에게 물었다.

"노야께선 전에도 항상 이렇게 하셨소?"

시중드는 사람이 대답하였다.

"오늘은 때마침 약간 한가한 편이시오. 노야께선 지난날 이미 5,6만 수의 시를 지으셔서 저서가 천 권이나 된다오."

간이가 또 물었다.

"내가 지난번에 연일 뵈러 왔었는데 매번 어긋났던 것은 어째서요?"

"노야께서는 댁에 다섯 방을 두시고 거처하시오. 가운데 방에는 부인께서 거처하시고, 나머지 네 방에는 각각 첩 한 사람씩을 두었지요. 그 중 한방에는 유가의 서적을 비치해 놓고 유생이 손님으로 오면 그 방에서 만나 유교의 서적에 관해 토론하면, 그 방을 맡은 첩이 유가의 음식을 마련하여 그 손님을 접대하지요. 또 한 방에는 불가의 서적을 비치해 두고 스님이 손님으로 오면 그 방에서 만나 불교의 서적에 관해 토론하면, 그 방을 맡은 첩이 불가의 음식을 마련하여 그 손님을 접대한답니다. 또 한 방에는 시에 관한 서적을 비치해 두고 시인이 손님으로 오면 그 방에서 만나 시에 관해 토론하면, 그 방을 맡은 첩이 시인들의 음식을 마련하여 그 손님을 접대한답니다. 또 한 방에는 선가에 관한 서적을 비치해 두고 도인이 손님으로 오면 그 방에서 만나 도가에 관해 토론하면, 그 방을 맡은 첩이 도가의 음식을 마련하여 그 손님을 접대한답니다. 각 방마다 손님과 주인 앞에 붓과 벼루를 놓아두어 항상 편지글로 주고받으며 일찍이 말로써 서로 상대한 일이 없었습니다. 손님이 가시면 그 주고받은 글을 엮어 책을 만드는데, 날마다 그렇게 한답니다. 날짜별로 배정하여 손님을 맞는데 각기 그에 해당하는 방에서 맞으며, 만약 그에 해당하는 사람이 아니거나 그에 해당하는 방이 아니면 만나볼 수가 없습니다."

잠시 후에 총병관이 자신의 부친을 위해 비문을 구하였는데, 그가 가져온 부친의 행장이 큰 책 한 권의 분량이었다. 왕세정은 그 행장을 한 번 훑어 본 뒤, 덮어놓고, 글씨 쓰는 사람에게 붓을 잡게 하고는 구술하여 주었는데 다시는 그 행장을 들쳐보지 않았다. 다 쓰고 난 뒤에 행장을 참고해보니 그 사람의 일생의 이력과 연월별 사적이 하나도 틀린 것이 없었다. 왕세정의 총명함과 기억력이 또한 이와 같았다.

총병관이 천리마 세 필과 비단 40필과 백금 3천 냥으로 비문을 지어준 사례를 하니, 왕세정은 그것을 모두 곁에 있던 한 선비에게 주는 것이었다.

그 선비는 젊은 시절의 친구로 가난한 사람이었다.

간이가 말없이 넋 놓고 있다가 소매 속에서 자신이 지은 글을 꺼내 가르침을 청하니, 왕세정이 말하였다.

"글을 지은 사람에게 뜻은 있으나 독서량이 부족하여 보고들은 것이 좁구먼. 돌아가서 한유의 글 가운데 획린해(獲麟解)를 5백 번 읽어보면 마땅히 글을 짓는 지름길을 알게 될 것이네."

간이는 크게 부끄러워하는 한편 한스러움이 깊어 왕세정을 만난 일에 대해서는 감추었다. 그리고 그는 글을 지을 때 이반룡을 본받아 궁벽하고 난삽하며 기이하고 웅장한 것에 힘썼다. 이반룡은 왕세정이 두려워하였기 때문에 그의 문체를 본받아 왕세정을 누르려 하였던 것이다.(「청야담수」 21화)

52. 동양위 신익성과 홍장

동양위 문충공 신익성은 상촌 신흠의 아들이자 선조의 부마였다. 문장과 재주가 당대의 으뜸이었고, 서화 · 거문고 · 바둑 등을 훤히 꿰뚫어 통하지 않는 것이 없었다.

일찍이 부마가 되어서 재상의 지위에 오를 수 없는 것을 지극히 한스러워 하였다. 아내인 옹주를 대할 때마다 질책하기를,

"내가 부마도위가 되지 않았더라면 당대의 대제학은 나를 버려두고 누가 하겠소?"

출입할 때마다 반드시 나귀를 타고 얼굴을 가린 채 샛길로만 다녔다. 항상 뜻을 얻지 못한 것을 스스로 울적해 하였다.

가까운 친척집에 혼사가 있어서 금교를 빌려다 쓰고자 하므로 공이 빌려주려고 하니, 상궁 나인이 말하였다.

"이 가마는 옹주마마께서 타시는 것이니 남들에게 빌려줄 수가 없습니다."

공이 노하여 말하기를,

"가마가 있는데도 사람들이 타지 못하게 한다면 장차 어디다 쓰겠는가?"

하고는 부숴 버리라고 명하였다.

선조는 그가 대제학이 되지 못한 것을 한스러워 함을 알고 대제학 후보자를 낙점한 뒤에 후보자에게 문제를 내어 시험한 뒤에 동양위로 하여금 성적을 매겨보도록 하였다. 그러자 공은,

"대제학 후보로 뽑힌 사람의 시험 답안이 어찌 대제학을 뽑는 사람보다 못한 것입니까?"

하였다.

공은 거문고를 잘 탔다. 꽃이 피는 아침과 달이 뜨는 저녁마다 거문고를 당겨 놓고 한두 차례 타곤 하였는데 비장하면서도 맑고 빼어나, 여운이 숲 속에 울려 퍼졌다.

이때, 강릉부 기생인 홍장도 또한 거문고 연주로 이름이 나서 교방에 소속이 되어 있었다. 공은 그녀를 한 번 보고 매우 총애하였다. 그녀는

자색뿐만 아니라 재주까지도 세상에 비길 데가 없을 만큼 빼어났었기 때문이었다.

항상 남들 눈에 띄지 않게 곁방에 두고 마주 앉아 거문고를 타며 열흘이 되어도 나오지 않으니, 선조가 그 기생을 본래의 고을로 쫓아버리라고 명하고, 강원도 관찰사에게 다시는 서울에 들어오도록 허락하지 말라고 단단히 일렀다.

공은 무엇을 잃은 듯 낙심하여 시 한 편을 지어 보내주었는데 다음과 같은 구절이 있었다.

明月不須窺繡枕	밝은 달밤이라 수놓은 베개를 엿보지 않아도 되는데,
夜風何事捲羅	밤바람은 무슨 일로 비단 휘장을 걷는고.

대개 그 은밀한 일을 말한 것이다. 그 일을 남들이 엿보아 알게 되고, 심지어는 임금까지 훤히 알게 되어, 이렇듯 한스러운 이별을 하기에 이른 것이었다.

공은 그녀와의 정을 잊을 수가 없어서 일찍이 강릉부사에게 편지를 써서 부탁을 하였다. 다시 만날 수 있기를 꾀한 것이었다. 그러나 강릉부사는 이미 병들어 죽었다고 속여 말함으로써 공의 그리워하는 생각을 단념시키려고 하였다.

공이 마침 풍악산 유람을 떠나게 되었다. 돌아오는 길에 경포대에 이르니, 본관사또가 성대하게 잔치를 베풀어 그를 맞아 주었다. 공의 홍장에 대한 생각이 강릉에 오자 더욱더 간절해져서 문득문득 즐거운 기분이 가셨다. 본관사또가 공에게 말하였다.

"경포호는 본시 이름난 곳입니다. 뱃놀이하기에 가장 좋은 곳이니, 오늘 밤 달이 환하게 밝으면 배를 타고 한바탕 기분을 풀어보시지요."

공이 흔연히 그리하겠다고 하였다.

그 날 밤, 바람이 한 점도 일지 않아 거울 같은 수면 위로 달빛이 환하게 비쳤다. 배의 비단 닻줄을 감고 상아 돛을 올린 뒤 맑은 이슬이 내린 푸른 갈대 사이로 물길을 거슬러 올라가는데 홀연 퉁소와 거문고 소리가 들려왔다. 내 낀 물결 너머로 은은하게 들려오는 그 소리는 가까이 들렸다 멀리 들렸다 하였는데, 마치 원망하는 듯도 하고 그리움을 호소하는 듯도 하였다.

공은 귀를 기울여 듣다가,

"이게 무슨 소린가?"

하고 물었다. 따라온 고을 사람이 이렇게 대답하였다.

"이 곳에 바람이 자고 달빛이 밝을 때면 가끔 신선의 풍악 소리가 들려온답니다. 그리고 난새와 학을 탄 사람들이 갑자기 오가기도 하지요. 제 생각에 오늘밤에는 뭇 신선들이 또다시 와서 노니는 듯합니다."

공은 그 말을 듣고 기이하게 여기는데, 본관사또가 와서 말하였다.

"오늘밤 뱃놀이에 때마침 신선들과 만나게 되었으니, 공께서 필시 선계와의 연분이 있어서 그런가 봅니다."

그때, 거문고와 퉁소소리가 멀리서부터 점점 가까이 들려오는 것이 이 배를 향하여 오는 듯하였다. 참으로 기이한 일이었다. 공은 흐뭇한 마음으로 그들을 만나보았으면 하면서 향을 피우고 옷깃을 여민 뒤 앉아서 기다렸다.

한참 뒤에 조각배 한 척이 바람 따라 지나갔다. 그 배에는 머리가 하얗게 센 노인이 별 모양의 갓을 쓰고 날개옷을 입은 채 뱃전에 기대앉아 있었다. 그리고 그 앞에는 청동동자 둘이 있었는데, 하나는 거문고를 타고, 다른 하나는 퉁소를 불고 있었다.

그 옆에는 푸른 저고리를 입고 발그레하게 화장을 한 아리따운 소녀가 수건을 받들고 서 있었다. 바람에 나부끼는 듯한 가냘픈 몸매에 속세를 떠나 허공을 거니는 듯한 자태였다.

공은 바보가 된 듯, 술에 취한 듯하여 뚫어져라 바라보니, 그녀는 완연한 홍장이었다. 노를 젓게 하여 그 배 앞에 이르러서 몸을 솟구쳐 뱃전으로 뛰어올라가 노인에게 인사를 하고 말하였다.

"인간 세상에 사는 속인이 신선께서 강림하는 것을 모르고 마중을 하지 못했습니다. 어리석은 죄를 용서해 주시면 다행이겠습니다."

노인이 웃으며 말하였다.

"그대는 신선으로 있다가 죄를 짓고 인간 세상으로 귀양을 간 것이니, 오늘밤 우리가 만난 것도 또한 선계와의 연분이 있어서라네."
하고는 옆에 있는 미인을 가리키며 말하였다,

"그대는 이 소녀를 아는가? 이 또한 옥황상제의 향탁 앞을 지키던 시녀로 잠시 인간세상으로 귀양을 갔다가 이제 기한이 차서 돌아온 것일세."

공이 다시금 자세히 살펴보니, 과연 전날의 홍장이었다. 팔자청산을 잠시 찡긋하니 추파가 미미하게 움직여 교태를 머금은 듯도 하고 원망이 어린 듯도 하여 거의 마음을 진정시킬 수가 없었다. 공은 문득 그녀의 손을 잡고 울면서 말하였다.

"네가 어치 차마 나를 버리고 갔단 말이냐?"

홍장은 눈물을 감추며 대답하였다.

"속세의 인연이 이미 다해서 그런 것인데 저라고 다시금 어찌 하겠습니까? 상공께서 저를 그러워하시는 정과 성의가 하늘까지 닿았으므로, 옥황상제께서 제게 하룻밤의 휴가를 베풀어 주셨습니다. 그래서 노신선을 따라와 상공과 한 차례 만나게 된 것입니다."

공이 노신선에게 말하였다.

"기왕에 옥황상제께서 명하셨다면, 저 소녀가 저의 배로 건너오도록 허락하실 수 있는지요?"

노신선이 웃으며 대답하였다.

"이미 그러하라는 명을 들었네. 잠시 함께 가거라."
하고는 홍장에게 타일렀다.

"선계의 지시에 따라 다만 하루 저녁만 허락하였으니 날이 밝기 전에 돌아와야 하느니라. 내가 마땅히 배를 대놓고 기다리마."

홍장이 옷깃을 여미며 말하였다.

"삼가 명을 받들겠습니다."

마침내 공은 홍장을 이끌고 함께 배를 타고 돌아갔다. 잠자리에서의 견권지정[73]은 평상시와 다름이 없었다.

해가 뜰 때까지 잠들었다가 비로소 깜짝 놀라 깨어서는 중얼거렸다.

"선녀가 벌써 갔겠네."

하고 눈을 들어 바라보니, 홍장이 옆에서 화장을 하고 있었다, 괴이하게 여겨 물으니 다만 미소를 지을 뿐이었다.

본관사또가 들어와 문안을 하며 말하였다.

"지난 밤 꿈속에 선녀를 만나신 즐거움이 어떠셨습니까? 제가 어쩔 수 없이 중매쟁이가 되었습니다."

공은 그제야 본관사또에게 속은 것을 알고 마주 보며 껄껄 웃었다.

경포호 옆에 홍장암이라고 부르는 바위가 있는데 이 바위에 얽힌 일이 읍지에 실려 있다.(「청야담수」 27화)

53. 은사 운곡 원천석

운곡 원천석은 고려조의 진사였다. 원주의 치악산에 은거하여 몸소 밭을 갈면서 학문을 연구하였다. 조선조 태종이 어렸을 때 원천석을 찾아가 글공부를 하였다.

태종이 즉위하게 되매 친히 원천석의 집에 행차하니, 원천석은 담을 넘어 달아났다. 태종은 옛날 글공부를 하던 석대 위에 앉아 그 당시 나무를 하러 다니던 계집종을 불러 준비해온 음식을 내려주며 서운한 듯 말하였다.

"선생께서 비록 내 신하가 되지 않으려 하시더라도, 선생의 자제야 내 신하임에 틀림없으리라."

73) 견권지정(繾綣之情) : 마음속에 깊이 서리어 잊히지 않는 정

태종은 붓을 들어 원천석의 아들을 지방 수령에 임명한다는 교지를 써 계집종에게 주고 낙심한 모습으로 수레를 돌렸다.

태종이 간 뒤 집으로 돌아온 원천석은 노하여 늙은 계집종에게 매질을 하며 말하였다.

"너는 우리 집 종으로 어찌 더러운 음식을 먹었단 말이냐."
하며 태종이 써준 교지를 찢어 버렸다. 그의 굽히지 않는 절개는 야은 길재의 무던함에 비해 매웠다.

원천석은 일찍이 야사를 저술하여 단단히 봉한 뒤 겉에다가, '내 자손 가운데 나만 같지 못한 자는 감히 열어보지 말아라.' 라고 써서 사당에 감추어 두었다.

그 뒤 자손들이 제사를 지낼 때, 그 중 한 사람이 의견을 냈다.

"자손이 비록 어질다 한들 어지 감히 스스로 선조에 못지않다고 하면서 이것을 열어보겠소? 따라서 비록 천 백 년이 지나도 이것을 열어 볼 수 없는 것이오. 차라리 다 같이 열어보는 것이 낫겠소."

이윽고 봉한 것을 열어 보니, 거기에 적혀 있는 말들이 그 당시로는 용납될 수 없는 것들이 많았다. 여러 사람들이 크게 놀라 말하였다.

"이건 집안이 망할 빌미가 되겠다."
하고는 불태워 버렸다.

그러자 홀연 회오리바람이 일어나더니 타다 남은 종이조각이 흩어져 날려 길거리에 떨어졌다. 그 가운데 하나에는 이렇게 쓰여 있었다.

'우리 임금의 아들은 신돈의 자식이다.'

또 다른 데는 이렇게 쓰여져 있었다.

'훤한 대낮에 양촌 권근이 의리를 말하니, 세상 어딘들 어진 이가 없을까.'

또 이렇게 쓰여져 있었다.

'고려조를 위해 절의를 지킨 사람은 버림을 받고 변절한 사람은 후한 대접을 받으니, 옳고 그름을 가릴 수가 없구나.'

또 이렇게 쓰여져 있었다.

'왕망을 찬양하던 양웅은 태현경을 지었도다.'(「청야담수」 52화)

54. 태백산 늙은 여우와 화담 서경덕

화담 서경덕이 송경에서 도(道)에 관하여 강의하고 있는데, 소나기가 갑자기 퍼부었다. 열네댓 살 가량 되어 보이는 동자 하나가 지나가는데, 입은 옷이 깨끗하고 생김새가 기이하였다. 화담이 그 동자를 불러 오라 하여 물었다.

"수재는 어디서 오는 길인데 이곳을 지나가는가?"

"저는 본래 영남 사람인데, 집안이 몹시 참혹한 화를 입었사옵니다. 제 한 몸 화를 피해 여기저기 떠돌아다니다가 여기에 이르렀습니다."

화담이 그 동자를 가엾게 여겨 머물도록 하였다.

그 동자는 재주와 학식이 뛰어나서, 몇 달 가르치자 모르는 것이 없었다. 화담이 매우 기특하게 여겼다. 그 동자의 지체와 문벌을 물어보니 양반 집 자손이었다.

화담이 장가를 보내 주고자 하여 부인에게 말하였다. 부인은 근본이 분명치 못하고 재앙을 받은 집 후손이라고 하여 난색을 표하였다. 화담은 부인의 말을 듣지 않고 드디어 날을 잡아, 혼례일이 열흘 안으로 다가왔다.

그러던 어느 날, 화담이 일찍 일어나 그 동자와 함께 경전의 뜻을 강론하고 있었다. 그때는 가을비가 처음으로 개이고 맑은 햇살이 창문에 비치고 있었다. 화담 선생이 동자를 똑바로 바라보니, 그에게는 사람을 홀리는 기운이 서려 있었다. 급히 하인을 불러 동자를 결박하여 뜰아래 내려놓고 성난 목소리로 물었다.

"네가 감히 처음부터 끝까지 나를 속이려고 하는구나. 사실대로 아뢰지 못할까?"

동자는 얼굴빛도 변하지 않고 표정을 가다듬어 대답하였다.

"소자가 그지없는 은혜를 입은 지 1년이 되어 갑니다. 은혜로 말씀드리면 부자간이나 다름이 없고, 의리로 말씀드리면 사제 간보다 더하였습니다. 제게 죄가 있다면 꾸짖어 매질을 해주시고, 그래도 끝내 고치지 않는다면 내쫓으셔도 좋습니다. 하오나 끌려나와 결박을 당하는 것은 실로 바라지 않는 바입니다. 벌을 내려 주십시오."

화담이 사당나무 뒤에 있는 측백나무 한 가지를 잘라 오라고 하여, 동자에게 그 나뭇가지를 쪼개 홰를 만들도록 하고, 붉을 밝혀 그를 비추어 보니 한 마리의 늙은 여우였다.

화담이 말하였다.

"네가 이미 이 지경에 이르렀는데, 그래도 속셈을 숨기려느냐?"

여우가 울면서 말하였다.

"저는 본래 태백산의 늙은 여우가 둔갑한 것입니다. 어머니의 나이는 천 살이고, 제 나이는 9백 살입니다. 천지간의 조화를 훔쳐 얻지 않은 것이 없습니다. 그래서 어머니에게, '내가 듣기로 송경에 서 화담 선생이라는 이가 있어 운명을 약간 내다볼 줄 안다고 합니다. 내가 속일 수 있을 것입니다.' 하니까 어머니는, '내가 여러 번 송경에 가 보았지만 화담은 두려워할 만한 인물이 아니다. 그 집 사당에 있는 측백나무는 두려워서 감히 들어가지 못하겠더구나.' 하였습니다. 저는 그럴 리가 없다고 하며 와서 끝내 정체가 드러나게 되었으니, 죽어도 이 죄를 다 갚을 수가 없습니다."

화담은 사람을 태백산에 보내, 그 여우의 어미도 잡아다가 함께 죽였다고 한다.(「청야담수」 67화)

55. 오도일과 소금장수

서파 오도일이 강원도 관찰사가 되어 순시를 하다가 낙산사에 이르렀다. 밤에 앉아 시를 짓는데, 운자 가운데 천(千)자가 있으므로 혼자 말로 중얼거렸다.

"경련의 천자를 어찌하면 잘 압운이 될까?"

그러고 있는데 누대 아래에서 이런 소리가 들리는 것이었다.

"누가 관찰사가 시에 능하다고 했는가? 가소롭구나."

오도일은 몹시 괴이한 생각이 들어, 시험 삼아 같은 말을 되풀이 하니, 누대 아래에서 또 전과 같은 말소리가 들려오는 것이었다. 그가 관리에게 말한 사람을 찾으라고 하니, 관리가 아뢰었다.

"소금장수가 돌을 베고 잠들어 있습니다."

오도일은 즉시 그를 불러 들여 앞에 앉히고 말하였다.

"네가 어찌 감히 나를 비웃느냐?"

"사또께서 천 자로 걱정을 하시기에 관연 그런 말을 했사옵니다."

"네가 능히 압운을 잘하면 마땅히 상을 줄 것이요, 그렇지 않으면 몽둥이 찜질을 면키 어려울 게다."

그러자 소금장수가 즉시 다음과 같이 부르는 것이었다.

浮天大海東南北	큰 바다와 같은 하늘에 사방으로 떠다니다가,
揷地奇峰萬二千	기이한 봉우리 1만 2천개를 땅에 꽂았네.

오도일이 깜짝 놀라 소금장수의 손을 잡으며 말하였다.

"자네는 과연 기재로군! 성명을 뭐라고 하는가?"

"천한 것이라 성명을 세상에 전하고 싶지 않은데, 굳이 물으실 게 뭡니까?"

소금장수는 끝내 말하지 않다가, 다만 성이 오가라는 것만 말하였다고 한다.(「청야담수」 85화)

56. 회룡굴의 설생

광해군 때에 설생이라고 하는 사람이 청파에 살았는데 글재주가 넉넉하였고 기개와 절조를 숭상하였다. 과거시험 공부를 하였으나 몇 차례나 때를 만나지 못하여 낙방하였다. 일찍이 추탄 오윤겸과 더불어 매우 친하게 지냈다.

계축년(1613)에 폐모사건이 일어났을 때, 설생은 억울하고 분한 어조로 추탄에게 말하였다.

"윤리와 기강이 망해 없어지고 말았구먼. 무엇 때문에 벼슬을 하겠어? 자네는 나와 함께 은거할 수 있겠는가?"

추탄은,

"부모님이 계셔서 멀리 갈 수가 없네."

라고 하며 거절하였다.

추탄이 한 달쯤 지난 뒤에 다시 가보니, 설생은 이미 가고 없었는데 간 곳을 알 수 없었다.

인조반정 후 갑술년(1634)에 이르러 추탄은 강원도 관찰사가 되어 각 지방을 순시하다가 간성에 이르렀다. 영랑호에서 배를 타고 있는데 갑자기 안개가 자욱하고 물결이 아득한 가운데 배에 매달려 오는 사람이 있었다. 가까이 이르렀을 때 보니, 바로 설생이었다. 추탄이 깜짝 놀라 배 안으로 맞아들이니, 마치 하늘에서 내려온 듯 기쁘기 그지없었다. 설생에게 사는 곳을 물으니,

"나는 양양부에서 동남쪽으로 60리 되는 곳에 사는데, '회룡굴'이라고 한다네. 깊숙하고 외져서 인적이 드문 곳이지. 여기서 거리가 머잖아 한 나절도 안 돼 다녀올 수 있다네. 함께 가 보세나."

"그러지."

땅거미가 질 무렵에 산에 이르러 안내하던 하인을 물리치고 중들에게 수레를 끌게 하여 골짜기로 들어갔다. 험한 산길을 몇 리 가다가 보니 푸른 절벽이 마치 깎아 놓은 듯 우뚝 솟아 있었다. 기이하고도 웅장하여 보는 사람의 눈을 놀라게 하였다. 그 한가운데가 갈라져 문이 되었고, 돌문의 좌우로는 맑은 물이 쏟아져 나오고 있었다. 바로 용이 빙 둘러 있는 형상이었다.

돌길은 절벽 밑으로부터 오른쪽으로 꺾어져 오르도록 나 있었다. 굴곡

이 가파르고 급하여 칡넝쿨을 잡거나 나무를 잡아가며 앞으로 나아가니 굴이 나타났다. 몸이 걸릴까봐 머리를 숙이고 구부정한 자세로 들어갔다. 다 들어가 보니 또 다른 동천이 펼쳐졌다.

땅은 매우 평평하게 넓고, 농토는 비옥하고 기름져, 그곳에 사는 사람들 또한 많았다. 뽕나무와 삼이 우거져 있고, 배나무와 대추나무가 숲을 이루고 있었다. 설생이 사는 곳은 굴 안의 한 가운데에 있었는데, 극히 화려하고 깊숙하였다.

설생은 추탄을 안내하여 방에 오르게 하고 산중의 음식으로 대접하였다. 진기한 채소와 과일이 달고 향기로워 매우 기이하였으며 인삼 정과는 굵기가 팔뚝만 하였다.

함께 손을 잡고 노닐러 나가보니 산림의 자연이 기괴하고도 장려하여, 들어가면 들어갈수록 빼어났다.

추탄은 마치 방장산에라도 들어온 듯 탄식하다가 높은 벼슬이 더러운 것임을 절로 깨달았다.

"산수가 빼어나게 맑은 곳은 참으로 은자들이 마땅히 가져야 할 곳이로군. 가계가 넉넉하지 못할 텐데 산중에서 어떻게 이러한 것들을 갖추는가?"

그러자 설생이 웃으며 말하였다.

"내가 일찍이 재미있게 노닐며 왕래하던 곳은 유독 이곳만이 아니라네. 내가 세상을 떠난 이후로는 마음 내키는 대로 유람을 하여 일찍이 하루도 한가한 날이 없었네. 서쪽으로는 속리산으로 들어가 보았고, 북쪽으로는 묘향산에 이르렀으며, 남쪽으로는 가야산과 두류산의 좋은 경치를 찾아다녔지. 무릇 우리나라의 산천 가운데 별다르다고 알려진 좋은 곳은 거의 다 가 보았다네. 그러다가 마음에 드는 곳을 만나면 문득 풀을 베어내고 집을 지었지. 거친 땅을 개간하여 농사를 지으며 어떤 때는 2년도 살고, 어떤 때는 3년도 살다가 흥이 다하면 문득 다른 곳으로 옮겼네. 여기보다 열배나 산이 기이하고 물이 아름다우며 농토와 오두막집이 화려하고 넓은 곳이 많았지만, 다만 세상 사람들이 알지 못할 뿐이었지."

추탄은 설생의 동복들이 하나같이 준수하고 아름다우며 관악기나 현악기를 상당히 익힌 듯 하였으므로 물어보았더니, 모두가 설생을 따르는 사람들이었다. 노래하고 춤추는 아름다운 여인들도 모두가 묘하게 아름다우므로, 추탄은 더욱 기이하게 생각하였다. 그는 설생이 득의한 것을 보면서 속세에 사는 자신을 돌아보고 탄식을 하며 눈물을 흘렸다.

추탄이 시를 지어 설생에게 주고 이틀을 머물다가 비로소 길을 떠나며 설생과 약속하였다.

"나중에는 꼭 서울로 나를 찾아오게."

그로부터 3년이 지난 뒤, 설생이 과연 추탄을 찾아왔는데, 추탄은 마침 이조에서 인사업무를 담당하고 있었다. 설생을 천거하여 벼슬을 주려고 하니, 설생은 부끄럽게 여기며 하직 인사도 없이 가버렸다.

그 뒤, 추탄이 말미를 얻어 고개를 넘어 회룡굴로 선생을 찾아가 보니, 그곳은 이미 연못이 되어 있었고, 설생이 간 곳을 알 수 없었다. 추탄은 기이함을 탄식하면서 낙심하여 돌아갔다고 한다.

대개 설생에 관한 일은 사천 이병연이 이와 같이 기록해 놓았고, 오도일의 《서파집》에도 〈설생전〉이 있으니, 설생은 어찌 우리나라의 이인이 아니겠는가?(「청야담수」 116화)

57. 이성원의 안경

재상 이성원이 강원도 관찰사로 있을 때였다.

각 고을을 순행하던 길에 금강산에 들어가 구룡연에 이르렀다. 자신의 이름을 새기고 싶었으나, 바위에 글자 새기는 일을 하는 중들이 모두 다른 곳에 나가고 없었다.

고성의 수령이 생각하여 보니, 그 아랫마을 백성 가운데 한 사람이 절에 와 머물고 있는데 제법 손재주가 있어 글자를 새길 수가 있다고 들었다.

그를 불러다가 새기게 하였는데, 그가 끼고 있는 안경은 품질이 아주 좋은 것이었다.

이성원은 평소에 품질이 좋은 안경을 끼는 버릇이 있어, 그에게 가져와 보라고 하였다. 그리고는 그 안경을 아끼며 끊임없이 구경하며 즐겼다. 그러다가 우연히 실수를 하여 안경을 바윗돌 위에 떨어뜨려 깨고 말았다.

이성원이 뜻밖의 일에 놀라 안경 산 값을 물어주라고 하자, 안경 주인이 사양을 하며 말하였다.

"물건이 되고 안 되는 것도 운수가 있는 것입니다. 마음에 두실 필요가 없습니다."

이성원이 말하였다.

"산골짜기에 사는 가난한 백성인 네가 안경을 잃었으니 어떻게 또 살 수가 있겠느냐? 안경 값을 사양할 필요가 없다."
하며 억지로 안경 값을 그에게 주었다. 그러자 그 사람이 안경집을 풀어 보여주며 말하였다.

"이걸 보시면 알 수 있을 것입니다."

이성원이 안경집을 받아서 보니, '아무 해 아무 달 아무 날 순사를 만나 구룡연에서 깨질 것이다'라고 적혀 있었다. 이성원이 크게 놀라서 물었다.

"이건 자네가 쓴 건가?"

"처음 살 때 이런 글이 있었습니다."
하며 끝내 누가 쓴 것인지를 말하지 않았다.

이 또한 기이한 일이다.(「청야담수」 130화)

58. 원주의 인삼장수 최가

원주에 인삼장사를 하는 최가라는 사람이 있었는데, 엄청난 부자였다. 원주 사람들이 전하는 말을 들으면 최가의 어머니는 겨우 스무 살이 지나서 아들을 낳았다. 남편을 잃고 어린 아들과 함께 수절을 하면서 외롭게 살고 있었다.

어느 날, 어느 건장한 사내 하나가 가뿐한 옷을 입고 허리에 붉은 술이 달린 금빛 띠를 띠고 와서는 마루에 앉았다. 최가의 어머니가 놀라고 의아하게 여겨 말하였다.

"수절하는 과부가 사는 집에 어떤 남자가 당돌하게 들어왔소?"

그 사내가 웃으며 말하였다.

"내가 바로 가장일세. 뭘 그리 놀라고 괴이하게 여길 게 있는가?"

하고는 방으로 들어와 억지로 겁탈을 하였다. 최가의 어머니는 어쩔 수가 없어서 그가 하는 대로 맡겼다. 단지 교합을 할 때 냉기가 뼈마디에 사무쳐 아파 견딜 수가 없었다.

그런 뒤로 밤마다 반드시 왔는데, 은전과 피륙을 그때마다 실어 와서는 곳간이 넘치도록 채워 넣었다.

최가의 어머니는 그가 귀물임을 알았으나 절로 정이 들었다.

하루는 최가의 어머니가 물었다.

"당신에게도 두렵거나 겁나는 것이 있나요?"

"별로 두렵거나 겁나는 것은 없소. 다만 노란색을 보는 것이 싫을 뿐이오. 노란색을 보면 감히 가까이 갈 수가 없거든."

최가의 어머니는 다음날 노란색 물감을 많이 구해서 집안의 벽에 발라 놓았다. 그리고 자신의 얼굴과 몸에도 바르고, 옷에도 물을 들여 입었다.

그 날 밤 그 사내가 들어왔다가 놀라서 물러나가며 말하였다.

"이게 무슨 짓이오?"

하고는 혀를 차며 탄식을 그치지 않다가 말하였다.

"이 또한 인연이 다해서 그런 것이오. 나는 이제 떠나가겠소. 당신은 부디 잘 있으시오. 내가 준 물건들은 도로 찾아가지 않을 터이니 생업에 보태 쓰시오."

하고는 홀연 사라져 버렸다. 그 뒤로는 종적을 알 수가 없었다.

최가의 집은 이로 인하여 강원도에서 으뜸가는 부자가 되었다. 최가의 어머니는 나이가 여든에 가까운데도, 그 집안의 재산은 전처럼 부유하였다고 한다.(「청야담수」 131화)

59. 절구공이 귀신

횡성 읍내에 사는 한 여자가 있었다. 시집을 간 뒤에 홀연 한 장부가 그녀의 방에 들어와 겁탈을 하는 것이었다. 그녀가 온갖 방법으로 항거를 하였으나 어찌할 수가 없었다.

그 장부는 매일 밤만 되면 어김없이 찾아왔는데, 다른 사람들은 아무도 알지 못하고 그녀에게만 보였다. 비록 그녀의 남편이 옆에 있어도 어려워하지 않았다. 그 장부와 교합을 할 때마다 몹시 고통스러워 그 아픔을 참을 수 없었다.

그녀는 그 장부가 귀물임을 알았으나 물리칠 방법이 없었다.

그 뒤로는 밤낮을 가리지 않고 찾아와서 사람이 보여도 피하지 않았다. 다만 그녀의 5촌 당숙을 보면 반드시 나가 피하였다.

그녀가 자신이 처한 상황을 말하니, 당숙이 말하였다.

"내일 만약 그 귀물이 오거든 몰래 무명실을 꿴 바늘로 그것의 옷자락에 꿰어 놓아라. 그러면 그 귀물이 간 곳을 알 수 있을 것이다."

그녀는 그리하겠다고 하였다.

이튿날 그 계책대로 바늘에 실을 꿰어 그 귀물의 옷깃 아래에 찔러 두었다. 그때 그녀의 당숙이 뛰어 들어가자, 그 귀물이 놀라 일어나서는 문밖으로 피하였다. 무명 실꾸리가 차차 풀려나가자 그 실을 따라 갔다. 당숙이 다만 무명실만을 쫓아가보니 집 앞 수풀이 우거진 나무 아래 이르러 풀려 나가던 실이 그쳤다. 가까이 다가가 보니 실은 땅속으로 들어가 있었다. 실이 들어간 곳을 몇 치 가량 파보니 썩어서 못쓰게 된 절구공이 끝 토막 한 개가 있었다. 실은 그 나무 아래에 꿰어져 있고 나무 위에는 큰 탄환 만한 것이 빛을 발하고 있었다. 당숙이 그 구슬을 뽑아 주머니에 넣어두니 그 뒤로는 마침내 그 귀물의 자취가 끊겼다.

어느 날 밤, 당숙 집 대문 밖에 홀연 어떤 사람 하나가 찾아와서 애걸하였다.

"그 구슬은 돌려주시기 바랍니다. 만약 돌려주신다면 부귀와 공명은 당신이 원하는 대로 이룰 수 있습니다."

당숙이 허락지 않자, 그 사람은 밤새도록 애걸을 하다가 가버렸다. 네 댓새 동안 매일 밤 이와 같이 하였다.

어느 날 밤, 그 사람이 또 찾아와서 말하였다.

"그 구슬은 저한테는 매우 긴요한 것이나 당신에게는 긴요하지 않은 것입니다. 제가 다른 구슬로 바꾸어 드리겠습니다. 이 구슬은 당신에게 유익한 것입니다."

당숙이 말하였다.

"보여주기나 하게."

그러자 그 귀물이 밖에서 검은 빛이 나는 구슬을 들여보냈다. 크기와 모양이 자줏빛 나는 구슬과 같은 것이었다. 당숙이 그 구슬마저도 빼앗고 돌려주지 않았다. 그러자 귀물이 통곡을 하더니 곧 형체도 그림자도 없이 사라졌다.

당숙은 매번 그 구슬을 남에게 자랑하였지만, 어디에 쓰는 것인지는 알지 못했다. 또한 그 귀물에게 어디에 쓰는지를 묻지 않았으니 참으로 가석한 일이었다.

그 뒤, 당숙이 출타를 하였다가 술에 흠뻑 취하여 길에서 노숙을 하였다. 잠이 깨어보니, 구슬 두 개가 모두 어디로 갔는지 찾을 수가 없었다. 틀림없이 그 귀물이 가지고 간 듯하였다.(「청야담수」 139화)

60. 강릉의 김생

강릉 김씨인 한 선비가 집안이 가난하여 늙은 부모에게 변변치 못한 음식조차도 봉양하기 어려웠다. 그의 늙은 어머니가 아들에게 말하였다.

"자네 집이 선대에는 본래 부자라는 소리를 들었었네. 전라도의 섬에 흩어져 사는 노비들이 부지기수라네. 자네가 가서 노비들이 진 빚을 모두 받아 오게."

하고는 상자 속에서 노비 문서 대장을 꺼내 보여주었다.

선비가 그 문서를 가지고 섬에 가보니, 백여 호 되는 촌락에 자기 마음대로 땅을 차지하고 살아가는 사람들이 모두 자기 집 종들의 자손이었다.

그들은 문서를 보고 나더니 줄을 지어 절을 하였다. 그리하여 선비는 수천 금을 거두어들이고 그들의 노비 신분을 풀어준 뒤 문서를 불태워 버렸다.

돈을 싣고 돌아오다가 금강 강변을 지나게 되었다. 당시는 겨울철이라 몹시 추웠다. 강변에 영감 할미와 젊은 부인 한 사람이 물에 들어가서 서로 구출하려다가 붙들고 통곡을 하는 것이었다. 선비가 괴이하게 여겨 곡절을 물으니, 영감이 대답하였다.

"내게 충청 감영에 아전으로 있는 외아들이 있지요. 세금을 바치지 못해 옥에 갇혀 있는데 몇 차례나 정해진 기한을 어겼답니다. 내일이 바로 처형 될 날인데, 돈 한 푼 쌀 한 톨 낼 게 없지 뭐요. 차마 아들이 하나 있는 게 죽는 걸 볼 수 없어서, 내 물에 빠져 죽으려고 했소. 그런데 늙은 마누라와 며느리가 여기서 함께 죽자고 하니, 차마 그 꼴을 볼 수가 없어서 서로 건져 주려다 붙든 채 통곡을 하는 것이라오."

"돈이 얼마나 있으면 세금을 낼 수가 있겠소?"

"수천 금이 있어야 되오."

"내게 노비들에게 받은 돈이 몇 바리 있는데 충분히 몇 천 금은 될 게요. 이걸로 갚으시오."

하고는 즉시 가지고 가던 돈을 주었다. 그들 세 사람이 또 큰소리로 통곡을 하며 말하였다.

"우리 네 사람의 목숨은 이제 살았구려. 장차 이 은혜를 어찌 갚는단 말이오. 우리 집에 가서 좀 머무시다 가시오."

"날은 저물고 갈 길은 먼데, 늙으신 부모님께서 기다리신 지가 오래되어 머물 수 없소."

하고는 즉시 뒤도 돌아보지 않고 달려가 버렸다.

세 사람은 선비가 주고 간 돈으로 묵은 돈을 다 갚자, 그 날로 아들은 옥에서 풀려났다. 온 집안 사람들이 모두 선비에게 고맙다는 생각을 가졌으나, 그가 사는 곳은 말할 것도 없고 이름조차 알지 못하였다.

선비가 집에 돌아가자, 노모는 그가 탈 없이 돌아온 것을 기뻐하였다. 또 노비들에게 빚을 뜻대로 받았다는 말을 듣고 더욱 기뻐하였다. 노모가 노비들의 신분을 풀어주고 받은 돈을 어떻게 싣고 돌아왔느냐고 묻자, 선비가 금강에서 있던 일을 말하였다. 그 말을 듣고 노모가 그의 등을 두드리며 말하였다.

"역시 내 아들이로구나."

그 뒤, 노모는 천수를 다하고 집에서 세상을 떠났다. 집안 사정이 점점 어려워져 노모의 장례를 치르는데 열심히 성의를 다 하였으나 모양새를 하나도 갖추지 못하였다.

김애[74]는 지사 한 사람과 함께 걸어서 산에 올라 이 산 저 산을 두루 찾아 다녔다. 어느 한 곳에 이르렀을 때, 지관이 찬탄을 금치 못하였다.

"부귀와 복을 이루 말로 표현할 수가 없는 땅이로군!"

그 산 아래 대갓집 한 채가 있었다. 마을 사람들에게 물어보니 김씨 노인의 집이라고 하였다. 기름진 논과 밭이 온 들판에 펼쳐져 있고, 촌락에 가득 찬 집집마다 모두 그의 종들이 살고 있었다. 선비가 지관을 돌아보고 말하였다.

"저런 땅을 어찌 차지하겠는가. 어쨌거나 날이 이미 저물었으니 저 집에 묵고 가는 게 좋겠네."

하고 그 집으로 들어가니, 소년 하나가 객실로 맞이하고 저녁밥을 대접하였다.

김애가 등불을 대하고 앉아있자니, 슬픈 감회가 가슴을 가득 메웠다.

---

74) 김애(金哀) : 이 이야기의 주인공인 강릉의 김생을 가리킴, '애(哀)'는 애자(哀子)를 줄인 말로 어머니가 돌아가신 상제라는 뜻임

뫼자리에 마음을 두니, 긴 한숨밖에 나오지 않았다.

홀연 안채로부터 한 젊은 부인이 방문을 열고 들이닥치더니 김애를 붙잡고 통곡을 하면서 기가 막혀 제대로 말을 못하였다. 그 소년이 놀라 까닭을 물으니 그 부인이 말하였다.

"이 분이 바로 금강에서 만났던 은인이시란다."

그러자 소년도 그를 끌어안고 우는 것이었다. 영감과 할미도 그 소식을 듣고 달려 나와 그를 끌어안고 울었다.

울음이 그치자 불을 밝히고 마주 앉아 금강에서 만났던 때와 있었던 일을 짚어보니 과연 어긋남이 없었다.

그 젊은 부인은 그 일이 한 번 있은 뒤로 밤마다 향을 피우고, 은인을 만나 그 은덕을 갚게 해달라고 하늘에 빌었던 것이다. 그녀의 남편도 아전을 그만두고 이곳으로 이사를 와서 시골에 살면서 재산을 모아 졸지에 거부가 되었다.

젊은 부인은 매번 바깥채에 나가 손님이 오시는 것을 몰래 엿보며 그 생김새를 살폈다. 나이는 젊었으나 눈이 밝은 사람이었는지라 보기만 하면 기억을 해낼 수 있을 것 같았다. 그토록 지극한 정성이 하늘을 감동시켰던 것이다.

어려움을 겪게 된 까닭을 물으므로, 김애가 이야기를 하다가 그 집 뒤에 있는 뫼자리에 이야기가 미쳤다. 그 집에서는 걱정할 것이 못된다며 대답하였다.

"장사 지내는 일이야 우리 집에서 맡을 테니, 다만 가셔서 운구만 해 오시기 바랍니다."

하고는 발인하는 데 필요한 모든 기구와 상여꾼들까지 모두 준비하도록 노복들을 보내 주었다. 아울러 가마와 말을 보내 김애가 안식구들을 함께 데리고 오도록 하였다.

장례를 마치고 졸곡을 마친 뒤, 김씨 집에서 노비, 집, 농토의 문서를 바치며 그곳을 떠나겠다고 하였다. 김애가 물었다.

"장차 어디로 가시려오?"

"뒷마을에 또 따로 집이 있으니 충분히 살아갈 수 있습니다. 이 모두가 상주의 복을 누리는 힘으로 이루어진 것이요, 우리 집안의 소유가 아닙니다. 제발 사양하지 마시기 바랍니다."

그 뒤로 김애의 자손들은 눈부시게 번창하고 대대로 높은 벼슬을 하였다.(「청야담수」 151화)

61. 병마도절사 이원의 용력

병마도절사 이원은 명나라 제독 이여송의 후손이었다. 조정에서 이여송이 임진왜란 때 공로가 있었다고 하여 거두어 등용하였는데, 그는 벼슬이 병마절도사에 이르렀다.

그는 용력이 빼어나 몇 길이나 되는 담을 훌쩍 뛰어넘을 수가 있었고, 돌로 만들어 잡아당기기 어려운 석궁도 한 번에 당겼다.

그의 당숙인 아무개는 춘천 땅에 살면서 몸소 밭을 갈아 살아가고 있었는데, 그도 또한 신용(神勇)이라 할 만큼 기운이 셌으나 아무도 알지 못하였다. 봄에 밭갈이를 할 때 집안이 가난하여 소가 없었으므로 스스로 쟁기를 잡고 밭을 갈았는데, 도리어 소로 간 것보다 나았다. 그것을 보고 더러 이상하게 여기는 사람들이 있었다.

이원에게는 풍천 고을 사또로 있는 친구가 있었다. 어느 날, 이원이 그를 찾아가서 말하였다.

"내게 큰 화가 닥쳤는데 모면을 하자니 역부족이라네. 자네가 친구의 정의로 나를 살려줄 수 있겠는가?"

"무슨 일인데 그러나?"

"내 기력이 건실하게 되면 이 화를 모면할 수가 있는데, 끝내 내 뜻대로 되질 않아서 찾아왔네. 오늘부터 내게 소를 통째로 먹여줄 수 있겠는가? 소 열 마리만 먹으면 화를 모면할 수가 있겠는데."

풍천 사또로 있는 친구가 그렇게 해 주겠다고 했다.

이원은 매일 소를 끌어다 자기 앞에서 잡게 하여 그 피를 마시고, 또 고기를 집어 피를 빨아먹어 고기의 빛깔이 허옇게 되면 내버렸다. 날마다 그렇게 하였다.

그러던 어느 날, 이원이 풍천 사또에게 부탁을 하였다.

"일간에 어떤 중 하나가 와서 내가 내려왔는가를 물을 걸세. 우선은 오지 않았다고 말하게. 그 중이 믿지 않거든, 내가 어느 날 찾아오겠다는 편지를 써 둘 테니 그 편지를 보여주게."

풍천 사또가 그리하겠다고 하였다.

며칠이 지난 뒤에 문지기가 들어와서 아뢰었다.

"강원도 오대산에서 왔다는 스님이 뵙기를 청합니다."

들어오라고 하여 보니, 생김새가 흉악하고 사납게 생긴 건장한 중 하나가 들어와 인사를 하고 물었다.

"춘천 사는 이생이 여기 왔습니까?"

"온다고는 했는데 아직 안 왔네."

"소승과 틀림없이 여기서 만나기로 했는데, 약속한 날짜가 지나도 오지 않았다니 심히 의아스럽습니다."

풍천 사또가 편지를 꺼내 보여주며 말했다.

"여기 이생이 보낸 편지가 있으니 자네가 한 번 보게 아무 날 오겠다고 하지 않았는가?"

그 중이 편지를 보고 나서는 하직 인사를 했다.

"그 날 삼가 찾아뵙겠습니다."

하고는 문 밖으로 나갔다.

풍천 사또가 괴이하게 여겨 물으니, 이원이 대답하였다.

"그 중은 바로 나를 죽이려는 자라네. 그런데 내 기력이 충실하지 못해서 그 중과 대적할 수가 없기 때문에 10여 일 동안 기력을 조절하고 보충해서 그와 힘을 겨루려 한 것일세."

약속한 날이 되자, 그 중이 다시 와서 뵙기를 청하였다. 그때 이원이 그 자리에 있었는데, 그 중은 들어오면서 이원이 왔는가를 또 묻는 것이었다. 이원이 방문을 열며 말하였다.

"나 여기 와 있네."

그 중은 냉소를 띠고 말하였다.

"네가 이미 와 있었구나. 나오지 그러느냐?"

이원은 허리춤에서 철추 하나를 꺼내더니 마당으로 내려가서 중과 마주하여 섰다. 그 중도 철추를 하나 꺼내더니, 서로 철추를 치는 것이었다. 잠깐 사이에 두 사람은 각기 한 줄기의 무지개가 되어 하늘에 닿을 지경이었다. 공중에서는 다만 철추로 치는 소리만이 들릴 뿐이었다. 이원이 공중에서 철추를 옆구리에 끼고 떨어졌는데 얼굴을 위로 향하고 누운 것이 마치 죽은 듯하였다. 옆에 있던 사람들이 모두 깜짝 놀라고 있는데 이원은 곧 눈을 깜빡 거리면서 가까이 오지 말라는 시늉을 하였다.

잠시 후에 그 중이 구름 속에서 철추를 옆구리에 낀 채 꿩을 덮치는 매처럼 날아 내려왔다. 거의 이원 앞에 이르렀을 때, 홀연 이원이 철추를 들자 그 중은 머리가 깨져 땅에 죽어 자빠졌다. 이원은 숨을 헐떡거리며 일어나서 말했다.

"내가 매번 이 중과 철추 쓰는 법을 겨루었는데, 기운이 약해서 이길 수가 없었다네. 오늘도 거의 그에게 지게 되었는지라 부득이 와추법을 쓴 걸세. 다행히 그 중은 와추법을 모르고 곧장 내려왔다네. 그가 만약 그 방법을 알아서 가로 비껴 내려왔다면, 나는 죽음을 면할 수가 없었을 걸세. 이 또한 운수겠지."

이원은 며칠을 더 그곳에 머물다가 돌아가겠다고 하였다. 풍천 사또가 그 중의 내력을 묻자, 이원은 대답이 없이 떠나서는 춘천의 산 아래에 은둔하였다고 한다.(「청야담수」 166화)

62. 꾀를 써서 원수를 갚은 소년

김화현에 사는 아버지와 아들이 토산으로 왕래하며 장사를 하였다. 김화에서 토산 사이는 두멧길로 사람이 살지 않는 곳이었다.

어느 날, 이들 부자는 토산 장에서 소를 사 가지고 수십 냥의 돈 바리를 싣고 돌아가고 있었다. 아버지는 앞서고, 아들은 그 뒤를 따라갔다. 그 아들은 나이가 겨우 열네댓 살 되는 아이였다.

가다가 한 곳에 이르렀을 때 홀연 건장한 사내 하나가 우묵한 곳에서 뛰쳐나와 그 아버지를 찔러 죽이고 아들마저도 죽이려고 하였다. 아들은 그 사내에게 애걸하였다.

"저는 토산의 어느 주막에서 밥을 빌어먹던 아이예요. 부모형제도 없고 아무 데도 의지할 데가 없어서 주막집으로 다니며 동냥을 하고 있었는데, 이 사람이 돈을 주며 함께 소를 몰고 갔으면 해서 따라온 겁니다. 저를 죽여서 뭐하시겠어요? 저를 살려주시면 아저씨를 따라다니며 심부름을 할 게요. 어떠세요?"

도적은 그리하라고 하고 소를 몰아 토산 읍내에 이르렀다. 그곳에서 육직에서 소를 팔려고 막 값을 흥정하고 있을 즈음에 그 아이가 갑자기 고함을 치기 시작했다.

"이 놈이 우리 아버지를 죽인 도적놈이오! 내가 관가에 고발을 하려하니 여러분들이 이 놈을 좀 잡아 놓으세요."

주변에 있던 사람들이 깜작 놀라 그 도적을 붙잡아 결박하였다. 그 아이는 관아에 들어가 울며 그간 있었던 일을 하소연하니, 법에 따라 그 도적을 처벌하였다.(「청야담수」 172화)

■참고문헌

강효석 편, 쉽게 풀어쓴 대동기문. 김성안 주해. 국학자료원, 2001.

유몽인, 어유야담. 이월령 외 1 역주. 한국문학사, 1997.

이희준, 계서야담. 유화수 외 옮김. 국학자료원, 2003.

청구야담, 최 웅 주해. 국학자료원, 1996.

청야담수, 김동욱 주해. 보고사, 2004

찾아보기

속초시

[ㅇ]

[ㅈ]

[ㅊ]

고성군

[ㅅ]

[ㅇ]

[ㅈ]

[ㅊ]

[ㅋ]

[ㅎ]

양양군

[ㄱ]

[ㄴ]

[ㄷ]

[ㅁ]

[ㅂ]

금강산 관련 북 강원도 설화

강원도 관련 문헌설화

[ㅈ]

[ㅊ]

[ㅌ]

[ㅎ]

■ 저자 약력

최 웅

서울대학교 문리과 대학 국어국문학과

서울대학교 대학원 국어국문학과

강원대학교 인문대학 교수

한국고전시학사(공저). 홍성사, 1979.

주해 청구야담 Ⅰ, Ⅱ, Ⅲ 편. 국학자료원, 1996.

한국연극 바로보기(공저). 북스힐, 1999.

한국고전문학의 이해와 분석(공저). 북스힐, 2001.

한국의 전통극과 현대극(공저). 북스힐, 2003.

“동명왕편 연구”, “지봉유설의 한문학적 업적” 외 논문 다수

김용구

서울대학교 문리과 대학 국어국문학과

서울대학교 대학원 국어국문학과

강원대학교 인문대학 교수

한국소설의 유형학적 연구. 국학자료원, 1995.

한국의 현대문학(공저). 청문각, 1995.

“국민문학에 대한 고찰”, “이상 소설의 구조”, “이청준 소설의 구조” 외 논문 다수

함복희

강원대학교 인문대학 국어국문학과

강원대학교 대학원 국어국문학과

강원대학교 인문과학연구소 전임연구원

“서사적 가사의 서술시점 특성”, “서사가사에 나타난 갈등 양상”, “덴동어미 화전가의 서술특성과 주제적 의미”, “서사가사 연구”, “우부가의 서사적 양상” 등

강원설화총람 VI

(속초시 · 고성군 · 양양군 · 북강원설화 · 문헌설화)

2006년 2월 20일 1판 1쇄 인쇄
2006년 2월 25일 1판 1쇄 발행

저 자 ◈ **최 웅 · 김용구 · 함복희**

발행자 ◈ **조 승 식**

발행처 ◈ (주)도서출판 **북 스 힐**

서울시 강북구 수유2동 258-20

등 록 ◈ 제22-457호

전 화 ◈ (02) 994-0071~2

팩 스 ◈ (02) 994-0073

E-mail ◈ bookswin@unitel.co.kr
www.bookshill.com

값 40,000원

ISBN 89-5526-313-9
ISBN 89-5526-307-4 (전6권)

메나리 歌詞碑
삼척 척주동해비 및 평수토찬비
三陟 陟州東海碑 平水土讚碑